Viktor Žmegač

Der europäische Roman · Geschichte seiner Poetik

D1664421

VIKTOR ŽMEGAČ

DER EUROPÄISCHE ROMAN

GESCHICHTE SEINER
POETIK

─────

2., unveränderte Auflage

MAX NIEMEYER VERLAG
TÜBINGEN 1991

Die Deutsche Bibliothek – CIP-Einheitsaufnahme

Žmegač, Viktor:
Der europäische Roman : Geschichte seiner Poetik / Viktor Žmegač. – 2., unveränd. Aufl. –
Tübingen : Niemeyer, 1991

ISBN 3-484-10674-3

Printed in Germany.
Satz: pagina GmbH, Tübingen
Druck: Allgäuer Zeitungsverlag, Kempten
Einband: Heinr. Koch, Tübingen

Für
Dieter Borchmeyer
in alter Freundschaft

INHALTSVERZEICHNIS

KORRIGENDA

S. 80, 12. Zeile v. u.   Schlegels spätere skeptische ... statt: Schlegel spätere skeptische ...

S. 82, 3. Zeile v. u.   *Héloïse* statt *Héloise*

S. 95, 21. Zeile v. o.   ebenso

S. 101, 6. Zeile v. o.   *Introduction à la* statt: *Introduction de la*

S. 200, 1. Zeile v. o.   *Madame Bovary*, dieses „öffentliche Ärgernis" statt: *Madame Bovary*, dieses „öffentliche Ärgerniss"

VORWORT

Das vorliegende Buch unternimmt es, die Geschichte einer literarischen Gattung nachzuzeichnen, die für zahllose Leser in aller Welt der Inbegriff der Literatur ist. Wäre es schon immer so gewesen, die Darstellung hätte eines ihrer zentralen Motive verloren. Das Besondere am Roman ist nicht zuletzt der Umstand, daß sein Werdegang so gut wie in keiner Phase ein Zeugnis blanker Selbstverständlichkeit gewesen ist. Das macht ihn zu einem der fesselndsten Gegenstände historischer Betrachtung. Das Schauspiel, das sich bietet, ist vor allem durch einen Aufstieg geprägt, der in der Formengeschichte ästhetischer Kultur kaum seinesgleichen hat. Begreift man den Entwicklungsweg des Romans selbst als einen Roman, als eine nacherzählbare Historie bewegter Art, so erscheint der Stoff durchaus dazu angetan, sich als ein Bildungsroman zu präsentieren. Im Hinblick auf manche Etappen wäre es freilich berechtigt, auch von einem Schelmenroman zu sprechen. Zum Grundmuster gehört jedenfalls eine etwas fragwürdige Herkunft, die dem Ansehen der Gattung etliche Jahrhunderte zu schaffen machte; ferner ein erstaunliches Durchsetzungsvermögen, das auch vor vielerlei Masken und Finten nicht scheute, um durch Anpassung an die seit alters anerkannten Gattungen sich den Zugang zu den oberen Rängen der Literatur zu verschaffen; und schließlich der Siegeszug der letzten beiden Jahrhunderte, der zwar zu Anerkennung und absoluter Dominanz geführt hat, den Helden der Geschichte, den Roman, heute jedoch mehr als jemals zuvor als ein gespaltenes, in sich selbst uneiniges Wesen zeigt.

Romangeschichte ist in den folgenden acht Kapiteln – die einleitenden Abschnitte ausgenommen – Theoriegeschichte im weitesten Sinn des Wortes. Der genannte Werdegang der erzählenden Großform in Prosa wird vorwiegend an Hand von poetologischen Schriften, Kritiken und Deutungen dargestellt, kurz: an Hand von Zeugnissen der Besinnung über die Möglichkeiten des Romans. Da die meisten der behandelten Autoren auch selbst Romanschriftsteller waren, bot diese Verbindung von Poetik und Praxis der Darstellung die Gelegenheit, zumindest in bescheidenem Maße die Umrisse einer Geschichte des Erzählens erkennbar zu machen: das Nacheinander und Nebeneinander der Auffassungen von den Modalitäten und Aufgaben narrativer Prosa. Die Poetik des Romans nähert sich auf diese Weise der Stilgeschichte. Daß nur eine vergleichende *europäische* (und im 20. Jahrhundert auch amerikanische) Stilgeschichte in Betracht kam, braucht nicht begründet zu werden. Untersuchungen zu einzelnen Epochen und einzelnen Literaturen liegen in mehreren Sprachen vor. (Aus germanistischer Sicht, mit weitgehender Beschränkung auf die deutsche Literatur, hat eine Geschichte der Romanreflexion Bruno Hillebrand mit seiner *Theorie des Romans* geschrieben.) Daß diesmal

der Versuch unternommen worden ist, den gesamten in Frage kommenden
Zeitraum grundsätzlich in vergleichender Sicht zu erfassen und dabei die zeitweilig sehr enge Verflochtenheit der Literaturen auf europäischem Boden hervortreten zu lassen, macht vielleicht das Neue des Buches aus.

Einer Erklärung bedarf die methodische Grundentscheidung. Wenn es um
die Beurteilung seiner Leistung geht, so steht einem Autor lediglich zu, Mißverständnisse zu verhindern oder vor falschen Erwartungen zu warnen. Im
vorliegenden Fall wäre es ein Irrtum, erwartete man von der Abhandlung die
Dienste, die ein Nachschlagewerk bietet, etwa Auskunft über sämtliche poetologische Äußerungen zum Thema ›Roman‹ zahlloser Autoren in Dutzenden
von Literaturen. Ein solches Unterfangen hätte nicht nur die Kräfte des Verfassers weit überstiegen; es wäre seiner Ansicht nach auch völlig verfehlt
gewesen. Es war nicht sein Ehrgeiz, ein literarhistorisches Telefonbuch zu
erstellen. Angestrebt war vielmehr, durch eine Auswahl gewichtiger Phänome
Zusammenhänge zu markieren. Die größeren und kleineren Autoren, die als
Protagonisten dieser historischen Poetik auftreten, werden hier nicht nach
ihrem sonstigen Rang beurteilt; ihre Rolle erschöpft sich vor allem darin, daß
sie Akteure einer *Problemgeschichte* sind.

Eine erste, kürzere Fassung des Buches erschien 1987 unter dem Titel
Povijesna poetika romana im Zagreber Verlag »Grafički zavod Hrvatske«. Der
vorliegende, nun deutsch geschriebene Text ist durchgehend umformuliert
und erheblich erweitert. Er ist in vielerlei Hinsicht ein neues Buch. Geblieben
ist allerdings die Bemühung, durch die Art der sprachlichen Darbietung leich-
tere Lesbarkeit zu erzielen. Mit dieser Absicht wendet es sich auch an einen
breiteren, nicht nur dem Fach zugehörigen Leserkreis.

Die erste Leserin der neuen Fassung, Frau Birgitta Zeller, hat das Manuskript verlegerisch mustergültig betreut. Ihr gilt mein besonderer Dank.

Zagreb, im Oktober 1989

DIE ANFÄNGE DES ROMANS

I

Die Geschichte des Romans bestätigt die Erfahrung, wonach in der Lebenspraxis die Dinge und Erscheinungen in der Regel den Wörtern vorausgehen. Es gibt freilich auch Bereiche, für die gerade die umgekehrte Folge bezeichnend ist: es treten in ihnen Wörter auf, deren Aufgabe es ist, das Repertoire der Wirklichkeit zu verändern. Das gilt jedoch vorwiegend für die Sphäre der Beziehungen, kaum für jene der Dinge. Die Rhetorik der Mythologie, der altüberlieferten wie auch der modernen, liefert die besten Beispiele. Auf unser Thema läßt sich dagegen die sogenannte normale Erfahrung anwenden. Schon lange bevor der Name ›Roman‹ in Gebrauch kam oder gar zu einem literaturtheoretischen Begriff wurde, entstanden Werke, die man heute ohne Zögern der Überlieferung des Romans zuzählt. Die Benennung und die logische Eingliederung sind auch in diesem Fall Ergebnisse eines sekundären Vorgangs – so daß dieser Aspekt der Romangeschichte als ein dankbares Beispiel zugunsten nominalistischer Argumentation gelten kann.

Der Roman, das ist vorab zu sagen, ist mehr als alle anderen vergleichbaren literarischen Gattungen durch Diskontinuität gekennzeichnet. Nach Anfängen in der griechischen Spätantike, von denen man sagen kann, dem Roman sei seine spätere Fortune wahrlich nicht an der Wiege gesungen worden, verschwindet die große Prosaerzählung für Jahrhunderte aus dem literarischen Leben Europas. Im Mittelalter kommt zwar der Name ›Roman‹ in Umlauf, benannt wird jedoch damit die umfangreiche Verserzählung von höfischem Zuschnitt und mit vorwiegend mythisch-phantastischem Gehalt, jedenfalls eine Gattung, deren eigentümliche poetische Welt kaum als Beispiel für eine kontinuierliche Entwicklung des Romans in Anspruch genommen werden kann. In poetologischer Hinsicht übte dieses mittelalterliche Genre weitgehend Zurückhaltung: in Exkursen wird zwar hin und wieder eine theoretische Frage berührt, von einer ausgebildeten Poetik kann indes nicht die Rede sein. Aus heutiger Sicht erscheint es einigermaßen verwunderlich, daß ein so nicht-individualistisches Zeitalter wie das Mittelalter keine Poetiken in der Art breit ausgeführter Normensysteme hervorgebracht hat, sondern daß die gelegentlichen Äußerungen über Dichtkunst zumeist nur aus konkretem Anlaß vorgebrachte Randglossen sind. Es mußten noch Jahrhunderte vergehen, bis in der Epoche des Cervantes und der Madame de Lafayette ein Autor auf den Gedanken kam, aus seiner offenbar opulenten Romanlektüre theoretische Schlußfolgerungen zu ziehen.

Der Beschäftigung mit den Anfängen der Romanpoetik im 17. Jahrhundert muß eine Betrachtung der Epochen vorausgehen, in denen die Geschichte der großen Formen erzählender Prosa einsetzt. Von besonderem Interesse ist dabei die früheste Etappe in der Historie des Romans: dessen Gründerzeit in den ersten nachchristlichen Jahrhunderten. Die Aufmerksamkeit, die der antike Roman verdient, läßt sich zweifach begründen. Zu dem Zeitpunkt, als das Nachdenken über den Roman erstmals feste Konturen gewann, wurde der griechische Roman nach der Wiederentdeckung in der Renaissance zu einem vitalen Element der Überlieferung in den maßgeblichen Literaturen Europas im 17. Jahrhundert. Ohne seinen Anteil sind gewichtige Argumente in der Frühzeit der Theorie kaum zu verstehen. Der andere Grund ist im Umstand zu suchen, daß die antike Romanpraxis ein Modell abwandelt, das namentlich für den Roman des Barock prägende Bedeutung gewann, so daß die griechischen Muster fast in der gesamten Romangeschichte bis zur Zeit der Romantik eine Rolle spielten, sei es als spät etablierte Autorität, als Vorlage oder als Gegenstand der Auseinandersetzung in der Literaturkritik. Kurz, die Geschichte der Romanpoetik hat gute Gründe, den Typus des antiken Romans in die Darstellung einzubeziehen.

Die in geschichtlichen Abhandlungen beliebte Metapher, die eigentlichen Anfänge seien in Dunkel gehüllt, trifft auch im vorliegenden Fall zu. Fragt man nach den Ursprüngen der in späthellenistischer Zeit entstandenenen Gattung – und damit nach den Ursprüngen der am meisten verbreiteten literarischen Gattung überhaupt –, so ist man nach wie vor auf Vermutungen angewiesen. Mehr als Hypothesen könne man auch heute nicht bieten, dieser Befund wird von der neuesten Forschung (C. W. Müller, N. Holzberg u. a.) bestätigt. Kein Zweifel ist dagegen an der Tatsache, daß für die umfangreichen Erzählungen in Prosa keine zuverlässige Tradition auszumachen ist und daß diese Texte damals offenbar vergleichsweise unvermittelt in Erscheinung traten. Viel hat die Vermutung für sich, daß die neue literarische Gattung durch eine Art Synkretismus zustandegekommen sei, ein Zusammenfließen von Elementen verschiedener Überlieferungen schriftlicher Kultur: Züge des Epos sind darin ebenso auszumachen wie Topoi der antiken Komödie, nicht zuletzt auch Gepflogenheiten der wissenschaftlichen und belehrenden Prosa des Altertums. Beachtet man den Zusammenhang mit den späteren Entwicklungen innerhalb der Romangeschichte, erscheint dieser Sachverhalt besonders bemerkenswert, zeigt sich doch darin eine Neigung erzählender Prosa, die den Kritikern des Romans seit dem 18. Jahrhundert immer wieder Anlaß zum Staunen, zur Verärgerung, aber auch zur Bewunderung geliefert hat. Kurzum, der Roman bekundet bereits in seinen Anfängen die Tendenz, auf die sogenannte Reinheit der Gattung zu verzichten, d. h. auf einheitliche Stilisierung und sorgfältige Selektion. Viel mehr reizte offenbar die Möglichkeit, die großflächige Erzählprosa als ein Sammelbecken für unterschiedliche schriftstellerische Praktiken gelten zu lassen, als eine »offene« Gattung mit wechselnden Schwerpunkten und Gestaltungsprinzipien.

Wenn von schriftstellerischen Praktiken die Rede ist, verdient im Hinblick auf die frühe Geschichte des Romans das Attribut »schriftstellerisch« besondere Beachtung. Im Gegensatz zum Versepos, das seinen Ursprung in der mündlichen Überlieferung hat, ist der Roman von Anfang an eine Erscheinungsform schriftlicher Kultur. Die antiken Muster der Gattung sind zwar noch weit entfernt von den Versuchen späterer Zeiten, die dazu geführt haben, daß der Roman mit dem Medium Buch eine untrennbare Verbindung eingegangen ist, jedoch die literarischen Formen der Spätantike lassen schon deutlich einen Ansatz erkennen, ohne den die Entwicklung der Erzählprosa kaum vorstellbar ist. Schirokauer vertritt eine wesentliche Einsicht, wenn er die Geschichte des Romans an die Geschichte des Mediums ›Buch‹ koppelt und aus dieser Sicht einen Gedanken von Novalis zitiert, wonach ein Roman »ein Leben als Buch« sei, einen Satz, den er nicht so sehr emblematisch, als vielmehr historisch begreift.

Dieser Satz »gibt die exakte Antwort auf die Frage, wann das Leben sich diese neue Ausdrucks- und Darstellungsform erfunden hat. Wenn wir von der Spätantike absehen, in der zersetztes Mythengut und resignanter Heroenklatsch in der locker gehaltenen Kunstprosa des ›Romans‹ einem genußfreudigen Publikum vorgesetzt wird (welcher Roman aber nur den Namen mit der Erscheinung gemein hat, die wir im Auge haben), so ist tatsächlich der Roman nicht eher, als das Buch ist. Bevor das Leben die Form des Romans finden konnte, hatte es den Buchdruck zu erfinden, jene Schwarzkunst, von der Victor Hugos Dekan von *Notre Dame de Paris* warnt, sie werde die Dome töten« (Schirokauer, 149).

Die neuere Beschäftigung mit der spätgriechischen Erzählliteratur hat erwiesen, daß in dieser Produktion mehr oder jedenfalls etwas anderes zu sehen ist als »zersetztes Mythengut und resignanter Heroenklatsch«, nämlich ein erster Schritt in der Geschichte einer neuen Gattung, wenn auch, entgegen der Bemerkung Schirokauers, gerade der terminologische Zusammenhang nicht gegeben war. Der Buchdruck hat dem Roman ganz neue Möglichkeiten eröffnet – an dieser These des Autors kann kein Zweifel sein. Doch das schließt nicht den Umstand aus, daß bereits in den letzten Jahrhunderten antiker Kultur sich Erzähl- und Lesegewohnheiten abzeichneten, die mit späteren Entwicklungen in mancherlei Hinsicht mehr zu tun haben als mit der Tradition des klassischen Epos.

Der neuere europäische Roman sollte sich zu diesem hellenistischen Erbe bekennen, wenn es auch begreiflich ist, daß die Neigung, über diese Anfänge diskret hinwegzusehen, noch immer weit verbreitet ist. Sieht man die Geschichte der Romanpoetik als ein Ganzes, so kommt man kaum um die Feststellung herum, daß der Roman keine stolzen Ursprünge aufweist, sondern daß die Anfänge eher leicht kompromittierend wirken. Keine Ehrfurcht vor Handschriften aus hellenistischer und byzantinischer Überlieferung wird den heutigen Philologen und Kritiker davon abhalten, die Verwandschaft zwischen den »gattungslosen« Prosaerzählungen der Spätantike und einzelnen

Sparten der heutigen Unterhaltungsproduktion, etwa im Bereich des Kiosk-
romans und der Fernsehserie, hervorzuheben. Die nach heutigem Wortgebrauch trivialen Züge des frühen Romans liefern zugleich eine Erklärung für
den Umstand, daß die Hervorbringungen auf diesem Gebiet von den Literaten
wie auch den gelehrten Lesern jener Zeit weitgehend ignoriert wurden. Um
Leser waren die Proto-Romane nicht verlegen: die Altertumswissenschaft vermutet sie vor allem in der Schicht des Patriziats, wohlhabender Familien also,
in denen mehr als in früheren Zeiten auch die Frauen an unterhaltender Lektüre interessiert waren. Was den Autoren dagegen fehlte, sofern ihnen überhaupt daran gelegen war, konnte nur durch die Instanzen der literarischen
Öffentlichkeit geleistet werden: die Anerkennung, ausgedrückt in Form der
Aufnahme in den Bildungskanon und in das poetologische System sanktionierter Dichtung.

Die in zahlreichen Schriften über den Roman, vom Barockzeitalter bis in
unser Jahrhundert, ausgesprochene Ansicht, der Roman als Gattung lebe vom
Glauben an die Faszination der Liebe, trifft uneingeschränkt auf den antiken
Roman zu. In der Forschung spricht man daher häufig vom Typus des
»griechischen Liebesromans«, eine Bezeichnung, die sich ohne größere
Schwierigkeiten auch auf jene Arten der Prosaerzählung anwenden läßt, in
denen komisch-parodistische (wie im sogenannten *Eselsroman*) oder idyllische
Züge (wie in *Daphnis und Chloë* des Longos) überwiegen. Zum eisernen Be-
stand der griechischen Romane gehört freilich neben der Erotik auch das
Abenteuer, und damit eine Mischung, die in der Tat eine der bleibenden
Formeln der neuzeitlichen Unterhaltungsliteratur vorwegnimmt. Die meisten
Romane sind ein Beispiel für die Beliebtheit des folgenden Schemas: ein Liebespaar, das zu Beginn einen harmonischen Zustand darstellt oder verheißt,
wird zumeist auf einer Reise in Abenteuer verwickelt und zahllosen Gefahren
aller Art ausgesetzt, wobei die Gefährdung des Glücks vor allem durch die
vorübergehende Trennung der beiden Liebenden voneinander bewirkt wird;
den Abschluß bildet jedoch die obligate Wiedervereinigung, ein märchen-
haftes Happy-End, das den ursprünglichen Zustand auf einer höheren Ebene
wieder herstellt.

Daß dieses Rezept noch lange gern befolgt und ausgestaltet wurde, beweist
ein Roman des byzantinischen Schriftstellers Niketa Eugenian aus dem
12. Jahrhundert. Die epische Einleitung des Erzählers liest sich wie ein moderner Klappentext: sie zählt in aller Kürze die zum Schema gehörigen Elemente auf, das ganze Repertoire der Abenteuer, welche die Liebenden zu
bestehen haben – und dies geschieht vermutlich in der Absicht, für die Erzählung zu werben und den Leser auf die verheißene Spannung einzustimmen.
Dem Liebespaar, heißt es dort, drohen Verfolgungen, Irrwege, Seestürme,
Entführungen, räuberische Überfälle, Piraten, Hunger, ferner finstere Verlie-
ße, eiserne Fesseln, Trennungen, schwerster Kummer, doch »zum Schluß
kommt nach allem die Vereinigung, winkt das eheliche Glück« (zitiert nach
Novaković, 36).

Dem heutigen Leser wird unter anderem auffallen, daß die bewegte Handlung, die mit zahllosen ineinander verfugten abenteuerhaften Episoden aufwartet, stets mit einem sehr deutlich ausgeprägten ideologischen Gerüst ausgestattet erscheint. Diese an einem festen Wertesystem orientierte Ausstattung gehörte damals offenbar zu den von den Lesern als selbstverständlich und notwendig erachteten Elementen literarischer Darbietung. Die Schicksale des Liebespaares (auf dem Hintergrund eines Systems der Erotik, das die Heterosexualität eindeutig als das normale Verhalten voraussetzt) steuern trotz aller Fährnisse auf einen harmonischen Ausgang zu, und zu diesem gehört die Ankündigung oder die Vollziehung des Ehebündnisses, eines Aktes also, der die erotische Beziehung gesellschaftlich bestätigt. Die Welt des griechischen Romans, so apolitisch oder auch geschichtsfremd sie im einzelnen auch sein mag, kennt nicht die Dämonie, das Verzehrende oder Verhängnisvolle der geschlechtlichen Liebe, ein Motiv, das in späteren Zeiten den Romanlesern so geläufig sein wird. Diese Welt ist trotz aller Erschütterungen und Anfechtungen eine »heile Welt«, denn nichts ist ihren wahren Repräsentanten fremder als eine Abweichung von der geheiligten gesellschaftlichen Tradition: als mustergültig gilt konformes Verhalten gegenüber der Übereinkunft im Bereich der Geschlechtsmoral. Auch die Offenbarung von Gefühlen folgt in der Regel den Mustern des eingeübten Anstands; die Helden bewegen sich, wie viel später die Figuren klassizistischer Dramaturgie, gemessen und würdevoll, d. h. sie verlieren dank ihrer Autoren niemals den Kopf (und das trifft auch im doppelten Sinne des Wortes zu, denn für die eigentlichen Hauptgestalten gilt das Gesetz der literarischen Prädestination, wonach die Bauweise und die Gattungskonventionen eines Literaturwerkes über das Leben der Figuren entscheiden). Das Verhalten der Helden läßt an eine sorgfältig gestaltete Choreographie denken: die Schritte erfolgen stets unter der Regie der sanktionierten Moral. Worauf es in der Handlungsführung ankommt, ist die Pointierung auf den Schluß hin, auf den Sieg des ethischen Grundprinzips. Das persönliche Glück des Liebespaares ist das augenfälligste Zeichen des moralischen Schemas.

Die problemlose Choreographie des Ganzen – zu der auch der Umstand zählt, daß ein seelisch undiszipliniertes, gleichsam unberechenbares Verhalten nur bei den negativen Figuren zutage tritt – bereitet dem heutigen Leser kaum nennenswerte Schwierigkeiten. Käme es lediglich auf die Aufdröselung und die Zusammenschau der Handlungsstränge an, könnte der moderne Rezipient sich durchaus im Bereich der gegenwärtigen literarischen Konfektion wähnen. Die Andersartigkeit dieser erzählten Welt kommt jedoch überaus deutlich in manchen anderen Elementen zur Geltung. In erster Linie gilt es, den kulturellen und namentlich den religiösen Hintergrund zu beachten, der bewirkt hat, daß die literarischen Helden im engeren Sinne des Wortes, vor allem der Jüngling und das Mädchen, als mythische Erwählte figurieren, deren ideeller Rang im Wertesystem zuweilen fast in Form einer sakralen Aura in Erscheinung tritt. Die ungewöhnliche Schönheit ist das augenfälligste Zeichen. Im bekanntesten Roman aus jener Zeit, Heliodors *Aithiopika* (*Äthiopische Abenteuer*, 3. Jahrhundert n. Chr.) ist die erste Schilderung Charikleas, der weiblichen Hauptgestalt, gleich zu Beginn des Ersten Buches, in dieser Hinsicht überaus bezeichnend.

»Ihre Erscheinung traf die Männer am Berge wie ein Blitzstrahl. Staunend und bestürzt versteckten sie sich hier und dort im Gebüsch. Wie sie hochaufgerichtet dastand, erschien sie ihnen ein höheres Wesen, irgendeine Göttin. Die Pfeile klirrten von der raschen Bewegung, ihr golddurchwirktes Gewand spiegelte den Glanz der Sonne wider, ihr bekränztes Haar, das so weit über den Rücken fiel, flatterte im Winde wie bei einer Bacchantin.« (Heliodor, 5)

Trotz des weitgehend privaten Charakters der Romanhandlungen ist die ästhetische Macht der Erscheinung einer Epiphanie vergleichbar, die einen Bereich der Unberührbarkeit schafft. Geht man von der Typologie literarischer Helden aus, die Northrop Frye (*Anatomy of Criticism*) vorgeschlagen hat, so sind die Hauptgestalten der griechischen Romane jener Kategorie von Helden zuzurechnen, die zwar in vollem Sinne menschliche Wesen sind, sterblich, wenn auch kaum hinfällig, jedoch durch Erscheinung und Begabung weit über den Durchschnitt hinausragen. Sie sind literarisch nach Fryes Terminologie im »hochmimetischen Modus« beheimatet, in der Welt des Epos und der Tragödie. Die Verwandtschaft des Romans mit der epischen Überlieferung tritt darin zutage, so wie bei den satirisch-parodistischen Erzählwerken der griechischen und römischen Literatur (Apuleius, Petronius) die Nähe zur Komödie und zum Märchen bemerkbar ist.

Der Vergleich mit der konfektionierten Literatur unserer Zeit läßt ferner Schwierigkeiten erkennen, wenn von der sprachlichen Gestalt der antiken Texte die Rede ist. Der Vergleich lehrt zumindest, wie relativ die Gültigkeit des Begriffs der Unterhaltsamkeit sein kann. Auch die frühen Romane werden von den Literarhistorikern heute als Beispiele antiker Unterhaltungsliteratur gedeutet. Allein es erscheint schwierig, sich heute einen Leser vorzustellen, der mit dem Stil dieser Texte noch die Vorstellung von Unterhaltung verbinden würde. Die Andersartigkeit, die auch hier zum Ausdruck gelangt, hat ihren Grund darin, daß die immanente Poetik des griechischen Romans einer Tradition folgt, die den modernen literarischen Praktiken fremd geworden ist. Während die neuere Unterhaltungsproduktion mehr oder minder bewußt sich die Grundsätze des literarischen Realismus zu eigen macht, beruht das Erzählen im Altertum auf der Entfaltung wortreicher und prunkvoller Rhetorik.

Mit heutigen Augen gesehen, ist der antike Roman auf weite Strecken hin ein Gebilde, das an ein Exerzierfeld für Rhetorik gemahnt. Und das besagt: die Forderungen der gefällig gesetzten Rede nach den Mustern der gehobenen kulturellen Norm jener Zeit beherrschen das Geschehen, und nicht etwa die seelischen und körperlichen Reaktionen, wie man sie etwa auf Grund der üblichen Erfahrungswerte erwarten würde. Die Choreographie in der Handlungsführung hat hier ihr sprachliches Gegenstück im Figurenwerk sorgfältig gestalteter Rede. Man könnte auch sagen, daß die Rhetorik des Romans und vor allem der Romanhelden den Wortprunk und das Handlungstempo der Oper vorwegnimmt. Wo man einen Zugriff, eine rasche Reaktion erwartet, erfolgt statt dessen der Stillstand einer schwungvollen Rede, manchmal sogar eine sprachliche Handlung, die in krassem Widerspruch mit allem steht, was man erfahrungsgemäß als natürlich ansehen würde. Mit einem Wort, die Grammatik erweist sich der Psychologie überlegen.

Zahllose Beispiele bieten sich an. Einprägsam sind besonders solche, in denen die Unvereinbarkeit mit den Erfahrungserwartungen sogleich ins Auge fällt, wo also der »Operncharakter« als Strukturprinzip erkennbar wird. Unfreiwillig komisch dürfte dem heutigen Leser eine Stelle aus einem der frühesten überlieferten griechischen Romane erscheinen, aus den *Ephesiaka* (*Ephesische Geschichten*, 2. Jahrhundert n. Chr.) des Xenophon von Ephesos. Gegen Ende des Ersten Buches (14. Abschnitt) wird die Entführung des jungen Ehepaares Habrokomas und Anthia durch Seeräuber geschildert. Der greise Erzieher des jungen Ephesiers stürzt sich vom brennenden Schiff aus Verzweiflung ins Meer; doch noch in den Wogen findet er Zeit und Kraft, in wohlgesetzter Rede das bittere Schicksal zu beklagen. Und auch die Seeleute des Habrokomas, die den Überfall der Piraten überlebt haben, gebärden sich ähnlich: auf dem Wrack die einen, auf dem Seeräuberschiff in Gefangenschaft die anderen, rufen sie noch einander Klage und Tröstung zu – gleich einem Matrosenchor in einer Operninszenierung.

Zu vermerken ist ferner, daß zur rhetorischen Ausstattung romanhafter Prosa auch die literarische Reminiszenz gehören kann, die Literatur in der Literatur gleichsam. Heliodors Roman, der zu den wortmächtigsten Werken der griechischen Erzählprosa zählt, läßt in einem Abschnitt (Drittes Buch), in dem wieder einmal die Schönheit der Charikleia geschildert wird, eindeutig das Ansehen der epischen Tradition erkennen: »Aber als Eos erschien am Morgen mit rosigen Fingern, wie Homer sagen würde – in unserem Falle: als aus dem Tempel der Artemis die schöne, kluge Charikleia herauskam, da erkannten wir, daß auch Theagenes übertroffen werden könnte, doch nur insoweit, als die Schönheit eines reinen Weibes reizvoller ist als selbst die des vorzüglichsten Mannes.« (Heliodor, 77) Das ist im übrigen nicht die einzige Stelle, die dem Leser Homer ins Gedächtnis ruft.

Besteht man auf dem Vergleich mit modernen Texten aus dem Trivialbereich, so sollte man jedenfalls den grundlegenden Unterschied bedenken zwischen literarischen Praktiken, die in der Simulation nicht selten auch naturalistische Mittel einsetzen, und der antiken Erzählmanier, die auch dort, wo sie offenbar vorwiegend der Unterhaltung dienen sollte, keineswegs darauf verzichtete, sich artifiziell zu gebärden und das Kulturbewußtsein rhetorisch zur Schau zu stellen, oder vielmehr zum Gehör zu bringen. In historischer Sicht muß ferner der wichtige Umstand bedacht werden, daß die griechischen

Romane ja vor allem Liebesromane sind und daß die Rhetorik in dieser Hinsicht eine besondere Rolle spielt. »Was dem modernen Romanleser als Pathos einer abgegriffenen Konvention erscheinen mag«, erläutert C. W. Müller in einer der neuesten Darstellungen des antiken Romans, »stellt für die erotische Dichtung der Griechen eine bis dahin ungewohnte Verinnerlichung, ja Spiritualisierung der Liebe dar, zu der sich in der antiken Literatur eine Parallele nur in der fast gleichzeitig mit dem griechischen Roman entstandenen römischen Elegie findet.« (Müller, 386) Unter diesem Gesichtspunkt bietet sich eher ein Vergleich mit dem höfischen Roman der mittelalterlichen Dichtung an, die allerdings ihre erotischen Vorstellungen aus anderen Quellen bezog und keine Beziehungen zum antiken Roman erkennen läßt. Das Mittelalter kannte nur die sogenannten pseudohistorischen Romane, etwa den Alexanderroman, ein Werk, das eine nach damaligem Muster phantastisch ausgeschmückte Vita ist und kaum eine Vorstellung vom griechischen Liebesroman zu bieten vermag.

Bei einer Gesamteinschätzung des antiken Romans unter dem Aspekt späterer Entwicklungen der Romangattung ist besonders zu beachten, daß die Erzählprosa der großen Form schon in ihren Anfängen die poetische Welt weitgehend als eine private, von persönlichen Schicksalen bestimmte Welt modelliert – im Gegensatz zum Epos, das viel stärker der Idee der Gemeinschaft und damit dem politischen Handeln verpflichtet ist. Der rhetorische Aufwand steht, wie gesagt, damit nicht im Widerspruch. Die Romanhelden repräsentieren keine nationalen, machtpolitischen oder kulturellen Gedanken und Einrichtungen, sondern sie verkörpern die Kraft und Beständigkeit persönlicher Gefühle. Bachtin betont in seiner Abhandlung *Formen der Zeit und des Chronotopos im Roman* die Bedeutung der privaten, isolierten Erlebniswelt für den antiken Roman überaus stark: »Die gesellschaftlich-politischen Ereignisse erlangen im Roman nur durch ihren Bezug zu den Ereignissen des privaten Lebens Bedeutung. Und nur dieser ihr Bezug zu den privaten Schicksalen wird im Roman beleuchtet, während ihr sozial-politisches Wesen außerhalb von ihm bleibt.« (Bachtin 1986, 292) Man darf dabei allerdings nicht vergessen, daß das Vorherrschen der Isoliertheit und des Zufalls in dieser erzählten Welt nicht die Vorstellung erwecken dürfte, hier handle es sich bereits um jene Welt ohne Transzendenz, in der der junge Lukács das Wesen des neuzeitlichen Romans erblickt hat. Die Grenzen zwischen literarischer Regie – in Form des schon genannten Gesetzes der harmonischen Prädestination – und metaphysischer Umrahmung sind im antiken Liebesroman fließend. Der obligate glückliche Ausgang, der ja nur für den naiven Leser eine Überraschung darstellen mochte, erlaubt einen Einblick in die Hintergründe eines Geschehens, das letztlich eingebunden erscheint in kultisch-religiöse Zusammenhänge. Die Beliebigkeit und Unbestimmtheit des Zufalls, den die Romanhelden in ihren zahllosen verwirrenden Abenteuern, vor allem im Zeichen von Not und Passivität, erfahren, ist weniger das Merkmal einer chaotischen Welt, sondern vielmehr das augenfälligste steuernde Element einer literarischen Strategie. Daß diese jederzeit auf die stützende Kraft mythischer Instanzen sich berufen konnte, gehörte wohl zu den Selbstverständlichkeiten jener Zeit. Der krönende Schluß der *Äthiopischen Abenteuer* ist ein Beispiel dafür. Die einem strahlenden Opernfinale vergleichbaren Vorgänge des letzten Buches lassen den versöhnlichen Schluß als höhere Fügung, als Willen der Götter erscheinen, und zugleich als eine Tat staatspolitischer Klugheit, womit die gesamte Romanhandlung vom Schluß her jene mythische und utopische Transparenz gewinnt, die zu den Voraussetzungen dieser antiken Romanform gehört.

Einer Zusammenschau der Züge des antiken Romans mit seinem vorherrschenden Typus, dem idealisierenden Liebes- und Abenteuerroman, sowie seiner sekundären Bildung, dem komischen, satirisch-parodistischen Roman, stellen sich in thematischer Hinsicht keine wesentlichen Hindernisse entgegen. Der Blick auf spätere Epochen in der Geschichte der großen Prosaformen wird zudem zeigen, daß die antiken Autoren, allen voran Heliodor, namentlich durch die stofflichen und thematischen Aspekte ihrer Werke gewirkt haben. Erst die eingehende analytische Beschäftigung mit diesem Korpus in neuester Zeit hat auch die Sicht auf andere Fragen freigelegt, so namentlich auf den Umstand, daß das antike Romanschaffen im Hinblick auf die literarische Machart keineswegs als uniform gelten kann. Das System der Gemeinplätze in Handlungsführung und rhetorischer Ausstattung sollte nicht vergessen lassen, wie erheblich der Unterschied zwischen den einzelnen Werken sein konnte. Die herausragende Stellung von Heliodors Roman wird verständlich, wenn man bedenkt, wie imponierend die künstlerische Leistung trotz aller schematischen Leerläufe im einzelnen erscheinen mußte und auch heute noch erscheint. Gerade eine Poetik des Romans hat gute Gründe, dem Umstand Beachtung zu schenken, daß eine Heliodor-Lektüre sehr aufschlußreiche und auch einigermaßen überraschende Einblicke in die Geschichte des Erzählens erlaubt. Überraschende insofern, als eben dieser Roman zeigt, wie ehrwürdig das Alter mancher erzählerischer Kunstgriffe ist, bei denen man mit Hinsicht auf ihre ausgeprägte Rolle in den letzten beiden Jahrhunderten geneigt war, sie für eine neuzeitliche Errungenschaft zu halten.

Geht man etwa von einer elementaren Zweiteilung der Erzählarten aus, von denen die eine zumeist berichtend, d. h. distanziert-zusammenfassend, genannt wird, die andere dagegen szenisch, d. h. einläßlich, quasi aus der Perspektive des Augen- oder Ohrenzeugen gestaltet, so wird im allgemeinen die erstere als ein Merkmal altertümlichen oder, aus einer anderen Sicht, auch konservativen Erzählens begriffen, die letztere hingegen hauptsächlich als ein Ergebnis neuerer literarischer Tendenzen. Die ausschlaggebende Rolle, die dem Nahsicht-Verfahren vielfach seit dem Naturalismus zugekommen ist, mag dieser Anschauung in besonderem Maße als Stütze gedient haben. Sieht man jedoch genauer hin, so erweist sich bereits der antike Roman als ein Übungsfeld unterschiedlicher Erzähltechniken, so z. B. des Perspektivenwechsels, des dialogisch gestalteten Berichts, der vorübergehenden Aufhebung des Erzählers, der erläuternden Abschweifung usw. Die *Ägyptischen Abenteuer* weisen eine besondere Vielfalt auf, so daß Heliodors Werk als eine Art Beispielbuch für den damaligen Stand erzählerischer Möglichkeiten gelten kann. Beachtung hat zu Recht vor allem der Anfang des Romans gefunden, das Exempel für einen Romananfang, der der begrenzten Figurenperspektive den Vorzug vor der Sicht des allwissenden Erzählers gibt – und damit, wenigstens streckenweise, das Geheimnis, die Überraschung und die Ungewißheit literarisch institutionalisiert. Es gibt kaum eine neuere Abhandlung zum Gegenstand, die darauf verzichtet, auf diese Leistungen des griechischen Romans hinzuweisen.

Es ist müßig, Mutmaßungen darüber anzustellen, wie sich der antike Roman entwickelt hätte, wenn er unter anderen geschichtlichen Bedingungen in Erscheinung getreten wäre. Fest steht, daß ein Großteil der Romanproduktion für viele Jahrhunderte von der historischen Bildfläche verschwand. Dafür gestaltete sich die Rückkehr des antiken Liebes- und Abenteuerromans ins literarische Leben um so siegreicher. Im Abschnitt über die Renaissance wird mehr davon die Rede sein.

II

Der mittelalterliche Roman entfaltete sich ohne unmittelbare Beziehungen zum erotischen Roman der Antike. Die besagten Werke lebten in der byzantinischen Literatur weiter, in Westeuropa waren sie unbekannt. Der Kontinuitätsbruch, von dem schon die Rede war, tritt im Mittelalter sehr deutlich zutage. Wäre damit alles Wesentliche über diese Epoche im Hinblick auf die Geschichte des Romans gesagt, so könnte sich eine Poetik des Romans hier mit wenigen Sätzen begnügen. Wenn dennoch an dieser Stelle eine eingehendere Betrachtung notwendig ist, so nicht nur deswegen, weil die mittelalterliche Erzählkunst mit allen ihren Besonderheiten aus der Geschichte der europäischen Epik, im weitesten Sinne des Wortes, schon wegen ihrer ungebrochenen Strahlungskraft nicht wegzudenken ist.

Zu bedenken ist vor allem der elementare Umstand, daß das Mittelalter den Namen für die dominierende Literaturgattung der Neuzeit geliefert hat. Den Weg der Namensbildung beschreibt Ernst Robert Curtius folgendermaßen: »»Romanisch‹ ist der Name, den das beginnende Mittelalter selbst den neulateinischen Volkssprachen verliehen hat, und zwar in Gegensatz zur Gelehrtensprache, dem Latein. Die von *romanicus* und dem Adverbium *romanice* abgeleiteten Wörter…werden nie als Völkernamen gebraucht (dafür hat man andere Wörter), sondern als Name jener Sprachen – also im gleichen Sinne wie das italienische *volgare*. Das altfranzösische *romanz*, das spanische *romance*, das italienische *romanzo* sind solche Ableitungen. Sie sind von der lateinischen Bildungsschicht geschaffen und bezeichnen *alle* romanischen Sprachen. Diese wurden gegenüber dem Latein als Einheit empfunden. *Enromancier, romançar, romanzare* bedeuten: Bücher in die Volkssprache übersetzen oder in ihr verfassen. Solche Bücher konnten dann selbst *romanz, romant, roman, romance, romanzo* heißen – alles Weiterbildungen von *romanice*. Im Altfranzösischen bedeutet *romant, roman* den ›höfischen Versroman‹, dem Sinne nach: Volksbuch. In lateinischer Rücküberselzung konnte ein solches Buch *romanticus* (ergänze *liber*) genannt werden. Die Wörter Roman und romantisch hängen also eng zusammen. Romantisch ist im englischen und deutschen Sprachgebrauch noch des 18. Jahrhunderts etwas, ›was in Romanen vorkommen könnte‹. Die italienische Entsprechung zum altfranzösischen *roman* ist der Gallicismus *romanzo* (›der Roman‹). In diesem Sinn wird das Wort schon von Dante gebraucht (*Purg.* 26, 118). Im Französischen und Italienischen wird also aus *romanice* der Name einer literarischen Gattung.« (Curtius 1948/1963, 41f.)

In der Epoche des Hochmittelalters konnte die Bezeichnung für eine wichtige erzählerische Großform jener Zeit als gesichert gelten. Doch der Name, der mit den heutigen Bezeichnungen im Französischen, Italienischen, Deutschen und vielen anderen Sprachen übereinstimmt, drückte damals etwas anderes aus. Setzt man die heutige Beschaffenheit der Gattung voraus, so muß man wohl sagen, daß der damals geschaffene Signifikant erst im Laufe einer wechselhaften, sich über Jahrhunderte erstreckenden Entwicklung zu seinem in der Neuzeit als selbstverständlich geltenden Signifikat gefunden hat.

Die Koppelung der Begriffe ›Roman‹ und ›Prosa‹ ist bereits seit Jahrhunderten etwas Selbstverständliches. Die Anfänge des Romans in der Antike bestätigen diesen Befund, die mittelalterliche Literatur dagegen weicht davon ab. Das Mittelalter ist in der Kunstliteratur wie kaum eine andere Epoche ein Zeitalter des Verses, und damit eine Zeit, die mit der Vorstellung von Dichtung die Idee besonderer sprachlicher Kunstfertigkeit verbindet, eines Vermögens, das namentlich in der Gestaltungsform des Verses zum Ausdruck gelangt. Die repräsentative erzählerische Großform des Mittelalters in der französischen und deutschen Literatur, den beiden führenden Literaturen in diesem Bereich, bildet darin keine Ausnahme: der höfische Roman ist in seiner Blütezeit fast ausnahmslos eine Gattung in Versen – ein Umstand, der den gleichsam rituellen Charakter der Verhaltensnormen in der höfischen Welt, der literarischen sowie der realen, zusätzlich unterstreicht.

An dieser Stelle erscheint, noch vor einem Streifzug durch diese Welt, ein literarhistorischer Vorgriff auf das Schicksal der mittelalterlichen Romane in den darauf folgenden Epochen sinnvoll. Die geschichtliche Bedeutung dieser Erzählwerke für die gesamte Geschichte der Gattung wird deutlicher, wenn bedacht wird, daß es sich um einen Bestand handelt, der mit der Zeit Veränderungen erfahren hat, die das Leben des Romans wesentlich bestimmt haben. Das Spätmittelalter und die Anfänge der Neuzeit gelten als ein Zeitalter, dem man Übergangscharakter zuschreibt. In der Geschichte des Romans weist es allerdings überaus starke Markierungen auf. Eine von ihnen signalisiert einen entscheidenden Wandel im Erscheinungsbild des Romans. Für ein breiteres Publikum, das mit der Prosa offenbar leichter zurechtkam als mit Versen, wurden neue Fassungen mittelalterlicher Romane erstellt, womit ein Prozeß eingeleitet wurde, den die Zeitgenossen vielerorts als ein Abstiegphänomen erlebten, der jedoch auf die Dauer eine Weichenstellung bewirkte, angesichts deren das Wort ›folgenreich‹ eher eine Untertreibung ist. Die frühe europäische Neuzeit ist jedenfalls eine Schlüsselepoche in der Entwicklung des Bewußtseins von den Möglichkeiten, die eine Koppelung des Erzählens mit der *Prosa* eröffnet. Die Nutzbarkeit der sogenannten ungebundenen Rede für die Darstellung simulierter, also fiktionaler Erfahrung – im Gegensatz zur Meinung, die Prosa tauge nur für lehrhafte Texte im engeren Sinne – gehört zu den großen Anstößen des Zeitalters.

Die Ablösung des Verses durch die Prosa im Bereich des Romans spielt sich in einem Zeitalter ab, dessen wahrhaft bahnbrechendes Ereignis die Erfindung des Buchdrucks war. »Durch die Buchdruckerkunst trat in der Literatur eine wirkliche Revolution ein«, formuliert Koskimies in seiner *Theorie des Romans* (132), eine Umwälzung, die – wie man hinzufügen muß – keineswegs auf Aspekte der Herstellungstechnik oder der Verbreitung von Büchern beschränkt geblieben ist. Gerade die Folgen dieser Erfindung für das Schreiben, die spezifische Gestaltung von Literatur lassen den Zusammenhang von Mediengeschichte und Poetik erkennen. Die komplexen Verfahrensweisen, die namentlich für die Romankunst der letzten hundert Jahre bezeichnend sind, können kaum als ein Ergebnis abstrakter literarischer Einbildungskraft gelten; sie sind vielmehr eine Entfaltung der Möglichkeiten, die in den Gegebenheiten der Medientechnik verankert sind. Insofern kann man in der Tat sagen, daß der moderne Roman in den Werkstätten Gutenbergs geboren worden ist.

Der nachantike Prosaroman lebt, wie gesagt, in mancherlei Hinsicht von seinem mittelalterlichen Erbe. Diese Tradition gilt es zu beachten, wenn davon die Rede ist, daß der Roman in seiner Geschichte immer wieder gegen seine eigene, stereotyp gewordene Überlieferung aufbegehrte. Der *Don Quijote* ist dafür das bekannteste Beispiel. Die Abenteuerromane, die in diesem Werk eine so große Rolle spielen, verweisen ihrerseits zurück auf mittelalterliche literarische Modelle, so daß kein Zweifel daran sein kann, daß eine Romanpoetik ohne diese intertextuellen Bezüge nicht auskommt.

Auf poetologische Schriften im engeren Sinne kann sie sich ohnehin nicht stützen, denn auch für Mittelalter und frühe Neuzeit gilt derselbe Umstand wie für den antiken Roman: eine maßgebliche dichtungstheoretische Kodifizierung findet in der gesamten Zeit bis zum 17. Jahrhundert nicht statt. Allerdings unterschied sich die Stellung des Versromans im Mittelalter wesentlich von der Stellung des Romans in der spätantiken Gesellschaft. Während es sich in Griechenland und Rom um Produkte handelte, die offensichtlich nicht ganz für voll genommen wurden, zählte der Versroman zu den angesehenen Zeugnissen verfeinerter höfischer Kultur. Daß er in poetologischen Texten nicht so recht zum Zuge gelangte, war kein Zeichen eines geringen Ansehens, sondern eine Folge mittelalterlicher Gepflogenheiten. Die Epoche kannte weder die Poetik des Aristoteles noch etwas, was mit den späteren poetologischen Schriften recht vergleichbar wäre. Die rhetorischen Schriften des Mittelalters bleiben fast ausnahmslos auf der Ebene technischer Anleitungen im Umgang mit Versen und Stilmitteln; sie folgen darin ihren römischen Vorbildern. Eine ausgebildete Gattungstheorie ist ihnen fremd.

Die Auseinandersetzung mit der zeitgenössischen Dichtung, auf eine Art, die wenigstens annähernd an die neuzeitlichen Kategorien der Kritik und Programmatik erinnert, findet sich vorwiegend in den Dichtungen selbst, namentlich in den einleitenden Passagen der höfischen Romane. Doch auch dort sucht man vergeblich nach einer auch nur einigermaßen kohärenten Theorie der großen Erzählform. Die Verse in den Einleitungen oder Exkursen sind poetologisch von Interesse, weil darin Anschauungen enthalten sind, an denen die zeitkonforme Sicht universaler theoretischer Fragen abzulesen ist. Aus heutiger Perspektive überrascht die Unsicherheit im Gebrauch der Begründungen, wenn es darum geht, den Bereich der Fiktion logisch auszugrenzen. Schon der Begriff der Wahrheit der textuellen Aussage, einer der zentralen Begriffe in den Überlegungen aus jener Epoche, schwankt andauernd zwischen Auslegungen im Sinne der faktischen, dokumentarischen Gültigkeit und Interpretationen, die sich auf die Idee des moralischen, universal verbürgten Gehalts eines Geschehens berufen. Am nächsten kommt man der mittelalterlichen Auffassung von Dichtung, wenn man sich nicht auf moderne logische Differenzierungen versteift, sondern in der poetischen Praxis die Bestrebung zu erkennen versucht, jedem Ding und jeder Handlung exemplarische Bedeutung zu verleihen, sie durchsichtig zu machen im Hinblick auf eine allgemeine, überindividuelle Vorstellungswelt.

Die eigentümliche, weitgehend einer Sagen- und Märchenwelt gleichende dichterische Sphäre der höfischen Romane läßt Spuren der antiken Überlieferung erkennen, namentlich der lateinischen, mehr noch aber die Impulse aus den Quellen westeuropäischer mündlicher Erzähltradition. Im Hinblick auf diese literarhistorischen Befunde erscheint es verständlich, daß man sich nur selten darum bemüht, die Aventüren-Romane mit Werken von der Art der *Äthiopischen Abenteuer* zu vergleichen. Für zu groß gilt die zeitliche und geistige Entfernung zwischen den beiden Phänomenen. Dabei ist für eine Geschichte des Romans immerhin der Umstand bemerkenswert, daß die epischen Großformen, sieht man vom Epos im engeren Sinne ab, in älteren Zeiten immer wieder dazu neigten, auf geschichtliche und existentielle Erfahrung zu verzichten zugunsten der Schilderung streng ritualisierter Ordnungen, in denen die Gesetze der Phantasie und der Literatur vorherrschen und die Welt die

Form künstlicher Paradiese annimmt. All das ist zu bedenken in Anbetracht des mehr oder minder ausgeprägten Leitmotivs neuerer Romanliteratur schon seit dem *Don Quijote*: nämlich der Bestrebung, sich vom »Romanhaften« zu trennen.

»Romanhaft« sind die großen höfischen Verserzählungen nun in der Tat in höchstem Maße, wie es auf ihre Weise auch die antiken Romane sind. Gemeinsam ist den beiden Typen in erster Linie die sozusagen garantierte Unverrückbarkeit des harmonischen Ausgangs: was auch immer geschieht, so groß die Not der Helden auch ist und wie bedrohlich das Risiko, das sie eingehen, auch erscheint, zum Schluß wendet sich alles zum Guten, Rettung und Belohnung erfahren alle Figuren, die dazu literarisch prädestiniert sind – das Liebespaar im griechischen Roman wie auch der Artusritter im »roman courtois«. Werke wie der Tristan-Roman, dessen Helden sich in ihren Leidenschaften nicht den strengen Regeln höfischer Konvention fügen, bilden darin eine Ausnahme. Beurteilt man Literatur unter dem Gesichtspunkt der Erfahrung, so gilt für beide der besagten Typen die Feststellung, daß in ihnen nicht Erfahrung, sondern ein gedankliches Muster vorgeführt wird.

Gleichsam exterritorial ist der Ritterroman, wie auf andere Weise auch der antike Liebesroman, nicht nur im Hinblick auf die geschichtslosen Züge der Romanschauplätze; er ist es auch dadurch, daß er einen Raum und eine Welt (einen Chronotopos, nach dem Ausdruck Bachtins) schafft, worin gerade die partielle Deckung mit Elementen geschichtlicher Empirie die nicht erfahrungsgemäße Gesamtanlage der Erzählungen hervortreten läßt. Der Held, der die moralische Idee des Romans verkörpert, gewinnt durch diese seine literarische Mission Vorrechte ohnegleichen: seine abenteuerlichen Fahrten, so gefahrvoll sie auch erscheinen mögen, bewegen sich auf vorgezeichneten Bahnen, die stets einem friedlichen Zustand zustreben.

Man begreift, warum Erich Auerbach im Ritterroman-Kapitel in *Mimesis* die Abenteuer der höfischen Helden der Gattung der märchenhaften Erzählung zuordnet. Gemeint sind damit nicht nur die ausgesprochen phantastischen, übernatürlichen Elemente, die durchaus zum Repertoire des Ritterromans gehören (nicht dagegen zur Welt des griechischen Liebesromans). Das Attribut der Märchenhaftigkeit bezieht sich ebenso auf die Unbekümmertheit gegenüber faktischer Erfahrung wie auch auf die maßgebliche Orientierung an der moralischen Idee, die der literarischen Konstruktion zu Grunde liegt. Was immer man auch in späteren Epochen unter ›Realismus‹ verstanden haben mag, das Mittelalter gehört mit seinen Romanen nicht zu den Zeitaltern, von denen entscheidende Impulse für die Modellierung realer Erfahrung ausgegangen sind. Gewiß, heutige Leser mittelalterlicher Romane (Leser, deren Lektüre nicht immer freiwillig sein dürfte) sind wohl zuweilen überrascht über die Realistik in den Schilderungen mancher Einzelheiten, doch die vermeintliche »Genauigkeit« im Detail sollte nicht darüber hinwegtäuschen, daß die fragliche Epoche in und außerhalb der Literatur andere Vorstellungen von

Authentizität, Wahrheit und Wirklichkeit hegte als die Moderne der letzten Jahrhunderte. Was sich heute wie eine Vorwegnahme realistischer Grundsätze ausnehmen mag, war damals die Folge eines Weltbildes, in dem die konkrete, sinnlich-materiell nachvollziehbare Erfahrung keine Sonderstellung einnahm, d. h. keinen höheren Grad an Authentizität beanspruchen konnte. Authentisch war für den mittelalterlichen Leser nicht nur das Erfahrbare und Überprüfbare, sondern gleichermaßen auch das Überlieferte und Geglaubte, so phantastisch es auch sein mochte. Die Unterscheidung zwischen den Kategorien des Möglichen und Unmöglichen, Wahrscheinlichen und Unwahrscheinlichen, die Distinktion aus der Poetik des Aristoteles (einer Schrift, die dem Mittelalter unbekannt war), spielt im mittelalterlichen Dichtungsverständnis so gut wie keine Rolle.

Nicht wie die Dinge sind, sondern wie sie sein könnten oder vielmehr sein sollten – das ist die Formel, die den Ritterroman beherrscht. Zu seinem Wesen gehört, nicht viel anders als im antiken Liebesroman, Idealisierung. »Eine solche Idealisierung«, schreibt Auerbach, »führt weit fort von der Nachahmung des Wirklichen; im höfischen Roman ist das Funktionelle, geschichtlich Wirkliche des Standes verschwiegen, und es läßt sich aus dieser Dichtung zwar eine Fülle von kulturgeschichtlichen Einzelheiten über Verkehrssitte und überhaupt über äußere Lebensform, aber keine vertiefte Anschauung von der Zeitwirklichkeit auch nur des Ritterstandes gewinnen; wo sie die Wirklichkeit schildert, da schildert sie nur die bunte Oberfläche, und wo sie nicht oberflächlich ist, da hat sie andere Gegenstände und andere Absichten als die Zeitwirklichkeit.« (Auerbach, 133)

Der Begriff ›Idealisierung‹ bietet jedenfalls ein Stichwort zum Vergleich zwischen Antike und Mittelalter in der Geschichte des Romans. Der ästhetische und ethische Nimbus, der die Zentralfiguren der griechischen Werke umgibt, bezeichnet in noch ausgedehnterem Maße die Helden der rund tausend Jahre später entstandenen Romane. Die Wörter ›ritterlich‹ und ›höflich‹, die hier ihren Ursprung haben, charakterisieren die geistige Gestalt des Ritters. Physische Eigenschaften wie Schönheit, Kraft und Ausdauer treten hinzu, so daß die literarische Ausstattung des (männlichen) Helden jene Bündelung ästhetischer, moralischer und kriegerisch-körperlicher Merkmale aufweist, die die Vorstellung vom mustergültigen Helden für viele Jahrhunderte geprägt hat. In der Trivialliteratur herrscht sie auch heute noch vor. Für die höfischen Ritter, und in einem gewissen Maße auch für die griechischen Romanfiguren, gilt der Begriff, der den Titel von Thomas Manns Mittelalter-Roman bildet: der *Erwählte* (wenn auch diese Bezeichnung in diesem Roman unseres Jahrhunderts mit zusätzlichen Konnotationen behaftet ist).

So ausgerüstet, zieht der Ritter aus, seine Abenteuer zu bestehen. Die Abenteuerlust der Ritter aus dem Zyklus der arthurischen Romane ist unbändig, so daß das Grundschema nur geringe Veränderungen erfährt: der Ritter stellt sich einer Herausforderung, verläßt seinen heimischen Bereich und zieht

aus, um sich in der fremden, nicht von den Ordnungen des Artushofes beherrschten Welt zu bewähren. Der Erfolg ist ihm sicher, doch kommt es zu
weiteren Trübungen, in denen auch die erotischen Motive eine Rolle spielen
(sein Verhältnis zur angebeteten Dame oder zu seiner Ehefrau). Ein weiterer
Auszug mit einer Reihe von Abenteuern erfolgt, und erst darauf findet die
Romanhandlung ihren versöhnlichen Schluß.

Wie im griechischen Roman, ist die Neigung zu einem festen Muster, das
dann im einzelnen abgewandelt erscheint, vorherrschend; und auch die motivischen Schwerpunkte sind letzlich die gleichen: auch die höfischen Romane
sind Liebes- und Abenteuerromane. Nimmt man allerdings die Bewegung, die
von der Abenteuerhandlung ausgeht, als Maßstab, so ist ein gewichtiger Unterschied zu erkennen. Bachtin weist auf ihn hin. Die Hauptgestalten der
antiken Romane suchen die Abenteuer nicht, diese brechen als ein Mißge-
schick über sie herein, und daher ist das Verhalten der Gestalten vorwiegend
passiv – jedenfalls weit entfernt von jenem Tatendrang, der den mittelalterlichen Ritter erfüllt. Die Überraschungen, in Form von Überfällen, Entführungen und dergleichen, schnurren im griechischen Roman gleichsam mechanisch
ab, nach dem Muster ineinander verzahnter Intrigen; in den mittelalterlichen
Büchern gehören die Überraschungen einer farbigen Welt der Wunder an, die
nicht nur den Leser, sondern auch für den Ritter selbst interessant und reizvoll
sind (Bachtin 1986, 340f.).

Berücksichtigt man den Anteil der Erotik in den Handlungen aller dieser
Werke, so begreift man die Meinung jener Kritiker, die behauptet haben, die
Begriffe Roman und Liebesgeschichte seien im Grunde Synonyme. Das erste
Jahrtausend in der Geschichte des europäischen Romans bestätigt zweifellos
diese Diagnose der Gattung. An der Rolle, welche die Geschlechterliebe in der
Praxis (und übrigens später auch in der Theorie) des Romans gespielt hat,
lassen sich freilich nicht nur Konstanten an der Historie einer Gattung ablesen; die Auffassung der Erotik in diesen Erzählwerken gewährt auch Einblik-
ke in gewichtige Prozesse der allgemeinen Kulturgeschichte.

Der mittelalterliche höfische Roman ist der literarische Ort, wo die universale Erfahrung der Erotik in mehr oder minder sublimierter Gestalt erstmals – gestützt von der Minnelyrik – in den europäischen Literaturen einen
anerkannten literarischen Ausdruck fand. Den höfischen Erzählwerken blieb
es vorbehalten, die auch für spätere Zeiten so bedeutsame poetische Ranger-
höhung der Liebe zu dokumentieren, eine Akzentsetzung von größter kulturhistorischer Bedeutung, folgert Auerbach am Schluß des erwähnten Kapitels
in *Mimesis*. Die antike Dichtung habe der Liebe nur »mittlere Würde« zu-
erkannt, denn weder in der Tragödie noch im großen Epos sei sie vorherrschend gewesen. Auerbach erwähnt allerdings nicht den Roman der Antike,
vermutlich wegen des geringen Ansehens dieser Gattung im Altertum. In der
Tat, legt man die gesellschaftliche Würde einer literarischen Gattung als Maßstab an, so gilt es festzustellen, daß der antike Roman die gesamtkulturelle

Affirmation der Erotik noch nicht vor Augen zu führen vermochte. Erst die höfische Kultur des Mittelalters konnte in dieser Hinsicht neue Bewußtseinsprozesse einleiten. Dennoch hätte ein Eingehen auf die Einschätzung der Erotik im antiken Roman das von Auerbach entworfene Gesamtbild notwendig relativiert. Was als Leistung des Mittelalters erscheint, ist zu einem beträchtlichen Teil bereits die Errungenschaft einer älteren literarischen Gattung, nämlich ein Spezifikum der antiken erzählenden Prosa.

Ein Vergleich der beiden bisher behandelten Epochen unter erzähltechnischen Gesichtspunkten bestätigt die vergleichsweise seltene Erfahrung, daß das zeitlich weiter Entfernte nicht unbedingt fremder wirken muß als das zeitlich näher Liegende. Prüft man die antiken und die mittelalterlichen Romane auf ihre narrative Machart hin, so wird man – namentlich im Hinblick auf Heliodors Werk – zugeben müssen, daß die antiken Texte, auch die lateinischen, Möglichkeiten des Erzählens aufzeigen, die dem Mittelalter offenbar wieder abhandengekommen waren. Jedenfalls läßt die Lektüre höfischer Romane noch seltener daran denken, daß der Roman in seiner Zukunft jemals ein Schauplatz besonderer Bemühungen um sorgfältige Unterscheidungen in der Anwendung von Erzählperspektiven sein würde. Im Gegensatz zu den antiken Texten, denen man trotz aller Trivialisierungen den Hintergrund einer großen literarischen und rhetorischen Kultur anmerkt, sind dem mittelalterlichen Erzählen Züge eigen, die dem heutigen Leser Vergleiche mit einer Holzschnittmanier nahelegen. Die rhetorische Formelhaftigkeit des Erzählens sowie überhaupt die Realitätsferne, welche die Figuren in ihrem sprachlichen Gebaren an den Tag legen, rücken den Ritterroman wiederum in die Nähe der antiken Prosa. Allerdings spricht zugunsten der mittelalterlichen Werke der Umstand, daß die Anlehnung an die Tradition des Versepos wie auch die Wirkung, die allein schon der Vers ausübt, die Stilisierungen der Ritterromane von dem Vorwurf der Unglaubhaftigkeit weitgehend abzuschirmen vermögen. Gar nicht zu reden von den phantastischen Elementen, die ebenfalls eine starke neutralisierende Wirkung haben – wohingegen der antike Roman mit seiner viel eher erfahrungsnah zu nennenden Faktur den Vergleich mit der Realität geradezu herausfordert.

Schien in der Antike die Entscheidung zugunsten eines geschriebenen, graphisch verankerten Erzählens bereits gefallen zu sein, so ließ das Mittelalter wieder erkennen, wie mächtig nach wie vor die mündliche Überlieferung war. Deutlicher als in den griechischen Romanen ist am Tonfall der Erzähler zu erkennen, daß die Rittergeschichten sich nicht sehr weit von der Praxis des mündlichen Vortrags entfernt haben. Zahlreiche Texte lassen den Gedanken aufkommen an die ursprüngliche Situation des Erzählens, gekennzeichnet durch den direkten Umgang der erzählenden Person mit ihren Zuhörern. Die entsprechenden sprachlichen Merkmale oder zumindest ein artifizielles Spiel mit ihnen gehört zum rhetorischen Inventar des höfischen Romans. Davon sind auch so hochstehende Werke wie die Romane des Chrétien de Troyes keineswegs ausgeschlossen. Der kommentierende Erzähler, der in der späteren Geschichte des Romans als transzendentale oder auktoriale Erzählinstanz eine so bedeutende Rolle spielen wird, tritt hier noch ganz unbekümmert um taktische und logische Finessen in Erscheinung, gleichsam mit hemdsärmeligen Erzählmanieren. In Chrétiens *Perceval* sind entsprechende Äußerungen des Erzählers bzw. der Erzählstimme recht häufig. Diese Stimme scheut sich nicht, den Erzählakt drastisch zu unterstreichen, etwa durch Hinweise darauf, was als mitteilenswert und was als unwichtig zu gelten habe. So zum Beispiel wird an einer Stelle, wo von einer Mahlzeit der Ritter die Rede ist (I, 6), dem Zuhörer auf biedere Weise versichert, das Essen sei reichlich gewesen, und damit müsse es erzählerisch sein Bewenden haben; was für Speisen es waren und wieviel gegessen und getrunken wurde, darüber zu berichten habe der Erzähler nicht die Absicht.

In derselben Episode wird geschildert, wie der Romanheld in einer Flußlandschaft plötzlich auf einem felsigen Hügel ein Schloß erblickt; die Türme, heißt es, schienen gerade vor ihm aus dem Felsen emporzuwachsen. Modern gesprochen: die Szenerie wird aus der Sicht der Romanfigur dargestellt, es handelt sich also um einen Fall deutlicher Perspektivierung. Doch für den mittelalterlichen Autor gelten die Bestimmungen einer solchen Erzähllogik nicht. Er beschreibt nämlich nicht nur das Äußere des Bauwerkes, also das, was der herannahende Junker selber sehen kann, das Vorwerk, die Türme, die Mauern. Der heutige Leser, liest er nur einigermaßen aufmerksam, wird jedoch stutzen, wenn es im selben Satz heißt, das Schloß sei nicht nur stattlich anzusehen gewesen, sondern es sei auch im Inneren behaglich eingerichtet gewesen. Der unvermittelte Perspektivenwechsel durch das Eingreifen des allwissenden Erzählers ist für einen Leser, der an die subtilen Unterscheidungen im Erzählen seit der Generation Flauberts gewöhnt ist, sicherlich etwas, woran er sich stößt – ein Anstoß aber auch zu Überlegungen über die Grundsätze des Erzählens in mittelalterlichen Werken. Man wird ihnen nur gerecht, wenn man bedenkt, daß dieser Stil perspektivische Logik ebensowenig kennt wie psychologische Nuancierung. Am nächsten kommt man ihm wohl, wenn man ihn mit dem Nebeneinander im Flächenstil der zeitgenössischen Malerei vergleicht. Im Roman der Epoche gibt es zwar das individuelle Schicksal und die persönliche Motivierung, ja auch private Konflikte, doch es gibt noch nicht die individuelle Sicht. Statt dessen herrscht die nivellierende Optik des berichtenden Erzählers vor, der die Dinge nach eigenem Gutdünken behandelt, und dem die notwendigerweise langatmigen rhetorischen Prozeduren wichtiger erscheinen als die Modellierung erfahrungsmäßig vorstellbarer Sachverhalte. Mit anderen Worten: der mittelalterliche Roman ist in mancher Hinsicht weiter von der modernen Vorstellung vom Erzählen entfernt als der antike; er ist mehr »gesprochen« als »geschrieben«, er ist »phonozentrisch«, behaftet mit Zügen anspruchsloser Kunstübung, doch er entfernt sich zugleich von der volkssprachlichen Überlieferung durch seine weitgehend exklusive Ideenwelt. In der Geschichte der großen Erzählgattungen stellt er ein eigentümliches Zwischenspiel dar.

III

Die Annäherung des mittelalterlichen Romans an die realgeschichtlichen Verhältnisse vollzog sich in der Folge nicht so sehr im Rahmen einer Veränderung der Erzählinhalte; sie erfolgte vielmehr durch eine Anpassung an die Bedürfnisse neuer Zuhörer oder Leser. Die Geschichte des höfischen Abenteuerromans ist in den Jahrhunderten nach dessen großer Epoche in Frankreich und Deutschland (im 12. und 13. Jahrhundert) in ausgedehntem Maße eine Geschichte der Wandlungen im Bereich des Publikums. Im Spätmittelalter verliert die höfische Welt ihre normbildende Bedeutung, und im Zuge der Verbreitung kultureller Praktiken, in denen sich der allmählich steigende Einfluß bürgerlicher Schichten ankündigt, kommt es nach und nach zu einem Pluralismus geistesgeschichtlicher Tendenzen. Der Wandel erfaßt den Roman namentlich insofern, als er sich im Hinblick auf sein äußeres Erscheinungsbild oder vielmehr seine sprachliche Beschaffenheit – wohl nicht ganz zufällig, wenn auch ohne literarhistorische Koppelung – seinen Anfängen in der Antike nähert. Das heißt: der Versroman wird in zahlreichen Überarbeitungen zum Prosaroman, ganz im Sinne erweiterter Leserkreise, die die artifiziellen Merkmale der mittelalterlichen Texte als überflüssig empfinden und den anspruchsloseren Prosafassungen der Abenteuergeschichten den Vorzug geben.

Vor allem in der Romania wird das Schicksal der Verserzählung (im weitesten Sinne des Wortes) besiegelt durch das Ansehen, das die Prosanovellistik gewinnt. Das denkwürdigste Datum in dieser Hinsicht fällt in die Mitte des 14. Jahrhunderts: Boccaccios *Decamerone* leitet am sichtbarsten eine Entwicklung ein, deren Folgen auch heute noch erkennbar sind. In den Jahrhunderten der Renaissance setzt sich, wenn auch nur teilweise, jedenfalls gegen einen äußerst zähen Widerstand, langsam die Auffassung durch, wonach im Bereich erzählender Gattungen auch der Prosa Legitimität und gelegentlich auch literarischer Rang zugestanden wird. Seit jener Zeit sind Romane und Novellen, in der neueren Geschichte beide Gattungen Hervorbringungen der Romania, fast uneingeschränkt Erscheinungsformen der Prosa.

Es besteht freilich nicht der geringste Anlaß, im Rückblick auf dieses Zeitalter des Übergangs von einem Sieg des Romans zu sprechen. Er behauptete sich zwar im 16. Jahrhundert schon nahezu konkurrenzlos auf dem Gebiet der Prosa, und er hatte zahlenmäßig eine Leserschaft, um die ihn, an den damaligen Verhältnissen gemessen, die anderen Gattungen nur beneiden konnten. Doch er hatte mit der Prosa sich auf einem Gebiet eingerichtet, das ihm von den verwandten Gattungen neidlos überlassen wurde. Galt doch die Prosa damals, und noch weit bis ins 18. Jahrhundert hinein, als eine Sprachform, die

poetischen Texten unangemessen sei. Daher bedeutete schon die Tatsache, daß
der Roman sich mit der Prosa begnügte (und sich damit in der Nachbarschaft
der rhetorischen Zweckformen befand, der Lehrbücher, Traktate usw.), ein
literarisches Manko. Er wurde als eine Art Gebrauchsliteratur eingestuft –
wobei aus heutiger Sicht durchaus auch der Doppelsinn des Wortes »Gebrauch« bedacht werden kann: Romane und verwandte Erzeugnisse, etwa die
sogenannten Volksbücher, auf dem nach der Erfindung des Buchdrucks allmählich sich ausbreitenden Buchmarkt waren zwar Gegenstände, auf die man
offiziell von oben herabblickte, die man jedoch ganz gut verkaufen konnte.
Nicht geschätzt, aber gelesen, das war die Formel, die mehrere Jahrhunderte
hindurch die Stellung des Romans zu charakterisieren vermochte. In den maßgeblichen Poetiken spielte er bis zum 18. Jahrhundert keine oder nur eine
geringe Rolle. Die Entdeckung und Sanktionierung der Aristotelischen Poetik
im Zeitalter der Renaissance bestimmte für lange Zeit eine Orientierung, die
für den Roman höchst ungünstig war. Was durch die Autorität der Antike
nicht gedeckt war, hatte bis zur Epoche des Antiklassizismus und der Romantik einen schweren Stand.

Im 16. Jahrhundert hat die spanische Literatur ihren ersten großen Auftritt
von übernationaler Bedeutung, und zwar gerade im Bereich des Romans. Aus
der Geschichte erzählender Prosa ist dieses Ereignis nicht wegzudenken. Es ist
erstaunlich, daß gleich zwei typenbildende Werke ihren Weg durch die europäischen Länder aus Spanien antraten: zwei Romane gegensätzlichen Inhalts,
der eine pathetisch, der andere lakonisch-satirisch ausgerichtet, beide überaus
erfolgreich, dazu mit einer lange andauernden Wirkung. Die heroischen Abenteuer, dargestellt im Amadis-Roman, gehen dabei um rund fünfzig Jahre den
Erfahrungen des literarischen Schelms, des *pícaro*, voraus, so daß diese Folge
als eine Ablösung der ritterlichen Idealwelt durch den satirischen Einblick in
die alltägliche Realwelt empfunden werden kann. Auf das Heldenpanorama
folgt das burleske Nachspiel. Sieht man diese beiden Werke bzw. Romantypen
als eine Hervorbringung *einer* Epoche, fühlt man sich an die Zweiheit der
Perspektiven erinnert, die im *Don Quijote* durch die Gegensätze in den Anschauungen des Titelhelden und seines einfältigen Begleiters zustandekommt.
Auch an das Motto in Büchners Lustspiel *Leonce und Lena* mag man denken:
auf die Frage nach dem Ruhm (Alfieri: »E la fama?«) folgt unvermittelt die
Frage nach dem Hunger (Gozzi: »E la fame?«). Der Ritterroman wird von der
Ideologie der Ehre, der Tapferkeit und des Ruhms bewegt, der Schelmenroman dagegen von den Regungen und Bedürfnissen dessen, der die Sorge um
das bloße Brot kennt.

Im Hinblick auf die Gattungsgeschichte des Romans, die ja zugleich, wie
bereits angedeutet, eine nicht ganz unkomplizierte Wortgeschichte hat, ist der
Hinweis der Hispanisten bedenkenswert, daß die beiden exemplarischen spanischen Romane des 16. Jahrhunderts, wie auch deren Folgeschriften, ohne
eine bestimmte Gattungsbezeichnung auskommen. Die französische Be-

nennung ›roman‹ kommt nicht vor und auch nicht das Wort, das dann später, wie auch heute noch, im Spanischen die Gattung des Romans bezeichnen wird, nämlich ›novela‹. (Die spanische und die englische Literatur nehmen mit dieser Namenswahl eine Sonderstellung ein.) Der Roman des Garcí Ordoñez de Montalvo erschien 1508 unter dem Titel *Los quatro libros del virtuoso cauallero Amadís de Gaula* (*Die vier Bücher des tugendsamen Ritters Amadís de Gaula*), und der erste Schelmenroman führt ganz ähnlich den Titel *La vida de Lazarillo de Tormes*, das »Leben« also, die Lebensbeschreibung des Titelhelden. Auch in verwandten oder vergleichbaren Werken der Zeit (vgl. dazu Baader, 82f.) ersetzen Wörter wie ›Bücher‹, ›Geschichten‹ und ›Chroniken‹ eine genauere Gattungsbezeichnung. Das Bedürfnis, die stofflich ohnehin sehr unterschiedlichen Versuche im Neuland der Prosa auf einen begrifflichen Nenner zu bringen, war offenbar nicht sehr ausgeprägt. Es wiederholt sich hier gewissermaßen der Vorgang, den die Romangeschichte hinsichtlich der antiken Texte zu notieren hat: daß das Leben bestimmter Werke und Typen der europäischen Literatur sich erst im Rückblick als Gattungsgeschichte konstituiert.

Von den beiden genannten Romantypen in Spanien macht nur der Ritterroman eine Traditionslinie erkennbar. Der Typus des pikarischen Romans läßt zwar manche Verwandtschaft mit drastischen Motiven der antiken Komödie wie auch der zeitgenössischen Karnevalsliteratur erkennen, mit seinen Besonderheiten stellt er jedoch eine relative Neuheit in der europäischen Literaturlandschaft dar. Der *Amadís* hingegen überrascht nur insofern, als die Neubelebung des mittelalterlichen Romans, nun aber in Prosa, ausgerechnet in einem Lande erfolgte, das dazu literarhistorisch am wenigsten prädestiniert war; denn Spanien steuerte, wie auch Italien, keinen eigenen Beitrag zur Gattung des höfischen Romans im Mittelalter bei. Es ist eine Folge einer seltsamen Verkettung von Umständen, daß der mittelalterliche Abenteuerroman, vor allem eine Domäne der französischen und deutschen Literatur, in seiner neuen Gestalt gerade von der iberischen Halbinsel seinen Zug durch Europa antrat und dadurch die Kontinuität der großen Abenteuererzählungen sicherte.

Über die Vorgeschichte des *Amadís* weiß man nicht sehr viel. Sicher ist, daß der Roman von 1508 eine vergleichsweise gediegene Fassung auf Grund eines älteren Textkorpus darstellt, eben der höfischen Romane aus Frankreich, die in ihren Prosaversionen nach Spanien gelangt waren. Über diese Umstände erfährt man einiges andeutungsweise aus der kurzen Vorrede, die der Autor (bzw. Bearbeiter) des Romans dem Ersten Buch vorausgeschickt hat. »Hier beginnt das Erste Buch vom unverzagten, tugendhaften Ritter Amadís, Sohn des Königs Perion von Gallien und der Königin Helisena, welches erweitert und verbessert ward durch den ehrenwerten und tugendsamen Edlen Garcí-Rodriguez de Montalvo, Raatsherr der erlauchten Stadt Medina del Campo. Er überarbeitete die alten Chroniken, die verdorben waren und im alten Stil schlecht geschrieben, mit Fehlern verschiedener und schlechter Schreiber behaftet. Dabei wurden viele überflüssige Wörter entfernt und andere dazugetan, um einen gefälligeren und eleganteren Stil für die Beschreibung des Ritterwesens und dessen Taten zu erhalten.« (*Amadís von Gallien*, 5)

Sieht man von der nicht sehr diskreten Werbung ab, so interessiert der Hinweis auf die »alten Chroniken«, womit die Überlieferung gemeint ist, die den Zusammenhang über Jahrhunderte hinweg herstellte. Im spanischen *Amadís*, der auch in Übersetzungen zahlreiche Auflagen erzielte, lernte das europäische Publikum des 16. und 17. Jahrhunderts eine poetische Welt kennen, die fern und nah zugleich erscheinen konnte. In einer noch nicht historistisch eingestellten Epoche wie dieser spielte der Umstand, daß man es hier mit zum Teil authentischen Elementen mittelalterlicher Dichtung zu tun hatte, eine nur geringe Rolle. Das Interesse der Leser beruhte nicht auf der Neugier, die man vielleicht gegenüber poetischen Hervorbringungen vergangener Jahrhunderte hätte empfinden können; was den Erwartungen des Publikums entgegenkam, war eine Abenteuerwelt, die mit ihren leicht faßbaren Grundordnungen eine ausreichende Identifikationsbasis bot. Die Leser (die nur im Hinblick auf die Normen jener Zeit als zahlreich zu bezeichnen sind) brauchten zudem außer etwas Geduld kaum etwas in die Lektüre zu investieren: der nicht sehr anspruchsvolle, hauptsächlich berichtende Erzählstil bereitete sicherlich keine Schwierigkeiten. Und auch die Verknüpfung von Erfahrungselementen und Gebilden der Phantasie in den Artusromanen ließ bei der Lektüre des *Amadís* vermutlich keine Probleme entstehen. Daß neben den mehr oder minder unfehlbaren Rittern auch Riesen und Zwerge zum Romanpersonal zählten, wurde nicht als störend empfunden, galt doch im Bewußtsein der Leser die kaum erforschte, vor allem aber noch nicht naturwissenschaftlich zernierte Realität als ein Bereich unbeschränkter Möglichkeiten. Die nachvollziehende Einbildungskraft der Leser wurde auch nicht von der Tatsache beeinträchtigt, daß der Schauplatz der Romanhandlung unter anderem durch geographisch-politische Realien bestimmt erscheint: die Bretagne wird genannt, Schottland, Dänemark und andere Länder. Die authentischen Namen sind hier freilich nur eine mehr oder minder beliebige Zugabe, ein Hinweis auf den westeuropäischen Ursprung der erzählerischen Vorlagen, nicht viel mehr. Wer so etwas wie ein spezifisches Lokalkolorit erwartet oder gar eine geschichtlich glaubwürdige Schilderung höfischen Lebens, hegt anachronistische Vorstellungen. Wie bereits der griechische Roman breitet der *Amadís* vor den Lesern einen Raum aus, der trotz geographischer Hinweise kaum exakt lokalisierbare Merkmale besitzt. Es ist der fast abstrakte Raum des Abenteuers, eine Folge wechselnder Schauplätze, deren Dasein sich darin erschöpft, daß sie die gerade erforderliche Kulisse für Kämpfe, Entführungen, Verfolgungen, Feste und Turniere abgeben.

Blickt man nach den Leseerfahrungen unserer Zeit, ja auch der letzten beiden Jahrhunderte, auf die Abenteuerromane des 16. Jahrhunderts zurück, so prägt sich als unterscheidendes Merkmal vor allem die Abstraktheit oder

Eindimensionalität dieser Ritterwelt ein. Trotz des imposanten Umfangs dieser Romane sind sie im Grunde »dünn«, reduziert auf eine Folge von Handlungen und Gegenhandlungen hauptsächlich kriegerischer Art, in denen sich vor allem den männlichen Heldenfiguren ergiebig die Gelegenheit bietet, ihre Tugenden und Fähigkeiten zu beweisen. Gemessen an dem poetischen Standard der Versepik im ausgehenden Mittelalter (Dante) und in der Renaissance, sind die großen Prosaerzählungen jener Zeit zu einem beträchtlichen Teil so beschaffen, daß man heute geneigt ist, den Roman der Epoche der Trivialliteratur zuzuschlagen. Operiert man mit den Begriffen der Ausnahme und der Regel (was freilich nicht unbedenklich ist), so muß man sich wohl dazu entschließen, in den frühen Phasen des neuzeitlichen Romans die Regel dort zu sehen, wo es keinen Grund gibt, den Texten ein besonders schmeichelhaftes Zeugnis auszustellen.

Am meisten erinnert der *Amadís* durch seine Erzählerrolle an die anspruchsvollen Romane späterer Epochen. Man meint schon jene Stimme zu vernehmen, die im Roman des 18. Jahrhunderts die Verständigung mit dem Leser über die Köpfe der handelnden Gestalten hinweg anstrebt. In der Tat, die lenkende und ordnende Gebärde des abstrakten Erzählers ist an vielen Stellen sehr deutlich zu erkennen – etwa in Wendungen wie der folgenden: »Der euch dies berichtet, verläßt nun diese Stätte, um zu ihr zurückzukehren, wenn es erneut über Galaors Tun zu berichten gilt. Wenden wir uns nun dem Geschick des Edelknaben zu.« (*Amadís von Gallien*, 54) Zuweilen, wie im 13. Kapitel des Ersten Buches, tritt der Erzähler (der, »der euch dies berichtet«, wie er sich selbst bezeichnet) nicht nur in der Rolle des narrativen Ordners auf, sondern auch in der des kommentierenden Predigers, der seine Zuständigkeit auf die moralische Ermahnung ausdehnt. Nur daß diese Betrachtungen im Gegensatz zu den skeptischen und ironischen Interventionen des Erzählers im Roman der Aufklärung ihren festen Rückhalt in der herrschenden Glaubenslehre der Kirche haben. Sie sind durchaus theologiekonform. Wenn zum Beispiel die Handlungsweise einer Romanfigur Anlaß zu moralischer Entrüstung bietet, so läßt sich der Erzähler mit erhobenem Finger über die Sünde des Hochmuts aus, in Form eines kleinen Traktats, ohne zu versäumen, den Lesern zu bedenken zu geben, »daß die grausame Hölle nicht ohne Grund eingerichtet ward« (*Amadís von Gallien*, 109). In Stellen solcher Art ist vermutlich eine doppelte Funktion zu sehen: Der Romanautor versucht durch gelehrt klingende Einschübe der Gattung literarisches und gedankliches Prestige zu verschaffen; und zugleich soll der moralisierende Ton gegen den Eindruck aufkommen, der Roman erschöpfe sich in wilden Abenteuern und Gewalttaten und sei nicht dazu geeignet, tugendhaftes Verhalten zu lehren. Auf jeden Fall darf man in den der moralischen Unterweisung dienenden Passagen einen Versuch ausgleichender Wirkung erblicken.

Stellt der *Amadís* literarischen Import dar, so ist der pikarische Roman weitgehend ein eigenständiger Beitrag Spaniens zur Erzählliteratur der Epoche. Bemerkenswert ist am Schelmenroman die Bereitschaft, größere erzählerische Einheiten zustandezubringen, etwa anhand eines Lebenslauf-Schemas, ohne Befolgung der Rezepte, die sich durch die Tradition der Ritterromane anboten. Die Abenteuer des *pícaro*, des kleinen Gauners, Landstreichers und Dieners, führen die Möglichkeiten einer literarischen Gattung vor Augen, die grundsätzlich auf die Stoffe und Themen der Ritterwelt verzichtet und sich aus der Sphäre der gesellschaftlichen Oberschicht in den Bereich der unteren, ja untersten sozialen Schichten begibt. Auch der Begriff des Abenteuers erhält damit eine andere Bedeutung: war das Abenteuer im Ritterroman ein Teil des höfischen Rituals, eine Reihe von Begegnungen mit dem Unerwarteten, die Gelegenheit bot, die standesgebundenen Fertigkeiten und Fähigkeiten zu erproben, so ist im Schelmenroman das Geschehen eine Folge der Herausforderung des Zufalls, bedingt vor allem durch die Notwendigkeit der Romanfiguren, ihre elementaren Lebensbedürfnisse zu sichern. In der Geschichte des europäischen Romans – einer Gattung, die es auf ihre Weise mit den gesellschaftlich anerkannten, prestigehaften Handlungen und Gefühlen gehalten hat – spielt nun erstmals der Hunger als Verhaltensmotiv eine ausschlaggebende Rolle. Die Welt der Ideen und gehobenen Empfindungen weicht der nackten Materialität eines unschönen Alltags.

Dem Wechsel der Motive entspricht folgerichtig ein Wechsel der Schauplätze. Das Europa der bretonischen Romane und des *Amadís* war ein fast abstrakter Raum der heldischen Aventüre; der Handlungsraum der Schelmenbücher ist dagegen ein konkreter Erfahrungsraum, das zeitgenössische Spanien der Städte und Dörfer. Den Inhalt bilden die Erfahrungen, die gewonnen werden, wenn der Lebensweg von ganz unten zu einem zweifelhaften Aufstieg in die etwas höheren Ränge der Gesellschaft führt, aus dem Verbrecher- und Dirnenmilieu in die Kreise der Soldaten, Kleriker, Künstler. Zur Konkretisierung der satirischen Alltagssicht trägt in wesentlichem Maße auch der Modus der Ich-Erzählung bei. Der literarische Kunstgriff beruht hier auf dem Anschein von Authentizität, der von dem Erlebnisbericht der fragwürdigen Helden ausgeht. Die unmittelbar wirkende Unverblümtheit in der Rede des berichtenden Subjekts über Erfahrungen in der Begegnung mit komischen und grotesken Formen menschlicher Habsucht und Verdorbenheit erscheint in ungetrübter Gestalt namentlich im *Lazarillo de Tormes* (1554), dem ersten Beispiel der Gattung: der listige Amoralismus der Titelgestalt, begründet durch eine illusionslose Sicht menschlicher Lasterhaftigkeit, wirkt überzeugend namentlich wegen der Folgerichtigkeit, mit der hier der gleichsam naive Zynismus freigehalten wird von glättenden, verschönernden Elementen.

So fern der Typus des Schelmenromans, und ganz besonders das soeben genannte Werk, dem Geist und der Rhetorik der Rittergeschichten auch steht, es wäre verfehlt anzunehmen, daß die forcierte Schlichtheit vieler Passagen bereits den Grundsätzen eines modernen Realismus entspreche. Das Traditionsbewußtsein, das sich auch in dieser Prosa bekundet, etwa in Anspielungen auf antike Autoren, läßt erkennen, daß auch diese Werke Anschluß an gewisse literarische Standardvorstellungen jener Zeit gesucht haben. Die Anlehnung an eine moralistische Didaktik gelangt schon im zweiten pikarischen Roman, dem *Guzmán de Alfarache* (1599/1605) von Mateo Alemán, deutlich zur Geltung. Man hat den Eindruck, der Roman habe sich nach seinem ersten Ausflug in ungewohnte Zonen einen Ruck gegeben und sei auf eine sehr konventionelle moralische Weise zur Besinnung gekommen. Das Ergebnis: ein umfangreicher Roman, der zwar das Stoffrepertoire und das Angebot an bewegter Handlung wesentlich erweitert, so daß der *pícaro* nun als geschickter Verwandlungskünstler der Kriminalität spanische und italienische Städte unsicher macht, zugleich aber ein Roman, der einen »geläuterten« Helden voraussetzt, dem es nicht nur um einen spannenden Rückblick auf ein abenteuerliches Leben geht, sondern auch um ergiebige moralische Ermahnung. Der *Guzmán de Alfarache* riskiert, wie so manche späteren Schelmenromane, den »Antihelden« nur in Verbindung mit dem kompensierenden Gegenzug: daß sich der Dieb und Betrüger schließlich zum Moralprediger wandelt. Die immanente Poetik des pikarischen Romans beruht auf einer taktischen Anpassung an eines der ältesten Muster literarischer Theorie: der Verknüpfung von Belehrung und Vergnügen. Der Leser, der an dem Einblick in eine »verruchte« Abenteuerwelt Gefallen fand und der einmal zur Abwechslung die Perspektive »von unten« goutieren konnte, durfte zugleich mit ruhigem Gewissen das Buch weiterempfehlen, ohne etwa in den Ruch zu geraten, er habe sich an moralisch Anstößigem ergötzt.

Legt man die Folgerichtigkeit ungeschminkter satirischer Rede als Maßstab an, so erscheint der *Lazarillo* als ein einmaliger Vorstoß, der in seiner Art unübertroffen ist. Er ist in dem – ohnehin nicht sehr vielfältigen – Romanangebot des 16. Jahrhunderts ebenso singulär wie *Gargantua et Pantagruel*, das Werk, mit dem François Rabelais um die Mitte des Jahrhunderts die Möglichkeiten einer grotesken Epik in der Erzählprosa vorführte. Beide Werke wurden viel gelesen, übersetzt oder bearbeitet, doch in ihrer reinen Form blieben sie im Grunde weitgehend folgenlos. Man muß schon ins 20. Jahrhundert blicken, um etwa das Nachleben jener Synthese »karnevalistischer Kultur« (Bachtin) zu erkennen, die Rabelais mit seinem Werk hervorgebracht hat.

Der Hauptstrom des Romans in den beiden Jahrhunderten vor der Aufklärung war jedoch anders markiert. Entscheidend war die Beliebtheit des großen Helden- und Liebesromans, der »heroisch-galanten« Erzählwerke, die im 17. Jahrhundert authentische Zeugnisse barocker Üppigkeit waren. Wegbereitend wirkten in der Zeit zuvor die zahlreichen Nachahmungen des *Amadís* wie auch die Entdeckung von Heliodors Roman um die Mitte des 16. Jahrhunderts, als auch Schriften aus griechisch-byzantinischer Überlieferung nach Italien und Westeuropa gelangten. Die Entdeckung der *Äthiopischen Abenteuer* für die Entfaltung des Romans bis ins 18. Jahrhundert hinein kann nicht hoch genug eingeschätzt werden: die Zahl der Ausgaben in mehreren Sprachen, allen voran Amyots französische Übersetzung von 1547 (*L'Histoire aethiopique de Heliodorus*), ist ein Gradmesser der Beliebtheit der Werke in der zweiten Hälfte des 16. Jahrhunderts, die Nennung von Heliodors Namen in literarischen Texten und Korrespondenzen ein Zeichen seiner zunehmenden Autorität.

Mit einiger Berechtigung dürfte man den sogenannten hohen Barockroman mit seinen ausladenden Formen, namentlich in Frankreich und Deutschland, einen Roman »in der Manier« Heliodors nennen, so wie der Roman des 18. Jahrhunderts, zuerst in England, in einer seiner Spielarten sich zu einem Erzählen »in the manner of Cervantes« bekannte. Das Grundschema in der Handlungsführung des großen heroischen und erotischen Romans geht jedenfalls auf Heliodor und seine Zeitgenossen zurück, mit dem Unterschied, daß die politisch-dynastischen Bezüge in den zahlreichen Handlungssträngen mit viel größerem Erzählaufwand versehen sind – wie ja überhaupt die griechischen Romane sich im Vergleich mit dem Riesenumfang der meisten Barockromane nahezu wie Novelletten ausnehmen. Einer der besten Kenner der Literatur des 17. Jahrhunderts, Richard Alewyn, beschreibt das Muster – namentlich im Hinblick auf die deutschen Heldenromane der Epoche – folgendermaßen: »Ferner steht im Mittelpunkt der Handlung nicht eine einzelne Person [wie im pikarischen Roman! – V. Ž.], sondern stets ein Paar, ein Liebespaar. Durch diese Verdoppelung des Helden wird aber auch die Erzählung verdoppelt, denn dieses Paar wird frühzeitig gegen seinen Willen getrennt und meist nicht eher wieder vereinigt, als bis die Erzählung sich ihrem Ende genähert hat. Vor dieser Wiedervereinigung ist aber jeder der beiden Partner einer großen Anzahl von Widerwärtigkeiten ausgesetzt gewesen. Diese können physischer Natur sein, wie Seestürme, Schiffbrüche, Erdbeben, Überfälle, Vertreibungen, Verschleppungen und dergleichen, oder moralischer Natur, wie Versuche der Verführung oder Erpressung.« (Alewyn 1982, 122f.)

Heliodor wird von Alewyn nicht erwähnt, doch die Zusammenhänge liegen ohnehin klar zutage. In poetologischen Schriften des 17. Jahrhunderts ist der Roman alles andere als unumstritten, doch dort, wo der Versuch unternommen wird, der problematischen Gattung Ansehen zu verschaffen, geschieht das nicht selten mit Berufung auf den Verfasser der *Aithiopika*; und wenn besonderer rhetorischer Nachdruck erforderlich erscheint, wird Heliodor der Homer des Romans genannt. In Heliodor meinte man den so lange entbehrten Klassiker der Gattung entdeckt zu haben, der einen altehrwürdigen Stammbaum garantierte, in gewissem Sinne vergleichbar mit der Tradition, auf die sich die verbrieften »aristotelischen« Gattungen berufen konnten, vor allem das Epos und die Tragödie.

Es ist überaus bezeichnend für das dominierende Literaturverständnis des Barockzeitalters, daß die Kanonisation Heliodors einhergeht mit einem Urteilswandel im Hinblick auf die Amadis-Romane. Die spanischen Rittererzählungen geraten nach und nach in Mißkredit. Sie werden im 17. Jahrhundert noch eifrig gelesen, allein die Kritiker wenden sich von ihnen ab. Namentlich in Frankreich und den deutschsprachigen Ländern sind die ablehnenden Meinungen nicht zu übersehen. Anstoß erregt vornehmlich – und damit ist überhaupt einer der entscheidenden Gesichtspunkte in der Poetik des Jahrhunderts berührt – das Unmögliche, Phantastische, bloß Erdichtete der Ritterromane, ein Erzählen jedenfalls, das dem Grundsatz widerspricht, eine Geschichte müsse »lebenswahr«, »wahrhaftig« sein, in französischen Poetiken »vraisamblable«. (Vgl. dazu W. E. Schäfer, 370ff.) Da die klassizistische Mißachtung des Phantastischen und Exaltierten in einer zunehmend rationalistisch denkenden Epoche den Ton angab, mußte es auch darum gehen, den Roman aus dem Umkreis des als kompromittiert geltenden *Amadis* zu entfernen.

Daß es sich dabei in erster Linie um »Übergriffe« der Einbildungskraft handelte, dazu solche, die in der Volksmythologie des Mittelalters ihren Ursprung hatten, beweist die Hochschätzung Heliodors, bei dem die abenteuerhafte Intrige und kompositorische Konstruktion zwar auch nicht gerade dem Maß realer Erfahrung entsprechen, bei dem aber die Grenze zum Übernatürlichen auf der Ebene der Handlung nicht überschritten wird. Das Bedürfnis nach dem Anderen, nicht Alltäglichen befriedigt der heroische Roman des Barock durch pseudohistorische Stofflichkeit und exotische Landschaften. Vorwiegend ist es die römische Antike, die klangvolle Namen, spektakuläre Ereignisse und imperiale Schauplätze liefert. Und antik ist die Kostümierung auch in zahlreichen Schäferromanen (Pastoralromanen) des 16. und 17. Jahrhunderts, einer Gattung, die im Hinblick auf die idealisierten, eher der höfischen Etikette als der »Natur« entsprechenden Umgangsformen einen Nebenzweig des heroisch-galanten Romans darstellt. Auf Heliodor konnten sich die Verfasser der barocken Riesenwerke auch in ihrer extremen Stilisierung der Idealbilder berufen: die literarische Ausstattung der Vorbildfiguren läßt diese in einem Glanz erstrahlen, der alles übertrifft, was es in dieser Hinsicht zuvor in der Literatur gegeben hat. Die Bündelung von Heldentum, Ausdauer, Schönheit und moralischer Gediegenheit in manchen Gestalten erinnert an den Nimbus der Unnahbarkeit, mit dem die griechischen Autoren ihre Liebespaare versahen. Im Barock erscheint jedoch alles noch gesteigert, maßlos überhöht. Vom Figurenporträt bis zum Schlachtengemälde wird im heroischen Roman alles beherrscht vom Gedanken auftrumpfender Repräsentation. Die immanente Poetik dieser Gattung ist die der Grandomanie. Paradox ist dabei der Umstand, daß gerade dem Roman, der umstrittenen, noch nicht recht sanktionierten Gattung, die Rolle zufiel, die Idee barocker Steigerung am sinnfälligsten auszudrücken.

Vertraut konnten den Heliodor-Lesern des 17. Jahrhunderts auch die rhetorischen Gebärden der zeitgenössischen Romane aus dem höfischen Bereich erscheinen. Auch die neuen Romane hielten es nicht mit der Erfahrung, sondern mit der Entfaltung rhetorischer Muster, etwa nach dem Grundsatz, daß nicht die Rede sich der Situation anpassen müsse, sondern daß vielmehr die

Schilderung der nichtsprachlichen Handlungen dem Ausmaß des Redeaufwands zu folgen habe. Umgang, Kommunikation ist in dieser literarischen Welt ein Ritual, das möglichst artifiziell zu sein hat, um als angemessen, standesgemäß und damit auch als »wirklich« zu gelten. Der Redefluß ist dabei nicht nur ein Mittel, den Helden literarische Gestalt zu verleihen; die gleiche Art von Rhetorik beherrscht auch die unpersönliche erzählerische Darstellung und erst recht die umfangreichen belehrenden Abschweifungen und Einlagen, in denen der barocke Polyhistor in Erscheinung tritt, der den Roman zum Organon moralischer und wissenschaftlicher Belehrung macht. Der Vergleich mit der Oper, der sich bei der Lektüre Heliodors aufdrängt, ist hier vollends berechtigt. Die heroischen und galanten Szenen mit ihrem Sprachzeremoniell wirken bühnenhaft, theatralisch, und der Anspruch auf die Vereinigung von Erzählung und enzyklopädischer Rundschau kann als ein Analogon zum »Gesamtkunstwerk« der Oper begriffen werden.

Und schließlich verdient Heliodor genannt zu werden, wenn von der Handlungsführung und der damit verbundenen Sinndeutung des höfischen Romantypus die Rede ist. Das Schema der »Verrätselung und Enträtselung« (Voßkamp 1973, 16ff.) wurde bereits von Autoren des 17. Jahrhunderts als ein bei Heliodor vorgebildetes Muster angesehen: verworren und dunkel nehmen sich die Schicksale der Romanhelden nur auf der Ebene der Figuren aus; der umfassende Blick jedoch, der sich über deren unmittelbares Wissen erhebt, gewinnt Einsicht in die Fügung, die für die Harmonie des Schlusses sorgt. In der Komposition ruht der Gedanke einer Metaphysik der Lebensläufe, einer Ordnung, die im Roman ebenso wirksam ist wie in der geschichtlichen Realität. »Roman und Geschichte«, erläutert Voßkamp (17), »werden durch ein gemeinsames Strukturprinzip bestimmt, dem die Polarität von Verwicklung und ›Entknotung‹ zugrunde liegt, und diese ›Entknotung‹ ist in der Geschichte wie im Roman erst ganz am Ende möglich nach dem Durchlaufen aller scheinbar chaotischen Vorgänge und Erzählepisoden. J.-B. Bossuets geschichtsphilosophischer Satz: ›Wenn ihr den Punkt zu finden wißt, von wo aus die Dinge betrachtet werden müssen, so werden alle Ungerechtigkeiten berichtigt sein, und ihr werdet nur Weisheit sehen, wo ihr zuvor nur Unordnung saht‹, gilt uneingeschränkt auch für die Erzählstruktur des Romans.« In diesem Sinne ist die immanente Poetik des hohen Romans vom Versuch gekennzeichnet, das abenteuerhafte oder intrigenhafte Geschehen nicht als bloßes Vehikel der Unterhaltung gelten zu lassen, sondern es viel anspruchsvoller zu interpretieren: als Signatur des Weltlaufs.

Eines der frühen romantheoretischen Zeugnisse in Deutschland, Sigmund von Birkens Vorrede zu dem Roman *Die Durchleuchtige Syrerinn Aramena* des Herzogs Anton Ulrich von Braunschweig (1669), läßt deutlich die Absicht erkennen, den Roman aus höfischer Sphäre als eine Form aristokratischer Erziehungslektüre zu begreifen. Der Autor nennt auch die Bedingungen: die Würde des historisch-politischen Stoffes gehört ebenso dazu wie die Verpflichtung zur Demonstration der höchsten rhetorischen Ebene. Die in der zweiten Hälfte des 17. Jahrhunderts nahezu obligate *Amadís*-Schelte dient unter anderem dazu, dem Roman mehr Prestige zu verschaffen, namentlich durch die Betonung der geschichtlichen Glaubwürdigkeit des erzählten Geschehens, einer Komponente, die in den Phantastereien des spanischen Romans nicht gegeben sei. Die Sprachregelung Birkens und anderer Autoren jener Zeit ersetzt daher die Bezeichnung ›Roman‹ durch ›Historie‹ oder ›Geschicht-Gedicht‹, womit eine terminologische Operation erfolgte, die damals unbedenklich schien. Aus heutiger Sicht erscheint sie ungemein bezeichnend für eine Epoche, in der die Grenzen zwischen Begriffen wie ›Fiktion‹ und ›Faktizität‹ oder ›Historie‹ und ›erzählte Überlieferung‹ keineswegs scharf gezogen waren.

»Es sind / dieser art Historien / vor allen anderen Schriften / ein rechtadelicher und darbei hochnützlicher zeitvertreib / sowol für den / der sie schreibet / als für den / der sie liset: wie dann auch die jenigen / so dergleichen geschrieben / meist entweder vorneme Stands- und sonsten adeliche personen / oder doch leute gewesen / die mit solchen personen kundschaft gepflogen haben. Bücher / die vom Schul- Glaubens- und Rechtsgezänke handeln/ gehören für die jenigen / welche hiervon beruff machen. So werden auch / ordentliche Zeitgeschichtbücher / zwar mit nutzen / jedoch zuweiln mit eckel gelesen. Aber diese Geschichtgedichte und Gedichtgeschichten (von derer zahl aber / die Amadisische und andere aufschneiderische albere Pedantische fabelbruten und mißgeburten / ausgeschlossen werden /) vermälen den nutzen mit der Belustigung / tragen güldene Aepfel in silbernen Schalen auf / und versüssen die bittere aloe der warheit mit dem honig der angedichteten umstände. Sie sind Gärten / in welchen / auf den Geschichtstämmen / die Früchte der Staats- und Tugendlehren / mitten unter den Blumenbeeten angenemer Gedichte / herfürwachsen und zeitigen. Ja sie sind rechte Hof- und Adels-Schulen / die das Gemüte / den Verstand und die Sitten recht adelich ausformen / und schöne Hofreden in den mund legen. Sie lehren / durch vorstellung des unbestands menschlichen glückwesens / der liebes- und lebensgefärden / der gestraften tyranney und untugend / der vernichtigen anschläge / und anderer eitelkeiten / wie man das gemüte / von den gemeinen meinungen des adel-pöbels läutern / und hingegen mit Tugend und der wahren Weißheit adeln müsse.« (Zit. nach der Dokumentation von Lämmert u. a. 1971, 24.)

Da es darum ging, mit einem so angelegten Romanschaffen der Öffentlichkeit zu imponieren, konzentrierte sich das gelehrte Gespräch hauptsächlich auf den höfisch-heroischen Typus, auf die erzählten »Historien« also. Daß es daneben auch den nicht weniger markanten Bereich des pikarischen oder ganz allgemein: des komischen bzw. satirischen und parodistischen Romans gegeben hat, kommt in den poetologischen Schriften der Zeit nicht so deutlich zur Geltung. Die Theorie nimmt, wenn überhaupt, vom Heldenroman Notiz, den komischen ignoriert sie weitgehend, zumindest in Deutschland. Das Anstellen von Überlegungen über den Sinn komischer Formen der Erzählkunst überließ man, irritiert von den »niederen« Zügen der Gattung, bereitwillig den Verfassern solcher Romane. Der den Gepflogenheiten des Zeitalters entsprechende Ort für die Darlegung literarischer Absichten war das Vorwort. In diesem Freiraum konnten die Autoren dem Erzählten ihre Kommentare vorausschicken – klarstellen, abgrenzen, werben, allenfalls polemisieren. Die meisten ließen sich die Gelegenheit zum theoretischen Auftritt nicht entgehen. Allerdings bildet gerade Grimmelshausens *Simplicissimus*, das deutsche Meisterwerk der satirischen Gattung im 17. Jahrhundert, in dieser Hinsicht eine Ausnahme. Mustert man das Schaffen der zum Pikarischen neigenden Zeitgenossen, so etwa die Romane Johann Beers, fällt auf, daß die meisten Verfasser keine Neigung bezeugen, ihre Hervorbringungen als Romane, und dazu noch als Romane einer besonderen, als einigermaßen vulgär geltenden Art zu deklarieren. Mit Vorliebe wird dagegen ein generisches Maskenspiel getrieben, eine Umbenennung, die dazu dient, der Gattung ohne poetologisches Ansehen zu einem für damalige Begriffe honorigen Gattungstitel zu verhelfen. Kurz, nicht von Romanen ist in den Selbstdarstellungen die Rede, sondern von *satirischen* Werken. Die Satire, seit dem Altertum eine anerkannte Gattung im »niederen« Bereich der Literatur, durch große Vorbilder aus der Geschichte der römischen Dichtung geadelt, dient gleichsam als Deckmantel, um die pikarischen Geschichten in einem strengeren Sinne literaturfähig zu machen. Das Mittel ist dabei eine Form terminologischer Magie. Rund hundert Jahre später wurde eine ähnliche Taktik angewandt, als man meinte, die Nobilitierung der großen Prosaform sei am besten dadurch zu erzielen, daß man sie in die Theorie des Epos einbezog.

Durch die Deutung des komischen Alltagsromans als Satire wurde zugleich seine moralische Legitimität gewährleistet. Denn die Komik in der Satire wurde vor allem als ein Vehikel moralischer Wirkung verstanden: Verfehlungen und Laster sollten in karikaturistischer Darstellung der Ermahnung dienen. Eine solche Interpretation der oft drastischen Kritik entsprach durchaus dem Hauptstrom in der Entwicklung des komischen Romans. Denn die plebejisch gefärbte Sicht des Lebens »von unten« beruht zwar auf einer unheroischen Gesinnung, allein sie ist keineswegs durchgehend subversiv. Nach radikal sich ausnehmenden Anfängen, im *Lazarillo*, schwenkte der niedere Roman – den man in Anbetracht seiner Abneigung gegen das idealistische Pathos des heroischen Romans die *skeptische* Spielart des Barockromans nennen könnte – in die Richtung der philosophisch-erzieherischen Grundtendenz der zeitgenössischen Literatur ein. Es blieb zwar weitgehend der Zweifel gegenüber der moralischen Unanfechtbarkeit gesellschaftlicher Einrichtungen und Repräsentanten, doch die metaphysische Pointierung fand sehr bald Einlaß in das Erzählgefüge. Die moralisch verwerflichen Abenteuer gerieten zum großen pikaresken (und pikanten) Vorspiel, auf das die obligate Resignation oder Buße erfolgte, gleichsam der spirituelle Augenaufschlag.

Eindringlicher wurden die Argumente zu einer eigenständigen Poetik des komischen Romans nur im Bereich der Romania vorgetragen, freilich nicht im Ursprungsland des pikarischen Romans, sondern in Frankreich, in der Heimat Rabelais'. Einer der vielseitigsten Schriftsteller der Epoche, Charles Sorel, verdient auch als Theoretiker Beachtung, vor allem mit seiner Apologie des »unheldischen« Romans, der nicht die Niederungen der Lebenserfahrung scheut und literarisch die Mittel der Parodie benutzt. Als Praktiker hat sich Sorel einen zumindest historisch bemerkenswerten Platz in der Literaturgeschichte erschrieben mit seinem Roman *Le berger extravagant* (*Der närrische Schäfer*, 1627), der in seiner zweiten Auflage (1633/34) im Titel die Bezeichnung »Antiroman« trägt, ein Wort, das drei Jahrhunderte danach zum Begriff werden wird. Das »Anti« bezieht sich hier auf die Eigenständigkeit eines Romans, der die literarische Mode zum Gegenstand des Spottes macht. Zielscheibe ist der modische Schäferroman, namentlich in Gestalt von d'Urfés *Astrée*, wobei die ganze pastorale Staffage ähnlich fungiert wie das Rittertum und dessen Abenteuer im *Don Quijote*: ein junger Pariser bildet sich nach der Lektüre von Schäferromanen ein, selbst ein Schäfer zu sein; erst durch das Zutun der Umwelt wird er von seinem literarischen Wahn geheilt und findet den Weg zurück in die Realität – in einer Entwicklung, die harmlos verläuft, ohne die tragischen Akzente des großen spanischen Romans.

Gegen Lebensende, 1671, veröffentlichte Sorel gleichsam die theoretische Summe seiner schriftstellerischen Tätigkeit in einem mehrteiligen Werk, das laut Titel vom Umgang mit guten Büchern handelt: *De la connoisance des bons livres* (in der Rechtschreibung jener Zeit). In der zweiten Abhandlung dieser Sammlung geht es um Fragen des Erzählens und des Romans, eine Gelegenheit für den Autor, auch in eigener Sache zu agieren, vor allem mit der Absicht, den komischen Roman aufzuwerten. Um seinen literarischen Favoriten ins rechte – oder wie der Verfasser meint: ins gerechte – Licht zu rücken, fährt er ziemlich schweres theoretisches Geschütz auf, allerdings in einer für heutige Begriffe höchst fragwürdigen Weise. Kein Theoretiker ist heute bereit, Sorel zu folgen, wenn er zugunsten des komischen Romans dessen Wirklichkeitsnähe hervorhebt und behauptet, dieser Typus des Romans halte es mit der menschlichen »Geschichte« (in Sinne von Erfahrung), im Gegensatz zu den Ritterromanen, in denen es mehr »Lügen« als Wahrheit gebe. (Vgl. Sorels Originaltext in E. Webers Dokumentation, I, 104ff.) Künftige Entfaltungstendenzen der Romanliteratur nimmt Sorel dort vorweg, wo er sich für eine möglichst breite Stoffbasis des Romans einsetzt, d. h. für eine Erfahrungsvielfalt, die weit über jene streng abgezirkelten Bereiche hinausgeht, die den höfischen Abenteuerroman charakterisieren. In der Vorurteilslosigkeit des Erzählers gegenüber der empirischen Welt sieht Sorel die Chance der komischen und satirischen Prosaepik. Daß seine Forderungen unter veränderten Bedingungen in der Geschichte des Romans eine unermeßliche Rolle spielen würden, konnte der Autor freilich nicht ahnen.

Im französischen Klassizismus bildete der Roman keinen Schwerpunkt, und so erscheint es bezeichnend, daß jene Schrift, mit der man die Geschichte der systematischen Romanpoetik beginnen läßt, kaum prospektive Züge trägt, sondern viel eher eine breit angelegte Bestandsaufnahme anstrebt. Gemeint ist Pierre Daniel Huets *Traité de l'origine des romans*, eine Abhandlung also über den Ursprung der Romane, erschienen 1670 (in einer ebenfalls folgenreichen deutschen Übersetzung zwölf Jahre später). Es ist symptomatisch, daß die rund hundert Seiten starke Abhandlung als theoretischer Vorspann zu einem zeitgenössischen Roman die Öffentlichkeit erreichte. Der zielstrebige Literat Huet, der in Pariser Schriftstellerkreisen verkehrte und als klassisch gebildeter Gelehrter geschätzt war (er war einer der Erzieher des Dauphins und als solcher für die »gereinigten« pädagogischen Ausgaben antiker Klassiker zuständig), betrachtete das Verfassen seines *Traité* nicht als bloße Gefälligkeit gegenüber einem Kollegen; er war offenbar überzeugt von der literarischen Legitimität einer Gattung, die zwar keine aristotelische Reputation besaß, die aber immerhin in der Antike ihren Ursprung hatte – so daß man sich, wenn nicht schon auf Aristoteles, so doch wenigstens auf die exemplarische Leistung Heliodors berufen konnte.

Huets Traktat ist eine Verteidigungsschrift, vergleichbar dem Plädoyer in einer gerichtlichen Verhandlung, nach Anhörung der Gegenseite, namentlich aller Vorwürfe, die dem Roman zu jenem Zeitpunkt gemacht werden konnten. Die Abhandlung bezieht sich jedenfalls auf eine ganze Reihe literaturkritischer Texte der vorangegangenen Jahrzehnte, die zeigen, wie umstritten der Roman in der zeitgenössischen französischen Literatur war. Zu führen war sozusagen ein Zweifrontenkrieg: denn die Gegner der Gattung tadelten nicht nur das Vorkommen der als unpoetisch geltenden Prosa, sie warfen ihr auch moralische Bedenklichkeit vor. Die vorwiegend dickleibigen Bücher, so meinte man, verführten zu Schwärmereien, jedenfalls zu einer Beschäftigung, die weder praktisches Wissen noch Erbauung bot. In die Wälzer sei der Müßiggang des Lesers gewissermaßen schon eingeplant.

Gegen den erstgenannten Vorwurf anzugehen, fiel dem Verteidiger vergleichsweise leicht. Es lag im klassizistischen Jahrhundert auf der Hand, sich auf Aristoteles zu berufen, um den formästhetischen Einwand zu entkräften. Macht wirklich die Fertigkeit des Verseschreibens den entscheidenden Unterschied zwischen der Dichtung und der Nichtdichtung aus? Ist es nicht vielmehr die Erfindung der poetischen Welt? Huet kann in dieser Frage gelassen die Poetik des Aristoteles zitieren, das erste Kapitel, in dem es heißt, das epische Versmaß Homers mache den Naturforscher Empedokles noch nicht zum Dichter. In Huets Wortlaut: »la maxime d'Aristote, qui enseigne que le Poëte est plus Poëte par les fictions qu'il invente, que par le Vers qu'il compose...« (Huet, Faksimileausgabe, 6) Es kommt also in erster Linie auf die Erfindungsgabe des Autors an und nicht so sehr auf die Sprachform, die sein Text aufweist. Doch wenn der Vers den Verfasser noch nicht zum Dichter macht, dann ist es nur billig zu schließen, daß auch die Prosa kein entscheidendes Kriterium darstellen kann, weder ein positives noch ein negatives.

Gegen den zweiten Vorwurf, den der mangelnden moralischen Würde, mußte Huet schon seine ganze Beredsamkeit einsetzen, denn hier handelte es sich um ein weit verbreitetes, auch von der offiziellen Kritik geteiltes Vorurteil. Anzugehen war immerhin gegen Meinungen wie jene, die einer der ersten und strengsten Gesetzgeber des französischen Klassizismus, Jean Chapelain, mit den Worten ausdrückte, Romane seien »l'amusement des idiots et l'horreur des habiles«, eine Vergnügung für Toren und ein Greuel für Gebildete. Ganz ähnliche Urteile sind auch noch im 18. Jahrhundert zu finden (wenn etwa von einer Lektüre für müßige Frauenzimmer und verbummelte Studenten die Rede ist), trotz der relativen Beliebtheit, deren sich die großen heroischen Romane in der zweiten Hälfte des 17. Jahrhunderts auch bei einem aristokratischen Publikum erfreuten, das nach den Maßstäben der Zeit durchaus als gebildet gelten durfte. Im Hinblick darauf, daß in den meisten Ländern bis etwa zur Mitte des 18. Jahrhunderts die Befürworter des Romans in der Minderzahl waren, die Leser aus allen damals in Betracht kommenden Schichten sich jedoch offenbar das Vergnügen nicht verderben lassen wollten, bleibt die Schlußfolgerung, daß die Epoche von einem eigentümlichen Zwiespalt zwischen dem offiziell Gewünschten und dem tatsächlich Gelesenen gekennzeichnet war.

Ist man bereit, persönlichen Bekenntnissen Glauben zu schenken, so kann in den Erinnerungen Huets an seine frühe Lektüre von Schäferromanen ein Zeugnis der empfindsamen Wirkung dieser Art von Literatur gesehen werden. In seinen *Mémoires*, die er später als hoher Kleriker schrieb (bald nach der Veröffentlichung des Romantraktats begann seine geistliche Laufbahn), erzählt er, wie stark die Rührung war, die von d'Urfés *Astrée* ausging, so daß den Schicksalen der Schäfer auch manche Träne galt (vgl. Geißler, 18). Es ist begreiflich, daß Leser wie Huet sich davor wehrten, daß ihre Lektüre als ein »amusement des idiots« qualifiziert werde.

Das empfindsame Moment spielt in Huets Romanverständnis überhaupt eine tragende Rolle. Die Absicht des Apologeten konnte verständlicherweise nicht darin bestehen, den Roman als eine völlig neue Erscheinung und ein Experimentierfeld darzustellen; auch er bedient sich vielmehr einer Begründungsform, die man eine Taktik der Assimilation nennen kann. Der Roman muß teilhaben an der großen Tradition der Epik, allein es gilt zugleich, ihn abzugrenzen von der Überlieferung der Heldenepik mit ihren kollektiven Inhalten. Der Roman ist für Huet vor allem eine Liebesgeschichte, eine Erzählung von erotischen Erlebnissen, in der es auch Abenteuer gibt, doch dürfen diese niemals den privaten, empfindsamen Charakter der Begebenheiten verdrängen. Mit der Definition, die dann die gesamte Abhandlung lenkt, zögert er nicht lange; sie findet sich gleich auf den ersten Seiten und lautet: »Romans sont des fictions d'aventures amoureuses, écrites en Prose avec art, pour le plaisir et l'instruction des Lecteurs.« (Faksimileausgabe, 4f.)

Hier findet man in einem Satz alles, woran es Huet gelegen war. Romane sind Erzählungen von Liebensabenteuern, geschrieben in Prosa zum Vergnügen und zur Belehrung der Leser. Man muß gleich hinzufügen, daß dieses Verständnis des Romans offenbar nicht dazu angetan war, die Lehrmeister des Klassizismus, zum Beispiel Boileau, umzustimmen und zu einem günstigeren Urteil über die problematische Gattung zu bewegen. Dafür war aber die Kernbestimmung – die Liebe als das eigentliche Thema des Romans – ein Gedanke, der mit Modifikationen für Jahrhunderte die Idee des Romans bestimmen sollte. Der Roman lebe vom Glauben an die Macht der Liebe, versichert noch ein Literarhistoriker unserer Zeit, Franz Altheim. Zugleich erscheint es nicht übertrieben, wenn man die experimentierenden Vorstöße des Romans im 19. und 20. Jahrhundert als einen Versuch der Gattung deutet, sich vom Bann der Huetschen Formel zu befreien.

Im Traktat des französischen Gelehrten sind zwei Motive erkennbar, die wohl maßgeblich an seiner verengenden Sicht des Romans beteiligt waren. Das eine ist durch die Tradition gegeben, in der Huet den entscheidenden Bestand des Romans erblickte. Zu bedenken ist nämlich, daß der *Traité* nicht nur den Aufriß einer Romantheorie bietet (wie das in kurzen Informationen über diesen Text stets zu lesen ist); er ist zugleich auch der erste einigermaßen systematisch angelegte Leitfaden durch die Geschichte des Romans: vom griechischen Liebesroman bis zur zeitgenössischen französischen Erzählkunst, in der Huet, nicht ohne ein gewisses nationales Pathos, einen erneuten Höhepunkt in der Historie der Gattung sieht. Als befolge er hellseherisch einen Gedanken Friedrich Schlegels, wonach die Theorie sich aus der Geschichte ergeben müsse, entwickelt Huet seine Bestimmung des Romans aus einer geschichtlichen Betrachtung, die – von systematischen Überlegungen durchschossen – erkennen läßt, was im 17. Jahrhundert an mehr oder minder gesichertem Wissen über den griechischen Roman, die römische Prosa und die mittelalterliche Erzählkunst vorhanden war. Die Entwicklung stellt sich für den Zeitgenossen der Klassizisten als eine Bewegung dar, in der sowohl Höhepunkte als auch Niederungen sichtbar sind: die Epoche Heliodors erlebt eine deutliche Aufwertung, während er an den mittelalterlichen Romanen, Erzeugnissen aus »dunklen«, barbarischen Zeiten, kaum ein gutes Haar läßt. Die später von den Romantikern bekämpfte Vorstellung vom finsteren Mittelalter kann durch Huets Schrift deutlich belegt werden.

Ein wichtiges Zeugnis ist sie ferner, fragt man nach der Wirkungsgeschichte Heliodors im Zeitalter des höfisch-galanten Romans. Es überrascht keineswegs, daß der Verfasser der *Äthiopischen Abenteuer* der am häufigsten erwähnte Autor der ganzen Abhandlung ist und daß er in dieser Hinsicht sogar Homer den Rang abläuft. Für Heliodor findet Huet nur schwärmerische Worte: Zu dessen Zeit habe man nichts Zierlicheres und Vollkommeneres in der Romankunst gekannt. Allerdings erweist sich die Lektüre des *Traité* gerade an solchen Stellen als einigermaßen enttäuschend. Wo man eine Charakterisierung des Werkes erwartet, findet man nicht viel mehr als pauschales Lob, ergänzt durch reichlich belanglose Erörterungen über die Person des Verfassers und manche Merkmale der Überlieferung. Versucht man hingegen, eine Beziehung zwischen der Hochschätzung des griechischen Liebesromans und den von Huet vertretenen Auffassungen theoretischer Natur herzustellen, so wird erkennbar, daß Heliodor seine privilegierte Stellung vor allem der Verbindung von erotischer Thematik, moralistischer Intention und einer gewissen Erfahrungsnähe verdankt, einer Verknüpfung, die im Zeitalter Huets, zumindest im Umkreis des französischen Autors, als eine optimale Lösung für die Zukunft der Gattung erachtet wurde.

Und damit ist bereits das zweite der genannten Motive angedeutet. Es ist sicherlich kein Zufall, daß die Definition des Romans als Liebesgeschichte zu einem Zeitpunkt erfolgt, da sich in der europäischen Kulturgeschichte eine neue Interpretation erotischer Erfahrung anbahnt. Man kann sagen, daß bis zum 17. Jahrhundert die Erotik, namentlich in ihrer üblichen Form, im öffentlichen Bewußtsein weniger problematisiert erschien als in den Epochen danach. Das beruht, wie Niklas Luhman ausführt, namentlich in Frankreich darauf, daß in den gehobenen Schichten (und auf diese vor allem bezieht sich der Roman) die Frau in der Regel viel mehr als früher zum handelnden bzw. Entschlüsse treffenden Subjekt der Liebesbeziehungen wird, kurz, freier und selbständiger vorgehen kann als jemals zuvor. Damit tritt, trotz der Beibehaltung vieler normativer Züge in der maßgeblichen Kultur, eine gewisse Entritualisierung ein: das Feld der erotischen Beziehungen wird vielfältiger in seinen Formen, die Starrheit weicht einer begrenzten Mobilität, in die Konventionen dringen psychische Motive ein. »Wichtige Momente eines Spezial-Codes für passionierte Liebe (amour passion) entstehen im 17. Jahrhundert, besonders in Frankreich, und werden in der zweiten Hälfte des Jahrhunderts bewußt codifiziert. Natürlich gibt es Vorläufer in großer Zahl: die antike und die arabische Liebeslyrik, der mittelalterliche Minnesang, die reiche Liebes-Literatur der italienischen Renaissance. Soweit diese Literatur eine ernsthafte, bewahrenswerte Semantik der Liebe in Abhebung von Alltagswissen, Affären und sinnlichem Vollzug sucht, bedient sie sich des einfachen Mittels der *Idealisierung*. Ihr Code fixiert Ideale. Die Liebe findet ihre eigene Begründung in der Vollkommenheit des *Gegenstandes*, der sie anzieht (so wie jedes Streben nach alter Lehre bestimmt wird durch das ihm eigentümliche Objekt). Liebe ist demnach eine Perfektionsidee, die sich von der Perfektion ihres Gegenstandes herleitet, durch sie nahezu erzwungen wird und *insofern* ›Passion‹ ist.« (Luhmann, 57) Der griechische Liebesroman wäre in diesem Zusammenhang ebenfalls zu nennen; er kann sogar als besonders einprägsames Beispiel gelten. Die namentlich seit dem Mittelalter erkennbaren Traditionslinien wirken auch noch im klassizistischen Zeitalter nach, erläutert Luhman. »Dennoch hat sich im 17. Jahrhundert mindestens ein entscheidender Gesichtspunkt gewandelt: Die Unerreichbarkeit der angebeteten Frau wird in die Entscheidung der Frau selbst verlagert. Im Mittelalter war sie durch Standesdifferenzen garantiert. In Italien konnte man, so jedenfalls erscheint es der französischen Literatur des 17. Jahrhunderts, wirksame äußere Kontrolle voraussetzen. Allein schon die Aufmerksamkeit der Geliebten zu gewinnen, ihr zu begegnen, ihr Blicke zuzuwerfen, ist schwierig. In Frankreich wird dagegen für eine freiere gesellschaftliche Stellung der Frau und für ihre Möglichkeit zu eigener Entscheidung gesorgt. [. . .] Entsprechend wird die Situation der an sich alten, kultivierten Liebesethik um die Mitte des 17. Jahrhunderts außerordentlich komplex. Zahlreiche Anregungen schieben sich übereinander, und das führt im Ergebnis zur Neufassung eines semantischen Code für amour passion. In den entscheidenden Jahrzehnten hält man eine Kontrolle passionierter Liebe noch für möglich und schon für problematisch. Sie ist möglich nur als (moralische) Selbstkontrolle und im Sicheinlassen auf die Eigengesetzlichkeit des Liebens. Dadurch rückt diese Eigengesetzlichkeit in den Mittelpunkt der Diskussion.« (Ebenda, 59 und 61)

Zu beachten ist ferner, daß die meisten systematischen Hinweise bei Huet, so mager sie im einzelnen auch sein mögen, dennoch eine Gesamtvorstellung, eine Romanidee erkennen lassen, die sowohl im Zeitalter klassizistischer Normen als auch im Hinblick auf künftige Entwicklungen Chancen hatte, sich durchzusetzen. Aussichtsreich war namentlich Huets Versuch, für den Roman die aristotelische Empfehlung der Erfahrungswahrscheinlichkeit (in der klassizistischen Terminologie die »vraisemblance«) zu sichern, mit anderen Worten: ihn fernzuhalten sowohl von der Überlieferung der Mythologie mit ihren phantastischen, übernatürlichen Elementen wie auch vom kriegerischen Motivrepertoire des Heldenepos. Dem Autor schwebt als ideale, romaneigene Formel eine Machart vor, die durch mittlere Temperierung gekennzeichnet ist, gestützt auf Erfahrung, Urbanität und Psychologie.

Von da aus erschien es um so leichter, den Roman auch unter moralischerzieherischen Gesichtspunkten in ein günstigeres Licht zu rücken. In der Tradition der antiken Poetik nimmt Huet für die Erzählprosa das »instruire et plaire« in Anspruch: die Literatur soll belehren und gefallen. Die Unterhaltung ist dabei von der Unterweisung nicht zu trennen, beides fließt zusammen in der Auffassung, Romane können − gerade weil sie infolge der mittleren Lage in den Stoffen und Themen dem Leser eher Möglichkeiten zur Identifikation bieten als Werke der heroischen Gattung − eine Schule der »guten Lebensart« sein. In diesem Verständnis der Literatur (das aus heutiger Sicht die radikalen Wandlungen innerhalb der neueren Kulturgeschichte am deutlichsten hervortreten läßt) sind die Zeitgenossen Huet und S. von Birken einer Meinung, auch ohne voneinander zu wissen, denn sie formulieren fast mit den gleichen Worten einen poetologischen Topos der zeitgenössischen Ansichten vom Roman.

Man hat zu Recht darauf hingewiesen (vgl. Stackelberg, 194ff.), daß Huet zwar infolge seiner Wirkung einen wesentlichen Einfluß auf die Vorstellung vom Roman in der Öffentlichkeit bis tief ins 18. Jahrhundert hinein ausgeübt hat, daß seine Schrift jedoch gerade das entscheidende literarische Geschehen in Frankreich nur sehr unvollkommen erfaßt; versteht man darunter das Aufkommen der schlanken Romane von klassizistischem Zuschnitt, wie sie am gültigsten durch *La Princesse de Clèves* (1678) von Madame de Lafayette repräsentiert wird. In Anbetracht eines solchen Erzählwerkes sah sich die Kritik mit der Zeit genötigt, ihre herkömmlichen Urteile über die Romane, die Prosa-Ungetüme ohne literarische Disziplin, gründlich zu revidieren. Daß es Vorurteile auch noch hundert Jahre danach gab, hängt damit zusammen, daß geschichtliche Wandlungen niemals allgemein und frontal sich ereignen, sondern daß vielmehr im Gesamtbild stets traditionsbedingte Überhänge wirksam sind. Jedenfalls waren nicht alle Metamorphosen des Barockromans, die sich noch weit ins 18. Jahrhundert erstreckten, dazu angetan, die Zweifel der Literaturkritik zu entkräften.

Der erfolgreiche, in mancherlei Hinsicht bahnbrechende Roman von einer Liebesleidenschaft in Kreisen des Hochadels kam ohne die meisten jener Merkmale aus, die den Roman sowohl in griechischer als auch in mittelalterlicher Überlieferung gekennzeichnet hatten. An die Stelle abenteuerlicher Intrigen und standardisierter heldischer Handlungen trat ein karg gehaltenes, auf drei Gestalten und deren seelische Empfindungen konzentriertes Geschehen — ein Geschehen, das in der Art, wie es erzählt erscheint, verhalten und sparsam, vergleichbar ist mit der Handlungsführung im zeitgenössischen klassizistischen Drama, etwa bei Racine. Wie in der Tragödie geht es um den Widerstreit zwischen Leidenschaft und moralischer Verpflichtung, zwischen *passion* und *devoir*. Bei Madame de Lafayette kommt nun auch der Roman ohne spektakuläre Geschehnisse aus: das Spektakuläre im ursprünglichen Sinne, das Sichtbare, zur Schau Gestellte, tritt zurück zugunsten der Darstellung innerer Vorgänge. Gefühle und Überlegungen füllen den kompositorischen Raum des Romans aus; die Dingwelt erscheint nur sparsam angedeutet, der Grundsatz der Reduktion herrscht vor. Die Paradoxie, die die Aussparung begleitet, äußert sich darin, daß die sorgfältig gewählten Objekte, die den Lebensraum der höfischen Umwelt veranschaulichen, Wohnräume, Baulichkeiten, Parklandschaften, trotz der sparsamen Schilderungen viel suggestiver wirken als die durch Sachkataloge überfrachteten Werke barocker enzyklopädischer Epik. Die Idee der Funktionalität erringt hier einen literarischen Sieg über den Selbstzweck. Die Normen der höfischen Zivilisation, festgehalten im Begriff der »bienséance«, sind hier ebenso zugegen wie die poetischen Bestrebungen im Sinne der »vraisemblance«, wobei beide Kategorien auch in der Sprache zum Ausdruck kommen, in einer Stiltendenz, die Leo Spitzer klassische Dämpfung genannt hat.

Die poetologische Bestätigung klassizistischer Reduktion und psychologischer Vertiefung erfolgte fünf Jahre nach dem Erscheinen der *Princesse*. Den Autor der Abhandlung *Sentiments sur l'histoire* sucht man in den meisten Lexika und Textsammlungen vergeblich; erst in den letzten Jahrzehnten haben Romanisten wie K. Friedrich und J. von Stackelberg in Deutschland wieder auf die Bedeutung Du Plaisirs für die Romantheorie des ausgehenden 17. Jahrhunderts hingewiesen. Dieser nach romanistischem Urteil einzige entsprechende Traktat klassizistischer Observanz setzt sich noch viel entschiedener als Huets Schrift für einen gereinigten Roman ein, und das heißt für ein Erzählen, das sich loslöst von der opulenten Schreibweise der pseudohistorischen Wälzer. Man darf annehmen, daß zumindest im Hinblick auf Stoff und Diktion das Hauptwerk der Madame de Lafayette als Muster galt. Jedenfalls ist Du Plaisirs Versuch eine Poetik unpathetischer, sachlicher Erzählprosa, die ihre primäre Aufgabe in einer vertieften Darstellung menschlicher Beziehungen erblickt, etwa im Geiste der zeitgenössischen französischen Moralistik. Das klassizistische Plädoyer für Enthaltsamkeit war zweifellos dazu angetan, dem Roman – diesmal in Annäherung an das Drama – das Ansehen einer gleichsam kammermusikalischen Gattung zu verschaffen, nicht zuletzt auch Weichen für die Zukunft zu stellen. Man bedenke nur, wie tief die Spuren sind, die die Prosa der *Princesse de Clèves* in der französischen Literatur bis zum heutigen Tag hinterlassen hat: bei den psychologischen Erzählern des 18. Jahrhunderts, bei Stendhal, auch noch bei André Gide und verwandten Autoren. *Die* Lösung für den Roman war das klassizistische Modell freilich nicht. Der stoffliche Exklusivismus und die schmale Erfahrungsbasis waren künstlerische Auflagen, die sich der Roman auf die Dauer nicht gefallen ließ.

In Frankreich, das damals als das klassische europäische Land des Romans gelten konnte, stellt Du Plaisirs Traktat den Abschluß einer vorläufigen Entwicklung und das Zeichen einer Wende zugleich dar. Daß der Roman trotz der sich häufenden Zeugnisse der Anerkennung (von denen etwa in England die Huet-Übersetzung, 1715, und das Vorwort zur Heliodor-Ausgabe von 1717 zu nennen wären) noch weit davon entfernt war, zu den voll etablierten literarischen Gattungen gezählt zu werden, beweist unter anderem die Beachtung, die einem ganz anders gearteten theoretischen Text des ausgehenden Jahrhunderts geschenkt wurde, Gotthard Heideggers *Mythoscopia Romantica* (1698), im Untertitel als Diskurs von den Romanen bezeichnet. Die polternde, mehr als zweihundert Seiten starke Schrift des Zürcher Geistlichen wäre heute nicht mehr als ein absonderliches, längst der Vergessenheit überlassenes Druckwerk, wenn es nicht zu jenen kulturhistorischen Dokumenten gehörte, von denen man sagen kann, daß deren Übertreibungen die Wahrheit einer Zeit enthielten. Immerhin verdient der Umstand Beachtung, daß ein Gelehrter vom Range eines Leibniz es für angemessen hielt, die Abhandlung in einer Rezensionszeitschrift zu besprechen und sie als eine »scharffe / doch gleichwohl gelehrte Schrifft / wider die Romanen« vorzustellen (vgl. die Dokumentation von Lämmert, 57).

In den historischen Partien bezieht sich Heidegger auf seinen französischen Zeitgenossen Huet, und er betont auch die Kompetenz der Franzosen in Sa-

chen Roman. Allerdings ist diese Feststellung in dem von ihm vertretenen
Zusammenhang ein höchst zweifelhaftes Kompliment. Denn den Grund für
die Verbreitung der ungereimten – und das heißt nicht nur: reimlosen – Geschichten sichtet er in dem überaus freien Umgang mit dem »Frauen-Volck«
(Heidegger, 35), der namentlich in Frankreich ein ganzes System von Verhaltensformen und Werbungsritualen hervorgebracht habe und damit auch die
entscheidenden Voraussetzungen für eine Literaturgattung, aus der das amou-
röse Abenteuer nicht wegzudenken sei. Aus Heideggers »Discours« spricht
der sittenstrenge Geistliche der Schweizer reformierten Kirche, der ohnehin
ein puritanisch belastetes Verhältnis zur weltlichen Literatur hat und der einzig
und allein der Bibel vertraut. Für ihn ist es klar, »daß die Romans ein Heyd-
nische Erfindung und in der stockdicken Finsternuß der Abgötterey ent-
sprungen« sind (Heidegger, 41).
   Es bestünde kein Grund, in einer Geschichte der Romanpoetik auf die
Streitschrift eines um das Seelenheil seiner Gemeinde besorgten Predigers einzugehen, enthielte der Traktat nicht Partien, die zeigten, daß die im wesentlichen moraltheologische Sicht des Autors überraschenderweise mehr Bereitschaft zu immanenter literarischer Kritik des Romans erkennen läßt als dies
bei Huet und anderen Apologeten der Fall ist. Als Polemik gegen die Verteidiger des Romans angelegt, argumentiert die *Mythoscopia* in manchen Abschnitten so sachnahe, daß daraus viel mehr über die Machart der gemeinten
Romane zu erfahren ist als aus Huet. Gäbe es keine überlieferten Texte der
heroisch-galanten Romane, aus Heideggers »Discours« könnte ein ungefähres
Bild rekonstruiert werden. Auf subtilere Unterscheidungen läßt sich der Autor
allerdings nicht ein: die von den Verteidigern so stark betonte Differenz zwischen dem Amadis-Typus und Heliodor ist ihm zwar geläufig, doch er läßt sie
allenfalls als einen graduellen Unterschied gelten, der angesichts des Grundsatzes »Roman ist Roman« wenig zu besagen hat. So gesehen, ist die *Mythoscopia* eine der letzten Rundum-Invektiven gegen den Roman vor Anbruch der
Epoche der eigentlichen neuzeitlichen Erzählprosa.
   Faßt man Heideggers Argumente gegen den Roman nach Schwerpunkten
zusammen, so ergeben sich als entscheidende Kategorien eine ästhetische und
eine moralische Sichtweise. Unter künstlerischen Aspekten wirft der Kritiker
den Romanschreibern etwas vor, was wohl zu allen Zeiten nur sehr geduldige
Leser mit Wohlwollen hingenommen haben: Unmäßigkeit im Gebrauch der
Mittel, verwirrende Unübersichtlichkeit, Häufungen; im heutigen Sprachgebrauch: eine diffuse Kompositionsweise. Allerdings wird die logische Legitimität von Heideggers Tadel dadurch stark beeinträchtigt, daß der Autor einer
im 17. Jahrhundert immer noch verbreiteten Ansicht anhängt, dem Gemeinplatz von den Täuschungen und Lügen der Dichter. Das Blendwerk, das der
streitbare Züricher in den Erzähltexten erblickt, wird für ihn durch die kli-
scheehaften Wiederholungen nur noch bedenklicher. Worum geht es in den
meisten Romanen?

»Dises ist der Zettel; der Eintrag ist bey den meisten von geringer Verschiedenheit / dann ins gemein werden beschriben Schönheiten / Lüsterne Brunsten / Sehnungen / Eifersuchten/ Rivalitaeten oder (teutsch mit ihnen zureden /) Samthoffnungen / Liebes-Liste / Nacht- und Hinder-Thür-oder Fenster-Visiten / Küsse / Umbarmungen / Liebes-Ohnmachten / Butzwerk / Hahnrehen / Buhler-Träume / Gärten / Palläst / Lust-Wälder / Schildereyen / Götzen-Tempel / Musicen / Däntze / Schau-und-Ritter-Spiele / Entführunge / Irr-reisen / Verzweifflungen / begonnene oder vollbrachte Selbstmörd / Zweykämpff / See-Stürm / Gefangenschafften / Kriege / Blutbäder / Verkleidungen / Helden / Heldinnen / Wahrsagereyen / Beylager / Krönungen / Feste / Triumphe / u. dises berichten die / so dise Bücher fleissig gelesen.« (Heidegger, 59f.)

Man fühlt sich hier an die pädagogischen Fiktionen der sogenannten idealen Landkarten erinnert: solche Karten enthalten alles, was im Geographieunterricht gewöhnlich vorkommt (aber in der Natur niemals an einem Ort versammelt erscheint), Berge, Flüsse, Meere, Inseln, Halbinseln, Meerengen usw. So entwirft auch Heidegger, übrigens in typisch barocker Manier, einen Motiv- und Situationenkatalog, der so ziemlich die ganze Bandbreite des Romanangebots im 17. Jahrhundert umfaßt, vor allem aber das Repertoire aus dem Liebes- und Abenteuerroman in der Art Heliodors. Kein Wunder, daß der Verfasser der *Mythoscopia* bei einem solchen Aufgebot an Turbulenzen um das Seelenheil der Leser bangt. Daß der Roman ein pädagogisches Instrument zur Einübung der Politesse im Geiste der gebildeten Schichten sein könnte, davon ist bei dem Züricher nichts mehr zu hören. Ganz im Gegenteil, die Lektüre dieser Art wird insgesamt als verderblich für Geist und Körper bezeichnet. Nicht nur, daß man sich in ein ungesundes »Schwitzbad der Passionen« begebe, man werde auch ganz allgemein von vernünftigen Tätigkeiten abgelenkt. Erkennbar ist in diesem Verdikt eine Form puritanischer Luxuskritik, die nicht zuletzt in der Schweiz Schule gemacht hat – man denke nur an die Imago des »einfachen Lebens« und an das negative Bild der Stadt in den *Alpen* von Haller, einem Landsmann Heideggers. Immerhin, der Prediger kennt nicht nur Arbeit und die Bibel; er läßt gewisse Formen der Unterhaltung (die »Entspannung« kannte man damals noch nicht) gelten, zum Beispiel die schlichte Geselligkeit und das Musizieren. Der Puritanismus der *Mythoscopia* hält sich also in Grenzen, und daß das Wohlwollen eher der Musik gilt als der Literatur, dürfte bezeichnend sein. Jedenfalls: wer sich die Auffassung Thomas Manns zu eigen macht, die deutsche Kultur sei stets mehr durch die musikalische als durch die literarische Komponente gekennzeichnet gewesen, sollte nicht versäumen, auf die *Mythoscopia Romantica* als kulturhistorische Quelle hinzuweisen. Und den Autor, Heidegger, könnte sich gewiß jeder Leser des *Doktor Faustus*, ohne sich viel um Anachronismen kümmern zu müssen, gut in der Gestaltengalerie dieses Romans vorstellen, unter eifernden Theologen und grübelnden Musikern.

DAS ZEITALTER DES MORALISMUS
UND DER PSYCHOLOGIE

I

Das achtzehnte Jahrhundert ist aus heutiger Sicht die erste große Epoche in der Geschichte des europäischen Romans. Das Attribut ›groß‹ kann allerdings auf verschiedene Weise verstanden werden. Gekoppelt mit der Bestimmung ›die erste‹, bezeichnet es den Umstand, daß der Roman in diesem Jahrhundert an einem Wendepunkt anlangte, der seinen ganzen weiteren Weg bestimmte. Einzelne Werke des siebzehnten Jahrhunderts, so etwa der *Don Quijote* (1605/1615), haben erst später ihre eigentliche Wirkung gezeitigt; in ihrer eigenen Zeit vermochten sie das Gesamtbild vom Roman nicht wesentlich zu beeinflussen. Erst im Zeitalter Richardsons, Fieldings, Rousseaus und Goethes beginnt sich die literarische Kritik ernsthaft und ausgedehnt mit der Erzählprosa zu beschäftigen, und auch die systematische Poetik sieht sich unter dem Druck der literarischen Entwicklungen mehr und mehr veranlaßt, vom Roman Notiz zu nehmen.

Dieser poetologische Aufstieg erfolgte zu einem Zeitpunkt, als nicht nur ein qualitativer, sondern auch ein quantitativer Wandel zu erkennen war: die Zeitgenossen empfanden die sich mehrenden Stimmen der Anerkennung zweifellos als eine Art Begleiterscheinung zu einer bis dahin ungeahnten Konjunktur der problematischen Gattung. Damals wurden die entscheidenden Voraussetzungen für den Durchbruch des Romans geschaffen, jenen Prozeß, der dazu geführt hat, daß bereits seit Generationen nahezu in aller Welt die Begriffe ›Literatur‹ und ›Roman‹ fast identisch geworden sind. Auf allen Ebenen übrigens: von der höchsten bis hinab zur trivialen.

Und schließlich ist zu bedenken, daß die genannten Attribute auch die Beziehung der heutigen Leser zur Vergangenheit des Romans ausdrücken. Berücksichtigt man das gesamte Nachleben der älteren Literatur, so erweist sich der Roman auch in dieser Hinsicht, etwa im Vergleich zum Drama, als die jüngere Gattung. Jedenfalls gibt es außer Cervantes keinen einzigen Erzähler, bis tief ins 18. Jahrhundert hinein, der sich an Vitalität und Präsenz mit Shakespeare messen könnte. Der Bildungskanon auf dem Gebiet des Romans – und damit verbunden auch die Aneignungsbereitschaft – setzt im allgemeinen erst mit der Generation der Antiklassizisten ein. Prüft man diese Bereitschaft etwas genauer, so wird man freilich feststellen, daß der Grad der Freiwilligkeit bei der Wahl der Lektüre wächst, je tiefer man ins Jahrhundert Balzacs und Dostoevskijs vordringt. Von einer andauernden Breitenwirkung in historistischer Tradition wird man in den meisten Ländern wohl nur im Hinblick auf einen Textbestand sprechen können, der mit dem sogenannten Realismus beginnt. Dennoch ändert das nichts an der Tatsache, daß unter literarhistorischen Ge-

sichtspunkten gewichtige Gründe dafür sprechen, die entscheidende Zäsur in
der Geschichte des neuzeitlichen Romans in die Zeit um die Mitte des
18. Jahrhunderts zu setzen. Sowohl die Machart zahlreicher repräsentativer
Werke jener Zeit wie auch der gesamte Wandel der kulturellen Gewohnheiten
der Epoche lassen es berechtigt erscheinen, den neuen Roman der Aufklärungsepoche als den Beginn in der Geschichte des »modernen Romans«
(Kayser 1955) zu begreifen.

Wie immer der Literarhistoriker den Anteil einzelner sozialer, politischer
und kultureller Faktoren auch einschätzt, er wird von dem Umstand auszugehen haben, daß die literarische Landkarte Europas im Jahrhundert der Aufklärung und der Revolution eine bemerkenswerte Konstellation im Aufstieg
des Romans erkennen läßt. Die Karte zeigt eine Konzentration des Romanschaffens hauptsächlich in drei Ländern: in England, in Frankreich und in
Deutschland. Im Vergleich zu den Beiträgen aus diesen drei Sprachen fallen
die übrigen europäischen Literaturen in diesem Zeitraum kaum ins Gewicht.
Die anderen romanischen Literaturen bleiben hinter der französischen an Bedeutung zurück, und die Epoche des großen russischen Romans beginnt erst
um die Mitte des 19. Jahrhunderts.

Das Jahrhundert Voltaires, Rousseaus und Goethes ist in gewissem Sinne
erneut ein Jahrhundert Gutenbergs. Gerade die Geschichte des Romans macht
deutlich, wie untrennbar Vorgänge des literarischen Lebens mit der Geschichte der Bildung und der zivilisatorischen Medien verbunden sind. Die Epoche
aufklärerischer Grundprozesse – der fortschreitenden Alphabetisierung der
Bevölkerung, vor allem in West- und Mitteleuropa, sowie der Entfaltung einer
öffentlichen Meinungsbildung, gestützt durch die Breitenwirkung des Mediums Schriftendruck und die Ausbreitung des Verlagswesens – hat dem Roman wie keiner anderen literarischen Gattung Chancen geboten. Seit es breitere Schichten von Lesern gibt und das einstige rituelle, häufig nur auf ein
einziges Buch, etwa die Bibel, konzentrierte Lesen dem konsumartigen ge-
wichen ist, ist der Roman ein Massenphänomen – und zugleich, paradoxerweise, eine Textform, die den Leser vereinsamt, isoliert, von kollektiven Re-
zeptionsarten trennt. Die umfangreichen Erzählungen sind, so gesehen, die
eigentlichen Auslöser individueller Lektüre: das Drama wird normalerweise in
öffentlicher Gemeinsamkeit rezipiert, das Gedicht kann vorgetragen oder einer vertrauten Person vorgelesen werden, nur der Roman benötigt von der
Sache her das Alleinsein. Medientechnisch ist die epische Prosa der umfassend-
ste Ausdruck der Makroepoche Gutenbergs, lesergeschichtlich ist sie die wichtigste Erscheinung in der Geschichte kultureller Einsamkeit.

Das entscheidende Organ in dieser Geschichte ist das menschliche Auge.
Während sprachliche Texte viele Jahrhunderte lang ausschließlich oder vorwiegend das Ohr erreichten, Literaturgeschichte also in erster Linie eine Historie des Hörens war, ist die neuere Geschichte der Literatur in ihrem Fundament ein Ereignis optischer Entzifferung. Der Roman – das ist ein wesentli-

ches Moment seiner repräsentativen Bedeutung – setzt diese Aufnahmeform voraus, macht sie fast zur uneingeschränkten Bedingung. Die Zeugen einer sich verbreitenden Lesekultur im 18. Jahrhundert waren sich dieser Tatsache bewußt. Schon nahezu zweihundert Jahre vor dem Aufkommen moderner Medientheorien äußerte sich darüber ein Mitarbeiter der »Moralischen Wochenschrift« *Der Mensch* 1751 mit Formulierungen, in denen die Vorwegnahme späterer Gedankengänge offenkundig ist.

»Das Hören geschieht in Gesellschaft, das Lesen aber wird am besten in der Einsamkeit verrichtet. [...] Ein Leser muß mit Verstand und Nachdenken lesen. Wer die Augen des Gemüths nicht mit anwendet, hat noch nicht lesen gelernet. Das Lesen ist der nützlichste Zeitvertreib und das wichtigste Geschäft, das wir uns in der Einsamkeit auflegen können.« (Zit. nach Voßkamp 1973, 178.) In den dreißiger Jahren unseres Jahrhunderts griff Walter Benjamin in seinem Essay *Der Erzähler* (der viel weniger *Betrachtungen zum Werk Nikolai Lesskows* enthält als vielmehr Ideen zu einer allgemeinen Theorie des Erzählens) die Vorstellung von Roman und Einsamkeit wieder auf, allerdings vom anderen Pol des Kommunikationssystems. Die Abgeschiedenheit des Lesers wird vorausgesetzt, gemeint ist jedoch vor allem die des Schreibenden. »Der Romancier hat sich abgeschieden. Die Geburtskammer des Romans ist das Individuum in seiner Einsamkeit, das sich über seine wichtigsten Anliegen nicht mehr exemplarisch auszusprechen vermag, selbst unberaten ist und keinen Rat geben kann. Einen Roman schreiben, heißt, in der Darstellung des menschlichen Lebens das Inkommensurable auf die Spitze treiben. Mitten in der Fülle des Lebens und durch die Darstellung dieser Fülle bekundet der Roman die Tiefe Ratlosigkeit des Lebenden.« (Benjamin 1961, 413f.)

Es besteht kein Zweifel, daß der Unterschied der Sichtweise nicht nur ein systemimmanenter, sondern auch ein geschichtsphilosophischer ist. Der Abstand von rund zweihundert Jahren markiert in der Geschichte des Bündnisses von Auge und Roman einen Prozeß, den man – mit metaphorischer Verschiebung – den Weg vom *Sehen* des Lesers im 18. Jahrhundert bis zur eigentümlichen *Blindheit* (»Ratlosigkeit«) des Romanciers, vor allem in späteren Zeiten, nennen kann. Dem Beiträger der bürgerlichen belehrenden Zeitschrift kam es nicht in den Sinn, in der Einsamkeit anderes zu sehen als eine Form technisch bedingter, sachlich nützlicher Konzentration. Von einer geschichtsphilosophisch interpretierbaren sozialen Einsamkeit, wie in Benjamins Sicht, kann in seinem Aufsatz nicht die Rede sein, weder im Hinblick auf den lesenden noch auf den schreibenden Zeitgenossen. Denn wer vom nützlichsten Zeitvertreib in der Einsamkeit spricht und dazu noch eine verständige Beurteilung des Gelesenen empfiehlt, bezieht sich unweigerlich auf Maßstäbe und Instanzen überpersönlicher, gesellschaftlicher Art, mit anderen Worten: auf Anschauungen, die selbst keineswegs der Einsamkeit angehören oder aus ihr hervorgegangen sind.

Das Lesen, das dem Roman galt (und das zugleich gerade vom Roman einen ungeheuren Antrieb empfing), war viel eher, wenn man so will, eine Form institutionalisierter, ja durch Organisationen gesteuerter Einsamkeit. Der »Bürger als Leser« (Engelsing), versteht man ihn nicht zuletzt in seiner Rolle als Mitglied einer der zahlreichen Lesezirkel und Leihbibliotheken in Deutschland oder England, bildet eines der großen kulturhistorischen Kapitel in der Geschichte des 18. Jahrhunderts. Gelesen wurden allenthalben Romane, offenbar besonders eifrig, denn sonst hätten die Autoren, Verleger und Buchhändler jener Zeit nicht die Produktion von Romanen zu einem Geschäft vorangetrieben, das bereits die Zeitgenossen veranlaßte, von einer literarischen Manufaktur zu sprechen. Die Auswertung von Messekatalogen, Besprechungen, Korrespondenzen und sonstigen historischen Quellen erlaubt ein einigermaßen genaues Bild vom Aufschwung einer Gattung, an dem damals außer den Autoren hauptsächlich Verleger und Buchhändler ihre Freude hatten, ganz im Gegensatz zu vielen Kritikern und Seelsorgern, die das Romanwesen nach wie vor für ein öffentliches Ärgernis hielten. Die Zahlen, die zu ermitteln sind, besagen freilich nichts über die künstlerische Bedeutung der einzelnen Bücher, sie machen aber dafür deutlich, wie verständlich das wachsende ästhetische und ideologische Interesse der Öffentlichkeit für die verschiedenen Arten neuer Erzählprosa war. Die für Deutschland geltenden Zahlen der Statistiken zeigen anschaulich die literarische Explosion in der Zeit nach 1750. Während um die Jahrhundertmitte nur wenige Dutzend Romane erschienen (1740 waren es nach einigen Angaben nur rund 10), waren es 1780 nahezu hundert, wobei in dieser Zahl nur die deutschen Originalwerke enthalten sind, nicht die zahlreichen Übersetzungen, vorwiegend aus dem Französischen und Englischen. Nach einer Schätzung betrug im Zeitraum zwischen 1773 und 1796 die Gesamtproduktion aller Romanverlage (mit Übersetzungen) rund 6000 Titel (vgl. Engelsing, 231f.). Beachtet man die Rahmenjahre, so könnte man mit einer kleinen Korrektur sagen, der Zeitraum reiche vom *Werther* bis zum *Wilhelm Meister* – eine Veranschaulichung, die insofern irrige Vorstellungen erweckt, als es sich zumeist um literarische Konfektion handelt, um Texte, bei denen das Vergessen, dem sie anheimgefallen sind, nicht als ein Akt der Ignoranz, sondern als ein Akt der Gnade gewertet werden muß.

Sucht man nach den Motiven, die wesentlich zu den Veränderungen im gesamten literarischen Leben der Epoche beigetragen haben, so gilt es vor allem, jene Zeugnisse zu beachten, die das Phänomen der literarischen Konkurrenz in den Blick rücken. Die Wirksamkeit des Wettbewerbs gehört substantiell zu den Bedingungen des literarischen Marktes, wie er bereits im 18. Jahrhundert voll in Erscheinung trat. Eine Form des Konkurrenzverhältnisses ist der künstlerische Individualismus, das sich allmählich ausbildende Bestreben, durch ein Kunstwerk Eigenartigkeit und Einmaligkeit zu demonstrieren. Für das Schaffen wird der Begriff der Originalität, der *Ursprünglichkeit*, in Anspruch genommen, und das heißt, daß zumindest theoretisch der

Text an einen einmaligen kreativen Anstoß gebunden erscheint und als unmittelbare Hervorbringung verstanden wird – nicht mehr als Glied in einer
langen Traditionskette, wie früher. Doch nicht nur die Poetik der Bindungs-
losigkeit erzeugte überraschende Spannungen im literarischen Leben des Zeitalters; auch auf der viel anspruchsloseren Ebene verlegerisch kalkulierter Erzählwerke setzte sich der Gedanke der stofflichen Überraschung durch, wie im
allgemeinen die Tendenz zur Mode.

Ein einprägsames Zeugnis dieser Mentalität ist der »Vorbericht« zur
Sammlung *Volksmärchen der Deutschen,* mit der der Weimarer Schriftsteller Johann Karl August Musäus in den achtziger Jahren den Versuch unternahm, im
Erzählstil Wielands einem gebildeten Publikum eine wenig geschätzte Tradition phantastischer Literatur schmackhaft zu machen. Mit seiner Einschätzung
des Märchens nimmt der Autor in seinem poetologischen Vorspann im wesentlichen bereits die Theorie der Romantiker vorweg. Von diesen Zusammenhängen wird im Romantik-Kapitel die Rede sein. Hier interessiert vor
allem seine Ansicht vom literarischen Betrieb. Zu dessen Gewohnheiten gehörte damals schon das Denken in Eigentumskategorien im Hinblick auf poetische Erfindungen und Entdeckungen. Unverhohlen kommt der Stolz zum
Ausdruck, daß bisher kein einziger deutscher Schriftsteller auf den Gedanken
gekommen sei, Volksmärchen zu bearbeiten. Dieser Einfall wird von Musäus
mit dem Originalitätsanspruch verknüpft, die Idee wird gleichsam patentiert.
Denn, so heißt es weiter, die Konkurrenz kündigt sich schon an: im Oster-
messekatalog stehe bereits die Anzeige einer ähnlichen Veröffentlichung, Er-
scheinungstermin: Herbstmesse. Es müsse ihm sehr daran gelegen sein, betont
der Autor, seine »wohlgegründeten Prioritätsjura« zu wahren, damit nicht der
Eindruck entstehe, er sei ein »Nachtreter« oder er habe auf den Einfall, der
bereits das Eigentum eines anderen sei, Jagd gemacht (Musäus, 10f.).

Gewiß sind in den »Prioritätsjura« auch Ansprüche materieller Art enthalten. Es überrascht jedoch nicht, daß in einem Zeitalter, in dem Verlagsrechte
ohnehin noch nicht zuverlässig geschützt waren, Musäus in erster Linie an
seine literarischen Meriten denkt. Damit bahnt sich ein Literaturverständnis
an, das seither fast uneingeschränkte Geltung hat. In der Geschichte des Romans hat dieser Grundsatz eine besonders große Rolle gespielt, naturgemäß,
denn in der beweglichen, kaum definierten Gattung konnte sich die Neigung
zum Neuen, auch zum Experiment, unter den geschilderten Bedingungen besondere Chancen versprechen. So gesehen, ist der englischen, ebenfalls aus der
Romania kommenden Benennung für die Romangattung, nämlich *novel,* symbolische Bedeutung zuzubilligen.

II

Die englische Bezeichnung ist ein wichtiges Stichwort: denn England ist im 18. Jahrhundert der Schauplatz der wohl folgenreichsten Vorgänge in der Geschichte des neueren Romans. Die terminologische Abkoppelung vom Wortgebrauch auf dem Kontinent signalisiert aus heutiger Sicht ebenfalls eine Sonderentwicklung, eben jene literarhistorische Erscheinung, die dem Roman neue Möglichkeiten ästhetischer Interpretation von Erfahrung erschlossen hat. Im Hinblick auf ihren Modellcharakter und ihre europäische Wirkung haben die großen englischen Erzählwerke der Jahrhundertmitte, die Romane Richardsons, Fieldings und Sternes vor allem, paradigmatische Bedeutung. Sie stellen als Summe, als literaturgeschichtliches Ereignis, mehr dar als jedes einzelne Werk für sich. Im Bereich des deutschen und des französischen Romans im selben Jahrhundert mag es vitalere Einzelleistungen geben, nach dem Maßstab geschichtlicher Repräsentanz ist das Ansehen der englischen Autoren unangefochten, London nach wie vor die literarische Hauptstadt der Epoche.

Wenn auch der heutige Leser bei der Lektüre der genannten Erzähler auf Schritt und Tritt Spuren verschiedenster Traditionen, literarischer, mythologischer, historischer, feststellen wird, so kann dennoch kein Zweifel daran sein, daß der neue Roman in England in der Geschichte der Gattung, ja in gewissem Sinn auch in der Geschichte der neuzeitlichen Literatur überhaupt, einen Traditionsbruch darstellt. Ian Watt hebt in seinem grundlegenden Buch über den Aufstieg des bürgerlichen Romans bei Defoe, Richardson und Fielding *The Rise of the Novel* (1957) hervor, daß zum ersten Mal in der europäischen literarischen Kultur von einem einigermaßen komplexen »Realismus« die Rede sein kann, von einer literarischen Konzeption, in der das Zusammenspiel von Stoffwahl und Machart, Sprache und Weltbild auf allen Ebenen die Annäherung an einen bestimmten Erfahrungsstand und eine konkrete Realität anstrebt.

Das läßt sich an einigen besonders augenfälligen Merkmalen erkennen. Deren gemeinsame Klammer ist wohl darin zu sehen, daß der neue Roman, vereinfacht ausgedrückt, nicht mehr in einer *angelesenen* Welt beheimatet ist, sondern in einer, die zumindest im Prinzip der *Erfahrung* der Autoren und Leser entspricht. Hinsichtlich der allgemeinen Ausrichtung dieser Prosa erscheint es zutreffender, statt von Realismus von einem *literarischen Empirismus* zu sprechen. Denn nicht eine bis ins Detail gehende Sach- und Milieubezogenheit kennzeichnet den Roman des 18. Jahrhunderts, wie das später, im Zeitalter Balzacs und Tolstojs der Fall sein wird, sondern ein ausgeprägter Erfahrungssinn reflektiver Natur, der sich weniger um die Dingwelt, viel mehr dagegen um die moralischen und psychologischen Blickpunkte der Empirie kümmert.

Die Neigung, überprüfbare Realität zu erkunden, schränkt die Macht der literarischen Überlieferung spürbar ein. Bis zur Epoche der Engländer, Rousseaus und Goethes konnten Romane mühelos rubriziert werden. Man wußte, was hoch und was niedrig zu nennen sei, wo adelige Helden unermüdlich ihre Taten zu vollbringen haben oder wo der Taugenichts seine problematische Geschicklichkeit zu erweisen habe. Kurz, es gab kaum Werke, die nicht einem der vorgegebenen Gattungsmuster folgten: entweder dem heroischen Roman aus glorreich-phantastischer Vergangenheit bzw. dem idyllischen Liebesroman oder aber den Schelmengeschichten. Trotz ihrer »Formlosigkeit« war die Romanprosa sehr deutlich typisiert, so daß die Leser nur selten mit Ausnahmen zu rechnen hatten. Die Überraschungen, die die Romane aus der Generation Defoes und Richardsons den Lesern bereiteten, beruhten vor allem auf der Preisgabe eines eingespielten Stoff- und Motivrepertoires. »Defoe und Richardson«, erläutert Watt (13), »sind die ersten großen Autoren der englischen Literatur, die ihre Fabeln nicht aus Mythologie, Geschichte, Sage oder früherer Literatur nahmen. Sie unterscheiden sich darin zum Beispiel von Chaucer, Spenser, Shakespeare und Milton, die ebenso wie die griechischen und römischen Autoren gewohnt waren, überlieferte Fabeln zu verwenden. Sie taten das letzten Endes deshalb, weil sie die allgemeine Annahme ihrer Zeit teilten, daß die Natur in ihrem Wesen vollständig und ohne Wandel sei, und deshalb in ihren Urkunden, seien es biblische, sagenhafte oder historische, ein definitives Repertoire menschlicher Erfahrung vorliege.«

Mit der eigentlichen Neuzeit des Romans setzt sich in der Erzählprosa eine andere Auffassung von *Erfahrung* durch. Erfahrung ist nicht so sehr eine Summe, etwas Abgeschlossenes, worüber man zurückblickend verfügt, sondern ein ständiger Zufluß von Neuem, gekennzeichnet durch Potentialität. In Anbetracht der Offenheit, mit der sich die genannten Autoren dem zeitgenössischen Leben zuwenden, erscheint ein Vergleich mit John Lockes psychologischer Lehre von der *tabula rasa* des kindlichen, noch unbeschriebenen Bewußtseins sinnvoll. Daß sich gerade der Gedanke an Locke einstellt, hat seinen guten Grund. Der einflußreichste englische Philosoph der vorausgegangenen Generation prägte mit seinem Empirismus in Erkenntnistheorie, Psychologie und Pädagogik auf entscheidende Weise das Denken des Jahrhunderts, des achtzehnten, an dessen Schwelle seine Hauptwerke erschienen waren, allen voran die große Abhandlung über den menschlichen Verstand *An Essay Concerning Human Understanding*, 1690.

Die Gegenwart Lockescher Gedanken kann bei den englischen Romanschriftstellern der Zeit auch im einzelnen nachgewiesen werden – so gleich in einem der beispielhaften Werke innerhalb der bürgerlichen literarischen Kultur, in Richardsons *Pamela* (1740). Den Lesern dieses Romans, dessen gedankliches Gerüst bürgerliche Tugendvorstellungen jener Zeit bilden, wurde zugleich die zeitgenössische pädagogische Theorie mitgeliefert. In einer Reihe von Briefen, vom 90. bis zum 96., die gegen Ende des II. Bandes und damit auch des ganzen Romans eine Art Krönung der großen Brieferzählung bilden, legt die Titelheldin die Erziehungslehre Lockes dar, übrigens nicht ohne einen

Hinweis darauf, daß sie die Absicht habe, die in der Erziehung ihrer eigenen
Kinder gewonnene Erfahrung ebenfalls systematisch aufzuzeichnen, denn
nicht alles, was in den überaus anregenden Meinungen des Philosophen zu
finden sei, stimme auch mit ihren eigenen Überzeugungen überein.

Zweierlei ist in dieser Pointierung des Romans besonders bemerkenswert.
Das ist einmal der Umstand, daß hier Erfahrung gegen Erfahrung gesetzt
wird und daß Locke trotz aller Anerkennung keineswegs als eine Autorität
gilt, die blindlings anzuerkennen ist. Gerade darin, daß die Möglichkeit ab-
weichender Empirie eingeräumt wird, erscheint der Grundsatz der zeitgenössischen Philosophie voll respektiert: Dem herkömmlichen Glauben an die
Autorität überlieferter kanonischer Schriften wird die Einsicht entgegengesetzt, es komme jeweils auf die unmittelbare, durch persönliche Erkundung
und verstandesmäßige Überprüfung gewonnene Urteilsbildung an. Kurz, auf
das Zusammenspiel von Evidenz und Kritik – ob es sich nun um die Sorgfalt
gegenüber dem eigenen Körper (Gesundheit, Körperpflege, Kleidung und
dergleichen) handelt oder um moralische Fragen. In der Erörterung der Prinzipien sittlicher Erziehung wird der zweite wichtige Punkt berührt. Es geht
hier darum, daß der Erzieher dem Zögling ein lebendiges Vorbild sein müsse,
vor allem im Beweisen von Aufrichtigkeit. Hervorgehoben wird von der Ro-
manheldin besonders die These Lockes, von größter Bedeutung sei die Aufgabe des erfahrenen Pädagogen, dem Heranwachsenden den Grundsatz der
Wahrhaftigkeit begreiflich zu machen und ihn zu lehren, wie sehr unmittelbare
Regungen der menschlichen Natur wie Herzlichkeit, Liebesbedürfnis und
Spontaneität den Vorzug verdienen vor dem eingeübten Maskenspiel der vornehmen Politesse. Eines der großen Denkmotive Rousseaus klingt hier bereits
aus dem 17. Jahrhundert ins 18. herüber. Die von Locke übernommenen Begriffe Aufrichtigkeit und Wahrhaftigkeit, *sincerity* und *authenticity*, zählen –
nicht zuletzt durch Richardsons Vermittlung – zu den Grundvokabeln der
Aufklärungsepoche.

Die Entdeckung der individuellen Erfahrung im menschlichen Leben sowie der analogen Erscheinung, nämlich der Besonderheit des jeweiligen Lebensraumes, d. h. der physischen und kulturellen Umwelt, machte gerade den
Roman zum Schauplatz des Niederganges klassizistischer Normen. Trotz des
riesenhaften Aufwandes kannte der große heroische Roman weder die Reize
des Milieus noch die Besonderheit der Atmosphäre; und der schlanke, klassizistisch orientierte Roman versagte sich, wie das höfische Drama des
17. Jahrhunderts, diese Dinge zugunsten strenger künstlerischer Askese, die
nur eine Ausrichtung auf die notwendigsten Elemente zur Darstellung von
Konflikten ideeller Art erlaubte. Der Klassizismus setzte auf den Gedanken
einer unveränderlichen Allgemeinheit wesentlicher Lebenssituationen, er lebte
in der dünnen Luft abstrakter Begriffe, im Reich der Universalität. Watt (16)
führt in diesem Zusammenhang die lateinische kunsttheoretische Sentenz an,
wonach der Gegenstand der Kunst das sei, was immer und überall für jeder-

mann überzeugend sei: quod semper quod ubique ab omnibus creditum est. Er hätte auch den ersten Lehrmeister des französischen Klassizismus zitieren können, Jean Chapelain, der 1638 in seiner Schrift über Corneilles *Cid* (*Sentiments de l'Académie sur la tragicomédie du Cid*) die Maxime verkündete, es komme in der Kunst stets darauf an, die den Dingen innewohnende Idee darzustellen, »l'idée universelle des choses«.

Die Welt der Universalien ist eine statische Welt: die Träger unveränderlicher Vorstellungen und konstanter Werte bewegen sich in einem Ideenraum, der gegen Relativität und jegliche Veränderung gefeit ist. Da das Wesentliche ohnehin gleichbleibend ist, spielen im dramatischen Gegeneinander der Wertpositionen die Erscheinungsformen der Zeit so gut wie keine Rolle. Daher kann die klassizistische Tragödie ohne eine nennenswerte zeitliche Extension auskommen: das Hier und Jetzt ist von universaler Bedeutung. Aber auch im heroischen Roman herrscht eine Form von Zeitlosigkeit vor, insofern nämlich, als die tragenden Gestalten Verkörperungen von Werten sind, denen die Zeit nichts anhaben kann. Die Kategorie der Entwicklung, der stetigen Veränderung, zum Vorteil oder zum Nachteil der epischen Gestalten, ist dagegen ohne Zeit nicht vorstellbar. Zu den entscheidenden Zügen des neuen Romans, den man ganz allgemein, ohne Rücksicht auf das Entstehungsland, den »englischen« nennen könnte, so wie man von englischen Parks spricht, gehört die Erfahrung der Zeit wie auch die Erfahrung *durch* Zeit: Veränderung, Entfaltung, charakterliche Mobilität, Lernen durch Gewinnung von Erfahrung, die vor allem durch die Realitäten des bürgerlichen Alltags vermittelt wird.

Die Gestalten von heroischem Zuschnitt aus der epischen bzw. romanesken Tradition stehen zumeist von Anfang an fertig, abgerundet vor uns. Als Verkörperungen von Werten entziehen sie sich einer Beurteilung unter psychologischen oder verwandten empirischen Aspekten, durch Betrachtungsweisen also, die erst seit dem Aufkommen des modernen Individualismus zu Maßstäben geworden sind. Der neue Roman erkennt dagegen die Bedeutung der psychologisch relativierenden Darstellung menschlicher Schicksale, er entdeckt die Kategorie der Entwicklung – und das gilt nicht nur von den deutschen Bildungsromanen. Im Hinblick auf spätere Entwicklungen des Romans, etwa in der Zeit naturalistischer Auffassungen, ist es notwendig darauf hinzuweisen, daß die Idee der sich in der Zeit entfaltenden Individualität nicht im Widerspruch steht zu der Betonung des Milieus, der modernen Umwelt überhaupt, die mit ihrem Nebeneinander verschiedener Gesellschaftsschichten und Lebensformen ebenfalls einen Schwerpunkt in den Darstellungskomplexen der »bürgerlichen« Erzählprosa bildet. Im Roman des 18. Jahrhunderts ist das Milieu kein determinierender Schicksalsraum wie etwa in naturalistischen Werken, sondern vielmehr buchstäblich ein Spielraum, ein Bewegungsfeld, auf dem das Individuum seine Fähigkeiten erproben kann.

Im Gegensatz zur Holzschnittmanier des pikarischen Romans, an den der neue Roman in seinen Streifzügen durch den Alltag verschiedener Gesellschaftskreise noch am meisten erinnert, streben die Autoren im Zeitalter der Gefühlskultur die Kunst der literarisch-psychologischen Nuance an. Poetologische Auskunft darüber findet sich in Fieldings *Tom Jones* (1749), dessen Erzählerstimme auch sonst als ein repräsentatives Organ zu manchen Fragen der zeitgenössischen Romanpoetik gelten kann. Das erste Kapitel des X. Buches, das laut Untertitel »Lehren« enthält, »die für moderne Kritiker sehr nötig zu lesen sind«, erweist sich auch für den Literarhistoriker als ergiebig. Der Erzähler belehrt hier den Leser darüber, wie wichtig es sei, die Unterschiede zwischen literarischen Figuren zu erkennen, d. h. auf die Individualisierungstendenz zu achten, um nicht den Fehler zu begehen, in den Gestalten nichts als Ausformungen einiger weniger klassischer Typen zu sehen. Es gebe zwar einige Merkmale, in denen die meisten Individuen, gleich welchen Beruf sie auch ausüben, im wesentlichen übereinstimmen. Indes: »Das Vermögen, diese Charakteristika beizubehalten und zu gleicher Zeit in ihre Wirkungen Abwechslungen zu bringen, ist ein Talent eines guten Schriftstellers. Ein zweites jedoch besteht darin, den feinen Unterschied zwischen zwei Personen, die von demselben Laster oder von derselben Torheit getrieben werden, nicht zu verwischen. Und so wie dieses letztere Talent nur bei sehr wenigen Schriftstellern zu finden ist, so findet man auch nur sehr wenige Leser, die es richtig beurteilen können, obgleich, wie ich glaube, die Beobachtung dieser Regel ein Hauptvergnügen für jene sein muß, die imstande sind, derlei Entdeckungen zu machen; jedermann z. B. kann zwischen Sir Epikur Mammon und Sir Fopling Flutter unterscheiden; aber den Unterschied zwischen Sir Fopling Flutter und Sir Courtly Nice zu wahren, erfordert eine schärfere Urteilskraft, deren Mangel bewirkt, daß vulgäre Zuschauer im Theater oftmals einem Schauspiel großes Unrecht tun. [. . .] Ich fürchte wirklich, daß jede verliebte Witwe auf der Bühne Gefahr laufen würde, als eine sklavische Nachahmung der Dido verdammt zu werden, wenn nicht glücklicherweise sehr wenige unserer Theaterkritiker genug Latein verstünden, um den Vergil zu lesen.« (Fielding, *Tom Jones*, 633)

Die Beispiele aus dem Bereich des Theaters sind bezeichnend in Anbetracht einer Erzählkunst, die ihre eigentliche Domäne mit der modernen Sittenkomödie teilt. Das Plädoyer für individualisierende Darstellung enthält zwar eine unüberhörbare Mahnung an alle Kritiker, die jede Novität an dem klassizistischen oder barocken Figurenrepertoire messen, allein auch Fieldings Text zeigt deutliche Spuren traditioneller Denkmuster; so vor allem, wenn von den Unterschieden zwischen Gestalten die Rede ist, die dieselben charakterlichen Mängel aufweisen. Es fällt auf, daß der Erzähler von den Kategorien ›Laster‹ und ›Torheit‹ spricht, d. h. daß die Ausgangsebene der Betrachtung die herkömmliche Charakter- und Morallehre bildet, verankert in der antiken, aus dem Umkreis aristotelischen Denkens stammenden Verhaltenstypologie des Theophrastos. Man hätte erwartet, die Theorie der Differenzierung würde sich stärker an aktuellen gesellschaftlichen Unterschieden ausrichten, etwa an den konkreten Erfahrungen der im Text erwähnten Berufsgruppen, doch die Perspektive bleibt noch weitgehend beherrscht von der klassizistischen Moralistik, von abstrakten Tugendmustern und ihren negativen Gegenbildern. Das Nebeneinander und Ineinander einer empiristischen Psychologie und überlieferter Verhaltenslehren auf Grund einer universalistischen Moralistik erweist sich überhaupt als eines der herausragenden Kennzeichen des europäischen Romans im 18. Jahrhundert, bis hin zur Romantik. Die den heutigen, viel konkretere Formen von Mimesis gewohnten Leser etwas befremdende Abstraktheit dieser Romane rührt namentlich daher, daß sehr oft der Eindruck entsteht, die Schilderungen der Dingwelt seien vor allem dazu da, den Dekor für moralische Betrachtungen abzugeben. Nicht selten sieht es so aus, als seien die Schauplätze der Romane, die Landgüter, die bürgerlichen Stadtwohnungen, die Gasthäuser, mehr oder minder sorgfältig gebaute Kulissen, die letztlich dazu dienten, den Dialogen und den essayistischen Erörterungen des Erzählers einen Rahmen zu verleihen. Bei manchen französischen Romanen, vornehmlich in den Werken Diderots und Rousseaus, ist dieser Eindruck besonders stark.

Beachtet man die Begriffe Moralismus und Essayistik im Hinblick auf die gesamte Machart der neuen Romane, so fällt der Vorrang der überlegenden Betrachtung gegenüber von *action* ins Auge. Das Bekenntnis, etwa im sorgfältig stilisierten Brief (der in Gestalt von Korrespondenzen den beliebten Typus des Briefromans bestreitet), die erzählerische Reflexion, das intellektuelle Gespräch, das sind einige der markanten Kompositionsformen. Auch hier besteht übrigens ein Anlaß, an Lockes Philosophie zu denken. Watt macht im Einleitungskapitel seines genannten Buches auf den Zusammenhang aufmerksam, der zwischen Lockes Lehre von der Einheit der Person (durch Kontinuität des Bewußtseins) und der psychologischen Darstellungsweise im Roman seit dem 18. Jahrhundert besteht. Bei der Lektüre der entsprechenden Stellen in *An Essay Concerning Human Understanding* erkennt man allerdings, daß Locke mit seiner Auffassung von der psychischen Einheit der Person nicht nur der Poetik der Erinnerung im Roman den Weg bereitet hat, sondern daß auch die Theorie der Erzählstruktur in einer Ansicht des Philosophen eine Stütze hat.

Aus Lockes Theoremen läßt sich nämlich die Legitimität einer besonderen Erzählform des 18. Jahrhunderts ableiten: die Praxis des abstrakten, als ein ›Ich‹ oder ein ›Wir‹ in Erscheinung tretenden Erzählers, der hier im folgenden *transzendentaler Erzähler* genannt werden soll. Transzendental, im Sinne Kants, ist nämlich der logische Ort der narrativen Stimme im Gefüge des erzählenden Textes; sie ist eine empirisch nicht bestimmbare Instanz, die der epischen Handlung und den handelnden Personen vorgegeben und vorgeordnet ist, also eine Kategorie *a priori*. Seine Rolle spielt der transzendentale Erzähler, indem er dank seiner Allwissenheit, die ihm der Autor verleiht, in der Erzählung selbst Regie führt, die Dinge für den Leser kommentiert und überschau-

bar macht. Dieser »Geist der Erzählung«, wie ihn Thomas Mann im *Erwählten*
genannt hat, erscheint oft in der ersten Person der Mehrzahl, d. h.
er schließt in den Stromkreis des Erzählens auch den imaginären Leser ein, den er auf
eine ebenso imaginäre Weise anspricht, ihn »lieb«, »geneigt« oder »geduldig«
nennt und sogar mit ihm – über die Köpfe der Romanhelden hinweg – gemeinsame Sache macht.

Zu den entscheidenden Funktionen des Erzählers gehört indes die Veranschaulichung der Tatsache, daß der Erzählakt eine künstliche Handlung ist,
eine artifizielle Angelegenheit mit besonderen Prozeduren, kurz, etwas Ge-
machtes, das als solches dem Leser zum Bewußtsein gelangen soll. Der Vorgang der Offenlegung des Erzählens zeigt namentlich dort seine volle Wirkung, wo die transzendentale Stimme nicht nur über bestimmte Handlungselemente sich ausläßt, sondern die Technik der Narration selbst darlegt, d. h.
die eigene Tätigkeit zum Gegenstand der Betrachtung macht – gleichsam sich
selbst zusieht. Und damit ist das Stichwort gegeben für die Besinnung auf
Locke. Im II. Buch des genannten Werkes (27. Kapitel, Paragraph 9) findet
sich zum Begriff der »Identität der Person« folgende Ausführung:

»Nach diesen Vorbemerkungen müssen wir, um zu erkennen, worin die
persönliche Identität besteht, erwägen, was ›Person‹ bedeutet; und ich denke,
das ist ein denkendes verständiges Wesen, das Vernunft und Überlegung besitzt, und sich selbst als sich selbst betrachtet, als dasselbe denkende Wesen zu
verschiedenen Zeiten und an verschiedenen Orten, wozu es nur mit Hilfe des
vom Denken untrennbaren und diesem, wie mir scheint, wesentlichen Bewußtseins imstande ist, indem es für niemanden möglich ist, etwas wahrzunehmen ohne zugleich seine Wahrnehmungs-Thätigkeit wahrzunehmen.
Wenn wir irgend etwas sehen, hören, riechen, schmecken, fühlen, bedenken
oder wollen, so wissen wir, daß wir dies tun. So verhält es sich immer mit
Bezug auf unsere gegenwärtigen Empfindungen und Wahrnehmungen, und
hiedurch ist jeder für sich das, was er sein Selbst nennt, indem in diesem Falle
keine Rücksicht darauf genommen wird, ob dasselbe Selbst in derselben oder
in verschiedenen Substanzen fortbesteht.« (Locke, 426f.)

Wahrnehmung ist für Locke mit einem höchsten Grad von Bewußtheit
verbunden. Seiner Auffassung zufolge würde der Mangel an Aufmerksamkeit
die Eigenschaft und das Ergebnis des Wahrnehmens zunichte machen. Daher
sei gültige Wahrnehmung ohne den begleitenden Akt der Bewußtheit nicht
möglich. Dehnt man nun dieses Theorem auf den Erzählvorgang aus, so
werden Zusammenhänge erkennbar, die die eigentümliche Form des sich
selbst kommentierenden Erzählens betreffen. So wie die Wahrnehmung vom
lenkenden Bewußtsein begleitet wird, so wird das Erzählen seiner selbst bewußt und damit zum Gegenstand rationaler Einsicht. So gesehen, ist Locke
nicht nur der indirekte Ahnherr eines literarischen Psychologismus, sondern
auch eines »konstruierenden«, die Narration selbst überwachenden Verfahrens.

Diese Art des Erzählens gehört nicht notwendig zum Leben epischer Gattungen; sie ist eine historisch bestimmbare Erscheinung. Es ist jedenfalls kein Zufall, daß die Erzählerrolle mit allen Privilegien eines transzendentalen Erzählers erst im 18. Jahrhundert voll zur Entfaltung gelangt, am deutlichsten in Romanwerken englischer Autoren, in Deutschland bei Wieland. Dem heroischen Roman des Barock mußte die selbstreflexive Anlage fremd bleiben: die große repräsentative Geste und das Wertepathos schloß eine relativierende Erzählweise aus, in der dazu noch die Aufmerksamkeit nicht so sehr dem literarischen Gegenstand als vielmehr der literarischen Prozedur gilt. Ansätze zu einem freien Erzählen finden sich dagegen im 17. Jahrhundert in jenem Bereich, in dem die Normen des Heldenromans ihre Gültigkeit verlieren, im französischen *roman comique*, im Grunde schon bei Cervantes. Zu einem repräsentativen Zeichen der Epoche wird der transzendentale Erzähler erst in einer literarischen Kultur, wo die Repräsentationsfunktion der Literatur einer ganz anderen Auffassung des Schreibens weicht. In dieser Auffassung ist der Gedanke intimer, empfindsamer Geselligkeit ebenso enthalten wie die Form des rationalen Diskurses, der dazu benutzt wird, den literarischen Vorgang selbst zum Thema kritisch-analytischer Betrachtung zu machen.

So berechtigt es auch erscheint, in diesem Verfahren, das den Schreibvorgang transparent macht und ihn gleichsam zur Diskussion stellt, eine Erscheinung bürgerlicher Vernunftkultur zu sehen, so sollte man dennoch nicht vergessen, daß die Kunstgriffe des transzendentalen Erzählers sehr wohl auch dazu angetan sind, den Leser zu verunsichern, ihn in ein Spiel der Ironie und Vieldeutigkeit einzubeziehen, wo jede Äußerung einen doppelten Boden haben kann. Die Kehrseite der Leutseligkeit ist dann ein relativierender Skeptizismus. Das Gebaren des Erzählers erinnert daran, daß das 18. Jahrhundert eben nicht nur das Zeitalter der *sincerity* war, sondern auch die Epoche der Verkleidungen und Maskenspiele. Die Sphäre bürgerlichen Umgangs und die Kultur höfischer Divertimenti waren im geistigen Austausch keine streng voneinander getrennte Welten. In Deutschland gehört gerade Wieland, der Begründer des transzendentalen Erzählens im deutschen Roman, zu jenen Autoren, die Grenzgänger zwischen den Lebensformen des Bürgertums und des Adels waren.

Für eine Geschichte der expliziten Romanpoetik ist schließlich jener Aspekt von besonderem Interesse, der den Kern der neuen, auktorialen Kunsttheorie in den Blick rückt. Dem transzendentalen Erzähler fällt nämlich unter anderem die Aufgabe zu, als Agent der Originalitätsästhetik aufzutreten. Zu einem Zeitpunkt, da der »Kunstrichter« seine früher durch die saktionierte Normpoetik abgesicherte Urteilsgewalt nach und nach einbüßt und die vorschreibende Poetik von einem freien Austausch von Geschmacksurteilen verdrängt wird, erhebt auch der Autor literarischer Werke in entscheidendem Maße Anspruch darauf, als individueller Gesetzgeber zu gelten, wobei die Zuständigkeit freilich nur jeweils das eigene Werk betrifft.

»Mein Leser«, erläutert der Erzähler in Fieldings *Tom Jones* (63 f.), »darf sich
[. . .] nicht wundern, wenn er im Verlauf dieses Werkes einige Kapitel sehr
kurz und andere dagegen sehr lang findet, Kapitel, die nur den Zeitraum eines
einzigen Tages umfassen, und andere, die Jahre enthalten, mit einem Wort,
wenn meine Geschichte manchmal stillzustehen und manchmal zu fliegen
scheint. Für all dieses glaube ich mich nicht verpflichtet, irgendeinem kritischen Gerichtshof Rechenschaft zu geben: Denn da ich in Wahrheit der Gründer einer neuen Provinz in der Literatur bin, so steht es mir frei, derselben
nach meinem eigenen Belieben Gesetze zu geben. Und diesen Gesetzen sind
meine Leser, die ich als meine Untertanen betrachte, gläubig zu gehorchen
verpflichtet. Und damit sie sich bereitwillig und fröhlich fügen, gebe ich ihnen
hiermit die Versicherung, daß ich bei all solchen Institutionen hauptsächlich
i h r e Bequemlichkeit und i h r e n Vorteil im Auge habe: Denn ich bilde mir
nicht wie ein Tyrann von Gottes Gnaden ein, daß sie meine Sklaven oder mein
bewegliches Eigentum wären. Ich bin wirklich nur zu ihrem eigenen Besten
über sie gesetzt und zu ihrem Vorteil geschaffen worden, nicht aber sie zu dem
meinen.«

Hier bietet sich das 18. Jahrhundert in komprimiertester Form dar. Beispielhaft ist vor allem der Umstand, daß auf dem Boden des Romans, und
zwar des damals unkonventionellen, die schöpferische Freiheit des Schriftstellers verkündet wird, die Unabhängigkeit in künstlerischen Dingen, die sich
darin äußert, daß die Zuständigkeit einer vorschreibenden Kritik zurückge-
wiesen wird. Der Autor versteht sich als Gründer eines Neuen, dessen Richtigkeit zunächst nur er selbst zu beurteilen hat. Auf spielerische Weise wird
hier ein Gedanke ausgesprochen, der in der Kunsttheorie erst in der zweiten
Hälfte des Jahrhunderts voll zum Ausdruck kam (in England bei Edward
Young, in Deutschland etwa beim jungen Goethe, in Frankreich bei Louis-
Sébastien Mercier). In einem Atem mit der Innovation wird freilich auch der
Leser genannt, der in Einklang mit dem Autor gedachte Kunstkenner, der auf
eine ebenso spielerische Art als eine Voraussetzung des literarischen Lebens
behandelt erscheint. Dabei werden Vergleiche angestellt, denen die Herkunft
aus der Sphäre der Politik leicht anzumerken ist. Der autokratische Herrscher
mit metyphysischer Legitimation bzw. seine »Sklaven« signalisieren den Gedanken eines rigiden Absolutismus, während die Idee der erzählerischen
Fürsorge wohl ein harmonischeres Gesellschaftsbild mit einschließt. Mit einer
ironischen Volte (auch die gehört zum Zeitalter Voltaires!) nimmt der Erzähler
für sich das Modell gleichsam demokratischen Umgangs in Anspruch. Die
politische »Bürgerlichkeit« des Romans offenbart sich hier als Bereitschaft,
bestimmte Denkmodelle der Aufklärung in literarische Form umzusetzen: Die
Einrichtung der grundsätzlich freien Öffentlichkeit, des mündigen Staatsbür-
gers, dem nun auch die ästhetische Mündigkeit bescheinigt wird, schließlich
die Institution des Meinungsaustauschs, der Debatte, des kritischen Ge-
sprächs. Die Auslassungen des Erzählers, seine zahlreichen Digressionen (die

aber im Grunde nicht abschweifen, sondern das geheime Zentrum bilden) sind ein durchgehender Versuch, einen Gedankenaustausch zu fingieren und damit dem Leser eine Rolle zuzuweisen, wenn auch dessen Stimme stumm bleiben muß.

III

Es gehört zu den Merkmalen des literarischen Lebens der Neuzeit, und namentlich seit dem 18. Jahrhundert, daß der Literat, gelegentlich auch der Maler oder der Komponist, eine Art theoretischer Öffentlichkeitsarbeit leistet, indem er seine ästhetischen Auffassungen oder auch seine konkreten künstlerischen Absichten in Form von Manifesten, Programmen oder Kommentaren seinem Publikum mitteilt. Daß gerade das Jahrhundert der Aufklärung, des Antiklassizismus und der beginnenden Romantik auch in dieser Hinsicht bahnbrechend war, überrascht keineswegs; waren doch die Versuche, künstlerische Vorstellungen zu erklären oder gleichsam vorzuschlagen und nicht mehr zu dekretieren, überaus bezeichnend für eine Epoche, in der mehr oder minder in allen Bereichen die Dinge aufhörten, selbstverständlich zu sein, selbstverständlich oder unanfechtbar im Sinne einer metaphysischen Ordnung und festgeschriebenen Tradition. Der künstlerische Individualismus beruft sich auf die grundsätzliche Freiheit im ästhetischen Schaffen, auf die »Willkür« des Dichters, wie es bei Friedrich Schlegel heißen wird, jedoch er zeigt zugleich seine Bereitschaft, die Kommunikation mit dem Publikum auf eine neue Weise zu steuern. Programme oder Kommentare und ähnliche Metatexte fungieren als Schriften, die dem Leser Brücken bauen und ihn für den Gedanken der Innovation zu gewinnen trachten. Obwohl diese Texte in Thematik und Vokabular manches mit den normativen Poetiken der Vergangenheit gemeinsam haben, ist die neue Ausrichtung deutlich erkennbar: man kann sie im Gegensatz zu der deduktiven und verordnenden Schreibweise essayistisch fragend und argumentierend nennen, gelegentlich auch emphatisch verkündend.

In allen Fällen ist jedoch das eigentlich Neue der mehr oder minder augenfällige Leserbezug. Während die Dichtungslehren der vorhergehenden Epochen sich dem Schreibenden zuwandten und ihn im wahrsten Sinne »von oben« behandelten, spricht in den neuen poetologischen Versuchen zum Drama, zum Roman, zur Lyrik die Stimme des Autors, der erklärend oder beschwörend die Öffentlichkeit anredet. Ein prägnantes Beispiel für die allgemeine Orientierung des modernen Autors ist Schillers Anrufung der Öffentlichkeit aus Anlaß der Gründung der *Rheinischen Thalia*, eines Zeitschriftenprojektes aus dem Jahre 1784. »Das Publikum ist mir jetzt alles, mein Studium, mein Souverain, mein Vertrauter. Ihm allein gehör ich jetzt an. Vor diesem und keinem andern Tribunal werde ich mich stellen. Dieses nur fürchte ich und verehr ich. Etwas Großes wandelt mich an bei der Vorstellung, keine

andere Fessel zu tragen als den Anspruch der Welt – an keinen andern Thron
mehr zu appellieren als an die menschliche Seele.« (Schiller, 856) Eine wichtige
sachliche Ergänzung dazu findet sich, aus nüchterner Sicht, bei Herder (*Briefe
zur Beförderung der Humanität*, 1793–1797, 57. Brief). In Büchern spreche alles
zu allem, keiner kenne den anderen genau, weder der Autor den Leser noch
der Leser den Autor. Denn »die Anonymie ist die große Göttin des Marktes«
(Herder, 236).

Die Poetik des Romans etwa in der Zeit von Richardson bis Friedrich
Schlegel und Novalis nimmt insofern eine Sonderstellung ein, als die Autoren
sich nicht nur veranlaßt sahen, ihre eigenen Auffassungen darzulegen, sondern
auch – immer noch – gezwungen waren, für das Ansehen des Romans zu
werben. Zu den Aufgaben theoretischer Rhetorik gehört nach wie vor der
Versuch, die literarisch interessierte Öffentlichkeit von den Vorzügen und
Möglichkeiten der Romanform zu überzeugen, namentlich im Zuge der Veränderungen in der Erzählpraxis. Im Unterschied zu den angesehenen Gattungen der Vergangenheit, die sich auf viele in der Tradition verankerte Muster
berufen konnten, vollzog sich die Kampagne für den neuen Roman, den Erfahrungsroman, wie wir ihn hier nennen wollen, im Zeichen von Traditions-
losigkeit, ja Traditionsbekämpfung. Überaus bezeichnend ist der Umstand,
daß sich die Verfechter des Romans in England auf Cervantes beriefen, auf
den *Don Quijote*, und damit auf ein Werk, das in eigentümlicher Weise Abrech-
nung gehalten hatte mit der Hauptströmung der Romanliteratur. Es gehört zu
den charakteristischen Widersprüchen in der Geschichte des Romans, daß ein
Buch, dem die Kritik der romanesken Überlieferung immanent ist, zum literarischen Patron der neuen Versuche erkoren wurde.

Die Formel prägte 1742 Henry Fielding mit dem Untertitel seines Romans
The History of the Adventures of Joseph Andrews. Dieser Untertitel lautet: Written
in Imitation of the Manner of Cervantes. Mit der Manier des spanischen Autors war eine Schreibweise gemeint, die kritische und humoristische Elemente
miteinander zu vereinigen vermochte. Zu den Gegenständen des kommentierenden Erzählens gehörte dabei nicht nur eine dem spanischen Vorbild
entsprechende Figurenkonstellation, sondern auch ein Bündel von Motiven,
unter denen die der Täuschung, der Illusion, der Ernüchterung und der klä-
renden Erkenntnis in den Vordergrund traten. Die doppelte Optik, unter der
in den Abenteuern des »ingenioso hidalgo« die Lebensrealität gesehen wird,
schien dazu angetan, der prüfenden, kritischen Sicht des modernen Romans
gedankliche Pointen zu liefern.

Obwohl Cervantes im 18. Jahrhundert allenthalben geschätzt war, konnte
diese Tatsache allein freilich noch nicht das allgemeine Ansehen des Romans
verbürgen. Der *Don Quijote* galt auf seinem Weg zur Klassizität eher als ein
Sonderfall, vergleichbar in gewissem Sinne mit Rabelais' Werk, d. h. als eine
breit angelegte Prosasatire und damit als ein Text, der zum Teil einer anderen,
anerkannten Gattung zugeordnet werden konnte. Und so führt auch die Ro-

manpoetik des 18. Jahrhunderts die Bestrebung vor Augen, der Gattung
durch terminologische Kunstgriffe das mangelnde Ansehen zu verschaffen.
Bemerkenswert ist in dieser Hinsicht die Methode, deren sich der englische
Übersetzer des *Don Quijote*, Peter Motteux, bediente, um das Werk ins rechte
Licht zu rücken. In seinem Vorwort von 1700 betont er die »all-
gemeinmenschlichen« Züge dieser Prosadichtung, die einem Spiegel gleiche,
in dem jedermann sich erkennen könne, einer in dieser, ein anderer in jener
Gestalt. Indem er von der Figurenzeichnung schwärmt, nimmt er auf diskrete
Art eine gattungsmäßige Umbenennung vor: das Werk erscheint ihm gerade
wegen der Plastizität der Gestalten im Grunde dem Drama zugehörig. »In
short, his Book is in a manner a Dramatic Piece [. . .]« (Greiner 1970, 4).

Auf analoge Weise geht Fielding vor, wenn er den oben genannten Roman,
seinen ersten, durch eine mehrdeutige Benennung gattungstheoretisch günstig
plaziert. Es ist anzunehmen, daß der Autor mit der Bezeichnung »a comic
Epic-poem in Prose« vor allem die Absicht verfolgte, sein Werk unter den
Schirm solcher Begriffe wie Epos und Dichtung zu stellen und damit beim
Leser eine entsprechende Erwartung hervorzurufen. Er gebraucht jedoch zugleich den Terminus »comic romance«, was für den zeitgenössischen Leser ein
deutliches Zeichen sein mußte, daß hier Konventionen nur mit eingeschränktem Respekt behandelt würden. Bedenkt man die Vorstellung, die das Publikum damals mit dem Begriff der *romance* verband, so kann man vermuten, daß
das Attribut »comic« einige Verstörung hervorrief. Ein Lexikon aus jener
Zeit, Chambers' *Cyclopaedia* von 1728, gibt Auskunft darüber, was für Erwartungen die Gattung der *romance* erweckte. Das Handbuch definiert sie als »a
fabulous Relation of certain Intriegues and Adventures in the Way of Love
and Gallantry; invented to entertain and instruct the Readers.« (Greiner
1970, 37) Das ist die dem deutschen Leser vertraute Formel: nämlich die des
großen heroisch-galanten Romans, ausgestattet mit kriegerischen Abenteuern
und Liebeshandlungen, alles zur Unterhaltung und Belehrung des Lesers. Der
Verfasser des Artikels bestätigt übrigens auch die Rolle des antiken Romans:
auch für ihn ist Heliodor der eigentliche Ahnherr der *romance*. Die Tradition
im 17. Jahrhundert belegt er durch Beispiele aus der französischen, deutschen
(Buchholtz, Herzog Anton Ulrich von Braunschweig), italienischen und spanischen Literatur.

Fieldings überraschende Koppelung mit der Anschauung von ›komisch‹
zielt auf die Bereitschaft des Lesers, umzudenken und auf das Neue einzugehen (das der Erzähler in *Tom Jones* so selbstbewußt hervorhebt). Doch die
Verbindung herkömmlicher und ungewohnter Züge − wobei diese Gegenüberstellung die eigentliche Innovation bildet − bleibt nicht ohne Ankündigung. Der Leser wird im Vorwort des Autors gleichsam schonend auf Thematik und Stilebene des neuen Romantypus vorbereitet. So wie das Drama des
18. Jahrhunderts im Zuge des Interesses für die mittelständische Erfahrungswelt einen poetologischen Ort in der Zone zwischen Tragödie und Komödie

sucht, in der Mitte also, so wird nun auch der Roman in einem Mittelgebiet angesiedelt, das erlaubt, viele literarisch noch unerprobte Elemente der Erfahrungsrealität ins Spiel zu bringen. Auf diese Möglichkeit bezieht sich die Feststellung des Autors, der Roman könne die Dinge breiter und umfassender darstellen als die Komödie, und er könne auch nuancierter in der Charakterzeichnung sein. Vom ernsten (heroischen) Roman unterscheide sich der heitere dadurch, daß er den Blick vom Erhabenen auf das Alltägliche und Lächerliche lenke, nicht zuletzt auf die niederen Stände und deren Sitten, »Persons of inferiour Rank« (Greiner 1970, 43). Zugleich beugt Fielding dem Mißverständnis vor, es handle sich um eine Fortsetzung der Tradition literarischer Burlesken. Sein Romanversuch könne nicht auf derbe Komik festgelegt werden (d. h. auf den Typus des pikarischen Romans), er verlange vielmehr einen Leser, der Verständnis für den Relativismus der Ansichten haben werde.

Fielding, darin ein echter Zeitgenosse Defoes und Richardsons, bereitete mit seiner Auffassung des Romans auch der terminologischen Unterscheidung zwischen *romance* und *novel* den Boden. (Eine Zeitlang bildete zunächst die Bezeichnung *history* den Gegensatz zu *romance*, ein Begriff, der dazu diente, die Vorstellung von empirischer Glaubhaftigkeit hervorzurufen.) Einige Jahrzehnte später konnte kein Zweifel mehr daran sein, daß Werke wie *Joseph Andrews* die Gattung *novel* repräsentierten. Ein poetologisches Zeugnis, das die Tendenzen im Wortgebrauch der Epoche zusammfaßt, die Schrift *The Progress of Romance* (1785) der englischen Autorin Clara Reeve, schafft hier Klarheit, wenn von der *romance*, dem Helden- und Liebesroman, das Phänomen der *novel* abgesetzt wird mit der Erklärung: »The Novel is a picture of real life and manners, and of the times in which it is written.« (Greiner 1970, 123) Man konnte und kann darüber sich streiten, was unter »real life«, wirklichem Leben, zu verstehen sei. Denn gerade die Darstellung der – notwendig vielschichtigen – Erfahrungsrealität lehrt, daß die so oft recht unbekümmert ausgesprochene Forderung nach Gestaltung des »Lebens, wie es ist« eine logische Ungeheuerlichkeit ist, ein Anspruch ohnegleichen.

Das Nötige darüber findet sich in Goethes Autobiographie, im siebenten Buch, wo von den literarischen Verhältnissen um die Mitte des 18. Jahrhunderts die Rede ist. Die Empfehlung, man möge die Natur, die Erfahrungswirklichkeit nachahmen, d. h. abbilden, sei im Grunde ein leeres Wort; denn das Leben bestehe aus zahllosen Einzelheiten, aus Unbedeutendem und Unwürdigem, so daß die Realität in ihrer authentischen Form als untauglich für die Kunst bezeichnet werden müsse. Ohne Auswahl, so folgert Goethe, sei Gestaltung nicht möglich. Doch das Wählen verstehe sich bereits als ein Vorgang, der von den geschilderten Dingen selbst nicht mehr bestimmt wird. Die entscheidende Frage sei daher, wer zu bestimmen habe, was bedeutend und was unbedeutend sei.

So weit reicht das literaturtheoretische Bewußtsein bei Clara Reeve nicht. Allein man erfährt zumindest, wie positiv die literarische Entdeckung des

Alltags im Gegensatz zu der »unwirklichen« Welt der *romance* beurteilt wurde. Die Autorin sieht den Vorzug der modernen Romane aus der alltäglichen Welt, die der Leser aus eigener Erfahrung kennt, darin, daß das täuschende Gefühl der Vertrautheit mit den Dingen und den Schicksalen der Gestalten uns beim Lesen dazu bringe, alles so zu erleben, als handle es sich um unsere eigene aktuelle Erfahrung. Was die Kritikerin hier ausführt, war dem kundigen Publikum jener Zeit ein bekanntes Phänomen: die Vertrautheit mit den Lebensbedingungen und dem Geschehen auf der Bühne oder im Roman führte zu jenen Reaktionen der Zuschauer und Leser, die damals als eine neue, ungewohnte Manifestation der Verinnerlichung ästhetischer Vorgänge erfahren wurden. Lessing (in der *Hamburgischen Dramaturgie*) und der junge Schiller (im Vortrag über die moralische Wirkung der Schaubühne, 1784) waren in Deutschland die herausragenden Vertreter dieser Einfühlungsästhetik.

In England war die Neigung, die moderne Literatur und die entsprechende Kunsterfahrung im Zeichen von Verinnerlichung zu sehen, nicht weniger ausgeprägt. Ein 1797 in der Zeitschrift *The Monthly Magazine* anonym erschienener Artikel zum Thema *On Novel-Writing* kann ebenfalls als eine Art Zusammenfassung wesentlicher Bestrebungen und Denkformen des Jahrhunderts gelten, namentlich wenn der Autor den *novel* genannten Romantypus eine Schule der Menschlichkeit nennt, der Empfindsamkeit und der psychologischen Einfühlung – im Gegensatz zur *romance*, deren Reiz (der ihr durchaus zugestanden wird!) auf der Entfaltung einer freien Phantasietätigkeit beruht. Die Domäne des modernen Romans ist nach Meinung des Verfassers der empirische Mensch mit allen seinen Eigenschaften, denn nur die uns vertraute Sphäre des Gefühllebens kann beim Leser ein intimes Interesse bewirken. Geschöpfe, deren Tugenden oder Vergehen fern von unseren Erfahrungen sind, »out of the sphere of our activity«, können nicht mit unserem Mitgefühl rechnen (Greiner 1970, 127). Er zitiert einen Gedanken des Schweizer Literaten und Theologen Johann Caspar Lavater, wonach ein Gott, ein Tier, eine Pflanze niemals das sein können, was für den Menschen der Nächste ist, ebensowenig wie unter den Menschen der völlig Makellose unsere Sympathie gewinnen wird.

Ein erstes Resümee zeigt, daß sich die theoretischen Bemühungen um den Erfahrungsroman im 18. Jahrhundert um zwei zentrale Denkmotive gruppieren. Der Wunsch, die Mannigfaltigkeit der Interessen und Lebensformen breiterer mittelständischer Schichten (mit offenen Grenzen nach oben) literarisch in den Griff zu bekommen, ist das eine Motiv. Die empirische Neugierde auf das Innere des Menschen, auf seine Sensibilität und seine Verstandesarbeit auszudehnen, ist das andere. Realismus, Psychologie und Moralismus sind die Schlagwörter, die gewöhnlich gebraucht werden, wenn im Rückblick auf jene Epoche die Hauptlinien nachgezogen werden sollen. Davon ist der erstgenannte Begriff fraglos am wenigsten geeignet, die Besonderheiten der Epoche hervortreten zu lassen. Dieses bereits oben berührte Problem soll nun anhand von Texten eingehender behandelt werden.

Hinzuweisen ist abermals auf die Tatsache, daß der Roman im Zeitalter Fieldings, Wielands, Diderots und Sternes weit davon entfernt war, die literarische Eroberung der zeitgenössischen Lebenswelt mit den Mitteln zu unternehmen, die im 19. und frühen 20. Jahrhundert gebraucht wurden, um sogenannte Lebensechtheit zu suggerieren. Namentlich alles, was zur Schreibweise des Naturalismus gehört, ist im schriftstellerischen Empirismus der Aufklärung und der antiklassizistischen Strömungen kaum andeutungsweise erkennbar. Man kann nicht oft genug darauf hinweisen, daß die Theorie der »Nachahmung« der Natur, d. h. der Erfahrungswirklichkeit insgesamt, besonders aber der allgemeinen existentiellen Fakten des Lebens, im 18. Jahrhundert keineswegs von der Vorstellung treffender Abbildung durch Sprache ausging. Die Idee folgerichtiger naturalistischer Mimesis, etwa in der Darstellung von Sprecheigentümlichkeiten oder von Wahrnehmungsprozessen (siehe dazu das Naturalismus-Kapitel), setzt ein Verständnis von Kunst voraus, von dem sowohl die Moralisten in der Art Fieldings oder Wielands wie auch die Anhänger Rousseaus denkbar weit entfernt waren. Ganz allgemein formuliert: die Sprache wird nicht als ein spiegelartig einsetzbares Instrument verstanden, sondern grundsätzlich als ein Organon rational gegliederter Mitteilung. Hierbei erbringt nach den sprachphilosophischen Ansichten des 17. und 18. Jahrhunderts die Sprache ihre entscheidende Leistung, wenn sie, der arbiträren Natur des sprachlichen Zeichens zufolge, nicht das Einzelne, sondern das Allgemeine, die Idee der Dinge bezeichnet. Diese die Begrifflichkeit betonende Auffassung von der Sprache kann durchaus als repräsentativ für das Zeitalter der Aufklärung gelten.

Vor diesem Hintergrund ist es begreiflich, daß der moderne Roman dieser Epoche in überwiegendem Maße intellektualistische Züge trägt. Das große Thema der Literatur ist die Ordnung der Dinge, wie sie sich vom Standpunkt aufklärerischer, kritischer Rationalität darbietet — namentlich aber im Hinblick auf ein allgemeingültiges System menschlicher Moralauffassungen, gestützt von den Maximen rationalistischer Psychologie. Die Literatur, der Roman vor allem, wird so — vorwegnehmend — gleichsam zu einer Kritik der praktischen Vernunft.

Kaum ein Motiv poetologischer Argumentation ist dabei so bezeichnend wie die Bestrebung, die Überschaubarkeit und Regelmäßigkeit der »Natur« mit besonderer Aufmerksamkeit im Bereich menschlicher Beziehungen und Verhaltensweisen zu demonstrieren. Denis Diderots begeistertes Bekenntnis zum Autor der *Pamela* und *Clarissa*, der Aufsatz *Eloge de Richardson* von 1762, feiert den englischen Erzähler als Begründer einer literarischen Kunst, die ungeahnte Einblicke gewährt in die verborgenen Zusammenhänge des Seelenlebens. »Unter einem Roman«, so beginnt der Text, »verstanden wir bis heute ein Gewebe von Ereignissen, die aus der Luft gegriffen und unbedeutend waren: ein Gewebe, dessen Lektüre für den Geschmack und für die Sitten gefährlich war. Ich wünschte, man fände einen anderen Namen für die Werke

Richardsons, die den Geist erheben, die Seele ergreifen, durchweg die Liebe zum Guten atmen und doch auch R o m a n e genannt werden.« (Nach der Übersetzung bei Geißler, 159.)

Der Kahlschlag, den Diderot hier vornimmt und der nicht einmal den französischen klassizistischen Roman verschont, erlaubt eine Vorstellung davon, wie stark die Wirkung der – an sich eher bescheidenen – literarischen Verarbeitung von Erfahrungselementen zu jenem Zeitpunkt war. Die *Lobrede* ist ein Zeugnis der Faszination durch die Verknüpfung von aktueller Stofflichkeit, d. h. alltäglich anmutender Erfahrungswelt, und psychologischer Einfühlung. Es fällt auf, daß Diderot die englischen Romane in den Umkreis des Dramas versetzt, ja sie sogar verhüllte Dramen nennt, und sich damit einer terminologischen Verschiebung bedient, wie sie in der Romanpoetik des 18. Jahrhunderts nicht selten ist: als eine Form von Mimikry. Allein in seinem Aufsatz geht es nicht nur darum, den Typus des englischen Romans anders zu benennen (gemäß der Forderung, man müßte für die moderne Erzählprosa in der Art Richardsons einen anderen Namen finden – einer Forderung, die auch später mehrmals erhoben worden ist und die, wie man weiß, ein bloßer Wunsch geblieben ist). Weit wichtiger ist der Umstand, daß Diderot seinen Vergleich mit dem Drama auf die Überzeugung gründet, der neue Roman weise Einsichten in die Gesetzmäßigkeit seelischer Vorgänge auf, wie sie für das neuere Drama bezeichnend seien.

Worum es geht, erläutern ausführlicher und auch deutlicher Texte aus der deutschen Literatur der späten sechziger Jahre. Lessings *Hamburgische Dramaturgie* bezieht sich auf Theorie und Praxis der Bühnenkunst, und in erster Linie auf das moderne Drama, doch manche Thesen dieser Schrift dürfen zu den Maximen einer allgemeinen Poetik des 18. Jahrhunderts gerechnet werden. So etwa Lessings Ansicht (aus dem 30. Stück der Hamburger Sammlung), wonach den wahrhaftigen Menschendarsteller unter den Dichtern nur Begebenheiten beschäftigen können, »die ineinander gegründet sind, nur Ketten von Ursachen und Wirkungen«. Das heißt: »Diese auf jene zurückzuführen, jene gegen diese abzuwägen, überall das Ungefähr auszuschließen, alles, was geschieht, so geschehen zu lassen, daß es nicht anders hätte geschehen können: das, das ist seine Sache, wenn es [das Genie] in dem Felde der Geschichte arbeitet, um die unnützen Schätze des Gedächtnisses in Nahrungen des Geistes zu verwandeln.«

Es mag leicht sein, auch in diesen Ausführungen neue, schwer lösbare Probleme zu entdecken, so etwa in der Behauptung, der Autor müsse im Handlungsablauf seines Werkes absolute Notwendigkeit und Schlüssigkeit suggerieren. Diese Forderung dürfte schon deswegen kaum restlos zu befriedigen sein, weil hier die Rechnung ohne das Publikum gemacht wird: ob etwas als absolut notwendig erscheint oder nicht, hängt von den Vorstellungen der Leser oder Zuschauer ab, d. h. von einem intersubjektiven, weitgehend anerkannten und gültigen Begriff von Notwendigkeit. Die in diesem Falle zusammengehörigen Begriffe ›Schlüssigkeit‹ und ›Überzeugungsfähigkeit‹ greifen nur im Zusammenspiel der Werkstruktur und der Voraussetzungen im Bewußtsein der Rezipienten. Doch sieht man davon ab, so bleibt ein Theorem, an dem deutlich zu erkennen ist, was die Grundlage der Maxime von der »Nachahmung der Natur« im Zeitalter Lessings bildete: Die Vorstellung von Natur, und damit von Erfahrung, stützt sich zum ersten Mal in poetologischen Fragen wesentlich auf die naturwissenschaftliche Denkweise, die seit dem 17. Jahrhundert, seit Francis Bacon, Newton und Galilei, zu den maßgeblichen Elementen des neuzeitlichen Weltbildes gehört. Die Gesetzmäßigkeit, die Lessing fordert, ist die von Ursache und Wirkung, von Bedingendem und Bedingtem, so daß hier in weitestem Sinne von einer *Poetik der Kausalität* die Rede sein kann. Die Natur nachahmen, das bedeutete für die Generation Richardsons, Wielands und Diderots die Verpflichtung gegenüber der Ansicht, daß das poetisch Wahrscheinliche nur durch eine naturgesetzlich abgesicherte Empirie legitimiert werden könne.

Ein besonderes Gewicht erlangte der von Lessing vorgetragene Gedanke für die Romanpoetik durch eine unabhängig von Lessing entstandene Formulierung, die sich bereits im ersten Band von Wielands Roman *Geschichte des Agathon* (1766) findet, in einem Werk also, das nicht nur zu den frühesten deutschen modernen Romanen im Sinne des 18. Jahrhunderts zählt, sondern auch den Anfang in der Tradition des Bildungsromans darstellt. Die besagte Stelle ist unter den Einleitungspassagen des »Vorberichts«, d. h. des auktorialen Vorworts. Der Verfasser verbürgt sich dafür, daß der Roman nach dem »unerschöpflichen Vorrat der Natur« gearbeitet sei und nicht etwa nach den Gebilden der Phantasie. Die Gegenüberstellung von Natur (Erfahrung) und menschlicher Einbildungskraft freier Art fällt hier eindeutig zugunsten des empirischen Grundsatzes aus – seltsam genug in einem dichterischen Werk. Ja eine gewisse Geringschätzung, die die Phantasietätigkeit trifft, ist nicht zu überhören, wenn es heißt, daß die Charaktere des Romans »nicht willkürlich und bloß nach der Phantasie oder den Absichten des Verfassers gebildet« seien. Welche Forderungen der moderne Romancier zu erfüllen habe, das teilt der Autor mit besonderem rhetorischen Nachdruck mit. Die Schlüsselwörter seiner Argumentation sind »Entwicklung« (die zentrale Idee des Bildungsromans) und »Individualcharakter«, die Begriffe also, in denen die Besonderheit jedes einzelnen Menschen beziehungsweise dessen geistige Mobilität enthalten sind. Wie zum Begriff der Individualität die jeweiligen »Farben und Schattierungen« der Person gehören, so verbinden sich mit der Idee von Lebenswelt und Entwicklung bestimmte Vorstellungen deterministischer Natur: »der eigene Charakter des Landes, des Orts, der Zeit, in welche die Geschichte gesetzt wird«. Erst in der Beachtung aller dieser Umstände sieht der Autor eine hinlängliche Gewähr dafür, daß der Leser die Geschichte als wahrscheinlich und überzeugend hinnehmen werde.

Bedenkt man, gerade bei Wieland und seinen englischen Zeitgenossen, die

Rolle des transzendentalen Erzählers im Roman, so sind die für die Prosaepik des 18. Jahrhunderts so bezeichnenden Spannungen zwischen den deterministischen Gedanken von der erwähnten Art und der schwebenden Ungebundenheit des frei verfügenden Erzählers zu erkennen. Und damit sind auch die beiden Pole im Erzählverständnis – und damit auch der Romanpoetik – des Zeitalters benannt. Die Theorie beruht im wesentlichen auf der Verpflichtung, die man gegenüber der Entdeckung des Milieus empfindet, und zugleich auf dem stolzen Bewußtsein poetischer Autorität. Man kann daher die poetologische Problematik der Epoche unter dem Gesichtspunkt einer eigentümlichen Kompensation sehen: Das Bekenntnis zu Empirismus, Naturgesetzlichkeit und Psychologie (»Erfahrungsseelenkunde«) nötigte den Autor, grundsätzlich auf wesentliche Elemente aus der kulturellen Überlieferung zu verzichten: auf vieles von dem, was aus dem Bereich von Mythos und Sage in die Literatur eingeflossen war und als Vorbild und als Bestätigung verwandter Phantasietätigkeit wirkte. Gleichsam als Entschädigung für diesen typisch neuzeitlichen Verlust, der eine spürbare Einengung des poetischen Spielraums zur Folge hatte, sicherte sich die Literatur das Recht, innerhalb des erfahrungsgemäß Möglichen und Wahrscheinlichen zumindest ihre logische Besonderheit voll zur Geltung zu bringen. Die Poesie beugt sich zwar freiwillig der sogenannten realen Erfahrung, indem sie alles Erfahrungstranszendente und Phantastische entweder aus ihrem Repertoire ausschließt oder solche Erscheinungen als Bewußtseinsvorgänge – und damit auch wieder naturgesetzlich – begreift; allein sie richtet sich dafür auf dem so abgesteckten Feld recht selbstsicher ein und versäumt keine Gelegenheit, sich selbst, die Dichtung *als* Dichtung, in Szene zu setzen.

Von dem Grundsatz, die Schranken der Realität zu achten, doch zu gleicher Zeit die erzählerische Verfügungsgewalt hervorzukehren, machten die Romanschriftsteller der Zeit so ausgiebig Gebrauch, daß gerade in dieser Epoche ansatzweise jenes Bild vom Roman entstand, das dann in der Folge sich zunehmend durchsetzte und heute für nicht wenige Leser als maßgeblich gilt: das Bild vom Roman als einem Bereich stetiger Experimente.

Das wohl einprägsamste Beispiel ist Laurence Sternes *Tristram Shandy*, ein Werk, das nicht nur das größte Romanereignis der englischen Literatur in der zweiten Hälfte des 18. Jahrhunderts war, sondern auch nach wie vor als Muster der Experimentierlust in der Geschichte des Romans gelten darf. In unserem Zusammenhang ist namentlich der an sich abstruse Grundeinfall des Werkes wichtig. *The Life and Opinions of Tristram Shandy, Gentleman* sind ein fiktiver Lebensbericht des Titelhelden, doch fiktiv ist dieser Versuch einer Autobiographie in einem doppelten Sinne: er ist nicht nur – als Roman – erfunden, d. h. logisch fiktional, sondern er ist auch, und das ist das Entscheidende, trotz der peniblen Aufmerksamkeit, die dem Milieu und den naturgesetzlichen Voraussetzungen gewidmet werden, im Grunde auf eine groteske Weise irreal, denn der Roman berichtet vorwiegend gerade über jene

Lebensphase, von der es keine Erinnerung geben kann (gemeint sind die Zeugung, die Geburt und die ersten Lebensjahre). Indem das Werk mit dem Anspruch auf psychologische Authentizität bloß spielt, relativiert es humoristisch auch die Verpflichtung zum Empirismus. Die Genauigkeit, mit der Nicht-Erfahrenes, nur im Bewußtsein anderer Romanfiguren Vorhandenes geschildert wird, lenkt die Aufmerksamkeit auf den Erzählvorgang selbst, auf die Freiheit des Erzählers, der die Dinge, im selbst gesteckten Rahmen freilich, nach eigenem Gutdünken arrangiert und hin und her rückt. Wie etwa zu Beginn des 19. Kapitels des II. Buches (zit. in der Übersetzung von Rudolf Kassner): »Was ich Ihnen zu berichten habe, steht freilich hier nicht ganz am richtigen Ort, es hätte hundertfünfzig Seiten früher gesagt werden sollen, aber ich habe schon damals vorausgesehen, daß es später besser am Platze und hier von größerem Nutzen als anderswo sein würde. Schriftsteller müssen vor sich hinsehen und voraussehen, um im Schwung zu bleiben und den Zusammenhang des Werkes nicht zu verlieren.« (171) Äußerungen dieser Art sind im *Tristram Shandy* nahezu in jedem Kapitel zu finden, sie bilden das eigentliche Gerüst des Erzählens. Man wird daher diesen Roman nicht aus der Hand legen, ohne erkannt zu haben, welches Grundmuster aus den anspruchsvollen Romanen im Jahrhundert David Humes und Immanuel Kants hervortritt: Es führt das Bedürfnis vor Augen, die Eigenmacht der Literatur gerade auf einem Boden zu demonstrieren, auf dem nach herkömmlicher Ansicht die Dichtung ohnehin nicht viel verloren hat. Mit anderen Worten: die *Phantasie*, versteht man darunter die Schilderung von Dingen, die jeglicher Erfahrung spotten, wird gehörig an die Kette gelegt, doch die *Kombinatorik* gewinnt dadurch um so größere Bedeutung. Dichtung, und gerade Romandichtung, wird nicht mehr als ein Ort exorbitanter Heldentaten oder wundersamer Erscheinungen bestaunt; die Überraschung gilt nun der Art, wie die Erzählung sich im Alltag einrichtet und nichts anderes als die gewohnten Dinge als ein hoch artifizielles Ereignis zur Schau stellt.

Daß diese Neigung nicht nur der englische und der deutsche Roman bekundeten, sondern daß die autoreflexiven Spiele des Erzählers ebenso auch von den Pariser Literaten aufgegriffen wurden, läßt sich an Diderots Roman *Jacques le fataliste et son maître* zeigen (einem Werk, das zwar bereits in den frühen siebziger Jahren entstanden war, jedoch erst 1796 postum erschien, so daß die deutsche Übersetzung, *Jakob und sein Herr*, von 1792 die eigentliche Erstveröffentlichung des Werkes darstellt). Die philosophischen Gespräche zwischen dem »fatalistischen« Diener und seinem Herren erinnern an die Konstellation im *Don Quijote*, so deutlich jedenfalls, daß man auch hier von einem Werk »Written in the manner of Cervantes« sprechen kann. Dazu kommt ein starker Schuß Sterne, ganz bewußt übrigens: die Dialoge zwischen Herr und Diener werden nämlich immer wieder von den Einschüben eines souverän waltenden Erzählers unterbrochen, der sich darum kümmert, den Roman mit einer weiteren gedanklichen Ebene zu versehen: mit einer poetologischen. Der skeptischen Lebensbetrachtung des erfahrenen und fatalistisch gesinnten Dieners stehen, freilich als Stimme der Instanz oberhalb der Handlung, die Überlegungen des Erzählers gegenüber, die lehren, daß wenigstens im Bereich des Geschichtenerzählens die deterministischen Züge der Wirklichkeit aufgehoben werden können, aufgehoben in doppeltem Sinne: reproduziert und zugleich spielerisch entkräftet.

Und nun das schöne Beispiel: leicht zu finden, denn es steht gleich am Anfang des Romans, nach dem ersten kurzen Gespräch zwischen Jacques und seinem Herrn. Nach dieser knappen Selbstvorstellung der Figuren ergreift der transzendentale Erzähler die Initiative und führt seine – wenn auch stofflich begrenzte – Allmacht vor. Alles ist möglich, was mit den beiden Gestalten im Rahmen gegebener Möglichkeiten geschehen kann, versichert der Erzähler; es hänge nur von ihm allein ab, ob Jacques' Liebesgeschichte die Anschauung des Lesers sogleich beschäftigen werde oder erst viel später, ob im Roman der Herr heiraten werde oder nicht, zum Hahnrei gemacht werde oder nicht, ferner ob es zum Beispiel sinnvoll sei, Jacques nach den Antillen einzuschiffen, ihn diese Seefahrt allein machen zu lassen, oder mit seinem Herrn, und ob sie schließlich mit demselben Schiff heimkehren sollen oder getrennt – und so weiter. Es sei nichts leichter als Geschichten zu schreiben: mit dieser ironischen Äußerung schließt diese erste Intervention des Erzählers.

Sieht man die entscheidenden Themen der Romanpoetik im geschichtlichen Zusammenhang, so fällt auf, daß das große Denkmotiv des 18. Jahrhunderts die transzendentale Freiheit des Erzählens war. Hand in Hand damit ging die vertrauliche Verständigung mit dem Leser, seine Einbeziehung in den narrativen Vorgang, vor allem auf Grund des Einverständnisses, daß beim Erzählen auf strikte Illusionsbildung zu verzichten sei. Was den Leser zu erfreuen habe, sei nicht das Geschäft täuschender Simulation, sondern viel eher die Fertigkeit des Erzählers, der seine Karten auf den Tisch legt oder seine Tricks vorführt, je nachdem, und manchmal sogar eine Karte im Ärmel verschwinden läßt. Den Kontrapunkt zu diesem poetologischen Gedanken bildet ein Problem, das die Autoren rund hundert Jahre später beschäftigt hat (und von dem im Naturalismus-Kapitel die Rede sein wird): Man kann es mit der Frage ausdrücken, ob die Freiheit des Verfügens über Figuren, Zeiteinteilungen und Räume wirklich auf so lockere Weise gehandhabt werden könne. Bei genauerem Hinsehen erweist es sich nämlich, daß jegliches Erzählen von traditionellem Zuschnitt Spielregeln interner Natur beachten muß, das »allwissend« organisierte ebenso wie das naturalistische. Der Problemzusammenhang, der hier über Epochen hinweg etwa zwischen Diderot und Maupassant sichtbar wird, markiert eine der Hauptlinien in der Entwicklung des europäischen Romans seit dem Beginn der kulturhistorischen Moderne.

IV

Nach dem Erscheinen der entscheidenden englischen Romane der Jahrhundertmitte, nach Rousseaus *Julie* und den ersten großen Erzählwerken Wielands, schien die Zeit reif für eine vorläufige theoretische Bilanz. Sie erfolgte allerdings nicht in England, wo man sie eigentlich hätte erwarten können, und auch nicht in Frankreich, in einem literarischen Milieu, in dem trotz Huets Apologie rund hundert Jahre zuvor Elemente der klassizistischen Lehre immer noch wirksam waren, sondern in Deutschland, zu einem Zeitpunkt, wo die Bereitschaft zu Neuansätzen in Literatur und Philosophie besonders groß war. Wer dem Zusammentreffen von Erscheinungsdaten symbolische Bedeutung beimißt, mag hervorheben, daß das besagte Werk, Friedrich von Blanckenburgs *Versuch über den Roman* (1774), im selben Jahr erschien wie Goethes *Werther* und Herders große geschichtsphilosophische Abhandlung *Auch eine Philosophie der Geschichte zur Bildung der Menschheit*. Im Jahr zuvor waren Herders Shakespeare-Essay, Goethes *Götz von Berlichingen* und Bürgers *Lenore* veröffentlicht worden. Allein der literaturgeschichtliche Kontext, dem Blanckenburgs Buch zugehört, ist durch einige andere Werke jener Zeit zutreffender bezeichnet. Wielands *Agathon* ist zu nennen, ferner Romane englischer Autoren, aber auch Lessings bürgerliche Trauerspiele und dramaturgische Schriften, im Hinblick auf die Bedeutung, die dramentheoretischen Überlegungen in Blanckenburgs Abhandlung zukommt.

Zwischen Huet und Blanckenburg liegen rund hundert Jahre. Obwohl ein Vergleich der Schriften dieser beiden Autoren hinken würde (denn im entscheidenden Punkt, in der Art der Argumentation, besteht kaum eine Ähnlichkeit), sollte man dennoch die analoge geschichtliche Position nicht übersehen. Blanckenburgs *Versuch* ist ein deutscher – und nicht nur deutscher – Huet des 18. Jahrhunderts insofern, als auch in ihm die Tendenz zum Überblick und zur Zusammenfassung einer markanten Phase in der Romanpraxis angestrebt wird, allerdings ohne Huets Anspruch, einen historischen Leitfaden zu liefern. Die gelehrte Unterweisung über Traditionen kümmerte den begeisterten Leser moderner Literatur und dilettierenden Literaten Blanckenburg ohnehin wenig. Im Vorwort seines Buches vermerkt er lakonisch, er habe die Schrift Huets nicht gelesen, trotz seines Wunsches, sie kennenzulernen.

In Blanckenburgs voluminöser Abhandlung, die im Umfang die Arbeit des französischen Autors um ein mehrfaches übertrifft, geht es in der Tat eher um Erkenntnisse als um Kenntnisse – wobei dieses Urteil auch dann aufrechterhalten werden kann, wenn man zugibt, daß sich der Text kaum durch schriftstellerische Disziplin auszeichnet. Er erinnert auf weite Strecken an eine noch nicht endgültig redigierte und daher von vielen Wiederholungen belastete Sammlung von Aufzeichnungen eines Kritikers über zeitgenössische Werke im Bereich des Romans und des Dramas. Dennoch kann kein Zweifel an der überragenden Leistung des Autors sein. An Gedankenreichtum wird der *Versuch* von keiner anderen romantheoretischen Schrift des Jahrhunderts übertroffen. Der Umstand, daß er erst heute, mit einer Verspätung von zweihundert Jahren, auch im Ausland allmählich zur Kenntnis genommen wird, beweist, daß die überschwengliche Rede von einer europäischen Literatur immer wieder eine skeptische Dämpfung verdient.

Von manchen anderen Schriften zugunsten des Romans unterscheidet sich Blanckenburgs Buch in erster Linie dadurch, daß es die Bemühung offenbart, den Roman als eine besondere, autonome Gattung moderner Literatur gelten zu lassen – und ihn nicht terminologisch und gattungstheoretisch zu maskieren, um ihm leichter Zutritt in die vornehmen Kreise der Literatur verschaffen zu können. Von Manövern dieser Art war schon die Rede: von Metamorphosen des Dramas und des Epos, von satirischen Dichtungen, Historien usw. Blanckenburg geht es dagegen um die Besonderheit des Romans, und er geht sein Thema geschichtlich und genologisch an. Das Vergleichsobjekt bildet das Epos. Das Grundthema des Traktats wird bereits im Vorwort (»Vorbericht«) angeschlagen: der Roman, und Blanckenburg meint damit nur den modernen Roman, denn Heliodor und dessen Tradition ist für ihn kein Thema mehr, ist kein stilistisch modifiziertes Epos, sondern vielmehr eine Gattung, die ein zeitgenössisches Analogon zum Epos darstellt, von diesem sich jedoch in wesentlichen Punkten unterscheidet.

Den Ausgangspunkt der Begründung stellt eine historische, mit geschichtsphilosophischen Aspekten versehene Deutung der behandelten Erscheinungen dar. Das Epos hat grundsätzlich einen anderen geschichtlichen Ort als der Roman: die beiden Gattungen unterscheiden sich nicht nur stilistisch voneinander, sondern auch gesellschaftsgeschichtlich. (Das Hegel-Kapitel wird zeigen, wie wichtig diese Sichtweise für manche Abschnitte der Vorlesungen über Ästhetik geworden ist.) Bei Blanckenburg ist ferner eine deterministische Auffassung erkennbar, wenn er das literarische Schaffen im Zusammenhang der Sitten und Zustände eines Zeitalters sieht, nicht viel anders als Herder in dem einige Monate vor dem *Versuch* erschienenen großen Shakespeare-Aufsatz, oder in der zehn Jahre älteren *Geschichte der Kunst des Altertums* Johann Joachim Winckelmanns, in der zur Erklärung von Stilkategorien ebenfalls schon klimatische und ethnische Bedingungsfaktoren herangezogen werden. In Blanckenburgs Argumentation:

»Die Romane entstanden nicht aus dem Genie der Autoren allein; die Sitten der Zeit gaben ihnen das Daseyn. Gegenden, in welchen man keine Bürger brauchte; und Zeiten, in welchen keine Bürger mehr waren, verwandelten die Heldengedichte der Alten, eine Iliade oder Odyssee, in einen Roman. Der erste Romandichter würde, wenn er in ganz bürgerlichen Zeiten geboren, und gebildet worden, an statt einen Roman zu schreiben, gewiß eine Epopee geschrieben haben.« (Blanckenburg, XIII) Damit auch kein Zweifel aufkommt, wird der Autor noch deutlicher. Man meint geradezu, einen positivistischen

Kulturhistoriker in der Nachfolge Hippolyte Taines zu hören, wenn es heißt, es sei nur natürlich, daß alle Unterschiede zwischen den beiden genannten Gattungen aus den Unterschieden der außerliterarischen Gegebenheiten entstanden seien. Als Beispiel nennt Blanckenburg die Mannigfaltigkeit in der Stoffwahl und der ganzen Gegenständlichkeit des Romans, im Gegensatz zu der vergleichsweise übersichtlichen und geschlossenen Stoffwelt des Epos.

Auch hier erkennt man ein Denkmodell, das später Schule gemacht hat. Im *Versuch* erscheint es allerdings nur ansatzweise angewandt, so daß es – auch in Anbetracht der relativ geringen Wirkung des Werkes – kaum festzustellen ist, in wessen Fassung der Gedanke vom Zusammenhang zwischen Kunstgattung und Naturmilieu bzw. Gesellschaftsform weitergewirkt hat. Montesquieus kulturphilosophische Schriften sind in Erwägung zu ziehen, in Deutschland, wie erwähnt, vor allem die historischen Arbeiten Winckelmanns und Herders. Ein bemerkenswertes Zeugnis aus etwas späterer Zeit findet sich im Kreis der Frühromantiker: in einem der Briefe des jungen Friedrich Schlegel an seinen Bruder August Wilhelm (F. Schlegel/Walzel 1890, 255) erklärt der Kritiker, die Voraussetzung für das Verständnis der griechischen Auffassung von Poesie sei die Kenntnis der Gesetze Solons, ebenso wie es notwendig sei, die Sitten und die politische Verfassung der Dorer zu kennen, wenn man das Wesen von Pindars Rhythmus begreifen wolle. Der Weg dieser Anschauung führt, wie noch zu zeigen sein wird, zu den Ausführungen über epische Dichtung in Hegels Vorlesungen über Ästhetik, durch die Wirkung Hegels und der deutschen neuklassizistischen Kritiker der Jahrhundertwende schließlich zu Lukács' *Theorie des Romans.*

Blanckenburg verdeutlicht seine These gleich im ersten Kapitel, indem er den Unterschied zwischen Epos und Roman auf den Gegensatz der politischen und gesellschaftlichen Gesinnungen der Menschen, der literarischen Helden wie auch der Leser, zurückführt. Die wesentlichen Differenzen seien darin enthalten, »daß, so wie das Heldengedicht öffentliche Thaten und Begebenheiten, das ist, Handlungen des Bürgers (in einem gewissen Sinn dieses Worts) besingt: so beschäftigt sich der Roman mit den Handlungen und Empfindungen des Menschen« (Blanckenburg, 17). Zur Verdeutlichung dieser wichtigen Stelle für den heutigen Leser ist der »gewisse Sinn« des Wortes ›Bürger‹ zu erläutern, zumal ja die Gegenüberstellung von ›Mensch‹ und ›Bürger‹ durchaus unlogisch erscheint. Der Autor bedient sich hier einer der Bedeutungen der im 18. Jahrhundert etwas schillernden Vokabel: gemeint ist die öffentliche, in einem politischen Zusammenhang agierende oder zumindest staatspolitisch bestimmbare Person – im Gegensatz zum privaten, durch seine Intimität gekennzeichneten Subjekt, d. h. zum »Menschen«, wie Blanckenburg sagt. (Verwirrend wirkt dieser Wortgebrauch deswegen, weil zahlreiche Texte des 18. Jahrhunderts mit ›Bürger‹ und ›bürgerlich‹, wenn nicht der soziale Stand gemeint ist, gerade den Menschen und sein Verhalten außerhalb der politischen Sphäre bezeichnen. Die Benennung ›Bürgerliches Trauerspiel‹ hat hier ihren Ursprung.)

Die freiwillig oder unfreiwillig eine politische Gemeinschaft bildenden »Bürger« vergangener Zeitalter finden sich im Epos besungen; dem modernen Menschen steht dagegen der die Intimität schildernde (zeitgenössische) Roman an. In dieser Auffassung Blanckenburgs ist zugleich auch seine Nichtbeachtung des älteren Romans, in der Tradition Heliodors, enthalten; denn dieser muß aus der Sicht des *Versuchs* der Überlieferung der Heldendichtung zugeordnet werden. Die Handlungen der Personen der politischen Öffentlichkeit, der Herrscher, Feldherrn, Ideenschöpfer, interessieren vor allem im Hinblick auf ihre äußeren Folgen; die sichtbaren Dinge – öffentliche Entscheidungen, Kampfhandlungen, Gesetze – machen die Dimensionen des Epos aus. Die besondere Chance des Romans ist nach Blanckenburgs Verständnis dagegen die Auslotung des menschlichen »Inneren«, der seelischen Prozesse, die sich in intimen Regungen und unscheinbaren Handlungen kundtun. »Bey einer gewonnenen Schlacht ists nicht das Innre des Feldherrn, um das wir uns bekümmern; die Sache selbst hat ihren Reiz für uns; aber bey den Begebenheiten unsrer Mitmenschen, ist es der Zustand ihrer Empfindung, der uns, bey Erzählung ihrer Vorfälle, mehr oder weniger Theil daran nehmen läßt. Dies lehrt Jeden die Erfahrung. Sind es Thaten und Begebenheiten, die uns so sehr angenehm im Tom Jones unterhalten; oder ist es nicht vielmehr dieser Jones selbst, dieser Mensch mit seinem Seyn und seinen Empfindungen? Er thut nichts, wenigstens sehr wenig, das wir nur gut heißen können, und doch lieben wir ihn herzlich, und nehmen deßwegen sehr viel Theil an seinen Begebenheiten.« (Blanckenburg, 18f.)

Es ist Blanckenburg nicht hoch genug anzurechnen, daß er trotz eines Schusses Traditionalismus in manchen Fragen die eigentlichen Chancen des Romans im Zeitalter des Umbruchs erkannt hat, ebenso wie er eine wesentliche Entwicklungstendenz des Romans im 19. und 20. Jahrhundert vorweggenommen hat: den Weg der Literatur nach innen, die Internalisierung oder Psychologisierung der Erzählprosa. Freilich, man sollte den Autor nicht gleich als einen unmittelbaren Wegbereiter Rilkes und Prousts interpretieren. Worauf es bei der geschichtlichen Einschätzung seines theoretischen Beitrags vor allem ankommt, ist dessen Bedeutung für die Geschichte der ästhetischen *Einfühlung* im 18. Jahrhundert. Den Weg ins Innere begreift Blanckenburg noch nicht im Sinne einer »leidenschaftslosen«, gleichsam klinisch objektivistischen Psychologie, wie viele Erzähler hundert Jahre später, sondern als eine Äußerung der Sympathie, d. h. der Teilnahme, des Mitleids und der Mit-Leidenschaft. Und damit bietet sich ein weiterer Vergleich an, diesmal mit einem Zeitgenossen.

In einem gewissen Sinn ist Blanckenburg, wie gesagt, mit Huet vergleichbar. Vertauscht man die historische Analogie mit einem Einblick in die Kernthesen des *Versuchs*, so drängt sich ein Vergleich mit Lessing auf, namentlich mit der *Hamburgischen Dramaturgie* – und nicht nur deswegen, weil der Romantheoretiker das moderne deutsche Drama stellenweise eingehender behandelt als den Roman. Die Vergleichsebene ist breiter: Begreift man die Theorie des sogenannten Bürgerlichen Trauerspiels als eine Theorie von Texten, die durch ihre Stoffwahl und gesamte Machart eine Identifikation des Lesers oder Zuschauers mit Figuren und Handlungen ermöglicht (was freilich auch eine bestimmte Vorstellung vom Publikum voraussetzt, eine Psychologie der empfindsamen Rezipienten!), so zeigen die Begründungen Blanckenburgs die Bestrebung, den Roman als ein narratives Gegenstück zum modernen Drama zu begreifen. In diesem poetologischen Sinn kann in der Tat von einem »bürgerlichen Roman« gesprochen werden.

Die Übereinstimmung mit Lessing ist namentlich in der literarischen Ausstattung der handelnden Gestalten leicht erkennbar. Als Voraussetzung für ästhetische Einfühlung erachten beide Autoren die Modellierung von Figuren, die einen Begriff vom »Menschen« veranschaulichen, der in jeder Hinsicht Extreme vermeidet: weder nach den Maßstäben der gesellschaftlichen Hierarchie noch nach den Kriterien abstrakter Wertvorstellungen sollen die Figuren, ob Protagonisten oder nicht, sich weit von dem entfernen, was den meisten Lesern als Erfahrung vertraut ist. Die imaginäre Achse ist ein menschliches Mittelmaß, nimmt man diesen Begriff ohne negativen Nebensinn. Die exorbitante Persönlichkeit kann unser Interesse oder auch unsere Furcht hervorrufen, sie ist jedoch allemal die Ausnahme von dem, was dem menschlichen Leben Bestand verleiht und was nach Blanckenburgs Ansicht das eigentliche Feld der literarischen Darstellung ist. Der lapidare Schluß, zu dem der Autor gelangt, lautet: der vollkommene Mensch sei undichterisch.

Unpoetisch bedeutet hier soviel wie ungeeignet für jene Absichten, von denen der moderne Roman und das moderne Drama getragen werden. Und damit signalisiert bereits der Wortgebrauch (»undichterisch«) eine Anschauung von Literatur, die die poetische Qualität nicht im Außerordentlichen und idealisch Fernen sucht, sondern im erfahrungsmäßig Nahen. Überzeugungskraft gewinnt der dem Leser so empfohlene literarische Charakter durch seine Verwurzelung in einem vertrauten Milieu und durch die Ausstattung mit Zügen, die den Beziehungen zwischen psychologischen Merkmalen und Kategorien wie Alter, Reife, Erfahrung, sozialer Stand, Umwelt, Epoche usw. Rechnung tragen. Dies ist für Blanckenburg der Boden, auf dem der Roman den Menschen in seelischen und gesellschaftlichen Prozessen darstellen kann, in einer Entwicklungsbahn also. Das Mitleid des Lesers ist in einem solchen Konzept kein Effekt, der vornehmlich durch die Machtlosigkeit gegenüber dem Schicksal und dem blinden Leiden hervorgerufen werden soll. Die Identifikation wird viel wirksamer sein, wenn die Gestalten sich sinnvoll entwickeln und deren Leiden auch zur »Besserung« führt (vgl. 166f.). Mit dieser Idee der Entfaltung des literarischen Helden, der natürliche Maße aufweist, bezieht sich der *Versuch* auf Wielands *Geschichte des Agathon*, jedenfalls auf einen Romantypus, der – wie Blanckenburg selbst hervorhebt – damals äußerst spärlich vertreten war. Aus späterer Sicht erscheint der Autor freilich als erster Programmatiker des deutschen Bildungsromans (oder Erziehungsromans), der dann mit Goethes *Wilhelm Meister* seine erste weltliterarische Prägung gefunden hat. Die Benennung selbst stammt nicht von Blanckenburg, sondern vom Dorpater Gelehrten Karl Morgenstern, der zu Beginn des 19. Jahrhunderts in mehreren literaturkritischen Arbeiten diesen Terminus gebrauchte.

Im Zusammenhang mit Blanckenburgs Abneigung gegen die »vollkommene«, d. h. aufdringlich idealisierte literarische Gestalt verdient noch ein Punkt Beachtung, der abermals an Lessing denken läßt. Es geht dabei um Blanckenburgs Bereitschaft, die Offenheit des Romans gegenüber der heiklen Frage des Häßlichen zu betonen. Die Erzählprosa vermag in ihrer Suche nach der Vielfältigkeit des Lebens die »verdrüßlichen« und »ekelhaften« Dinge leichter zu integrieren als zum Beispiel das Theater, denn die Erzeugung von Illusion geht im Roman naturgemäß nie so weit wie auf der Bühne (Blanckenburg, 26). Die Parallele zu Lessings *Laokoon* ist überaus deutlich. Dort geht es um den Unterschied zwischen Dichtung, d. h. einer sich im zeitlichen Nacheinander artikulierenden Kunst, und der bildenden Kunst, deren Erscheinungsform statisch, räumlich ist. Nach Lessings klassizistischer Auffassung macht die kursorische Sprachkunst das Häßliche oder gar Widerwärtige als Episode erträglich; das Bild und die Skulptur, die den dargestellten Gegenstand vor unseren Blicken gleichsam erstarren lassen, dürfen das Abstoßende nicht ohne wesentliche Milderung gestalten. Die antike Laokoon-Skulptur ist für Lessing das klassische Exempel. Blanckenburg überträgt diese Anschauung auf den Bereich der Erzählprosa, die im Vergleich zum Theater, dem anschaulicheren Medium, als abstrakt verstanden wird. Die Bereitschaft, die Tore des Romans ohne jegliche gattungsmäßige Abwertung einer ästhetischen Egalisierungstendenz zu öffnen, ist im *Versuch* ein in die Zukunft weisendes Moment. Daß freilich die Forderung nach stofflicher Egalität nicht bedingungslos vertreten wird, sondern von der Beschaffenheit der Medien abhängig erscheint, macht die Argumentation lessingisch.

Ganz im Fahrwasser des englischen Romans ist Blanckenburg dagegen, wenn er über das Auswahlprinzip bei den Gestalten spricht. Den Exklusivitätsgrundsatz des Klassizismus lehnt er mit der Begründung ab, jeder Mensch habe eine innere Geschichte und könne daher Interesse und Sympathie erwarten. »Es wäre ganz französische Grille, hier Personen von gewisser Gattung auszuschließen, weil sie nicht in den Zirkel der gens du bon ton, der Leute von so genannter feiner Lebensart gehören. Diderot nennt dies im Drama eine lächerliche Ehrerbietung; und im Roman kann es gewiß nicht anders heißen. Wenn uns der Dichter nicht mit dem low life der Engländer unterhalten darf: so kann doch der deutsche Landjunker so gut, wie der Hofmann, der balsamirte, Zuckersüße Petitmaitre so gut wie Sebaldus Nothanker, der Inhalt des Werks werden. Auch die Damen aller Art stehen ihm zu Gebot. Jeder Mensch hat seine innre Geschichte.« (Blanckenburg, 387f.)

Der Begriff der inneren Geschichte, der der eigentliche rote Faden von

Blanckenburgs Abhandlung ist, läßt hier schließlich noch einen weiteren entscheidenden Aspekt des vorausgesetzten Menschenbildes erkennen. Fluchtpunkt ist die Vorstellung von der Fähigkeit des Menschen, sich und andere zu vervollkommnen (vgl. 400f.). Die Idee des Bildungsromans offenbart hier ihren aufklärerischen Geist. Die Schilderung von Lebensvorgängen erscheint dem Autor des *Versuchs* erst sinnvoll, wenn dem Leser aus dem Roman ein faßbares Sinnmuster entgegentritt. »Und warum hätte der Dichter das, was er vorgehn und geschehen läßt, geschehen lassen, wenn es nicht zu einem gewissen Zweck, zu einer gewissen Absicht geschehen wäre?« (394) Perfektibilität und Innerlichkeit, diese beiden Gedanken des 18. Jahrhunderts, greifen in dieser Romantheorie ineinander. Kurt Wölfel hat darauf aufmerksam gemacht, daß in der Idee der inneren Geschichte zwei fundamentale Strömungen der Epoche wirksam seien: neben der Vorstellung von humanem und zivilisatorischem Fortschritt aus der Sicht der Aufklärung ebenso die Idee religiöser Verinnerlichung im Geiste des Pietismus. In der Tat ist es ein auffallender Zug, daß Blanckenburg das Geschehen im Roman vorwiegend als einen Vorgang versteht, der den Romanhelden in die Rolle des Objekts versetzt. »Am und mit dem Helden geschieht etwas«, erläutert Wölfel (54f.), »sein Werden steht nicht im Zeichen eigenen Tuns, sondern des Tun-Lassens. So wie dort Gott in die Seele wirkt, so wirkt hier die Welt in den Charakter. Der passive Held des Bildungsromans, wie ihn später Schiller und Goethe aus dem Wesen der Gattung heraus ausdrücklich verteidigen werden, ist bei Blanckenburg vorgebildet.«

Bedenkt man zuletzt die Gesamtheit der Gesichtspunkte, unter denen der *Versuch* als ein künftige Entwicklungen vorwegnehmendes Werk gedeutet werden kann, so zählt zu den wichtigsten sicherlich der endgültige theoretische Bruch mit der Vorstellung, der Roman habe Handlungsturbulenz zu bieten: Abenteuer, Kriege, Intrigen, Liebesleidenschaft, Exotik – möglichst alles auf Hochtouren. Blanckenburg spricht sich für die Internalisierung des Romans aus, und damit auch für das Alltägliche und Unscheinbare, letztlich für die literarische Transzendierung des Banalen, ganz im Geiste von Fieldings und Sternes Praxis.

Eine romantheoretische Ergänzung zum *Versuch* stellt in Deutschland die Schrift eines Autors dar, dessen Romane erst in den letzten Jahrzehnten wieder literarhistorische Beachtung gefunden haben. Oft zitiert wird, durchaus zu Recht, die Vorrede zu seinem Roman *Herrmann und Ulrike* von 1780, in der der Roman im allgemeinen als »bürgerliche Epopöe« definiert wird. Man kann daher Johann Karl Wezel den terminologischen Testamentsvollstrecker der Ära Blanckenburg nennen. Auch er weist der modernen Erzählprosa den Bereich des »gewöhnlichen Menschenlebens« zu, vertritt aber die Ansicht, daß es dem Roman erlaubt sein sollte, auszuscheren und die Region der Jedermannserfahrung zugunsten der auffallenden und merkwürdigen Begebenheiten zu verlassen. Wezel gebraucht dafür, terminologisch nicht sehr glücklich, den Begriff des Wunderbaren, erläutert jedoch den Unterschied in der Bedeutung: gemeint seien nicht etwa märchenhafte Züge, sondern die überraschende Verkettung von Umständen, jedoch streng in den Grenzen realer Erfahrung. Ein Irrtum wäre es, den engen Erfahrungshorizont des durchschnittlichen Lesers als Maßstab anzulegen. Es komme nicht darauf an, im Roman unbedingt hausbackene Empirie zu erkennen; entscheidend sei vielmehr, wie überzeugend auch die ungewöhnliche Handlung oder starke Leidenschaft in den Rahmen der modernen Erkenntnisse von Ursache und Wirkung eingefügt erscheine.

Verfolgt man die von Blanckenburg ausgehende Linie weiter, so gelangt man – freilich auf einigen Umwegen – zu einem Text aus dem 19. Jahrhundert, den man, fehlte die Kenntnis über den Verfasser, vermutlich einem etwas verspäteten geistigen Schüler Blanckenburgs zuschreiben würde. Jedenfalls hat man den Eindruck, hier werde trotz der moderneren Beispiele ein nachträgliches Resümee der Grundauffassungen des späten 18. Jahrhunderts formuliert. Der Kern dieses Resümees ist in dem lakonischen Satz enthalten, die Aufgabe des Romanschreibers sei es nicht, »große Vorfälle zu erzählen, sondern kleine interessant zu machen«. Und weiter: »Ein R o m a n wird desto höherer und edlerer Art seyn, je mehr *inneres* und je weniger *äußeres* Leben er darstellt; und dies Verhältniß wird, als charakteristisches Zeichen, alle Abstufungen des Romans begleiten, vom Tristram Shandy an bis zum rohesten und thatenreichsten Ritter- oder Räuberroman herab. Tristram Shandy freilich hat so gut wie gar keine Handlung; aber wie sehr wenig hat die neue Heloise und der Wilhelm Meister! Sogar Don Quijote hat verhältnismäßig wenig, besonders aber unbedeutende, auf Scherz hinauslaufende Handlung: und diese vier Romane sind die Krone der Gattung. Ferner betrachte man die wundervollen Romane Jean Pauls und sehe, wie so sehr viel inneres Leben sie auf der schmalsten Grundlage von äußerem sich bewegen lassen. Selbst die Romane Walter Scotts haben noch ein bedeutendes Uebergewicht des innern über das äußere Leben, und zwar tritt Letzteres stets nur in der Absicht auf, das Erstere in Bewegung zu setzen; während in schlechten Romanen es seiner selbst wegen da ist. Die Kunst besteht darin, daß man mit dem möglichst geringsten Aufwand von äußerm Leben das innere in die stärkste Bewegung bringe: denn das innere ist eigentlich der Gegenstand unsers Interesses.«

So wie Blanckenburgs Romantheorie als Zusammenfassung und Vorwegnahme gedeutet werden kann, so wird auch diese Aufzeichnung Arthur Schopenhauers (X, 484f.), veröffentlicht 1851 im II. Band der *Parerga und Paralipomena* (Paragraph 228), zuweilen als ein prophetisches Zeugnis angeführt. In unserem Jahrhundert hat das Thomas Mann in seinem Vortrag *Die Kunst des Romans* getan und damit seine eigene Erzählpoetik charakterisiert, von den *Buddenbrooks* bis zum *Zauberberg*. Es ist jedoch bezeichnend, daß Schopenhauer, der Zeitgenosse Dickens', Stendhals und Balzacs, die klassischen Leistungen des Romans vor allem im 18. Jahrhundert erblickt, bei Rousseau,

Sterne und Goethe. Man könnte in diesem Zusammenhang geradezu von einer Poetik des geringsten Aufwandes und der unscheinbaren Dinge sprechen, wobei der Bogen von Sterne zu Proust oder Virginia Woolf reicht. Was Schopenhauer mit so viel ästhetischer Befriedigung feststellt, ist der Sieg des empfindenden und denkenden Menschen bzw. Romanhelden über den handelnden.

Theoretisch interessant ist dabei weniger der Umstand, daß die Neigungen des Philosophen offenbar jenen Romangestalten gelten, deren Leidenschaften sich in keine sichtbaren Handlungen umsetzen. In diesem Punkt ist sicherlich die dominierende Rolle seines eigentümlichen Quietismus zu erkennen. Historisch wichtiger ist die Geringschätzung, die die Handlung trifft: denn die Überlegungen zeigen, daß sich hier eine Vorstellung von literarischer Ordnung, von Struktur durchsetzt, die nicht mehr an das Schema einer Folge mehr oder minder spektakulärer Aktionen gebunden ist. Eine solche sehr traditionelle Bewegungs- und Intrigen-Handlung hatte auch noch ein Vertreter einer jüngeren Generation, Gerhart Hauptmann, im Sinn, als er im Hinblick auf die Neuerungen des naturalistischen Dramas erklärte, die Handlung von überlieferter Art gehöre totgeschlagen. Die gewichtigste Herausforderung ist schließlich in Schopenhauers Maxime enthalten, es komme darauf an, kleine Vorfälle interessant zu machen. Diese Forderung schließt die Ansicht ein, die künstlerische Leistung bestehe im Grunde darin, Dinge ästhetisch reizvoll zu machen, die an sich infolge ihrer unauffälligen Beschaffenheit keine besondere Aufmerksamkeit erwecken würden. Nach diesem Verständnis des Schreibens ist die Betonung eindeutig auf der ästhetischen Machart und nicht auf dem Stoff, bei dem man früher imponierende Züge oder sonstige Reize zumeist als selbstverständlich voraussetzte. Mit diesem Ansinnen, das vom Romanschriftsteller sozusagen die Verwandlung des Unscheinbaren in eine Sensation fordert, erweist sich Schopenhauer übrigens ebenfalls dem Denken des 18. Jahrhunderts verpflichtet. Als gedanklicher Hintergrund ist Kants Ästhetik (*Kritik der Urteilskraft*, 1790) erkennbar, in der die künstlerische Leistung als eine autonome Kategorie begriffen wird, nicht mehr als eine bloße Funktion außerkünstlerischer Interessen.

Mit der spezifischen Leistung des Romanciers hängt ein anderer Gesichtspunkt zusammen, der in den deutschen Beiträgen des 18. Jahrhunderts, zumindest in den romantheoretischen, eine geringere Rolle spielt. Man findet diesen Aspekt in einem französischen Essay zur Poetik des Romans, der viel weniger bekannt ist als sein Verfasser. Der Marquis de Sade war damals, als er seinen Versuch *Idée sur les romans* (1801) veröffentlichte, bereits durch seine literarischen und sonstigen Skandale hinlänglich bekannt. Die äußeren Umstände waren im übrigen durchaus dazu angetan, die Aufmerksamkeit des Publikums auf diesen Text zu lenken: er erschien nämlich als Vorwort zur Novellensammlung *Les crimes de l'amour*, deren Titel, namentlich im Hinblick auf die Neigungen des Verfassers, zugkräftig genug war. Daß die Abhandlung dennoch nur mäßiges Interesse fand (und auch heute selten zitiert wird), ist vermutlich eine Folge der Enttäuschung, die der Autor wohl den meisten Lesern bereitet hat. Wüßte man nämlich nicht, wer den Text geschrieben hat, käme man vermutlich nicht so leicht auf den Gedanken, man habe es mit dem unheimlichen Marquis zu tun. Viel zu bieder mutet hier das meiste in den Gedankengängen an – ein Eindruck, der durch die Huet-Paraphrasen noch verstärkt wird. Auch das überschwengliche Lob Richardsons war damals, nach dem Essay Diderots, alles andere als neu. Aufhorchen läßt allenfalls die Wendung, die wesentlichste Voraussetzung für den Roman sei die Kenntnis des menschlichen Herzens. »Diese wichtige Kenntnis erwirbt man nur durch Unglücksfälle und durch Reisen – das werden zweifellos alle klugen Leute für wichtig halten. Man muß Menschen der verschiedensten Völker gesehen haben, um sie wirklich kennenzulernen; man muß ihr Opfer gewesen sein, um sie beurteilen zu können. Dadurch daß das Unglück den Charakter desjenigen läutert, den es zermalmt, versetzt es ihn in die richtige Entfernung, die erforderlich ist, um die Mitmenschen zu studieren; er betrachtet sie von da aus so wie der Schiffbrüchige die tobenden Fluten wahrnimmt, die sich an der Klippe brechen, auf die der Sturm ihn geworfen hat.« (Zit. nach der Übersetzung bei Geißler, 255.)

Man müsse ihr *Opfer* gewesen sein, wenn man die Menschen beurteilen wolle: in diesem Gedanken scheinen sich die originellen, »sadistischen« Aspekte einer Poetik des Herzens am deutlichsten zu offenbaren. Allein nicht deswegen verdient de Sades Betrachtung primär Aufmerksamkeit. Sie verdient es dort, wo eine allgemeine künstlerische Tendenz der Epoche zu Wort kommt. Die Klarheit, mit der sie vom Autor vertreten wird, macht das donnernde Pathos der Diktion einigermaßen erträglich. Es gilt, gut zehn Jahre nach dem Beginn der Revolution in Paris, dem Gedanken des Fortschritts Rechnung zu tragen in allen Bereichen, in denen geistige Emanzipation von den Einrichtungen und Glaubenssätzen der Vergangenheit möglich ist. Für die Künste fordert de Sade lapidar: »Nur im Voranschreiten vervollkommnen sie sich, und zum Ziel gelangen sie nur durch Versuche.« (258) Damit wird der Grundsatz ausgesprochen, der nach dem Sieg der Romantik mehr oder minder alle Gebiete der Kunst beherrschen wird: das Prinzip der freien Verfügung über die Möglichkeiten des Experiments und der Innovation. Es ist daher nur folgerichtig, wenn der Autor seine Vorrede mit der Versicherung schließt, die darauf folgenden Novellen seien »absolut neu und keineswegs unter Verwendung bekannter Stoffe geschrieben«. Von nun an wird das objektive Bedürfnis nach Originalität mehr und mehr eine Kennmarke der Erzählkunst sein.

Geht es darum, das Einmünden mancher Bestrebungen des 18. Jahrhunderts in die Romantik sichtbar zu machen, ist wohl kein anderer Text so gut dazu geeignet wie die Aufzeichnung eines Autors dieser Epoche, der in seinem überaus umfangreichen Schaffen keinen einzigen Roman geschrieben hat. Die Betrachtung findet sich in Herders *Briefen zur Beförderung der Huma-*

nität, einer Sammlung politischer, kulturgeschichtlicher und literaturästhetischer Versuche. Der 99. Brief enthält die folgende Stelle:»Keine Gattung der Poesie ist von weiterem Umfange als der Roman; unter allen ist er auch der verschiedensten Bearbeitung fähig; denn er enthält oder kann enthalten nicht etwa nur Geschichte und Geographie, Philosophie und die Theorie fast aller Künste, sondern auch die Poesie aller Gattungen und Arten – in Prose. Was irgend den menschlichen Verstand und das Herz interessiert, Leidenschaft und Charakter, Gestalt und Gegend, Kunst und Weisheit, was möglich und denkbar ist, ja das Unmögliche selbst kann und darf in einen Roman gebracht werden, sobald es unsern Verstand oder unser Herz interessieret. Die größesten Disparaten läßt diese Dichtungsart zu: denn sie ist Poesie in Prose.« (Herder, 403f.)

Diese Äußerung läßt an die Wegstrecke denken, die der Roman und die Romanpoetik im Zeitalter der Aufklärung und des vorromantischen Antiklassizismus zurückgelegt haben. Ganz deutlich ist bei Herder die Gewißheit, man werde dem Roman am gerechtesten, wenn man darauf verzichte, ihn auf ein bestimmtes Modell und die dazugehörige Gattungsdisziplin zu verpflichten. Der Autor hält es sogar für berechtigt, den Spieß umzukehren und den Vorwurf der »Ungepflegtheit« und »Formlosigkeit« ins Gegenteil zu verkehren: die angeblichen Mängel verwandeln sich in seiner Deutung in Zeichen einer neuen künstlerischen Freiheit, deren Entfaltungsraum die geistige Enzyklopädie ist. Diese Formel des ausgehenden achtzehnten Jahrhunderts hat, sieht man von der deutschen Romantik ab, im folgenden Jahrhundert kaum Anhänger gehabt. Erst das zwanzigste hat die Vision einer universalen Prosa wieder als eine eigene empfunden.

TENDENZEN DER ROMANTIK

I

In den Jahrzehnten um 1800 bieten Theorie und Praxis des Romans in keiner anderen europäischen Literatur ein so bewegtes Bild wie in der deutschen. Die Bereitschaft zur Innovation und zum Wagnis, die in ausgedehntem Maße gerade in den Erzählformen zutage tritt, entspricht ganz der gesamten Beschaffenheit der deutschen ästhetischen Kultur und Philosophie der Epoche, für die sich die Benennung ›Goethezeit‹ eingebürgert hat. Ein Symptom der europäischen Ausstrahlung, die von der erstaunlichen Fülle künstlerischer, philosophischer und wissenschaftlicher Werke ausging, war das geflügelte Wort von den Deutschen als dem Volk der Dichter und Denker, das Madame de Staël mit ihrem Deutschland-Buch (*De l'Allemagne*, 1810) in Umlauf brachte. Die Literarisierung des öffentlichen Bewußtseins der deutschen Bildungsschicht, auf die die Besucherin aus Frankreich anspielen konnte, hatte damals gerade in der romantischen Bewegung ihren Höhepunkt erreicht. So gut wie unbekannt ist dagegen die Tatsache, daß das genannte geflügelte Wort eigentlich deutschen Ursprungs ist. Es findet sich erstmals im Vorwort zu den *Volksmärchen der Deutschen* von Musäus, von dem bereits im vorigen Kapitel die Rede war. Der Gedankengang des Autors ist an der gemeinten Stelle der Vorrede durchaus dazu geeignet, als eine Ankündigung der Romantik gelesen zu werden.

»Der Hang zum Wunderbaren und Außerordentlichen liegt so tief in unsrer Seele, daß er sich niemals auswurzeln läßt; die Phantasie, ob sie gleich nur zu den untern Seelenfähigkeiten gehöret, herrscht wie eine hübsche Magd gar oft über den Herrn im Hause, über den Verstand. Der menschliche Geist ist also geartet, daß ihm nicht immer an Realitäten genügt; seine grenzenlose Tätigkeit wirkt in das Reich hypothetischer Möglichkeiten hinüber, schifft in der Luft und pflügt im Meere. Was wär das enthusiastische Volk unsrer Denker, Dichter, Schweber, Seher, ohne die glücklichen Einflüsse der Phantasie?« (Musäus, 7f.)

Musäus geht es hier um eine Verteidigung und Aufwertung des Märchens, das nach dem vorherrschenden Urteil der Epoche als unbedarftes Fabulieren für schlichte Gemüter galt, weit unter der Ebene der ernstzunehmenden Literatur. Er lieferte damit das Stichwort für eine der entschiedensten Forderungen romantischer Poetik: vom fernen Rand gelangte diese Gattung phantastischer Dichtung in den eigentlichen Mittelpunkt poetischer Theorie. So weit der Roman durch seine Beschaffenheit vom Märchen auch entfernt war, er teilte mit den als subliterarisch geltenden Gattungen das Schicksal, von vielen Kritikern und Lesern literarisch nicht für voll genommen zu werden. Es ist zu bedenken, daß sogar Blanckenburg in seinem Vorwort (S. VII) die Hoffnung ausdrückt, der Roman könne mehr werden als bloß Lektüre für ein »müßiges Frauenzimmer«. Vor allem auf Goethe verweisend, konnten die Romantiker den Roman ganz anders bewerten, als das zuvor der Fall gewesen war, und im Zuge dieser Neubewertung wurde er ähnlich eingestuft wie das Märchen. Der Begriff der Phantasie spielte dabei, wie noch zu zeigen sein wird, eine Schlüsselrolle.

Bei der Betrachtung der romantischen Poetik liegt die Besinnung auf die gemeinsame Herkunft der Begriffe ›Roman‹ und ›Romantik‹ nahe. Die Bezeichnung der erzählenden Gattung leitet sich bekanntlich her aus dem Namen für volkssprachliche (nicht lateinische) Dichtung auf dem Gebiet der Romania. Und ›romantisch‹ ist im 18. Jahrhundert namentlich alles, was mit der Dichtung und den Lebensformen des Mittelalters sowie einer entsprechenden Tradition zu tun hat. Gegen Ende des Jahrhunderts dient dann das Wort dazu, eine Großepoche der europäischen Kulturgeschichte zu bezeichnen: das Zeitalter vom Mittelalter bis zur Gegenwart, im Gegensatz zum ›klassischen‹ Zeitalter, womit die Antike gemeint war. Die literarhistorischen Schriften der Brüder Schlegel gebrauchen das Wort in diesem Sinne, Hegels Vorlesungen über Ästhetik folgen ihnen darin. In dieser romantischen Epoche gehört der Roman nach der Auffassung der Romantiker – die sich als Erben der romantischen Überlieferung und zugleich als Vertreter einer neuen, *modernen* Phase verstehen – zu den entscheidenden literarischen Signaturen der Entwicklung. Allerdings läßt namentlich Friedrich Schlegel, der engagierteste Wortführer des romantischen Modernismus, keinen Zweifel daran, daß nicht der geringste Grund bestehe, die Gattungsgeschichte des Romans in aller ihrer Breite zu verherrlichen. Was zählt, sind nach seiner Meinung die exorbitanten Fälle, die gewagten Ausnahmen, die aus der Flut der schematischen Erzeugnisse herausragen und die gleichsam die Undefinierbarkeit des Romans vor Augen führen.

Gewissermaßen deklarativ ist in dieser Hinsicht eine Äußerung F. Schlegels in seiner ausführlichen Besprechung der Goethe-Ausgabe bei Cotta (1808). Aus Anlaß von Goethes Romankunst dehnt der Kritiker die Sicht auf die gesamte Geschichte der Romanprosa aus und gelangt zu einer Urteilsbildung, in der keine besondere Neigung gegenüber der Vergangenheit der Gattung zu erkennen ist. Was die negativen Akzente in dieser Beurteilung von dem frontalen klassizistischen Vorurteil unterscheidet, ist die geschichtliche Perspektive des modernen Autors, die keine Diskreditierung gattungsnormativer Art erlaubt, sondern für Unterscheidungen von Fall zu Fall, von Epoche zu Epoche sich einsetzt.

»Der Roman entstand ursprünglich bloß aus der Auflösung der Poesie, da die Abfasser sowohl als die Leser der Ritterbücher, der metrischen Fesseln müde, die Prosa bequemer fanden. Der Inhalt blieb lange noch abenteuerlich, doch näherte auch er sich immer mehr dem Prosaischen; da das Lesen zur

Unterhaltung besonders nur in den höheren und müßigen Ständen stattfand, so ward der gesellschaftliche Sinn und jedesmal vorherrschende Geschmack der Zeit für den Roman bestimmend. Er diente besonders im achtzehnten Jahrhundert der gesellschaftlichen Mode, und ward endlich durch die Verhältnisse des Buchhandels zur literarischen Manufaktur, in welcher letzten Rücksicht er besonders in England wohl den höchsten Grad mechanischer Vollkommenheit erreicht hat. Die zahllose, selbst die geprüfteste Geduld des Literators übersteigende Menge aller dieser seit fünf oder sechs Jahrhunderten erzeugten Produkte hat wenig oder nichts mit der Poesie zu tun. Aber so unbegrenzt und allumfassend ist das Wesen der Poesie, daß der Dichter gleichsam zum Beweise, daß dieselbe an keinen Gegenstand und an keine äußere Form und Bedingung gebunden sei, oft seine höchsten Hervorbringungen dieser, dem Anschein nach, formlosen Form einverleibte und in ihr niederlegte.« (F. Schlegel 1964, 318f.)

Als Gattung sei der Roman etwa mit dem Lehrgedicht vergleichbar, er liege also eigentlich »außerhalb der natürlichen Grenzen der Poesie«; zu bewundern seien daher stets nur die großen Einzelleistungen: »jeder Roman, jedes Lehrgedicht, das wahrhaft poetisch ist, bildet ein eignes Individuum für sich« (ebenda). Deutlich erkennbar ist hier der Zwiespalt in der Anwendung kritischer Maßstäbe. Traditionsgebunden ist das Urteil des Autors immer noch darin, daß der Poesiebegriff im allgemeinen in bestimmten normativen Vorstellungen verankert erscheint, die den »natürlichen Grenzen der Poesie« gleichgesetzt werden. Anderseits hebt die historische Erkenntnis die Verpflichtung zur Norm weitgehend auf und macht den Weg frei für die Einsicht in die Paradoxie des romantischen und modernen Kunstwerks: die Paradoxie, die den Kritiker dazu zwingt, Maßstäbe zu haben und dennoch jederzeit bereit zu sein, die gewonnenen Kriterien zu überprüfen oder aufzugeben – angesichts des Inkommensurablen.

In diesem Zusammenhang ist die Bedeutung zu berücksichtigen, die in den Schriften der Romantiker dem Kriterium der Originalität beigemessen wird. Auch darin können die Gedanken des Jenaer und Berliner Kreises (die Brüder Schlegel, Dorothea und Caroline Schlegel, Novalis, Tieck, Fichte, Schelling, Schleiermacher) als stellvertretend für eine ausschlaggebende Tendenz der Epoche gelten. Die Schlußwendung in F. Schlegels Athenäums-Fragment (Minor 116), das die romantische Dichtung als eine »progressive Universalpoesie« zu bestimmen versucht, stellt einen Schlüssel auch zum Romanverständnis der Generation dar: wenn es heißt, die Willkür (die Freiheit) des Dichters dulde kein Gesetz über sich, keine poetologische Norm. Der Modernismus der Romantik hat darin seinen programmatischen Kernsatz, von dem aus auch die romantische Deutung des Romans begreifbar wird. Denn was sind die inkommensurablen Züge der großen Romane etwa anderes als Zeugnisse jener besonderen Beschaffenheit, die man Originalität nennt? So gesehen, ist die romantische Poetik des Romans, die nicht von der Gattungsvorstellung, sondern von der Idee der unwiederholbaren Einzelleistung ausgeht, eine Bestätigung des modernen ästhetischen Individualismus.

Die antiken Tragödien, heißt es ergänzend in Schlegels erwähnter Goethe-Rezension, sind sozusagen nur verschiedene Exemplare ein und derselben Idee, während Dantes *Commedia* und Cervantes' Roman »einzeln in der Geschichte der Poesie dastehen« (F. Schlegel 1964, 319). Hält man andere Texte aus dem Jenaer Kreis daneben, so ist es nicht schwierig, die Tradition zu erkennen, auf die sich die »romantischen Modernen« (im Gegensatz zu Autoren wie Lessing, die von F. Schlegel sehr wohl zu den modernen, nicht aber zu den romantischen Zeitgenossen gezählt werden) in ihren theoretischen Schriften berufen. »Da suche und finde ich das Romantische, bei den ältern Modernen, bei Shakespeare, Cervantes, in der italienischen Poesie, in jenem Zeitalter der Ritter, der Liebe und der Märchen, aus welchem die Sache und das Wort selbst herstammt«, erläutert der *Brief über den Roman* im Dialogessay *Gespräch über die Poesie* (1800), einem der Kernstücke romantischer Theorie. Cervantes und Shakespeare sind überhaupt die am häufigsten genannten Autoren: sie gelten als die eigentlichen Ahnherren der romantischen Bestrebungen des ausgehenden 18. Jahrhunderts. Dabei werden auch für die Poetik des Romans keine strengen Gattungsgrenzen gezogen, vielmehr wird Shakespeare im *Brief* ausdrücklich zu jenen Dichtern gezählt, deren Behandlung des Dramas eine Grundlage des Romans sei. Bei beiden Autoren ging die Faszination von der schillernden Vieldeutigkeit der Thematik und von den Überraschungen der Form aus, besonders aber von den Kontrasten und Stilmischungen, die für die Romantiker willkommene Argumente im Kampf gegen die späten Erscheinungen des Klassizismus waren. Im Hinblick auf den Nimbus des *Don Quijote* könnte man einen Großteil der romantischen Erzählkunst ebenfalls mit jener Formel verknüpfen, die Fielding fünfzig Jahre vorher geprägt hatte: Written in imitation of the manner of Cervantes. F. Schlegel spätere skeptische Beurteilung der Cervantes-Nachfolge im neueren Roman läßt nur das Ende seiner eigentlichen literarischen Schaffensperiode erkennen.

II

In F. Schlegels Lessing-Essay von 1797 ist unter anderem von der Systematik und der »mikrologischen« Genauigkeit und Ausdauer des großen Vorgängers die Rede. Schriften wie der *Laokoon* und die *Hamburgische Dramaturgie* bestätigen dieses Urteil. Sieht man sich dagegen im Schaffen der beiden interessantesten literaturkritischen Persönlichkeiten des Jenaer Kreises um, also in den Schriften von Novalis und F. Schlegel, so stellt sich der Eindruck eines eigentümlichen Bruches ein; nicht Kontinuität, sondern Diskontinuität liegt hier vor. Ansätze zu systematisch ausgeführten Überlegungen sind innerhalb der romantischen Bewegung die Ausnahme; bezeichnend sind dagegen zahlreiche knappe Aufzeichnungen, telegrammartige Essayistik gleichsam, poetologische Destillate, in denen Erkenntnisblitze enthalten sind, aber auch dunkle Anspielungen, die eine Schranke zwischen der Öffentlichkeit und den geistigen Gepflogenheiten des Kreises verspüren lassen. »Fragment« nannten die Frühromantiker die Textform, deren Aufgabe es war, exklusiv und provozierend zugleich zu wirken. Die philologische und historische Gelehrsamkeit, die darin erkennbar ist, läßt den Gedanken an flüchtigen Feuilletonismus erst gar nicht aufkommen. Die vorwiegend im Hausorgan des Kreises, in der Berliner Zeitschrift *Athenäum* (1798–1800) erschienenen Texte verraten in ihrer aphoristischen Form vielmehr einen *geschichtsphilosophischen Sinn*. Nach Ansicht der Beiträger wäre ein geschlossenes, in sich ruhendes System ein Gedankengebäude im Widerspruch mit der Bewegung in Natur und Geschichte. Auch der Gedanke müsse der Dynamik der Wirklichkeit entsprechen, deren Prozessen und Antithesen. In den Vorlesungen über Transzendentalphilosophie, die F. Schlegel als Privatdozent 1800/1801 in Jena hielt, vertrat er die Auffassung, daß nicht einmal Gott als etwas Vollendetes, Abgeschlossenes zu denken sei, sondern vielmehr als etwas, was im Entstehen begriffen ist. Auf der Ebene realer geschichtlicher Erfahrung führten weitreichende politische Ereignisse wie die Französische Revolution die Veränderlichkeit, d. h. den provisorischen und fragmentarischen Charakter gesellschaftlicher Einrichtungen vor Augen. In einem der am häufigsten zitierten Athenäums-Fragmente nennt F. Schlegel die Französische Revolution, Fichtes Wissenschaftslehre und Goethes Roman *Wilhelm Meisters Lehrjahre* die größten Tendenzen des Zeitalters. Nicht immer wird allerdings der volle Wortlaut angeführt, der Gedanke nämlich, daß die weniger lauten und nicht materiellen Revolutionen philosophischer und literarischer Werke den politischen an Bedeutung und Wirkung zumindest ebenbürtig seien. Im Hinblick auf die romantheoretischen Überlegungen der Romantiker verdient allein schon der Umstand Beachtung, daß ein Werk der Romanliteratur neben eine gesellschaftliche Umwälzung größten Ausmaßes gestellt wird.

Die darin erkennbare Metaphysik geistiger Hervorbringungen gehört zu den Grundlagen romantischer Ästhetik. Verfolgt man den Gedanken von der primären Bedeutung geistiger Setzungen in den Schriften der Frühromantiker, werden die theoretischen Voraussetzungen der Dichtungslehre des Kreises sichtbar. Eine grundlegende These spricht Novalis (390) aus, wenn er die Welt einen »Universaltropus des Geistes« nennt, oder die Natur einen enzyklopädischen systematischen Plan unseres Geistes (373). Die Nähe zum Idealismus Fichtescher Art ist hier evident. Nur ein Schritt ist es dann zur Auffassung, der Künstler sei ein besonderes Organ des Geistes: mit seinen »divinatorischen« Fähigkeiten müsse er als »durchaus transzendental« gelten (Novalis, 323). Und das bedeutet, daß nur ein Künstler imstande sei, den verborgenen, in den Dingen liegenden Sinn des Lebens zu erraten, das Rätsel unserer Existenz zu lösen. Die Prämisse dieser Anschauung zeichnet sich deutlich ab:

deren neuplatonischer Kern ist in der Annahme enthalten, die Welt der wesentlichen Dinge und Zusammenhänge bleibe unseren Sinnen, die eigentlich
nur die Oberfläche erfassen, in der Regel verborgen. An der Beschaffenheit
der Menschen liegt es, daß es so etwas wie einen ontologischen Dualismus
gibt. »Es liegt nur an der Schwäche unsrer Organe, daß wir uns nicht in einer
Feenwelt erblicken«, behauptet Novalis (351). Von da aus wird die Ausnahmestellung des Künstlers begründet. Nur dieser sei fähig, die Oberfläche zu
durchschauen und damit die Spaltung zu überwinden: die Welt erscheint ihm
als jene magische Einheit, für die im Notat des Novalis die Metapher »Feenwelt« steht.

Die Metaphernwahl ist zugleich ein Stichwort, das den Zusammenhang mit
der Theorie des poetischen Schaffens verdeutlicht. Wenn Dichtung »divina-
torisch« ist (um es mit einem Schlüsselwort der deutschen Frühromantik zu
sagen), enthebt sie sich der Verpflichtung, die Grenzen verbürgter Erfahrung
zu beachten und strikt auf jenem Boden zu bleiben, den das empiristische
18. Jahrhundert der Literatur als Spielraum empfohlen hatte. Der Begriff der
Natur, der in der Epoche der Aufklärung und antiklassizistischer Strömungen
hauptsächlich auf die Erscheinungswelt sowie auf soziale und psychologische
Vorstellungen von Ursprünglichkeit beschränkt gewesen ist, gewinnt nun eine
viel weitere Bedeutung. Rational gedeutete Erfahrung und Psychologie weichen einem umfassenden Mythos, angesichts dessen die Autoren nicht mehr
gewillt erscheinen, sich am Grundsatz der Mimesis (im Sinne von »dargestellter Wirklichkeit«) zu orientieren.

Die Vielfalt der bereits erwähnten Aspekte gründet in erster Linie auf der
theoretischen Forderung, der Roman sei – übrigens ganz im Geiste der im
vorigen Kapitel zitierten Maxime Herders – als ein universales, durch nichts
beschränktes Medium unkonventioneller Schreibweise zu betrachten. In
F. Schlegels erwähntem *Brief über den Roman* erscheint als einziges einschrän-
kendes Gattungsmerkmal bezeichnenderweise eine medientechnische Kategorie: der Roman ist ein unbedingt für das Lesen, für die individuelle Lektüre
bestimmtes Werk. Die wichtigste Einsicht Schlegels ist dabei im Zusatz enthalten, in der Bemerkung, alle literarischen Eigenschaften seien aus dieser
Grundvoraussetzung abzuleiten. Im übrigen sei der Roman, gerade als Reprä-
sentant romantischer Universalität, eine nach allen Seiten hin offene Gattung.
»Ja, ich kann mir einen Roman kaum anders denken, als gemischt aus Erzählung, Gesang und andern Formen.« (F. Schlegel 1964, 515) Nicht einmal der
logischen Beschaffenheit des Textes – fiktional oder nichtfiktional – scheint er
allzu große Bedeutung beigemessen zu haben. Jedenfalls zögerte er nicht,
Rousseaus *Confessions*, also ein unverhüllt autobiographisches Werk, einen
höchst vortrefflichen Roman zu nennen, im Gegensatz zum authentischen
Roman dieses Autors, *La nouvelle Héloise*, den er als mittelmäßig bezeichnet. Es
ist angesichts der Abneigung der Romantiker, umfassend zu argumentieren,
kaum möglich festzustellen, ob F. Schlegel alle Konsequenzen dieses kriti-

schen Urteils bedacht hat. Zu vermuten ist freilich, daß er sich nicht geweigert hätte, dem Leser/Kritiker beim Gebrauch von Benennungen die gleiche Freiheit (»Willkür«) zu billigen, die er ausdrücklich als eine Maxime des modernen Dichters bezeichnet hat.

Ein Vergleich der poetologischen Aufzeichnungen von F. Schlegel und Novalis zeigt, daß die Forderungen nach Synkretismus und Universalität zwei nicht unbedingt verwandte Zielsetzungen enthalten. Einmal ist jene Ungebundenheit gemeint, für die der traditionell ohnehin kaum definierte Roman einen idealen Spielraum darstellt. Unter dessen Namen könne dieser Auffassung zufolge eine ganz eigentümliche, spezifisch romantische und neuartige Begegnung ganz unterschiedlicher literarischer Kategorien herbeigeführt werden – vom intimen lyrischen Gedicht über die mythische Phantasmagorie bis zum philosophischen Traktat. Man erkennt an dieser Spannweite die Denkrichtung F. Schlegels. Kennzeichnend für seine Vorstellungen ist der Begriff des Romans als Enzyklopädie, oder der Gedanke, der sich unter seinen frühesten Fragmenten findet: die Romane seien die sokratischen Dialoge unserer Zeit, eine »liberale Form«, in die sich »die Lebensweisheit vor der Schulweisheit geflüchtet« habe (F. Schlegel 1964, 7). Die Idee des enzyklopädischen Romans läßt den Leser aufhorchen, der in seiner Beschäftigung mit der Barockliteratur der enzyklopädischen Fülle in der Kapitelflucht der massiven Romankompositionen jener Zeit begegnet ist. Doch gerade der Vergleich mit der Gelehrsamkeit, die dort ausgebreitet erscheint, führt die unterschiedliche Position der Romantiker vor Augen. Die Praxis der Romantiker beweist, daß der Universalismus und der enzyklopädische Anspruch nichts mit dem wuchtig dargebotenen Wissensprunk des Barock zu tun haben. Dessen Absicht war es, Wissen zu häufen und durch die belehrende Funktion zu imponieren (zumal der Roman als Gattung das Imponieren bitter nötig hatte). Die umfassende Sicht dagegen, die die Romantiker anstrebten, beruhte nicht auf stofflicher Fülle, sondern auf der Idee freier Kombinatorik, auf der Fähigkeit, anzudeuten und anzuregen, vor allem aber die Vielfalt der Gegensätze anschaulich zu machen. Mit Schlegels Worten: die Ausmaße des Barockromans beherbergen die »Schulweisheit«, den modernen Romanen geht es mehr um »Lebensweisheit«.

Die Vorstellung von Lebensweisheit entsprach dabei sicherlich nicht nur der sprichwortreifen Erfahrung; auch das Erlebnis aktueller geschichtlicher Erschütterungen war zweifellos darin enthalten. Und diese Vorstellung befand sich nach Ansicht des Athenäum-Kreises offenbar im Widerspruch zu den überlieferten Sparten literarischer Gestaltung. Einer der offensivsten Gedanken des jungen F. Schlegel lautet daher: »Alle klassischen Dichtarten in ihrer strengen Reinheit sind jetzt lächerlich.« (F. Schlegel 1964, 13) Auch diese These stellt einen wichtigen Grundstein der romantheoretischen Ansichten dar. Mitgeteilt wurde sie der Öffentlichkeit übrigens im selben Jahr, in dem auch des Autors große Abhandlung *Über das Studium der griechischen Poesie* erschien,

1797, die in kühner Synthese den Geist moderner Literatur den Formen antiker kultureller Überlieferung gegenüberstellt. Es ist bezeichnend, daß Schlegels Kritik namentlich den Begriff der Reinheit in Frage stellt. Als »lächerlich«, und das heißt hier obsolet und unangemessen, wird damit der Grundsatz der Stiltrennung angesehen, d. h. das Prinzip der klaren Verhältnisse und eingespielten Muster, wo immer es darum geht, bestimmte Arten von Erfahrung einer literarischen Gattung zuzuordnen. Der klassischen Segregation räumt Schlegel keine Chancen mehr ein, dafür um so mehr der grotesken Verquikkung der Gegensätze, als deren unbestrittener Meister Shakespeare gilt. Drei Jahrzehnte später wird in Frankreich Victor Hugo ebenfalls die grotesken Züge in Shakespeares Stilmischungen als Formel romantischer Modernität preisen.

Verweilt man noch bei den dominierenden Zügen in F. Schlegels Romanpoetik, so ist besonders die Bedeutung des Vergleichs mit den Dialogen Platons hervorzuheben. Charakteristisch ist dieser Vergleich vor allem deshalb, weil darin die Neigung der Frühromantiker zur intellektuellen Durchdringung des Romans benannt wird. Die Gattung öffnet sich darin dem Essay, der philosophischen Betrachtung überhaupt, wobei die ästhetische Ausformung der Erkenntnis als ebenso wichtig erachtet wird wie die begriffliche Erfassung des künstlerischen Wollens. Der Essayismus im Roman des 20. Jahrhunderts hat hier seine programmatischen Vorläufer. Das einprägsamste Beispiel aus dem Jenaer Kreis ist fraglos F. Schlegels *Lucinde* (1799), ein Roman, der wohl nicht zufällig erst überaus spät, eigentlich erst in den letzten Jahrzehnten jene Beachtung und Beurteilung erfahren hat, die er auf Grund seiner Vielschichtigkeit wie auch seiner historischen Position verdient. Dieser Umstand hängt gewiß in erster Linie mit der seltsamen, lange Zeit verkannten oder durch Vorurteile verzerrten Eigentümlichkeit des Werkes zusammen: der Verbindung herausfordernder, »obszöner« Ansichten über die gesellschaftliche Rolle der Geschlechter und einer rhapsodischen Schreibweise, die nicht die geringste Rücksicht auf die konventionellen Erwartungen der meisten Leser nimmt. Dem heutigen Leser, der von der Lektüre Gides, Thomas Manns oder Musils herkommt, wird freilich die romantische Intention des Autors vertraut vorkommen.

Nicht nur die Geschlechterproblematik, sondern auch die intellektuelle Diktion insgesamt vermag heute mit einem anderen Verständnis zu rechnen. Deutliche Linien in der Entwicklung der experimentierend ausgerichteten Romanprosa, von Sterne bis ins 20. Jahrhundert, werden erkennbar, wenn man den Grundzug in der Sensibilität der Schlegelschen Romangestalten beachtet. Verwiesen sei gleich an den Anfang des Romans, den ersten Passus im Brief des Julius an Lucinde, des Künstlers an die Künstlerin und Geliebte.

»Die Menschen und was sie wollen und tun, erschienen mir, wenn ich mich daran erinnerte, wie aschgraue Figuren ohne Bewegung: aber in der heiligen Einsamkeit um mich her war alles Licht und Farbe und ein frischer warmer

Hauch von Leben und Liebe wehte mich an und rauschte und regte sich in allen Zweigen des üppigen Hains. Ich schaute und ich genoß alles zugleich, das kräftige Grün, die weiße Blüte und die goldne Frucht. Und so sah ich auch mit dem Auge meines Geistes die Eine ewig und einzig Geliebte in vielen Gestalten, bald als kindliches Mädchen, bald als Frau in der vollen Blüte und Energie der Liebe und der Weiblichkeit, und dann als würdige Mutter mit dem ernsten Knaben im Arm.« (F. Schlegel 1962, 7)

Entscheidend für das Verständnis dieser Prosa ist nicht nur der leise orgelnde Ton, in dem die triviale Vorstellung von Romantik ein Signal erblicken mag; wichtiger im Hinblick auf die besonderen literarischen Absichten des Autors ist sicherlich die Feststellung, mit der der Briefschreiber den ersten Absatz schließt, ein Gedanke, der eine deutliche Hervorhebung verdient: »Ich genoß nicht bloß, sondern ich fühlte und genoß auch den Genuß.«

Eine typische Figur im Sinne ihres Autors ist Julius vornehmlich wegen der doppelten Optik, die seine Realitätserfahrung kennzeichnet. Die intellektuelle Wachsamkeit schließt bei ihm eine überaus differenzierte Sinnlichkeit (im Doppelsinn des Wortes) nicht aus: die beiden psychischen Anlagen greifen ineinander, ergänzen einander, wobei der Intensität der ästhetischen Erfahrung auf der einen Seite das kontrollierende Vermögen auf der anderen die Waage hält. Die Komplexität des Vorgangs erhöht sich noch dadurch, daß sich im wachen Bewußtsein nicht nur abwägende Rationalität äußert; ausdrücklich heißt es, daß das bewußte Erleben des Genießens ebenfalls genießen hervorbringt, so daß der psychische Vorgang auf die zweite Potenz erhoben erscheint. Es widerspräche sicherlich nicht den Auffassungen des Verfassers, wenn man sich für einen Begriff wie *Metaemotionalität* entschiede.

Befragt man das am meisten verbreitete Bild von der Romantik, und zwar gerade der deutschen, in geringerem Maße das der englischen und französischen, so besteht kein Zweifel daran, daß viel mehr als F. Schlegel sein Altersgenosse Friedrich von Hardenberg, also Novalis, als Diagnostiker der romantischen Bewegung gelten darf. Bei dem fast noch vielseitiger gebildeten, literarisch, philosophisch und naturwissenschaftlich interessierten Bergbaufachmann tritt in den Aufzeichnungen über poetologische Fragen die intellektuelle Synthese etwas zurück zugunsten eines leidenschaftlich vertretenen Plädoyers für die Märchenphantasie, auch im Roman. Die Erweiterung des ästhetischen Horizonts der Erzählprosa erfolgt bei ihm mit der Betonung auf jenem Potential, das bei F. Schlegel so gut wie keine Rolle spielt, das jedoch infolge der Neigungen der meisten Romantiker, vor allem des populärsten, E. Th. A. Hoffmann, zu den dominierenden Zügen im Schaffen der Bewegung zählt.

Von einer zusammmhängenden Poetik des Romans kann bei Novalis noch viel weniger die Rede sein als bei seinem Jenaer Freund. Ein durchgehendes Denkmotiv der zumeist knappen Notate ist allerdings leicht erkennbar: eben die Öffnung des Romans zum Märchen hin, zu einer ungebundenen Phantastik überhaupt, so daß die romantische Bestimmung der Gattung bei Novalis weitgehend von dieser Tendenz abhängig erscheint. Unter allen Romantikern ist er der radikalste Verfechter einer neuen Prosadichtung, deren künstlerische Sendung darin liegen sollte, sich im weitesten Maße frei zu machen von der Verpflichtung zur Empirie, unabhängig zu sein gegenüber dem fundamentalen literarischen Konsens des 18. Jahrhunderts. Mit Schlegel teilt Novalis die Ansicht wie auch die Terminologie, wenn er vom seherischen Vermögen des Dichters spricht. Aufgabe der Poesie (zu der er auch den Roman zählt) ist es, die Wirklichkeit der alltäglichen Dinge und Erfahrungen hinter sich zu lassen und die Wahrheit der Wünsche und Träume zu suchen, die Welt der Mythen, in denen noch das »magische« Vermögen herrscht, um es mit einer Lieblingsvokabel des Autors zu sagen. Gedichte, Märchen, Romane sind ein Organon des Geistes, in dem Novalis einen Widerstand sieht gegen die moderne, entzauberte Welt.

Aus dieser Sicht erfolgte auch seine Kritik an Goethes *Wilhelm Meister*, in jener Reihe von Aufzeichnungen, die dank ihrer offensiven Prägnanz und dem Rang des behandelten Gegenstandes zu den am häufigsten zitierten Texten romantischer kritischer Prosa gehören. Vorweg ist zu bemerken: So unduldsam auch manche Formulierungen des Autors klingen mögen, sie sind im Kontext einer ausgesprochenen Goethe-Verehrung, keineswegs einer Goethe-Feindschaft zu lesen. Zahlreiche Schriften der Romantiker bestätigen das. Es sei nur auf F. Schlegels Aufsatz über Goethes Roman (im ersten Jahrgang des *Athenäum*, 1798) verwiesen. Die Zielscheibe von Novalis' Kritik ist der soeben besprochene Punkt. Gerade weil *Wilhelm Meisters Lehrjahre* als ein literarisches Werk höchsten Ranges eingeschätzt wurden, reagierte der Romantiker auf die gesamte Ausrichtung des Romans besonders empfindlich. Als ärgerlich empfand er namentlich den Umstand, daß durch die Autorität Goethes eine bestimmte Auffassung der Romanprosa gleichsam festgeschrieben werden könnte, eine Mentalität, die er mit Ausdrücken wie praktisch, ökonomisch, nüchtern bezeichnete. Mit den *Lehrjahren* sei der Roman in Bahnen gelenkt worden, wo die moderne Gesellschaft mit ihrem pragmatischen und empiristischen Natur- und Lebensverständnis das Geschehen bestimmt. Daher empfand Novalis das Werk als einen Sieg des Modernen über das Romantische. Das Auseinanderstreben dieser beiden Begriffe bestätigt übrigens die Differenzierungen im Wortgebrauch der Romantiker. Auch bei F. Schlegel konvergieren die Attribute ›romantisch‹ und ›modern‹ nicht immer: das Beispiel Lessing wurde schon erwähnt. So ist auch Goethes Roman für Novalis alles andere als ein romantisches Werk. Es handelt von »gewöhnlichen menschlichen Dingen« und ist daher eine poetisierte »bürgerliche und häusliche Geschichte«. Die Bezeichnung ›bürgerlich‹ bezieht sich hier zweifellos, wie oft im 18. Jahrhundert, auf die gesellschaftliche Natur des Menschen. Alles, was über den empirischen und sozialen Horizont hinausweist, das »Wunderbare« und der »Mystizismus«, erscheine als Poesie und Schwärmerei behandelt (Novalis, 801). So gesehen, kann Novalis zur Schlußfolgerung gelangen, der *Wilhelm Meister* sei ein undichterisches Werk, so poetisch die Darstellung auch sei.

Liest man diese Kritik als Folie, in der der eigene, romantische Gegenentwurf enthalten ist, so ist in jeder Formulierung ex negativo das Programm des angestrebten romantischen Romans erkennbar. Kennwort ist der Begriff des Wunderbaren. Novalis bedient sich eines Terminus, der in der poetologischen Tradition eine erhebliche Rolle gespielt hatte, besonders in der ersten Hälfte des 18. Jahrhunderts, als die Folgerungen, die der philosophische Empirismus und die allgemeine Zuwendung zu einem naturwissenschaftlich verankerten Weltbild im Denken hervorriefen, die Poetik mit dem Problem des Erfahrungstranszendenten und Phantastischen konfrontierten, mit der Frage also, wie meta-physische Bewußtseinsinhalte literarisch und allgemein künstlerisch zu legitimieren seien. Die Debatten, die damals eine Art Kompromiß ergaben, wenn man so will, eine poetologische Theodizee, die halbherzig dem mythischen Phantasiepotential literarisches Daseinsrecht zuerkannte, waren jedoch nicht dazu geeignet, der Romantik Lösungen zu bieten.

Nicht um eine ästhetische Rettung des Wunderbaren bei gleichzeitiger Inanspruchnahme eines empiristischen Weltbildes geht es bei Novalis, sondern um den Versuch, den Roman und die Kunst überhaupt als Offenbarungen eines Anderen zu verstehen, das heißt noch nicht in die Erfahrung eingeschlossener oder bereits längst vergessener Daseinsformen. Die Phantasie, die in der Dichtung wirksam ist, wird aus dieser Sicht nicht als eine spielerische Tätigkeit des Bewußtseins begriffen, wie das den Anschauungen einer rationalistischen Ästhetik entspräche. Die poetische Phantasie ist vielmehr Vorwegnahme oder Erinnerung an Verlorenes. In diesem Sinne ist wohl eine Aufzeichnung aus dem Komplex aphoristischer Notizen aus dem Jahre 1798 zu verstehen: »Die Welt muß romantisirt werden. So findet man den urspr[ünglichen] Sinn wieder.« (Novalis, 334) Da das Romantisieren ein poetischer, also künstlicher Vorgang ist, der eine mögliche Realität nur erahnen läßt, eben: auf »divinatorische« Art, hängt die künstlerische Verwirklichung von bestimmten Verfahrensweisen ab – von »Operationen«, wie Novalis sagt. »Indem ich dem Gemeinen einen hohen Sinn, dem Gewöhnlichen ein geheimnißvolles Ansehn, dem Bekannten die Würde des Unbekannten, dem Endlichen einen unendlichen Schein gebe so romantisire ich es...« (Novalis, 334) Die enge Verwandtschaft dieser künstlerischen Verfahren mit der romantischen Idee der »Befremdung« bzw. Verfremdung ist evident.

Der Gedankenzusammenhang, der sich bei Beachtung der verwandten Fragmente aus demselben Konvolut abzeichnet, zeigt allerdings, daß Novalis an einer reinen, sozusagen technischen Poetik offenbar wenig interessiert war; stets tritt dagegen die Verklammerung künstlerischer Aspekte mit geschichtsphilosophischen zutage. Selten ist bei dem Dichter des *Heinrich von Ofterdingen* von Poesie die Rede, ohne daß zugleich von Kategorien der Zeit die Rede wäre, von Vergangenheit und Zukunft. Der Zusammenhang, der zwischen diesen beiden Begriffen, oder genauer: Bereichen, in geschichtsphilosophischer Sicht besteht, wird wohl am eindringlichsten durch ein Gedicht erhellt, das seinen Platz im zweiten, unvollendeten Teil des *Heinrich von Ofterdingen* hätte finden sollen. »Wenn nicht mehr Zahlen und Figuren / Sind Schlüssel aller Kreaturen, / Wenn die, so singen oder küssen, / Mehr als die Tiefgelehrten wissen«, so lauten die ersten Zeilen. Im weiteren Verlauf wird der Ausblick auf eine Zukunft im Zeichen von Poesie und Intuition mit der – verlorenen – Vergangenheit einer nicht wissenschaftlichen, sondern magischen Weltsicht in Verbindung gebracht: in den Zeilen »Wenn dann sich wieder Licht und Schatten / Zu echter Klarheit werden gatten« wird durch das *wieder* die perspektivische Weiche gestellt. Die Zukunft einer beseelten Welt wird also als Rückkehr bestimmter vergessener Kräfte und Zustände interpretiert. Über die welthistorische Rolle der Poesie besteht in dieser Einschätzung kein Zweifel: die »ewgen Weltgeschichten« seien in »Märchen und Gedichten« zu erkennen. So charakteristisch dieser Gedanke für Novalis auch ist, es handelt sich um einen originären Gedanken der gesamten Bewegung. Fast im selben Wortlaut ist die Idee einer »poetischen« Zukunft in jenem kurzen geschichtsphilosophischen Abriß zu finden, der heute unter dem Titel *Das älteste Systemprogramm des deutschen Idealismus* bekannt ist. Die anonym überlieferte Schrift wird Hegel, Schelling und Hölderlin zugeschrieben.

Dem heutigen Leser wird einiges noch vertrauter erscheinen, wenn er in Hardenbergs Skizzen von 1798 auf eine Reihe von Aufzeichnungen stößt, die verdeutlichen (sofern man bei der esoterischen Ausdrucksweise von ›verdeutlichen‹ sprechen kann), was es mit den Kräften, die das Gegengewicht zu der rationalen Geistigkeit der »Zahlen und Figuren« bilden, für eine Bewandtnis hat. Getragen wird die Anschauung des Dichters von dem Zweifel an der Allmacht moderner Rationalität, verbunden mit der emphatischen Besinnung auf jene Fähigkeiten, die im Zuge der naturwissenschaftlichen – später von Max Weber so benannten – »Entzauberung« der Welt verschüttet worden sind. Im heutigen Sprachgebrauch: die Fragmente versuchen alternatives Wissen und alternative Lebensformen zu beschwören. Die Poesie ist dabei eine Chiffre für die Sehnsucht des Menschen, an Vergangenem und Zukünftigem teilzuhaben. Dabei bedeutet dieses Verlangen bei Novalis keineswegs eine Aufgabe oder gar Vernichtung der Errungenschaften der neuzeitlichen Moderne, eher eine Erweiterung des modernen Wissens oder eine gegenseitige Durchdringung. Der mathematisch und physikalisch definierbaren Erkenntnis soll die totale Herrschaft über die menschliche Anschauung entzogen werden, zugunsten der wieder zu erweckenden Fähigkeit zur mystischen Ekstase (einer Vorstellung, deren Wurzeln wohl in der Lektüre der Schriften Plotins und Jakob Böhmes zu suchen sind). »Gemeinschaftlicher Wahnsinn«, schreibt Novalis (355f.), »hört auf Wahnsinn zu seyn und wird Magie.« In diesem Begriff von Magie – der moderne Wahnsinnstheorien vorwegnimmt – ist eine für die Romantik bezeichnende Gleichsetzung enthalten: »Poeten, Wahnsinnige, Heilige, Propheten«, so lautet die Reihung, mit der der Autor das zitierte Fragment beschließt.

Für eine Poetik des Romans ergibt sich aus diesen Ansichten die Forderung, die der Kritik am *Wilhelm Meister* zugrunde liegt. Die Stofflichkeit des Romans soll jene Bedürfnisse der Phantasie befriedigen, denen das nach politischen und wirtschaftlichen Grundsätzen organisierte moderne »bürgerliche« Leben keinen Spielraum gewährt. Romanhaft im alten Sinne, nach dem Muster der Heliodor-Tradition, ist auch der romantische Roman; auch er lebt vom Verlangen nach dem Exorbitanten. Der Begriff romantischer Erlebnisse in den Romanen deckt sich mit dem Begriff des »Polizeiwidrigen«: so die zweideutige Ausdrucksweise des späteren F. Schlegel (1964, 601). Der Terminus ist insofern treffend, als er den Bereich staatspolitischer Ordnung einbezieht, innerhalb dessen der moderne Alltag seinen Gang nimmt und jene Wirklichkeit begründet, gegen die die romantische Bewegung aufzubegehren versucht. Vom alten, voraufklärerischen Roman unterscheidet sich die Erzählprosa aus den Kreisen Tiecks und Hardenbergs, Eichendorffs und Hoffmanns vor allem dadurch, daß nicht mehr das physische, oft mit Gewaltsamkeit verbundene Abenteuer reizt; Faszination geht vielmehr von der räumlich-psychischen Paradoxie aus, von der geheimnisvollen Ferne der sonst vertrauten Nähe.

Das Wunderbare, das der romantische Roman zu veranschaulichen sucht, ist doppelter Natur. Man nähert sich einem Kernpunkt romantischer Ästhetik, bedenkt man, daß ›wunderbar‹ (oder auch ›wundersam‹) nicht nur ›phantastisch-übersinnlich‹, also ›erfahrungstranszendent‹ bedeutet, sondern auch ›ästhetisch faszinierend‹. Zwischen diesen beiden Bedeutungen oszillieren die Begebenheiten und Sensationen romantischer Romane, wobei das Wort ›Sensation‹ ebenfalls mit seinem Doppelsinn zu nehmen ist. Während die Entdeckung des Phantasiepotentials märchenhafter Art, und damit des Übersinnlichen, die romantische Märchennovelle beherrscht, ist das Motiv der Ekstase, des Heraustretens aus der Stumpfheit des Alltags, durch *ästhetische Intensität* ein durchgehendes Merkmal des romantischen Romans, von den fragmentarischen Werken Tiecks, Hardenbergs und F. Schlegels bis zu Eichendorffs Romanen und großen Erzählungen. Im Brennpunkt des ästhetischen Erlebens ist das Bewußtsein der Künstlerfiguren, der eigentlichen Helden der Romantik: deren Sensibilität bildet die Voraussetzung für die kompositorische Entfaltung jener damals neuartigen Bilderflut, mit der sich der Roman mehr als jemals zuvor in seiner Geschichte als ein Autonomie anstrebendes Sprachkunstwerk zu erkennen gab. Diese Fixierung romantischer Prosa auf die Kunst und das Künstlertum (weswegen die Bezeichnung ›Künstlerroman‹ durchaus berechtigt ist) erfolgte schon ganz früh; es ist mehr als bezeichnend, daß das Buch, mit dem man die deutsche Romantik gewöhnlich beginnen läßt, Wackenroders *Herzensergießungen eines kunstliebenden Klosterbruders* (1797), eine Sammlung von Betrachtungen über Kunstwerke und allgemeine ästhetische

Fragen ist. Die Romantik stellte sich damit als eine Bewegung vor, deren Interesse sich in erster Linie der Deutung modernistischer Kunsttraditionen, einer allgemeinen Philosophie des künstlerischen Schaffens sowie der Beurteilung der Position des Künstlers in der modernen Gesellschaft zuwendet. Wenige Jahre später verkündete ein Fragment im letzten Jahrgang des *Athenäum*, was die Menschen unter den andern Bildungen der Erde, das seien die Künstler unter den Menschen (F. Schlegel 1964, 93).

Überträgt man die Erscheinungsweisen künstlerischer Sensibilität auf die Ebene der Konstitution romantischer Prosa, so wird die Forderung nach einem Roman begreiflich, der die strenge Beachtung von Gattungsgrenzen aufgibt zugunsten eines Synkretismus, in dem namentlich Gestaltungsformen der Lyrik stark vertreten sind. F. Schlegel nannte diese Schreibweise rhapsodisch. Oberflächlich gesehen, folgen die meisten romantischen Romane, von den frühen bereits Tiecks *Franz Sternbalds Wanderungen* und der *Heinrich von Ofterdingen*, manchen Mustern aus dem Angebot des Abenteuerromans alter Prägung: Reisen, unerwartete Begegnungen mit geheimnisvollen Fremden, Verwechslungen, Verfolgungen, versöhnliche Schlüsse mit Wiederbegegnungen usw. sind nicht selten. Romangeschichtlich greifen diese Werke sozusagen auf die *Vorvergangenheit* der Gattung zurück und versuchen von da aus ihren neuen Ansatz zu entfalten. Einen Bogen schlagen sie dagegen um jenen Romantypus, den man typologisch den »englischen« nennen kann (und von dem ausführlich im vorigen Kapitel die Rede war). Zumindest gilt das fast ausnahmslos in stofflicher Hinsicht: eingehende Schilderungen des zeitgenössischen bürgerlichen Milieus mit humoristischem Einschlag ist nicht deren Sache. Unter den großen Romanciers der Epoche praktizierte lediglich Jean Paul eine sehr eigentümliche Verbindung romantisch-abenteuerhafter und »englischer« Elemente, wobei zu den Ausstattungszügen des modernen Milieuromans auch der exzessive Gebrauch des transzendentalen Erzählstils zu zählen ist.

Entscheidend ist der Umstand, daß der partielle Gebrauch des alten Abenteuerschemas nicht mehr ist als ein literarischer Kompromiß, der dazu dient, der unbestimmten Sehnsucht einer schweifenden, unkonventionellen – und damit »polizeiwidrigen« – Phantasie einen den Erwartungen der Leser einigermaßen angepaßten Rahmen zu verleihen. Der eigentliche Beitrag zur Begründung einer Schreibweise, die – wie F. Schlegel stets betonte – auf Originalität bedacht war, ist eine von erheblichem stilistischem Aufwand gestützte *Poetik der Stimmung*. Der romantische Roman lebt daher von zahllosen Episoden, die oft nur stimmungsdichte »Augenblicke« sind, sinnlich intensive Situationen, die buchstäblich Augen-Blicke genannt werden können, weil sich in ihnen die Stimmung als visuelle Einheit darbietet. Die punktuelle, diffus wirkende Anlage wurde von der Kritik früher zumeist getadelt. Man verkannte dabei die lyrische Struktur, die dem künstlerischen Programm der Romantiker entsprach (und die bei weitem nicht nur durch die zahlreichen eingelegten Gedichte zustande kommt).

Bezeichnend für die Augen-Blicke, die Flucht von Landschaftsbildern, Genreszenen, Träumen, Visionen, Tagträumen ist die grundsätzliche Austauschbarkeit. Die punktuelle Stimmung gerät zum Versatzstück. Am deutlichsten ist das am Romanfragment *Franz Sternbalds Wanderungen* zu beobachten. Das 1798 erschienene Werk ist der erste breit angelegte Roman, der als repräsentativ für die Bestrebungen der Romantik gelten darf. Daß es ein Künstlerroman ist, versteht sich fast von selbst; und auch Zeit und Ort der Handlung (Dürers Nürnberg, Westeuropa, das Italien der Renaissance) überrascht nicht angesichts der Vorliebe der Stürmer und Dränger wie auch der Romantiker für Stoffe aus dem Zeitalter der Reformation und der Renaissance. Im Hinblick auf die literarische Leistung besteht kein Anlaß, das Werk zu überschätzen. Unbestreitbar ist jedoch dessen Bedeutung für die Bildung und Festigung der weit verbreiteten Vorstellungen von romantischen Stimmungen, Motiven, Landschaften und Situationen. Die schwärmerisch-träumerische Fernweh- und Waldromantik hat hier ihren Ursprung. Eichendorff, der populärste Schöpfer einer Imago der Romantik, konnte daran anknüpfen.

Einprägsam sind in den *Wanderungen* besonders die Stellen, an denen eine Art Katalog romantischer Stiltendenzen geboten wird. Im dritten Kapitel des dritten Buches beispielsweise gerät der Dichter Florestan, ein Freund Franzens, wie so viele Gestalten des Romans ins Schwärmen über Natur und Kunst: »Fühlst du nicht oft...einen wunderbaren Zug deines Herzens dem Wunderbaren und Seltsamen entgegen? Man kann sich der Traumbilder dann nicht erwehren, man erwartet eine höchst sonderbare Fortsetzung unsers gewöhnlichen Lebenslaufs. Oft ist es, als wenn der Geist von Ariosts Dichtungen über uns hinwegfliegt, und uns in seinen kristallenen Wirbel mit fassen wird; nun horchen wir auf und sind auf die neue Zukunft begierig, auf alle die Erscheinungen, die an uns mit bunten Zaubergewändern vorübergehen sollen: dann ist es, als wollte der Waldstrom seine Melodie deutlicher aussprechen, als würde den Bäumen die Zunge gelöst, damit ihr Rauschen in verständlichern Gesang dahinrinne. Nun fängt die Liebe an, auf fernen Flötentönen heranzuschreiten, das klopfende Herz will ihr entgegenfliegen, die Gegenwart ist wie durch einen mächtigen Bannspruch festgezaubert, und die glänzenden Minuten wagen es nicht zu entfliehen. Ein Zirkel von Wohllaut hält uns mit magischen Kräften eingeschlossen, und ein neues verklärtes Dasein schimmert wie rätselhaftes Mondlicht in unser wirkliches Leben hinein.« (Tieck, 854)

Man erkennt darin mühelos die Bereiche der Erfahrung und der mythischen Phantasie, denen die Ekstasen der Romantiker gelten. Nichts ist indes so bezeichnend wie der Umstand, daß diese Vorstellungen ein *Gesprächsinhalt* sind. Ästhetische Intensität wird in diesem Roman nicht so sehr erlebt als vielmehr beredet; sie ist ein Wunsch, über den man sich in weitausschwingenden Prosa-Arien ausläßt, oder nüchterner ausgedrückt, in Textsegmenten, die das Prosagedicht mit den theoretischen Äußerungen verbinden. Da Franz

Sternbald Maler ist und es im Roman vorwiegend um bildende Kunst geht, sind viele Gespräche als Beiträge zu einer Ästhetik der modernen Malerei zu verstehen. Daß die Handlung in der Dürer-Zeit spielt, war für Tieck offenbar kein Hindernis, künstlerische Programme aus seinem Freundeskreis zu formulieren. In der literarhistorischen Forschung ist übrigens mit Recht darauf hingewiesen worden, daß die Bildbeschreibungen des Romans sozusagen vorweggenommene Malerei waren: wenige Jahre danach konnte man die visionären und die arabeskenhaften Züge aus den Projekten Sternbalds und seiner Freunde auf den höchst realen Gemälden von Philipp Otto Runge und Caspar David Friedrich betrachten, auf Bildern also, die, wie man weiß, nicht ganz ohne Zutun Tiecks entstanden sind.

Wenn man so will, sind solche Romane nicht nur metaästhetische oder metapoetische Hervorbringungen, sondern auch generative Texte besonderer Art. Die Paradoxie, die uns in Werken der Romantiker immer wieder entgegentritt, entsteht dadurch, daß die theoretische Bemühung, die ein zwanghaftes Bedürfnis dieser Generation war, gleichsam die Werkstatt der Originalität vor Augen führt. Was die Bestrebungen der Romantiker so unverwechselbar macht, ist die eigentümliche Verknüpfung von ekstatischer Gefühlsseligkeit und rational-technischer Überlegung, jene authentische Mixtur, für die die Autoren des Jenaer Kreises, allen voran F. Schlegel, die Benennung ›Ironie‹ gebraucht haben.

Einen der Aspekte romantischer Ironie hat F. Schlegel in einem seiner nachgelassenen Fragmente (F. Schlegel 1981, 116) lakonisch zur Sprache gebracht. Die Eintragung fragt nach der Philosophie des Romans »im Roman selbst«. Der Autor gebraucht noch nicht den Begriff der autoreflexiven Prosa, allein er spielt auf das Phänomen an, und er zählt es zur Schreibweise eines wahrhaft modernen Romans. Rückendeckung bot die Praxis Sternes, vor allem aber die aus dem *Don Quijote* stammende. Dieses wie auch zahlreiche Fragmente, die auf den intellektuellen Grundzug des künftigen Romans anspielen, sind ein mehr oder minder beabsichtigter Kommentar zu den Neigungen, die in Tiecks *Sternbald* so deutlich hervortreten. Man kann diese Tendenz nicht nachhaltig genug betonen angesichts der populären Vorstellung von Romantik, in der die Konnotationen von ›Mondschein‹ fast konkurrenzlos die Anschauung bestreiten. Wie undogmatisch gerade der Jenaer Kreis das Phänomen moderner Romanprosa (synthetischer oder absoluter Prosa, wie es dann im 20. Jahrhundert heißen wird) beurteilt hat, dürfte an Beispielen wie dem von Rousseaus Autobiographie klar geworden sein. Dennoch ist eine gewisse Steuerung der Lesererwartung unbestreitbar. Sie gilt der Betonung der intellektuellen und damit auch der artifiziellen Merkmale des Schreibens, und darin bekundet sich offensichtlich der Versuch, manche Bestrebungen des späten 18. Jahrhunderts einzudämmen. Trotz des Lobs für den Verfasser der *Nouvelle Héloise* gab es offenbar kaum Sympathien für jene Auffassung vom Roman, die im Zuge eines nicht ganz unpolemischen Aufrichtigkeitskultes im

Sturm und Drang zu der Bevorzugung einer – nach heutigem Wortgebrauch – dokumentarischen und biographischen Schreibweise führte.

Man sollte nicht außer acht lassen, wie stark die kritische, auf rationale Kontrolle gerichtete Note von Anfang an in der romantischen Bewegung, namentlich der deutschen, vertreten war. Man braucht bloß Tiecks frühen kleinen Roman *Peter Lebrecht* (1795–1796) zu lesen, um zu erkennen, wie wesentlich für die jungen Autoren des ausgehenden 18. Jahrhunderts die Erfahrung der Literarität, der eigentümlichen Prozeduren des Schreibens war. Tieck nannte sein Werk eine »Geschichte ohne Abenteuerlichkeiten«, und er spielte damit auf die Absicht an, sich von den Stereotypen turbulenter Romanhandlungen abzusetzen. Die eigentlichen Abenteuer seiner Geschichte sind daher die Überraschungen, die der Erzähler, ein transzendentaler selbstverständlich, dem Leser mit seinen Kommentaren bereitet. So wenn er etwa zu Beginn des ersten Kapitels den »lieben Leser« um die Illusion bringt, Literatur sei ein notwendiges Abbild der Realität, und ihm statt dessen ein freies Spiel mit literarischen Schablonen vorführt. Nach dem Muster: es kann so sein, aber auch anders, denn alles ist gestellt, stilisiert, entspricht einer gewissen Konvention, und die Wahl liegt allemal beim Autor. Kein Wunder daher, daß Tieck auch in seinen frühen Bühnenwerken, am einprägsamsten im *Gestiefelten Kater*, alles durcheinanderwirbelt, die Handlung, das fingierte Publikum, sogar den Autor selbst, um zu zeigen, daß überall, hinter dem Vorhang und auch davor, Konventionen herrschen, ein Als-Ob, ein System artifizieller Regeln, das wir zumeist unbekümmert für selbstverständlich nehmen.

Einen Höhepunkt, freilich nur in dieser Hinsicht, stellt innerhalb des romantischen Romans Clemens Brentanos *Godwi* von 1801 dar, ein Werk, das der Autor in ironischer Selbstcharakteristik einen »verwilderten Roman« genannt hat. Diesem Urteil haben sich dann seit seinem Erscheinen zahlreiche Kritiker angeschlossen, allerdings durchaus ernst. Was diesen Roman trotz einiger Mühen bei der Lektüre gerade für den Leser, der mit anspruchsvollen Werken des 20. Jahrhunderts vertraut ist, anziehend macht, ist die frühromantische Ironie in folgender Machart: das Erzählen erscheint in einer doppelten Optik, nämlich als Mimesis menschlicher Erfahrungen und zugleich als Bericht über das Schreiben eines Romans. Die Pointe bei der Sache: die erzählte Geschichte und die diskutierte Geschichte sind ein und dasselbe, *im Roman Godwi* ist Brentanos Roman zugleich ein Gegenstand der Betrachtung, die Metafiktion ist selbst ein Bestandteil der Fiktion. Daß damit die Illusion bzw. Fiktion durch die auf sich selbst bezogene Betrachtung aufgehoben, aber gleichzeitig in der Aufhebung bestätigt wird (so daß die Personen sich selbst als fiktive betrachten müssen), setzt ein Spiel mit der Idee der Fiktion in Gang, das kein Ende hat. Die irisierende Gedankenwelt der Frühromantik erscheint hier in konzentrierter Form. Die Rezeptionsgeschichte solcher Werke wie des *Godwi* weist mehr als ein Jahrhundert lang kaum »Gebrauchsspuren« auf. Erst im 20. Jahrhundert rückten die damit verbundenen Aspekte der Romantik allmählich wieder ins Blickfeld. Wäre das früher geschehen, hätten so manche Züge des sogenannten modernen Romans nach 1900 vermutlich weniger neuartig gewirkt.

III

Im Zeitalter der künstlerischen Originalität und Innovation, dessen Grundsätze mit der Romantik ihren Siegeszug angetreten haben, kommt es zu einer Spaltung: was neu und historisch wegweisend ist, braucht nicht mehr unmittelbar wirksam oder gar bekannt und populär zu sein. Befragt man die Geschichte des europäischen Romans, so überrascht nicht, daß die auf »Befremdung« und Neuerung ausgerichteten deutschen Erzählwerke kaum etwas zur Popularisierung der romantischen Bestrebungen beigetragen haben. Lediglich die Erzählungen von E. Th. A. Hoffmann konnten einen breiten europäischen Erfolg erzielen. Popularität erlangten aber vor allem ein englischer und ein französischer Autor, zwei Erzähler, die mit ihrem Schaffen die Vorstellung vom romantischen Roman bei einem breiten Publikum geprägt haben. Gemeint sind Walter Scott und Victor Hugo. Beide gehören der späten Phase der Romantik an. In der Zeit um 1800 waren die stärksten Begabungen der englischen Romantik dem Roman nicht geneigt; die minderen dagegen sehr wohl, sie entfernten sich indes nicht wesentlich vom Typus der *gothic novel*, des Schauerromans. In der französischen Frühromantik spielte der Roman zwar eine ausgeprägtere Rolle, doch die Romane Chateaubriands und Senancours, in der Nachfolge Rousseaus und des *Werther*, waren kaum dazu angetan, nachhaltig zu wirken. Erst in den zwanziger Jahren des 19. Jahrhunderts, in Frankreich sogar noch etwas später, wurde klar, welche Tendenz innerhalb der diffusen Erscheinung, genannt europäische Romantik, in der Gunst des Publikums die größten Aussichten habe. In der Geschichte des Romans dürfen die Jahrzehnte der ausgehenden Romantik die Periode Walter Scotts genannt werden. Auch der Ruhm Victor Hugos ist durch den Ruhm des englischen Romanciers vorbereitet worden.

Von übersichtlichen, klar verfolgbaren nationalen Traditionen kann ohnehin nicht die Rede sein. Die praktizierte Poetik der Romane von Scott (dessen literarische Laufbahn mit Übersetzungen aus dem Schaffen des deutschen Sturm und Drang begann) stellt im Hinblick auf die Überlieferung des spezifisch »englischen« Romans aus der Epoche der Aufklärung ein Beispiel von Wandel oder Diskontinuität dar. Berücksichtigt man die experimentierende, zum Beispiel antiillusionistisch sich gebärdende Tendenz in der englischen Erzählprosa der Sterne-Zeit, so ist kein Zweifel daran, daß die Entfaltungslinie nicht zu Scott führt, sondern viel eher zu den deutschen Romantikern, namentlich wenn man auch Jean Paul zu diesen zählt. Ebenso mußten französischen Lesern, die eine Vorstellung vom typisch französischen Roman auf

Grund einer reflektierend-psychologischen Prosa in der Art Diderots oder Benjamin Constants hegten, die grellen, grotesken Züge in den frühen Romanen Hugos als ein Traditionsbruch und eine Anleihe bei dem aus England kommenden Schauerroman erscheinen. Mit einem Wort, die Anhänger nationaltypischer Ideen mußten befürchten, ihre Muster seien ernstlich in Unordnung geraten.

Den tatsächlichen Verhältnissen in den einzelnen europäischen Literaturen entsprach auch nicht die eigentümliche Typologie, die Jean Paul in seiner *Vorschule der Ästhetik* (1804, zweite Fassung 1813) den Lesern präsentierte. Der »poetische Geist«, das heimliche Prinzip der künstlerischen Verknüpfung und Lenkung, könne sich in drei verschiedenen »Körperschaften« manifestieren: Romane können der italienischen Schule angehören, der deutschen und der niederländischen. Der Autor vermerkt jedoch sogleich, daß es sich nur um anspielende Bezeichnungen handle, nicht um analytisch genaue. Seiner Beschreibung zufolge könnte man die von ihm erfaßte erste Gruppe auch pathetisch nennen. Deren Merkmal ist eine gleichsam distanzlose, von identifikatorischem Überschwang getragene dichterische Rede, in der das Außen und das Innen miteinander verschmelzen. Zu diesem »höheren Ton« eignen sich Begebenheiten aus der Welt der höheren Stände, starke Persönlichkeiten, »hohe Frauen«, große Leidenschaften. Beispiele sind der *Werther*, Heinses *Ardinghello*, Rousseaus *Nouvelle Héloïse*, Chateaubriands Romane, Wielands *Agathon*, von den eigenen Werken der *Titan*. Gemessen an der gehobenen, pathetischen Ausrichtung, ist bei der zweiten und dritten Gruppe ein deutliches Gefälle erkennbar: es geht nach unten, von der pathetischen Ebene zu einer Mittellage (das ist das Kennzeichen der »deutschen Schule«), und schließlich in die Niederungen des ganz Alltäglichen, Derben oder Komischen, die zu den Merkmalen des »niederländischen« Romans zählen. Obwohl Jean Paul die Herkunft seiner Bezeichnungen nicht weiter erklärt, sind die Bezüge einigermaßen deutlich: »italienisch« ruft die Erinnerung an die großen Helden und Gebärden der italienischen Renaissanceepik wach, »deutsch« die Vorstellung einer relativierenden Sicht, die das Gewichtige mit dem Allzumenschlichen verbindet, wie in manchen englischen Romanen (so daß auch die Bezeichnung »englischer« Typus denkbar gewesen wäre), übrigens auch in den meisten Werken Jean Pauls, und schließlich »niederländisch«, eine Signatur, die wohl am leichtesten zu erklären ist, man denke nur an die in der Ästhetik des 18. und 19. Jahrhunderts beliebten Vergleiche mit der holländischen Genre-Malerei, etwa mit den Dorfszenen bei den Brueghels. Im übrigen ist die Analogie mit dem System der Stilarten aus der antiken Rhetorik offensichtlich. Wie bei Jean Paul stehen drei Ebenen zur Wahl: der erhabene oder schwere Stil (genus sublime oder grande), der mittlere (genus medium) und der leichte oder niedere (genus tenue oder humile). Wie die meisten Vertreter von Typologien ist auch der Bayreuther Autor gezwungen darauf hinzuweisen, daß seine »Schulen« selten in reiner Form vorkommen. »Gewöhn-

licherweise bauen die drei Schulen oder Schulstuben in einem Romane wie in
einer Bildergalerie quer durcheinander hin. . .« (Jean Paul, 255) In seinem *Titan*, den er hauptsächlich der italienischen Schule zuzählt, findet er auch nie-
derländische Schleichwaren. »Die deutsche Schule, welcher gemäß Goethens
Meister das bürgerliche oder Prose-Leben am reichsten spielen ließ, trug vielleicht dazu bei, daß Novalis, dessen breites poetisches Blätter- und Buschwerk
gegen den nackten Palmenwuchs Goethens abstach, den Meisters Lehrjahren
Parteilichkeit *für* prosaisches Leben und *wider* poetisches zur Last gelegt.«
(256) In dieser Streitfrage entscheidet sich Jean Paul für Goethe, das heißt für
die literarische Kunst, mit der auch der spröde Stoff transzendiert erscheint.
Die französischen Romane, so schließt der Autor seine Überlegungen, halten
es mit den Extremen: im allgemeinen mit der italienischen Schule, im Detail
mit der niederländischen; »aber von der deutschen haben sie nichts, weil ihrer
Dichtkunst, wie dem russischen Staate, der mittlere Bürgerstand fehlt«. So die
lapidare Schlußfolgerung, mit der er einen Abstecher in den Bereich der Ro-
mansoziologie unternimmt.

Der Ansatz zu einer sozialgeschichtlichen Betrachtung ist bei Jean Paul im
übrigen nicht neu. Bereits unter den Kritikern der Generation Lessings und
Wielands konnte man die Meinung vernehmen, der deutsche Roman besitze
nicht die Einprägsamkeit in der Schilderung des Milieus und sozialer Typen,
wie etwa der moderne englische, weil der deutschen Literatur ein entsprechender Erfahrungsraum fehle, eine Großstadt wie Paris oder London,
oder auch eine vielfältig gegliederte Gesellschaft und Öffentlichkeit mit deren
Sitten und kulturellen Systemen. Hinweise darauf findet man zum Beispiel in
Johann Heinrich Mercks Schrift *Über den Mangel des epischen Geistes in unserm
lieben Vaterlande* von 1778. In Frankreich vertritt eine solche Sicht der Dinge
Madame de Staël, vor allem in ihrer Abhandlung *De la littérature, considérée
dans ses rapports avec l'état moral et politique des nations* (1800). Darin wird die
These vorgetragen, der Aufstieg des Romans hänge namentlich mit der An-
erkennung der Frau in der Gesellschaft zusammen.

Hätte Jean Paul die Zeit Balzacs und Stendhals erlebt, er wäre gezwungen
gewesen, seine Ansicht vom französischen Roman radikal zu überdenken.
Weniger Anlaß dazu boten freilich jene Werke der französischen Erzähli-
teratur, die in den letzten Jahren seines Lebens oder in der Zeit nach seinem
Tod (1825) erschienen. Es handelt sich um Romane und Erzählungen, die als
repräsentativ für die zweite, ausgeprägtere Phase der Romantik in Frankreich
gelten können, und das heißt vorwiegend für die literarischen Bestrebungen
des Pariser Kreises um Victor Hugo (Charles Nodier, Alfred de Musset,
Alfred de Vigny). Unter den jüngsten Autoren dieser Periode vertraten Gérard
de Nerval und – in seiner Frühzeit – auch Balzac verwandte Ziele. Die Wandlung der künstlerischen Anschauungen in diesem Kreis kam in manchen
Punkten einem Bruch mit sehr starken einheimischen Traditionen gleich.
Stendhals Gegenüberstellung Racines und Shakespeares (in der gleichnamigen

Schrift von 1823) war in dieser Hinsicht eine paradigmatische Wahl. Der eine Name signalisierte die immer noch spürbare klassizistische Tradition, der andere, ausländische bedeutete für nicht wenige Ohren nach wie vor eine Herausforderung, nicht zuletzt infolge des schlechten oder zumindest problematischen Rufs, der die Werke des elisabethanischen Dramatikers in Frankreich noch im 18. Jahrhundert begleitete. Das unfreundliche Urteil Voltaires über den ungepflegten Geschmack des Engländers war ein Zeichen klassizistischer Kontinuität. Die Fragestellung, die Stendhal mehr als ein halbes Jahrhundert danach wieder aufnahm, dokumentierte die Beständigkeit einer Überlieferung, die auch von den Impulsen, die von Rousseau, Diderot und Mercier ausgegangen waren, nicht ganz verdrängt werden konnte.

In den zwanziger Jahren, in der Zeit der Bildung einer vernehmbaren romantischen Front in Paris, bedeutete die Öffnung gegenüber dem Ausland in einer weitgehend autarken literarischen Kultur einen folgenreichen Durchbruch. Einigend wirkte im genannten Romantikerkreis nicht zuletzt die Faszination, die von der modernen deutschen Literatur ausging, von der Balladendichtung, von Goethes *Faust*, Schillers Dramen, den Schriften der Romantiker. Der *Faust* wurde in Übersetzungen vorgelegt, u. a. von Nodier und von Nerval. Die neuere Literatur jenseits des Rheins wurde übrigens ohne die Gliederung in Sturm und Drang, Klassik und Romantik rezipiert. Sogar die klassizistisch orientierten Werke Goethes und Schillers konnten als Zeugnisse eines allgemein antiklassizistischen Modernismus begriffen werden. Von den eigentlichen Romantikern wurde besonders Hoffmann geschätzt, dessen Erzählkunst auch noch der Generation Baudelaires als ein Muster grotesker und märchenhafter Poesie galt. Den Dramatikern unter den jungen Pariser Autoren öffnete Shakespeare, Jahrzehnte nach dem Erscheinen der Übersetzungen August Wilhelm Schlegels, die Augen für die Möglichkeiten einer Dramenkunst, die weder von einem klassizistischen Reglement in der Nachfolge Voltaires noch von der moralistisch gesehenen Alltäglichkeit im Repertoire des bürgerlichen Schauspiels beherrscht sein würde.

Im Gegensatz zu den deutschen Romantikern – und darin eher den englischen Zeitgenossen verwandt – wiesen die späten französischen Antiklassizisten in ihren theoretischen Äußerungen dem Roman keine so herausragende Stelle zu. Die Rolle eines poetologischen Kristallisationspunktes wurde dem Drama eingeräumt, und zu den Zielen der Gruppe gehörte die Eroberung der Bühne im Zeichen Shakespeares und der von Walter Scott inspirierten Historienstücke – auch wenn ein nicht unbeträchtlicher Teil des französischen romantischen Dramenschaffens eher zum Lesen als zum Inszenieren geeignet war. Dem Roman dagegen begegnete man immer noch mit einer gewissen Verlegenheit, wenn auch hier die Grundintention im wesentlichen festlag. Mit dem psychologischen Briefroman des 18. Jahrhunderts, dessen theoretisches Resümee Madame de Staël mit ihrem Aufsatz *Essai sur les fictions* in den neunziger Jahren gezogen hatte, konnten die Autoren um Hugo nicht mehr viel anfangen. Unter den Schriftstellern, die mit der deutschen Romantik in Berührung kamen und die Germaine de Staël sehr nahestanden, führte Benjamin Constant mit seinem *Adolphe* (1816) die Linie der pschologischen Prosa fort, mit einer analytischen Schärfe, die an die Errungenschaften der *Princesse de Clèves* erinnern konnte und die damit auch selbst in klassizistischer Tradition stand. Mit den anders beschaffenen Interessen der Romantiker geriet die Überlieferung des analytischen Psychologismus übrigens nicht in Vergessenheit. Im ausgehenden 19. Jahrhundert werden deren Impulse wieder aufgenommen: beim jungen Gide, bei Huysmans, bei Paul Bourget.

Die große Entdeckung des 18. Jahrhunderts war die Individualität des Menschen, die Besonderheit humaner Erfahrung überhaupt, und so auch die Individualität kultureller Epochen, das Charakteristische nach dem Wortgebrauch des jungen Goethe. Dem umfassenden Thema der individuellen Erfahrung galt auch zunehmend die Aufmerksamkeit des Romans. Rousseau, der mit seinem Gedanken der politischen Gleichheit der Menschen seine Generation begeisterte, war zugleich ein Theoretiker – oder sollte man lieber sagen Empiriker? – der Ungleichheit, nämlich der Unwiederholbarkeit in der Beschaffenheit und der Erfahrung eines jeden Menschen. Mit einem Wort, das entscheidende Interesse auch des Romans galt dem Menschen und dessen konkreter Erfahrungswelt, aber auch dem Entwurf einer empiristischen Philosophie des Menschen. In diesem Sinne konnte F. Schlegel Rousseaus Lebensbeschreibung einen Roman nennen.

Dieser moralistische Anthropozentrismus des 18. Jahrhunderts wird nun auch von den französischen Romantikern der zweiten Generation als unzureichend empfunden. Die Kritik des Novalis an Goethes *Wilhelm Meister* enthält Punkte, die man sich auch in einem Manifest der Literaten um Victor Hugo vorstellen könnte: Die Ausweitung poetischer Welten über die Grenzen der Empirie hinaus, und zu gleicher Zeit die Suche nach den geheimen, dem wachen Bewußtsein nicht zugänglichen Ursprüngen der menschlichen Gefühle, der Traumbilder, der Wahnvorstellungen und der rätselhaften Ängste. Die französische Romantik entdeckt für sich den Bereich der Träume, der okkulten Erscheinungen, des Unbewußten. Die phantastische und onirische Prosa Nodiers und Nervals ist darin der deutschen Romantik, namentlich den Erzählungen Hoffmanns deutlich verwandt, jedenfalls viel mehr als der einheimischen literarischen Überlieferung. Darin ist versteckte Polemik gegen die rationalistische Poetik des Klassizismus enthalten, gegen jene Auffassung, die pedantisch dafür sorgte, daß die Dichter mit ihren Werken eindeutig auf dem Boden kontrollierbarer Einbildung blieben. Gewiß, es gab Autoren, die sich allgemein zu den klassizistischen Grundsätzen bekannten und in deren Werken das Fabulieren dennoch die Grenzen klassizistischer Legalität überschritt. Voltaire ist mit einigen seiner Erzählungen ein gutes Beispiel. Das Phantastische oder das haarsträubend Unglaubhafte, etwa im *Candide*, ist freilich anderer literarischer Natur als die romantischen Vorstöße in unerforschte Bereiche. Voltaire nutzt damit den Freiraum, den auch die klassizistische Dichtungslehre der Literatur zubilligte, zum Beispiel zu satirischen Zwecken, unter der Bedingung, daß die Gattungsnormen gewahrt würden und der phantastische Vorgang dort bleibe, wo er goutiert werden könne: nämlich vorwiegend im Rahmen der sogenannten niederen Gattungen.

Diese Einschränkungen waren da und dort auch später noch bemerkbar, doch grundsätzlich erlebten die Leser romantischer Erzähltexte das Aufbegehren der reglementierten Phantasie in einem vorher nicht gekannten Ausmaß. Eine Stütze war, wie auch in der deutschen Romantik, die volksmythologische Überlieferung: im visionären Potential der Märchen, Sagen und phantastischen Geschichten suchte man die Symbole verdrängter Erfahrung, die Bilder eines Wissens, das den Restriktionen rationaler Kultur zum Opfer gefallen war. In der Sehnsucht nach dem Unbekannten aus den Quellen der Subkultur äußerte sich ein eigentümlicher literarischer Rousseauismus: das bislang als primitiv Erachtete erfuhr nicht nur eine Aufwertung, es galt sogar als Schlüssel zu einer volleren und tieferen Welterfahrung.

Eine weitere Quelle stellte, analog dazu, der Bereich der als irrational geltenden menschlichen inneren Erlebnisse dar. In einem Brief aus dem Jahre 1832 schreibt Nodier, der Schlaf sei der oberste Lehrmeister. Die autonome Wirklichkeit der Träume wird damit für die Romantiker eine legitime Gegenwelt, ebenso wie für einige von ihnen die Reise in die »künstlichen Paradiese« des Haschisch- oder Opiumrausches. Begreift man die Traumvision, wie die Romantiker, als ein Urbild künstlerischen Ausdrucks, so überrascht nicht die Selbstverständlichkeit, mit der die Surrealisten genau hundert Jahre später die deutschen und die französischen Romantiker zu ihren Vorläufern zählten. In seinem surrealistischen Manifest von 1924, seinem ersten, weist André Breton auf eine weitere literarische Quelle einer radikal irrationalistischen Ästhetik hin: auf den englischen Schauerroman des späten 18. Jahrhunderts.

Die Tatsache, daß sich die Surrealisten auf die Romantiker berufen haben, wirft ein bezeichnendes Licht auf die eigentümlichen Züge romantischer Poetik. Besondere Bedeutung kommt dabei der Frage zu, wie das Verhältnis zwischen Erfahrungsrealität und poetischer Märchenwelt zu interpretieren sei. Das Wunderbare, das die physikalischen Gesetze außer Kraft setzt – ist es eine extramentale Realität anderer Art, sozusagen eine Wirklichkeit, die eine andere Form von Physik voraussetzt, oder ist es eine Projektion innerer Vorgänge im Menschen, ein phantastischer Bewußtseinsinhalt, und damit naturwissenschaftlich erklärbar? Mit anderen Worten, ist eine meta-physische oder eine psychologische bzw. parapsychologische Deutung zutreffend? Die Ansichten der Surrealisten lassen keinen Zweifel bestehen: die naturgesetzlich funktionierende Welt wird nicht in Frage gestellt, sehr entschieden dagegen die rationale, logische Interpretation, die sich auf common sense beruft und die erfahrungserweiternden Medien der Phantasie, des alogischen Traums, des Wahnsinns ignoriert. Wie in diesem Kapitel bereits dargestellt worden ist, sind

die Auffassungen der deutschen Romantiker gerade in diesem Punkt so be-
schaffen, daß die Begeisterung der Anhänger Bretons leicht zu begreifen ist.
Auch die anthropologische Deutung der romantischen Über- oder Neben-
Wirklichkeit brauchte der irrationalistischen Avantgarde keine wesentlichen
Schwierigkeiten zu bereiten. Unter den deutschen Romantikern ist es namentlich Novalis, der in Schriften der Surrealisten direkt oder durch Anspielungen
genannt wird. Im Hinblick auf die Realitätsproblematik gewinnt der Umstand
Gewicht, daß in einem so repräsentativen romantischen Roman, wie das der
Heinrich von Ofterdingen ist, die empirische Realität der mittelalterlichen Welt im
wesentlichen nicht angetastet erscheint – sieht man vom okkulten Phänomen
der vorwegnehmenden Vision im ersten Kapitel ebenso ab wie von der zumindest heute sich etwas seltsam ausnehmenden Tatsache, daß Märchen ausgerechnet von Kaufleuten erzählt werden. Wie dem auch sei, gerade das Erzählen von Märchen ist der springende Punkt. Novalis wirft zwar Goethes Roman Nüchternheit vor und spricht sich zugleich dafür aus, der Romankunst
die Tore märchenhafter Poesie zu öffnen, doch auch in seinem Werk wird die
Erfahrungswirklichkeit nicht zugunsten einer Märchenwirklichkeit aufgegeben; eine transzendente, im romantischen Sinne poetische Realität gibt es innerhalb des *Heinrich von Ofterdingen* auch nur im Medium sprachlich überlieferter Texte, also im Modus der Rede, eines *rhetorischen Aktes*, nicht im
Modus einer von den Figuren erlebten Handlung.

Die poetischen Welten, die sich im Märchen auftun, sind nicht die bestehende Wirklichkeit Heinrichs und seiner Zeitgenossen, sondern ein Gegenstand der Sehnsucht und der Ahnung, erfaßbar als eine Imago der fernsten
Vergangenheit und auch der Zukunft. Träger solcher Imaginationskräfte sind
in der romantischen Dichtung besondere Menschen, die im Sinne einer poetischen Anthropologie auch die eigentlichen, wahrhaftigen Menschen sind: die
Zeichen der Authentizität finden sich in der sensiblen Natur der Künstler wie
auch in der weltoffenen Naivität der Kinder. Beide spielen mit der Realität, so
daß die Grenzen zwischen wirklichen und imaginären Dingen fließend sind.
In gleicher Weise sind die im erweiterten Erfahrungsrepertoire nachweisbaren,
aber gemeinhin als abnormal geltenden Erscheinungen (Halluzinationen und
verwandte psychische Ausnahmephänomene, alkoholische und psychedelische
Exzesse, Wahnsinnssymptome) Motive romantischer Imagination.

Das sind die Elemente der Weltsicht, die in den Jahren nach dem Erscheinen von Tiecks und Hoffmanns wichtigsten Werken nun auch in die französische Literatur Einzug halten. Man pflegt dort seit jener Epoche von einer
besonderen Gattung phantastischer Literatur zu sprechen, innerhalb deren
namentlich das Schaffen einiger Romanciers und Novellisten, von Nodier und
Nerval bis Breton, einen gesicherten Platz hat. Viel weniger gesichert ist die
Definition der ›littérature fantastique‹. Zumeist ist damit ein sehr weites Gebiet gemeint, in dem alles Platz findet, was auf diese oder jene Weise der
Darstellung des Übersinnlichen oder vermeintlich Okkulten dient, bis hin zu

grotesken und satirischen Übertreibungen, wie sie heute vor allem in der Welt der Trickfilme zu Hause sind. Bei der Betrachtung romantischer Texte wird jedoch klar, daß die meisten Werke der deutschen und französischen Literatur der Epoche, gehören sie nicht dem Typus des verfeinerten Spiels mit den Stereotypen des Märchens an, eine Gruppe bilden, auf die jene Einengung des Begriffs des Phantastischen zutrifft, die Tzvetan Todorov (*Introduction de la littérature fantastique*) vorgeschlagen hat.

Mit dem Phantastischen haben wir es nach Todorov stets dann zu tun, wenn in der dem Leser vertrauten Erfahrungswelt sich etwas zuträgt, was mit den Gesetzen eben dieser Welt nicht übereinstimmt. Dabei muß dieses Geschehen so beschaffen sein, daß nicht auszumachen ist, ob es sich um eine Sinnestäuschung beziehungsweise ein verwandtes Phänomen handelt oder aber um ein Ding, das ebenso real wie alle anderen Erfahrungsobjekte ist. In diesem letzteren Fall wäre der Erfahrungsbestand neu zu überdenken. Die literarische Phantastik hat jedoch laut Todorov zumeist die Eigenschaft, Entscheidungen zu vermeiden und ihre eigentlichen Reize im Status der Ungewißheit zu suchen. »Das Fantastische ist die Unschlüssigkeit, die ein Mensch empfindet, der nur die natürlichen Gesetze kennt und sich einem Ereignis gegenübersieht, das den Anschein des Übernatürlichen hat.« (Todorov, 26) Gegen diese Auffassung sind, zum Teil zu Recht, gewichtige Bedenken angemeldet worden. Tatsache ist, daß sie eine ganze Reihe neuer Fragen aufgibt, von denen nicht alle – schon wegen der vergleichsweise schmalen Textbasis der Untersuchung – beantwortet werden. Entscheidend ist jedenfalls ein Umstand spezifisch literarischer Natur: Das Funktionieren des Phantastischen gerade in diesem Sinne steht und fällt mit der Beschaffenheit der Erzählsituation im betreffenden Werk. Für die Darstellung solcher Unbestimmtheiten, von denen eine eigentümliche Irritation auf den Leser ausgeht, eignen sich auf ideale Weise Erzähltechniken, die subjektive Eindrücke und Vermutungen referieren, oder in denen ein transzendentaler Erzähler nur zu Wort kommt, um seine Unzuständigkeit und Ratlosigkeit einzugestehen.

In Frankreich, in dessen geistiger Kultur der Klassizismus zwei Jahrhunderte hindurch mit dem philosophischen Rationalismus einhergegangen war und wo die Aufklärung um die Mitte des 18. Jahrhunderts einen radikalen Materialismus hervorgebracht hatte (man denke nur an Lamettries Vorstellung vom »homme machine«, der menschlichen Maschine), verband sich die Romantik fast notgedrungen mit jenen Bestrebungen der Jahrzehnte nach der Französischen Revolution, die in das Spektrum allgemeiner geistiger Instabilität auch das Interesse für die »Nachtseite der Naturwissenschaften« einbrachten, wie es damals mit einer einprägsamen Formulierung hieß. Somnambulismus, Hypnose, Magnetismus, das sind einige der Schlagwörter, die damals Konjunktur hatten und die Aspekte einer romantischen Wissenschaft erkennen lassen. Unter den deutschen Zeitgenossen Nodiers lieferte der Arzt und Dichter Justinus Kerner in zahlreichen Schriften Elemente einer umfas-

senden Lehre okkulter Phänomene, am eingänglichsten in der *Seherin von Pre-*
vorst von 1829, mit dem bezeichnenden Untertitel *Eröffnungen über das innere*
Leben des Menschen und über das Hereinragen einer Geisterwelt in die unsere. Der
Mensch wird dort als ein Mittelglied zwischen einer »höheren« und einer
»tieferen Potenz« begriffen, als ein Wesen, das von den beiden okkulten Reichen, dem positiven und dem negativen, beeinflußt wird, ohne von diesen
deutliche Kunde zu haben. Denn die dem Menschen bekannten Naturgesetze
gelten nur für die Mittelsphäre, »in der wir denken, fühlen und wollen«, nicht
dagegen für die »leise Verbindung« mit den unbekannten Zonen. »Wer von
letztern keine Ahnung hat, leugnet sie gerade, und dies ist ja der Fall bei all
den starken Geistern, welche nichts glauben, als was sie sehen und begreifen.«
(Bietak, 209)

Der lebhafte Wunsch, über die Zone des »Sehens« und »Begreifens« hinaus-
zugelangen und das okkulte Begehren auch dichterisch produktiv zu machen,
bildet einen wesentlichen Impuls romantischer Poetik. Eine Art Manifest der,
gemessen an »normalem« Bewußtsein, exorbitanten Dichtung ist Nodiers
zweites Vorwort (1832) zu seiner umfangreichen Erzählung *Smarra* von 1821,
mit dem bemerkenswerten Untertitel *Die Dämonen der Nacht – Les démons de la*
nuit. Nicht ohne E. Th. A. Hoffmann zu erwähnen, entfaltet Nodier seine
Ansichten vom Phantastischen, d. h. vom Übersinnlichen oder rational nicht
Kontrollierbaren: im Leben sensibler, künstlerisch veranlagter Menschen seien
zwei Empfindungssphären erkennbar, der Bereich der Illusionen des »wachen
Lebens« und jener der Illusionen des Schlafes. »Was mich erstaunt, ist die
Tatsache, daß der erwachte Dichter so selten in seinen Werken auf die Phanta-
siebilder des schlafenden Dichters zurückgegriffen oder daß er zumindest sein
Anleihen so selten eingestanden hat, denn die Offensichtlichkeit dieses Anlei-
hens in den kühnsten Entwürfen des Genies ist unbestreitbar. Der Abstieg des
Odysseus in die Unterwelt ist ein Traum. Diese Teilung von einander ablö-
senden Fähigkeiten ist sicherlich von den frühesten Schriftstellern begriffen
worden. Die Träume nehmen in der *Heiligen Schrift* einen großen Platz ein.
Sogar die Vorstellung ihres Einflusses auf die Entwicklungen des Denkens in
seinem äußeren Einfluß hat sich durch eine seltsame Tradition durch alle
vorsichtige Zurückhaltung der klassischen Schule hindurch erhalten. Es liegen
noch keine zwanzig Jahre zurück, da gehörte ein Traum zum strengen Bestandteil einer neuen Tragödie: ich habe deren fünfzig gehört, und leider
schien es mir bei Zuhören, daß ihre Autoren überhaupt nie geträumt hatten. –
Es verwunderte mich so sehr, daß die Hälfte und sicherlich die stärkste Hälfte
der Vorstellungskräfte des Geistes nie zum Thema einer der Poesie doch so
angemessenen vorzüglichen Geschichte geworden war, daß ich daran dachte,
es für mich allein zu versuchen. . .« (Nodier, 419f.)

Das Werk selbst geleitet, wie die meisten Erzählungen der französischen
Romantik, den Leser in die Regionen der Träume und Visionen, es gestaltet
außerordentliche Bewußtseinszustände, begründet jedoch keine extramentalen

Welten. Die exzentrische Bilderflut in *Smarra* begründet keine Ontologie
übersinnlicher Erscheinungen oder mythischer Wesen, sondern gewährt Einblick in die Seltsamkeiten menschlicher Einbildungskraft. In poetologischer
Hinsicht ist es völlig gleichgültig, woher der Dichter die Formen des Phantastischen geschöpft hat, ob aus Träumen, fremden oder eigenen, Berichten über
derartige Phänomene oder aus sonstigen Quellen. Die Wege, die in den Bereich der Schaffenspsychologie führen, bleiben auch in diesem Fall unzuver-
lässig oder ungangbar.

Aufschluß über die Beschaffenheit der künstlerischen Neigungen, die da
am Werke sind, verschafft viel eher eine Untersuchung der semantischen Felder und der Metaphorik, der Stileigentümlichkeiten also, die die Struktur der
Phantasmagorie ausmachen. Einige dieser Merkmale haben eine lange Tradition und sind im Bereich grotesker Formen seit der Antike nachweisbar. Bezeichnend sind auf jeden Fall Bildungen, die durch die Verbindung organischer und anorganischer Objekte zustandekommen, in Regionen, die weder
zeitliche noch räumliche Konkretisierung aufweisen. Es fällt auf, daß alle Register grotesker Kombinatorik besonders dort gezogen werden, wo die Gebilde der Nacht, des Traumes die Angst und das Grauen ausdrücken. Dort ist
dann von roten und violetten Schlangen die Rede, deren Mäuler Feuer speien,
von Eidechsen, die ein menschenähnliches Gesicht aus einem Meer von Kot
und Blut emporstrecken, oder von abgehauenen Köpfen, die uns noch mit
»lebendigen Augen ansehen und auf Reptilienfüßen hüpfend entfliehen« (Nodier, 288f.). Eindringlicher sind aus heutiger Sicht die Visionen von Landschaften, aus denen das Leben entschwunden ist: »alle Geräusche verstummt,
alle Gestirne verborgen, alle Lichter erloschen. Die Luft war windstill, der
Himmel meergrün, glanzlos, kalt wie ein mattes Eisenblech.« (301) Beispiele
dieser Art zeigen, daß die Neigung, besonders grelle Wirkungen auszuspielen,
zu den hervorstechenden Zügen der französischen Romantik gehört. Bei
Hugo wird dieser Zug auf andere Weise zur Geltung kommen. In der Musikgeschichte ist ein Werk wie die *Symphonie fantastique* von Hector Berlioz für
diesen Befund repräsentativ. In der deutschen Literatur erscheinen neben manchen Texten Hoffmanns die unter dem Decknamen Bonaventura erschienenen
Nachtwachen (1804) noch am ehesten als wesensverwandt. Am überzeugend-
sten wirkt Nodiers Prosa dort, wo sie auf traditionelle rhetorische Gebärden
verzichtet und sich völlig auf die Bildkraft der Vision verläßt. Die gleichsam
metaphysische Landschaft des letzten Beispiels ist dazu angetan, begreifen zu
lassen, wie stark sich die Surrealisten von dieser romantischen Bilderwelt berührt fühlten: einer Welt, die faszinierend und abstoßend zugleich ist, vertraut
und fremd, schön und schrecklich. Die scharfen, überdeutlichen Konturen
und die irreale Klarheit, das alles erinnert an surrealistische Malerei oder an
die Gemälde des »magischen Realismus« in unserem Jahrhundert, an Werke
jedenfalls, deren Grundlage ebenfalls eine Ästhetik des Traums ist.

Nodiers »voie du fantastique« ist jener Weg der Romantik, in dem man heute eine bestimmte Richtung der Moderne erkennt. Die spektakulären Erfolge des französischen »romantisme« bleiben jedoch in erster Linie mit dem Wirken Victor Hugos verknüpft. Dem Autor des Dramas *Hernani* (1830) und des Romans *Notre-Dame de Paris* (1831) gelangen die einprägsamsten literarischen Hervorbringungen und Schlagwörter der Romantik, sozusagen deren populäre Formeln. Die poetologischen Vorstellungen seiner Generation formulierte er im oft zitierten Vorwort zum historischen Drama *Cromwell* (1827), das seinerzeit freilich nur als Lesedrama kursierte. Das als unspielbar geltende Werk erlebte erst in den fünfziger Jahren unseres Jahrhunderts seine Uraufführung. »Unspielbar« war daran die Verwirklichung einer Vorstellung von Dramatik, die mit Berufung auf Shakespeare radikal antiklassizistisch ausgerichtet war. Als Manifest romantischer Modernität galt die erwähnte *Préface de Cromwell*, eine Schrift, deren Wirkung eindrucksvoll die Bedeutung programmatischer Texte in der Zeit seit der Romantik vor Augen führt. Deren literaturgeschichtliche Geltung blieb nicht auf den Bereich des Dramas beschränkt, so daß die *Préface* durchaus auch in der Geschichte des Romans ihren Platz hat.

Ein Vergleich zwischen Hugos Manifest und den ungefähr gleichzeitigen Vorlesungen Hegels über Ästhetik (von denen der französische Dichter sicherlich keine Kenntnisse hatte) erweist sich als taugliches Beispiel für das Phänomen der – durch unterschwellige Beziehungen markierten – Zeitgenossenschaft. Zu den gemeinsamen Voraussetzungen gehört fraglos die seit dem späten 18. Jahrhundert wirksame Denkform des Historismus. Im Gegensatz zu der vorwiegend technischen Ausrichtung der alten, normativen Poetik tritt in der neuen Kunstbetrachtung zunehmend die Einbettung künstlerischer Erscheinungen in den Rahmen weiträumiger geschichtlicher Prozesse zutage: Die Ästhetik, als Einzeldisziplin ohnehin nicht sehr alt, verbündet sich mit der Geschichtsphilosophie. So auch in Hugos Vorrede.

Gleich den Brüdern Schlegel, die in ihren Abhandlungen und Vorlesungen die Grundsteine der romantischen literarhistorischen Periodisierung gelegt hatten, unterscheidet auch Hugo die Großepochen der klassischen (antiken) und der romantischen, neueren Kunst voneinander. Wichtiger als die These von den Zeitaltern der Menschheit, denen eine Abfolge der poetischen Gattungen Lyrik, Epik, Dramatik entsprechen soll, ist Hugos Ansicht über die Bedeutung der gesamtkulturellen Zusammenhänge für die Entfaltung künstlerischer Konzeptionen. Das Zeitalter der politischen Verfassung der Menschheit, das epische Zeitalter, wird abgelöst von der modernen Welt, deren Fundamente vom Christentum gelegt worden sind. Diese entscheidende Wende in der Geschichte der Kultur ist im Bereich der Dichtung, ja der Kunst überhaupt, durch einen Zuwachs an Mannigfaltigkeit und an Gegensätzen gekennzeichnet. »Jener immer gültigen Schönheit, die die Antike feierlich über alles ausbreitete, war eine gewisse Monotonie nicht abzusprechen; der sich stetig wiederholende gleiche Eindruck kann mit der Zeit ermüdend sein.

Erhabenes, das Erhabenem folgt, kann kaum eine Kontrastwirkung hervorbringen«, erklärt Hugo (Hausmann u. a., 36f.)

Der Kontrast, so könnte man Hugo paraphrasieren, ist der stilistische Trumpf der modernen Kunst. Die Mythen- und Sagenwelt des christlichen Europa hat die Ästhetik der Gegensätze und kontrastierenden Wirkungen hervorgebracht, die ihren reinsten Ausdruck in einer Kategorie findet, der Hugo größte Bedeutung beimißt: in der Groteske. Hugos Poetik und Kunstlehre ist die des Grotesken und Häßlichen – das macht sie so bemerkenswert und sichert ihr eine Schlüsselstellung in der Geschichte des Selbstverständnisses der Moderne, auch wenn das Verdienst des Autors mehr in der popularisierenden Zusammenfassung denn in der originären denkerischen Leistung zu sehen ist. Nicht zu vergessen ist ferner, daß die Theorie der Stilmischung in einer so einflußreichen Literatur wie es die französische war, auch dem Egalitarismus des realistischen Romans den Weg bereitete – und damit als Klammer in einem Prozeß des kunsttheoretischen Umdenkens funktionierte, der die Strömungen vom deutschen Sturm und Drang bis zum französischen und russischen Realismus umfaßt. Im Hinblick auf Hugos Auffassungen wird dabei der überraschende Zusammenhang erkennbar, der – wie Hans Robert Jauß formuliert – zwischen einer »Poetik des Christentums« und dem Durchbruch des Realismus besteht.

Mit Hugos eigenen Worten: »Wie das Christentum wird nun die Muse der Modernen die Dinge mit einem höher und weiter reichenden Blick erfassen. Sie spürt, daß in der Schöpfung nicht alles im menschlichen Sinne *schön* ist, daß es Häßliches gibt neben dem Schönen, Mißgestaltetes dicht beim Anmutigen, Groteskes hinter dem Erhabenen, Schlechtes zugleich mit dem Guten, Schatten mit dem Licht.« (33) Hugo, der ausdrücklich von einer »romantischen Schule« spricht, stellt in den Mittelpunkt der modernen Kunstlehre eine Frage, die man mit einiger Freiheit als den Kern einer ästhetischen Theologie bezeichnen könnte. Wohlgemerkt: einer ästhetischen Theologie, nicht einer theologischen Ästhetik. Es geht dabei um den Gedanken der Freiheit, den der Künstler für sich in Anspruch nehmen darf, wenn er sich gleichsam metaphysisch versteht und nicht nur als ein Vertreter des gerade vorherrschenden Geschmacks einer Gesellschaft. Die gewaltsamen Einteilungen, die der Künstler im Namen einer die Dinge reglementierenden Ästhetik vornimmt, nehmen sich aus Hugos Sicht läppisch aus angesichts der unermeßlichen Vielfalt des Unterschiedlichen, die in der Schöpfung zu erkennen ist. Die Frage ist daher, ob der Mensch das Recht habe, Gott zu korrigieren, und ob die Natur durch Verstümmelung schöner werde.

Man erkennt in der Substanz dieser emphatischen Gedankengänge die Hauptmotive der antiklassizistischen Kunstauffassung, wie sie nicht viel anders, wenn auch mit weniger effektvoller Rhetorik, in den Schriften Herders und des jungen Goethe in den frühen siebziger Jahren in Erscheinung getreten waren. Goethes Essay *Nach Falconet und über Falconet* wäre in erster

Linie zum Vergleich heranzuziehen. Stärker als bisher betont Hugo allerdings die Rechte des Häßlichen – und widersetzt sich damit der tendenziellen Gleichsetzung des Ästhetischen mit dem Angenehmen. Die erst von einem Hegel-Schüler später proklamierte Ästhetik des Häßlichen bekam mit Hugos *Préface* ihr erstes Manifest. Man sollte freilich nicht darüber hinwegsehen, daß Hugos Aufbegehren gegen eine klassizistische Segregation, eine »Verstümmelung« der authentischen Natur durch eine streng reglementierende Auswahl, noch kein Plädoyer für die Gewöhnlichkeit des Alltags in der Kunst darstellt. Das Häßliche ist für Hugo nicht vorrangig der Inbegriff »niedriger«, vulgär-banaler Dinge, sondern hauptsächlich eine Bezeichnung für das Außergewöhnliche und Erschreckende im Sinne des romantischen Interesses für das Exorbitante, das vom bürgerlichen Alltag Gemiedene. Als Bestandteil des grotesken Stils spielt dieses Element eine besonders wichtige Rolle.

Das prägnanteste Beispiel zu seiner Theorie des Häßlichen hat Hugo gerade mit seinem ersten erfolgreichen Roman geliefert, mit *Notre-Dame de Paris* (1831). Es ist bezeichnend, daß bei der Übersetzung des Werkes der Titel in mehreren Sprachen eine semantische Verschiebung erfahren hat. Nicht das Bauwerk, die Kathedrale, ist im Mittelpunkt, sondern die Gestalt des Glöckners Quasimodo. Auch die deutschen Übertragungen bevorzugen den Titel *Der Glöckner von Notre-Dame*. In dieser Änderung ist nicht nur der Versuch enthalten, den Titel prägnanter zu machen; es liegt ihr auch eine Interpretation des Romans zugrunde, die durchaus der Grundrichtung von Hugos Erzählen entspricht. Der Ehrgeiz des Autors ging zwar durchaus auch dahin, die Kulturgeschichte des Pariser Doms mit den seltsamen Schicksalen der Romangestalten zu verknüpfen, doch eine Geschichte der Kathedrale und der Stadt Paris am Ausgang des 15. Jahrhunderts ist dieser Roman nur in eingeschränktem Maße: die kulturhistorischen Erörterungen des transzendentalen Erzählers bilden trotz des Gewichts, das ihnen zukommt, nur den Rahmen für eine private Geschichte, die – durchaus romankonform – eine eigentümliche Liebesgeschichte ist. Ein Exempel im Hinblick auf Hugos Ästhetik des Grotesken ist die Erzählung durch das Milieu der Bettler und des Fahrenden Volkes, vor allem aber durch die Gestalt des abgründig häßlichen Glöckners, einer Verkörperung des romantischen Außenseiters, dessen Schicksal ein unauflösbarer Widerspruch ist. Der klassische epische Held, dessen Attraktivität zumeist auf einer Bündelung physischer, moralischer und ästhetischer Eigenschaften beruhte (zu denen manchmal auch intellektuelle hinzukamen), weicht hier einer problematischen Figur, die durch die Intensität des Charakteristischen, ja Absonderlichen gekennzeichnet ist.

Die historischen Studien, die in die Komposition von Hugos Roman eingegangen sind und deren Bedeutung der Autor in seinem Vorwort zur Ausgabe von 1832 so stark betont, entsprachen damals einer Tendenz, die seither aus der Geschichte des Romans nicht mehr wegzudenken ist. In der Poetik der Erzählprosa ist diese Erscheinung unter dem Begriff ›historischer Roman‹ fest etabliert. Die Voraussetzungen des Geschichtsromans – sowie des ihm voraus-gegangenen Geschichtsdramas – sind in der Erweiterung und Objektivierung des Vergangenheitsverständnisses durch den Historismus des späten 18. Jahr-hunderts zu sehen, ebenso aber auch in den konkreten Erfahrungen eines Zeitalters, das drastischer als je eine Epoche zuvor die Vergänglichkeit hi-storischer Einrichtungen demonstrierte. Die Poetik des historischen Romans, dessen erste Blütezeit in die Periode nach den napoleonischen Kriegen fällt, läßt deutlich den Zusammenhang der genannten Motive erkennen. Unver-gleichlich überzeugender als das Drama konnte der auf Breite angelegte Ro-man seine Eignung für eine historische Behandlung des Stoffes vor Augen führen: die Milieuschilderung, verbunden mit kulturgeschichtlichen Erörte-rungen, gilt als die große Herausforderung des Erzählens in einem Zeitalter, das die Anfänge der modernen Museumskultur erlebt. Allein das gleichsam museal-konservierende Denken ist untrennbar mit dem Aufspüren von ge-schichtlichen Analogien verbunden. In den theoretischen Äußerungen der Schriftsteller der Epoche treten die Motive klar zutage: Die Historie dient als Spielraum aktueller Problematik, die Vergangenheit wird der Gegenwart als Spiegel vorgehalten. In unserem Jahrhundert hat wohl Alfred Döblin (im Aufsatz *Der historische Roman und wir*, 1936) die knappste Formel für diese Problematik geprägt: »Mit der Historie will man was«.

Ins eigentliche Zentrum der besonderen Poetik dieser Romanart führt die schon in den Anfängen deutlich vertretene Forderung der Abgrenzung ge-genüber der – im Prinzip mit denselben Stoffen beschäftigten – Geschichts-schreibung. Der Abstraktheit in der Verwertung der Quellen wird der Grund-satz der Anschaulichkeit und der menschlichen Totalität entgegengesetzt: der Roman müsse dort anknüpfen, wo der Historiograph seine Grenzen erkennt. Alessandro Manzoni, der Autor des Romans *I promessi sposi* (*Die Verlobten*, 1827), trifft den entscheidenden Punkt mit seiner Frage nach der Individualität in der Geschichte (zit. nach Lukács 1955, 113). »Denn schließlich, was gibt uns die Geschichte? Begebenheiten, die uns sozusagen nur von außen bekannt werden; aber was die Menschen getan haben; was sie dachten; die Gefühle, die ihre Erwägungen und Pläne, ihre Erfolge und ihre Katastrophen begleiteten; die Worte, mit denen sie ihre Leidenschaften und ihren Willen gegenüber den Leidenschaften und dem Willen anderer zur Geltung zu bringen versuchten, mit denen sie ihre Wut ausgedrückt, ihre Trauer ausströmen ließen, mit denen sie, kurz gefaßt, ihre Individualität geoffenbart haben: über all dies geht die Ge-schichte fast schweigend hinweg; und gerade dies ist das Gebiet der Poesie.«

Um die Besonderheit des Romans gegenüber der Tätigkeit des Archivars und des Historikers möglichst markant hervortreten zu lassen, entschieden sich die Romanciers von Anfang an für einen elementaren Grundsatz der Fiktion: das private Geschehen kann sich frei entfalten, ungehemmt von den Rücksichten gegenüber der dokumentierten Realität, weil die eigentlichen Protagonisten historischer Romane zumeist erfundene Gestalten sind. Der

Romantypus ist zwar auf die Aura der Authentizität angewiesen, und die Namen bekannter Persönlichkeiten aus der Geschichte der Politik, der Wissenschaft oder der Kunst sind schon als Orientierungssignale unerläßlich. Doch diese Personen bleiben nicht selten im Hintergrund oder treten nur episodisch auf, wodurch klar wird, daß es der Roman nicht auf Enthüllungen aus der »Schlüssellochperspektive« abgesehen hat. Der historische Roman rechnet mit der Erfahrung, daß eine beträchtliche zeitliche Entfernung auch authentische Personen allmählich in ein sagenhaftes Licht rückt und sie gewissermaßen zu epischen Figuren macht.

Es ist bezeichnend für das Zeitalter des literarischen Individualismus, daß die Begründung des besagten Romantypus einem bestimmten Autor zugeschrieben werden kann. Mit dem erstaunlichen weltliterarischen Erfolg Walter Scotts, der bereits zu Lebzeiten mit Werken wie *Waverley* (1814), *Ivanhoe* (1819), *Quentin Durward* (1823) und anderen »seiner« Gattung eine literarhistorische Karriere sicherte, erweist sich übrigens der englische Roman, mehr als ein halbes Jahrhundert nach der Epoche Richardsons und Fieldings, zum zweiten Mal als musterbildend für die europäische Literatur. Beurteilt man den Durchbruch Scotts im Rahmen der englischen Romanpoetik seiner Zeit, so führen Vergleiche mit der Fielding-Tradition zur Feststellung, daß seine Art, mit geschichtlichen Stoffen umzugehen, in gewissem Sinne eine Rückkehr zum Typus ›romance‹, im Gegensatz zum Typus ›novel‹, bedeutete. (Im Kapitel über das 18. Jahrhundert ist von dieser terminologischen Unterscheidung bei Clara Reeve die Rede gewesen.)

Der historische Roman bei Walter Scott nimmt insofern eine Mittelstellung ein, als er sich, wie der Typus ›novel‹, auf dem gesicherten Boden der Empirie weiß. Vielmehr noch, mit seiner Bemühung um historische Treue auf Grund von Milieustudien und der Verwertung geschichtlicher Zeugnisse ist er eher ein Vorläufer der dokumentarischen Neigungen Zolas. Dennoch kann kein Zweifel daran sein, daß nach den Neigungen einer Generation, die den Roman in die Nähe der bürgerlichen Idylle und des philosophischen Essays gebracht hatte, mit Scott das Pendel wieder in Richtung ›romance‹ ausschlug. Die phantastischen Elemente kamen zwar nicht mehr zum Zug, dafür aber um so mehr die abenteuerlichen. Im historischen Kostüm konnte man sogar das Schema Heliodors erkennen. Daß diese ewige Wiederkehr des ursprünglich Romanhaften durchaus den Beifall des Publikums fand, konnte an der Zahl der Auflagen und Übersetzungen abgelesen werden. Bei Scott konnte man sich – war man nur bereit, auch die kulturhistorische Belehrung in Kauf zu nehmen – von den geistigen Strapazen einer auf philosophische Moralistik gestützten Erfahrungsliteratur erholen: Der historische Stoff garantierte das Erlebnis der Ferne, der zeitlichen, und zuweilen auch der räumlichen; das Intrigenschema verbürgte das Abenteuer, die Beschaffenheit der Gestalten erlaubte den Lesern wieder, sich am »regelrechten«, unproblematischen Helden zu erfreuen. Das moralische und ästhetische Spektrum der Figurenzeichnung bot Abwechslung: der standhafte Rechtshüter, das strahlende Liebespaar, der Bösewicht, die liebenswerte komische Figur, alles war da, und dabei viel erfahrungsnäher als im Angebot des heroisch-galanten Romans von dazumal.

Mit einem Wort, der historische Roman restauriert Schemata, die im 18. Jahrhundert auf die Ebene des Trivialromans abgeglitten waren, auf eine vergleichsweise anspruchsvolle Art. Die Verfolgungen und Entführungen, die leidenschaftliche Liebe, die patriotischen Passionen, die Geheimnisse versprechenden Schauplätze wie Burgen und ausgedehnte Wälder sind nicht bloße Versatzstücke der Handlungsführung und der Topographie, sie sind auf einer höheren Ebene Elemente einer romantisch empfundenen Kulturgeschichte. Die Milieuschilderungen Scotts setzten Standards für jenen Typus des Abenteuer- und Intrigenromans im 19. Jahrhundert, wie er etwa bei Hugo und, anspruchsloser, bei Dumas und verwandten Autoren zu finden ist.

Der Vergleich zwischen Scotts Romanen und den Versdichtungen Byrons, dem zweiten bedeutenden literarischen Impuls Englands zu Beginn des 19. Jahrhunderts, zeigt in der Figurenwahl zwei Ansichten der Romantik. Byron faszinierte die Leser durch seine großdimensionierten romantischen Helden, seine Melancholiker, genialen Zweifler und verruchten Außenseiter. In Scotts historischen Bilderbogen dagegen wird das Auswahlprinzip in der Regel nicht exklusiv gehandhabt. Romantisch ist darin gerade nicht der dämonische Einzelgänger, sondern vielmehr die Neigung, die Schilderung geschichtlicher Begebenheiten folkloristisch zu beleben, einen querschnittartigen Einblick in die Sitten und Lebensbedingungen einer Zeit zu geben, kurz: das »Volk« als »Organismus« in Erscheinung treten zu lassen. Die relativ konservative Sicht des Autors führte jedoch nicht dazu, daß den niederen Schichten der Gesellschaft im pittoresken literarischen Arrangement nur eine Statistenrolle zugewiesen wurde. Die Romanschriftstellerin George Sand, eine der eifrigen Leserinnen Scotts in Frankreich, erklärte, der englische Erzähler sei der Dichter der Bauern, Handwerker, Soldaten, Geächteten. Der romantisch-konservative Zug, der hier ein Impuls zur Darstellung einer ständisch gegliederten Gesellschaft ist, findet sich auch bei anderen Romanciers der Epoche, in Italien etwa bei Manzoni. Eine poetologische Frage in engerem Sinne ist damit insofern berührt, als die Streuung der stofflichen Interessen bei Scott mit seiner gesamten Romankonzeption zusammenhängt. Es komme darauf an – das ist einer der wesentlichen Punkte –, den Zusammenhang zwischen den namhaften und den unbekannten Akteuren der Geschichte erkennbar zu machen. Bezeichnend ist in dieser Hinsicht der Anfang des Romans *Quentin Durward*, mit der Schilderung des historischen Rahmens, d. h. der Fehden zwischen dem französischen König und dem Herzog von Burgund in der zweiten Hälfte des 15. Jahrhunderts. Zugleich stellt der transzendentale Erzähler die ersten fiktiven Gestalten vor. Diese Figuren, meint er, seien so beschaffen, daß kaum der Eindruck aufkomme, man müsse großen historischen Pomp bemühen, um ihr Dasein zu begreifen. Doch »die Leidenschaften der Großen, ihre Streitigkeiten, ihre Aussöhnungen berühren nahe das Schicksal aller, die sich ihnen nähern, und im weiteren Fortschreiten unserer Erzählung wird es sich erweisen, daß dieses einleitende Kapitel zum Verständnis der Geschichte unseres Helden unerläßlich war«. Dieser Gedanke, etwa in der Formulierung, es bestehe eine enge Beziehung zwischen den Abläufen der Historie und den Handlungen der sogenannten kleinen Menschen, ist seit der Generation Scotts ein Gemeinplatz in der Theorie des historischen Romans, soweit nicht der Typus des idealisierten Heroenporträts gemeint ist.

Das Ansehen, das der historische Roman seit der Romantik in nahezu allen europäischen Literaturen genießt, hat mehrere Gründe. Einer davon ist im Bereich der Verklammerungen von Literatur und Ideologie zu sehen. Sachverhalte dieser Art haben besonders in den Literaturen kleinerer europäischer Völker im 19. Jahrhundert, innerhalb der Suche nach Symbolen nationaler Identität, prägende Bedeutung gewonnen. Zusätzliches Pathos gewann die Beschäftigung mit historischen Stoffen durch den Umstand, daß die Schriftsteller auf diesem Wege ganz allgemein – und zwar nicht nur in den soeben genannten Literaturen – zu einem besonderen Selbstverständnis gelangen konnten: sie erblickten sich in der Rolle des Dichters und des Historikers zugleich, ihre Aufgabe verstanden sie in der Verknüpfung des Fabulierens, das die ganze Breite menschlicher Erfahrung verbürgt, *und* in der Verbreitung wissenschaftlicher Erkenntnis durch philologische Forschung. (Die Generation Scotts schuf die Grundlagen der positivistischen Geschichtsschreibung, und das Quellenstudium drang auch in die Schreibweise der Romane ein, gelegentlich sogar in Form gelehrter Fußnoten.) Man hat es jedenfalls mit einer Generation zu tun, die sich gegen Platons Verdikt von den lügenden Dichtern verwahrte und es eher mit Aristoteles hielt, mit der These aus dessen Poetik (9. Kap.), wonach die Dichtung der reinen Geschichtsschreibung überlegen sei, denn die Poesie erfasse das Allgemeine, die Historie dagegen nur das Besondere, Einmalige.

In den Anfängen steht der historische Roman jedenfalls im Zeichen der Auffassung, die Ergebnisse historischer Forschung könnten bruchlos dem Erfinden symbolischer Geschichten dienstbar gemacht werden. Die Autoren waren davon überzeugt, daß eine ideale Verschmelzung des poetischen und des wissenschaftlichen Prinzips erreichbar sei. In Wirklichkeit machten sie jedoch durch ihre Erzählpraxis die dialektischen Spannungen sichtbar, die zwischen diesen Grundsätzen vorhanden sind. Sie konnten auch nicht wissen, daß sie mit ihrem Interesse für das anschauliche und authentische Detail aus der kulturhistorisch bezeugten Dingwelt – aus einem Blickwinkel, den man bald danach ›realistisch‹ nannte – einem neuen Verständnis von erzählender Literatur den Boden bereiteten. In den meisten europäischen Literaturen kam es in den Jahrzehnten nach den großen Erfolgen Scotts zu einer Verlagerung des Schwerpunktes der Romanpoetik: die Neigung zur Sachnähe in der Behandlung der Vergangenheit machte einer neuen Sicht der Gegenwart Platz; Stendhals »Spiegel« wurde zum poetologischen Emblem des Zeitalters.

HEGELS BEITRAG

I

Wenn es zutrifft, daß das neunzehnte Jahrhundert durch einen Verlust von Illusionen – romantischen Illusionen, aber auch älteren, aufklärerischen – geprägt ist, dann darf Hegels theoretische Erkundung des Romans zu den bemerkenswerten Zeichen der Epoche gezählt werden. Obwohl bei der Darstellung romantheoretischer Zusammenhänge Hegels Ansichten nur selten im Mittelpunkt stehen, ist deren Bedeutung, ja Schlüsselposition im Rahmen der kulturellen Strömungen des nachromantischen Zeitalters unbestreitbar. So knapp die einschlägigen Äußerungen auch sind, sie lassen keinen Zweifel daran, daß auch die akademische Philosophie Bereitschaft zeigte, im Roman ein Paradigma zu erblicken und den ungeahnten Aufstieg dieser Gattung zu sanktionieren. Zu beachten ist freilich der Kontext von Hegels Überlegungen: das Gedankengebäude seiner Vorlesungen über ästhetische Theorie, die er in den zwanziger Jahren an der Universität Berlin hielt und die unter dem Titel *Ästhetik* bekannt geworden sind, wenngleich der Autor selbst seinen Gegenstand »Philosophie der Kunst« benannt hatte.

Eines der am häufigsten erörterten Merkmale von Hegels Reflexionen über Kunst sind seine Zweifel gegenüber der Sache, von der er redet. Sie kommen bezeichnenderweise schon in der Einleitung zur Geltung, mit Argumenten, die beweisen, wie deutlich sich auch in der systemimmanenten Beurteilung die geschichtsphilosophische Sicht durchsetzt. Im System des Berliner Philosophen (der sich bereits in seiner Frühzeit als Verfasser oder, neben Hölderlin und Schelling, Mitverfasser des sogenannten *Ältesten Systemprogramms des deutschen Idealismus* enthusiastisch zur Kunst bekannt hatte) nimmt die künstlerische Kreativität einen herausragenden Platz ein: sie gehört zur Triade des »absoluten Geistes«, die dazu die Religion und, als Gipfel, die Philosophie umfaßt. Einschränkungen ergeben sich aus der geschichtlichen Perspektive Hegels. Nach seiner Auffassung ist die Kunst – trotz ihrer Größe, die sich darin offenbart, daß in ihrem Schein die Wahrheit überzeitliche Gestalt annimmt – eine geistige Erscheinung, die ihrem Wesen zufolge letztlich der Vergangenheit angehört. Diese Diagnose ist nicht so zu verstehen, daß Hegel den besonderen Leistungen des ästhetischen Ausdrucks Leben und Wirkung abspricht; in den abschließenden Betrachtungen der Einleitung ist vielmehr von künftigen fruchtbaren Entwicklungen die Rede. Es geht daher nicht um Vielfalt oder Verarmung der Kunst, sondern in erster Linie um deren gesellschaftliche, historische Rolle.

»Wie es sich nun auch hiermit verhalten mag, so ist es einmal der Fall, daß die Kunst nicht mehr diejenige Befriedigung der geistigen Bedürfnisse gewährt, welche frühere Zeiten und Völker in ihr gesucht und nur in ihr gefunden haben; eine Befriedigung, welche wenigstens von seiten der Religion aufs innigste mit der Kunst verknüpft war. Die schönen Tage der griechischen Kunst wie die goldene Zeit des späteren Mittelalters sind vorüber. Die Reflexionsbildung unseres heutigen Lebens macht es uns, sowohl in Beziehung auf den Willen als auch auf das Urteil, zum Bedürfnis, allgemeine Gesichtspunkte festzuhalten und danach das Besondere zu regeln, so daß allgemeine Formen, Gesetze, Pflichten, Rechte, Maximen als Bestimmungsgründe gelten und das hauptsächlich Regierende sind. [. . .] In allen diesen Beziehungen ist und bleibt die Kunst nach der Seite ihrer höchsten Bestimmung für uns ein Vergangenes.« (Hegel, I, 22)

Die Schlußfolgerung, die Hegel zieht, ist auch aus poetologischer Sicht bemerkenswert, wenn auch der Zusammenhang zwischen der allgemeinen philosophischen Sicht der Dinge und einer konkreten romantheoretischen Aussage vom Autor selbst nicht hergestellt wird. Zu den Signaturen der Gegenwart gehört für den urteilenden Blick viel mehr als die Kunst selbst die »Wissenschaft der Kunst«, die analytische und begriffliche Beschäftigung, deren Aufgabe Hegel darin sieht, »was Kunst sei, wissenschaftlich zu erkennen« (I, 22). Die Annahme, die wissenschaftliche Betrachtung zerstöre das Wesen der Kunst, bezeichnet er als unbegründet: das konstitutive sinnliche Erscheinen der Kunst ist nicht bloße »Natur«, sondern ebenfalls Ausdruck geistiger Tätigkeit, so daß die begriffliche Betrachtung keineswegs etwas der Kunst völlig Fremdes darstellt; in der Reflexion kehrt vielmehr der geistige Impuls des künstlerischen Schaffens, der im Werk selbst auf »Entäußerung zur Empfindung und Sinnlichkeit« (I, 24) angewiesen ist, gleichsam zu sich zurück.

In dieser einführenden Positionsbestimmung der Ästhetik ist vom Roman freilich nicht die Rede; auf ihn kommt der Autor erst viel später, im Kontext der Epochen und Gattungen, zu sprechen. Vorwegzunehmen ist jedoch, daß der Roman nach Hegels – allerdings nur knapp dargelegtem – Verständnis Eigenschaften aufweist, die der intellektuellen Durchdringung des Stoffes in besonderem Maße förderlich sind. Angedeutet wird damit die eigentümliche Problematik einer literarischen Gattung, die sich mehr als jede andere durchlässig erwies für Reflexion jeglicher Art, auch für Selbstbetrachtung, und damit für die Erkenntnis der gemeinsamen Wurzel von Kunst und Wissenschaft, sinnlicher Formung und begrifflicher Kritik. In diesem Sinne sind Hegels Gedanken darüber, daß die Kunst »in der Wissenschaft erst ihre echte Bewährung« erhält (I, 24), ein indirekter Beitrag zur Erkundung der Wege des Romans, namentlich im Hinblick auf dessen Verflochtenheit mit dem Essay.

In Erörterungen über Hegels Kunstverständnis wird nicht selten die Meinung vertreten, die nicht sehr ermunternde Perspektive, die in den Vorlesungen aufgezeigt wird, sei letztlich das Ergebnis von Kunstfremdheit, ebenso wie der Intellektualismus, den Hegel zur Erklärung künstlerischer Phänomene bemüht. In unserem Zusammenhang geht es nicht darum, zu zeigen, daß zahlreiche Passagen der *Ästhetik* den Vorwurf der Kunstfremdheit glatt widerlegen. Notwendiger scheint ein Hinweis darauf zu sein, wie ausgeprägt die Gemeinsamkeiten in der Beurteilung der Epoche unter den Zeitgenossen Hegels waren. Die Ansicht, die Zukunft gehöre nicht der Kunst, sondern den *Wissenschaften*, und überhaupt der rein gedanklichen Welterfassung, kann nicht als eine bloße akademische Voreingenommenheit gegenüber der Kunst abgetan werden, wenn man bedenkt, daß immerhin Goethe es war, der bereits viel früher diesen Leitgedanken des neunzehnten Jahrhunderts ausgesprochen hatte. Ein Brief aus Italien an Frau von Stein (vom 5. Oktober 1786) enthält ein Bekenntnis zur sammelnden Kraft der Kunst, doch zugleich auch die Versicherung, das eigene Interesse würde nach der Rückkehr nach Weimar vor allem den naturwissenschaftlichen Disziplinen gelten. »Denn die Zeit des Schönen ist vorüber, nur die Not und das strenge Bedürfnis erfordern unsre Tage.«

Die Zeit des Schönen sei vorüber: diese Worte hätte Hegel als Motto über seine *Ästhetik* setzen können, einen Widerspruch andeutend, der dem dialektischen Prinzip durchaus entsprochen haben würde. Jedenfalls ist die von Goethe damals geäußerte Überzeugung eine in ihrer Knappheit unübertroffene Formulierung der geschichtsphilosophischen Diagnose Hegels. Das ist im übrigen keineswegs die einzige bemerkenswerte Gemeinsamkeit in der Beurteilung ästhetischer und geschichtlicher Fragen. Zu den entscheidenden kulturellen Leistungen des achtzehnten Jahrhunderts gehören eine autonome, von unmittelbaren gesellschaftlichen Funktionen ritualisierter Art sich loslösende Kunstübung sowie eine entsprechende Theorie. Goethe selbst hat auch in theoretischer Hinsicht zu diesem Prozeß beigetragen; man denke nur an seine Aufsätze *Nach Falconet und über Falconet* (1776) und *Über Wahrheit und Wahrscheinlichkeit der Kunstwerke* (1798), in denen der Gedanke der Autonomie das eine Mal psychologisch, das andere Mal nach Gesichtspunkten logischer Immanenz begründet erscheint. In der Überzeugung, Kunst müsse als ein Ergebnis autonomer Tätigkeit begriffen werden, folgt Hegel seinen großen Vorgängern, im philosophischen Bereich vor allem Kant. Zu den Besonderheiten der Position Hegels und seiner Zeit zählt indes der Umstand, daß die allgemeine Anerkennung der Kunstautonomie, die in Kants Ästhetik unter logisch-systematischen Gesichtspunkten erfolgte, nun in eine historische Perspektive gerückt wird. Die Paradoxie in Hegels Folgerungen besteht darin, daß seine Einschätzung der Kunst als einer unabhängigen Geistesform einhergeht mit der Anschauung, diese verliere immer mehr an Bedeutung. Logische Freiheit und historisch-gesellschaftlicher Abstieg in einem – das ist die Lage der Kunst in Hegels Sicht.

Man darf annehmen, daß in Hegels Erkenntnis dieses Sachverhalts auch dessen geschichtliche Voraussetzungen mitgedacht waren; vor allem die Entwicklung, die dazu führte, daß der moderne Künstler sein Schaffen zunehmend als eine private, gesellschaftlich nicht mehr integrierte Tätigkeit emp-

fand. Relative soziale Unabhängigkeit des Künstlers, Ausdrucksfreiheit und
theoretisch ausgewiesene Autonomie sind verschiedene Aspekte ein und desselben Vorgangs. Manche Stellen in den Vorlesungen lassen erkennen, daß der
Autor das Moment der Privatheit in der Kunstübung als Teil des zum Bedeutungsverlust führenden Gesamtprozesses gesehen hat. In die positive Einschätzung der Kunstautonomie, die er grundsätzlich vertritt, mischen sich
Zweifel, die auf der Einsicht beruhen, daß die neue Stellung der Kunst in der
Gesellschaft ebenfalls Abhängigkeiten hervorbringe und daß Autonomie mehr
ein stilistischer als ein sozialer Begriff sei. So heißt es etwa im Kapitel über die
lyrische Poesie, Klopstock habe zwar die selbständige Würde des Dichters
empfunden, doch er habe es dulden müssen, daß sein Verleger ihn als *seinen*
Dichter bezeichne und ihn »ausstaffiert« in der Gesellschaft herumführe
(II, 488). Der Weg vom »Hofpoeten« zum unabhängigen bzw. zur Unabhängigkeit strebenden Autor zeichnet sich bei Hegel als ein widerspruchsvoller
Vorgang ab.

Mit seiner Ahnung von der zwiespältigen Stellung des Künstlers in der
modernen Gesellschaft deutet der Synthetiker des Idealismus eine Entwicklung an, die zahlreiche Schriftsteller und Philosophen des neunzehnten Jahrhunderts miteinander verbindet. Man mag an Flauberts Überzeugungen, an
die Ästhetik der Symbolisten oder an die Motive Thomas Manns denken,
wenn es darum geht, die Markierungen dieses Weges zu erkennen. Die Schriften Nietzsches, namentlich die früheren, sollten in diesem Zusammenhang
nicht fehlen. In der philosophischen Literatur werden Hegel und Nietzsche
gemeinhin als Antipoden behandelt, zumal wenn deren Verhältnis zur Kunst
als Maßstab gilt. Es ist allerdings eine vereinfachende Darstellung der Dinge,
betont man bei Hegel stets nur die These vom Bedeutungsverlust der Kunst,
bei Nietzsche dagegen die zeitlose Macht ästhetischer Vorstellungen. Zu berücksichtigen ist, daß auch dem Basler Gräzisten in der Phase seiner Aufzeichnungen *Menschliches, Allzumenschliches* (1878–1880) der Gedanke nicht ganz
fremd war, daß die Kunst in mancherlei Hinsicht ein Relikt der Vergangenheit
sei und daß Künstler Schöpfer seien, die infolge ihrer besonderen seelischen
Empfänglichkeit für Vergangenes die Menschen in ihre Kindheit – wie auch in
die Kindheit der Menschheit – zurückführen, in Widerspruch zu den ernsten
Forderungen des gegenwärtigen Zeitalters. In den Künstler-Aphorismen des
ersten Bandes von *Menschliches, Allzumenschliches* werden die Künstler als eine
anachronistische Erscheinung gedeutet. Indem Nietzsche die moderne Welt als
eine Epoche wachsender Rationalität und Naturbeherrschung interpretiert
(darin durchaus Hegel folgend!), gelangt er zu einer Einschätzung des Künstlers, in der die Freiheit und Unverbindlichkeit ästhetischer Kreativität – mit
anderen Worten: deren Autonomie und Funktionslosigkeit – als Symptome
einer eigentümlichen seelischen Regression erscheinen. Künstler sind für
Nietzsche Menschen, die zeitlebens Kinder oder Jünglinge bleiben; daher
seien sie imstande, »die Menschheit zu verkindlichen«: das sei ihr Ruhm und

ihre Begrenztheit (Nietzsche, I, 546). Und noch viel mehr: man meint Hegel oder gar einen der linken Hegelianer zu lesen, wenn der Autor an der gleichen Stelle die Dichter Epigonen im historischen Sinne nennt und mit ihnen vom Standpunkt zivilisatorischen Fortschritts streng ins Gericht geht. In ihrem Versuch, das Leben der Menschen zu erleichtern, lenken sie den Blick von der mühseligen Gegenwart ab oder sie verleihen dem Leben idealisierenden Glanz. »Es ist freilich von ihren Mitteln zur Erleichterung des Lebens einiges Ungünstige zu sagen: sie beschwichtigen und heilen nur vorläufig, nur für den Augenblick; sie halten sogar die Menschen ab, an einer wirklichen Verbesserung ihrer Zustände zu arbeiten, indem sie gerade die Leidenschaft der Unbefriedigten, welche zur Tat drängen, aufheben und palliativisch entladen.« (Ebenda, 547) Von diesem Urteil bis zur Behauptung, die Kunst sei ein Opium für das Publikum, wäre es nur ein Schritt gewesen, ein durchaus vorstellbarer. In den Gedanken aus den späteren siebziger Jahren offenbart sich bekanntlich der »Voltaireaner« Nietzsche. Im Hinblick auf die Einschätzung der Kunst könnte man mit gleichem Recht von der Phase des »Hegelianers« reden.

II

Hegels Kunstphilosophie ist bezeichnend für eine Epoche des Umbruchs auch darin, daß deren Betrachtungen Vergangenheit und Zukunft gleichermaßen berücksichtigen. Blickt man zurück auf Poetik, Rhetorik und Kunsttheorie in der Zeit vor Hegel, so erkennt man die zusammenfassenden, retrospektiven Züge seiner *Ästhetik*, vor allem die Elemente, die eine Weiterführung der Kantschen Kunstlehre darstellen; zugleich treten darin auch antizipative Momente in Erscheinung. Die Systematik der Berliner Vorlesungen beruht in entscheidenden Punkten auf einer stilgeschichtlichen Makroperiodisierung, die mit zwei gewaltigen Zeiträumen operiert: jenem der klassischen (antiken) und dem der romantischen (mittelalterlichen und neueren) Kunst. Der Charakterisierung dieser beiden Großepochen und auch Stiltypen ist ein beträchtlicher Teil der *Ästhetik* gewidmet, in Ausführungen, die sich nicht selten durch eine für Hegel nicht ganz alltägliche Anschaulichkeit auszeichnen. Die allgemeine Ausrichtung ist historisch, und zwar in einer Weise, die erkennen läßt, daß nicht nur das Autonomiedenken der Vorgänger maßgeblich gewesen ist, sondern auch der geschichtliche Ansatz der Romantik, namentlich in der Prägung, die er in den ersten Jahren des neunzehnten Jahrhunderts in den Berliner *Vorlesungen über schöne Literatur und Kunst* von August Wilhelm Schlegel gewann. An diese und spätere kunsttheoretische und literaturgeschichtliche Vorlesungen A. W. Schlegels erinnert Hegels *Ästhetik* auch darin, daß zahlreiche Abschnitte kritische Bemerkungen über literarische Werke der Vergangenheit und Gegenwart enthalten und vielfach ein aktuelles Interesse an Literatur offenbaren, jene Grundlage jedenfalls, von der aus auch Hegels Ansichten über die Gattung des Romans begreiflich erscheinen.

Verbindungslinien zur Romantik sind ferner in der geschichtsphilosophischen Ausrichtung der *Ästhetik* erkennbar. Die frühen Schriften von Friedrich Schlegel, so etwa die große Abhandlung über das Studium der griechischen Poesie, mögen für die typologischen Konstrukte Hegels ein Muster abgegeben haben, trotz der Tatsache, daß der Berliner und Jenaer Literat in Hegels Vorlesungen mit eher unfreundlichen Worten bedacht wird. In unserem Zusammenhang ist vor allem der Umstand von Belang, daß der in unserem Romantikkapitel behandelte Durchbruch in der Beurteilung der Gattung auf Hegels poetologische Deutung offensichtlich nicht ohne Wirkung blieb. Friedrich Schlegel aber und der Jenaer Kreis sind dabei an erster Stelle zu nennen. Es genügt freilich nicht, einzelnen Spuren zu folgen. Hegels Einschätzung der modernen Erzählprosa verlangt, im Rahmen seiner Ausführungen über Gefüge und Charakter der fiktionalen Gattungen dargestellt zu werden.

Im ersten Teil der *Ästhetik* behandelt Hegel die Determinanten, die in einer der zentralen literarischen Kategorien wirksam sind, in der Kategorie der *Handlung*. In dieser ist der Begriff der Prozeßhaftigkeit aller Lebenserscheinungen enthalten, jener »Bewegung und Entfaltung«, in der Hegel die Bestimmung gerade auch des geistigen Prinzips erblickt. »Entfaltung aber ist nicht ohne Einseitigkeit und Entzweiung. Der volle totale Geist, in seine Besonderheiten sich ausbreitend, tritt aus seiner Ruhe sich selbst gegenüber mitten in den Gegensatz des verworrenen Weltwesens hinein und vermag sich in dieser Zerspaltung nun auch dem Unglück und Unheil des Endlichen nicht mehr zu entziehen.« Die Größe der Verkörperungen des Geistes mißt sich nach diesem Verständnis erst an der Kraft der Gegensätze, und die »Tiefe der Subjektivität« tritt um so mehr hervor, je »zerreißender die Widersprüche« sind (I, 178). Um den Handlungsbegriff genauer zu fassen, erörtert Hegel drei Bestimmungen dieser Kategorie: den »allgemeinen Weltzustand«, d. h. die Voraussetzungen für die individuelle Handlung; ferner die Besonderheit des Zustandes, aus der die Rahmensituation sich ergibt; und schließlich die Reaktion der Subjektivität auf die gegebenen Umstände, wodurch die Auseinandersetzung und die Lösung erfolgen.

Es versteht sich, daß Hegel unter den Prämissen seines Denkens bereits bei der Erläuterung des Begriffes »Weltzustand« zu geschichtlichen Unterscheidungen gelangt. Als grundlegend erachtet er namentlich den Unterschied zwischen dem Weltzustand in den Zeitaltern, die von *staatlicher* Ordnung geprägt sind, und den Verhältnissen in Zeiten, als die menschlichen Gemeinschaften noch nicht das Gefüge des Staates im heutigen Sinne kannten. Im Gegensatz zu den Zeitaltern fortschreitender Zivilisation, die undenkbar ohne staatliche Lenkung der Lebensbedürfnisse und Lebensformen seien, nennt Hegel diese älteren Epochen »Heroenzeit«. Die Zeiten der archaischen Helden sind dadurch gekennzeichnet, daß der Mensch in seinen Konflikten auf seine Subjektivität angewiesen ist, wobei Subjektivität in diesem Zusammenhang als ein persönliches Handeln zu begreifen ist, in dem sich die Setzung und zugleich auch Durchführung moralischer Ideen offenbart. Ein Beispiel ist die Rache, eine subjektive Tat moralischer Natur, die dazu dient, das persönliche Gerechtigkeitsempfinden zu befriedigen, im Unterschied zur gesetzlichen Strafe, die der Objektivierung von Bedürfnissen in den komplexen, überindividuellen Einrichtungen des Staates entspricht. In diesem Sinne ist, zum Beispiel, die Rache des Orest in der antiken Tragödie zu begreifen, denn die Vorstellung von Gerechtigkeit stützt sich hier nur auf die Kategorie der »partikulären Tugend«, nicht auf die Idee des normativen Rechtes. Mit einem Wort, in vorstaatlichen Verhältnissen befindet sich die Sicherung von Leben und Eigentum vor allem in den Händen des einzelnen, von dessen Kraft und Fähigkeit alles abhängt.

Der Held archaischer Zeiten verkörpert die Einheit von Allgemeinheit und Subjektivität in dem Sinne, daß die »heroische Handlung« sich selbst das Gesetz ist. »So treten z. B. die griechischen Heroen in einem vorgesetzlichen Zeitalter auf oder werden selber Stifter von Staaten, so daß Recht und Ordnung, Gesetz und Sitte von ihnen ausgehen und als ihr individuelles Werk, das an sie geknüpft bleibt, verwirklichen.« (I, 186) Heldentum ist in Hegels Anschauung eine Erscheinungsform von Individualität oder »Selbständigkeit«, getragen von physischer Durchsetzungsfähigkeit – der Begriff wird also gleichsam körperlich verstanden, jedenfalls anders als in Hegels eigener geistiger Tradition, der des modernen Individualismus. Während die Idee des neuzeitlichen bürgerlichen Individualismus die Erfahrung enthält, daß die Kategorien des Allgemeinen, Überindividuellen und des Persönlichen, Privaten grundsätzlich voneinander zu trennen sind, bewegt sich das vorstaatliche heroische Individuum in einem Lebensraum, der diese Erfahrung noch nicht kennt.

Die Kategorie des »Weltzustandes« wird uns zur Gewißheit vor allem dann, wenn sich Autoren in mythologischen oder pseudohistorischen Dramen oder Epen über die sozialen und mentalen Ordnungen unterschiedlicher Zeitalter hinwegsetzen oder unwissend anachronistisch vorgehen. Beachtet man das Gefüge in der Totalität einer Zeit, so ist es durchaus erklärlich, folgert Hegel, daß die Dichtung bis zur neuesten Zeit sich weitgehend vom Grundsatz der Ständeklausel in der gesellschaftlichen Ausstattung der literarischen Handlungen hat leiten lassen, d. h. von der Regelung, wonach das Gattungssystem gesellschaftliche Hierarchien reproduziert: die Tragödie und das Heldenepos sind grundsätzlich dem Adel vorbehalten, während in den sogenannten niederen Gattungen, etwa der Komödie und der Idylle, die unteren Ebenen der Klassenschichtung das Personal stellen. Hegel ist allerdings – rund hundert Jahre nach Gottsched – nicht mehr bereit, diese Regelung gutzuheißen und damit Vorrechte aristokratischer Kultur poetologisch zu überliefern; er deutet sie vielmehr im Sinne seiner historistischen Sicht als ein Merkmal eines bestimmten Weltzustandes, in dem herausragende Bedeutung

im Hinblick auf Handlungsmuster nur Personen zukommen konnte, die über
Einfluß und Macht verfügten.

Hegel nähert sich der Problematik des Romans, indem er den Blick von der
»Heroenzeit« auf die Verhältnisse in den Zeitaltern moderner Staatlichkeit
lenkt – im übrigen unter einem Titel, der die Mehrdeutigkeit des Wortes
»prosaisch« nutzt. In einer Welt wie der heutigen, die durch rechtliche, moralische und politische Institutionen beherrscht erscheint, ist der Spielraum
idealer künstlerischer Entwürfe beträchtlich eingeschränkt, stellt Hegel lakonisch fest. Die gesellschaftlichen Verhältnisse, in denen wesentliche Bereiche
des menschlichen Lebens der Lenkung durch politische Einrichtungen unter-
liegen, engen die literarische Stoffwelt und Thematik auf eine besondere Weise ein: nämlich dadurch, daß aus dem Gesichtskreis der Literatur allmählich
der Typus der physisch betonten Individualität verschwindet, und damit auch
das vom Abenteuer geprägte Erzählmuster, zwei Erscheinungen, die zum eisernen Bestand archaischer Überlieferungen gehörten. Die gesellschaftlichen
Mittelschichten, die in wesentlichem Maße den Gang der neuzeitlichen Geschichte bestimmt haben, sind zugleich auch ein grundlegendes Element des
modernen Staates; doch das heißt, daß gerade die repräsentativen Schichten
nicht mehr als Träger des alten Prinzips der »Selbständigkeit« auftreten, sondern vielmehr als Subjekte, deren Handlungsweise weitgehend von der Legitimität politischer Ordnungen bestimmt erscheint, einer Legitimität, aus der
sich auch die Vielfalt der sozialen Verhaltensformen ableitet. Hegel geht hier
von der Unterscheidung zwischen den Vertretern einer rechtlichen Autarkie
(Heldentypus) und den Trägern staatlicher Ordnung (Bürgertypus) aus, wobei
der letztere Typus eher als »citoyen« denn als »bourgeois« zu verstehen ist.
Aus dieser Unterscheidung ergeben sich für ihn wichtige Bestimmungen für
die Interpretation des literarischen Helden.

Die dargelegten Betrachtungen bilden die Grundlage einer Unterscheidung
von großer literaturkritischer Reichweite: der zwischen *Öffentlichkeit* (die zugleich Äußerlichkeit voraussetzt) und *Innerlichkeit*. Das einprägsamste Kennzeichen der »Heroenzeit« war Sichtbarkeit der Handlungen, Entscheidungen,
Konflikte sowie der äußeren Attribute der physischen Kraft und politischen
Macht. Die neueren, modernen dichterischen Gestalten entbehren dagegen
infolge ihrer Eingebundenheit in das Gefüge überindividueller gesellschaftlicher Normen dieser Äußerlichkeit; in den abstrakter gewordenen Lebensverhältnissen spielt sich das Wesentliche im Inneren ab, im Spielraum der »inneren
Subjektivität«, die auf Werten beruht, die sich weder in den Zeichen kollek-
tiver Repräsentation noch in persönlicher Überlegenheit äußern, sondern vielmehr ein Ausdruck der Sensibilität und Intellektualität des modernen Individualismus sind.

Unbestreitbar ist, so argumentiert Hegel, daß sich in den Äußerungen politischer Macht mehr und mehr eine Tendenz zur Abstraktheit durchsetzt. Der
moderne Staatsbeamte zum Beispiel bewegt sich mit seinen Handlungen

pflichtgemäß im Rahmen der vorgegebenen Normen, er ist gleichsam Instrument; seine persönlichen Eigenschaften dagegen, sofern sie im Rahmen von Amtshandlungen zutage treten, sind allenfalls eine Beigabe, nichts Substantielles. »Ebenso sind die Monarchen unserer Zeit nicht mehr, wie die Heroen der mythischen Zeitalter, eine in sich *konkrete* Spitze des Ganzen, sondern ein mehr oder weniger abstrakter Mittelpunkt innerhalb für sich bereits ausgebildeter und durch Gesetz und Verfassung feststehender Einrichtungen. Die wichtigsten Regentenhandlungen haben die Monarchen unserer Zeit aus den Händen gegeben; sie sprechen nicht selber mehr Recht, die Finanzen, bürgerliche Ordnung und Sicherheit ist nicht mehr ihr eigenes spezielles Geschäft, Krieg und Frieden wird durch die allgemeinen auswärtigen politischen Verhältnisse bestimmt, welche ihrer partikulären Leitung und Macht nicht angehören; und wenn ihnen auch in betreff auf alle diese Beziehungen die letzte, oberste Entscheidung zukommt, so gehört doch der eigentliche Inhalt der Beschlüsse im ganzen weniger der Individualität ihres Willens an, als er bereits für sich selber feststeht, so daß die Spitze des eigenen subjektiven monarchischen Willens in Rücksicht auf das Allgemeine und Öffentliche nur formeller Art ist.« (I, 193) Die vorwegnehmende Bedeutung von Hegels Diagnosen ist leicht zu ermessen, wenn man bedenkt, wie ein Autor unseres Jahrhunderts, Friedrich Dürrenmatt, die Abstraktheit staatlich-bürokratischer Ordnungen – im Gegensatz zur »Selbständigkeit« in der Handlungsweise archaischer Menschen – auf eine Formel gebracht hat: den Fall Antigone, so heißt es in den *Theaterproblemen*, würden heutzutage die Sekretäre Kreons erledigen.

Es ist auffallend, daß Hegel die Fragen literarischer Figurenbildung im Wandel der »Weltzustände«, und namentlich im gegenwärtigen, »prosaischen«, fast ausschließlich an Beispielen aus dem Bereich des Dramas erläutert. Offenbar war er der Ansicht, in den ernstzunehmenden Erzählwerken der eigenen Epoche sei der Prozeß der Verinnerlichung bereits abgeschlossen, so daß die Motive der Entwicklung von den einstigen Zuständen zu den gegenwärtigen in den Strukturen des Dramas deutlicher erkennbar seien. Geht es um Beispiele, so greift er vorwiegend zu Goethes und Schillers frühen Bühnenwerken, in denen er die Absicht erkennt, Konflikte zu gestalten, die auf der Verschiedenheit der Werte und Haltungen im Wandel der »Weltzustände« beruhen. Diese dramatischen Gestalten tragen in diesem Sinne das Siegel historischer Repräsentanz. Hegels erstes Beispiel ist Karl Moor, die Hauptfigur in Schillers *Räubern*, ein Bühnenheld, der beweist, wie drastisch die Absicht sein kann, Konflikte mit anachronistischen moralischen Mitteln auszutragen. Man kann den Versuchen Goethes und Schillers, »innerhalb dieser vorgefundenen Verhältnisse der neueren Zeit die verlorene Selbständigkeit der Gestalten wiederzugewinnen«, die Bewunderung nicht versagen, erklärt Hegel. Doch auch der »poetische Jugendgeist« der beiden Dichter ändert nichts an der Tatsache, daß die Handlungen der dramatischen Helden erst recht erken-

nen lassen, wie groß die Entfernung zu den Zeiten ist, als heroische Taten von
Einzelgängern im ursprünglichen Sinn mit den Lebensformen und dem gesamten Zustand der Gesellschaft übereinstimmten. Karl Moor, erzürnt über
einen Zustand der Gesellschaft, in der er nur den Mißbrauch der Ordnung
erkennt, begibt sich mit seinen Formen des Protestes jenseits der Grenzen
herrschender Gesetzlichkeit und erschafft sich so selbst »einen neuen heroischen Zustand«. Objektiv gesehen, d. h. in ein Verhältnis gesetzt zum gesamten historischen Rahmen, ist jedoch die Wirkung verfehlt, die Handlungsweise
von Anfang an sinnwidrig – »können doch nur Knaben von diesem Räu-
berideal bestochen werden« (I, 194).

Überlegungen dieser Art führen Hegel zur begrifflichen Modellierung von
Situationen, aus denen sich eine Typologie des Konflikts bzw. der Kollision
ergibt. Seine Typologie ist – den Erwartungen entsprechend – dreigliedrig
und weist eine Staffelung auf, die im Hinblick auf den idealistischen Ausgangspunkt ebensowenig überrascht. Sie erhebt sich aus der physischen in die
geistige Sphäre. Auf der ersten Ebene ortet Hegel Kollisionen, die sich aus
rein physischen, naturgegeben Bedingungen ergeben, insofern diese selbst etwas Negatives darstellen. Solche Kollisionen, oder genauer Störungen nor-
maler Lebensverhältnisse, sind äußerer Natur in dem Sinne, daß sie unabhängig von moralischen Entscheidungen bestehen; der Autor nennt als Beispiel
Krankheiten und ähnliche Übel physischer Natur, Dinge, die seiner Meinung
nach keine eigentlichen Gegenstände der Kunst sind, sondern allenfalls als
Auslöser von Zuständen geistiger Natur bedeutsam sein können. Dem zweiten Typus spricht der Autor schon viel mehr Bedeutung zu: handelt es sich
doch um »geistige Kollisionen, welche auf *Naturgrundlagen* beruhen, die, ob-
schon in sich selbst positiv, dennoch für den Geist die Möglichkeit von Differenzen und Gegensätzen in sich tragen« (I, 204). Zu den wichtigsten Gegensätzen dieser Art zählt Hegel den Zwiespalt, der entsteht, wenn das Anrecht des Menschen auf freie Entfaltung, also ein moralischer Grundsatz, zunichte gemacht wird durch den Umstand, daß ein Mensch auf natürliche Weise, d. h. ohne eigenes Zutun, einer niederen Gesellschaftsschicht angehört und
dadurch an der Entwicklung seiner Persönlichkeit gehindert wird. »Dies ist
eine traurige, unglückliche Kollision, indem sie an und für sich auf einem
Unrecht beruht, das die wahre freie Kunst nicht zu respektieren hat.« (I, 207f.)
Dem dritten Typus gebührt der höchste Rang, denn es geht darin um rein
geistige, von Menschen getragene Auseinandersetzungen, und damit um die
Bedingungen großer tragischer Kunst (die ja in Hegels allgemeiner poetischer
Hierarchie die oberste Stelle einnimmt). Die Kollision beruht hier auf intel-
legiblen Setzungen, in denen sich – im Gegensatz zum Bereich naturhafter
oder durch den Zufall gegebener Erscheinungen – die Freiheit menschlicher
Entscheidungen äußert.

Alle bisher behandelten Kategorien haben ihren Fluchtpunkt in Hegels
Begriff der Handlung – ein Umstand, der deutlich macht, daß Hegels Kunst-

philosophie in ausgedehntem Maße, explizit·oder implizit, eine Theorie literarischer Gebilde ist, vor allem aus der Sicht von Lessings *Laokoon*. An der Handlung, die in abstraktem Sinne Bewegung, Prozeß ist, sind als auslösende Kräfte und Motive Handlungen und Urteile machtausübender Instanzen (mythischer oder sonstiger überindividueller Natur) beteiligt, ferner Personen, die unter ideellen Gesichtspunkten, als Ideenträger, Träger bestimmter Charaktereigenschaften sind. Das Gefüge der Handlung in literarischen Werken umfaßt daher auch abstrakte Instanzen, so daß Hegels Aufriß im Ansatz ein Erklärungsschema erkennen läßt, das in unserer Zeit A. J. Greimas (*Sémantique structurale*, 1966) in seinem Aktantenmodell im Rahmen einer Sytax möglicher Handlungskonstellationen entworfen hat. Hegels Verständnis der Sache gründet freilich in der Immanenzlehre, die in der Ästhetik vor allem die Auffassung vertritt, das Kunstwerk sei ein »organisches«, in seinen Voraussetzungen ein mit den Hervorbringungen der Natur vergleichbares Objekt. Dadurch gilt für Hegel die Ansicht, die handlungsmotivierenden Kräfte, die Aktanten in der Terminologie von Greimas, dürften sich nicht in abstrakter Form offenbaren, sondern stets in faßbaren menschlichen Beziehungen, geprägt von Auseinandersetzungen zwischen individuell gezeichneten Gestalten. (Mit dieser Forderung erscheinen zahllose ästhetische Theoreme in der Kunstkritik und Ideologiegeschichte seit der Mitte des 19. Jahrhunderts verknüpft, namentlich in der Doktrin des Realismus, wie er von ideologisierenden Ästhetikern, etwa von Lukács, verfochten wurde. Lukács konnte sich jedenfalls mit gutem Grunde auf Hegel berufen und in dessen Geist den »organischen« Charakter der Dichtung postulieren, vor allem im Gegensatz zur modernistischen Poetik der Verfremdung und der Montage.)

Der Respekt, den Hegel der geschichtlichen Betrachtung zollt, erweist sich auch darin, daß sich im systematischen Gebäude der *Ästhetik* erstmals der Blick auf den Roman in einem Kapitel auftut, das sich mit den Besonderheiten der »romantischen« Kunst beschäftigt, d. h. der mittelalterlichen und neueren. Diese Kunst entspricht, wie auch die ganze neuere europäische Kunst, einem »Weltzustand«, in dem der einst alles umfassende Mythos seine Funktion, Bindeglied zu sein zwischen geistigem und physischem Sein, aufgegeben hat. Dem Christentum gelang es zwar, im Mittelalter ein umfassendes, einheitliches Weltbild zu vermitteln, doch im Prozeß der Ablösung des naiven Mythos trug es wesentlich dazu bei, die Kluft zwischen Mensch und Natur zu vertiefen. Unter Hegels Zeitgenossen hat Schiller dieses Geschehen geschichtsphilosophisch in den poetischen Visionen des Gedichts *Die Götter Griechenlands* gedeutet. Der Verlust der Naivität, so interpretiert Hegel die Wandlungen des Menschen in der romantischen, nachantiken Makroepoche, ging einher mit einer bisher ungeahnten Pflege spiritueller Werte, die dann zur Entdeckung der Innerlichkeit führte, schließlich auch zur Proklamation kultureller Autonomie. Indem der Mensch sich als ein allen anderen Lebewesen überlegenes Geschöpf zu verstehen begann, verwarf er das einstige Gleichgewicht und

beschwor ein problematisches Verhältnis zur organischen und anorganischen
Natur herauf. Die romantische Kultur, in Hegels Wortgebrauch die Kultur
seit dem Mittelalter, ist Ausdruck dieses Prozesses.

Damit die Vorstellung von der genannten Großepoche (die in Hegels
Schrift zweifellos eine terminologische Anleihe bei den literarhistorischen Arbeiten der Brüder Schlegel darstellt) nicht abstrakter oder diffuser ausfällt, als
sie es bei den Zeitgenossen Hegels vermutlich gewesen ist, ist darauf hinzuweisen, daß die Vorlesungen über Ästhetik, und namentlich das letzte Kapitel
der Ausführungen über die romantische Kunst, über Höhepunkte und Staf-
felungen innerhalb des Zeitalters aufklären, vor allem aber einen Kanon romantischer Autoren erkennen lassen. Dieser Kanon war den zeitgenössischen
Lesern bereits aus den Schriften der Jenaer Romantiker bekannt: Shakespeare
ist fraglos der am häufigsten genannte Dichter; gefolgt wird er von Dante,
Ariost und Cervantes. In Terminologie und literaturkritischer Einschätzung
folgt Hegel weitgehend den Vertretern romantischer Modernität; einzig in der
Beurteilung der zeitgenössischen literarischen Szene, und vor allem des Schaffens der Romantiker selbst, zeigt sich Hegel eher zurückhaltend, zuweilen
auch deutlich abweisend.

Es wäre jedoch irreführend, daraus den Schluß abzuleiten, Hegel sei im
wesentlichen ein konservativer Kunstbetrachter gewesen. Eine konservative
Einstellung hätte damals, rund fünfzig Jahre nach der Endphase in der Geschichte der normativen, pseudoaristotelischen Poetik, immer noch andere
Akzente gesetzt und viel stärker die Gottsched-Tradition erkennen lassen. In
mancherlei Hinsicht, etwa in der Gattungslehre, ist Hegel wenn nicht Romantiker, aber doch Anhänger zeitgenössischer Theorien, namentlich der
Auffassungen des eigentümlichen deutschen Klassizismus um 1800, des Klassizismus Weimarer Prägung. Im allgemeinen ist festzuhalten, daß Hegel als
Leser und Kritiker zeitgenössischer Literatur offenbar nicht gewillt war, die
ästhetischen Extravaganzen der romantischen Avantgarde gutzuheißen, daß er
jedoch sehr wohl sein kunstphilosophisches Verständnis nicht zuletzt auf die
Maximen der Moderne gründete: auf die Prinzipien der neuzeitlichen »Subjektivität«, die sich in der Kunst als Unabhängigkeit, Originalität und Individualität zu erkennen geben.

Wie fern es Hegel lag, konservative Standpunkte grundsätzlicher Art zu
vertreten, beweist unter anderem die Bereitschaft, mit der er den Roman in
sein poetologisches System aufnahm und ihm einen gewiß nicht unbedeutenden Platz zuwies. Immerhin ist zu bedenken, daß Hegels Beschäftigung mit
literaturtheoretischen Fragen in eine Zeit fällt, in der, wie hier bereits ausgeführt worden ist, das poetologische Ansehen des Romans trotz der Vorstöße
der Romantiker keineswegs als endgültig gefestigt gelten konnte. Vor allem in
akademischen Kreisen, in Vorlesungen und Lehrbüchern, gehörte es auch
noch im späteren 19. Jahrhundert fast zur Regel, den Roman buchstäblich von
oben herab zu behandeln. Auch in den Jahrzehnten nach Hegels Tod sind

zahlreiche Einführungen in die Poetik anzutreffen, die durchaus konservativ verfahren und im Roman einen unvornehmen Eindringling aus den niederen Sphären erblicken, gleichsam das in den Bereichen der Dichtung postierte Trojanische Pferd der Trivialliteratur. Angesichts des Phänomens ›Roman‹ schieden sich damals die Geister, so daß diese Gattung im 19. Jahrhundert für die kritische Betrachtung der Literatur ein Prüfstein der Gesinnung war: wer kulturelle Fortschrittlichkeit und einen literarischen Liberalismus demonstrieren wollte, setzte sich zumeist für den Roman ein, wer dagegen meinte, althergebrachte Traditionen stützen zu müssen, nutzte die Gelegenheit, dem Roman mit Mißachtung zu begegnen. Je weniger Achtung man dem Roman zollte und je niedriger er im System placiert wurde, desto konservativer die Einstellung, die sich in der jeweiligen Poetik bekundete.

Für Hegel ist der Roman eine charakteristische Hervorbringung romantischer Kunst, eine Schöpfung aus jenen Zeiten, als Subjektivität und Phantasiereichtum sich im Bereich des Abenteuers zu behaupten begannen. Auf diesen Elementen beruht Hegels Kategorie des »Romanhaften«, eine Vorstellung, die historisch verankert ist: die Herkunft des Romanhaften aus den Formen mittelalterlicher höfischer Kultur wird betont, und damit der Zusammenhang zwischen dem Roman und der ursprünglichen »Romantik«. Entscheidend ist jedoch in geschichtlicher Sicht die Wandlung des Romanhaften von seiner Erscheinungsform im mittelalterlichen Ritterroman zu seiner modernen Ausbildung in den Zeiten nach dem 17. Jahrhundert, in einer Epoche, die der romanhaften Idee subjektiver Leidenschaftlichkeit ganz andere Bedingungen auferlegt, die zumeist im Gegensatz zu den ursprünglichen stehen.

Bezeichnend für diesen Prozeß ist der Gedanke, der dem *Don Quijote* (Hegel schreibt *Don Quixote*) zu Grunde liegt. Wie auch bei F. Schlegel wird in den Ausführungen über die »romantische Kunstform« (im Zweiten Teil der *Ästhetik*) deutlich, welche Bedeutung dem Werk von Cervantes im historischen Prozeß zukommt. Die Anschauung, dieser Roman sei eine Art Schwellenwerk in der Geschichte der Literatur seit dem Mittelalter, kommt bei Hegel klarer zur Geltung, so daß hier die eigentlichen Anstöße zu der romantheoretischen und geschichtsphilosophischen Interpretation des *Don Quijote* zu sehen sind, die bis Lukács und auch noch bis in die Gegenwart hinein, bei Kundera etwa, das wissenschaftliche Gespräch über die Entfaltung des neuzeitlichen Romans beherrscht. »Wenn sich nun Ariosto mehr gegen das *Märchenhafte* der Abenteuerlichkeit hinwendet, so bildet Cervantes dagegen das *Romanhafte* aus. In seinem ›Don Quixote‹ ist es eine edle Natur, bei der das Rittertum zur Verrücktheit wird, indem wir die Abenteuerlichkeit desselben mitten in den festen, bestimmten Zustand einer ihren äußeren Verhältnisse nach genau geschilderten Wirklichkeit hineingesetzt finden. Dies gibt den komischen Widerspruch einer verständigen, durch sich selbst geordneten Welt und eines isolierten Gemütes, das sich diese Ordnung und Festigkeit erst durch sich und das Rittertum, durch das sie nur umgestürzt werden könnte, erschaffen will.« (I, 566)

Im Roman vom »subjektiven«, wahnhaften Ritter zeichnet sich etwas für den gesamten weiteren Verlauf der Romangeschichte Wesentliches ab: der von Hegel festgestellte Gegensatz zwischen der geistigen Anlage oder Vorstellungswelt des Helden und dem »festen, bestimmten Zustand« der konkreten Lebenswelt mit ihren konventionellen Ordnungen. Der erste Prosaroman, dem Hegel größere Aufmerksamkeit widmet, ist daher von einem eigentümlichen Konflikt zwischen einer subjektiven Projektion und den Widerständen der Wirklichkeit bestimmt – und das ist zugleich das Motiv, das in Hegels Diagnose des modernen Romanhaften besondere Bedeutung gewinnt.

Die Auflösung des Romantischen in seiner ursprünglichen Gestalt habe, nach den Zeitaltern der Ritter- und Schäferromane, die Voraussetzung für eine neue Entwicklung des Romanhaften geschaffen, stellt Hegel fest. Zu den stofflichen Bedingungen zählt vor allem die Ordnung der modernen bürgerlichen (d. h. hier: öffentlichen, durch das Staatsgefüge geprägten) Welt. Als Kriterium des Wandels nennt Hegel einen Begriff, der in der Romantheorie auch später noch eine beachtliche Rolle spielen wird: den Begriff der Zufälligkeit. Die Kontingenz, ein wichtiges Merkmal der Lebensbedingungen vergangener Zeiten, weicht in der Gegenwart weitgehend geregelten Verhältnissen, in denen die Erwartungen des Einzelmenschen von den Institutionen der Gesellschaft gesteuert erscheinen. So treten »jetzt Polizei, Gerichte, das Heer, die Staatsregierung an die Stelle der chimärischen Zwecke. . ., die der Ritter sich machte« (I, 567). Die Helden, deren Lebensweise von den Bedingungen des modernen »Weltzustandes« abhängen, sehen sich nun mit ihren subjektiven Wünschen und Leidenschaften, oder auch mit ihren »Idealen der Weltverbesserung« der bestehenden Ordnung der Wirklichkeit gegenüber. Der springende Punkt dabei ist der Umstand, daß Hegels Gebrauch des Begriffs ›Ordnung‹, im modernen staatspolitischen Sinne, keineswegs die Annahme von Konflikten ausschließt: er betont sie vielmehr überaus deutlich, so wenn es heißt, die Wirklichkeit lege den modernen Romangestalten »von allen Seiten Schwierigkeiten in den Weg«. Zu schließen ist daraus, daß die Vorstellung von Ordnung, eines durchaus notwendigen Zustandes, zugleich die Vorstellung von Widersprüchen enthält, bedingt durch den Umstand, daß das notwendige gesellschaftliche Ganze nicht unbedingt die Wahrheit des einzelnen ermöglichen oder dulden kann.

Es verdient hervorgehoben zu werden, daß Hegel in seiner Beschreibung der Grundstrukturen des modernen Romanhaften auch dort, wo nicht mehr vom *Don Quijote* die Rede ist, sondern vom neueren und neuesten Roman im allgemeinen, die thematischen Elemente des spanischen Meisterwerkes ohne besondere Hinweise als Beschreibungsmuster gebraucht. Auch der neue Romanheld »findet vor sich eine bezauberte, für ihn ganz ungehörige Welt, die er bekämpfen muß, weil sie sich gegen ihn sperrt und in ihrer spröden Festigkeit seinen Leidenschaften nicht nachgibt« (I, 567), mit anderen Worten: auch er ist eine Art Don Quijote, nur mit dem Unterschied, daß die »bezauberte« Welt, anders als bei Cervantes, für alle, die darin leben, »ungehörig« erscheint gerade infolge Härte und Nüchternheit. Die Widerstände und Hindernisse werden nicht durch vermeintliche Zauberer und feindliche Ritter verursacht, sondern durch höchst reale familiäre oder sonstige gesellschaftliche Konventionen. Hegel nennt den Willen eines Vaters, einer Tante, bürgerliche Verhältnisse u. ä. als die Schranken, die den einzelnen in seiner Entfaltung hindern.

Die neuen »Ritter« sind – eine Anspielung auf den Bildungsroman! – junge Menschen, die sich durchzusetzen versuchen und es »für ein Unglück halten, daß es überhaupt Familie, bürgerliche Gesellschaft, Staat, Gesetze, Berufsgeschäfte usf. gibt, weil diese substantiellen Lebensbeziehungen sich mit ihren Schranken grausam den Idealen und dem unendlichen Rechte des Herzens entgegensetzen«. Noch deutlicher wird die Anspielung auf den Bildungsroman, wenn es heißt, die Kämpfe gegen die Konventionen, Schranken und Starrheiten, d. h. das Aufbegehren gegen die rechtliche und sonstige gewohnheitsmäßige Ordnung der Dinge, seien ein Teil der Lehrjahre, der »Erziehung des Individuums an der vorhandenen Wirklichkeit« (I, 567f.).

Bis zu dieser Stelle wird man kaum Schwierigkeiten haben, Hegels Bestimmung des Romans in die Erwartungen einzufügen, die das System der Ästhetik entstehen läßt. Eine Überraschung bereitet dagegen die Schlußpassage der Ausführungen über den Roman im Zweiten Teil der *Ästhetik* (eine Schlußpassage, die allerdings nicht Hegels letztes Wort über die Gattung des Romans darstellt; der Dritte Teil kommt auf diese Fragen zurück). Was Befremden, jedenfalls aber Erstaunen hervorruft, ist die Art, in der Hegel lakonisch und ungerührt das typische Finale im Lebensweg der Romanhelden modelliert. Weder die Entwicklungslinien im *Wilhelm Meister* noch in den romantischen Romanen haben hier Hegels Bild geprägt: denn der Entwicklungsweg, den der Theoretiker vorzeichnet, ist wahrhaftig prosaisch im metaphorischen Sinne, d. h. in jener Bedeutung, die der Autor selbst oft anwendet. Es ist bei dieser Gelegenheit daran zu erinnern, daß Hegel eine Unterscheidung des 18. Jahrhunderts befolgt und mit dem Attribut ›prosaisch‹ nicht nur die Zugehörigkeit zur technischen Darbietungsform Prosa bezeichnet, sondern auch eine nüchterne, trockene, poesieferne Sicht der Lebensvorgänge benennt. Prosaisch in dieser letzteren Bedeutung ist Hegels Ausblick auf den Roman in der Tat: »Denn das Ende solcher Lehrjahre besteht darin, daß sich das Subjekt die Hörner abläuft, mit seinem Wünschen und Meinen sich in die bestehenden Verhältnisse und die Vernünftigkeit derselben hineinbildet, in die Verkettung der Welt eintritt und in ihr sich einen angemessenen Standpunkt erwirbt.« (I, 568) Die Verkettung führt jedoch letztlich in die Niederungen; der Romanheld gründet eine Familie, plagt sich mit häuslichen Sorgen ab, übt ein Amt aus und lernt alle Verdrießlichkeiten des Alltags kennen. Das Fazit Hegels ist, daß das Romanhafte in die Prosa des philisterhaften Alltags mündet. Höchst bezeichnend ist das drastische Wort, das der Autor an dieser Stelle gebraucht, um den Ausklang moderner Lebenserfahrung zu benennen: »Katzenjammer«.

Man hat im Hinblick auf diese Sicht der Dinge Hegel nicht zu Unrecht Humor bescheinigt (Hillebrand 1980, 197). Eine Pointe dieser Stelle darf jedoch auch darin gesehen werden, daß der Autor stillschweigend von der thematischen Substanz des *Don Quijote* ausgeht, eines Romans, den er, ohne es ausdrücklich zu sagen, als paradigmatisch für die gesamte neuzeitliche Entwicklung hielt. Denn auch im geschilderten modernen Romantypus gibt es eine Anlage, die in gewisser Hinsicht »wahnhaft« zu nennen ist: nämlich das Bedürfnis, die subjektiven Wünsche und Illusionen in die Realität hineinzutragen und damit auch eine Veränderung der Wirklichkeit zu bewirken. Schließlich stellt sich jedoch diese Bemühung als eine Art Scheingefecht heraus, denn am Ende behauptet sich die unvermeidliche Resignation – das Subjekt läuft sich die Hörner ab und muß zugeben, daß das Leben im bürgerlichen Weltzustand diese oder jene Form des Kompromisses fordert, und wenn es auch nur der familiäre ist. Im Gegensatz zu Don Quijote ist der moderne Held allerdings in diesem Fall keine komplexe tragische Gestalt, sondern eine Gestalt, in der die Figur des »ingenioso hidalgo« und die Figur Sancho Panzas zusammenfließen. Wer als ein Don Quijote beginnt – so könnte man Hegel ergänzen –, endet notgedrungen als ein Sancho, wobei ›notgedrungen‹ bedeutet: unter dem Druck zeitgenössischer Verhältnisse, deren Ordnungsprinzipien vom einzelnen Verzichtleistungen und Zugeständnisse fordern.

Ist *ein* Grund für Hegels sarkastische Diagnose darin zu erblicken, daß der Kunsttheoretiker hier den Roman von Cervantes auf Grund neuer gesellschaftlicher Erfahrungen gleichsam weiterdichtet, so kann ein weiterer wohl in seiner gesamten Einschätzung der Tendenzen im Zeitalter der »Auflösung der romantischen Kunstform« gesehen werden. Das, was Hegel Katzenjammer nennt, ist nur eine besonders einprägsame Lebenserfahrung im Zeitalter bürgerlicher Verhältnisse, die in ihrer Gesamtheit dem künstlerischen Schaffen ihren Stempel aufdrücken. Das Weltbild des Romans führt nach Hegels Auffassung die Auflösung der romantischen Kunstform (die ihrerseits die Auflösung der klassischen vollstreckt) besonders deutlich vor Augen. Denn der Roman bzw. das Romanhafte entfernt sich am meisten von der Objektivität, d. h. von der allgemeinen sozialen Verbindlichkeit des Mythos, und damit von den als klassisch geltenden Stilisierungsprinzipien der Kunst. Der modernen Erzählprosa bleibt es vorbehalten, jene Entwicklung zu vollziehen, die den Relativismus und Historismus der romantischen Kunst der Darstellung zeitgenössischer gesellschaftlicher und »häuslicher« Verhältnisse anpaßt und damit die Krise im Auflösungsprozeß voll erkennen läßt.

Obwohl Hegel in seiner Bestimmung des Romanhaften immer wieder auf Cervantes und auf das Nebeneinander des Hohen und Niedrigen bei Shakespeare verweist, ist sein Romanbild im Hinblick auf Stofflichkeit und Menschenbild ausgesprochen antizipativ. Wie bereits erwähnt, wäre es verfehlt, darin eine Zusammenfassung wesentlicher Elemente der paradigmatischen Romane der Goethezeit zu sehen. Weder die *Lehrjahre* noch die *Wanderjahre* passen so recht in das von Hegel entworfene Modell, ganz zu schweigen von den Romanen, mit denen Novalis, Tieck, F. Schlegel, Brentano und Hoffmann die Vorstellungen der Romantik verwirklichten. Sieht man sich im Schaffen von Hegels Zeitgenossen um, so erscheint es eher begründet, einen Zusammenhang zwischen dem Romanmodell des Philosophen und den Rühr- und Lustspielen der zeitgenössischen Bühnenproduktion herzustellen, beziehungsweise mit den mehr oder minder anspruchslosen Romanen, die den entsprechenden Schemata folgen. (Vgl. Rhöse, 18f.) Legt man das besagte Modell anspruchsvoller aus, so darf man Hegels synthetischen Blick zugleich als einen *prognostischen* deuten. Zwischen Hegels Tod und dem Erscheinen von Flauberts Roman *L'éducation sentimentale* liegen rund vier Jahrzehnte. Der Berliner Philosoph, 1831 gestorben, konnte die Entfaltung des literarischen Realismus kaum erahnen; und doch trägt sein Romanbild im Zeichen von Resignation viel eher die Merkmale der kühlen, leidenschaftslosen *tristesse* in Flauberts Roman als die Züge des Bildungsromans der Goethezeit.

Es ist in diesem Fragenkreis nicht überraschend, daß Hegel von einem Gegensatz zwischen subjektiven und objektiven Grundsätzen und Wertordnungen ausgeht, sondern vielmehr der Umstand, daß er den Romanhelden als eine Gestalt auffaßt, der letztlich nur Resignation übrigbleibt, Verzicht auf die einstigen Ideale, Kompromißbereitschaft. Der Widerspruch, der sich hier abzeichnet, reicht bis in die Gesellschaftstheorie der zeitgenössischen Philosophie hinein. Die aufklärerische Kategorie des geschichtlichen Fortschritts, an der in abgewandelter Form auch Hegels Denken festhält, schließt das Moment der Positivität in der Beurteilung der Gegenwart ein; zugleich aber erweist die Erkenntnis literarischer Vorgänge, daß die Gesamtheit gesellschaftlicher Verhältnisse Antinomien in sich birgt, die in den Schicksalen der Individuen sich niederschlagen und die auf die Gesamtheit ein problematisches Licht werfen. Im Hinblick auf das Wort vom »Katzenjammer« in Hegels Ausblick auf den Roman ist sicherlich die Frage zulässig, ob es hier um einen Fortschritt der Donquijoterie geht oder um eine Donquijoterie des Fortschritts.

Auf jeden Fall ist auch das besagte Erfahrungsmodell im Zeichen von Resignation ein Ergebnis Hegelscher Synthese: jedoch einer *ironischen* Synthese, wobei der Begriff ›ironisch‹ statthaft erscheint, trotz Hegels ausdrücklicher Abneigung gegenüber ironischen Verfahrensweisen (man vergleiche nur, wie streng die *Ästhetik* mit der Ironie, und im einzelnen mit den Jenaer Romantikern, ins Gericht geht, etwa I, 71ff.). Der einzelne findet seinen Platz im gesellschaftlichen Gefüge, er beruhigt sich in ihm − jedoch nicht durchdrungen vom Pathos idealer Notwendigkeit, im Sinne der idealistischen Ethik Kants, sondern erzwungen durch die Fatalität der Verhältnisse. Notwendig stellt sich daher der Vergleich ein mit den Desillusionierungsromanen Balzacs und Flauberts. Die Gestalten in *L'éducation sentimentale* empfinden zum Schluß im elegischen Rückblick auf ihr Leben, auf die Zeiten jugendlicher Begeisterung, Enttäuschung und Leere; geblieben ist eine schale Erinnerung an unerfüllte Wünsche, doch auch diese sind banal gewesen.

In welchem Maße Hegel als Beobachter künstlerischer Vorgänge das Ende der »Kunstperiode«, d. h. des ästhetischen Idealismus der Goethezeit vorausahnte, läßt sich wohl am deutlichsten an seiner Auffassung des Romanhelden erkennen. Die Romanfigur, die der Autor der kunstphilosophischen Vorlesungen im Sinn hatte, verrät den Zuschnitt, die dem epischen Muster des resignativen Handlungsverlaufs entspricht. In dem von Hegel geschilderten Verhalten zeichnet sich ein Charakterbild ab, das keineswegs in das romantische Figurenrepertoire der dämonischen, leidenschaftlichen oder gar zügellosen Helden und Heldinnen hineinpaßt; von Byrons epischen Figuren ist in den Vorlesungen bezeichnenderweise nicht die Rede. Man ist dagegen veranlaßt, an die »durchschnittlichen« Gestalten der Erzählliteratur zu denken, die in der Epoche nach Hegels Tod als ein Merkmal des literarischen Realismus in Erscheinung traten. Auch in dieser Kategorie geht Hegel offensichtlich von einem Unterschied zwischen epischer Tradition und romanhafter Modernität aus. In den Ausführungen über den Heldentypus der klassischen, zum Teil auch der romantischen Überlieferung (Dritter Teil der *Ästhetik*, Kapitel über die Poesie) wird der eigentliche epische Held als Persönlichkeit definiert, deren Individualität zugleich die Vielseitigkeit des ethnisch, geographisch und historisch bestimmten Lebensraumes repräsentiert. »Dadurch nun eben, daß sie totale Individuen sind, welche glänzend das in sich zusammenfassen, was sonst im Nationalcharakter zerstreut auseinanderliegt, und darin große, freie, menschlich schöne Charaktere bleiben, erhalten diese Hauptgestalten das Recht, an die Spitze gestellt zu sein und die Hauptbegebenheit an ihre Individualität geknüpft zu sehen. Die Nation konzentriert sich in ihnen zum lebendigen einzelnen Subjekt, und so fechten sie die Hauptunternehmung aus und dulden die Schicksale der Begebenheiten.« (II, 429)

Die Unterscheidung, die bei Hegel hinsichtlich epischer (klassischer) und romanhafter (romantischer bzw. moderner) Gestalten erkennbar wird, kann auch aus der Sicht aristotelischer Theorie gesehen werden, zumal die *Poetik* in Hegels Umkreis, und auch in den Vorlesungen über Ästhetik, mit viel Respekt behandelt wurde. Hegel war sich offenbar dessen bewußt, daß Zeiten herankommen, wo das epische Heldenideal keine repräsentative Geltung mehr würde haben können. Die Wege des Romanhaften in seiner Darstellung nehmen eine Richtung, die von den Modellen der antiken Poetik wegführen. Die poetologischen Gepflogenheiten in der gehobenen Literatur bis zum Barockzeitalter entsprachen grundsätzlich der Feststellung der Aristotelischen Poetik (2. Kapitel), wonach die literarischen Figuren zumeist edler oder schlechter seien als wirkliche Menschen. Die dritte bei Aristoteles vorgesehene Möglichkeit, daß sie so seien wie wir, womit wohl auf ein »normales« menschliches Maß angespielt wird, ist in der europäischen Literatur lange Zeit nicht recht zum Zuge gekommen, sieht man von einigen für das Mittelmaß reservierten Gattungen ab. Aus dem Aristotelischen Theorem können, nebenbei gesagt, zwei Schlüsse gezogen werden. Erstens, daß der antike Begriff der Mimesis nicht naturalistisch zu verstehen sei: das literarische Werk bildet nicht eine bestimmte Erfahrungsrealität ab, es modelliert vielmehr auf Grund empirischer Daten oder auf Grund eines überlieferten Repertoires von Lebenssituationen eine eigene Welt, eine Welt, in welcher der Differenz (besser oder schlechter als »wir«) eine wichtige Rolle zufällt. Und als zweiter Schluß: Die Funktion literarischer Figuren bestand, im Gutem wie im Bösen, darin, exemplarisch zu sein und damit eine im weitesten Sinne rhetorische, auf Wirkungen ideeller Natur gerichtete Aufgabe zu erfüllen. Es kam also nicht so sehr auf Realitätsähnlichkeit an als vielmehr auf wirkungsvolle Reduktion von Erfahrung auf moralisch wirksame Exempla.

Aus Hegels Sicht steuert das Romanhafte auf der Gestaltenebene einen Kurs, der wegführt von älteren literarischen Grundsätzen und Praktiken. Die Auflösungserscheinungen im Bereich künstlerischer Traditionen ortet Hegel namentlich darin, daß Subjektivität und Objektivität mehr und mehr in ein Mißverhältnis zueinander geraten. Mit anderen Worten: Die Entfaltung der Persönlichkeit, der Individualität vollzieht sich nicht mehr in Einklang mit der Gesamtheit des Weltzustandes, sondern die Beziehungen, in die der Einzelmensch eintritt, haben Inkongruenzen zur Folge. Harmonie, oder genauer vermeintliche Harmonie, kommt nicht mehr durch Übereinstimmung zustande; sie ist, wenn überhaupt möglich, ein Ergebnis von Anpassung und damit letztlich ein Akt der Degradierung, zumindest wenn man vom alten Heldenbegriff ausgeht. Hegels antizipierende Denkweise erlaubt hier einen Vergleich mit den Diagnosen der Kulturkritik in unserem Jahrhundert, etwa mit manchen Auffassungen in den späten Schriften Sigmund Freuds. Vor allem die Abhandlung *Das Unbehagen in der Kultur* (1930) kann auch als Beitrag zur Erkenntnis literarischer Symptomatik gelesen werden. Die Lage des Menschen in der modernen Gesellschaft diagnostiziert Freud unter anderem als eine Folge elementarer Gegensätze: dem »Lustprinzip«, das Manifestationen der Triebe, Bedürfnisse und Wünsche bezeichnet, steht das »Realitätsprinzip« gegenüber, in Freuds Terminologie der Begriff für die Notwendigkeit der Anpassung an gesellschaftliche Normen im menschlichen Verhalten. Die Wege des Romans im Zeichen von Verzicht und Anpassung, schließlich auch »Katzenjammer«, lassen die Symptome erkennen, die durch die Befolgung des Realitätsprinzips in der Erfahrungswirklichkeit hervorgerufen werden. Bedient man sich der Freudschen Sicht und seiner Benennungen, so erscheint es angebracht, das Paradigma des modernen Romans bei Hegel durch den Sieg des Realitätsprinzips über das Lustprinzip (und Eigenständigkeitsprinzip) zu charakterisieren.

Betrachtungen über die Auflösungserscheinungen innerhalb der romantischen Kunstform führten in den Vorlesungen über Ästhetik zu einer ersten Erkundung der Romangattung. Einen erneuten Anlaß, sich über den Roman zu äußern, fand der Autor im Dritten Teil, innerhalb der Ausführungen über die einzelnen Gattungen der Dichtung. Angesichts der reichhaltigen epischen

Überlieferung seit ältester Zeit überrascht es nicht, daß Hegel dieser Tradition, vertreten durch Homer und orientalische Epik, besondere Beachtung schenkt. Die »Totalität« dieser Dichtung umfaßt alle geistigen und materiellen Formen des Lebens in jenen Zeiten, da der »allgemeine Weltzustand« einen allgemein verbindlichen, alle Lebensäußerungen miteinander verbindenden Sinnhorizont voraussetzte. Der Erzähler im Epos (im Gegensatz zum Erzähler im Roman, wie man hinzufügen muß) fungiert als Traditionshüter, als Instanz, deren Mentalität völlig im Einklang mit den Lebensgewohnheiten der Umwelt ist. Der eigentliche Autor, der epische Dichter, gehört daher jenem Typus zu, den Schiller (in der Abhandlung *Über naive und sentimentalische Dichtung*) naiv genannt hat, d. h. geistig eingebunden in die eigene Lebenswelt, identisch mit ihr. Die konkrete Totalität wird vom epischen Dichter stets als etwas Natürliches, Selbstverständliches erlebt, so daß in diesem Erlebnisbild weder kritische Zweifel noch utopische Vorstellungen Platz haben.

Für das Weltbild des Epos sind Verhältnisse bezeichnend, die zwar schon politische und moralische Bindungen aufweisen, jedoch noch keine feste Institutionalisierung der Formen staatlicher Ordnung. »Der *Sinn* des Rechts und der Billigkeit, die Sitte, das Gemüt, der Charakter, muß im Gegenteil als ihr alleiniger Ursprung und ihre Stütze erscheinen, so daß noch kein Verstand sie in Form prosaischer Wirklichkeit dem Herzen, der individuellen Gesinnung und Leidenschaft gegenüberzustellen und zu befestigen vermag. Einen schon zu organisierter Verfassung herausgebildeten Staatszustand mit ausgearbeiteten Gesetzen, durchgreifender Gerichtsbarkeit, wohleingerichteter Administration, Ministerien, Staatskanzleien, Polizei usf. haben wir als Boden einer echt epischen Handlung von der Hand zu weisen. Die Verhältnisse objektiver Sittlichkeit müssen wohl schon gewollt sein und sich verwirklichen, aber nur durch die handelnden Individuen selbst und deren Charakter, nicht aber sonst schon in allgemein geltender und für sich berechtigter Form ihr Dasein erhalten können. So finden wir im Epos zwar die substantielle Gemeinsamkeit des objektiven Lebens und Handelns, ebenso aber die Freiheit in diesem Handeln und Leben, das ganz aus dem subjektiven Willen der Individuen hervorzugehen scheint.« (II, 414)

Episch im ursprünglichen Sinne ist auch eine Darstellungsart, die die handelnden Gestalten restlos der Lebenswelt einverleibt, dem sozialen und materiellen Lebensraum, den Hegel *Totalität* nennt. Die Dinge dieser Umwelt – Hegels Liste umfaßt Haus und Hof, Waffen und Geräte, Schiffe und Wagen – sind in der epischen Welt keine leblosen Gegenstände, keine bloßen Mittel, sondern sie erscheinen beseelt, erfaßt vom Identifikationsbedürfnis des Menschen. Über viele Jahrhunderte hinweg wird der Gegensatz erkennbar, der zwischen der epischen Welt und dem Zustand der modernen Gesellschaft besteht. »Unser heutiges Maschinen- und Fabrikenwesen mit den Produkten, die aus demselben hervorgehen, sowie überhaupt die Art, unsere äußeren Lebensbedürfnisse zu befriedigen, würde nach dieser Seite hin ganz ebenso als die moderne Staatsorganisation dem Lebenshintergrunde unangemessen sein, welchen das ursprüngliche Epos erheischt.« (II, 414) Das Weltbild des Romans, von dem Hegel in einem späteren Zusammenhang spricht, ist folglich durch eine andere Totalität gekennzeichnet – eine Totalität, die – so könnte man den implizit enthaltenen Gedanken Hegels weiter ausführen – eigene, ihr angemessene literarische Formen und Stoffe fordert. (Hegels Bemerkung, die durch fortschreitende Technisierung und Industrialisierung geprägte Realität sei der ursprünglichen Welt epischer Poesie nicht angemessen, hat Schule gemacht: der häufig zitierte Hinweis von Marx aus der Schrift *Zur Kritik der politischen Ökonomie* (1859), es bestehe eine kaum überbrückbare Kluft zwischen der mythologischen Überlieferung und der modernen Technik, mutet wie eine Paraphrase des Hegelschen Gedankens an.)

Kunstformen haben also nach Hegels Auffassung jeweils ihre besonderen »Lebenshintergründe«, ohne die sie in ihrer ästhetischen Besonderheit nicht vorstellbar sind. Die Entwicklung vom Epos zum Roman hin ist in dieser Sicht als ein Prozeß zu begreifen, der sowohl seine literarischen Spezifika hat als auch seine allgemeinen geschichtlichen Komponenten. Der allgemeine historische Hintergrund muß hierbei als Voraussetzung angesehen werden. Hegel interpretiert demzufolge die den Dichtungen immanenten Merkmale, etwa kompositorischer Art, als Signaturen von Zuständen, die nicht vom Standpunkt *einer* bestimmten kulturellen Tätigkeit definiert werden können. Über die Geschlossenheit künstlerischer Gestaltung entscheidet die Geschlossenheit des dahinterstehenden Weltbildes. So »liegt die Abrundung und Ausgestaltung des Epos nicht nur in dem besonderen Inhalt der *bestimmten* Handlung, sondern ebensosehr in der *Totalität der Weltanschauung*, deren objektive Wirklichkeit sie zu schildern unternimmt« (II, 450).

Im Hinblick auf die besondere Problematik des Romans stellt sich Hegel die Frage nach der Beschaffenheit der Totalität in einer Gattung, die infolge des Wandels in der gesamten Gesellschaftsstruktur nicht mehr die Voraussetzungen des Epos teilt. Im Gegensatz zu den Kleinformen der neueren Literatur, etwa der Idylle und Ballade, folgt die prosaische Großform der neuen Erzählliteratur insofern dem klassischen und romantischen Epos, als sie ebenfalls auf eine möglichst umfassende Weltsicht Anspruch erhebt. Im Sinne eines solchen Totalitätsanspruches nennt Hegel den Roman eine »moderne bürgerliche Epopöe« (II, 452). Im Hinblick auf die verschiedenen Bedeutungen des Wortes »bürgerlich« in den Jahrzehnten vor Hegel (wovon ja in diesem Buch schon die Rede war) erscheint es nicht überflüssig, darauf hinzuweisen, daß dieses Attribut in der *Ästhetik* in der Bedeutung von neuzeitlich, politisch geregelt gebraucht wird: das Zusammenspiel der geordneten Staatlichkeit und der garantierten privaten Sphäre ist das primäre Merkmal bürgerlicher Zustände. Blanckenburgs *Versuch über den Roman* und Wezels Vorwort zum Roman *Herrmann und Ulrike* gehen in diesem Verständnis des modernen Erzählens Hegel voraus. Was an der folgenden Definition des Romans besonders interessiert, ist vor allem der Unterschied in der Betonung mancher Momente gegenüber der Romanstelle aus dem Zweiten Teil wie auch der Begriff der Totalität, angewandt auf die moderne Gattung.

»Hier tritt einerseits der Reichtum und die Vielseitigkeit der Interessen, Zustände, Charaktere, Lebensverhältnisse, der breite Hintergrund einer totalen Welt sowie die epische Darstellung von Begebenheiten vollständig wieder ein. Was jedoch fehlt, ist der *ursprünglich* poetische Weltzustand, aus welchem das eigentliche Epos hervorgeht. Der Roman im modernen Sinne setzt eine bereits zur *Prosa* geordnete Wirklichkeit voraus, auf deren Boden er sodann in seinem Kreise – sowohl in Rücksicht auf die Lebendigkeit der Begebnisse als auch in betreff der Individuen und ihres Schicksals – der Poesie, soweit es bei dieser Voraussetzung möglich ist, ihr verlorenes Recht wieder erringt.« (II, 452)

Die Poesie (ein modaler Begriff!) hat Aussichten, auch in der Prosa (dem antonymischen Begriff) sich zu entfalten. Ein für den Roman paradigmatischer Konflikt ist nach Hegels Ansicht der zwischen menschlichen Gefühlswerten (»der Poesie des Herzens«) und allem, was in gesellschaftlicher Hinsicht diesen Werten entgegensteht, womit vor allem die »Prosa der Verhältnisse« gemeint ist. Der Autor versäumt es nicht, auch die Kontingenz einer säkularisierten, nicht mehr metaphysisch gedeuteten Lebensordnung zu erwähnen: den »Zufall äußerer Umstände«, der sich gegenüber den inneren Regungen, Wünschen und Bestrebungen ebenfalls negativ auszuwirken vermag. Der genannte Konflikt oder Zwiespalt löst sich nach einem der extremen literarischen Muster, »entweder tragisch oder komisch«, oder aber auf eine weniger konventionelle Weise, nämlich durch eine allmähliche Annäherung des Romanhelden an die gegebenen, letztlich als positiv empfundenen Verhältnisse. Der vorerst widerstrebende Held lernt an der sozialen Ordnung das Echte und Substantielle kennen und schätzen, so daß die anfänglichen Kollisionen mit der Zeit einem harmonischen Ausgleich weichen.

Wenn von einem Widerspruch zwischen den Äußerungen Hegels über den Roman im Zweiten und im Dritten Teil der *Ästhetik* überhaupt die Rede sein kann, dann auf Grund eines Vergleichs dieser Stelle mit den Ausführungen über den enttäuschten, seiner Illusionen beraubten Romanhelden. Erscheint dort eine imaginäre Linie von Cervantes zu dem vorweggenommenen Flaubert gezogen, so gelangt hier der zeitgenössische Roman goethescher und romantischer Prägung zu seinem Recht: ohne den Begriff ›Bildungsroman‹ zu nennen, beschreibt Hegel den Grundzug dieses Romantypus. In manchen Fällen glücke es dem Helden, sich nicht nur mit den bestehenden Verhältnissen auszusöhnen, sondern sogar diese zu beseelen und das Prosaische aus ihnen zu verdrängen, zugunsten einer Wirklichkeit, die von Schönheit und Kunst durchdrungen sei (II, 452). Man sollte indes diese Verbeugung vor dem Entwicklungsroman nicht überbewerten. Dieser ist für Hegel nur eine der denkbaren Möglichkeiten, und es ist wohl kein bloßer Zufall, daß er an erster Stelle den tragischen und den komischen Typus nennt. Hegel läßt zwar die Interpreten hier weitgehend im Stich; auf Präzisierungen darüber, wie im Weltbild des Romans jeweils Tragik oder Komik dominiert, ließ er sich nicht ein. Es dürfte freilich mehr als pure Spekulation sein, wenn man annimmt, der Zusammenhang zwischen dem Modus des Komischen in der soeben zitierten Bestimmung des Romans und der früher formulierten Charakteristik des resignierenden Romanhelden bestätige eine gewisse Einheitlichkeit der Sicht. Zudem fällt auf, daß auch in der Romanpassage des Dritten Teils trotz der harmonisierenden Aspekte keineswegs unklar bleibt, wer das Primat zu beanspruchen hat: nämlich die überindividuellen Institutionen der politischen Macht, so daß sich das Individuum auf diese oder jene Weise, komisch-resignierend oder ästhetisch-illusionär, der »gewöhnlichen Weltordnung« fügen muß.

Von der Möglichkeit, daß der einzelne Mensch oder eine solidarische Gruppe von sich aus Veränderungen gegenüber dem bestehenden, als absolut angesehenen Staatsgefüge durchsetzen und sich schließlich sogar als überlegen behaupten kann – von einer solchen Romanperspektive ist in Hegels Theorie nicht einmal andeutungsweise die Rede. Die gesellschaftliche Realität bleibt allemal der Fixpunkt, an dem sich das Verhalten der literarischen Gestalten auszurichten hat; die Gesellschaftsordnung fungiert als übermächtige Instanz, der gegenüber sich die einzelnen Figuren nur in anpassender Funktion verhalten können, und zwar entweder in der Rolle des sich Unterwerfenden oder in der Rolle des Bejahenden, der den Akt der Anpassung ideell verklärt. In jeder Hinsicht ist der Roman jedoch für Hegel ein künstlerisches Symptom des Weltzustandes in der Neuzeit, der unvorstellbar ist ohne die regulative Macht gesellschaftlicher Einrichtungen, die den Bewegungsraum des Individuums einschränken und weitgehend auch vorgeben.

Die Totalität dieser modernen Welt ist der Handlungsraum des Romans. Eine Betrachtung der Hegelschen Romanpoetik führt daher notgedrungen zu jenem Fragenkreis hin, der durch den Begriff der Totalität gegeben ist. Es bedarf kaum einer Erläuterung, daß Hegels Verständnis von ›Totalität‹ primär qualitativ und nicht quantitativ bestimmt ist. Entscheidend ist der Maßstab der Homogenität, die im Zusammenspiel der Dinge und Erscheinungen wirksam ist, das alle Lebensäußerungen miteinander verbindende ideelle Prinzip. Die Abschnitte der *Ästhetik*, in denen ›Totalität‹ der leitende Begriff ist (vgl. etwa II, 406, 417 und 450), bestätigen das. Allerdings sind bei unsystematischer Lektüre gewisse Mißverständnisse nicht auszuschließen, so vor allem infolge des Umstandes, daß bei Hegel auch quantitative Vorstellungen eine Rolle spielen, etwa in Form jener »Kataloge«, die nicht selten den Bestimmungen von Totalität in klassischer und romantischer Kunst beigegeben sind. Das Epos und der Roman werden nämlich als Gattungen betrachtet, die unweigerlich eine extensive Struktur aufweisen, gekennzeichnet durch eine Vielfalt von Lebenserscheinungen, wobei die Dingwelt, die konkrete Gegenständlichkeit eines Milieus, nicht von geringerer Bedeutung ist als etwa die psychologische Darstellung menschlicher Beziehungen und Beweggründe.

Mit Hinsicht auf den Roman und dessen Zukunft verdient Hegels Diagnose der romantischen Kunst, namentlich im Zeitalter der Auflösung, besondere Beachtung. Der Totalitätsanspruch des Romans ist nämlich in Hegels System als eine exponierte, infolge historischer Wandlungen besonders herausgehobene Position romantischer Kunst zu interpretieren. Die mannigfaltige Dingwelt des Romans, von der Hegel in der oben angeführten Beschreibung spricht, ist nur eine besondere Erscheinungsform der Merkmale romantischer Totalität. Ersetzt man Hegels Terminologie durch eine neuere, ist es statthaft, die grundlegende nachklassische Tendenz in der Kunst und Literatur, vor allem seit Manierismus und Barock, als weniger selektiv im Bereich der Paradigmatik zu bezeichnen. In den Darstellungen romantischer Kunst, erklärt der Autor, habe alles Platz, »alle Lebenssphären und Erscheinungen, das Größte und Kleinste, Höchste und Geringste, das Sittliche, Unsittliche und Böse« (I, 569). Entscheidend ist freilich der von ihm erkannte Umstand, daß die gegensätzlichen Kategorien der gesamten Erfahrungswelt nicht getrennt voneinander vorkommen, zum Beispiel in den einzelnen Fächern der für bestimmte Erscheinungen reservierten Gattungen; die gegensätzlichen Lebensphänomene treten vielmehr gleichzeitig auf, in ein und demselben Werk, wobei die Gegenüberstellung eine gegenseitige Wirkung ausübt. Hegels Beispiel ist Shakespeare, dessen Dramen die höchsten Regionen mit den niedrigsten verbinden, so daß neben dem Erhabenen auch »Gemeinheiten des täglichen Lebens« zu finden sind, »Kneipen, Fuhrleute, Nachttöpfe und Flöhe« ganz ebenso wie in dem religiösen Kreise der romantischen Kunst bei der Geburt Christi und Anbetung der Könige Ochs und Esel, die Krippe und das Stroh nicht fehlen dürfen« (I, 569).

In Hegels Beschreibung einer Grundtendenz romantischer Kunst kann man sowohl Gedanken zeitgenössischer romantischer Poetik erkennen als auch eine Vorwegnahme literarhistorischer Synthesen, die erst mehr als hundert Jahre später erfolgten. Die Berliner Vorlesungen halten hier fest, was ein Pariser Zeitgenosse Hegels, Victor Hugo, ungefähr zur gleichen Zeit als ein Gebot moderner Literatur forderte: nämlich die Aufhebung der aus der klassizistischen Doktrin stammenden Grenzen zwischen den Erfahrungsbereichen bzw. zwischen den Gattungen und ihren Selektionsnormen. Die Vorrede zum Drama *Cromwell*, die uns bereits beschäftigt hat, ließe sich stellenweise nahtlos in Hegels Vorlesungen einfügen. Der große kunst- und literarhistorische Zusammenhang, in dem Hegels Erkenntnisse ihren Platz haben, wurde, auf faszinierende Weise, erst in unserem Jahrhundert aufgewiesen, in Erich Auerbachs *Mimesis*. Das von Hegel herausgestellte Kennzeichen romantischer Kunst ist eine Realisierung des Grundsatzes der Stilmischung (in Auerbachs Terminologie), jenes Prinzips also, das in den Prozessen der europäischen Literatur seit ältester Zeit in einem Spannungsverhältnis zum Grundsatz der Stiltrennung steht.

Beachtung verdient ferner Hegels wertungsästhetischer Kommentar zu den Bestrebungen des vorausgegangenen Jahrhunderts, in die Kunst und Literatur in steigendem Maße die Erfahrungen der Alltagsrealität zu integrieren, Tendenzen, die der Autor an Beispielen aus dem Drama sowie aus der Malerei darlegt (I, 571f.), die sich jedoch ihrem Wesen nach erst recht auf den Roman beziehen lassen. Bemerkenswert ist besonders die These, die Darstellung des zeitgenössischen Lebens »im Gewöhnlichsten und Kleinsten« befriedige zwar keinen tieferen Sinn, sie fasziniere aber durch die künstlerische Leistung mimetischer Natur. In der Leugnung eines tieferen Sinnes oder eines würdigen Gehaltes bleibt Hegel seiner Auffassung von Kunst treu: die Dinge des Alltags sind für ihn nicht dazu angetan, das sinnliche Scheinen der Idee, eines gültigen Allgemeinen, zu gewährleisten. Doch gerade aus diesem Grunde erscheint der überraschende Widerspruch plausibel, wonach gerade das Fehlen großer Inhalte in der Kunst die besondere ästhetische Leistung des Künstlers hervortreten läßt. Auch damit war Hegel, wie mit seiner Hervorhebung des resignativen Romans, ein prophetischer Theoretiker. Seine Beurteilung der »niedrigen«, aber malerisch virtuosen Genrekunst liest sich wie eine Vorwegnahme der Maximen aus dem Umkreis der Theoretiker absoluter Kunst und Dichtung in der zweiten Hälfte des 19. Jahrhunderts, denen zufolge es grundsätzlich gleichgültig sei, *was* der Künstler darstelle oder vielmehr gestalte, es komme stets nur auf das *Wie* an.

Ohne die Ursachen des Wandels, der zur modernen Auffassung von Kunst und Künstler geführt hat, näher zu untersuchen, stellt Hegel fest, daß das gegenwärtige Verhältnis des Künstlers zu seinem Schaffen wie auch zu seinen Gegenständen durch einen früher nicht vorstellbaren Grad von Freiheit gekennzeichnet ist. »Das Gebundensein an einen besonderen Gehalt und eine nur für diesen Stoff passende Art der Darstellung ist für den heutigen Künstler etwas Vergangenes und die Kunst dadurch ein freies Instrument geworden, das er nach Maßgabe seiner subjektiven Geschicklichkeit in bezug auf jeden Inhalt, welcher Art er auch sei, gleichmäßig handhaben kann.« (I, 579) Nimmt man auch noch seine Beobachtung hinzu, in der Gegenwart habe sich fast überall die Reflexion, die Kritik der Kunstübung bemächtigt, d. h. eine Intellektualität, die mit Formen und Stoffen spielt, mit dem »Vorrat von Bildern, Gestaltungsweisen, früheren Kunstformen« (ebenda), so muß man wohl zum Schluß gelangen, daß in Hegels Diagnose der romantischen Kunstform im Zeitalter der Auflösung zugleich schon Bausteine für eine Beschreibung einer Entwicklung erkennbar sind, deren heutige Phase Postmoderne genannt wird.

Mit Hinsicht auf den Roman ist besonders zu beachten, daß Hegel die moderne Kunst als das Ergebnis einer radikalen geschichtlichen Wende begreift: der Beschränkung auf rein menschliche Erfahrung, auf »die Tiefen und Höhen des menschlichen Gemüts als solchen, das Allgemeinmenschliche in seinen Freuden und Leiden, seinen Bestrebungen, Taten und Schicksalen« (I, 581). Die Subjektivität des Dichters, die hierbei in aller Freiheit diese »Tiefen und Höhen« erkunden und darstellen kann, bekundet sich einprägsam namentlich in einer Gestaltungsform, die im modernen Roman eine herausragende Rolle spielt, nämlich im Humor. Hegels wichtigstes Beispiel ist hier das Romanschaffen Jean Pauls. Als dessen prägnantes Merkmal nennt er das »Zusammenbringen des objektiv Entferntesten« mit »dem kunterbuntesten Durcheinanderwürfeln von Gegenständen, deren Beziehung etwas durchaus Subjektives ist« (I, 575). Die Geschichte selbst, überhaupt alles, was zum Inhalt gezählt wird, sei in seinen Romanen das am wenigsten Interessante. Den Erfahrungsstoff behandle Jean Paul als bloßes Material für Spiele subjektiver Geistigkeit.

Es fällt auf, daß hier das Schaffen eines Romanschriftstellers in eine ähnliche Perspektive gerückt wird wie in dem vorhergehenden Abschnitt der *Ästhetik* die holländische Malerei. In beiden Fällen kommt es nicht so sehr auf den Stoff an, sondern vielmehr darauf, was daraus gemacht wird: der Gegenstand tritt hinter die Kunstleistung oder den subjektiven »Witz« (in der Bedeutung des 18. Jahrhunderts: Geist) fast völlig zurück. In dieser Einschätzung romanhafter Tendenzen war Hegel einer Meinung mit seinem philosophischen Antipoden, mit Schopenhauer. Die in unserem Kapitel über die erste große Epoche des neuzeitlichen Romans angeführte Bemerkung Schopenhauers, die sich ebenfalls auf die Entwicklung von Cervantes bis Jean Paul bezieht, stimmt im wesentlichen mit Hegels Sicht überein: nicht das Gewicht der Vorgänge mache den Roman anziehend, sondern die Kunst, Unscheinbares interessant zu machen.

Letztlich entspricht Hegels Beurteilung des Romans den allgemeinen gedanklichen Voraussetzungen seiner Kunstphilosophie. Der geschichtsphilosophische Begriff der »Prosa«, der modernen, sozial geordneten Welt, in der die Romankunst ihren eigentlichen Ort hat, gehört in die gleiche Reihe diagnostischer Kategorien wie der Begriff der Kritik und der wissenschaftlichen Betrachtung, jener beiden geistigen Tätigkeiten, die der Autor in den einführenden Erörterungen der Vorlesungen zu den eigentlichen Signaturen der modernen Epoche zählt. Die durch Subjektivität erzwungene Totalität des Romans hat keine mythische Geltung mehr; sie ist eine Erscheinungsform der Poesie, die mit der kritischen Rationalität der Neuzeit ein komplexes Wechselverhältnis eingeht, ja von der Rationalität in Form von »witziger« Selbstreflexion gestützt wird. Berücksichtigt man die überragende Bedeutung des intellektuellen Elements in der Geschichte des Romans seit Hegels Zeiten, und zwar nicht nur im besonderen Typus des essayistischen Romans, so wird man Hegels These von der Wichtigkeit »denkender Betrachtung« *in* und *gegenüber* der Kunst als eine eigentümliche Prophetie gelten lassen müssen. Man kann diese Beurteilung der Dinge in Hegels geschichtsphilosophischer Sicht auch als ein deutliches Symptom der neuzeitlichen »Entzauberung« der Welt begreifen, in der Max Weber die Signatur der geschichtlichen Epoche im Zeichen von moderner Wissenschaft, Technik und Kapitalismus gesehen hat

(Weber, 367). Hegels Welt der »Prosa« ist die entzauberte Welt — und in ihr sind die Romanhelden fremd und heimisch zugleich. Der *Don Quijote*, Hegels Paradigma, ist — man sollte es abermals betonen — auch selbst zu einem prophetischen Buch geworden.

III

Die Tradition der Hegelschen Ästhetik ist bis heute geistig lebendig geblieben. Wenn auch seit 1838 allgemein zugänglich, sind die Vorlesungen im 19. Jahrhundert freilich keineswegs dominierend gewesen. Namentlich in der zweiten Jahrhunderthälfte entsprach Fechners empirische Ästhetik viel mehr der positivistischen Ausrichtung der Zeit. Jedenfalls ist die Rezeptionsbahn des Hegelschen Werkes trotz einiger Zeugnisse unbestreitbarer Hegel-Nachfolge nicht immer leicht zu erkennen. Vorsicht ist bei der Einschätzung seiner Wirkung namentlich im Bereich der Gattungspoetik geboten. Die *Ästhetik* hat zwar — gestützt auf Goethes Autorität in poetologischen Fragen, vor allem in bezug auf den Entwurf der Gattungstriade — wesentlich zur Festigung der Vorstellung von einer notwendigen Dreiheit (Epik, Lyrik, Dramatik) beigetragen. Doch das Problem der Einzelgattungen blieb gerade im Bereich akademischer Theorie noch lange Zeit im Bann konservativer Traditionen. Das ist ganz besonders an der Behandlung des Romans erkennbar, einer Gattung, die zwar im Jahrhundert Flauberts, Tolstojs und Fontanes zweifellos einen relativen Höhepunkt erreichte, aus sanktionierter Sicht, etwa in der Schulpoetik, jedoch immer noch mit beträchtlichem Mißtrauen betrachtet wurde.

Eine Hegel-Nachfolge um die Mitte des Jahrhunderts ist am deutlichsten bei einem Landsmann des Philosophen zu erkennen, bei Friedrich Theodor Vischer, dessen *Aesthetik oder Wissenschaft des Schönen* (1846—1857) eines der am breitesten angelegten Werke dieser Art ist. Vischer folgt Hegel nicht nur in der umfassenden Systematik des Entwurfes, er knüpft an die Berliner Vorlesungen auch in manchen Einzelfragen an. Es wäre indes ungerecht, in ihm ausschließlich einen anspruchsvollen Trabanten zu sehen. Zahlreiche Abschnitte zeigen, daß er die von Hegel empfangenen Anregungen selbständig weiterentwickelt. Das beweisen nicht zuletzt die Ausführungen über den Roman. Vischers Ausgangspunkt ist ebenfalls geschichtsphilosophisch bestimmt: der Roman, das »moderne Epos«, ist Ausdruck einer historischen Entwicklung, die den mythischen Sinnhorizont hinter sich gelassen hat. Im Denkansatz wie in der Terminologie hat hier Hegel deutlich Pate gestanden. »Die *moderne Zeit* hat an die Stelle des Epos, nachdem allerdings die Umwälzung der Poesie mit neuen Versuchen desselben, und zwar der religiösen Gattung, eröffnet worden war, den *Roman* gesetzt. Diese Form beruht auf dem Geiste der Erfahrung [. . .] und ihr Schauplatz ist die prosaische Weltordnung, in welcher sie aber die Stellen aufsucht, die der idealen Bewegung noch freieren Spielraum geben.« (Text nach der Dokumentation von Lämmert u. a. 1971, 338)

Wie Hegel betont Vischer den Konflikt von Prosa und Poesie, der im
Roman ausgetragen wird, wobei die beiden Begriffe auch hier geschichtsphilosophische Vorstellungen bedeuten, nicht aber literarische Kategorien. Mit
einem Hegel-Zitat stützt der Autor seine Auffassung, der Roman habe die
epische Dichtung klassischer Prägung abgelöst, wie auch die »prosaische Einrichtung der Dinge«, das moderne Staatswesen, die mythisch bestimmte Welt
abgelöst habe. Die Grundlage des Romans sei die nicht mehr mythische, die
»wunderlose« Welt – so lautet die prägnanteste Formulierung der angeführten
Stelle, eine Formulierung, in der unschwer die gleiche Sicht der Prozesse zu
erkennen ist, in der auch die vorhin angeführten Worte Max Webers verankert
sind. Der »wunderlose« oder »entzauberte« Zustand wird von Vischer als ein
Ergebnis bestimmter gesellschaftlicher Vorgänge angesehen: er nennt die Lösung der politischen Tätigkeiten von der unmittelbaren Individualität, d. h.
das Anonymwerden der Amtshandlungen, ferner die Teilung und Verästelung
der Arbeit, zugleich die sich daraus ergebende Trennung körperlicher und
geistig-moralischer Handlungen, schließlich den allgemeinen Zug zur Me-
chanisierung in der technischen Produktion.

Die Chancen der »Poesie«, der Hegelschen Herzenskultur, innerhalb der
politischen und ökonomischen »Prosa« finden in Vischers romantheoretischem
Kapitel besondere Beachtung. Unter den Möglichkeiten poetischer Kompensation, die sich nach Ansicht des Autors anbieten, scheint die Rückverle-
gung der Handlung in die Vergangenheit besonders plausibel zu sein: denn
das Geschehen spielt dann in Epochen, in denen ein »poetischer« Zustand
vorherrschte, eine der Wunder noch nicht beraubte Lebensform. Vischer betont jedoch sogleich, daß diese auf der Hand liegende Möglichkeit dennoch
wenig Überzeugungskraft aufweist; der Rückzug in die Vergangenheit kann
nur unvollkommen vollzogen werden, denn keinem Autor kann es wahrhaftig
gelingen, aus seinem Bewußtsein die Gegenwart zu entfernen. In die »Poesie«
der Vergangenheit mischt sich notgedrungen die Erfahrung gegenwärtigen
Lebens, so daß eine eliminierende Darstellung der Vergangenheit nur gegen
den Preis der Wahrhaftigkeit zu erzielen wäre. Mehr Hoffnung erweckt nach
Vischer die »Aufsuchung der grünen Stellen« inmitten der herrschenden prosaischen Verhältnisse. Der moderne Roman berührt sich dann am meisten mit
jener traditionsbedingten Vorstellung von Romanhaftigkeit, die der poetologischen Sanktionierung der Gattung seinerzeit im Wege stand. Vischer geht
auf diese Frage nicht ein; er zählt nur einige der »grünen Stellen« auf, so etwa
Ausnahmezustände wie Revolutionswirren, wo das Gefüge der bürgerlichen
(staatlichen) Ordnung gelockert oder zerstört erscheint, oder exotische, unall-
tägliche Lebensformen, deren Protagonisten zumeist soziale Außenseiter sind.
Der Umstand, daß Vischer hier neben herumziehenden Künstlern, Zigeunern
und Räubern auch den Adel nennt, deutet in dieser Zusammensetzung nicht
nur auf die besagte Trivialkomponente in der Romantradition hin, sondern
auch auf ein bestimmtes Werk, das neben dem *Don Quijote* und einigen eng-

lischen und französischen Romanen des 18. Jahrhunderts immer wieder als Beispiel romanhafter Gestaltung auch poetologisches Interesse erweckt: Goethes Wilhelm-Meister-Romane. Die dritte Möglichkeit erblickt Vischer im Einbruch des Ungewöhnlichen, Exorbitanten in die Erlebniswelt der Helden; solche »psychisch mystische Motive« erachtet er als eine Art Ersatz für den verlorenen Mythus. Gemeint ist von ihm allerdings weniger das Phantastische oder Okkulte im romantischen Sinne (Tollheiten der Romantik nennt er solche Erscheinungen), sondern vielmehr das Erfinden überraschender Begebenheiten. Aus dieser Sicht streift Vischer *Wilhelm Meisters Lehrjahre* mit einem kritischen Blick: die Zeugnisse aus den »tiefen Abgründen des Seelenlebens«, die die Mignon-Episoden kennzeichnen, erscheinen ihm überzeugender als die geheimnisvollen Aktivitäten der Turmgesellschaft.

Das Ungewöhnliche (im alten Sinne Romanhafte) verknüpft Vischer noch deutlicher als Hegel mit dem Begriff der Kontingenz. Er findet es »ganz in der Ordnung, daß im Roman der *Zufall* als Rächer des lebendigen Menschen eine besonders starke Rolle spielt« (Lämmert u. a., 339). Eine Formulierung, die aufhorchen läßt: denn hier wird das Problem der Kontingenz in der menschlichen Erfahrung in einen überraschenden Zusammenhang gerückt. Grundlage der Deutung ist der implizite Gegensatz zwischen voraussehbarer Ordnung und Zufall, zwischen Planung und Entropie, wobei die Kontingenz nicht etwa gegenüber der Kalkulierbarkeit ins Unrecht gerät; im Gegenteil: der Zufall erscheint ganz unerwartet als ein eigentümlicher Bundesgenosse liberaler Menschlichkeit im Widerstand gegen die leblosen, starren Formen staatlicher Ordnung. Der Zufall gilt daher nicht als eine anarchische Macht der Zerstörung oder der Gefährdung menschlichen Glücksstrebens – er gilt vielmehr als ein Symptom jener Freiheit, die zu den Voraussetzungen eines »poetischen« Daseins gehört. Die Vorstellung von menschlicher Harmonie wird in Vischers Verständnis, sicherlich nicht ganz im Sinne Hegels, mit der Idee ontologischer Instabilität verknüpft. Man könnte auch sagen, es finde hier eine Geburt der Poesie aus dem Geiste des Zufalls statt.

Sicher ist jedenfalls, daß auch Vischers Ausführungen die Beständigkeit des Kontingenz-Motivs in der Poetik des Romans seit dem 18. Jahrhundert einprägsam vor Augen führen. Im Abschnitt über Diderot war von dieser Frage bereits die Rede. Hegel streift die »Zufälligkeit« in verschiedenen Problemkreisen, wobei auch bei ihm schon das Gewicht des Zufalls gerade in einer verwaltungsmäßig gelenkten, »prosaischen«, rationalisierten Welt angedeutet erscheint. Und schließlich wird bei Vischer deutlich, wie sehr die Idee eines poetischen Lebens sich von der individuellen Freiheit nährt, von der Hoffnung offenbar, man könne auf diese oder jene Weise, eben vor allem durch Unvorhergesehenes, Nicht-Kalkulierbares, dem Druck der verwalteten, zweckrationalen Gesellschaft entrinnen oder sich ihr zumindest zeitweilig entziehen. Daß die Theorie des Zufalls in der Literatur des 19. Jahrhunderts übrigens auch noch andere Aspekte aufweist und daß der Begriff des Zufalls vor allem zu den gedanklichen Leitmotiven der Produktionspoetik gehört, wird im Naturalismus-Kapitel, bei Maupassant, erneut zu erläutern sein.

Aus dem allgemeinen Charakter des Romans, einer Literaturgattung in »prosaischer« Zeit, leitet Vischer seine Erzählformen und seine Sprachgestalt ab. Da dem Roman der weite Hintergrund nationaler »Unternehmungen«, die Domäne des Epos, fehlt, können auch seine Gestalten auf den verschlungenen Wegen des Privatlebens keine Repräsentanten öffentlicher Angelegenheiten mehr sein; auch die Bezeichnung ›Held‹ im ursprünglichen Sinne steht ihm naturgemäß nicht mehr zu. Die nur noch formale Bestimmung der Romanfigur hindert Vischer jedoch nicht daran, die Entwicklungen der Protagonisten im Sinne des Bildungsromans durchaus positiv zu sehen – im übrigen ohne jene sarkastischen Pointen, mit denen Hegel seine Beschreibung typischer Romanhandlungen versah. Bei Vischer, der die Konzeption des literarischen Realismus bereits zu seiner ästhetischen Erfahrung zählen konnte, ist von »Katzenjammer« nicht mehr die Rede. Allerdings findet sich auch keine offene Polemik gegen Hegel in seinen Argumenten. Mit den Folgerungen Hegels sind diejenigen Vischers darin vergleichbar, daß der Romanschluß als ein besonderes Problem empfunden wird. Die Entwicklung oder Bildung des Romanhelden strebt notwendig einem abrundenden Schluß zu, doch gerade dieser Abschluß stellt die Romanautoren nach Vischers Meinung stets vor schwierige Fragen. Der moderne Roman findet seine eigentliche Bestimmung in der Darstellung menschlicher Innerlichkeit, d. h. psychischer und damit individueller Vorgänge. Den Mittelpunkt bildet – Vischer steht hier, wie wir wissen, in einer ehrwürdigen Tradition – zumeist die Liebe, ein Erlebnis, das in der Regel einen Verlauf nimmt, der durch die überlieferten Formen bürgerlicher Erotik vorgegeben ist. Doch das Eheleben, das Vischer übrigens ohne spöttische Nebentöne erwähnt, kann auch im Roman nicht alles sein; wenn auch der Romanheld kein epischer Tribun ist, so gehört doch zumindest sein beruflicher Habitus zum Erscheinungsbild einer literarischen Gestalt im »prosaischen« Zeitalter. Kurz, der Romanschluß bringt gleichsam konstitutiv die Autoren in Verlegenheit.

»Die Frage ist nämlich einfach: was soll der Held am Ende werden? Zum politischen Heroen erzieht ihn der Roman nicht, unsere Ämter sind eine zu prosaische Form, um das Schiff, das unterwegs mit so vielen Bildungsschätzen ausgestattet worden ist, in diesem Hafen landen zu lassen. Es bleiben Thätigkeiten ohne bestimmte Form übrig, die aber sämmtlich etwas Precäres haben. Wilh. Meister wird Landwirth und ist dabei zugleich als wirkend in mancherlei Formen des Humanen und Schönen vorzustellen, allein der Dichter setzt doch einen gar zu fühlbaren Rest, wenn er, nachdem so viele Anstalten gehäuft waren, einen Menschen zu erziehen, uns ein so unbestimmtes Bild der Thätigkeit des reifen Mannes auf der untergeordneten, wenn auch ehrenwerthen Grundlage der bloßen Nützlichkeit gibt. Künstlerleben ist zu ideal, die Kunst thut nicht gut, die Kunst zum Objecte zu nehmen; geschieht es aber doch, so erscheint das Continuirliche einer bestimmten Thätigkeit, deren ideale Innenseite das Dichterwort doch nicht schildern kann, eben auch prosaisch. Dem Roman fehlt der Schluß durch die That, ebendaher hat er keinen rechten Schluß.« (Lämmert u. a., 343)

Vischers Vorstellung von der Brauchbarkeit literarischer Werkschlüsse war zweifellos noch stark von der traditionellen Abrundungs- oder Tableau-Struktur geprägt, auch von der eingestandenermaßen typisch epischen, also nicht romanhaften, Schlußformel, die durch Sieg oder Untergang (oder beides) gekennzeichnet ist. Man vermag die Dynamik des literarischen und kulturellen Wandels in jener Epoche zu ermessen, wenn man bedenkt, daß nur wenige Jahrzehnte nach Vischers Zeit viele Autoren sich alle erdenkliche Mühe gaben, den kompositorischen Schluß in dem von Vischer gemeinten Sinn aus ihren Werken zu entfernen, ja den Schluß überhaupt unkenntlich zu machen, d. h. jegliche traditionelle Markierung zu vermeiden. Vischer konnte nicht ahnen, daß die von ihm erkannte Not ein halbes Jahrhundert danach in den Rang einer literarischen Tugend aufsteigen würde.

Eine vergleichende Lektüre von Vischers Romanpoetik sieht sich mit einem für die damaligen Verhältnisse überaus bezeichnenden Tatbestand konfrontiert. Trotz des positiven Grundtenors verraten seine Betrachtungen auf Schritt und Tritt eine Unsicherheit und Zwiespältigkeit der Argumentation, ein Lavieren zwischen Für und Wider, mit einem Wort eine Haltung, die in erster Linie als eine Folge sachlicher Motive gedeutet werden muß. Im Gegensatz zu Hegel, der über den Roman viel gelassener urteilte, hatte der Stuttgarter Gelehrte ein weniger unbefangenes Verhältnis zum Roman, nicht zuletzt deswegen, weil auch eigene schriftstellerische Neigungen mit im Spiel waren. Der Verfasser des Romans *Auch Einer* (1879) und literarischer Parodien hatte von seiner Konstitution her ein anderes Verhältnis zur Literatur als der Systematiker Hegel. Seine Behandlung poetologischer Themen ist viel weniger ein rein akademischer Diskurs; man kann in ihr durchaus Elemente einer Produktionspoetik erkennen. Entscheidend ist indes der Umstand, daß das Schwanken in der Beurteilung der Möglichkeiten des Romans ein Licht auf die objektiven Rahmenverhältnisse wirft, d. h. auf den nach wie vor undeutlichen Status des Romans aus der Sicht akademischer oder sonstiger gebildeter Kreise, in denen man der Vielfalt der unter einer Bezeichnung zusammengefaßten Literaturprodukte mit gemischten Gefühlen begegnete. Etwas von diesen gemischten Gefühlen ist auch bei Vischer erkennbar.

Zum Nachteil gereicht dem Roman nach Vischers Meinung die historisch bedingte Bereitschaft der Gattung, sich auf die Prosa des Lebens einzulassen, dazu auf extensive Weise. Der immanente Stoffhunger des Romans, seine Neugierde gegenüber einer sich stets verändernden Erfahrungswelt bewirkt gewisse Schwächen, die immer wieder in extremer Form zutage treten: einmal ist es die Neigung vieler Autoren, den Roman in den Niederungen der »wilden Unterhaltungsliteratur« anzusiedeln; zum anderen ist die verführerische Kraft des Tendenziösen eine Schwäche, der alle Autoren nachgeben, die es darauf anlegen, ihre »moralischen, socialen, politischen, religiösen Theorieen und Ideen« zur Geltung kommen zu lassen. Das schlägt sich auch in der Struktur vieler Romane nieder, bemerkt Vischer. Sprachlich und kompositorisch weniger diszipliniert als vergleichbare Werke der Vergangenheit, sind Romane oft ein Tummelplatz historischer Gelehrsamkeit und didaktischer Neigungen, das Ergebnis eines geistigen Synkretismus, der die Probleme einer literarischen Bestimmung der Gattung nicht gerade vereinfacht. Bei Vischer ist diese Feststellung keineswegs als Kompliment gemeint. Blickt man zurück auf Herders Ansichten über die Gattung des Romans, so heben sich Vischers Befürchtungen deutlich ab gegen die synthetische Vision des 18. Jahrhunderts: die erstrebenswerte »Reinheit« des Romans erscheint bei dem Zeitgenossen der großen realistischen Erzähler als ein Bekenntnis zu den Forderungen empirisch ausgerichteten Erzählens. Vom zeitweiligen Sieg dieses Grundsatzes wird im folgenden Kapitel die Rede sein.

Den Abschluß soll hier der Ausblick auf ein Werk bilden, das wie kaum ein anderes dazu beigetragen hat, ein gewisse Kontinuität in der Aneignung Hegelscher Denkmodelle vor Augen zu führen. In der zweiten Jahrhunderthälfte, im Zeitalter positivistischer Lehre und impressionistischer Kultur, war die Bereitschaft, geschichtsphilosophische Thesen mit literarischer Theorie zu verklammern, überaus gering. Von einer literaturkritischen Hegel-Renaissance konnte man erst nach 1916 sprechen, nach dem Erscheinen der *Theorie des Romans* von Georg Lukács (in Buchform 1920). Die anhaltende Wirkung dieses Werkes hat vermutlich zwei Gründe: die Kühnheit (die in negativer Sicht dann Unbekümmertheit genannt werden muß), mit der hier ein spekulativer geschichtsphilosophischer Entwurf in den Dienst literarhistorischer und gattungstheoretischer Synthesen gestellt wird, dürfte der erste sein; die denkerische Intensität, die neue Aspekte der Inhalt-Form-Beziehung zu erschließen versucht, der zweite.

Im vorliegenden Zusammenhang geht es vor allem darum, auf die Hegel-Tradition hinzuweisen. Eine vergleichende Lektüre wird in dieser Frage kaum Zweifel aufkommen lassen: in den grundlegenden Denkmotiven ist Lukács' großer Versuch ohne Hegels *Ästhetik* kaum vorstellbar. Im Vorwort zur Neuausgabe des Buches (1963) hat der Autor diesen Sachverhalt eingehend dargestellt (freilich nicht ohne beflissene Selbstzensur). Doch auch ohne diese autobiographische Rekonstruktion sind die Zusammenhänge leicht zu erkennen. Hegelisch ist, wie wir wissen, die Gegenüberstellung von Epos und Roman im Lichte geschichtlicher Prozesse. »Epopöe und Roman, die beiden Objektivationen der großen Epik, trennen sich nicht nach den gestaltenden Gesinnungen, sondern nach den geschichtsphilosophischen Gegebenheiten, die sie zur Gestaltung vorfinden. Der Roman ist die Epopöe eines Zeitalters, für das die extensive Totalität des Lebens nicht mehr sinnfällig gegeben ist, für das die Lebensimmanenz des Sinnes zum Problem geworden ist, und das dennoch die Gesinnung zur Totalität hat.« (Lukács 1963, 53) Die Metaphorik von »Geschlossenheit« und »Offenheit« markiert die Anschauungswelt wie auch die – für die geistesgeschichtliche Orientierung bezeichnende – bildhafte Sprachgestalt des Werkes.

Die epische Dichtung von Homer bis Dante hatte ihren geistigen Ort in einem festen Sinngefüge, in einer Welt, die als geschichtsphilosophische Konstruktion alle Merkmale ideeller Ordnung aufweist: alle Lebensformen und Handlungen erscheinen in einen vorgegebenen, allgemein verbindlichen Sinnzusammenhang eingebettet. Im Gegensatz zu dieser »überwölbten« Welt steht die Welt des Romans: dessen Form ist »ein Ausdruck der transzendentalen Obdachlosigkeit« (ebenda, 35). Während das Epos ritualisierten Lebensformen entspricht, ist der Roman auf der Suche nach dem Sinn und der Totalität (dem Zusammenhang) in einer »offenen«, nicht festgelegten Erfahrungswelt. Für den Romanhelden ist daher das Leben in seiner Gesamtheit ein Problem, kein Schauplatz selbstverständlicher, sinnhaft geregelter Abläufe. Die Geschehnisse im Epos, die Konflikte, werden von Lukács ganz im Sinne Hegels als immanente Auseinandersetzungen gedeutet; der Held ist daher kein Individuum in der modernen Bedeutung des Wortes, er repräsentiert vielmehr die Gemeinschaft, und sein Schicksal ist kein einmaliges persönliches, sondern gleichsam ein kollektives. Das moderne epische Individuum, der Held des Romans, entsteht dagegen aus der »Fremdheit zur Außenwelt«. Die Domäne des Romans – auch hier knüpft Lukács an Hegel und Vischer an – ist die Innerlichkeit des Menschen, die durch den neuzeitlichen Individualitätsbegriff begründet worden ist. (Der Autor ist seinen Vorgängern übrigens auch darin verwandt, daß die geistesgeschichtliche Synthese die historischen Ursachen des Wandels im Menschenbild unbeachtet läßt.) Die Entfaltung der Innerlichkeit begreift er ganz allgemein als das Zeichen eines Weltzustandes, wo »das Unterscheidende zwischen den Menschen zur unüberbrückbaren Kluft geworden ist; wenn die Götter stumm sind und weder Opfer noch Ekstase die Zunge ihrer Geheimnisse zu lösen vermag« (ebenda, 64). Die »gottverlassene« Welt, das ist Lukács' metaphorische Entsprechung zu Vischers »Wunderlosigkeit« und Max Webers »Entzauberung«. Wo die mythische Geschlossenheit und Gewißheit nicht mehr gegeben ist, regiert der Zufall. Auch Lukács gelangt, wie seine Vorgänger, notgedrungen zum Begriff der Kontingenz. Die kontingente Welt und das problematische Individuum versteht er als Wirklichkeiten, die einander wechselseitig bedingen. Mit anderen Worten: In einer Welt ohne grundsätzliche Integration kommt es auf den einzelnen an, auf dessen Lebensentwurf und auf die Folgen, die sich aus einem solchen Entwurf in der Konfrontation mit der Realität ergeben.

Im Hinblick auf die Tradition, in der Lukács zu sehen ist, überrascht es nicht, daß die Protagonisten der modernen Romangeschichte, die das Gerüst der Theorie bildet, die Helden des *Don Quijote* und von Flauberts *Education sentimentale* sind. Auch für Lukács steht am Beginn des Romans im modernen

Sinne die Erfahrung der problematisch gewordenen Wirklichkeit im *Don Qui-jote*. Vom illusionären Abenteuer führt dann der Weg zur Desillusionierung in Flauberts Roman. Über den Typus des Desillusionsromans, meint der Autor im Schlußkapitel, sei auch die neueste Entwicklung nicht hinausgekommen. Lediglich bei Tolstoj zeichne sich zuweilen die Möglichkeit eines künftigen, neuen Epos ab. Diese Entwicklung sei vollends bei Dostoevskij ausgeprägt; seine großen Werke gingen in ihrem transzendierenden Entwurf über die Grenzen des Romans hinaus, sie seien streng genommen keine Romane mehr. An dieser Stelle ist wie an keiner anderen der heute schon historische, zeit-bedingte Standpunkt des Verfassers erkennbar. Der imponierende Wurf seiner *Theorie* hat hier seine Grenzen.

IM ZEICHEN DES »SPIEGELS«:
DER SOGENANNTE REALISMUS

I

Was immer man auch gegen die Konzeption des Realismus aus der Zeit um die Mitte des 19. Jahrhunderts einwenden mag: sie bleibt untrennbar mit einem der Höhepunkte in der Geschichte der europäischen Erzählkunst verbunden. Die dieser Konzeption zugrundeliegenden poetologischen Auffassungen haben jedoch zugleich ein eher unrühmliches Kapitel im Bereich der Romanpoetik und allgemeinen Literaturtheorie eingeleitet. Es gibt kaum eine vergleichbare Bezeichnung, die ebensoviel Verwirrung gestiftet hat wie gerade die Vokabel ›Realismus‹. Die Geschichte dieser Verwirrung wird in den folgenden Kapiteln eine gewisse Rolle spielen. Es ist jedenfalls ein bemerkenswerter Umstand, daß der Roman seinen endgültigen Aufstieg auf einer eher fragwürdigen theoretischen Grundlage vollzogen hat.

Unbestreitbar ist dagegen die Tatsache, daß um die Jahrhundertmitte der Roman sich im Bereich der erzählenden Literatur jene Position sichert, die er trotz allem Gerede von einer Krise auch heute noch innehat. In der Gunst der Leser offenbar nicht zu erschüttern, beherrscht er seit jener Zeit nicht nur das Feld der Erzählprosa; er ist für zahllose Leser in aller Welt zum Inbegriff der Literatur überhaupt geworden. Kurz, wir haben es mit einer Gattung zu tun, welcher der Literaturhistoriker gern bescheinigen wird, daß sie im Hinblick auf Breitenwirkung in der gesamten Geschichte der Literatur kaum ihresgleichen hat. Die Autoren des hier gemeinten Zeitraums, von Balzac bis Dostoevskij und Fontane, haben im übrigen entscheidend dazu beigetragen, daß es im Leben der Gattung nicht nur eine abstrakte Kontinuität der Form gibt, sondern auch ein Weiterleben einzelner Autoren und Werke. Flaubert und Dostoevskij sind in diesem Sinne auch Zeitgenossen heutiger Leser.

Aufmerksamkeit verdient ferner ein weiterer auffallender Umstand. Der Sieg des Romans in jener Epoche, die man das Zeitalter des Realismus nennt, geht einher mit einer paradox sich ausnehmenden Erscheinung: nämlich mit der Bekämpfung des Romans. Diese verkürzende Formulierung bedarf einer Erläuterung, die freilich nicht darauf hinauslaufen kann, die Geschichte der Romanpoetik mit dem psychologischen Begriff des Selbsthasses zu versehen.

Zu erinnern ist vorweg an die Tatsache, von der im Hegel-Kapitel die Rede war. Die Protagonisten der glanzvollen Zeit der Romans um 1850 konnten damals in England, Frankreich und Deutschland (Rußland bildet hierin eine Ausnahme) bereits auf rund hundert Jahre bedeutenden Romanschaffens zurückblicken: die Traditionsstütze war da, sie brauchte nicht konstruiert zu werden. Was dagegen fehlte, zum Teil auch in der Praxis, vor allem aber in der Theorie, war ein zuverlässiges Bild von den Fähigkeiten und von der Bereitschaft dieser Erzählgattung, wenn es darauf ankam, sich mit der Erfahrungsrealität einzulassen. Nach wie vor waren die maßgeblichen Verfechter moderner, d. h. ›realistisch‹ ausgerichteter Romankunst gezwungen, einen Zweifrontenkrieg zu führen: ihre eigenen Ideen von moderner Erzählprosa durchzusetzen und zugleich ganz allgemein gegen überlieferte Vorstellungen und Vorurteile in bezug auf den Roman anzugehen. Die literarischen Leistungen der vorhergehenden Generation, jener der Romantiker, waren nicht gerade dazu angetan, diese Aufgabe zu erleichtern. So viel die Romantiker auch dazu beigetragen hatten, dem Roman Ansehen und Bewegungsfreiheit zu verschaffen, sie hatten es nicht verhindern können – das muß hier noch einmal hervorgehoben werden –, daß ihre Neigung zur Phantastik die Vorurteile jener Leser (und Kritiker vor allem) bestärkte, die meinten, Romane seien allemal künstlerisch anfechtbare und moralisch fragwürdige Lektüre. Was immer noch nachwirkte, war das Stigma des Romans, das ein gelehrtes Kompendium des ausgehenden 18. Jahrhunderts, Chr. W. Snells *Lehrbuch der Kritik des Geschmacks* (zit. nach Jäger, 58) folgendermaßen bestimmt: »Das Uebertriebene in Charakteren, Gesinnungen, Gefühlen und Handlungen, wodurch alle Wahrscheinlichkeit aufgehoben wird, nennt man das Romanhafte.«

In der Tat, darum ging es. Es galt nämlich, den Roman – und zwar nicht nur deklarativ, sondern auch in der Schreibpraxis – von dem Ruch des »Romanhaften« in dem oben genannten Sinne zu befreien, dem Roman sozusagen die abenteurlichen Flausen auszutreiben. Die Absicht, die sich in solchen Maßnahmen abzeichnete, wiederholte in gewisser Hinsicht die Motive, die bereits im *Don Quijote* in Erscheinung getreten waren: die Literatur zu lehren, daß sie auf die Dauer die Erfahrungsrealität nicht ignorieren könne.

Im Grunde weisen die Erwägungen, die das Aufkommen des sich als realistisch verstehenden Romans begleiteten, noch viel weiter in die Vergangenheit zurück. Ihre Ursprünge sind nicht im Zeitalter des Cervantes zu suchen, sondern in der Antike, bei Aristoteles. Die Motive des Mißtrauens gegenüber dem Roman können mit manchen Unterscheidungen der Aristotelischen Poetik in Verbindung gebracht werden. Von den Gegensätzen zwischen »möglich« und »unmöglich«, »wahrscheinlich« und »unwahrscheinlich« ist dort die Rede. Vom Standpunkt einer sich auf Aristoteles berufenden rationalistischen Poetik kompromittierten den Roman dessen Übertreibungen und Exaltationen, kurz, dessen Abweichungen von den gewohnten Mustern der Lebenserfahrung. Und das Unwahrscheinliche ist oft eine empfindlichere Quelle der Irritation als das Unmögliche; die Abweichung im Rahmen des Gewohnten stört uns mehr als der Verzicht auf Erfahrung überhaupt. Nachzulesen bei Aristoteles, im 25. Kapitel der Poetik, das die Nachahmungsproblematik behandelt. Der durchschnittliche Roman blieb zwar mit seinen Handlungen innerhalb der Erfahrungsgrenzen, jedoch er verließ nach der Meinung strenger Rationalisten zu oft den Boden des Wahrscheinlichen.

Obwohl sich die Verfechter des Realismus im fünften und sechsten Jahrzehnt des 19. Jahrhunderts nicht auf die Verteidiger des Vernunftprinzips in der Theorie des vorhergehenden Jahrhunderts beriefen, wiederholten sie indessen im wesentlichen die Argumente, die bereits im Zeitalter Diderots und Lessings zugunsten der sogenannten Lebenswahrheit vorgebracht worden waren. Die Ergebnisse dieser Auffassungen sind aus der Romangeschichte jener Zeit bekannt. Sie wurden hier namentlich im Hinblick auf Richardson und Diderot dargelegt. Die Neuerungen im Roman bei Stendhal, Balzac, Dickens und verwandten Autoren sind daher nicht dadurch gegeben, daß das Erzählen sich dem abstrakten Grundsatz der Erfahrungstreue fügt; denn diese Anpassung an die Empirie gab es auch schon früher. Neu ist daran vielmehr der Umstand, daß die Mimesis, und das heißt Gestaltung, Modellierung von Erfahrungselementen, nun nicht mehr im Sinne der moralistischen Muster der Aufklärungsepoche gehandhabt wird; geleitet wird sie in viel stärkerem Maße von einer entdeckerischen, die Grenzen der Literatur ausweitenden Erfahrungsneugierde, in der etwas von der Leidenschaft wissenschaftlichen Zugriffs enthalten ist, vom Wahrheitspathos der Epoche. Der Romanschriftsteller, der im übrigen nicht darauf verzichtet, seine Leser auf eine besondere Weise zu vergnügen, sieht seine Aufgabe und auch seine Möglichkeiten zunehmend darin, in die Nähe des Chronisten, des Historikers, Mediziners und Soziologen zu rücken.

Die Realisten (gleich, ob sie sich selbst so bezeichneten oder nicht) teilten nicht die Auffassungen mancher späteren Literaturkritiker, die meinten, da die Welt bestehe, sei es sinnlos, sie künstlerisch zu »wiederholen«. Die Erzähler des 19. Jahrhunderts gaben sich vielmehr als passionierte literarische Entdecker der Realität zu erkennen. Sie vertraten die Ansicht, der Literatur sei ein kräftiger Zustrom an Erfahrung, und zwar aktueller Erfahrung, erforderlich, damit der Roman auch seinerseits in der Lebenswirklichkeit einen neuen Platz einnehmen könnte. Die Motive dieser literarisch und wissenschaftlich begründeten Neugierde sind freilich unterschiedlicher Natur.

In der kurzlebigen französischen Zeitschrift *Réalisme* (1856/57) bildet den editorischen Schwanengesang die Versicherung des Herausgebers Edmond Duranty, der Realismus habe eine große Zukunft und er werde zum Sieg des allgemeinen zivilisatorischen Fortschritts beitragen, zu einem glücklichen Zeitalter der Menschheit. In dieser wirklichkeitsfremden Einschätzung der Dinge durch den »Realisten« ist die Vorstellung enthalten, es komme darauf an, die Literatur ihren Mitteln entsprechend gemeinsam mit der fortschrittsfreudigen positivistischen Wissenschaft agieren zu lassen, zum Wohl der Leser, die nicht nur als ästhetische Rezipienten, sondern auch als Staatsbürger begriffen werden.

Ganz anders waren die Beweggründe beim größten französischen Erzähler dieser Zeit, bei Flaubert. Gegenüber dem Fortschrittseifer empfand er eine tiefe Abneigung, der liberal sich gebärdende, die Gedanken der Aufklärung in hohle Phrasen verwandelnde Kleinbürger war ihm verhaßt. Hugo Friedrich

(36) hat recht, wenn er erklärt, der Autor habe mit Leidenschaft gerade jene Welt dargestellt, die er verneinte. Man könnte noch weiter gehen und behaupten, gerade die Intensität der Schilderung in den Gegenwartsromanen Flauberts verdanke man gleichsam einem strafenden Blick, die Schärfe sei paradoxerweise ein Ergebnis der Distanz. Über komplementäre Motive im Schaffen des Autors wird später noch die Rede sein.

Hier kommt es vorerst darauf an, zu zeigen, wie unterschiedlich die Anschauungen sein konnten, die einer bestimmten Entscheidung zugunsten der Auseinandersetzung mit der Realität zugrunde lagen. Nachzuweisen ist die Vielfalt der Gründe im Bereich einer Maxime, die zum Grundrepertoire des literarischen Realismus (und erst recht des Naturalismus) gehört: an dem Leitsatz, in der Literatur gelte das Prinzip der Gleichheit für alle Menschen, ohne Rücksicht auf Herkunft und Stand. Abstufungen dürfe es allenfalls in moralischer Hinsicht geben, dagegen in keiner anderen. Auch hier zieht das *literarische* 19. Jahrhundert die Konsequenzen aus einer Entwicklung, die in der Aufklärung ihren Ursprung hat, gattungsgeschichtlich auf dem Gebiet des bürgerlichen Trauerspiels und des Romans. Doch in den programmatischen Schriften der französischen Realisten, die in mancherlei Hinsicht als stellvertretend für die entsprechenden Tendenzen in ganz Europa gelten können, bricht das Pathos der Egalität durch, als sei es zum ersten Mal da. Die erwähnte Zeitschrift *Réalisme* verkündet den Grundsatz der Gleichheit unmißverständlich und lapidar: Il n'y a pas de haut et de bas dans la littérature, il y a des hommes – es gibt kein Hoch und Niedrig in der Literatur, es gibt nur Menschen (zit. nach Demetz, 337). Dieser »Populismus« habe verschiedene Gründe, vermerkt Demetz an gleicher Stelle, und es wäre irrig, ihn auf einen einzigen ideologischen Nenner bringen zu wollen. Gegensätzliche Weltanschauungen seien an dieser Bestrebung beteiligt. »Ich will damit sagen, daß man kein Schüler Feuerbachs sein muß, um eine plebejische Figur für die ernste Literatur zu entdecken; Positivisten, Frühkommunisten, Liberale, konservative Christen haben alle ihre eigenen Neigungen zum geringen Einzelnen, den sie aus widersprechenden Gründen wertschätzen. Courbet malt Steinklopfer, indem er dem Kommunismus Proudhons folgt; Gutzkow beschäftigt sich mit Berliner Industriearbeitern, weil sie ihm in seinem aufklärerischen Liberalismus als noch rechtlose Staatsbürger erscheinen; und Adalbert Stifter verklärt oberösterreichische Bauernkinder, weil sie ihm, im Horizont des benediktinischen Humanismus, Gottes Schöpfungswillen inkarnieren. Die gespanntesten Differenzen der Philosophien verschwinden in dem *einen* literarischen Ernst der neuentdeckten plebejischen Gestalt.«

Die überraschende Pointe des literarischen Realismus (wobei der Begriff stets historisch zu verstehen ist!) bestand darin, daß die Entdeckungen, das Erschließen von künstlerischem Neuland nicht etwa mit einem Schweifen in die Ferne verbunden war, sondern mit einem Interesse für das sogenannte Alltägliche, für die Nähe. Das literarisch Ungewohnte war die Behandlung des

Gewohnten. Das ästhetische Problem der Realisten war nicht mehr die Frage, wie mache ich das Ungewöhnliche, in exquisiter oder exorbitanter Spielart, glaubhaft; es ging vielmehr darum, das mehr oder minder Vertraute als literaturfähig erscheinen zu lassen. An dieser Frage entzündeten sich die Geister – oder sie schieden sich auch, zumal in manchen literaturkritischen Texten. Mit der literarischen Bewegung des Realismus beginnt in weltliterarischem Ausmaß die Geschichte einer Zielsetzung, die in vergangenen Epochen, wenn überhaupt, eine untergeordnete Rolle gespielt hat: die Geschichte der künstlerischen Bewältigung der alltäglichen Lebenswelt, wenn man so will, des banalen Werktags – im Gegensatz zur Darstellung des metaphorischen Sonntags. (Die Werktags- und Sonntagsmetaphorik kommt im übrigen in den programmatischen Schriften jener Zeit in der Tat gelegentlich vor.) Das poetologische Emblem dieser Bestrebung war ein Gebrauchsgegenstand mit philosophischer Aura: der Spiegel.

Den Lesern von Stendhals Roman *Le rouge et le noir* (*Rot und Schwarz*, 1830) ist bekannt, daß die Erzählinstanz des Werkes sich auch theoretisch äußert, daß sie, nach heutiger Terminologie, metatextuell agiert. Dem transzendentalen Erzähler wird die Aufgabe zugewiesen, die heikle Problematik einer sich strikt an der Erfahrung orientierenden Dichtung auf einen Nenner zu bringen. Er wählt dafür die Spiegelmetapher; und er riskiert damit – darauf ist besonders hinzuweisen – eine ganze Reihe von Mißverständnissen. Beim Gebrauch des Wortes ›Spiegel‹ stellen sich prompt Begriffe wie Widerspiegelung und Abbildung ein, Begriffe, mit denen Poetik und Kunsttheorie immer schon Schwierigkeiten gehabt haben. Deren Vertracktheit beruht vor allem darauf, daß die Vorstellungen, die der ›Spiegel‹ erweckt, es ungemein erschweren, den Kunstcharakter des Textes plausibel zu machen.

Nun, in Stendhals Roman führt uns der Erzähler in diesen Fragenkreis auf eine überaus einprägsame Weise ein. Kein Wunder, daß dessen Formulierungen zu den klassischen poetologischen Stellen gezählt und entsprechend oft zitiert werden. Aufzuschlagen ist das Kapitel »Die italienische Oper« im zweiten Teil des Romans. Der Erzähler macht sich dort Gedanken über das Fräulein de la Mole, deren leidenschaftliche Neigung zu dem ehrgeizigen Aufsteiger Julien Sorel Anlaß bietet zu Betrachtungen über allgemeine moralische und soziale Fragen. Die Erfahrung, es gehe im Leben oft so zu, daß der moralistische Betrachter Grund habe, sich mit Abscheu abzuwenden, veranlaßt den Erzähler zu folgender Schlußfolgerung:

»Ja, mein Herr, ein Roman ist ein Spiegel, der sich auf einer Landstraße bewegt. Bald spiegelt er das Blau des Himmels wider, bald den Schlamm und die Pfützen des Weges. Und der Mensch, der den Spiegel in seinem Korbe trägt, wird von Ihnen der Immoralität bezichtigt. Sein Spiegel zeigt den Schmutz, und Sie klagen den Spiegel an. Klagen Sie lieber die Straße an, auf der sich die Pfütze befindet, oder besser den Straßeninspektor, der das Wasser sich aufstauen und die Pfütze sich bilden läßt.« (385)

Noch einmal: »un roman est un miroir qui se promène sur une grande route«. Diese Aussage verdient Aufmerksamkeit nicht nur als ein früher, dazu exponierter Leitgedanke des literarischen Realismus; in dieser Funktion ist sie bekannt genug. Ebenso wichtig ist der Umstand, daß gerade dieser Gedanke des Erzählers Fragen aufwirft, die weit über diesen Roman hinaus Geltung besitzen. Der Roman selbst hätte sicherlich auch ohne diese theoretische Mitgift Karriere gemacht: dank der Generation Taines, Nietzsches und Zolas lebt das Werk auch heute noch im Bewußtsein der Öffentlichkeit als ein Musterbeispiel des »klassischen« realistischen Erzählens im 19. Jahrhundert (im Gegensatz etwa zur moralistischen und satirischen Grundierung des Romans im Zeitalter Fieldings und Diderots, oder zu den vielfältigen »neurealistischen« Versuchen unseres Jahrhunderts), gekennzeichnet durch die kommunikative Rolle des transzendentalen Erzählers, eine übersichtliche, chronologisch angelegte Handlung, integrale, psychologisch fundierte Gestalten sowie eine sprachliche Machart, die dem Leser keine wesentlichen Schwierigkeiten bereitet.

Die am häufigsten zitierte Stelle des Romans ist jedoch zweifellos die angeführte poetologische. Stendhal schuf damit offenbar die griffige Formel für ganz bestimmte Bedürfnisse der Zeit. Die Einprägsamkeit verleitete allerdings damals und auch später dazu, das Wort vom Spiegel bedenkenlos auf die unterschiedlichsten literarischen Situationen anzuwenden, zuweilen sogar mit normativem Anspruch. In theoretischer Hinsicht wirkte namentlich die Auffassung nachteilig, das Ergebnis der »Spiegelung« müsse so verstanden werden, daß das literarische Werk das Leben so darstelle »wie es ist«. Der grundlegende Zweifel, der hier angebracht ist, fordert eine genauere Betrachtung dieser Denkschablone. Es ist daher notwendig, noch bei Stendhals Text und dessen Kontext zu verweilen.

Beginnt man mit dem Kontext, so gilt es darauf hinzuweisen, daß die Spiegelmetapher eine lange Tradition hat, die bis ins Altertum zurückreicht. (Ernst Robert Curtius berichtet darüber in seinem Werk *Europäische Literatur und lateinisches Mittelalter*.) Der französische Romancier bediente sich daher nur einer bereits konventionellen Vorstellung. Irritierend mag für den zeitgenössischen Leser freilich der Gedanke gewesen sein, der Spiegel sei in stetiger Bewegung und bilde daher alles ab, was sich in dessen Umkreis befinde, sozusagen mechanisch, wahllos. Im Hinblick auf den herkömmlichen Grundsatz der Aufgabenteilung im Bereich der literarischen Gattungen (Zuweisung bestimmter Stoffe und Themen an bestimmte Gattungen, und damit Klassifikation von Erfahrung) konnte der Spiegel die beunruhigende Vorstellung chaotischer Perzeption hervorrufen. Stendhals Erzähler spricht ja ausdrücklich von unterschiedlichsten Wahrnehmungen, vor allem von Gegensätzen: Schönem und Häßlichem. Zu denken gibt ferner der Umstand, daß der Spiegel offensichtlich als ein Instrument begriffen wird, das grundsätzlich unabhängig von der Person ist, die es gerade mit sich führt – der Text sagt es bildhaft: in einem Korb. Aus einem solchen Gebrauch der Metapher konnte die Annahme abgeleitet werden, gemeint sei ein gänzlich »objektives« Verfahren, wie es später durch den Vergleich mit der Photographie veranschaulicht wurde.

Verallgemeinerungen dieser Art führten dazu, daß der Realismus — das heißt die Erfahrungskunst — Stendhals, Balzacs, Turgenevs und anderer zeitgenössischer Autoren sehr bald als eine literarische Konzeption galt, der es gelinge, die »Totalität« einer historisch und geographisch bestimmten Lebenswelt einzufangen. Unbestreitbar ist dabei, daß es den genannten Autoren geglückt war, in einem bis dahin ungeahnten Maße die Vielfalt gesellschaftlicher Vorgänge und Prozesse sichtbar zu machen und somit literarische Modelle moderner Erfahrung zu schaffen, ohne strenge Bindung an überlieferte Konventionen. Seit den meisterhaften Untersuchungen Erich Auerbachs (in *Mimesis*) kann an dieser Leistung der Epoche kein Zweifel sein.

Bedenklich bleibt allerdings der Begriff der Totalität. Gerade Stendhals Romane wie auch jene seiner Zeitgenossen und unmittelbaren Nachfolger zeigen nämlich, daß die Rede vom Spiegel, der das Leben auf der Straße (und dem »Lebensweg«, wie die komplementäre Metapher lautet) abbildet, allenfalls bedingt zutrifft. Der »Spiegel« erfaßt die zeitgenössische Realität auf der geschichtlichen und der privaten Ebene, und das heißt, daß er für die Empire als künstlerischen Grundsatz votiert. Und das ist der einzige unbestreitbare Inhalt der Stendhalschen Maxime. Alle anderen Momente dieser Aussage müssen im Zusammenhang der Dinge gesehen werden, die den Bewußtseinshorizont des Autors gebildet haben. Vor allem sind die gesellschaftlichmentalen Voraussetzungen zu bedenken, die in seiner Auffassung des »Spiegels« enthalten sind. Für Stendhal — das ist der entscheidende Punkt — leitete sich aus dem Erfahrungsprinzip keineswegs die Verpflichtung ab, die »Widerspiegelung« auf die *Gesamtheit* der Erfahrungswelt zu beziehen. Schon die Anfänge des Realismus beweisen, daß die literarische Entdeckerfreude untrennbar verbunden blieb mit der Notwendigkeit, aus dem unermeßlichen Erfahrungsrepertoire eine Auswahl zu treffen — und zwar nicht nur aus logischen, sondern ebensosehr auch aus gesellschaftlichen Gründen. Mit anderen Worten: literarische Gestaltung ist stets darauf angewiesen, das eine zu zeigen, das andere ungesagt zu lassen, und zwar in einem komplexen Wechselspiel von Intention und Konvention, einem Wechselspiel, das von der gesamten Beschaffenheit der Kultur eines Zeitalters abhängt.

Ohne Zweifel, auch Stendhals literarischer Spiegel ist ein selektives Instrument, das die Dinge und Erscheinungen keinesfalls so abbildet, wie das den Eigenschaften eines physikalischen Geräts entspräche. Da der »Spiegel im Korb« im Grunde eine mentale Instanz ist, entspricht er psychologisch den Gesetzen selektiver Wahrnehmung und sozial den Normen kulturellen Bewußtseins. Man darf annehmen, daß Stendhal wußte, daß seine poetologische Abschweifung einige Brisanz besaß; was er dagegen gewiß nicht wahrnahm, war der Umstand, daß er sich damit auf einen der empfindlichsten Punkte allgemeiner Literaturtheorie eingelassen hatte.

Beachtet man die Gesamtheit des Kapitels über die »italienische Oper«, so
stößt man auf Erörterungen des Erzählers, die gerade unter dem besagten
theoretischen Aspekt nicht übersehen werden dürfen. Es ist dort unter anderem von Mathildes Liebesleidenschaft die Rede: ihr gilt die ironische Bemerkung des Erzählers, der das Verhalten unter gesellschaftlichen Gesichtspunkten bedenklich nennt, denn der Liebhaber, Julien, sei ja nur Sekretär im
Hause des Marquis. Der erzählerische Kommentar betont, daß die Gestalt des
adeligen Fräuleins völlig frei erfunden sei und daß die authentischen jungen
Damen der Pariser Salons nicht den geringsten Grund hätten, betroffen zu
sein; das Verhalten junger Damen in der Realität sei viel vernünftiger. Der
Erzähler verläßt sich hier auf die Möglichkeiten der Ironie, und damit der
Doppeldeutigkeit; das Verhältnis zwischen Erfahrung und literarischer Formulierung bleibt in der Schwebe. Wirklichkeitsaussage oder rhetorisches
Spiel? Denkt man an den Spiegel des Realisten, stellen sich berechtigte Zweifel
ein: dieses Instrument bleibt ein eigentümliches Ding, bei dem man offenbar
nie recht weiß, woran man ist.

Der Verfasser von *Rot und Schwarz* und der *Kartause von Parma* war jedenfalls weit von jener Naivität entfernt, die sich zuweilen auch in Urteilen von
Kritikern äußert, so wenn es heißt, ein Autor spiegele seine Zeit wider und
sage die ganze Wahrheit über sie (um nur ein Beispiel aus dem Vorrat von
Gemeinplätzen zu geben). Stendhal war sich offenbar dessen bewußt, daß ein
wie auch immer beschaffener Spiegel nicht dazu fähig sei, literarische Probleme zu lösen, sondern daß er allenfalls dazu da sei, welche aufzuwerfen. Und
zu diesen Problemen konnte Stendhal nicht zuletzt auch die Frage zählen, ob
es nicht an der Zeit sei, mit Kategorien wie schön und häßlich, oben und
unten usw. anders zu verfahren als bislang, vor allem aber abgedroschenen
Idealisierungsmustern den Rücken zu kehren.

Stendhals Theoriebewußtsein ist offenkundig, wenn man seinen Roman
von 1830 mit seinem literaturkritischen Aufsatz *Walter Scott et »La Princesse de
Clèves«* vergleicht, der ebenfalls im Jahr der Julirevolution erschien, übrigens
kurze Zeit nach Abschluß der großen Ausgabe von Scotts Werken in französischer Übertragung. Der allgemeinen Begeisterung trat hier ein sehr nüch-
ternes Urteil entgegen. Der Verfasser kommt unter anderem zur Schlußfolgerung, jedes Kunstwerk sei eine wunderbare Lüge, zu einem Urteil, das
freilich nicht wörtlich zu nehmen ist, sondern eher als eine ironische Anspielung auf Platons mehrdeutige Behauptung, die Dichter würden zuviel lügen.
Ganz sicher ist jedoch darin der Gedanke enthalten, daß die Autoren, sobald
sie sich in den Bereich der Fiktion begeben hätten, mit der Erfahrung frei
schalten und walten könnten, zumindest grundsätzlich. Der Spiegelmetapher
entspricht hier eine Lügenmetapher, die mit der Lüge im sprachlogischen
Sinne so gut wie nichts zu tun hat. Stendhal beschäftigt die Frage, wie das
Verhältnis zwischen Literatur und Wirklichkeit zu begreifen sei, und er gelangt zu der theoretisch entscheidenden Folgerung, daß die Empfehlung, man

möge sich an der Realität ausrichten, ein leeres Wort bleibe, solange man nicht
wisse, was Wirklichkeit bedeute und was für eine Art von Erfahrung in ein
bestimmtes literarisches Werk eingegangen sei.

Nichts sei so töricht, argumentiert Stendhal an gleicher Stelle, wie der
Ratschlag an Schriftsteller, ahmt die Natur nach. Das sei leichter gesagt als
getan, denn Natur kann Verschiedenes bedeuten. Vieles hänge von der Erfahrung und vom historischen Zeitpunkt ab. Racine und Shakespeare können
beide als geniale Dichter gelten; und doch verfahren sie mit menschlichen
Leidenschaften ganz unterschiedlich, beide überzeugt davon, es mit der Natur
zu halten. Shakespeare war es daran gelegen, bei einem breiteren, nicht sehr
gebildeten und verfeinerten Publikum Anklang zu finden. Racine dagegen
orientierte sich am Geschmack höfischer Kreise, wo es darauf ankam, die
Gunst des Königs und der Damen zu gewinnen. Stendhals Fazit: Die Natur,
die Erfahrungsrealität an sich gibt es nicht; Natur ist stets das, was der Autor
und das Publikum als wirklich und natürlich anzusehen geneigt sind.

Der Maßstab, den Stendhal hier anführt, eine rezeptionsästhetische Überlegung, ist freilich nicht immer vorrangig, und in manchen Epochen wird er
eher mißachtet. Bemerkenswert ist indessen der Umstand, daß am Anfang der
realistischen Konzeption im Roman des 19. Jahrhunderts nicht nur ein Bekenntnis zum »Spiegel« steht, sondern auch eine skeptische Betrachtung über
die Relativität aller Versuche, die Literatur der Wirklichkeit anzunähern, auch
wenn unter Wirklichkeit nicht mehr zu verstehen ist als eine vage Summe
allgemeiner Erfahrungswerte sowie eine ebenso allgemeine Vorstellung von
der Natur des Menschen, d. h. von den sogenannten anthropologischen Universalien.

Der Titel von Stendhals Aufsatz bezieht sich jedoch auf einen zweiten
wichtigen Punkt. Das Schaffen Walter Scotts und die Erzählkunst der Madame de Lafayette werden für einen Vergleich herangezogen, einen Vergleich,
der eindeutig zugunsten der französischen Autorin spricht, und zwar nicht nur
aus Höflichkeit gegenüber einer Dame. Die Idee des künstlerischen »Fortschritts« wird von Stendhal stillschweigend widerlegt. Für ihn stellen die beiden genannten Namen extreme Gegensätze dar. Der englische Erzähler ist
zwar moderner (Stendhal war Zeuge seines europäischen Ruhmes), doch die
bedeutendere Leistung in der Geschichte des Romans erblickt der Kritiker im
Werk der Autorin aus dem 17. Jahrhundert. Seine Bewunderung gilt der
psychologischen Kunst in der *Prinzessin von Clèves*, wohingegen die kulturhistorischen Detailschilderungen Scotts eher Zweifel wecken. Stendhal betont,
daß er mit seinem Urteil über den Schotten gegen den Strom schwimme, so
groß sei dessen Beliebtheit in vielen Ländern. Doch für ihn sei die primäre
Frage, was als wichtiger zu gelten habe: die Beschreibung der Landschaft, der
Kleidung, des Aussehens, oder aber die Geheimnisse des menschlichen Herzens. Über die Antwort bestehe bei ihm nicht der geringste Zweifel; denn in
der mittelalterlichen Kleidung könne man sich irren (man wisse ja nicht ein-

mal über die Kleiderordnung aus der Zeit Richelieus unfehlbar Bescheid),
allein die wirklichen Kenntnisse eines Autors erfahre man durch die Schilderung menschlicher Gefühle. Da gelte es, taktvoll Erfahrung zu zeigen und
nicht in den Fehler zu verfallen, einen edlen Menschen mit gemeinen, groben
Zügen zu versehen.

Man kann voraussetzen, daß in dieser Beurteilung auch eine Erklärung in
eigener Sache enthalten ist. Liest man *Rot und Schwarz* vor dem Hintergrund
dieser Äußerungen, so erkennt man das Eintreten des Autors für eine psychologisch interessierte Erzählkunst, der Empfindungen wichtiger sind denn Ko-
stüme, als eine Form des Selbstverständnisses. Obwohl Stendhal zu den bahnbrechenden Meistern der Milieuschilderung und des anschaulichen Details im
Roman des 19. Jahrhunderts gehört, steht seine Herkunft aus der Tradition
des psychologischen Moralismus des 17. und 18. Jahrhunderts außer Frage. In
seinem lakonischen Erzählstil bildet die moralistische Betrachtung, und damit
die Bewußtseinsanalyse, den eigentlichen Kern. Die Milieu- und Gegenstands-
schilderungen erscheinen stets folgerichtig auf die Personen und deren Schicksale bezogen. »Es zeigt sich«, schreibt W. Killy (72) in seiner Analyse von *Rot
und Schwarz*, »daß die Realien nicht allein um der Realität und Überzeugungskraft ihrer zufällig-plausiblen Erscheinung willen geschildert sind. Zwar sind
sie durchaus historisch, ja Grundzüge der französischen Geschichte scheinen
in ihnen anwesend. [...] Aber nicht um der Vergangenheit willen stellt Stendhal die Realien dar, denn er schreibt keinen Professorenroman, sondern er
erzählt, und sein historischer Sinn läßt mit den Gegenständen die Vergangenheit, gleichsam in perspektivischer Abkürzung, miterscheinen, um die Gegenwart nur um so bestimmbarer zu machen.« Stendhals Realismus, so Killys
Schlußfolgerung, schildert Sachen und trifft Menschen.

Kein Wunder also, daß Stendhal die moralistische, den Regungen des Bewußtseins nachspürende Prosa der Madame de Lafayette viel höher schätzte
als die historisierenden Bilderbogen Walter Scotts. Zumal er sich im Bereich
des Innenlebens auch als Erzähler freier, ungebundener fühlte, allemal nur der
Intuition verpflichtet, keiner sonstigen Schaffensmaxime, auch nicht den etwaigen Zwängen der Verpflichtung gegenüber dem »Spiegel«. Die letztere
Feststellung leitet noch einmal zurück zur Metaphorik, von der wir ausgegangen sind. Sechs Jahre nach dem Erscheinen seines ersten großen Romans
formulierte Stendhal im zweiten Vorwort zum Roman *Lucien Leuwen* einen
Satz, der eine wesentliche Einschränkung enthält: Im Roman müsse man einen
Spiegel sehen, doch die Leidenschaften des Helden dürfe man als eine Ausnahme gelten lassen. Mit anderen Worten, die Verpflichtung gegenüber der
Faktenwelt und der Erfahrung hat ihre Grenzen; die menschliche Natur, die
sich offenbar dem physikalischen Naturbegriff entzieht und als eine besondere
Art von Wirklichkeit angesehen werden muß, darf Anspruch darauf erheben,
von der poetischen Eingebung als etwas Eigentümliches und Unalltägliches
behandelt zu werden. Der »Spiegel« wird damit deutlich relativiert, man könnte auch sagen: in seine Schranken gewiesen.

Wie weit entfernt Stendhal von radikalen Abbildungsbestrebungen gewesen ist, läßt auch seine Neigung gegenüber bestimmten Formen herkömmlichen Erzählens, vor allem in der Tradition des 18. Jahrhunderts, erkennen. Seinem psychologischen Moralismus bot sich als geeignetes Mittel erzählerischer Strategie der erhöhte Standpunkt des kommentierenden Erzählens an, von dem aus unter anderem auch das Erzählen selbst zum Gegenstand der Betrachtung gerät. Die Autoren der ersten Realistengeneration, Stendhal, Balzac, Dickens, Gogol', waren im Gegensatz zu Flaubert und Zola noch nicht der Ansicht, diese Art erzählerischer Darbietung sei unvereinbar mit dem modernen literarischen Empirismus. In seiner erzählerischen Praxis zeigte Stendhal jedenfalls wenig Bereitschaft, sich dem Diktat der Widerspiegelung zu fügen. Unbekümmert um die Gebote der außerliterarischen Realität ließ er unmißverständlich die *Literatur* zu ihrem Recht gelangen. Er ließ keinen Zweifel daran, daß die artifiziellen Prozeduren des Schreibens ihre eigene Logik aufweisen und daß die Beschaffenheit des Textes durchaus von Dingen bestimmt werden kann, die in der Wirklichkeit des Lebens kein Gegenstück haben. Insofern ist Stendhals Bemerkung, die Leidenschaften der Helden hätten nicht dem »Spiegel« zu gehorchen, noch zu ergänzen: Auch der Erzähler mit seinem Beharren auf bestimmten Gewohnheiten, vor allem auf dem Verfahren des Meta-Erzählens, entzieht sich den Gesetzen der Abbildung.

Einprägsame Beispiele bieten sich namentlich dort an, wo dem Erzähler daran gelegen ist, den fiktiven Leser in die Überlegungen einzubeziehen. In *Rot und Schwarz* heißt es gegen Ende des 27. Kapitels: »Wir fürchten indes, unsere Leser durch Aufzählung der tausend Widerwärtigkeiten, die unserem Helden blühten, zu ermüden.« Die Rücksicht, von welcher der Erzähler spricht, gehört zu jenen Elementen der literarischen Fiktion, die notgedrungen den Blick des Lesers auf die Beschaffenheit des Textes und darüber hinaus auf den Erzählakt im allgemeinen lenken, sozusagen auf die literarische Veranstaltung an sich. Nicht den Objekten im »Spiegel« gilt die Aufmerksamkeit, sondern den Vorgängen, im Rahmen derer auch das Geschäft des Abbildens seinen Platz hat. Die oben angeführte Stelle erinnert übrigens an Eingriffe des Erzählers in Gogol's Roman *Mertvye duši* (*Die toten Seelen*, 1842). So etwa an eine Betrachtung am Beginn des zweiten Kapitels, wo der Erzähler die Dienerschaft der Hauptfigur, des Hochstaplers, vorstellt. Nachdem er sich mit dem Äußeren und den Gewohnheiten des Personals beschäftigt hat, hält der Erzähler plötzlich inne und besinnt sich der Probleme seines eigenen Aufgabenbereiches. »Der Autor schämt sich, daß er die Leser dazu zwingt, ihre Aufmerksamkeit Menschen niederen Standes zu widmen, wo er doch aus Erfahrung weiß, wie ungern sich Leser mit den niederen Schichten abgeben.« Daß hier eine ironische Taktik im Spiel ist, braucht nicht erläutert zu werden. Der Erzähler (der von Gogol' terminologisch etwas lax als Autor bezeichnet wird) versichert sich augenzwinkernd des Einverständnisses einer bestimmten Lesersorte und stellt zugleich mit gespielter Naivität ein Thema aus der Stoff-

welt der Literatur zur Diskussion. Es ist überaus bezeichnend für die Wege
des Romans um die Jahrhundertmitte, daß das *realistische Projekt* des Romans,
um den Vorstoß so zu nennen, mit literarischen Mitteln praktiziert worden ist,
welche die Realität nicht nur als etwas im voraus Gegebenes und damit strikt
Abzubildendes in Angriff nehmen. Vor allem zeigen Stellen wie die angeführten,
daß das Erzählen zu diesem Zeitpunkt seine Autonomie, seine Selbstherr-
lichkeit, wenn man so will, noch durchaus bewahrt hatte. Die Erschließung
neuer Erfahrungsbereiche wurde der Literatur angepaßt, und nicht umgekehrt, wie das später der Fall war. Zur Bekundung von Autonomie dient aber
in ganz besonderem Maße das soeben vorgeführte Verfahren: die Freiheit des
Erzählers gipfelt darin, daß er sich selbst in Szene setzt und dem Leser taktvoll
einen Einblick in seine Werkstatt gewährt, in den Schnürboden der Literatur
gleichsam. Die moralistische Tradition des 18. Jahrhunderts, die sich unter
anderem in der metatextuellen Mitteilsamkeit des Erzählens kundtut, und die
neue »sachliche« Neugierde der Realisten schließen einander nicht aus.

Das gilt auch von einem der anspruchsvollsten Romanprojekte des Jahrhunderts. Rund zehn Jahre nach Hegels Wort von der modernen Epopöe
begann in Frankreich das große Romanwerk Balzacs zu erscheinen, ein viel-
bändiges Unternehmen, das so etwas wie eine erzählerische Inventur darstellen
sollte. Schon der Gesamttitel, *La comédie humaine*, ließ erkennen, daß es dem
Verfasser darum zu tun war, den Roman aus seiner − ohnehin nicht ganz
selbstverschuldeten − Unmündigkeit herauszuführen und ihm einen gewissen
klassischen Nimbus zu verleihen. Zu der *Göttlichen Komödie* gesellt sich hier die
Menschliche; das Erzählen steigt in den zeitgenössischen bürgerlichen Alltag
hinab, vergewissert sich jedoch zugleich der Weihen des großen Epos.

Es ist kein Zufall, daß Balzac sich zur selben Zeit wie Stendhal *pro domo*
Gedanken machte über die Rolle des Bewußtseins im Schaffen eines Autors,
der sich anschickt, in literarisches Brachland vorzustoßen. Kennzeichnende
Gedanken vertraute er dem Vorwort zum frühen Roman *La peau de chagrin*
(*Das Chagrinleder*, 1831) an, einer Schrift, die im Ansatz ein Manifest des
realistischen Objektivismus ist. Der Schriftsteller, betont Balzac, vermutlich
mit einem Seitenhieb gegen eine banalisierende Auslegung des romantischen
Individualismus, müsse nicht das eigene Leben verarbeiten; viel bedeutender
sei die Kunst, auf Grund scharfer Beobachtungen fremdes Leben sprachlich
erstehen zu lassen. Voraussetzung ist das unbändige Interesse für alles Wirkliche und Lebensvolle: in diesem Sinne begreift Balzac den Erzähler als den
Träger eines »Hohlspiegels«, in dem sich nach Bedarf das ganze Universum
spiegeln könne. Die Spiegelmetapher, das ist evident, gehört zum poetologischen eisernen Bestand des Zeitalters.

Balzacs Verständnis des Bewußtseinsspiegels ist psychologischer Art: die
Kunst des Schreibens besteht für ihn aus zwei Fähigkeiten − der Beobachtung
und der Umsetzung des Wahrgenommenen in Sprache. »Viele wertvolle Menschen sind begabte Beobachter, aber es fehlt ihnen das Talent, ihren Gedanken

eine lebendige Form zu geben, wie andere Schriftsteller dagegen die Gabe haben, wunderbar zu schreiben, ohne dabei aber von einem scharfsichtigen und wißbegierigen Genius geleitet zu werden, der alles sieht und vermerkt.« (Zit. nach Hausmann/Mandelsloh/Staub, II, 64) Für den Autor der *Menschlichen Komödie* ist beides wichtig, das sagt er ausdrücklich. Doch der Raum, den er in seiner Betrachtung dem Beobachten, dem spiegelnden Bewußtsein widmet, ist ein deutliches Zeichen dafür, daß sein eigentliches theoretisches Interesse im Bereich der Wahrnehmungsarbeit zu sehen ist. Diesem Interesse für Realität, für »die Leidenschaften, die Länder, die Lebensweisen, die Charaktere« (II, 65), liegt sozusagen eine objektivistische Bereitschaft zur Einfühlung in fremde Schicksale zugrunde – ein Pathos der leidenschaftlichen Anteilnahme, im Gegensatz zur Ironie der Leidenschaftslosigkeit und Distanz, die bei Autoren wie Flaubert und Thomas Mann zum Geist künstlerischen Schaffens zählen wird.

Sein Programm erläuterte Balzac am ausführlichsten in der Vorrede zur *Menschlichen Komödie* 1842. Seine primäre Überlegung betrifft die Frage, wie ein breit angelegtes literarisches Gefüge zu begründen sei, in dem zahllose Gestalten Revue passieren, manche sich zyklisch behaupten, andere wiederum nur in einzelnen Episoden vorkommen. Das Vorwort geht auf das Problem des Figurenrepertoires ein, indem es die Leser davon zu überzeugen sucht, daß es notwenig sei, die Literatur an den Erkenntnissen der zeitgenössischen Wissenschaft teilhaben zu lassen. Es ist bemerkenswert, daß Balzac seine Anschauungen von der modernen Gesellschaft nicht auf Einsichten der damals sich entwickelnden Gesellschaftswissenschaft, der Soziologie, stützte, sondern sich von Gedanken leiten ließ, die in der damaligen naturwissenschaftlichen Forschung vorherrschend waren. Die positivistische Soziologie, die ein Zeitgenosse in Frankreich begründet hatte, Auguste Comte mit seinem *Cours de philosophie positive*, war ihm nicht unbekannt. Die Gedanken zu einer Systematik menschlicher Verhaltensweisen fand er jedoch bei den Naturforschern. Wichtige Anregungen empfing er von Buffon und Bonnet, namentlich aber von seinen Zeitgenossen Cuvier und Geoffroy Saint-Hilaire. Er erwähnt übrigens auch Goethes autoritatives Urteil auf dem Gebiet der Anatomie. Geoffroy Saint-Hilaire (*Principes de philosophie zoologique*) bedeutete ihm offenbar sehr viel; ihm widmete er seinen Roman *Le père Goriot*. Die heftige Kontroverse zwischen den beiden französischen Gelehrten, Cuvier und Geoffroy Saint-Hilaire, beschäftigte damals die europäische Öffentlichkeit, und Balzac ergriff wie viele seiner Zeitgenossen Partei für den letzteren, der für den Gedanken der Evolution bzw. der Anpassung in der Natur eintrat. Taine wandte später ähnliche Thesen an, um die Gesetzmäßigkeit kultureller Erscheinungen zu erklären.

Balzac war in seinem Bestreben, Regularitäten im gesellschaftlichen Bereich zu erkunden, der Ansicht, menschliche Lebensformen seien mit Erscheinungen der Tierwelt zu vergleichen. Sein Ausgangspunkt war die Auffassung, daß im Verhältnis zwischen den Tierarten und der Umwelt auffallende Analogien festgestellt werden können. Diese wiederum seien dazu angetan, den Blick auf verwandte Phänomene beim Menschen zu lenken. »Formt nicht auch die Gesellschaft aus dem Menschen je nach der Umwelt, nach den Milieus, in denen sein Tun und Handeln sich entfaltet, ebenso viele verschiedenartige Menschen, wie es in der Zoologie Varianten gibt? Die Unterschiede zwischen einem Soldaten, einem Arbeiter, einem Verwaltungsbeamten, einem Advokaten, einem Müßiggänger, einem Gelehrten, einem Staatsmann, einem Handelsmann, einem Seemann, einem Dichter, einem armen Teufel, einem Priester sind, obwohl schwieriger zu erfassen, dennoch genau so beträchtlich wie die für den Wolf, den Löwen, den Esel, den Raben, den Hai, die Seekuh, das Lamm usw. geltenden Unterschiede. Es hat also von jeher soziale Gattungen gegeben und wird sie zu allen Zeiten geben, wie es zoologische Gattungen gibt. Wenn Buffon ein herrliches Werk geschrieben hat, in dem er versuchte, das Gesamt der Zoologie in einem Buch darzustellen, lag es da nicht nahe, ein Werk gleicher Art über die Gesellschaft zu schreiben?« (Hausmann u. a., II, 68)

Oft wird nur diese Stelle angeführt, die – aus dem Kontext gerissen – ungenaue Vorstellungen von den Absichten des Autors hervorruft. Die folgenden Abschnitte zeigen deutlich, daß er sich durchaus im klaren war über die Unterschiede zwischen den angeführten Kategorien. Fasziniert war er vor allem von dem Gedanken, im Bereich literarischer Menschengestaltung könne sich die naturwissenschaftliche Systematik durchsetzen und eine Inventarisierung menschlicher Verhaltensweisen ermöglichen, eine klassifizierende Gesamtschau der Normen, Konventionen, Klassenverhältnisse und anderer gesellschaftlicher Erscheinungen. Das naturwissenschaftliche Modell hindert Balzac jedoch nicht daran, in einer entscheidenden Weise historisch zu argumentieren. Im Gegensatz zu den Tieren, betont er, ist der Mensch ein geschichtliches Wesen, er verändert seine Lebensformen und seine Umwelt, er ist grundsätzlich mobil. Daher sind Einsichten in das soziale Gefüge stets Ergebnisse konkreter, geschichtlich vermittelter Erfahrung: Typologien halten eine bestimmte historische Situation fest, keineswegs sind sie Muster einer überzeitlichen, unverrückbaren Ordnung der Dinge.

»Die Gewohnheiten jedes Tieres bleiben, zumindest für unsere Augen, jederzeit und beständig die gleichen, wogegen die Gewohnheiten, die Kleidung, die Worte, die Wohnungen eines Fürsten, eines Bankiers, eines Künstlers, eines Bürgers, eines Priesters und eines Armen untereinander völlig verschieden sind und sich entsprechend den Zivilisationen wandeln.« (Ebenda, 69)

Es fällt nicht schwer zu erkennen, daß die naturwissenschaftliche Ausstattung von Balzacs Produktionspoetik nicht übermäßig verbindlich ist: was sich dahinter verbirgt, ist ein eminentes Interesse und Gespür für die besonders ausgeprägten Merkmale einer sozialen Schicht oder eines Milieus. Dieses Interesse, getragen von dem unbändigen Temperament des französischen Romanciers, leitete eines der entscheidenden Kapitel in der Geschichte des neueren

Romans ein. Balzac, der sich noch viel mehr als Stendhal von der Tradition moralistischer Erzählliteratur entfernte, tat jenen entscheidenden Schritt in der Eroberung des Alltagslebens, ohne den ein Großteil der neueren Romanliteratur nicht vorstellbar wäre – und er tat diesen Schritt radikaler als seine englischen und russischen Zeitgenossen. Für die literarischen Bestrebungen dieser Generation hat sich die Bezeichnung ›Realismus‹ eingebürgert; ebenso hätte sich freilich auch die Benennung ›Empirismus‹ oder ›Konkretismus‹ durchsetzen können, und zwar gerade im Hinblick auf Balzacs künstlerisches Vermögen, der zivilisatorischen Dingwelt literarisches Leben zu verleihen und in diese Dingwelt Gestalten hineinzustellen, in denen nicht mehr Züge klassizistischer Typisierung vorherrschen, sondern Merkmale individueller Authentizität. Auerbach hat recht, wenn er (im Stendhal- und Balzac-Kapitel von *Mimesis*) darauf hinweist, daß Balzacs literarische Praxis in manchen Punkten den Vorstellungen widerspricht, die das Vorwort zur *Menschlichen Komödie* beim Leser erwecken. Wer nur diesen Text kennt, ahnt nicht, wie weit sich die Machart der Romane von einem typologischen Figurenzuschnitt in der Art älterer Literatur (mit »dem Kaufmann«, »dem Soldaten« usw.) entfernt hat. Balzacs Gestalten sind mit ihrer Vielfalt konkreter Merkmale im Grunde nur in ihrer räumlichen und zeitlichen Gegebenheit vorstellbar.

Die Schilderungen der Personen bestätigen die Grundtendenz des Erzählers auf eine eigentümliche Weise. Zu seinen prägnantesten Gewohnheiten gehört nämlich, fast als Manier, das Verfahren der relativen Verallgemeinerung. Die oft sehr eingehenden Beschreibungen des Äußeren, d. h. der Haltung, der Gestik, der Kleidung, wird selten ohne den Hinweis absolviert, es handle sich um ein Merkmal, das bezeichnend sei für *den* Pariser, *den* ehemaligen Offizier der napoleonischen Armee, *die* Besucher vornehmer Restaurants, *die* Straßenverkäufer usw. Als Beispiel nehme man eines der großen Spätwerke, den Roman *Le cousin Pons* (*Vetter Pons*, 1847).

Gleich im ersten Kapitel begegnet man diesem Merkmal des typisierenden und zugleich konkret milieubezogenen Erzählens, wenn der Titelheld zum Gegenstand einer Beschreibung wird, die zugleich dazu dient, den Lebensraum sowie die historischen Determinanten der Gestalt sichtbar zu machen. Das unmoderne Äußere des Musikers Pons rief bei den Flaneurs des Boulevards des Italiens, heißt es, jenes Lächeln hervor, das den Parisern eigen ist (»ce sourire particulier aux gens de Paris, et qui dit tant de choses ironiques, moqueuses ou compatissantes, mais qui, pour animer le visage d'un Parisien, blasé sur tous les spectacles possibles, exige de hautes curiosités vivantes«), ein Lächeln also, das Spott oder Mitleid zeigt, das aber bei dem blasierten Pariser nur durch eine sehr auffallende Erscheinung hervorgerufen wird. Der gleichen Art von generalisierender Charakterisierung gehören, im zweiten Kapitel, Bemerkungen an, die auf einer klassifizierenden Sicht beruhen: unter den Einwohnern der Hauptstadt treten als gesonderte Kategorie etwa die Minderbemittelten aus der guten Gesellschaft (»les pauvres de la bonne compagnie«)

oder die Stutzer aus der Zeit des Kaiserreichs in Erscheinung. Es überrascht nicht, daß diese Gepflogenheit den transzendentalen Erzähler auf Schritt und Tritt zum Räsoneur über gesellschaftliche Fragen macht; so wenn im dritten Kapitel die staatliche Förderung der Künste Gegenstand der Betrachtung ist und Kritik an den typischen französischen Institutionen geübt wird.

Eine wahre Flut von Verallgemeinerungen enthalten die Bemerkungen, die aus klassifizierender Sicht nationalen Merkmalen gelten. Die zweite Hauptgestalt des Romans, ein deutscher Musiker, treuherzig und bieder, veranlaßt den Erzähler immer wieder dazu, *den* Deutschen in den Blick zu rücken. Obwohl Schmucke durchaus individuell dargestellt erscheint, läßt es sich der Räsoneur nicht nehmen, Schlüsse über deutsche Typik mitzuteilen: über *den* deutschen Biedersinn, *die* deutsche Naturliebe, *das* kindliche Gemüt (»ces enfantillages de sentimentalité qui distinguent les Allemands«). Nachzulesen im fünften Kapitel. Als besonderer *hommage* zugunsten der deutschen Kunst darf, im selben Kapitel, der Abschnitt über den deutschen Beitrag zur modernen Musikgeschichte verstanden werden. Vor allem das Klavierspiel wird als eine deutsche Kunst bezeichnet; *der* Pianist ist seit Mozarts Zeiten deutscher Herkunft, und der Erzähler nennt zwanzig bekannte Namen, von Liszt und Mendelssohn bis Clara Wieck, um seine These zu begründen – die Ansicht nämlich, daß das Individuelle in literarischer Sicht stets auch Züge des Allgemeinen, Konventionellen oder Historischen verraten muß.

Die Absichten des Autors werden noch deutlicher, wenn man auch jene Passagen der Vorrede berücksichtigt, die zumeist weniger Beachtung finden. In seiner Argumentation berührt er ein Denkmotiv, das mit naturwissenschaftlicher Systematik wenig zu tun hat: das Motiv des Zufalls. In der geschichtlichen Welt herrscht der Zufall, die Überraschung, der Wandel – im Gegensatz zu den Ordnungen der geschichtslosen Lebewesen. Den Roman setzt Balzac offenbar mit historischer Erfahrung gleich, wenn er verkündet: »Der Zufall ist der größte Romanautor der Welt. . .« (Hausmann u. a., II, 70). Da er den Zufall als eine geschichtliche Kategorie begreift (eine Erscheinung, die nur in einer von Veränderungen gelenkten Welt auf eigene Weise wirksam sein kann), bildet sie das Stichwort für die Koppelung von Roman und realer Gesellschaft. »Die französische Gesellschaft sollte der Geschichtsschreiber sein; ich selbst lediglich der Sekretär. Indem ich das Inventar der Laster und Tugenden aufstellte, indem ich die wichtigsten Faktoren der Leidenschaften sammelte, Charaktere malte, eine Auswahl unter den bedeutsamsten Geschehnissen des gesellschaftlichen Lebens traf, indem ich durch die Zusammenfügung der Züge mehrerer homogener Charaktere Typen gestaltete, konnte ich vielleicht dahin gelangen, die von so vielen Historikern ausgelassene Geschichte zu schreiben, die der Sitten.« (70)

Für Balzacs Absichten war vor allem entscheidend, daß der naturgeschichtliche Impuls durch die Sicht des »Geschichtsschreibers« überlagert wurde. Im Selbstverständnis war er »der Erzähler von Tragödien des häuslichen Lebens, der Archeologie des gesellschaftlichen Mobiliars, der Benenner der Berufe, der Registrator des Guten und Bösen«. Und auch noch viel mehr als das: es galt, die Ursachen gesellschaftlicher Erscheinungen, die verborgenen oder offenen Triebkräfte des sozialen Lebens zu ergründen, »dem geheimen Sinn in dieser riesigen Ansammlung von Gestalten, Leidenschaften und Geschehnissen auf die Spur« zu kommen. (70/71) Im selben Zusammenhang bekennt sich Balzac als Historiker des Privatlebens vollends zu einem Grundsatz, der beweist, daß trotz einiger biologistischer Anleihen seine Sicht letztlich moralistisch ist, ja im einzelnen auch ideologisch. Mit naturgeschichtlicher Wertfreiheit hat er nichts im Sinn; ganz im Gegenteil, er zögert keineswegs, die literarische Programmschrift mit einer weltanschaulichen Konfession zu versehen. Dieses Bekenntnis hat später bei vielen Kritikern, namentlich bei liberalen und sozialistisch orientierten, Ärgernis hervorgerufen; verständlicherweise, denn deutlicher hätte das Votum für Monarchie und Katholizismus nicht ausfallen können. In diesen Einrichtungen erblickt Balzac die Gewähr dafür, daß der Mensch sich durch Erziehung über den Punkt ethischer Indifferenz erhebt. Der Mensch ist von Natur weder gut noch böse: so die These des Autors, die zugleich ausdrücklich gegen die Ansichten aus dem zweiten *Discours* Jean-Jacques Rousseaus Stellung bezieht. Mit einer eigentümlichen Mischung von Konservatismus und Fortschrittsglauben bescheinigt Balzac der zeitgenössischen Gesellschaft den besten Willen. Die Gesellschaft verdirbt nicht den Menschen, sie bessert ihn, wenn auch unter schwierigen Bedingungen: denn das Nützlichkeitsdenken fördert die Habsucht und den Egoismus. Diesen verwerflichen Neigungen tritt das Christentum entgegen, das damit »das stärkste Element in der sozialen Ordnung« bildet.

Es ist schon oft darauf hingewiesen worden, daß Absichtserklärung und Erzählwerk bei Balzac keineswegs eine bruchlose Einheit bilden. In unserem Zusammenhang tritt jedoch ein anderes Thema in den Vordergrund. Mit dem Gedanken, den Schriftsteller mit dem Historiker zu vergleichen, begab sich Balzac nämlich auf ein traditionsreiches Gebiet, vielleicht ohne es zu wissen. Ein solcher Vergleich findet sich bereits im ältesten poetologischen Werk der europäischen Literatur, in der Poetik des Aristoteles. Im neunten Kapitel seiner Schrift behandelt der philosophische Systematiker die Frage der Abgrenzung zwischen dem Geschichtsschreiber und dem Dichter (Epiker) und nennt als wesentlichen Punkt den Unterschied, den man zwischen Bericht und Erfindung machen müsse. Der Historiker berichtet (in welcher Sprachform, in Versen oder in Prosa, ist gleichgültig) über Dinge, die geschehen sind, der Dichter dagegen über Dinge, die geschehen könnten. Aus diesem rein logisch definierten Unterschied leitet Aristoteles jedoch einen gewichtigen Wertunterschied ab. Die Dichtung sei aus diesem Grunde philosophischer und bedeutender als die Geschichtsschreibung. Sein Votum zugunsten der *Geschichten* und nicht der *Geschichte* begründet er durch den Vorrang der Universalität. Denn nur die Dichtung rede vom Allgemeinen, über den Einzelfall hinaus Gültigen, wohingegen es der Historiker nur mit der besonderen, nicht wiederholbaren Begebenheit zu tun habe. Da in der Poesie der ganze Mensch, und im Grunde *jeder* Mensch, vorkomme, erhebe sich die Dichtung in ihrer Universalität weit über die Aufzeichnung des Historikers.

Diese Schlußfolgerungen überraschen den heutigen Leser. An der Überlieferung des ästhetischen Denkens im 19. und 20. Jahrhundert gebildet, nimmt er an, es sei völlig selbstverständlich, dem Historiker die abstrahierende, gleichsam flächenartige Sicht auf Politik und Wirtschaft zuzuordnen, dem Schriftsteller, und namentlich dem Romanerzähler hingegen die Aufmerksamkeit für das Besondere, die konkrete Einzelerscheinung in der Vielfalt der Lebensphänomene, vor allem aber im Hinblick auf die Subjektivität der individuellen Erfahrung. Eine heutige Einschätzung der Aristotelischen These darf freilich nicht den Umstand übersehen, daß es sich damals um eine andere Art von Geschichtsschreibung handelte, so daß die angeführten Positionen nur bedingt vergleichbar erscheinen. Wesentlich ist bei Aristoteles jedenfalls die Auffassung, man könne durch die Erfindung – die im Gegensatz zur referierenden Vorgangsweise des Historikers stehe – zu einem allgemeingültigen, von Zeit und Raum nicht beschränkten Menschenbild vorstoßen. Der durch Zeugnisse gelenkten Arbeit des Historikers setzt er die Phantasie des Dichters entgegen, deren Vorteil und Vorrang gerade darin gesehen wird, daß sich die geschilderten Ereignisse nie und nirgendwo abgespielt haben: Dauer als eine Form von Nichtexistenz. Die Tradition dieser Aristotelischen Anschauung ist im übrigen noch bei Schiller erkennbar. Das Gedicht *An die Freunde* schließt mit den Zeilen: »Was sich nie und nirgends hat begeben, Das allein veraltet nie!«

Balzac kehrt in mancherlei Hinsicht wieder zum antiken Verständnis zurück: auch er schreibt der Dichtung jenes kreative Vermögen zu, das der Geschichtsschreibung abgeht. Dem Erzähler gelingt mit seinen Fiktionen die Verknüpfung zahlloser Erfahrungselemente und damit eine Anschauung von der Gesamtheit des Lebens. Im Vergleich zu Schiller nimmt sich seine Sicht allerdings zurückhaltender aus: von Transzendenz, Unvergänglichkeit ist bei ihm nicht die Rede. Ihm war es vor allem daran gelegen, das Moment der Freiheit, das den Schriftstellern Überlegenheit verbürgt, dazu zu nutzen, eine Lanze für den Roman zu brechen und dieser Literaturgattung eine Vorzugsstellung zu sichern: als einer Form, die modern und singulär darin ist, daß sie ein breit angelegtes geschichtliches Zeugnis und eine Darstellung intimer persönlicher Erfahrung in einem bietet.

Die Wirkungsgeschichte dieser und ähnlicher programmatischer Äußerungen, gestützt von einer zuweilen unkritischen Lektüre der repräsentativen erzählerischen Werke, läßt unter anderem erkennen, wie poetologische Mythen entstehen – Verallgemeinerungen, in denen sich kollektive Vorstellungen und Vorurteile niederschlagen und die dann in Form terminologischer Magie weiterwirken. Die Aktualität der positivistischen, antimetaphysischen Sichtweise um die Mitte des Jahrhunderts trug entscheidend zur Festigung der Ansicht bei, das neue, ›Realismus‹ benannte literarische Paradigma stelle einen grundlegenden Umschwung im Verhältnis zwischen der literarischen Textur und den tatsächlichen Modalitäten des menschlichen Daseins dar. Ein programmatisches Schlagwort zeitgenössischer Autoren – man müsse das Leben darstellen, wie es sei – geriet zu einem literaturkritischen Postulat, an dem in der Folgezeit auch Werke völlig andrer Art gemessen wurden.

Unter dem Einfluß der suggestiven Behauptung, die empiristische literarische Ausrichtung verbürge vollständige Authentizität im Hinblick auf die Wirklichkeit, sie schließe gleichsam den manipulativen Umgang mit den Elementen der Lebenserfahrung aus, wie man ihn bei den Romantikern voraussetzte, kam es zu einer neuen Auslegung des Mimesis-Begriffes. Nicht weniger willkürlich verfahrend als zahlreiche Vorgänger, meinte die Generation der Realisten, mit dem Begriff der Abbildung im eigenen Sinne Wahrheit und Wirklichkeit auf eine umfassende Weise vermitteln zu können.

Liest man die theoretischen Schriften Balzacs und seiner Zeitgenossen im Lichte heutiger Erfahrung, so fällt vor allem die Unbekümmertheit auf, mit der vorausgesetzt wird, die Sprache könne in den Dienst ungebrochener Abbildung gestellt werden. Auch dort, wo nicht ausdrücklich vom »Spiegel« die Rede ist, wird die Sprache offensichtlich als zuverlässig funktionierendes widerspiegelndes Instrument begriffen. Jules Champfleury, ein Erzähler von bescheidenem Talent, der in der Literaturgeschichte einen Platz vor allem als Programmatiker (mit dem Manifest *Le réalisme*, 1857) behauptet, kann hier als Zeuge aufgerufen werden. Schon fünf Jahre vor dem Erscheinen seiner programmatischen Schrift erläuterte er im Vorwort zu seinen *Contes domestiques*, es komme ihm darauf an, seine Beobachtungen wirklichkeitsgetreu in einer möglichst einfachen Sprache (»dans la langue la plus simple«) wiederzugeben. Die Beschreibung des Schaffensvorgangs läßt erkennen, wie einfach sich der Autor die Übertragung von Erfahrungen in einen geschriebenen Text vorstellte. Das Gesehene gelangt in den Kopf, in das Bewußtsein, und von dort in die Feder, eine Methode, die als äußerst einfach empfohlen wird.

Ein Aufsatz von Duranty (*Réalisme et réalistes*, erschienen ebenfalls im Stichjahr des französischen Realismus, 1857) zeigt zudem, wie übermächtig das Denken der Anhänger einer Wirklichkeitskunst von einem Wunsch beherrscht war: der unmittelbaren, materiell und sinnlich gegebenen Anschauung zum Sieg zu verhelfen gegenüber einer reinen Ideen- und Phantasiewelt. Daß mit dem Entschluß, sich auf die Darstellung von Empirie einzulassen, die künstlerischen (und gesellschaftlichen) Probleme sich erst recht häufen, scheint diesen Autoren kaum in den Sinn gekommen zu sein. Sonst hätte Duranty seine Apologie des realistischen Grundsatzes wohl nicht so unbefangen darlegen können: »Bedenken Sie, daß sich alle Vorstellungen des Menschen auf einen und denselben Vorgang richten: erkennen, festhalten *was ist*. Wissenschaft, Kunst, Philosophie sind allesamt nichts anderes als Be-

schreibung; daher ist der Realismus das angemessenste Verständnis dessen, *was
ist*, wiedergegeben in der angemessensten Beschreibung.« (Zit. nach Engler
1976, 252)

Die hier angeführten Argumente nehmen sich aus, als ob es ausschließlich
darum ginge, die Wirklichkeit als solche zu erkennen und wissenschaftlich
oder künstlerisch in Anspruch zu nehmen. Aus heutiger Sicht ist freilich nicht
so sehr der Umstand verwunderlich, daß ohne besondere Überlegung von
einer angemessenen Beschreibung gesprochen wird; eine solche wurde damals
offenbar als kein Problem empfunden. Erstaunlicher ist vielmehr, daß der
Begriff der Wirklichkeit, der »Natur« (la nature), nicht zu historischer, relativierender Betrachtung aufforderte. Ein Blick auf den Gebrauch des Begriffes
etwa in den poetologischen Abhandlungen des 17. Jahrhunderts, eines besonders theoriegläubigen, hätte gezeigt, daß ein und dasselbe Wort jeweils eine
zum Teil ganz unterschiedliche Auswahl aus dem Realitätsrepertoire bezeichnen kann. Vor allem infolge der Wandelbarkeit der Wirklichkeit selbst ist
jedoch am überraschendsten der Befund, daß die Theorien der Realisten keine
Spuren von Bedenken und Einschränkungen aufweisen, wenn von dem, »was
ist«, gesprochen wird. Wer nicht die Romane Balzacs und seiner großen Zeitgenossen kennt, könnte bei der Lektüre der poetologischen Texte annehmen,
sie enthielten ein durch nichts eingeschränktes Panorama menschlicher Erfahrung. Doch gerade die Werke Balzacs, die mehr als alle anderen gerühmt
wurden, in ihnen sei die Totalität des zeitgenössischen Lebens gestaltet, lassen
sehr deutlich die Grenzen der realistischen Praxis erkennen.

Der weitgehend traditionell ausgerichteten Erzählweise entspricht dabei
ein Wirklichkeitsverständnis, das ausgesprochen restriktiv ist: Das Interesse,
das sich im Realismus durchsetzt, ist so beschaffen, daß die empirische Ausrichtung als eine primär gesellschaftlich bestimmte zu interpretieren ist. Aus
dieser Sicht erscheint der Mensch nicht als zeitloses »Naturwesen«, sondern als
Träger zivilisatorischer Bestrebungen, der vor allem wirtschaftlich und politisch agiert. Die Realisten – Balzac und Dickens allen voran – zeigten im
wahrsten Sinne des Wortes nicht den nackten, sondern den kostümierten Menschen, dessen Leidenschaften ohne soziale Einkleidung gar nicht vorstellbar
sind. In der Tat, Realität setzt sich hier vor allem aus Erfahrungen des gesellschaftlichen Lebens zusammen, und es fiele schwer, die repräsentativen Romane jener Zeit als Zeugnis und Quelle anzugeben, wenn es nicht um wirtschaftliche oder juristische Angelegenheiten ginge, sondern um ganz elementare Erfahrungen des Lebens, etwa sexuelle.

In den Realismus des 19. Jahrhunderts – das lernt man bei Balzac – ist
vorrangig das Interesse für gesellschaftliche Vorgänge eingeschrieben, wobei
das Einvernehmen über die anerkannten Bereiche der »Realität« mit den Lesern als vorausgesetzt erscheint. Nicht *die* Wirklichkeit erscheint in den Romanen Balzacs und verwandter Autoren, sondern eine literarisch arrangierte
Auswahl, die freilich etwas in Szene setzt, was die Zeitgenossen ganz neue

Möglichkeiten epischer Darstellung erleben ließ: den Alltag der Kontore, Redaktionen und Anwaltskanzleien, den Alltag der bürgerlichen Familie, die Prozeduren der Geldzirkulation, und viele andere Dinge, welche die Bedeutung materieller Gesichtspunkte und einer entsprechenden staatlichen Ordnung für das moderne Leben vor Augen führen. Die von Hegel diagnostizierte Privatheit, die den Roman vom alten Epos abhebt, gewinnt hier auf intensive Weise Gestalt, allerdings so, daß die Verflochtenheit privater Schicksale und verwaltungstechnischer oder ökonomischer Formen die Grundmuster der erzählten Begebenheiten bildet. Das Entdeckerpathos des realistischen ›Konkretismus‹ lenkte davon ab, daß mit dem neuen Erzählen auch wieder eine einseitig modellierte Stoffwelt in den Blick geriet.

Bemerkenswert ist in diesem Zusammenhang besonders der Umstand, daß in den kritischen Schriften jener Zeit stillschweigend die herkömmlichen Konventionen vorausgesetzt werden, namentlich aber die Tabuschranken. Mit anderen Worten, was Wirklichkeit ist, bestimmt die gesellschaftliche Übereinkunft. Die Grenzen der sozial sanktionierten Rede bestimmen im wesentlichen auch die Grenzen der Literatur. Worüber in der Öffentlichkeit oder im Familienkreis nicht gesprochen wird, bleibt auch aus den Romanen ausgegrenzt – trotz aller Beteuerungen, man stelle die unverfälschte Realität dar. Die Behauptung der Wortführer des Realismus, die Literatur bilde das Leben ab »wie es ist«, könnte mit Einschränkungen als zutreffend bezeichnet werden«, ließe man gelten, daß »wirklich« nur das ist, was gesellschaftlich erlaubt oder geduldet ist und sich daher normalerweise dem Blick der Öffentlichkeit nicht zu entziehen braucht. Am deutlichsten sind dagegen die verbotenen Zonen im Bereich der Sexualität auszumachen. Diese tritt in den Romanen der Zeit (sieht man von der – ohnehin nicht sanktionierten – Pornographie ab) lediglich in ihren ritualisierten Oberflächenformen in Erscheinung. (Einige Jahrzehnte später wird Henry James einen Rückblick auf das 19. Jahrhundert in seinem Essay *The Future of the Novel* mit der Feststellung abrunden, das zu Ende gegangene Zeitalter habe es vermieden, das menschliche Geschlechtsleben darzustellen.) Es ist daher kaum noch notwendig, darauf hinzuweisen, wie streng die Regeln des sogenannten Anstands auch in der Wortwahl der Texte befolgt wurden. Die vielgerühmte Sachlichkeit der Realisten ließ die Romane durch ausgedehnte Schilderungen von Landschaften, Baulichkeiten, Hausrat, Kleidung und Werkstätten anschwellen und manchmal zu einer Lektüre werden, die wegen des Fachvokabulars vom Leser das Wälzen von Wörterbüchern verlangte. Doch auch hier sind die Grenzen nicht zu übersehen: die Körperlichkeit des Menschen, die Erfahrungen physiologischer Natur, all das bleibt zumeist ungenannt, wie ja überhaupt der Mensch fast ausschließlich als soziales Wesen ins Blickfeld gelangt, als Wesen, das an den Ritualen der Gemeinschaft mitwirkt, gleichsam ständig in Gesellschaft ist, so gut wie nie allein. Die Realisten schildern die *Privatheit*, jedoch nicht die *Intimität*. Diese verblaßt völlig angesichts der übermächtigen Rolle der Dinge, die benannt und beschrieben werden, in erster Linie als Signaturen des Lebensraumes, des Milieus, in dem Menschen arbeiten, wirtschaften, prozessieren, ihren Berufen und Liebhabereien nachgehen, vor allem aber danach streben, Macht und Besitz zu erlangen. In der Darstellung entsprechender Lebensläufe mögen kollektive psychische Impulse wirksam gewesen sein, wie das F. Jameson (1981) vermutet; sicher ist jedoch, daß das Erzählwerk Balzacs in gleichem Maße, wenn nicht noch mehr, von gesellschaftlichen und literarischen Konventionen geprägt war.

II

Das Vorwort zur *Menschlichen Komödie*, in dem so viel von sozialen Typen und Ordnungen die Rede ist, allein nur sehr wenig von Techniken des Erzählens, ist nur bedingt kennzeichnend für das Romanschaffen um die Jahrhundertmitte. Die repräsentativen Erzähler der folgenden Generation in Frankreich setzen sich trotz ihrer hohen Wertschätzung für Balzac von der künstlerischen Position der Bahnbrecher des Realismus ab. Der moralisierende Zug in Balzacs Empirismus wurde von den jüngeren Autoren, die noch stärker von der positivistischen Ausrichtung in Natur- und Sozialwissenschaften beeinflußt waren, bereits als etwas Fremdes empfunden. Wie noch zu zeigen sein wird, erfolgte die Abwandlung der Errungenschaften Stendhals und Balzacs, und zugleich eine Entfernung von ihnen, im Zeichen stofflicher und auch erzähltechnischer Präferenzen.

Mit dem moralisierenden und kommentierenden Realismus in Frankreich sind trotz aller Unterschiede noch am ehesten die Leistungen der englischen Romankunst des viktorianischen Zeitalters vergleichbar. Es gibt kaum eine kritische Äußerung über Kunst in der englischen Öffentlichkeit jener Epoche, in der nicht das Verhältnis zwischen Kunst und Moral eine maßgebliche Rolle spielte, wobei zumeist kein Zweifel daran war, daß die Kunst sich moralischen Forderungen zu fügen oder in deren Dienst zu treten habe. Der Schock, den die provozierenden Thesen Oscar Wildes im Fin de siècle hervorriefen, läßt sich nur vor dem Hintergrund dieser Anschauungsfront ermessen. So gut wie selbstverständlich war der Umstand, daß sich die Forderung nach moralischer Bedeutsamkeit vor allem auf den Roman bezog, die am meisten verbreitete Literaturgattung.

Das Schaffen des einzigen viktorianischen Erzählers von Weltgeltung bestätigt diesen Befund. In der Literaturkritik wird zu Recht hervorgehoben, die Romane von Charles Dickens seien trotz ihrer geistvollen Milieuschilderungen und ihrer sozialkritischen Züge im Grunde moralische Parabeln oder moderne Märchen. Die Schlußtableaus der meisten seiner Werke führen in erzählerischer Rekapitulation vor, worauf es ankommt: auf die gerechte Verteilung moralischer Gewichte, auf das Lob der Tugend und die Verdammung des Bösen. Die konkrete Erfahrung steckt bei Dickens im Detail; das Grundmuster der epischen Komposition entspricht dagegen kaum einer wahrhaftigen Empirie, es ist vielmehr ein Ausdruck abstrakter ethischer Ideen.

Von da aus gesehen ist es durchaus verständlich, daß Dickens seine Romanpoetik als unmittelbare Wirkungspoetik praktizierte. Rein theoretische Überlegungen blieben ihm fremd. Seine Bestrebung, moralische Exempla, Lebensmärchen zu bieten, geriet im imaginären (und zuweilen auch konkreten) Zwiegespräch mit den Lesern mit der Zeit zur Verpflichtung. Jedenfalls gestaltete er einige seiner Romane auf Grund von Informationen, die er bei Fortsetzungsveröffentlichungen im Laufe des Schreibens von seinem Publikum bekam. »Hier ähnelte Dickens durchaus einem Schauspieler, der mitten im Spiel an den Reaktionen seiner Zuschauer abliest, ob er ›ankommt‹ oder seine Interpretation der Rolle aus dem Stegreif ändern muß. Als etwa der Verkauf der ersten Folgen von *Martin Chuzzlewit* drastisch zurückging, schickte er seinen Titelhelden kurzerhand nach Amerika, eingedenk der großen Aufmerksamkeit, die sein eigener Amerika-Besuch hervorgerufen hatte. Der von ihm ursprünglich beabsichtigte tragische Schluß von *Große Erwartungen* (Pip heiratet Estella n i c h t) wurde auf Anraten Bulwer-Lyttons in ein Happy-End umgewandelt, weil die Zeitgenossen vom düsteren Ausgang der Geschichte zu sehr schockiert gewesen wären und Dickens unter Umständen die Treue aufgesagt hätten.« (J. N. Schmidt, 37) Angesichts dieser Fakten ist es verständlich, daß Dickens von seinem Zeitgenossen, dem Erzähler Anthony Trollope, »Mr. Popular Sentiment« genannt worden ist, mit einem Bonmot, das keineswegs mißverstanden werden sollte, etwa auf eine sentimentale Weise. Den Gefühlsregungen, die er hervorrief, stand Dickens nämlich nicht naiv gegenüber; ganz im Gegenteil, die angeführten Beispiele zeigen, wie ausgeprägt seine Bereitschaft war, kalkulierte Wirkungen zu erzeugen.

In unserem Zusammenhang interessiert freilich vor allem der Umstand, daß gerade solche Verfahrensweisen, die man nicht ganz ohne Grund auch manipulativ nennen könnte, die Relativität des Begriffes ›Realismus‹ deutlich machen. Der sogenannte Realismus ist so gesehen eine Erfahrungskunst unter moralischer Regie, ein erzählendes Modellieren, das gerade wichtige Elemente der Erfahrung zugunsten einer ethischen Konstruktion außer acht läßt.

Dickens ist infolge seiner Popularität ein besonders herausragendes Beispiel auch im Hinblick auf die hier behandelte Frage; er erhebt sich jedoch mit dem Erfindungsreichtum und der Wandlungsfähigkeit seiner Erzählprosa weit über den Durchschnitt. Von welcher Art der Durchschnitt in der viktorianischen Romanproduktion gewesen ist, geht unter anderem aus Einblicken in die Urteilsmuster der zeitgenössischen Literaturkritik hervor. Der Vorrang moralischer Kriterien bei der Urteilsbildung gerade in England steht dabei außer Zweifel (vgl. Goetsch, 29ff.). Die Gründe dieser Erscheinung können hier nicht erörtert werden, allein sie sind leicht erkennbar, berücksichtigt man die Tradition puritanischer und verwandter Lebensformen in der Entwicklung der englischen Gesellschaft. Bezeichnend sind besonders zwei Gemeinplätze der englischen Kritik: die Versicherung, man habe es auf den britischen Inseln grundsätzlich mit einer sozial verantwortlicheren Auffassung von Literatur zu tun als etwa in Frankreich, und die Ansicht, gerade der Roman, diese in der Vergangenheit oft zweifelhafte Gattung, müsse sich nun als mustergültig erweisen, d. h. einen tadellosen moralischen Ruf haben.

Man kann hier Trollope befragen, einen Autor, der keinesfalls zu den unbedeutenden Viktorianern zählt. Ein Zeugnis dominierender Meinungen ist seine Abhandlung *On English Prose Fiction as a Rational Amusement* (1870), die zugleich zeigt, wie beständig manche Grundklischees der Romanpoetik sind. Auch für Trollope ist der Roman normalerweise eine Geschichte, zu deren festen Bestandteilen – man könnte sagen: zum motivischen Existenzminimum – die Erfahrung der Liebe gehört. Ohne eine »love story« könne man sich einen Roman kaum vorstellen, auch wenn in zahlreichen Romanen andere Motive oder Stoffbereiche in den Vordergrund treten (er nennt z. B. »political novels, social-science novels, law-life novels, civil-service novels, commercial novels, fashionable-life novels«). So oder so, entscheidend sei der Umstand, daß man damit zu rechnen habe, wie viel Wert der britische Leser auf Anstand und moralische Ausrichtung lege. »My experience tells me that this community, the British reading public, is upon the whole utterly averse to the teaching of bad lessons, and will not have it. They will accept bad work, but they reject an immoral or injurious theory of life.« (Text nach dem Abdruck in der Dokumentation von Platz-Waury, 75) Es gibt Romanschriftsteller, fährt Trollope fort, deren Helden nicht immer lebensecht, »life-like«, wirken; dennoch finden diese Autoren mit ihren Figuren den Weg zum Leser, weil sie gleichsam einen imaginären Alltag des Publikums ansprechen, namentlich das Bedürfnis nach moralischen Vorbildern und nach Lebensläufen, die die Schädlichkeit des Bösen und die Anziehungskraft der Tugendhaftigkeit vorführen.

Die Beachtung moralischer Kriterien, die für die englische literarische Kultur so bezeichnend ist, gehört zu den Erscheinungen, die den Blick auf Zusammenhänge lenken. Gerade die ethischen Ingredienzen des viktorianischen Realismus lassen erkennen, wie viele Züge des moralistischen Romans des 18. Jahrhunderts in der Dickens-Zeit noch nachwirken. Das Tugendmuster, oder vielmehr: das Prinzip des Tugendmusters, überlebte den Zeitraum von hundert Jahren, der Dickens von Richardson trennt, recht erfolgreich, trotz aller Wandlungen im gesellschaftlichen und literarischen Bereich. Die Romane solcher Autoren wie Dickens spielen in einer veränderten Umwelt, und die Erzähler – das gehört zu den entscheidenden innovativen Punkten – widmen diesen Veränderungen größte Aufmerksamkeit. Die Kulissenhaftigkeit der Natur und der Interieurs, die in Romanen der Aufklärungsepoche zuweilen so stark auffällt, weicht hier jenem Konkretismus, der auch Balzacs Romanen ein eigentümliches Leben verleiht. Seltsamerweise findet man in den theoretischen Schriften der Zeit kaum fundamentale Auseinandersetzungen mit dieser Er-

rungenschaft realistischen Erzählens. Zumindest in England überwiegt fast
völlig das Interesse für moralische Fragen.

Vergleichbare Wege ging die deutsche Literatur, in der gerade Dickens als
ein in mancherlei Hinsicht verwandter Autor begrüßt wurde. Aus der Fülle
der kritischen Zeugnisse ist ersichtlich, daß darüber hinaus die zeitgenössischen englischen Erzähler im allgemeinen besondere Aufmerksamkeit auf sich
lenkten. Die Rolle, die etwa nach 1880 die französischen und russischen Romanschriftsteller in der öffentlichen literarischen Diskussion in Deutschland
spielten, behaupteten um die Jahrhundertmitte weitgehend Erzähler wie Dik-
kens, Thackeray und George Eliot. Ein lesenswertes Zeugnis der deutschen
Dickens-Wirkung ist Gustav Freytags selten zitierter Nekrolog *Ein Dank für
Charles Dickens* (1870), eine emphatische Bilanz der dreißigjährigen Wirkungsgeschichte. Die kulturgeschichtliche Authentizität des wenig bekannten Textes rechtfertigt ein längeres Zitat. Der folgende Abschnitt bezieht sich auf die
literarische Lage gegen Ende der dreißiger Jahre, als Dickens' erster Roman
zum internationalen Erfolg wurde.

»Da kamen die Pickwicker in das Land. Man muß jene Zeit in gebildeten
bürgerlichen Familien durchlebt haben, um die schöne Wirkung zu begreifen,
welche das Buch auf Männer und Frauen ausübte. Die fröhliche Auffassung
des Lebens, das unendliche Behagen, der wackere Sinn, welcher hinter der
drolligen Art hervorleuchtete, waren dem Deutschen damals so rührend, wie
dem Wandrer eine Melodie aus dem Vaterhause, die unerwartet in sein Ohr
tönt. Und alles war modernes Leben, im Grunde alltägliche Wirklichkeit und
die eigene Weise zu empfinden, nur verklärt durch das liebevolle Gemüt eines
echten Dichters. Hundertausenden gab das Buch frohe Stunden, gehobene
Stimmung. Jeder bekannte ältliche Herr mit einem Bäuchlein wurde von den
Frauen des Hauses als Herr Pickwick aufgefaßt, sogar dem ausgewetterten
Droschkenkutscher kam bei Rückgabe kleiner Münze zugute, daß man sich
ihn als Vater eines Sam Weller dachte, knorrig und treuherzig. Ernste Ge-
schäftsmänner, welche sich sonst um Romane wenig kümmerten, vergaßen
über der Dichtung die Nachtruhe und fochten mit Feuer für die Schönheiten
des Werkes, junge Damen und Herren fanden in der Freude über die Charaktere des Romans einander sehr liebenswert, und wenn Boz alle Kuppelpelzlein
hätte auftragen müssen, die er sich damals in Deutschland verdient, er wäre
bis an sein Lebensende einhergewandelt rauh und vermummt wie ein Eski-
mo.« (Freytag, 244f.)

Die weit über den Anlaß hinausgehende Bedeutung des Artikels wird klar,
wenn man die charakterisierenden Akzente beachtet: von Verklärung und gehobenen Stunden ist die Rede, von Vorstellungen, die dann später in Fontanes
Erzählpoetik eine beachtliche Rolle spielen werden. Im übrigen argumentiert
Freytag – im Anschluß an die angeführte Passage – auf eine Weise, die die
Nahtstelle zwischen literarischen und politischen Erwägungen deutlich erkennen läßt. Dem englischen Dichter wird geradezu eine Mission in Deutschland

bescheinigt: er habe dazu beigetragen, daß bei den Deutschen wieder erfreulichere Kräfte sich regten, zu einem Zeitpunkt, als es schlecht bestellt gewesen sei um das nationale Leben, nicht zuletzt infolge der Wirkung der »französischen Oppositionsliteratur, sozialistischer Ideen und frecher Hetärengeschichten«, Erscheinungen also, denen gegenüber die Prosa des englischen Romanschriftstellers wie ein »Segen« gewirkt habe.

Für die Realismus-Auffassung deutscher Kritiker ist es indessen bezeichnend, daß sich in das Lob, das der Lebenswahrheit und Wärme der Darstellung gilt, unüberhörbare Bedenken mischen. Diese gelten den, nach Meinung der Kritiker, gewagten Vorstößen in manche fragwürdige Realitätsbereiche. Julian Schmidt, einer der einflußreichen Kritiker der Zeit nach 1848, konnte sich sicherlich auf eine breite Meinungsbasis stützen, als er in seinem Aufsatz *Der neueste englische Roman und das Princip des Realismus* (1856) schrieb, der Versuch, die Vielfalt des Lebens zu erfassen, alle Höhen und Niederungen, stoße an ästhetische und sittliche Grenzen. Die Darstellung menschlichen Elends, extremer Not oder auch verbrecherischer Handlungen erziele nicht das, was damit vermutlich beabsichtigt worden sei, etwa in mitleidvoller oder satirischer Absicht; es trete eher eine Abstumpfung beim Leser ein, eine höchst bedenkliche Gewöhnung an grobe Reizwirkungen. Schmidts Schlußfolgerung: »Der Realismus der Poesie wird dann zu erfreulichen Kunstwerken führen, wenn er in der Wirklichkeit zugleich die positive Seite aufsucht, wenn er mit Freude am Leben verknüpft ist, wie früher bei Fielding, Goldsmith, später bei Walter Scott und theilweise auch noch bei Dickens; wo er aber der Kritik und der reinen Prosa ins Handwerk greift, wird er ebenso gefährlich in sittlicher Beziehung einwirken, als unerfreulich in ästhetischer.« (Text nach der Dokumentation von Bucher u. a., 94)

Nicht die moralistischen Pointierungen der englischen Romane erweckten kritische Bedenken, sondern vielmehr stoffliche Elemente: die angeblichen Auswüchse dessen, was man sonst zitatfreudig als Griff ins Leben bezeichnete. Es überrascht daher nicht, daß sich die Auseinandersetzungen um den Realismus-Begriff in Deutschland namentlich auf die Frage nach den Grenzen der Wirklichkeitsdarstellung konzentrierten – wobei die literarische Umsetzung von Realitätserfahrung eine besondere Rolle spielt. Julian Schmidt stellt unter diesem Aspekt eine spezifische Beziehung her zwischen dem Postulat der Erfahrungsbreite im Realismus und den Gattungsbesonderheiten des Romans: Der immanente Stoffhunger des Romans – so kann man Schmidts Ausführungen zusammenfassen – kommt den künstlerischen Absichten der modernen Autoren auf eine besondere Weise entgegen.

Er stützt seine Überlegungen auch auf ein medientechnisches Argument, mit dem im übrigen der heutige Leser sicherlich noch viel mehr anfangen kann als der damalige. »In andern Dichtungsarten ist schon durch die poetische Form eine gewisse ideale Erhöhung nothwendig gemacht; aber die prosaische Form des Romans, der Stoff, den er in der Regel darstellt, und der

Umfang von zwanzig Lieferungen, den man heute kaum mehr vermeiden kann, scheinen im Roman der Detailmalerei nicht nur freien Spielraum zu geben, sondern sie nothwendig zu machen.« (Ebenda, 91)

Allerdings ging es keineswegs nur um »Detailmalerei« an sich, d. h. um ein Verständnis von Realismus, das sich darauf beschränkte, den Begriff sozusagen rein etymologisch zu begründen. Was die Realismusdiskussion in der deutschen Literaturkritik (namentlich nach 1855, nach dem Erscheinen von Freytags Roman *Soll und Haben*) für eine umfassende theoretische Betrachtung interessant macht, ist gerade der Umstand, daß keine der an der Debatte beteiligten kritischen Stimmen von einer gleichsam voraussetzungslosen sachlichen Vorstellung von Wirklichkeit, von dem »was ist«, ausging. Es erweist sich vielmehr, daß die kritischen oder programmatischen Zeugnisse der Epoche an Analogien mit Einsichten der Geschichtstheorie denken lassen. Geschichtsschreibung ist ein Problem der Perspektive, des Arrangements sozusagen – das ist eine Auffassung, die in dieser oder jener Form nahezu jeder Äußerung zur Methode zugrunde liegt. In diesem Sinne könnte man von einem Perspektivismus im Hinblick auf die literarische Praxis der Realitätsdarstellung sprechen, wobei dieser Perspektivismus deutliche Züge eines weltanschaulichen, ja eines unmittelbar politischen oder geschichtsphilosophischen Arrangements trägt. Hartmut Steinecke (1987, 151ff.) hat zu Recht auf die besondere Bedeutung der Auseinandersetzungen um den erwähnten Roman von Freytag hingewiesen, vor allem aber darauf, daß die Benennungen ›realistisch‹ und ›Realismus‹, die in der Zeit zuvor nur vereinzelt vorgekommen waren, im Zusammenhang mit der Rezeption von *Soll und Haben* erst eigentlich in Umlauf gerieten. Die Koppelung der Vorstellungen von ›Realismus‹ und bestimmter Erfahrungskomplexe, nämlich der von Freytag benutzten und arrangierten, ist ein für die Begriffsbildung in diesem Fall bezeichnender Vorgang. Weder die Anhänger noch die Gegner von Freytags literarischem Versuch hielten es für nötig, größere Aufmerksamkeit der Erzähltechnik, der besonderen Machart in Freytags Annäherung an die Realität zu widmen. Es ging vor allem um die zeitgeschichtliche »Wahrheit« des Romans, um die unterschiedlichen Meinungen darüber, ob die nationalen, politischen und gesellschaftlichen Tendenzen, die unübersehbar das epische Gerüst ausmachen, als wahr und damit auch wirklich, erfahrungsbestätigend zu gelten haben oder nicht.

Es ist hier nicht der Ort, über Freytags Vorgangsweise in historischen Fragen und seine Behandlung der zeitgeschichtlichen Elemente zu befinden. Für eine historische Poetik des Romans gehört dagegen zu den vorrangigen Problemen namentlich die Frage, in welcher Art von »Realität« Freytag und verwandte zeitgenössische Autoren die aktuellen Möglichkeiten des Romans erblickten, die innovativen und zugleich auch nationalpädagogischen Chancen des Erzählens. Romanschriftsteller und Kritiker erteilten damals ihren Lesern bereitwillig Auskunft über ihre Vorstellungen und Ziele, und allen voran die Redakteure der Zeitschrift *Die Grenzboten*, Freytag und Julian Schmidt.

Bereits zwei Jahre vor dem Erscheinen seines Erfolgsromans steckte Freytag sehr deutlich die Grenzen seines Programms ab. Polemik gegen die Jungdeutschen und wohl auch gegen den Einfluß französischer Literatur schwingt mit, wenn der Autor in einer Sammelrezension über Neuerscheinungen im Bereich des Romans erklärt, in Deutschland gebe es kein »Salonleben« und man habe auch keine »Salonsprache«, denn man lebe nicht in Großstädten. Der Deutsche würde sich dort auch nicht vorteilhaft präsentieren, fügt er hinzu. Überzeugend wirke der Deutsche nicht im Salon, sondern bei der Arbeit. »Wer uns schildern will, muß uns aufsuchen in unserer Arbeitsstube, in unserem Comptoir, unserem Feld, nicht nur in unserer Familie. Der Deutsche ist am größten und schönsten, wenn er arbeitet. Die deutschen Romanschriftsteller sollen sich deshalb um die Arbeit der Deutschen kümmern. So lange sie das nicht thun, werden sie keine guten Romane schreiben.« (Bucher u. a., 73)

Behält man den theoretischen Kontext im Auge, so verdient vor allem die Tatsache Beachtung, daß Wirklichkeitsdarstellung stillschweigend gleichgesetzt wird mit der literarischen Erschließung eines genau begrenzten Erfahrungsbereiches. Es gibt im 19. Jahrhundert kaum einen programmatischen Text, der auf eine vergleichbare Weise verfährt, d. h. derartig strikt auf Ausschließlichkeit besteht. Der Hintergrund der Freytagschen Forderung gehört dem kulturgeschichtlichen und politischen Horizont der Zeit an, das ist leicht erkennbar. Das Hervorheben der wirtschaftlichen Leistungen des deutschen Bürgertums in den Jahren nach 1848 muß aus der allgemeinen Gesellschaftsgeschichte verstanden werden. Aus literarischer Sicht ist die Forderung jedoch viel weniger klar. Was für ein Verständnis von Arbeit wird hier vorausgesetzt? Und wie ist die Wirklichkeit der Handlungsform ›Arbeit‹ literarisch zu bewältigen? Zu all dem fällt noch auf, daß der implizierte Gegensatz zwischen der einheimischen Arbeitswelt und der fremden, wohl ausländischen Welt der Salons kaum begründet ist. Als ob in den Romanen von Balzac und Dickens Arbeit in einem umfassenden Sinn nicht vorkäme. Kontore, Läden, Werkstätten und Arbeitshäuser gibt es in englischen und französischen Romanen des Zeitalters in ausreichender Menge. Man muß daraus folgern, daß der hier angesprochene Realismus in erster Linie auf einer ideologischen Selektion beruht. In der literarischen Aufgabe ›Wirklichkeit‹ spricht sich ein Wunsch aus, ein vom Autor gehegtes Realitätsbild, ein »Soll« viel mehr als ein »Haben«.

Mit Recht ist in den zahlreichen kritischen Äußerungen der Zeitgenossen auch der Einwand feststellbar, Arbeit sei bei Freytag auf Handel beschränkt worden, und zwar auf vergleichsweise altertümliche Formen des Handels. Arbeitsvorgänge in anderen Bereichen, namentlich im Bereich der eigentlichen Erzeugung von Waren, kommen bei dem Leipziger Romancier ebenso selten vor wie bei anderen den Realismus in Deutschland repräsentierenden Autoren. Auch bei Fontane ist es nicht anders. Angesichts naiver Vorstellungen von literarischem Realismus gilt es hervorzuheben, daß von den vielfältigen Aspekten der Arbeit, einer zielstrebigen Tätigkeit von wirtschaftlicher Bedeutung, bei Freytag (wie auch bei Gottfried Keller, wenn auch auf andere Art) die technischen Gesichtspunkte fast vollständig hinter die ideologischen zurücktreten. Was durch das Denken und Verhalten des Romanhelden in *Soll und Haben* vorgeführt wird, ist eine bestimmte Gesinnung, nämlich die Arbeitsethik in bürgerlich-liberalem Geist, das Aufgehen in einem disziplinierten Verhältnis zu den Aufgaben der Erwerbstätigkeit. Anton Wohlfahrt fühlt sich gleichsam als ein Teilchen in einem großen Gefüge, und er fühlt sich wohl dabei. Das Gerüst dieses Romans sowie verwandter Werke bilden somit Ideologeme, mehr oder minder handfest formulierte Botschaften an den Leser, mit Nachdruck herausgearbeitete Wertsysteme. Die Dinge der gegenständlichen Welt müssen sich dagegen mit der Rolle illustrativ eingesetzter Versatzstücke begnügen.

Es ist hier relativ viel von Freytag die Rede gewesen. Daraus sollte jedoch nicht der falsche Eindruck entstehen, es handle sich um eine Schlüsselfigur der deutschen Literatur jener Epoche. Paradigmatisch ist dieser Erzähler allerdings in Hinsicht auf die Realitätsproblematik: kaum ein anderer läßt so deutlich erkennen, wie es sich grundsätzlich mit den Verallgemeinerungen in den Programmschriften sogenannter Realisten verhält, mit Schlagworten wie Objektivität, Lebenswahrheit und ähnlichen. Bei Freytag offenbart sich die verborgene Wahrheit des Realismus, jener Widerspruch, der in der Problematik des »Spiegels« enthalten ist.

Überblickt man die Erträge der realistischen Orientierung in der deutschen Literatur der Jahrzehnte nach 1850, so ergibt sich ein Bild, das entscheidende Differenzierungen notwendig macht. Zunächst ist anzumerken, wie zurückhaltend sich in theoretischen Dingen die meisten der deutschsprachigen Autoren der Zeit verhielten, und gerade jene, die heute – auch aus der Sicht des Auslands – als besonders bezeichnend für die Tendenzen dieser Literatur empfunden werden. Keller und Raabe sind dabei an erster Stelle zu nennen, Fontane dagegen nur bedingt, denn der Verfasser von *Effi Briest* und *Der Stechlin* entspricht viel mehr dem Epochenmodell, wie es sich auf Grund dominierender Merkmale der europäischen Erzählkunst darbietet. Als zurückhaltend dürfen die genannten deutschen Autoren namentlich im Vergleich zu ihren französischen Zeitgenossen gelten. In der eigentlichen Erzählpraxis fällt ein Zug auf, den man konservativ genannt hat, der aber damit keineswegs ausreichend charakterisiert ist. Die herausfordernde Auseinandersetzung mit der modernen Erfahrungswelt, eine Bestrebung, die vor allem für den französischen und russischen Roman kennzeichnend ist, fand in der deutschen Erzählkunst aus mancherlei Gründen, vorwiegend nichtliterarischen, nicht statt. Deutsche Romane oder Erzählungen in dem Sinne als sozialhistorische Quellen zu lesen, wie das bei französischen Werken getan worden ist, bleibt ein Unterfangen, das noch fragwürdiger und unergiebiger erscheint als sonst.

Kein Zweifel besteht indessen an der Absicht solcher Erzähler wie Keller

und Raabe, im Rahmen eines prinzipiell empiristischen Weltbildes (Keller war
ein Anhänger Feuerbachs!) die »krude Wirklichkeit«, wie es damals oft hieß,
auf Distanz zu halten und statt dessen die Eigenständigkeit literarischer
Machart hervorzukehren. Das Wirklichkeitspostulat schließt bei den meisten
der deutschen Autoren ein gleichsam selbstherrliches, sich selbst inszenieren-
des Erzählen nicht aus. Zum Selbstverständnis dieser Autoren gehört die Betonung jenes Prinzips, das Keller die »Reichsunmittelbarkeit der Poesie« genannt hat – in einem Brief (an Paul Heyse, vom 27. Juli 1881), der mit Recht
häufig zitiert wird: »Im stillen nenne ich dergleichen die Reichsunmittelbarkeit
der Poesie, d. h. das Recht, zu jeder Zeit, auch im Zeitalter des Fracks und der
Eisenbahnen, an das Parabelhafte, das Fabelmäßige ohne weiteres anzuknüp-
fen, ein Recht, das man sich nach meiner Meinung durch keine Kultur-
wandlungen nehmen lassen soll.«
      Die Betonung artifizieller Momente bei den deutschen Realisten, exzessiv
besonders bei Raabe, geht Hand in Hand mit einer Sicht, die in den anderen
großen Literaturen der Zeit, mit Ausnahme der englischen, weniger ausgeprägt ist: der humoristischen. Doch auch hier ist es vor allem die Erzählpraxis,
die befragt werden muß; eine diskursive Darstellung des Modus ›Humor‹, wie
etwa im Zeitalter der Romantik bei Jean Paul, sucht man vergebens. Zahlreiche gelegentliche Äußerungen in Briefen und Aufsätzen zeigen jedoch, daß bei
Keller, Raabe, Fontane und anderen ein ausgeprägtes Bewußtsein von den
Möglichkeiten und der Bedeutung des Humors vorhanden war. Gedeutet
wurde dieser Modus als ein fundamentales Mittel erzählerischer, den Kunstcharakter hervorhebender Souveränität, zugleich ein distanzschaffendes Phänomen. »Nicht als Symptom«, schließt W. Preisendanz, »sondern als Gewähr
einer poetischen Welt ist er wichtig. Humor ist in erster Linie, als menschliche
Möglichkeit, Aufhebung von Determination, Freiheit von unverbrüchlichem
Bestimmtsein, er entzieht den, der ihn aufbringt, der starren Bedingtheit und
Eigensinnigkeit eines Bezugs oder eines Betroffenseins«; und das »Wesen humoristischen Erzählens macht die Brechung des Objektiven, die Brechung
der, mit Hegel zu reden, ›starren äußeren Satzung‹ aus, es stellt mit der Sache
zugleich ein Verhältnis zur Sache dar, und zwar ein Verhältnis, das frei ist von
einsinniger Bestimmtheit durch den Gegenstand.« (Preisendanz, 207f.) Das
hier ausgeführte Denkmotiv kann übrigens auch in einem breiteren, ver-
gleichenden Zusammenhang gesehen werden. Der sich humoristisch artiku-
lierende Widerstand gegen Determination und Fremdbestimmung wäre demnach ein entscheidendes Merkmal des Hauptstromes im deutschen Realismus,
      zugleich eine zeitkritische Pointe im vermeintlich konservativen literari-
schen Gebaren. Der Gegensatz zu den radikalen Formen des Empirismus und
der Sozialkritik im französischen und russischen Roman, namentlich in der
Hervorhebung einer deterministischen Sicht, ist leicht erkennbar. Zu dem
Zeitpunkt, zu dem einige der bedeutenden humoristisch getönten Erzählungen und Romane deutscher Sprache erschienen, wendete Zola, wie noch zu

zeigen sein wird, alle Mühe darauf, die Wichtigkeit eines deterministischen Verständnisses aller Lebenserscheinungen für die Literatur im Zeitalter der Wissenschaften nachzuweisen. Determinismus und Antideterminismus sind, wenn auch nicht immer in programmatischer Formelhaftigkeit dargelegt, die beiden gegensätzlichen Auffassungen, deren Kräftespiel Literatur und Philosophie der zweiten Jahrhunderthälfte beherrschen.

Ein Zeichen der Freiheit, die sich die Literatur in einem auf radikale Mimesis und Wissenschaftlichkeit fixierten Zeitalter vorbehält, ist die Aufmerksamkeit, die sie sich selbst widmet, ihren Prozeduren, Formen und Überlieferungen. Während die sich als fortschrittlich, d. h. ästhetisch und gesellschaftskritisch avanciert verstehende Literatur namentlich in Frankreich seit den fünfziger Jahren mehr und mehr darauf bestand, das erzähltechnische Erbe Balzacs zugunsten einer quasi dokumentarischen oder protokollartigen Wirklichkeitsdarstellung abzustoßen, zeigten die deutschen Autoren eine viel geringere Neigung, auf die metapoetische Rolle des transzendentalen Erzählers zu verzichten. Theoretische Versuche, ein »objektives« Erzählen zu begründen, gab es zwar seit den siebziger Jahren bei Friedrich Spielhagen (*Beiträge zur Theorie und Technik des Romans*, 1883), doch sie blieben in einer eklektischen Verbindung klassischer organologischer Ästhetik und positivistischer Maximen stecken.

Beachtung verdienen in dem geschilderten poetologischen Zusammenhang Textstellen aus Erzählwerken, an denen Momente der immanenten Poetik einzelner Autoren abgelesen werden können. Ergiebig sind solche Stellen besonders dann, wenn metapoetische Betrachtungen die Gestalt literarischer Satire annehmen. Literatur über Literatur ist seit Cervantes eine beliebte Form literarischer Grenzbereinigung: das Fremde, ja Gegnerische, das Verwandte und das Eigene, das alles gewinnt an Kontur in der innerliterarischen Auseinandersetzung, die sich auf die Machart der Texte konzentriert. Wir wählen eine Stelle aus Kellers Erzählung *Die mißbrauchten Liebesbriefe* (aus dem zweiten Band der *Leute von Seldwyla*). Hier geht es nicht um Volten, die sich aus der Sicht des transzendentalen Erzählers ergeben, sondern »Literaturhaftigkeit« wird zum stofflichen Element der Erzählung: um die Gestalt eines (erfundenen) literarischen Dilettanten baut Keller Episoden auf, in denen es um das Schreiben geht, um Handwerkliches und Thematisches. Wie das bei einem realistisch orientierten Erzähler wie Keller nahezu selbstverständlich ist, spielt im Vorgehen der epischen Figur das Verhältnis zwischen Wirklichkeit (Stoffwelt) und literarischer Behandlung eine vorrangige Rolle. In einer Episode zu Beginn der Erzählung läßt Keller seinen fragwürdigen Helden nach Art jener Schriftsteller agieren, die »nach der Natur« zu schildern pflegen und die daher auf Spaziergängen zu ihren Notizheften greifen, um sogenannte pittoreske Details festzuhalten, verwertbares Material für Erzählungen. (In der Form systematisch betriebener Milieustudien hat dieses Prinzip in der Geschichte des naturalistischen Romans, bei Zola etwa, im Doppelsinn des Wortes Schule gemacht.)

»Dann blieb er vor einem eingerammten Pflock stehen, auf welchen irgend ein Kind eine tote Blindschleiche gehängt hatte. Er schrieb: ›Interessantes Detail. Kleiner Stab in Erde gesteckt. Leiche von silbergrauer Schlange darum gewunden, gebrochen im Starrkrampf des Todes. Ameisen kommen aus dem hohlen Inneren hervor oder gehen hinein, Leben in die tragische Szene bringend. Die Schlagschatten von einigen schwanken Gräsern, deren Spitzen mit rötlichen Ähren versehen sind, spielen über das Ganze. Ist Merkur tot und hat seinen Stab mit toten Schlangen hier stecken lassen? Letztere Anspielung mehr für Handelsnovelle tauglich. NB. Der Stab oder Pflock ist alt und verwittert, von der gleichen Farbe wie die Schlange; wo ihn die Sonne bescheint, ist er wie mit silbergrauen Härchen besetzt. (Die letztere Beobachtung dürfte neu sein.)‹ « (Keller, 113)

Wagenspuren auf einem Waldweg veranlassen ihn zu der Notiz, es sei ein Motiv für eine Dorfgeschichte; festgehalten wird eine Lache, in der Wassertierchen schwimmen, die Farbe der Erde, dunkelbraun, schließlich ein großer Stein mit Beschädigungen von Wagenrädern, ein Faktum, das den Gedanken aufkommen läßt, eine erzählerische Exposition mit »umgeworfenen Wagen, Streit und Gewalttat« sei zu erwägen. Die Begegnung mit einem Mädchen vom Lande, das als »arm« und »derb« geschildert wird, lenkt den Blick zunächst auf das Äußere der Gestalt, die unbekleideten Füße, von Straßenstaub beschmutzt, den Kittel, das Kopftuch, Rest von »Nationaltracht«. Augenblicke später entlockt dann die Flucht des scheuen Mädchens folgende Reaktion für das Notizheft: »Köstlich! dämonisch-populäre Gestalt, elementarisches Wesen.«

Die Realität dieser wie auch anderer Episoden in Kellers Erzählung erscheint in zweifacher Sicht: in der Perspektive des Erzählers wie auch in der des genannten Literaten (der übrigens von Beruf Kaufmann ist und der auch seinerseits die Dinge nicht nur mit dem auf poetische Zwecke ausgerichteten Blick betrachtet, sondern zugleich auch durchaus nüchtern seine beruflichen Interessen im Auge behält). Die realistische Grundierung seines Textes läßt Keller gerade dadurch erkennen, daß er die aufdringliche Poetisierung in der Sicht seiner Figur in Kontrast setzt zu der diskreten Darstellung von Alltagserfahrung, in der Widersprüche der Lebenspraxis ohne Exaltation, fast beiläufig zum Ausdruck kommen. Unverkennbar gehört zu seiner Vorstellung von Realismus eine sozusagen temperierte Erfahrungswelt, die sich all dem entzieht, was in Form stereotyper Wendungen in der Literatur sein Eigenleben führt.

Mit anderen Worten: Kellers implizite Realismus-Poetik beruht auf dem Gedanken, das literarische Idiom der modernen Zeit müsse sich auf eine Beobachtungsgabe stützen, die es mit der gleichsam unverbildeten, noch nicht vorgeprägten Empirie hält, nicht mit dem literarisch präparierten Muster. Die abgegriffene, nicht mehr produktive Darstellung erscheint hier in satirischer Spiegelung; fragwürdig nimmt sich alles aus, was der Winkelliterat oder der anspruchsvolle Dilettant zu den selbstverständlichen, unbedingt erforderlichen oder wünschenswerten Zutaten bei der Fertigung von Literatur zählt: den preziösen, möglichst hoch gegriffenen Vergleich (der Zug der Ameisen durch die tote Blindschleiche wird zur »tragischen Szene«), die gelehrte, mythologische Reminiszenz (der gewöhnlichste Stecken im Walde wird im Handumdrehen zur Insignie einer antiken Gottheit), aber auch die handfeste »Spannung« mit dem Gedanken an Abenteuer, Überfälle, geheimnisvolle Vorgänge, kurz: an Dinge, mit denen Keller auf humoristische Art das »Romanhafte« im ältesten Sinne diskreditiert. Und schließlich flicht Keller auch noch das Motiv des ideologischen Bildungskitsches ein, der auf einer völligen Verkennung der Realität beruht. Das armselige Dorfmädchen wird in den Augen des literaturbesessenen Städters zu einem »elementarischen Wesen« und einer »dämonisch-populären Gestalt«, jedenfalls zu einer Erscheinung, die heruntergekommene Folklore nur als Maske trägt und die eigentlich eine Allegorie aller Vorstellungen ist, die nationalromantischem Denken lieb und teuer sind – der Idealisierung des Ursprünglichen, des Mythos von der elementaren Kraft des Volkes, der Geheimnisse, die der unberührten Natur eigen sind.

Liest man die literarischen Stellen bei Keller als Bekundungen einer immanenten Poetik, so fällt ein bezeichnendes Licht auf seinen Begriff der poetischen Autonomie, der »Reichsunmittelbarkeit« der Kunst. Die Abneigung des Dichters, sich von der Realität alle Schritte vorschreiben zu lassen, sein Bedürfnis nach Freiheit angesichts drohender Heteronomie, ist ein Grundstein dieser Kunstauffassung. Doch ebenso wichtig ist das Bestreben, die Autonomie zugunsten des Widerstandes gegen das literarische oder ideologische Klischee wirken zu lassen.

Zählt man auch den kritischen Relativismus, der sich künstlerisch als Bekenntnis zum Humor äußert, zu den Marksteinen dieser Einstellung, so ist die Verwandtschaft zwischen solchen sonst unterschiedlichen Autoren wie Keller und Fontane in der Tat augenfällig. Wenn von Fontanes Realismus-Verständnis die Rede ist, kann sich der Interpret auf authentische Urteile des Autors berufen, beispielsweise auf so explizite Äußerungen wie die oft zitierte Stelle aus dem Brief an Friedrich Stephany vom 10. Oktober 1889, geschrieben nach der Uraufführung von Gerhart Hauptmanns Dramenerstling *Vor Sonnenaufgang*, dieser »Schnapstragödie«, wie Fontane sie nennt. Der Briefschreiber wendet sich vehement gegen die damals verbreitete Auffassung, der Realismus (womit freilich auch naturalistische Tendenzen gemeint sein konnten) sei gleichzusetzen mit der Entdeckung des Häßlichen für die Kunst. Vor dem Häßlichen könne man freilich nicht die Augen verschließen, doch der Realismus müsse ebenso, oder sogar noch viel mehr, die Schönheit darstellen und das Häßliche zu verklären trachten. »Wie und wodurch? das ist seine Sache zu finden; der beste Weg ist der des Humors.« Fontanes Text wird gewöhnlich bis hierher zitiert. Doch es ist für die Erkenntnis literarhistorischer Zusammenhänge wichtig, auch den Schlußgedanken der Passage anzuführen: die

Bemerkung, in Shakespeares Werk besitze man längst die Vollendung des Realismus. Fontane hat diesen Gedanken nicht weiter ausgeführt, allein man kann annehmen, in der typologischen Vorstellung von Wirklichkeitskunst habe Fontane vor allem die Idee verfolgt, das Verhältnis des Dichters zur Realität müsse unbefangen sein, unbehindert von Vorurteilen dieser oder jener Art.

Ungehalten war Fontane besonders gegenüber der Meinung, in der er ein Vorurteil modernster Strömungen erblickte: dem Dichter sei ein verklärender, humoristisch relativierender und zugleich auch optimistischer Blick auf das Häßliche und Böse in der Erfahrungswelt verwehrt. Nach einer Turgenev-Lektüre schrieb er an seine Frau am 9. Juli 1981, der Künstler in ihm bewundere den russischen Erzähler, der wißbegierige Leser studiere russisches Leben. »Aber der Poet und Mensch in mir wendet sich mit Achselzucken davon ab. Es ist die Muse in Sack und Asche, Apollo mit Zahnweh.« Der letzte Eindruck sei Trostlosigkeit, denn Turgenev habe Geist, doch keinen Humor; man erfahre bei ihm die Schrecken des Pessimismus.

Das sind Äußerungen des alten Fontane. Liest man die Arbeiten des Dichters und Journalisten, der, noch nicht vierzigjährig, Zeitungsberichte aus England schrieb, rund dreißig Jahre vor dem Erscheinen seiner reifen Romane, erkennt man, daß die literarischen Urteile seiner Spätzeit ihren Ursprung in Anschauungen jener Jahre haben. Erfahrungsnähe war für ihn schon damals – in den Jahren, als der europäische Realismus bereits einen Höhepunkt erreicht hatte – die Einsicht in die Antinomien des Daseins, die Erkenntnis, daß es stets auch das andere gibt, neben dem Licht auch den Schatten, und umgekehrt. Bezeichnend ist freilich, daß Fontane zumeist geneigt war, nach trüben Erfahrungen die Notwendigkeit optimistischer Aufhellung zu betonen – ja daß er diese Neigung fast für eine Pflicht erachtete.

Aus dieser Sicht gewinnt ein an sich unauffälliger Text Fontanes, der in der Forschung keine entsprechende Beachtung gefunden hat, exemplarische Bedeutung. Er findet sich unter den Zeitungsberichten des Jahres 1858 aus London und schildert den Stadtteil St. Giles, eine verrufene Gegend der Armut und des Verbrechens. Der größte Teil des Kapitels *Frühling in St. Giles* ist der Schilderung von Dingen gewidmet, die der Autor als unerfreulich oder gar abstoßend empfindet: dem Elendsmilieu mit seinen schmutzigen Straßen, Armenquartieren, Pfandleihern und Garküchen. »Das ist St. Giles«, heißt es. Doch die für Fontane so charakteristische Umpolung der Sicht läßt nicht lange auf sich warten. »Aber wie die Sonne überall hinleuchtet und ihre Strahlen über Schlamm und Sumpf ausgießend uns auf Augenblicke vergessen läßt, daß es ein traurig trübes Wasser ist, worauf sie scheint, so hat auch St. Giles seine lachenden Tage, wo das Auge des Vorübergehenden, freundlich überrascht, nur an der Lichtseite des Bildes haftet. Das ist im Frühlingsanfang, wenn die weißen, dünnen Wolken wie ein Schleier am hellblauen Himmel hinfliegen, und wenn trotz scharfen Westwindes die Märzsonne warm und erquicklich in die dunklen elendiglichen Gassen fällt. Wer dann St. Giles passiert, der nimmt ein heiteres Bild mit heim. Aus den schmutzigen Häusern und Spelunken, drin winterlang die Kinder gehockt und gefroren haben, ist heute alles ausgeflogen, um sich angesichts der Sonne mal wieder zu wärmen und zu freuen.« (Fontane, 179f.)

Nichts ist so bezeichnend für Fontanes Realitäts- und Realismus-Verständnis wie das Bedürfnis des Auges und des Geistes, an der »Lichtseite des Bildes« haften zu bleiben. Der geschilderte Frühlingstag ist, so gesehen, viel mehr als eine bloße geographische und klimatische Erscheinung – er ist im Sinne jenes berühmten Wortes ein »Zustand der Seele«, ja mehr noch, ein weltanschauliches und künstlerisches Prinzip. Der deutsche Realismus hat in Fontanes antinomischer Szenerie jedenfalls ein anschauliches Modell gewonnen.

III

Mit Stendhal und Balzac hat der französische Roman europäische und später auch weltweite Wirkung erzielt. Ja die Vorstellung vom Roman im 19. Jahrhundert, in der nachromantischen Zeit, beruht zu einem beträchtlichen Teil auf den Leistungen französischer Erzählkunst. Das gilt auch von der folgenden Generation in Frankreich, repräsentiert durch Flaubert und die Brüder Goncourt. Stellt man Flaubert in den Mittelpunkt des Geschehens, was im Hinblick auf seinen künstlerischen Rang fast selbstverständlich ist, so ist darauf hinzuweisen, daß die Wirkung dieses Autors von einer eigentümlichen Antinomie geprägt ist. Die beiden bekanntesten unter seinen »bürgerlichen« Romanen, *Madame Bovary* (1857) und *L'éducation sentimentale* (1869), sind Werke, an denen Wandlungen epochaler Art in der Geschichte des Erzählens abzulesen sind und die daher mit Recht als Marksteine einer innovativen Poetik angeführt werden. Zugleich erscheinen diese Romane jedoch im Rückblick als nahezu idealtypische Ausprägungen des Romans in seiner Phase illusionistischer (realistischer) Stabilität.

So hat Adorno in seinem Essay *Standort des Erzählers im zeitgenössischen Roman* gerade die Position Flauberts mit dem Begriff des traditionellen Romans gleichgesetzt. »Der traditionelle Roman, dessen Idee vielleicht am authentischsten in Flaubert sich verkörpert, ist der Guckkastenbühne des bürgerlichen Theaters zu vergleichen. Diese Technik war eine der Illusion. Der Erzähler lüftet einen Vorhang: der Leser soll Geschehenes mitvollziehen, als wäre er leibhaft zugegen. Die Subjektivität des Erzählers bewährt sich in der Kraft, diese Illusion herzustellen, und – bei Flaubert – in der Reinheit der Sprache, die sie zugleich durch Vergeistigung doch dem empirischen Reich enthebt, dem sie sich verschreibt.« (Adorno 1958, 67f.)

Adorno weist allerdings nicht auf die experimentellen Neigungen Flauberts hin, auf die ästhetische Unruhe, die die Kehrseite der besagten Stabilität bil-

det. Diese Neigungen teilte er mit seinen Generationsgenossen Edmond und
Jules de Goncourt. Die wichtigsten Zeugnisse über die inneren Bewegungen
des Romans sind denn auch bei diesen Autoren zu finden – in der immanenten
Poetik ihrer Romane nicht weniger als in den unmittelbaren poetologischen
Äußerungen. Lehrreich sind die letzteren namentlich insofern, als sie bewei-
sen, daß von einer Geschlossenheit und Widerspruchslosigkeit der Realismus-
Konzeption kaum die Rede sein kann. Die Problematik kommt dabei nicht
nur in den Antinomien des Versuchs, transsubjektive Wirklichkeit zu erfassen,
zum Ausdruck. Diese Schwierigkeit hat sich schon als ein Hauptmotiv unserer
Betrachtung erwiesen.

Ebensoviel Aufmerksamkeit verdient die Tatsache, daß gerade die Protagonisten des streng mimetisch ausgerichteten Romans weit davon entfernt
waren, die Realitätsverpflichtung als ein unverrückbares Dogma anzusehen.
Trotz aller Herausforderung, die von der Erfahrungsnähe und der schonungs-
losen Darstellungsart mancher Werke Flauberts und der Goncourts ausging,
hatten diese Autoren auch noch anderes im Sinn als konservative Leser vor
den Kopf zu stoßen. Es gehört jedenfalls zu den bemerkenswertesten Widersprüchen – oder auch nur vermeintlichen Widersprüchen – im Bereich dieser
innovativen Prosa, daß mit den literarischen Folgerungen aus dem Erfahrungsprinzip, mit gesteigerter Mimesis also, Hand in Hand Bestrebungen gingen, die in eine andere Richtung weisen und die man gewöhnlich mit entgegengesetzten Tendenzen in Verbindung bringt. Der Blick nach außen, in die
Erfahrungswelt außerhalb der Literatur, erzeugte namentlich bei Flaubert eine
gesteigerte Aufmerksamkeit für innerliterarische Fragen, gewissermaßen eine
Ästhetisierung der Mimesis. Die Vervollkommnung einer Prosa, die allem
Anschein nach nur noch in der Abbildung ihre Tauglichkeit erweisen sollte,
als *Instrument* demnach, ließ offenbar den Gedanken an eine Textur aufkommen, die nur mehr mit dem Maß künstlerischer Ausgewogenheit gemessen
werden sollte.

Nicht zuletzt Autoren wie Flaubert lassen daran denken, daß im Zeitalter
der großen Romane aus der Bürgerwelt die literarische Situation nicht nur
vom Realismus beherrscht wird. Mit der positivistischen Tendenz geht auch
jene künstlerische Autonomiebestrebung einher, deren Ursprung – wie hier
schon ausgeführt wurde – in der deutschen Kultur der Goethezeit zu suchen
ist, die aber ihren populärsten Ausdruck in der französischen Formel *l'art pour
l'art* gefunden hat. Mit der als überwunden geltenden Romantik hat die Generation Flauberts auch insofern etwas zu tun, als in der Poetik des Romans
auf der Höhe des Realismus der romantische Traum von einer absoluten, frei
schwebenden Prosa erneut zur Geltung kam. Diese eigentümlichen antino-
mischen Bestrebungen sind im Bereich der Romanpoetik die Bekundung einer
allgemeinen historischen Erscheinung: der im 19. Jahrhundert zunehmend
wachsenden Komplexität der literarischen Situation angesichts eines Spek-
trums gegeneinander und nebeneinander laufender ästhetischer Orientierungen, d. h. einer Entwicklung zu einem grundsätzlichen Pluralismus hin.

Daß gegensätzliche, oder auch nur scheinbar gegensätzliche Bestrebungen zuweilen von ein und demselben Autor repräsentiert erscheinen, wie etwa von Flaubert, verleiht diesem Aspekt zusätzlichen kulturhistorischen Reiz. Es wird noch zu zeigen sein, wie der Autor von *Madame Bovary* und *Salammbô* zwei verschiedenartige große Tendenzen der Epoche zu vereinigen versuchte: den Hang zur Verwissenschaftlichung fiktionaler Prosa mit dem Wunsch, den Roman endgültig aus den, wie er selbst meinte, Niederungen unterhaltsamer Erzählkunst (den Bereichen, in denen die Machart solcher Schriftsteller wie Alexandre Dumas d. Ä. und Eugène Sue dominierte) herauszuführen und ihn zur höchsten Kunstgattung der Zukunft zu machen, zu einer Rahmenform vollendeter Prosa, die den Vergleich mit den hochstilisierten Gattungen der Vergangenheit nicht zu scheuen braucht.

Obwohl auch in Frankreich konservative literarische Kreise nach wie vor stets darauf bedacht waren, ihre achtsam gepflegten Vorurteile gegenüber der Gattung des Romans öffentlich zu bekunden (so etwa in den Entscheidungen der *Académie française*), bestand in der literarischen Kritik um die Jahrhundertmitte dennoch die Bereitschaft, einen Schlußstrich unter die Diskriminierung des Romans zu ziehen. Beachtenswert ist in dieser Hinsicht ein Urteil von berufener Seite, die Meinung Sainte-Beuves, der – gegen die Romanliteratur keineswegs voreingenommen, aber auch nicht deren Verfechter um jeden Preis – so etwas wie eine Bilanz der Lage anstellte, als er zehn Jahre nach Balzacs Tod erklärte: »Der Roman hat bisher den Nachteil gehabt, der auch ein Vorteil ist, daß er unter den durch die Tradition geheiligten Gattungen nicht regelrecht mitgezählt und eingeordnet wurde: er ist freigeblieben, außerhalb der Klassifikationen der Rhetorik und der Poetik. Aristoteles hat ihn nicht genannt, Horaz nicht, Boileau nicht, und überhaupt keiner der ›Gesetzgeber des Parnaß‹. Umso besser für ihn!. . .Der Roman ist ein weites Versuchsfeld, das allen Formen des Genius, allen Stilarten offen steht. Er ist das Epos der Zukunft, das einzige wahrscheinlich, welches die modernen Sitten fürderhin gestatten. Engen wir ihn nicht ein; belasten wir ihn nicht durch eine Theorie; organisieren wir ihn nicht.« (Übersetzt von E. R. Curtius, vgl. Curtius 1923, 427f.)

Wie »weit« das »Versuchsfeld« in der Tat gewesen ist, läßt sich namentlich am Schaffen Flauberts und der Brüder Goncourt ermessen, jener Autoren also, die von der Kritik und der Literaturgeschichtsschreibung eben nicht nur zufällig mit unterschiedlich stiltypologischen Kennzeichen versehen werden. Begriffe, die zum Teil als Gegensätze verstanden werden, wie ›Naturalismus‹ und ›l'art pour l'art‹, ›Realismus‹, ›Stilkunst‹ und ›Impressionismus‹ begegnen im Charakterisierungsrepertoire überaus häufig. Die Empfehlungen Sainte-Beuves (die im übrigen auffallend stark an die Prognosen Herders aus den *Humanitätsbriefen* erinnern) wurden allerdings nicht in allen Punkten befolgt. Eine straff organisierende Theorie, eine Richtlinien-Poetik in altem Sinne, war freilich nicht mehr vorstellbar; doch ganz ohne theoretische Vorstellungen

ging es gerade bei den genannten Autoren nicht ab, und erst recht nicht im
Rahmen von Zolas Versuch, den Roman für die positivistische Doktrin zu
erobern.

Neben Flaubert nimmt sich die künstlerische Leistung von Edmond und
Jules de Goncourt etwas blaß aus. In einer Geschichte der Romanpoetik gebührt den Brüdern dagegen ein deutlich markierter Platz, in erster Linie wegen der in zahlreichen erzählerischen und kulturhistorisch-essayistischen
Schriften aus den fünfziger und sechziger Jahren ausgeprägten Bestrebung,
ein wissenschaftliches, oder zumindest wissenschaftlich ausgerichtetes, Er-
kenntnispotential mit dem Grundsatz literarischer, stilistischer Präzision in
Einklang zu bringen, mit der Absicht, jedem einzelnen Werk eine individuelle
Gestalt zu verleihen. Der artistische Ehrgeiz wurde dabei fraglos auch von
dem Gedanken gestützt, der moderne, gesellschaftlich anerkannte Literat müsse sich in seinen Hervorbringungen, die intellektuellen »Fortschritt« mit ästhetischem Individualismus vereinigen, von der Flut konfektionierter schriftstellerischer Produktion abheben, einer Produktion, die im Gegensatz zur eigenständigen, die Besonderheiten des einzelnen Werkes hervorhebenden
Machart an die Fertigungspraxis der Industrie erinnert.

Im persönlichen Ehrgeiz künstlerischer Vollendung – einer Idee, die auf
disziplinierter ästhetischer Anstrengung beruht, und nicht auf einer vorgebe-
nen Norm – zeichnen sich die kulturellen Errungenschaften der Romantiker-
und Symbolistengeneration ab, konzentriert vor allem in dem Willen zur Autonomie, zum l'art pour l'art. Die künstlerischen Bekenntnisse Baudelaires
und vorher schon die programmatischen Maximen Théophile Gautiers, dargelegt in der Vorrede zum Roman *Mademoiselle de Maupin* von 1835 (vgl. dazu
Hausmann, II), sind zu den geistesgeschichtlichen Voraussetzungen zu zählen.
Doch hinter dem aktuellen künstlerischen Geschehen ist gerade im Hinblick
auf die Neigungen der Brüder Goncourt eine geschichtliche Tiefenperspektive
erkennbar. Im französischen literarischen Modernismus jener Zeit gelangen,
vermutlich ohne die Absicht der beteiligten Autoren, Grundsätze zur Geltung, die in ihrem einstigen, der Tradition vieler Epochen geläufigen Wortlaut
von den Verfechtern der Moderne sicherlich als kompromittierend empfunden
wurden. Dennoch ist es keineswegs abwegig, bei einem ästhetischen Rigorismus, der sich mit Wissenschaftsgläubigkeit paart, an das Horazische »prodesse
et delectare« (*Ars poetica* 333/334: aut prodesse volunt aut delectare poe-
tae / aut simul et iucunda et idonea dicere vitae) zu denken. Nur mit dem
Unterschied, daß das belehrende Element weniger auf einem Tugendsystem
fußt, sondern vielmehr auf der Anwendung rationaler Methoden und neuer
wissenschaftlicher Erkenntnisse – einer intellektuellen Provokation, so wie die
»unterhaltende« Seite, das »delectare« nun ein Inbegriff jener Eigenschaften
des Textes ist, die den sensiblen Kunstkenner ansprechen, den Typus des
Connaisseurs.

Nahezu die wichtigsten poetologischen Aufzeichnungen Flauberts und der

Brüder Goncourt finden sich in Texten, die nicht unmittelbar für die Öffentlichkeit bestimmt waren. Bei Flaubert, bei dem dieser Umstand besonders
ausgeprägt ist, liegt die Vermutung nahe, er habe jeden direkten Kontakt mit
dem Publikum, und wenn auch nur in Form einer knappen Erläuterung für
den Leser, grundsätzlich vermieden. Auch abgesehen davon, daß er vom breiten Publikum ohnehin nicht viel hielt, hätte er das Ansinnen, er möge den
Lesern Einblick in seine Werkstattpoetik verschaffen, wahrscheinlich als
höchst indiskret empfunden. Zeugnisse seines durchaus leidenschaftlichen Interesses für das poetische Kalkül vertraute er privaten Briefen an.

Weniger zurückhaltend waren die Goncourts. Ihrem Entschluß, sich mit
einem regelrechten literarischen Programm an die Öffentlichkeit zu wenden,
verdanken sie zu einem guten Teil ihre einigermaßen exponierte Stellung in
der Motiv- und Stilgeschichte des 19. Jahrhunderts. Das Ansehen ihres bekanntesten Romans, *Germinie Lacerteux* (1865), ist von der Wirkung des programmatischen Vorworts nicht zu trennen, ja man kann annehmen, daß gerade
dieses in der Rezeptionsgeschichte eine maßgebliche Rolle gespielt hat. Von
diesem Text wird später noch die Rede sein. Es gilt freilich klarzustellen, daß
es ein Irrtum ist, die Gedanken des Vorworts gleichsam als die ultima ratio der
beiden Autoren zu deuten. Es handelt sich dabei keineswegs um ein absolut zu
nehmendes weltanschauliches Bekenntnis, sondern viel eher um eine literarische Herausforderung des Publikums, um einen Vorstoß, der der Erkundung
psychologisch unerforschter oder literarisch tabuierter Bereiche galt.

Wer die Verfasser von *Germinie Lacerteux* auch von anderen Seiten kennenlernen will, und gerade auch in Hinsicht auf poetologische Auffassungen, muß
sich den Tagebüchern zuwenden, jenem umfangreichen Korpus von mehr
oder minder intimen Aufzeichnungen, das vollständig erst 1956 erschienen ist,
fast ein Jahrhundert nach dem Tode des jüngeren Bruders, Jules, dem in den
Jahren gemeinsamer schriftstellerischer Arbeit am Diarium die gewichtigere
Rolle zukam. Diese Tagebücher sind eine noch nicht voll erschlossene kulturhistorische Quelle, eine Fundgrube namentlich für die Erforschung des literarischen Lebens der französischen Hauptstadt im Zeitalter Flauberts und
Baudelaires. Auch für die Geschichte der Romanpoetik geben sie Wichtiges
her, ganz zu schweigen davon, daß auf deren Seiten jene Ansichten zutage
treten, die zu den Thesen des genannten Romanvorworts die ergänzende,
relativierende Sicht darstellen.

Das Fundament der am Leser der Tagebücher vorbeiziehenden Erfahrung
ist ein unbändiger Ästhetizismus; freilich kein philosophisch pointierter wie
bei Nietzsche oder – in einer den Goncourts verwandteren Art – bei Oscar
Wilde, vielmehr einer, der sich in spontanen Reaktionen äußert und der die
Erfahrungswelt in einen bunten Bilderbogen verwandelt, in dem Schönes und
Häßliches, Beseeltes und Gemeines ungestuft nebeneinander stehen. Neben
der Kunst der Wirklichkeit behauptet sich die Wirklichkeit der Kunst, ja in
gewissem Sinne hat die künstlerische Vision das letzte Wort – wie bei allen

zeitgenössischen Vertretern des »Artismus«, bei Gautier, Baudelaire und anderen. Auch die Brüder Goncourt führt ihre verfeinerte Sinnlichkeit zur Begeisterung für alles Artifizielle, zum »Lob der Schminke«, nach einem Wort Baudelaires (aus dem Essay über Constantin Guys). Die Natur, notiert das Tagebuch unter dem 16. November 1864, kann durch das Gemälde ersetzt werden, ja viel mehr noch: alles, was nicht durch die Kunst sublimiert ist, bedeutet nur »rohes Fleisch« (Goncourt 1983, 295). Es überrascht dann nicht, daß aus dieser Sicht das erfahrene Leben der Menschen erst durch die Literatur die Chance gewinnt, zur wahren historischen Überlieferung zu werden. »Die Geschichte der Jahrhunderte, aus denen es keine Romane gibt, bleibt uns unbekannt« (ebenda, 294), so lautet eine lapidare Eintragung aus demselben Jahr.

Poetologische Bemerkungen zu Fragen moderner Prosa finden sich bei den Brüdern bereits zu einem Zeitpunkt, als sie noch keine Romane schrieben. Die Empfindlichkeit für geistige Bewegungen läßt das Tagebuch stellenweise zu einem Seismographen werden, der schon die Erschütterungen der Zukunft registriert. Gleich Baudelaire empfanden sie die Erzählungen von Edgar Allan Poe gleichsam als ein Zeichen an der Bücherwand: der Anteil rationaler Kombinatorik in den phantastischen Geschichten erschien ihnen ein entscheidendes Symptom zu sein, ein Anstoß für literarische Prognostik. Aufmerksamkeit verdient in diesem Zusammenhang namentlich die Eintragung vom 16. Juli 1856.

»Nach der Lektüre von Poe. Etwas, was die Kritik nicht gesehen hat, eine ganz neue literarische Welt, die Kennzeichen der Literatur des 20. Jahrhunderts. Das wissenschaftliche Wunderbare, die Fabel durch A + B; eine krankhafte und hellsichtige Literatur. Keine Poesie mehr; Phantasie mit analytischen Kniffen: Zadig als Untersuchungsrichter, Cyrano de Bergerac als Schüler von Arago. Etwas Monomanisches. – Die Dinge spielen eine größere Rolle als die Menschen; die Liebe räumt den Deduktionen den Platz und anderen Quellen von Gedanken, Sätzen, Berichten und Interessen; die Basis des Romans vom Herzen nach dem Kopf und von der Leidenschaft zur Idee hin verschoben; vom Drama zur Lösung.« (Goncourt 1983, 54)

Fragt man nach diesem Ausblick der Tagebuchschreiber in die Zukunft nach deren Beurteilung der Vergangenheit, so findet man einen wichtigen Hinweis in einem Vermerk vom Oktober desselben Jahres (ebenda, 56). Die Geschichte der Literatur seit der Antike wird dort als ein Prozeß begriffen, dessen roter Faden die Entwicklung von der Darstellung der Dingwelt, und zwar in einer Außensicht, zur Darstellung innerer Beziehungen und Beweggründe, kurz: der Kausalität, führt. »Die Literatur«, heißt es wörtlich, »ist von den Fakten zum Motiv der Fakten, von den Dingen zur Seele, von der Handlung zum Menschen« aufgestiegen. Die Namen, die für die Goncourts diesen Weg markieren, sind Homer und Balzac. Die Deutung der gesamten Entwicklung beruht also, in einer kühnen Synthese, in erster Linie auf dem Gedanken, in der Flucht der Epochen sei eine Verinnerlichung zu erkennen, eine Bewegung, die von den Dingen und den sichtbaren Vorgängen zur Erlebnisperspektive des Menschen hinleitet, zu einer Literatur, deren Spielraum vor allem das Bewußtsein und die intime Erfahrungswelt ist. Als einen Höhepunkt dieser Entwicklung empfanden die beiden Autoren das Romanschaffen Balzacs, in einer Einschätzung, die heute freilich gerade im Hinblick auf die hier angewandten Maßstäbe wohl etwas überrascht; den moralistischen Psychologismus Stendhals hätte man eher als Beispiel erwartet. Unmißverständlich ist jedenfalls die Beurteilung, die in der metaphorischen Wendung vom Aufstieg (von Homer zu Balzac) enthalten ist: der Prozeß wird zweifellos positiv bewertet, d. h. als Fortschritt, als Zugewinn von Werten interpretiert. Die Autoren hätten sich durchaus auf Hegel berufen können: auf dessen Erkenntnisse über die Beschaffenheit der Prozesse, die von der einstigen Objektivität zur modernen Subjektivität hinführten.

Zu beachten ist jedoch zugleich ein anderer Aspekt. Wenn es heißt, die Literatur sei von den Fakten zum »Motiv der Fakten« aufgestiegen, so sind damit auch die Voraussetzungen gemeint, die eine Zergliederung der Motive überhaupt erst ermöglichen. Mit anderen Worten, vorausgesetzt wird für die Psychologisierung der Literatur, und namentlich des Romans, der wissenschaftliche Blick auf die Verhaltensweisen des Menschen, wie er von den neuzeitlichen Natur- und Sozialwissenschaften geprägt worden ist. Und damit ist es nur ein Schritt zu den Mutmaßungen über die Zukunft – die allerdings für das wissenschaftliche Zeitalter (wie Brecht es, im übrigen ganz im Sinne der Goncourts, nannte) eine Umkehr der Beziehungen zwischen Ding und Mensch annehmen und damit erneut eine Herrschaft der Objekte postulieren.

Die Knappheit der Formulierungen geht hier allerdings auf Kosten der Klarheit in der Darlegung der Thesen. Wie ist vor allem die Behauptung von der Übermacht der Dinge zu verstehen, wenn im selben Satz vom Vorrang der Gedanken (Deduktionen) die Rede ist? Wie ist die Dominanz der Dinge mit der Herrschaft des Intellekts zu vereinbaren? Es sei denn, die »Dinge« sind hier ein Synonym für alles, was gewöhnlich als Gegensatz zum menschlichen Gefühlsleben angesehen wird – und damit sozusagen im Bündnis mit der Ratio ist, jedenfalls das Betätigungsfeld des modernen Naturforschers darstellt. Letzte Klarheit ist jedoch in diesem Punkt nicht zu gewinnen.

Weniger Fragen gibt dagegen die allgemeine Ausrichtung der Gedanken auf. Den Anstoß für die Prognostik der Brüder erbrachten die Kriminalgeschichten des amerikanischen Erzählers: Detektion, analytische Neugierde, Scharfsinn, Entzauberung und Enträtselung, das sind die Kategorien, in denen die Goncourts die Themen und Verfahrensweisen der Zukunft erblickten. Vollzieht man das Bild nach, das das *Journal* von dieser literarischen Zukunft, der »Literatur des 20. Jahrhunderts« entwirft, so erkennt man die geschichtlichen Dimensionen dieses Ausblicks. Die Wissenschaftlichkeit, von der hier die Rede ist (und die man wohl besser durch den Begriff der Intellektualität ersetzen sollte), markiert in dieser Sicht das Ende einer Großepoche in der Geschichte des Romans, nämlich das Ende jener literarischen Zeitalter, in denen der Roman, zumeist nicht ohne Zustimmung der Kritiker, als der eigentliche Bereich der endlos variierten Liebesgeschichten verstanden wurde. Der analytische Spürsinn, der zum Beispiel an Kriminalfällen seine Fähigkeiten zu erweisen hat, wird als neuer Held installiert, der allem Anschein nach alle Voraussetzungen erfüllt, an die Stelle des erotischen Motivs zu treten und dieses endgültig zu kompromittieren.

In diese Richtung weisen auch die Anspielungen des Textes: Zadig, dem Titelhelden aus Voltaires Erzählung (1747), wird die Rolle eines Untersuchungsrichters zugewiesen – was zu bedeuten hat, daß an den Kontrast zu denken ist zwischen dem philosophischen Pragmatiker, den Voltaire entworfen hat, und der Gestalt des Untersuchungsbeamten, in die Zadig zu schlüpfen hat. *Zadig ou la destinée*, so lautet der volle Titel; denn der Held erkennt zwar das Schicksal an, meint aber, man könne durch eigenes vernünftiges Verhalten in dessen Bahnen einiges Wohlwollen erwirken. Als Untersuchungsrichter aber wird die Gestalt mit einer neuen Mentalität versehen: nicht auf die aufklärerische Zuversicht kommt es an, sondern auf die Methode, durch Scharfsinn den Dingen auf den Grund zu kommen.

Der zweite Griff in das Repertoire der Literatur gilt einer authentischen Persönlichkeit, dem Vertreter phantastisch-satirischer Erzählkunst in Frankreich im 17. Jahrhundert. Cyrano de Bergerac müsse man sich als einen Schüler Aragos vorstellen, d. h. mit überprüfbaren wissenschaftlichen Kenntnissen ausgestattet und daher nicht mehr angewiesen auf poetische Phantastik im Alleingang. Was genau gemeint ist, erfährt man durch einen Blick ins Lexikon. Dominique-François Arago (1786–1853) galt um die Mitte des 19. Jahrhunderts in Frankreich als nationale Autorität auf dem Gebiet der Physik und Astronomie. Als ein Schüler Aragos kann einer gelten, der die Chromosphäre der Sonne erforscht, die Polarisierung des Lichts untersucht und mit dem Magnetismus experimentiert. An diese Aufgaben mögen die Goncourts gedacht haben, als sie Cyrano zum Adepten moderner Naturwissenschaft machten. Die entsprechenden Eintragungen des *Journal* sind jedenfalls ein Signal: sie knüpfen zweifellos an die wissenschaftlichen Neigungen Balzacs an und nehmen zugleich ein beherrschendes Motiv des literarischen Schaffens der folgenden Generation vorweg, den Szientifismus Zolas und seiner geistigen Schüler.

Wenn von den Brüdern Goncourt die Rede ist, so gilt die Aufmerksamkeit gewöhnlich dem schon erwähnten Vorwort zu *Germinie Lacerteux*, jenem Roman, den die Autoren selbst eine klinische Untersuchung erotischer Phänomene genannt haben und der das eigentümliche Doppelleben eines Dienstmädchens schildert. Geschrieben wurde das Vorwort 1864, im Erscheinungsjahr von Hippolyte Taines *Histoire de la littérature anglaise*, mit der die psychologistisch gefärbte positivistische Kulturgeschichte Einzug in die Literarhistorie hielt. Die beiden Werke sind nicht nur auf Grund ihres materialistischen Determinismus miteinander vergleichbar; sie sind es auch im Hinblick auf die Rolle, die in beiden Fällen die einführenden Texte spielen. Ist das Vorwort der Brüder Goncourt ein den Naturalismus vorwegnehmendes literarisches Manifest, so ist Taines Einleitung ein Entwurf zur Prinzipienlehre positivistischer Geschichtsauffassung. Die dort dargelegten Kategorien kulturgeschichtlicher Forschung positivistischer Art werden unter der Bezeichnung Milieulehre in der Regel zur Deutung des literarischen Realismus und Naturalismus herangezogen: *milieu, race, moment*, also Umwelt, ethnische Basis und geschichtliche Situation, das sind die Begriffe, die so oft genannt werden, häufig jedoch ohne Angabe des Kontextes.

Kennt man nur den soeben genannten Roman, so ist man geradezu gezwungen anzunehmen, die Verfasser seien literarische Agenten einer Weltanschauung, in der die Milieulehre für abweichende Auffassungen kaum Platz läßt. Demgegenüber ist die Sicht zu vertreten, die Erich Auerbach (in *Mimesis*) mit aller Deutlichkeit dargelegt hat: daß die sozialen Gebärden im Vorwort nur als eine der vielen widersprüchlichen Attitüden der Goncourts zu gelten haben sowie daß deren Ästhetizismus keineswegs mit einem folgerichtigen gesellschaftlichen Engagement gleichzusetzen sei. Man könnte auch sagen, das soziale Pathos des Textes sei eine Form der Rhetorik, in der sich die entdeckerische Neugierde moderner Autoren in der Epoche der Wissenschaften ausspricht. Jedenfalls fällt es nicht schwer, in den Tagebüchern Äußerungen ganz anderer Art zu finden, etwa offene Bekundungen des Abscheus, den die Verfasser vor Armut und Elend empfanden. Doch noch wichtiger als die Idiosynkrasie der sensiblen Dandys ist deren Gedanke, Kunstwerke seien nicht nach ethischen Grundsätzen zu beurteilen. Und das ist eine Maxime, die eine grundsätzliche Einstellung in ästhetischen Fragen ausdrückt, nicht nur eine unmittelbare Regung angesichts häßlicher Dinge. Im Wortlaut (7. Dezember 1860, nach der Rückkehr von einer Deutschland- und Österreichreise): »Ganz allgemein läßt sich sagen, daß ein Gemälde, das einen moralischen Eindruck hervorruft, ein schlechtes Gemälde ist.«

Man sollte solche Bemerkungen nicht aus dem Auge verlieren, wenn es darum geht, den Ort des poetologischen Manifestes der Goncourts zu bestimmen. Ohne den umrissenen Kontext gewinnt diese Schrift den Anschein einer Ausschließlichkeit, die ihr im Schaffen der beiden Autoren nicht zukommt. Nicht zu bestreiten ist jedoch, daß sie zu den temperamentvollsten Texten unter den Programmschriften der Zeit gehört. Überaus bezeichnend ist bereits der Anfang der *Préface*: die Gegenüberstellung der Verfasserintention und der vorausgesetzten Erwartung des Publikums. Konfrontiert wird die »Wahrheit« (der modernen radikalen Romane) mit der »Unwahrheit« unterhaltender Lektüre, d. h. die ethische mit der frivolen Haltung. Kurzum, die Adresse der Brüder an die Leser ist ein durchaus moralisierender Text, und wäre er ein Gemälde, müßten die Autoren ihm konsequenterweise jeglichen ästhetischen

Rang absprechen. Dafür aber bescherten die Goncourts der französischen Literatur eine diskrete »Publikumsbeschimpfung« poetologischer Art. Denn was bevorzugt das Publikum?

»Es liebt kleine neckische Werkchen, Memoiren junger Mädchen, Alkovengeheimnisse, erotische Schmutzereien, das Anstößige, das sich in den Schaufenstern der Buchläden im Bilde breitmacht: was es hier lesen wird, ist ernst und rein. Man erwarte nicht die nackte Wiedergabe der Sinnenlust: die folgende Studie ist eine klinische Untersuchung der Liebe. – Das Publikum liebt ferner die harmlosen und tröstlichen Lesestoffe, Abenteuer, die gut ausgehen, Phantasien, die weder die Verdauung noch die Heiterkeit stören: dieses Buch, das eine traurig stimmende, ergreifende Unterhaltung darstellt, ist dazu angetan, seinen Gewohnheiten zuwiderzulaufen und seiner Hygiene zu schaden.« (Goncourt 1980, 5)

So eindrucksvoll auch die Abgrenzung gegen die Konfektion im literarischen Angebot formuliert ist, man könnte den Verfassern mühelos Inkonsequenzen vorhalten. Sie nennen ihr Werk einerseits eine Studie (»1 'étude qui suit est la clinique de l'amour«), anderseits halten sie aber am Begriff der Unterhaltung fest (»ce livre, avec sa triste et violente distraction...«), ein Zeichen dafür, daß das Verständnis des Romans unter dem Druck des Szientifismus empfindlich ins Schwanken geraten war, die herkömmlichen Positionen freilich nicht so ohne weiteres aufgegeben werden konnten. Die Zumutung dem Publikum gegenüber empfanden die Autoren ohnehin als stark genug. Es ging für sie um nichts Geringeres als um die literarische Anerkennung des vierten Standes, sozusagen mit allen kompositionstechnischen und thematischen Ehren.

Die Vertreterin dieses Standes, die Titelgestalt, rückt als Heldin, wenn auch problematische Heldin, in den Mittelpunkt der Romanhandlung. Früher waren es in der Regel Statistenrollen – man denke nur an die ironischen Bemerkungen des Erzählers in den *Toten Seelen*. Sucht man nach vergleichbaren Werken in der Zeit vor etwa 1850, so wird die europäische Romanliteratur kaum mit einem überzeugenden Beispiel dienen können. Um so bestechender ist dafür eines – ein einziges – aus der Dramenliteratur: Georg Büchners nachgelassenes Schauspiel *Woyzeck*, das freilich erst fünfzehn Jahre nach dem Erscheinen von *Germinie Lacerteux* der Öffentlichkeit zugänglich wurde. Auerbachs *Mimesis* geht auf diesen Zusammenhang nicht ein, und das ist wohl die empfindlichste Lücke in diesem einzigartigen Werk.

Die weitere Argumentation der beiden Ästheten zeigt, daß sie sich der Verpflichtung gegenüber dem selbst gesteckten Ziel, der Wissenschaft literarisch den Weg zu bahnen, durchaus bewußt waren. Von der Ebene polemischer Ausblicke auf die Gepflogenheiten des Publikums verlagert sich die Argumentation in der zweiten Gedankensequenz des Vorworts auf die gesellschaftshistorische Ebene. Der Roman müsse Schritt halten, so der entscheidende Punkt der Begründung, mit der Entwicklung der Gesellschaftsformen insgesamt, mit den Erfordernissen eines Zeitalters, das unter anderem durch das allgemeine Wahlrecht, die Demokratie und den Liberalismus gekennzeichnet sei. Es sei die Zeit gekommen, angesichts dieser Verhältnisse die literarischen Konventionen im Bereich des Figurenrepertoir es einer ernsten Prüfung zu unterziehen. Die Vorurteile, die sich in Bezeichnungen wie unwürdige Gesellschaftsschichten, niedrige Geschehnisse, untragische Schicksale usw. ausdrücken, müßten beseitigt werden. Die Verfasser hätten auch schreiben können: Der Grundsatz der Gleichheit aller Menschen vor dem Gesetz muß auch für die Literatur gelten, ja für diese erst recht.

Die sentimentalen Nebentöne, die im Text stellenweise vernehmbar sind, werden in den Schlußpassagen wieder zugunsten eines Lobes sozialwissenschaftlicher Objektivität zurückgedrängt: »Heute, da der Roman in die Breite und Höhe wächst, da er anfängt, die große, ernste, leidenschaftserfüllte, lebendige Form der literarischen Studie und soziologischen Untersuchung zu werden, da er durch psychologische Analyse und Forschung zur zeitgenössischen Sittengeschichte wird; heute, da der Roman die Arbeitsweise und die Pflichten der Wissenschaft übernommen hat, kann er auch deren Freiheit und Freimütigkeit für sich in Anspruch nehmen.« (Goncourt 1980, 6)

Die Verve, mit der die Brüder Goncourt dem naturalistischen Roman bei Zola vorgearbeitet haben, liegt hier klar zutage. Die Nebeneinanderstellung von Literatur und Wissenschaft erscheint – sieht man von den Ansätzen in Balzacs Programmschrift ab – zum ersten Mal als bestimmendes Thema poetologischer Betrachtung im Bereich des Romans. Als gegeben setzen die Verfasser dabei voraus, daß die Wissenschaft in der modernen Zeit einen Vorsprung zu verzeichnen habe, der von der Literatur einzuholen sei. Ein kulturgeschichtlich bemerkenswerter Vorgang: Rund hundert Jahre nach der Zeit, als die Literatur (und andere Kunstgattungen) die historische Chance hatten, sich den Weg zur Autonomie, d. h. zur antiklassizistischen und romantischen Kunstfreiheit zu bahnen, gewinnt gerade auf dem Gebiet des Romans der Gedanke an Boden, eine neue Art von Heteronomie sei nötig. Die Fremdbestimmung erwächst diesmal nicht aus der Verpflichtung gegenüber Ideologemen, die der Künstler als gesellschaftlich sanktionierte Vorgabe zu respektieren hat, sondern aus den Konzequenzen, die das freiwillig gewählte Vorbild, die Wissenschaft, erforderlich macht. Die Freiwilligkeit in der Wahl des Vorbildes bestätigt zwar den Grundsatz der Unabhängigkeit, der prinzipiellen Freiheit des künstlerischen Schaffens, doch als bestimmend setzt sich eine Blickrichtung durch, die den Spielraum der Poesie erweitert und zugleich auf das entschiedenste einengt.

Die Erweiterung des grundsätzlich zur Verfügung stehenden Feldes ist als Möglichkeit in der Hoffnung enthalten, die Literatur könne die »Freiheit und Freimütigkeit« der Wissenschaft für sich in Anspruch nehmen. Die Kehrseite der Angelegenheit ist allerdings ebenso gegenwärtig: sie ist in der Versicherung der Autoren erkennbar, die Literatur habe die »Pflichten der Wissenschaft« übernommen. Und das ist zweifellos der springende Punkt. Denn im Begriff der Pflicht ist Heteronomie enthalten. Wie noch im Naturalismus-Kapitel zu zeigen sein wird, beruht die Literaturdoktrin Zolas, getragen von dem Ehrgeiz einer möglichst weitgehenden Verwissenschaftlichung, auf fundamentalen Irrtümern, die erweisen, daß die Pflicht, von der bei den Goncourts die Rede ist, sehr wohl ihre durch die Natur der Sache gezogenen Grenzen hat. Allein schon der Umstand, daß die richtungsweisenden Maximen der modernen Wissenschaftszweige im Bewußtsein der Schriftsteller eine verpflichtende Rolle spielen und daher die *Wahl der Kunstmittel* beeinflussen, d. h. das eine erlauben, das andere ausschließen, läßt das Problem des Verhältnisses zur Wissenschaft auch zu einer wesentlichen Frage literarischer Form, also eines immanenten Bereiches, werden. Zusammenfassend ist festzustellen, daß der Weg, den das Vorwort zu *Germinie Lacerteux* gewiesen hat, der poetischen Tätigkeit im weitesten Sinne Normen auferlegt, deren Sinn nur zu erkennen ist, wenn die eigentliche Bestimmung der Literatur in der Vermittlung von Erkenntnissen gesehen wird. Erkenntnis, Kritik, Wahrheitssuche im Bereich realer Erfahrung – das ist die Signatur. Ausgeschlossen bleibt dagegen der Gedanke an Literatur als Spiel, Magie, geistige Allotria.

Das Vorwort des Romans von 1865 war dazu angetan, den Anschein zu erwecken, die der Literatur anvertraute Erkenntnis sehe ihre Aufgabe vor allem darin, das Häßliche, Anstößige und Verworfene ins Blickfeld der Literatur zu rücken und damit Aufdeckung, Entschleierung zu leisten, Sichtbarmachung des Unbequemen und Verdrängten. Daß es jedoch nicht nur darauf ankomme, sondern auf beabsichtigte Objektivität schlechthin, versucht ein weiteres Vorwort klarzumachen. In der Vorrede zum Roman *Les frères Zemganno* verwahrt sich Edmond de Goncourt, nach dem Tode des jüngeren Bruders Jules der alleinige Autor des Romans, gegen die Annahme, die moderne Wirklichkeitskunst sei notwendig auf die »niederen« Bereiche des Lebens fixiert. (Ein Jahrzehnt danach wird in Deutschland Arno Holz ganz ähnlich argumentieren: dem Naturalismus gehe es um Genauigkeit, nicht um einen bestimmten Stoff.) Seinen Höhepunkt findet der Realismus – so die Sicht Edmonds – vielmehr in einer Darstellungsart, welche die Buntheit der Welt anschaulich macht: ohne Rücksicht auf den Gegenstand müsse allemal der Grundsatz der ästhetischen Eindringlichkeit, der Präzision in der Wiedergabe sinnlicher Eindrücke das künstlerische Ziel sein. Sucht man nach einer poetologischen Bezeichnung, der der Verfasser vermutlich zugestimmt hätte, so bietet sich der Terminus ›impressionistische Mimesis‹ an. Dabei erscheint das Wort ›Mimesis‹ hier in einem, geschichtlich gesehen, besonders eingeengten Sinn: gemeint ist eine möglichst detaillierte Schilderung der Dinge, Menschen und räumlichen Verhältnisse an einem bestimmten, allgemein erfahrbaren Ort, zwar unter Wahrung fiktionaler Allgemeingültigkeit, aber doch mit der Absicht, den Abbildern den Stempel dokumentarischer Wahrhaftigkeit aufzudrücken.

Der Versuch, nach *Germinie Lacerteux* gemeinsam einen Roman aus der mondänen Welt mit den Mitteln sinnlich facettierter Präzision zu schreiben, sei gescheitert, stellt Edmond anschließend fest. Die Begründung ist insofern bemerkenswert, als sie die Schwierigkeiten in der Handhabung künstlerischer Technik in Verbindung bringt mit den Kategorien sozialer Schichtung. Das gesellschaftliche »Unten« sei leichter darzustellen als das »Oben«; denn das Aussehen sowie die Sitten zum Beispiel eines Pariser Arbeiters könne man sich mühelos einprägen, Typisierung sei hier augenfällig. In der Oberschicht, in der Welt das Salons etwa, können sich dagegen individuelle Züge auf verschiedene Weise entfalten: hier herrscht nicht die Typisierung vor, sondern die *Nuance*, der feine Unterschied, der Sensibilität fordert und Sensibilität erzeugt. Und gerade in der ästhetischen Erfassung der Nuance erweist sich die höchste Leistung des Künstlers – so könnte die Schlußfolgerung lauten.

Die Tagebücher der Goncourts notieren mehrmals Anekdoten um den Autor von *Madame Bovary*, der nach dem Erfolg des Romans nach und nach zu einer eigentümlichen Vorbild-Figur der literarischen Szene aufstieg. Ein Vierteljahrhundert vor dem Erscheinen von Zolas Flaubert-Porträt (im Essayband *Les romanciers naturalistes*, 1881) entwarfen die Verfasser in pointillistischer Technik das Bildnis einer suggestiven Persönlichkeit, vor allem die Züge des privaten Gesprächspartners, der in kleinem Kreise keine Hemmungen hatte, Einblicke in seine Werkstatt zu gewähren. Zu den erstaunlichsten Äußerungen dieser Art gehört der Inhalt des Notats vom 17. März 1861: was Flaubert dort seinen Freunden verkündete, war (und ist) ein regelrechter Schock für jeden, der dem Klischee vom realitätserpichten Naturalisten Flaubert anhing. Wer meinte, der interessante oder aktuelle Stoff mache den Roman aus, mußte sich vom Verfasser der *Madame Bovary* folgendermaßen belehren lassen: »Die Geschichte, das Abenteuer eines Romans, das ist mir sehr gleichgültig. Wenn ich einen Roman schreibe, habe ich die Vorstellung, eine Farbe, einen Ton wiederzugeben. In meinem Roman aus Karthago zum Beispiel will ich etwas Purpurnes machen. Das Übrige, die Figuren, die Intrige, ist dann nur ein Detail. In *Madame Bovary* hatte ich nur die Vorstellung, eine graue Tönung wiederzugeben, die Farbe schimmeliger Kellerasselexistenzen. An der Geschichte, die ich damit einkleiden wollte, lag mir so wenig, daß ich noch wenige Tage, bevor ich zu schreiben begann, *Madame Bovary* noch ganz anders konzipiert hatte. . .« (Goncourt 1983, 170)

Es wäre naiv, aus solchen Äußerungen eine absolut verbindliche Poetik ableiten zu wollen und in ihnen die Lust am improvisatorischen Einfall, am Übertreiben und Schwadronieren zu überhören. Ob die Gleichgültigkeit gegenüber dem Erzählstoff in der Tat so ausgeprägt war, wird sich niemals feststellen lassen. Allein programmatische Maximen haben ihre eigene Authentizität, und sie haben ein Anrecht darauf, nicht mit der dokumentarischen Elle gemessen zu werden. Als sogenannte Lebenszeugnisse dürfen sie keineswegs gelten. So mag man Flauberts poetologische Vorstellungen ruhig als eine

Form künstlerischen Wunschdenkens einstufen. Entscheidend ist jedoch, daß die Zahl der Äußerungen dieser Art dazu berechtigt, von einer dominierenden Neigung Flauberts zu sprechen, einer Neigung, die ihren festen Platz neben dem Streben nach »Objektivität« besitzt. Diesem letzteren ist auch der Umstand zuzuschreiben, daß Flaubert künstlerische Wünsche und Kommentare lediglich im privaten Kreis (oder in Briefen) äußerte. Das geschlossene Kunstwerk, meinte er, müsse für sich selbst einstehen; Zeugnisse anderer Art seien überflüssig. Zu den verpönten Verfahren zählte er namentlich die poetologischen Offenbarungen des transzendentalen Erzählers. Mit Flaubert beginnt die Geschichte des *Kommentarverbots* in der Entwicklung des europäischen Romans, wie man diese Erscheinung in Analogie zum Bilderverbot in der Religionsgeschichte nennen könnte.

Bezeichnend für Flaubert ist das eigentümliche Nebeneinander und Ineinander ästhetizistischer Neigungen und positivistischer Gesinnung – das Streben nach einer Synthese, die abstrakte Schönheit und wissenschaftliche Strenge zusammenführen sollte. Es macht die besondere Leistung dieses Romanciers aus, daß der unbestechliche Blick des Analytikers gesellschaftlicher Konventionen und die ganz auf den Ausdruck gerichtete Strenge des disziplinierten Stilisten nicht im Widerstreit miteinander liegen, sondern sich gegenseitig stützen und ergänzen. Den Grundstein der darin enthaltenen Poetik bildet eine Überzeugung, die Flaubert geradezu mit mystischer Leidenschaftlichkeit vertrat und die ihn dazu veranlaßte, das Schreiben (wenn wir ihm glauben wollen) als einen unsäglich mühevollen Vorgang zu begreifen und zu praktizieren: die Überzeugung, in der Literatur sei die Übereinstimmung von Schönheit (le beau) und Wahrheit (le vrai) zu erzielen.

In der literaturwissenschaftlichen Forschung hat man sich darum bemüht, diesem Begriffspaar ein ehrwürdiges Alter zu attestieren, mit der Begründung, Flaubert habe sich hier der antiken Tradition angeschlossen, nämlich der platonischen Trias des Wahren, Schönen und Guten (vgl. dazu B. F. Bart). Obwohl der Romancier selbst gelegentlich auf ein platonisches Erbe in seiner Ausdrucksweise hingewiesen hat, fällt es schwer zu glauben, daß der Wahrheitsbegriff in der Ideenwelt Platons tatsächlich ein und dasselbe bedeuten soll wie »le vrai« bei Flaubert. Dem Pathos im Literaturverständnis des Erzählers entsprach vielmehr eine Vorstellung von Wahrheit, deren entscheidende Voraussetzung unverfälschte, authentische Erfahrung war. Den Gegensatz zu seiner »Wahrheit« bildet weniger das Zufällige und Vorübergehende, wie beim antiken Philosophen, der die Wahrheit im Reich transzendenter Ideen aufgehoben sieht; im Widerspruch zu »vrai« stehen vielmehr »mensonge« und »imposture«, Begriffe, die bei Flaubert im Bereich gesellschaftlicher Erfahrung auch die Phänomene Schein und Konvention zu bezeichnen pflegen.

Schenkt man dem Selbstbildnis Vertrauen, das Flaubert in seinen Briefen entworfen hat – in diesen Zeugnissen, die als Gesamtpanorama zu den psychologischen und kulturgeschichtlichen »Grundbüchern« des 19. Jahrhunderts gehören –, so tun sich erstaunliche Einblicke in die Gedankenwelt des Korrespondenten auf. Zum Beispiel, was als wahr zu gelten hat, erfährt man bereits vom Achtzehnjährigen, der sich anschickt, sich auf die Abenteuer des Schreibens einzulassen, aber offenbar die Erfahrungen mit den Querelen des literarischen Betriebs scheut. »Wenn ich jedoch einen aktiven Anteil an der Welt nehmen werde, dann als Denker und Demoralisator«, schreibt er 1839 an seinen Freund Ernest Chevalier und formuliert damit ein Grundmotiv seines Schaffens. »Ich werde nur die Wahrheit sagen, doch wird die furchtbar sein, grausam und nackt.« (Flaubert 1977, 20)

Da ist er, der Wahrheitsbegriff Flauberts, in einem leidenschaftlichen Tonfall vorgetragen, mit intimem Pathos, wie das meiste von dem, was der Autor seinen Adressaten über sein Verhältnis zur Kunst mitzuteilen hatte. Als »Demoralisator« kündigte er sich an, was wohl nicht anders verstanden werden kann als ein Versuch, die gängigen Konventionen und ideologischen Formeln, und darunter vor allem die sozialen Verheißungen, mit jenem unbestechlichen Blick zu betrachten, der zur Desillusionierung entschlossen ist. »Grausam und nackt« soll die Wahrheit sein, also das Gegenteil von dem, was gleichsam als offizieller Schein in den Sitten und der öffentlichen Rede der Epoche das Bewußtsein der Menschen beherrscht.

Die Folgerungen, die sich daraus für die Literatur ergeben, hat Flaubert namentlich in der Notwendigkeit gesehen, die Sprache des poetischen Erzeugnisses, des Romans etwa, zu einem Instrument authentischer Erfahrung zu machen. Der Gegensatz zu »authentisch« war für ihn leicht auszumachen: in der Gestalt geschwollener Phrasen und dummer Redensarten begegnete er geistiger Nichtauthentizität im gesellschaftlichen Leben auf Schritt und Tritt. Zu seinen Versuchen, die Wahrheit ans Licht zu zerren, zählt daher auch das Ergebnis einer der seltsamsten Sammlertätigkeiten der Epoche: seine Sammlung von Konversationsmüll *Dictionnaire des idées reçues*, in deutscher Übersetzung: *Wörterbuch der Gemeinplätze.* Dieses sprachliche Panoptikum bürgerlicher oder vielmehr kleinbürgerlicher Mentalität (übrigens erst achtzig Jahre nach dem Tode des Urhebers erschienen) dokumentiert sein Feindbild im Medium der Sprache. Sorgfältig alphabetisch geordnet hat man hier, aus Flauberts Sicht, das Gegenteil von Wahrheit – nämlich Klischees, Denkschablonen, in der Regel Verallgemeinerungen und Vorurteile, alles, was sich leichtfertig über wirkliche, einmalige Erfahrung hinwegsetzt.

Worum es auch geht, stets überlagert das Hörensagen die Evidenz, die penetrante Mutmaßung und Anmaßung das genaue Wissen: Von der Eisenbahn etwa wird dann gesagt, hätte Napoleon sie gehabt, er wäre unbesiegbar gewesen. Oder vom Eigentum, es sei als Grundlage der Gesellschaft »plus sacrée que la religion«. Von den Eisverkäufern heißt es lapidar: »Alles Neapolitaner«, ebenso wie das Klischee es will, daß die Italiener (von denen die Neapolitaner nun offenbar ausgenommen erscheinen) samt und sonders Musiker und Verräter sind, »Tous musiciens. Tous traîtres«. Melancholie? Sie ist

»Zeichen eines vornehmen Herzens und eines erhabenen Geistes«. Die Kunst dagegen »führt ins Armenhaus«, und die Künstler »sind Schwindler«, die manchmal viel Geld verdienen, dieses aber zum Fenster hinauswerfen. Künstlerinnen übrigens sind eigentlich Huren. (Zit. nach der zweisprachigen Ausgabe, Flaubert 1968)

Flauberts imaginäres Museum der Dummheit gehört, versteht man es im oben angezeigten Zusammenhang, neben den Briefen zumindest mittelbar zum Korpus seiner poetologischen Schriften. In dieses Museum hätte der Autor wohl am liebsten auch ganze literarische Werke aufgenommen, etwa Romane von der Art, wie sie in *Madame Bovary* beschrieben werden, wenn von der Lektüre der fünfzehnjährigen Emma die Rede ist. Die Methode, wie der Romancier die Schmöker jener Zeit – den Begriff ›Trivialliteratur‹ gab es damals noch nicht – in seinem Roman beschreibt, ist bereits Polemik: was der *Dictionnaire* vom Alltagsgespräch verrät, das besagt der folgende Passus über die Beschaffenheit von Erzähltexten, in denen nicht Wahrheit, wie Flaubert sie versteht, zutage tritt, sondern das Musterrepertoire der Konfektion.

»Die Bücher handelten immer nur von Liebschaften, Liebhabern und Geliebten, verfolgten Damen, die in einsamen Pavillons in Ohnmacht sanken, von Postillonen, die bei jedem Pferdewechsel umgebracht wurden, von Pferden, die man auf jeder Seite zuschanden ritt, von finsteren Wäldern, Seelenkämpfen, Schwüren, Schluchzen, Tränen und Küssen, Nachen im Mondschein, Nachtigallen in den Gebüschen, *Herren*, die tapfer wie Löwen, sanft wie Lämmer und unvorstellbar tugendhaft waren, dazu stets schön gekleidet und tränenselig wie Urnen. Ein halbes Jahr lang machte sich Emma mit dem Staub der alten Leihbibliotheken die Hände schmutzig.« (Flaubert 1959, 51)

Der Kontrast, auf den der Autor hier anspielt, ist durch den anschaulichen Gegensatz gegeben zwischen den »schmutzigen Händen« Emmas, der eifrigen Leserin, und der literarisch inszenierten Sauberkeit in den Geschichten der abgegriffenen Bücher. Und gerade diese Sauberkeit, die trotz gelegentlichem Mord und Totschlag moralisch nicht getrübt erscheint – denn dafür sorgen die »unvorstellbar tugendhaften« Herren –, ist hier der Gegenstand des künstlerischen Zweifels, ja des Anstoßes. Denn die mit ironischem Gleichmut zusammengestellte Revue epischer Situationen ist für Flaubert ein Katalog des Unwahren. Aus dieser Sicht ist auch sein Roman, *Madame Bovary*, ein Roman über Romane oder über das Problem der Wahrhaftigkeit im Roman – ein Werk also, das das alte Problem des *Don Quijote* in Flauberts eigener Sache aufnimmt.

In eigener Sache spricht der Autor auch, wenn er darüber klagt, daß er mit seiner Erzählprosa, die aller gefälligen Unterhaltung und allem sentimentalen Gehabe ein Ende setzen möchte, in der literarischen Kultur seiner Heimat eigentlich ein Fremder sei. In Frankreich, so teilt er seiner Freundin und »Kollegin« Louise Colet am 25./26. Juni 1853 mit, sei man auf Unterhaltung versessen, auf spektakuläre Dinge und Effekte, und daran sei er literarisch nicht interessiert. Ihm schwebe etwas anderes vor. »Nicht erst seit heute leide ich darunter, daß ich in dieser Sprache schreibe und denke!« (Flaubert 1977, 267) Denn eigentlich – welch ein riskanter Satz! – sei er ein Deutscher. Eine genauere Erklärung seines »Deutschtums« hielt er allerdings nicht für notwendig. Man ist daher auf die – freilich wohlbegründete – Vermutung angewiesen, der philosophische und wissenschaftliche Eros jenseits des Rheins habe es ihm angetan gehabt, und gewiß auch der Gedanke an die versuchsfreudige Beweglichkeit der deutschen Literatur seit Goethe und der Romantik. Daß in all dem ein Nachklang des Deutschland-Buches der Madame de Staël hörbar ist, braucht kaum gesagt zu werden.

Unerbittlich ist ein Begriff, den Flaubert geliebt haben muß. In einem Brief vom 18. März 1857 (an Mademoiselle Leroyer de Chantepie), der zu den wichtigen Zeugnissen über die Konzeption der *Madame Bovary* gehört, beschwört er die unerbittliche Methode der modernen Beobachtung in der Kunst, einer Methode, die es mit der Präzision der physikalischen Wissenschaften aufnehmen müsse. Es ist auch auf Grund des Briefwechsels nicht möglich, genau zu rekonstruieren, was Flaubert aus dem Bereich deutscher literarischer und philosophischer Kultur wirklich genau gekannt hat. Sicher ist dagegen, daß ihn bei den Impulsen aus dem Lande Goethes und Hoffmanns, Kants und Hegels besonders die Konsequenz beeindruckte, mit der dort der Gedanke von der Autonomie geistiger Hervorbringungen in die Tat umgesetzt wurde: zugunsten eines radikalen Philosophierens und einer poetischen »Willkür«, nach einem bekanntlich positiv gemeinten Wort Friedrich Schlegels.

Die Vorstellung von Folgerichtigkeit und Strenge: nichts anderes konnte Flaubert gemeint haben, als er Zweifel gegenüber seinem kulturellen Milieu ausdrückte. Die Tradition gesellschaftlicher Verwurzelung der Kunst, mit allen Rücksichten sozialer Natur, die dem Künstler abverlangt wurden, galt es in Frage zu stellen und zu bekämpfen. Einmal durch die Bestrebung, *seine* Kunst, den Roman, von den Verpflichtungen gesellschaftlicher Rituale und Unterhaltungsformen zu lösen und in den Dienst wissenschaftlich nüchterner Beobachtung zu stellen, ihn zu einer hohen Schule der Genauigkeit zu machen. Zugleich aber durch die Radikalität, mit der die Unabhängigkeit des Künstlers und seiner Vorstellungen von Schönheit zu einer moralischen Instanz erhoben werden. Die Moral der Kunst bestehe in ihrer Schönheit, heißt es lapidar im Brief an Louis Bonenfant vom 12. Dezember 1856.

Kein Wunder, daß Flaubert die Entrüstung bei einem Teil der Öffentlichkeit (und bei den Behörden) nach Erscheinen von *Madame Bovary* hauptsächlich mit Gleichmut hinnahm: er hielt ohnehin nicht viel von dieser Öffentlichkeit. Daß er im übrigen *gegen* die Erwartungen der meisten Leser anschreibe, wußte er bereits in der ersten Phase der Arbeit an diesem Roman. Einer der Briefe (vom 17. Januar 1852) an Louise Colet, aus der Korrespondenz also, die eine authentische Einführung in Flauberts Poetik darstellt, legt dar, wie sehr sich der Autor der Ungewöhnlichkeit und Gewagtheit seines Unterfangens bewußt war. Auf fünfzig fortlaufenden Seiten habe er keine Ereignisse im herkömmlichen Sinne (und er meint damit jene als romanhaft geltenden Elemente nach bewährtem Rezept), denn die selbstgestellte Aufgabe bestehe gerade darin, ein gleichförmiges Bild des bürgerlichen Lebens zu entwerfen. In der Absicht, ohne Kontraste zu arbeiten, könne man etwas Großartiges sehen, doch bleibe die Befürchtung, das Publikum werde mit diesen Subtilitäten nichts anfangen können; Bewegung würden die Leser lieber sehen. Freilich: »Man muß auf seine eigene Weise singen; und die meinige wird niemals dramatisch oder anziehend sein.« (Flaubert 1977, 185) Das Beharren auf der eigenen literarischen Machart hatte auch seine schroffe Abgrenzung gegenüber der programmatischen Bewegung des Realismus zur Folge. Was man gemeinhin so nenne, verabscheue er, schreibt der Autor an George Sand (6. Februar 1876), und er sei unbeeindruckt davon, daß man ihn auch selbst zu einem der literarischen Päpste des Realismus machen wolle. Diese Reaktion gibt kaum Rätsel auf, wenngleich sie in offenbarem Widerspruch zu den gewohnten Mustern stilgeschichtlicher Klassifizierung steht. Flaubert mag wohl vor allem an jene Aspekte des Realismus gedacht haben, für die er kein Verständnis aufbringen konnte: die Entdeckerfreude mancher Realisten, die zu einer Identifikation mit der dargestellten Erfahrungswelt führte, die optimistische Verklärung der Realität (wie bei manchen deutschen Autoren, die Flaubert allerdings nicht gekannt hat), oder gar die Reduktion erfahrener Wirklichkeit auf einladende Idyllen.

Flauberts Interesse an der Realität wurde eher von entgegengesetzten Gefühlen wach gehalten: paradoxerweise von tiefer Abneigung, ja von Haß. »Die ›wissenschaftliche‹ Objektivität Flauberts ist etwas wesentlich anderes als etwa das Sachinteresse Balzacs«, schreibt Hugo Friedrich (120f.). »Dieses entsprang der Freude an der Vielheit des Gegebenen, bei Flaubert aber nährt sich die Objektivität aus einem Menschen- und Dinghaß, der eben durch die kalte Präzision der Bestandsaufnahme den Abstand feststellt, der zwischen dem umweltbedürftigen Gemüt und der ihrem Wesen nach gemütsfeindlichen Umwelt besteht.«

In der Tat, der Verfasser von *Madame Bovary*, *L'éducation sentimentale* und *Bouvard et Pécuchet* war kein Realist der Einfühlung, sondern ein Realist des »bösen Blickes«, der erste dieser Art in der Geschichte des europäischen Romans, allein nicht der letzte. Bei der Betrachtung der Erzählpoetik Thomas Manns wird sich ein Rückblick auf Flaubert als notwendig erweisen. Über die Motive seiner Haltung hat er die Zeitgenossen, an denen es ihm gelegen war, nicht im unklaren gelassen. Tiefste Abneigung galt den Vertretern optimistischer Fortschrittsideologien, den Sozialisten und den Liberalen bürgerlichdemokratischer Couleur, der Mentalität des modernen Philisters, dessen Rhetorik Perfektion verheißt in einer von Tag zu Tag häßlicher werdenden industriellen Welt. Flauberts Position ist damit zwiespältig genug: Als Eremit in der industriellen Wüste und als Verächter bourgeoiser Selbstzufriedenheit ist sein geistiger Ort zwischen den Romantikern und Nietzsche. Doch zugleich zeigt er sich fasziniert von dem Gedanken wissenschaftlichen Fortschritts, von der Idee analytischer Beherrschung der Natur. Und damit hängt er einer Vorstellung an, die durchaus zum intellektuellen Bestand jenes Bourgeois gehört, dem sein Abscheu gilt. Szientifismus und Zivilisationskritik mit romantischen Zügen gehen bei Flaubert eine eigentümliche Verbindung ein.

Die geschichtsphilosophischen Andeutungen in seinen Briefen (etwa in dem besonders wichtigen Brief an Mademoiselle Leroyer de Chantepie vom 18. Mai 1857) bieten dazu eine ergänzende Sicht. Als Schlüssel zu den Widersprüchen erweist sich darin ein Relativismus, der die Entwicklung der Menschheit (und damit in gewissem Sinne auch Fortschritt) nicht leugnet, jedoch keine Form als einen Idealzustand gelten lassen will. Keine der großen geistigen Leistungen der Menschheit, weder die Bibel, noch Homer, Shakespeare oder Goethe, bedeute eine Festlegung auf eine endgültige Lebensform, meint der Adressant. Alles befinde sich ständig in Bewegung, der Horizont in der Ferne ist niemals ein Ufer, etwas Endgültiges, sondern stets nur eine Linie, hinter der schon die nächste zu erwarten sei. Daher seien die Schlagwörter von heute, wie Fortschritt und Demokratie, die abgedroschenen Redensarten von morgen. »Unsere fortschrittlichsten Ideen werden sehr lächerlich und sehr rückständig erscheinen, wenn man sie über die Schultern betrachten wird.« (Flaubert 1977, 378) Die Überzeugung, daß die geschichtliche Entwicklung unablässig »neue Formen« hervorbringe, bleibt für Flaubert die einzige legitime Sicht der Dinge. Nicht zu übersehen ist dabei, daß der seine Zeit verabscheuende Romancier Zuflucht bei einer Denkform nimmt, die zu den Grundmerkmalen seines Jahrhunderts zählt: beim Historismus. Denn die Vorstellung von einer Flucht unabläßig sich verändernder geschichtlicher Konstellationen, die im Prinzip gleichwertig sind, kann ihre Herkunft aus dem historischen Denken des 18. und 19. Jahrhunderts gar nicht verbergen. Unter den Historikern der Zeit hätte Leopold Ranke sicherlich Verständnis für die Gedanken des Romanciers gehabt.

Den Schritt vom Historismus zu jenen Gedanken, in denen eine Verwandtschaft mit Gedankengängen Nietzsches zu erkennen ist, vollzog Flaubert im Zeichen ästhetizistischer Neigungen. Im Gewoge der Zeitläufte ist die Kunst eine Form der Sammlung und der Beständigkeit, psychologisch gesehen ein Refugium. Im Brief vom 4. September 1852 an Louise Colet bekennt er: »Ich gelange zu einer Art ästhetischem Mystizismus (wenn die beiden Worte nebeneinandergestellt werden können), und ich wollte, daß er stärker wäre. Wenn wir keinerlei Ermutigung durch die anderen erfahren, wenn die äußere Welt uns abstößt, uns entnervt, uns korrumpiert, uns abstumpft, sind die *ehrlichen* und *sensiblen* Menschen gezwungen, in sich selbst irgendwo einen reinlicheren Ort zu suchen, wo sie leben können. Wenn die Gesellschaft auf ihrem jetzigen Weg weitergeht, werden wir, glaube ich, Mystiker erleben, wie es sie in allen dunklen Epochen gegeben hat. Da die Seele sich nicht ergießen

kann, wird sie sich konzentrieren. [...] Wo wird aber, da die theologische
Grundlage fehlt, jetzt der Anhaltspunkt für diesen sich selbst noch nicht ken-
nenden Enthusiasmus liegen? Die einen werden ihn wie Fleisch suchen, die
anderen in den alten Religionen und wieder andere in der Kunst; und die
Menschheit wird, wie das Volk der Juden in der Wüste, alle möglichen Idole
anbeten. Wir sind ein wenig zu früh gekommen; in fünfundzwanzig Jahren
wird dieser Kreuzungspunkt für die Hände eines Meisters etwas Großartiges
sein. Dann wird die Prosa (ganz besonders die Prosa, als eine jüngere Form)
eine ungeheure Symphonie der Menschheit spielen können.« (Flaubert 1977,
215)

Der Autor von *Salammbô* zählte zu jenen, die sich – wenn auch nicht blind –
für die Kunst entschieden. In einer Epoche, die er mit einer kühnen Verallgemeinerung zu den finsteren Zeiten zählt, verheißt ihm die Kunst Zuflucht
und Widerstand zugleich. Es ist bezeichnend, daß einer seiner Kunst-Träume
einer neuartigen, noch niemals verwirklichten Form von Prosa galt, einer
eigentümlichen Sprachkunst, die seinen strengen Vorstellungen von Artistik
und Originalität entsprechen könnte. Einen Namen hat Flaubert diesem ästhetischen Wunsch nicht gegeben; doch er hätte vermutlich jene Bezeichnung
gebilligt, die in unserem Jahrhundert Gottfried Benn, nicht zuletzt im Hinblick auf den französischen Romancier, geprägt hat: »absolute Prosa«.

Flauberts poetologische Vision ist eine Wunschvorstellung, die den pro-
duktiven Impuls seiner Abneigungen und seines Hasses erkennen läßt. Konkrete Erfahrung brachte ihn auf den Gedanken, ein literarisches Werk zu
ersinnen, worin Erfahrung im herkömmlichen Sinne, in Gestalt inszenierter
Stofflichkeit, so gut wie keine Rolle mehr spielen würde. Der gehaßten Bürgerwelt entzieht der Autor damit jeglichen Anspruch auf Sinngebung und
Formgebung: die Inhalte, Handlungen und Motive dieser Realität verlieren an
Bedeutung und werden gleichsam zu Hohlkörpern. Eine der wichtigsten Mit-
teilungen an Louise Colet (vom 16. Januar 1852) enthält die erwähnte Vision:
von einem »Buch über nichts«, einem Buch »ohne äußere Bindung«, das nur
von der Kraft seines Stils getragen wird. Man merkt es der Diktion dieses
Briefes an, wie fasziniert der Autor von diesem Gedanken war: er wird nicht
müde, ihn zu variieren und zu betonen, welche Möglichkeiten in einer Prosa
enthalten seien, deren Autor beschlossen habe, fast ohne Sujet auszukommen,
ohne die Bindung des Stils an eine bestimmte Materie. Charakteristisch für
Flauberts Anschauungen ist dabei namentlich sein Votum für die Neigung zur
Abstraktion in der Kunst, für eine Entstofflichung, die er insgesamt als einen
Prozeß der Verfeinerung begreift. Im Bereich der Erzählkunst bedeutet das ein
Aufgeben herkömmlicher Muster und handwerklicher Regeln. Die Tradition
des Epischen wird aufgegeben zugunsten des Romans – ein Gedanke, in dem
Flaubert eine denkwürdige Begriffsspaltung vornimmt: der Roman erscheint
von der epischen Überlieferung abgetrennt, die Prosa gewinnt gegenüber dem
Vers erhöhte Bedeutung. Die künstlerische Leistung »kennt keine Orthodoxie

mehr an und ist frei wie jeder Wille, der sie hervorbringt« (Flaubert 1977, 181).

Man hört darin deutlich einen Nachhall der von Friedrich Schlegel formulierten romantischen Maxime von der »Willkür«, d. h. Freiheit des Künstlers, der keine Regeln mehr anerkennt. Neigungen romantischer Kunsttheorie bestätigt Flaubert auch insofern, als er dem Roman einen Rang zubilligt, der einen Gipfel in der Geschichte seines Aufstiegs markiert. Der Roman *muß* nichts, er *kann* aber alles – so könnte man dieses Gattungsverständnis umschreiben. Wenn der Roman gleich der Erdkugel frei in der Luft zu schweben vermag (das ist einer von Flauberts Unabhängigkeits-Vergleichen!), dann gelten für ihn auch keine überlieferten Normen der Moral und des Geschmacks. Daher verlieren auch die üblichen Einteilungen, etwa in »schöne« und »häßliche« literarische Gegenstände, jegliche Verbindlichkeit; der absolute Anspruch des Stils, alles kraft seiner eigenen Dignität zu beherrschen, hebt solche Unterschiede auf.

Damit ist Flaubert vermutlich der eigentliche Ahnherr jener literarischen Praxis, die man einigermaßen zutreffend – doch zugleich auch mißverständlich – einen ästhetischen Amoralismus genannt hat. Ein Mißverständnis liegt vor, wenn die Deutung von Flauberts Intentionen das ethische Fundament seiner Artistik nicht beachtet. Zutreffend ist dagegen der genannte Begriff, versteht man darunter den in jedem Werk des Autors spürbaren Widerstand gegen den Mißbrauch moralischer Vorstellungen zugunsten gesellschaftlicher Lügen. »Amoralismus« drückt dann den Protest des Dichters gegenüber einem solchen Gebaren aus. Im übrigen hat Flaubert dieser Aufgabe – Kritik zu artikulieren – letztlich doch den Vorzug gegeben vor seinem Wunsch, ein weitgehend handlungsfreies, »freischwebendes« Werk zu schreiben. Den Plan eines »Buches über nichts« hat Flaubert, zumindest im Sinne der geschilderten Konsequenzen, niemals verwirklicht. Sein am meisten ästhetizistischer Roman, *Salammbô*, läßt in Partien von flächenhafter Beschaffenheit vermuten, wie der Autor den Wandel von der epischen Schilderung zur absoluten Prosa sich vorstellte. Denkt man bei der Konzeption eines handlungslos erscheinenden Romans vor allem an jenes Phänomen, das später »Entfabelung« genannt worden ist, bietet sich als einprägsames Beispiel die Machart von *Bouvard et Pécuchet* an. Der satirische Bilderbogen, zusammengehalten nur von den Grillen der beiden kleinbürgerlichen Flaneure durch die zivilisatorischen Sparten, durch Technik, Kunst und Wissenschaft, präsentiert sich nicht zuletzt als ein Versuch, auf die Intrigenmuster des Romans zu verzichten und damit gewissermaßen einen Anti-Hugo oder Anti-Dumas zu schreiben, streng genommen sogar einen Anti-Balzac.

Ist von Flauberts künstlerischen Absichten und der Faktur seiner Romane die Rede, so ist zu beachten, daß der Autor auch mit Werken Anstoß erregte, die in kompositorischer Hinsicht als vergleichsweise konventionell gelten konnten. Denkwürdig ist ganz besonders die Argumentation des Staatsanwalts im skurrilen Prozeß um *Madame Bovary*, dieses »öffentliches Ärgerniss«. (Vgl. dazu Heitmann 1970) Man muß dem Vertreter der staatlich sanktionierten Moral immerhin Intuition bescheinigen: denn er richtete seine Anklageschrift nicht etwa gegen vermeintlich frivole Stellen, er verzichtete also darauf, Jagd auf »pikante Szenen« zu machen; als Hüter der Sittlichkeit vermeinte er, vor allem den Umstand brandmarken zu müssen, daß dieser Roman keine einzige positive Gestalt aufzuweisen habe! Seine Beurteilung des Werkes beruhte gleichsam auf einer strukturanalytischen Lektüre und war den Absichten des Autors durchaus angemessen, wenn auch mit verkehrtem Vorzeichen. Als ein Delikt wurde also ein Merkmal des Textes eingestuft, das man in Analogie zur »Entfabelung« eine »Entheldung« nennen kann. Der eigentliche Anstoß für das Einschreiten oder zumindest für die Argumentation des Staatsanwalts ist vermutlich in einer Erfahrung des Beamten in seiner Eigenschaft als Leser zu suchen. Das Fehlen einer sogenannten positiven Gestalt, einer moralischen Leitfigur, mußte einen Schock bewirkt haben, Verunsicherung, ja Verstörung hervorgerufen haben, jene Empfindung, die man hat, wenn einem etwas Vertrautes und Gesichertes plötzlich weggenommen wird. Leser von der geistigen Beschaffenheit des Staatsanwalts mußten das ganz ähnlich empfunden haben: daß sie die Welt nicht mehr verstehen, die Welt der Literatur, in der es doch gemeinhin Instanzen gab, auf die man bauen konnte, Botschaften und Helden, die als moralische Stützen dienten. (Vgl. Jauß, 1982, 276)

Nicht weniger mochte ein Umstand ins Gewicht fallen, der unmittelbar mit den poetologischen Überlegungen des Autors zusammenhing. Es handelt sich um den Ausschluß des transzendentalen Erzählers aus dem Gefüge des Romans. Damit wurde dem vorhin definierten Leser eine letzte orientierende Institution entzogen; denn früher konnte er sich auch in Fällen, wo das Figurenrepertoire der Erzählwerke hauptsächlich aus problematischen Gestalten bestand, immer noch Rat oder Gewißheit bei dem Conférencier des epischen Vorgangs holen. Mit dem Ausscheiden des Erzählers fällt dagegen die letzte Bastion der kollektiven moralischen Norm. Der Leser sieht sich gleichsam ohne Geleitschutz der einsagenden Erzählinstanz dem dargestellten Geschehen ausgeliefert – ohne vorgegebene Urteile, ohne vorgreifende Informationen und ethische Richtlinien. Flaubert wußte jedenfalls, was für ein folgenreicher Schritt damit getan worden war. Die Beeinflussung des Lesers müsse vermieden werden, denn der Weg zu einer Objektivierung, »Verwissenschaftlichung« des Erzählens führe über den Willen zur Unpersönlichkeit im Werk, über den Willen zur künstlerischen Askese oder Leidenschaftslosigkeit. »Impassibilité« – das ist eines der Leitwörter der Flaubertschen Poetik.

Im selben Zusammenhang vergleicht der Autor den Künstler mit einem Wesen, das in seinem Werk so anwesend sei wie Gott in der Schöpfung, allmächtig aber unsichtbar (Flaubert 1977, 366). Diese literarische Theologie beweist, daß nicht nur ein szientifistisch grundierter Hang zur Objektivität seine Feder führte, sondern stets auch ein romantisch angehauchtes Selbstbewußtsein. In der Haltung des mit wissenschaftlicher Disziplin vorgehenden Literaten ist das geistesaristokratische Verständnis der eigenen Tätigkeit unübersehbar. In der Verbannung des transzendentalen Erzählers ist die Abneigung gegenüber einem unverbindlich erscheinenden Subjektivismus erkennbar; jedoch noch ausgeprägter ist darin wohl die Empfindlichkeit des Individualisten, der im leutseligen Gebaren des alten Erzählers eine nicht mehr erwünschte Form von Fraternisierung mit dem Leser erblickte. Die Tradition des kommentierenden Erzählers – daran ist hier zu erinnern – beruht im Roman von Fielding bis Balzac nicht zuletzt auf einer Art Vertrauensbasis, auf einem geistigen Pakt zwischen Autor und Leser. Als Voraussetzung des Erzählens wird der Versuch angesehen, ein Feld gemeinsamer Erfahrungen und Interessen abzustecken. Diese vorausgesetzte und im literarischen Diskurs auch abgehandelte Gemeinsamkeit wird nun bei Flaubert zum Gegenstand der Abneigung: die einst mit allen Mitteln angestrebte Kommunikation muß einer distanzheischenden Haltung Platz machen, die nur das Werk, das gleichsam in sich ruhende Kunsterzeugnis gelten läßt. Die Idiosynkrasie gegenüber dem spießerhaften Zeitgenossen überträgt sich auf die Erzähltechnik.

Flauberts Romankonzeption stellt einen der frühesten Versuche dar, die Dinge in ihrer beschreibbaren Gegenständlichkeit darzustellen, in einer Sicht also, die eine unmittelbare Intervention des Erzählers ausschließt. Rund hundert Jahre vor dem *nouveau roman* kommt hier eine neue Schule der Beschreibungskunst zum Zug, eine, die vom Autor mehr Sachkenntnis fordert, als das bislang eigentlich üblich war. Der Anspruch auf wissenschaftliche Objektivität fordert eine Stoffbeherrschung, die nicht nur dem Roman selbst neue Dimensionen verleiht, sondern die auch dem Autor Tätigkeiten – vorbereitende Studien etwa – abverlangt, die das Schreiben in der Tat zuweilen in die Nähe wissenschaftlicher Forschung rücken. »Das Ergebnis solcher Arbeit«, schreibt Hugo Friedrich (146) über Flauberts Vorgangsweise, »ist erstaunlich: in der ›Salammbô‹ folgen die fremdartigen Bauten, Maschinen, Namen, Tätigkeiten, Ereignisse aufeinander, in der ›Education‹ die politischen Pläne, die Bälle, die Kleider, die Industrietätigkeiten, in ›Bouvard et Pécuchet‹ die Theorien und Experimente der Landwirtschaft, der Chemie, der Medizin, der Astronomie, der Paläontologie, der Archäologie, der Phrenologie usw., in der ›Tentation‹ die Mythen der asiatischen, orientalischen, antiken Religionen.« Flaubert bahnte mit dieser Neigung in wesentlichem Maße der naturalistischen Poetik den Weg, im besonderen jedoch einer Auffassung von den stofflichen Verpflichtungen des Romans, die im 20. Jahrhundert namentlich bei Thomas Mann das Antlitz des Romans formte. Man könnte von einer Bestrebung mancher Autoren sprechen, in der Darstellung bestimmter Realitätsbereiche den Eindruck fachlicher Kompetenz zu erwecken. Die Wissenschaftler- und Künstlerromane seit dem Naturalismus beschränken sich, zumindest bei einigen großen Autoren, nicht mehr auf pure Unverbindlichkeiten in der Darstellung der spezifischen Tätigkeiten der Hauptgestalten, ob sie nun komponieren oder im Labor forschen. Diese Genauigkeit ist ein Erbe aus der Zeit Flauberts.

Es ist freilich anzunehmen, daß nicht alle späteren Autoren sich dessen bewußt waren, daß diese Genauigkeit ursprünglich eine Präzision der Abscheu, des Leidens an der Umwelt war. Die Liebe Flauberts galt nicht den Dingen selbst, sondern deren sprachlicher, artistischer Vergegenwärtigung. Der leidenschaftslose Objektivismus seiner Prosa war im Grunde die Kehrseite eines eigentümlichen Ästhetizismus.

IV

Gilt der Roman als Maßstab, so ist die russische Literatur historisch eine späte Erscheinung. Zu einem Zeitpunkt, wo die englische, französische und deutsche Literatur bereits zahlreiche Romane aufzuweisen hatten, deren literarischer Rang unbestritten war, konnte die russische Romanliteratur nur äußerst bescheidene Anfänge verbuchen, Werke, die keine Aussicht hatten, die eigene Sprachgrenze zu passieren. Erst Puškins *Evgenij Onegin* (1825–1832) und Lermontovs *Geroj našego vremeni* (*Ein Held unserer Zeit*, 1840) ließen eine Wende erkennen. Allerdings ist es bezeichnend, daß der erstgenannte Roman noch nicht der Prosa vertraut, sondern die gewohnte Sprachform der Dichtung wählt, den Vers. Der Überhang des Klassizismus ist darin noch deutlich sichtbar. Die Geschichte des einmaligen weltliterarischen Phänomens, das der russische Roman bei Gogol', Turgenev, Gončarov, Tolstoj und Dostoevskij darstellt, beginnt mit Gogol's Geschichte vom Ankauf »toter Seelen«, diesem – von der Entstehungschronologie her gesehen – ersten europäischen Ereignis der russischen Erzählprosa. Die Vorstellung vom russischen Roman beruht allerdings nach wie vor in vielen Ländern namentlich auf den Werken von Tolstoj und Dostoevskij. Dem Schaffen dieser beiden Autoren verdankt die russische Erzählkunst den Nimbus einer säkularen Erscheinung der europäischen Kulturgeschichte – und alle jene Merkmale, die gemeint sind, wenn in Thomas Manns Erzählung *Tonio Kröger* in einem durchaus weltlichen Sinne von der »heiligen« russischen Literatur die Rede ist oder wenn Virginia Woolf in ihrem Essay *Modern Fiction* behauptet, keine Prosa verdiene soviel Aufmerksamkeit wie die russische. Urteile dieser Art waren lange Zeit in aller Welt die literaturkritische Regel.

Das Attribut »heilig« verdient besondere Beachtung, gerade wenn es darum geht, die Eigentümlichkeiten dieses Romanschaffens unter theoretischen Gesichtspunkten zu betrachten. Der Begriff setzt überindividuelle Gültigkeit, auratische Bedeutung voraus, und in säkularisierten Zeiten kann darin eine Metapher für gesellschaftliches Ansehen erblickt werden. Man versteht die russischen Romane (und die Absichten der Autoren) zweifellos angemessen, wenn man darin in einem viel ausgedehnteren Maße als in der Tradition des westeuropäischen Romans die soziale Bedeutsamkeit dieser Erzeugnisse berücksichtigt, deren gesellschaftliche Verbindlichkeit im weitesten Sinne. Während man immerhin bei einem beträchtlichen Teil der deutschen, englischen und französischen Romane von sublimierter Unterhaltung sprechen kann, in der Romantik vorzugsweise von künstlerischen Phantasiespielen einer freischwebenden Geistigkeit, sind solche Bestimmungen den großen russischen Romanen am wenigsten adäquat.

Das Selbstverständnis der meisten Autoren stand in einem stetigen Wechselverhältnis mit den Bedürfnissen und Erwartungen zahlloser Leser und einflußreicher Kritiker. Die Intentionen und Wünsche berührten sich in dieser bedeutendsten Epoche des russischen Romans, von den *Toten Seelen* bis zu den letzten Werken Tolstojs und Dostoevskijs, in der Überzeugung, der Tätigkeit des Erzählers komme die Bedeutung und der Rang eines Zeugnisses, ja einer Offenbarung oder einer Verheißung zu, mindestens aber eines kritischen Urteils über die Realität, die kollektive Erfahrung – wobei das Wort ›Urteil‹ nicht selten in seinem Doppelsinn gebraucht werden konnte. Noch heute sind Merkmale und Funktionen der sowjetrussischen Literatur aus dieser Tradition erklärbar.

In den westlichen Ländern sind die Besonderheiten des russischen Realismus früh erkannt worden. Unter den deutschen Autoren des ausgehenden 19. Jahrhunderts verdient der damals dem Naturalismus nahestehende, später neuklassizistisch orientierte Paul Ernst Beachtung mit seiner Schrift *Leo Tolstoi und der slawische Roman* (1889), der allerersten selbständigen Publikation unter den zahlreichen Veröffentlichungen des Autors. Entscheidend für seine Argumentation ist der Befund, das literarische Leben in Rußland werde in viel höherem Maße als in anderen Ländern von den politischen und sozialen Verhältnissen bestimmt. »Jahrzehnte hindurch war die Dichtung das einzige Medium, durch welches politische und soziale Gedanken dem Publikum mitgeteilt werden durften, und durch diesen Umstand gewöhnte sich der Russe daran, von der Dichtung überhaupt Beschäftigung mit derartigen Fragen zu verlangen.« (Hoefert, 58) Der Roman war eine – politisch freilich nur mittelbar wirksame – Form von *glasnost'*, von Öffentlichkeit also, um es mit einer beliebten Vokabel unserer Tage zu sagen.

Aus literarhistorischer Sicht ist diese Einschätzung der russischen kulturellen Entwicklung niemals in Frage gestellt worden. Vorstellbar sind lediglich unterschiedliche Akzentsetzungen in der Deutung der Beziehungen zwischen der Funktion der Romane und deren literarischer Machart. In Arnold Hausers *Sozialgeschichte der Kunst und Literatur*, die den russischen Roman des 19. Jahrhunderts als eine Schöpfung der mehr oder minder oppositionellen Intelligenzschicht definiert, wird betont, daß Grundsätze wie die des l'art pour l'art unter diesen Bedingungen keine Chance hatten. Man könne, schreibt Hauser (901), den russischen Roman als eine besonders ausgeprägte Form der Tendenzliteratur interpretieren: gesellschaftliche Fragen (in einem autokratisch regierten Land mit Feudalstruktur und der Institution der Leibeigenschaft bis 1861!) spielten darin nicht nur implizit, sondern auch in handfester Thematisierung eine überragende Rolle. »Der Despotismus bietet in Rußland den geistigen Energien keine andere Geltungsmöglichkeit als die der Literatur, und die Zensur drängt die soziale Kritik in die Formen der Dichtung als den einzigen Ableitungskanal. Der Roman als die Form der Gesellschaftskritik par excellence gewinnt hier infolgedessen einen aktivistischen, pädagogischen, ja, prophetischen Charakter, wie er ihn im Westen niemals besaß, und die russischen Autoren bleiben die Lehrer und Propheten ihres Volkes, als die Literaten in Europa bereits in eine vollkommene Passivität und Isoliertheit sinken.«

In dieser zutreffenden Gesamteinschätzung ist allerdings der Gebrauch des Begriffs ›Tendenzliteratur‹ nicht unproblematisch. Er ist jedenfalls dazu angetan, falsche Vorstellungen zu erwecken. Im Hinblick auf die Vielfalt der Themen und Verfahrensweisen bei den größten Erzählern der Epoche erscheint es ratsam, einen derartig einengenden Begriff zu vermeiden. Faßt man ihn dagegen in der gebotenen Weite, geht er völlig in der Vorstellung eines sozialkritisch ausgerichteten literarischen Empirismus auf. Vor allem aber ist es unmöglich, eine auch nur einigermaßen einheitliche Tendenz (im Sinne von Absicht oder Orientierung) auszumachen: die Ideenwelt der Romane von Dostoevskij, Tolstoj, Turgenev u. a. entzieht sich einer generellen gedanklichen Modellierung. Was als Gemeinsamkeit erkennbar ist, erlaubt kaum die Festlegung auf einen Gattungstypus. Gemeinsam ist eine auf sehr unterschiedliche Weise verwirklichte ethische Pointierung der Erzählstrukturen: keine grobschlächtige Lenkung des Lesers, sehr wohl aber ein Verständnis von Literatur, bei dem in der literarischen Aussage der Appell an das Publikum mitgedacht werden kann. Ein bestimmtes Merkmal der russischen Romane und Erzählungen − auf das auch Hauser hinweist − ist in diesem Zusammenhang besonders bemerkenswert: der Umstand nämlich, daß die meisten Werke der genannten Autoren den Leser nicht aus der Lektüre entlassen, ohne ihm zumindest ein versöhnliches Ende der Geschichte angedeutet zu haben. Auch regelrechten optimistischen Schlußtableaus begegnet man nicht so selten. Bedenkt man dagegen die unerbittlich hoffnungslosen Schlußwendungen in manchen französischen Romanen, so ist man geneigt, jenen Kritikern recht zu geben, die als ein Kennzeichen russischer Erzählwerke die Verknüpfung von Sozialdiagnostik und Lebenshilfe hervorheben. Noch die sprichwörtliche *tristezza* in den Erzählungen und Dramen Čechovs läßt zuweilen einen Schimmer von Hoffnung erkennen, so illusorisch er auch erscheinen mag.

Gegen einen verallgemeinernden Gebrauch des Begriffs ›Tendenzliteratur‹ spricht schließlich auch die Tatsache, daß es in der russischen Literatur jener Zeit Erzähltexte gibt, auf die diese Bezeichnung durchaus anwendbar ist. Černyševskijs Roman *Čto delat'?* (*Was tun?*, 1863) ist ein Beispiel dafür, ein damals überaus wirksames übrigens, wie ›Tendenz‹ literarisch organisiert werden kann. Der Autor läßt seine Figuren so agieren, daß auch der begriffstutzigste Leser keine Schwierigkeiten hat, die utopischen Elemente des Handlungsmusters als eine drastische Empfehlung zu verstehen. Die tendenzhafte Machart äußert sich im Entwerfen von Situationen und Helden (Helden im ursprünglichen Sinne müssen unbedingt dabei sein!), auf unmißverständliche Weise Handlungsmodelle liefern, Nachahmenswertes vorgeben. Der sogenannte Sozialistische Realismus späterer Zeiten hat in diesem Roman einen frühen Vorläufer.

Es ist nur für eine sehr oberflächliche Betrachtung der Dinge eine Selbstverständlichkeit, daß ein Autor wie Černyševskij, ideologisch ein Anhänger des positivistischen Materialismus westlicher Prägung, als Literaturkritiker ein radikaler Verfechter der Ansicht war, die Literatur habe strikt die gesellschaftliche Realität abzubilden. (Auch die Benennung ›Realismus‹ kam in jenen Jahren als westlicher Import nach Rußland.) Man darf vermuten, Černyševskij habe sich kaum Gedanken gemacht über die Irrtümer, die einen naiven Umgang mit dem Spiegel-Begriff unausweichlich begleiten. Seine Dissertation über die ästhetischen Beziehungen der Kunst zur Wirklichkeit läßt jedenfalls nichts davon erkennen. Er war sich offenbar nicht der Paradoxie bewußt, die sich in seinem Verständnis der Beziehung zwischen Literatur und Erfahrung abzeichnet: darin vor allem, daß gerade die Ausstattung eines literarischen Werkes mit einer forsch vorgetragenen didaktischen Botschaft, einer handlich gezimmerten Fabel und einem druckreif sprechenden (oder vielmehr agitierenden) Figurenensemble mit Lebensrealität recht wenig zu tun hat. Der ›Realismus‹ erweist sich in einer solchen literarischen Praxis, die großzügig über alle Zufälligkeiten, Irregularitäten und Unwägbarkeiten der wirklichen Erfahrung hinwegsieht, als eine pure Fiktion, als Geschriebenes in Reinkultur. Der innere Widerspruch der sogenannten Wirklichkeitskunst tritt bei Produkten dieser Art besonders kraß hervor: je mehr sozialkritisch verordnete Realitätsdarstellung angestrebt wird, desto mehr entfernt sich der Text von jeglicher Wirklichkeitserfahrung.

Es überrascht nicht, daß der als realistisch sich verstehende Thesenroman einer komplexen stilistischen Ausgestaltung des Erzählens keine Chancen gab. Die geradezu absurde Fehleinschätzung literarischer Möglichkeiten tritt voll in Erscheinung in einer Äußerung des Kritikers Pisarev, eines Publizisten aus Černyševskijs Lager, der behauptete, der Inhalt sei wichtiger als die Form (vgl. Lauer, 292). Man muß diesen – unter literarästhetischen Gesichtspunkten geradezu ungeheuerlich anmutenden – Gedanken freilich im Kontext der damaligen literarischen Überlieferung in Rußland beurteilen. Von einer ästhetischen Maxime wie der Hegels, wonach sich in der Kunst der Inhalt stets nur als Form offenbare, die Form stets nur als Inhalt, hatte Pisarev vermutlich wenig begriffen. Doch sein Ausspruch war weniger kunsttheoretisch gemeint als vielmehr programmatisch-polemisch: wobei die Geringschätzung der Form eine offenbar wenig bedachte Kritik an der klassizistischen Tradition darstellte. Unter Form stellte sich der Autor zweifellos die steifen Prozeduren einer als veraltet empfundenen Poetik vor, hoch artifizielle Choreographien der Sprache, in denen er ein Hindernis erblickte, jene breiteren Leserkreise zu erreichen, denen leicht faßliche sozialkritische Botschaften zugedacht waren, eben »Inhalte«.

Es ist ratsam, diese Zusammenhänge im Auge zu behalten, wenn es darauf ankommt, den literarischen Charakter der authentischen großen Leistungen des russischen Realismus zu erkennen. Auffassungen wie die Pisarevs mögen in den aktuellen Auseinandersetzungen der Epoche eine gewisse Signalwirkung gehabt haben; die heute noch als repräsentativ geltende künstlerische Praxis läßt dagegen wenig davon verspüren. Allenfalls ist im Spätwerk Tolstojs eine ähnliche, wenn auch ganz anders begründete Neigung feststellbar, dem Erzählen mit geradezu asketischer Strenge eine karge Didaktik zu verordnen, d. h. zugunsten unmißverständlicher Aussagen auf Vielschichtigkeit zu verzichten. Allgemein gilt jedoch, daß die umfassenden Vorstöße in die Erfahrungswelt, die dem Gebrauch der Bezeichnung ›Realismus‹ auch in der russischen Literatur eine relative Berechtigung verleihen, in keinem der großen Werke des Zeitalters eine Verarmung spezifisch literarischer Idiomatik zur Folge gehabt haben. Ganz im Gegenteil: die Form-Inhalt-Dialektik in der Art Hegels tritt im russischen Roman sehr deutlich zutage in den vielgestaltigen Versuchen, erfahrbares Leben durch die Ausgestaltung wechselnder Erzählverfahren zu vergegenwärtigen. ›Realismus‹ ist daher auch hier, im Prinzip nicht anders als bei Balzac oder Flaubert, die Bemühung, der Sprache Wirklichkeitssuggestion abzuringen.

Das geschieht – es genügt fast, Tolstoj und Dostoevskij zu nennen – auf unterschiedliche Weise, nicht selten mit einer durchaus individuell geprägten »Handschrift«. Dennoch ist es möglich, gewisse gemeinsame, dominierende Züge freizulegen, wenn man so will, einen Grundriß der Poetik des russischen Romans in der Zeit von Gogol' bis zum späten Tolstoj.

Zu beginnen ist dort, wo der russische Roman sein inneres Zentrum offenbart: in der Kunst psychologischer Einfühlung, im Charakterporträt. Angewiesen ist man dabei hauptsächlich auf die »immanente Poetik« der Erzählwerke, d. h. auf die in den fiktionalen Texten enthaltenen Hinweise theoretischer Natur, aus denen der Leser Anleitungen für sein Verhalten entnehmen kann, die Dosierung und Lozierung seines Interesses gleichsam. Es ist hier der Ort, darauf aufmerksam zu machen, daß bei den russischen Erzählern des 19. Jahrhunderts so gut wie keine Bereitschaft bestand, die Verständigung zwischen dem Autor und der Leserschaft in Form expliziter poetologischer Schriften zu lenken oder zumindest zu beeinflussen. Programme, Manifeste, Kommentare und ähnliche Texte empfand man offenbar als überflüssig – ein nicht ohne weiteres verständliches Faktum, vor allem im Hinblick darauf, daß die Autoren sich der Neuartigkeit mancher literarischer Entscheidungen durchaus bewußt waren. Briefe und andere nicht für die Öffentlichkeit bestimmte Aufzeichnungen zeugen davon. Die große Zeit der Manifeste und ähnlicher Texte beginnt in der russischen Literatur erst nach der Jahrhundertwende. Im Zeitalter der großen Romane gab es allerdings eine lebhafte literaturkritische Tätigkeit in den Zeitungen und Zeitschriften in Petersburg und Moskau: man überließ die Formulierung neuer Ansichten sowie das Austragen entsprechender Kontroversen den Vertretern institutionalisierter Kritik. Diese konnten allerdings nur zum Teil als Dolmetscher der eigentlichen literarischen Intentionen gelten; zu stark waren dafür die verschiedenen Zielsetzungen, die die Kritiker in eigener Sache zu vertreten hatten.

Die Lektüre literaturkritischer Aufsätze aus jener Zeit beweist freilich, daß die verantwortungsbewußten Leser der großen Romane keinen Augenblick über die Bedeutung der psychologischen Errungenschaften dieser Prosa im unklaren waren. Zumal die Romanciers selbst keine Gelegenheit versäumten, ihre Leser mit dem Umstand vertraut zu machen (oder man könnte auch sagen: ihnen die Absicht schonend mitzuteilen), daß der Roman nun nicht mehr dafür bereitstehe, das sogenannte klassische Heldenideal zu reproduzieren. Die beliebten Identifikationsfiguren, die in den historischen Romanen in der Art Walter Scotts dem Publikum ethische und ästhetische Muster boten, machten literarischen Gestalten Platz, für die sich ein deutscher Romantitel aus jener Zeit anbietet: Spielhagens *Problematische Naturen*. In gewissem Sinne fragwürdig, schillernd, schwer kalkulierbar, gebrochen, eben: problematisch, sind die meisten Romanhelden des russischen Realismus. Es ist kein Zufall, daß in jenem Roman, mit dem man gewöhnlich die realistische Entwicklung in Rußland beginnen läßt, in den *Toten Seelen*, ein mit viel Anstand agierender Gauner im Mittelpunkt steht, eine zumindest in moralischer Hinsicht keineswegs unbedenkliche Figur. Es sind Hochstapler, Sonderlinge, Verbrecher, Heilige, und damit Außenseiter, oder auch Gestalten, die sich gerade durch ihre Unauffälligkeit, ihre Gesichtslosigkeit einer einprägsamen Charakterisierung entziehen, Menschen, bei denen es Überwindung kostet, von Helden zu sprechen – auch wenn diese Bezeichnung längst schon die ursprüngliche Bedeutung von ›Heros‹ eingebüßt hat und nur noch die Hauptgestalt markiert, eine rein strukturelle Größe also. Auch ein russischer Romantitel kann in dieser Hinsicht als paradigmatisch empfunden werden: Dostoevskijs *Der Idiot*. Macht man sich frei von den Vorstellungen, die der vulgäre umgangssprachliche Gebrauch des Wortes ›Idiot‹ vermittelt, so trifft diese Benennung auf die meisten Romanfiguren zu, auf all die Eigenbrötler, Wirrköpfe, Schwächlinge und Ekstatiker, welche die Riesenpanoramen der russischen Erzählwerke bevölkern.

Man erfährt es viel zu selten: daß die russische Literatur jener Zeit im Zuge der »Entheldung« des Erzählens jenen Leitbegriff prägte, dessen feuilletonistischer Aufstieg im 20. Jahrhundert sich als unaufhaltsam erwiesen hat. Wenn vom Typus des »Antihelden« die Rede ist, vermutet man als Quelle die Auseinandersetzungen um den *nouveau roman* der fünfziger Jahre oder die Schauspiele Becketts. An der eigentlichen Quelle ist man dagegen, wenn man Dostoevskijs große Erzählung *Zapiski iz podpol'ja* (*Aufzeichnungen aus dem Untergrund*, 1864) liest. Die bohrenden Bekenntnisse eines gestrandeten Menschen gipfeln zum Schluß (im 10. Kapitel des II. Teils) in einer Überlegung, die – einigermaßen überraschend – die Absicht des Autors offenbart, dem Ich-Erzähler auch eine poetologische Kompetenz zu verleihen. Das Ergebnis ist eine Feststellung, mit der die bekennende Figur sich selbst mit Absicht literarisch disqualifiziert: die Aufzeichnungen taugten nicht dazu, mit einem Roman verglichen zu werden, denn ein Roman benötige unbedingt einen Helden, d. h. eine imponierende Figur, wohingegen dieser Bericht über ein verfehltes Leben lediglich einen »Antihelden« (im Original: anti-geroj) aufzuweisen habe.

Die Geschichte des »Antihelden« in der europäischen Literatur beginnt demnach mit einer literarischen Infragestellung der Literatur – und damit mit einer jener kritischen Bilanzen, die so charakteristisch sind für die Historie des neuzeitlichen Romans. Der Roman ist stets geneigt gewesen, sich selbst zu relativieren, das weiß man seit den Zeiten des Cervantes. Auch der Ich-Erzähler gibt, mit subtiler Ironie, zu, daß seine Geschichte nicht das Zeug zum Roman hat, daß sie als Erzählung eher langweilig sei; er ist allerdings nicht bereit – und das ist von entscheidender Bedeutung –, diesen Aufzeichnungen die Wahrheit abzusprechen. Wenn die Wahrheit, die Lebenstreue mit den Konventionen des Romans in Widerstreit gerät – was geschieht dann? Das ist die Frage, die Dostoevskij durch das Bewußtsein seines Helden bzw. Antihelden dem Kurzroman mit auf den Weg gibt. Der Text läßt diese Frage wie auch andere Fragen offen. Das Problem ist jedoch bei Dostoevskij und anderen russischen Autoren produktiv geblieben: die Verarbeitung von Erfahrung im literarischen Text erfolgt zumeist mit jener Bewußtheit, die den Leser spüren läßt, daß Literatur das Gegenteil von Naivität ist. Das, was Bachtin in seinem Dostoevskij-Buch die dialogische Struktur im Schaffen des großen Romanciers nennt, umfaßt wesentliche Aspekte dieses Problems.

Dostoevskijs »anti-geroj« stellt sich selbst vor, in seinen Bekenntnissen ist daher nicht von Dingen die Rede, die für ihn eine Selbstverständlichkeit darstellten. Es erscheint jedoch nicht überflüssig, einen Umstand zu bedenken, den man sich leicht als ein Thema in den Erörterungen eines transzendentalen Erzählers vorstellen könnte. Zu klären ist jedenfalls, daß der »Antiheld« im besagten Wortgebrauch eine psychologische, keine soziale Kategorie ist. Man darf sich also das Interesse der russischen Autoren für Menschen »anderer Art« nicht nur als einen Versuch vorstellen, die gesellschaftliche Vertikale nach unten auszuloten. Freilich, es gibt auch solche Vorstöße. Die im ersten Teil dieses Kapitels angeführte ironische Stelle aus den *Toten Seelen* ist ein Vorspiel dazu. Im allgemeinen gilt indes der Befund, daß dem russischen Roman nicht so sehr daran gelegen war, literarische Tabus sozialer Art zu brechen; das Erkundungsziel lag vielmehr im psychologischen Bereich: auf das wie auch immer geartete und gestellte Individuum kam es an, auf die Tiefen des Bewußtseins. Wobei allerdings die Zergliederung seelischer Vorgänge keineswegs die Außenwelt auflöst (wie in manchen Romanen des 20. Jahrhunderts). Die sichtbare Welt bleibt im russischen Roman bewahrt, in all ihrer Farbigkeit und Fülle.

Zusammenfassend kann man die vielgestaltigen »Idioten« des russischen Romans als Verkörperungen einer literarischen Tendenz betrachten, die sich in zwei Richtungen entfaltet. Einmal ist das die Bestrebung, in der literarischen Gestalt die Züge der sogenannten durchschnittlichen Erfahrung erkennen zu lassen. Man kann hier zur begrifflichen Modellierung die Typologie heranziehen, die Northrop Frye (*Anatomy of Criticism*) anbietet. Seine Heldentypologie umfaßt fünf Positionen. Die ersten drei, die vom mythischen Halbgott bis zur auratischen Führergestalt reichen, brauchen uns hier nicht zu beschäftigen. Dagegen die vierte und die fünfte: in der vorletzten finden sich bei Frye Personen von durchschnittlichem Maß, Menschen, wie man sie aus dem Alltag kennt; in der letzten schließlich sind jene Figuren plaziert, die der Leser als Menschen unter dem Durchschnitt einschätzt, Menschen, die »uns an Macht und Einsicht unterlegen« sind, »so daß wir das Gefühl haben, auf einen Schauplatz der Knechtschaft, der Mißerfolge oder Absurditäten herabzusehen« (Frye, 38). Man wird diese Beschreibung ohne Schwierigkeiten auf die problematischen Helden russischer Romane beziehen können. Allein zum Gesamtbild gehört ebenso eine andere Tendenz, die man als konträr empfinden könnte, die aber eher eine komplementäre Erscheinung ist. Gemeint ist die Neigung mancher Autoren (unter denen namentlich Dostoevskij paradigmatisch ist), ihre fragwürdigen, von Schwächen und Lastern gekennzeichneten Helden mit ekstatischen Zügen zu versehen, sie also trotz aller Erniedrungen dennoch auszuzeichnen und zu erheben. Wenn der Mensch – um ein Wort Pascals abzuwandeln – zwischen dem Tier und dem Engel schwankt, so sind diese literarischen Gestalten Tiere und Engel zugleich.

In einer der zahlreichen poetologischen Betrachtungen des transzendentalen Erzählers bei Dostoevskij (zu Beginn des ersten Kapitels im vierten Teil des *Idioten*) geht es eben um diese Frage: um das literarische Vermögen, die Romangestalten auf der Ebene des empirischen Durchschnitts anzusiedeln und sie dennoch bemerkenswert oder gar interessant zu machen. Die Aufgabe sei schwierig, vermerkt ironisch der Erzähler. Denn die sogenannten gewöhnlichen Menschen zeichnen sich gerade dadurch aus, daß sie in jeder Hinsicht unauffällig sind: sie sind ehrsam, gelangen aber nicht zu Würden, sie sind gebildet, wissen aber wenig damit anzufangen, sie haben Verstand, jedoch keine eigenen Ideen, sie haben ein gutes Herz, sind aber nicht wahrhaftig großzügig, und so weiter. Ein Geheimnis der Literatur sieht der Erzähler Dostoevskij jedoch darin, daß infolge der Kunst der Konzentration die gewöhnlichen Menschen in ihrer literarischen Gestalt zu Typen von mustergültiger Prägung werden – zu Figuren, die fast »wirklicher« sind als die Wirklichkeit.

Es lohnt sich, dieser Bemerkung noch einige Aufmerksamkeit zu schenken. Zu den Klischees der Rede über den Realismus gehört bekanntlich die Meinung, es gebe nur die Einbahn-Verbindung von der Realität zur Literatur. Man denke nur an die – im ursprünglichen Wortsinn – einfältige Auslegung der Spiegelmetapher. Demgegenüber verdient der hier angedeutete Aspekt besondere Beachtung. Die Leidenschaft, mit der die russischen Realisten aus der Erfahrung schöpften, hielt sie in keinem Augenblick davon ab, in der Literatur etwas zu sehen, was mehr ist als ein Spiegel. Darin unterscheiden sich die großen Erzähler von den dogmatischen Kritikern jener Zeit, den Verfechtern eines grobschlächtigen Materialismus. Mehr als ein Spiegel: das ist ein Anspruch, der sich manchmal sogar in den paradoxen Gedanken kleidet, die Spiegelung erfolge auf umgekehrte Weise. Die Wahrheit, die in der literarischen Prägung erhalten ist, gilt dann als Urbild oder Vor-Bild, die Menschen der dinglichen Realität dagegen als Abbilder, die in unserem Bewußtsein die erlebten literarischen Muster »nachahmen«.

Ein ganzes Kapitel eigenständiger Literaturästhetik wird erkennbar, wenn man einem Gedanken Tolstojs folgt, der sich auf die Charakterdarstellung Turgenevs bezieht. In einem Gespräch mit Čechov bemerkte Tolstoj: »Turgenev hat etwas Großes geleistet, indem er wunderbare Frauenporträts zeichnete. Vielleicht hat es solche, wie er sie zu zeichnen pflegte, gar nicht gegeben, aber nachdem er sie gezeichnet hatte, begannen sie in Erscheinung zu treten. So war es ganz bestimmt; ich selbst habe die Turgenevschen Frauen im Leben beobachtet« (Brang, 157). Wer meint, man habe es hier mit einem Einzelfall zu tun, mit einer geistvollen Beobachtung, die Oscar Wildes These, die Realität ahme die Kunst nach, vorwegnimmt, sei auf einen der wahrhaftig repräsentativen Romane des Zeitalters verwiesen, auf Dostoevskijs *Brüder Karamasov*. Es dürfte von einiger Bedeutung sein, daß gleich zu Beginn des ersten Kapitels der Chronist des Romans auf das Thema Literatur und Leben zu sprechen kommt, und so auf ein Geschehen, das ihm besonders erzählenswert erscheint.

»Kannte ich doch ein junges Mädchen, allerdings war es eines aus der vorigen ›romantischen‹ Generation, das sich nach etlichen Jahren rätselhafter Liebe zu einem Mann, den es zu jeder Zeit ruhig hätte heiraten können, schließlich die unüberwindlichsten Hindernisse ausdachte, die eine Vereinigung unbedingt ausschlossen, und die sich darauf in einer stürmischen Nacht von einem hohen Ufer, das fast einem Felsen glich, in einen ziemlich tiefen und reißenden Strom hinabstürzte und in ihm ertrank, – eigentlich doch nur deshalb, um der Shakespearschen Ophelia zu gleichen. Ja, es ist sogar anzunehmen, daß sie, wenn an der Stelle des malerischen Felsens nur ein prosaisches, flaches Flußufer gewesen wäre, an die phantastische Idee, aus Liebe in den Tod zu gehen, überhaupt nicht gedacht hätte. Dieser Selbstmord ist aber Tatsache, und ich glaube annehmen zu dürfen, daß sich in unseren beiden letzten Generationen nicht selten Ähnliches zugetragen hat.« (Dostoevskij /Dostojewski/, 2)

Die Authentizität des Geschehens, versichert der Erzähler, sei verbürgt. Nun, man weiß, was von einer solchen Aussage in einem fiktionalen Text zu halten ist. Jedenfalls steht es fest, daß wir es hier mit einem Fall von *umgekehrter Mimesis* zu tun haben, und darüber hinaus mit Literatur über Literatur. Symbolhaft ist diese Geschichte insofern, als sie zeigt, wie literaturgläubig die Generation der sogenannten Realisten war – wobei nicht nur die Überzeugung der Autoren, die Dichtung habe eine Mission zu erfüllen, gemeint ist, sondern auch der Umstand, daß in russischen Romanen und Erzählungen, namentlich bei Dostoevskij, intertextuelle Bezüge eine auffallend große Rolle spielen: das eine literarische Werk richtet sich gleichsam am anderen auf oder es setzt sich gegen das andere ab, Texte üben also, wenn man so will, literarische Solidarität.

Die Literatur sei imstande, dem Leben Muster vorzuprägen, die Wahrheit der Urbilder zu erschaffen – diese Erkenntnis ist nicht selten russischen Erzählwerken zu entnehmen. Mit den Stichwörtern ›Vorlage‹ oder ›Urbild‹ wird der Blick indessen gleich auf ein weiteres Problem gelenkt. Zu der Poetik russischer Prosakunst im Rahmen des Realismus kann die Bestrebung gezählt werden, in der Begegnung mit der realen Erfahrung die Fixierung durch sprachliche Prägungen allgemeinster Art zu meiden. Unter den Einsichten stilistischer Analyse verdient besonders die Beobachtung Aufmerksamkeit, der Gebrauch der Bezeichnung ›Realismus‹ sei im Hinblick auf die Besonderheiten der russischen Literatur sinnvoll vor allem angesichts des Reichtums an sprachlichen Nuancen. Wirklichkeit, Erfahrungsvielfalt erscheint in den Romanen und Erzählungen namentlich im Medium der Sprache: die stilistische Charakterisierungskunst der russischen Autoren übertrifft noch die vergleichbaren Leistungen in anderen Literaturen; individuelle und gesellschaftliche Merkmale, Folklore, Sprachgeschichte, all das läßt den Versuch erkennen, Realität durch Dichte und Konkretheit in der Handhabung der Sprache zu vergegenwärtigen. Es ist daher verständlich, daß Tolstoj in seinem vernichtenden Essay über *Shakespeare und das Drama* (1903) dem Dramatiker u. a. vorwirft, seine Gestalten sprachlich völlig undifferenziert zu behandeln.

Von besonderer Prägnanz ist besonders die Neigung, durch sinnliche Konkretisierung Unmittelbarkeit der Wahrnehmung zu suggerieren. Der gleichsam unverbildete Blick wird angestrebt, nicht die klassifizierende Erfassung der Wahrnehmung durch den allgemeinen Begriff. »Die Scheu, Wörtern, Begriffen, Vorstellungen jenseits der empirischen Erfahrung zu trauen, führt bei einigen Autoren dazu, bestimmte Vorgänge, vor allem gesellschaftliche Rituale, nicht mehr mit dem eingebürgerten Vokabular zu schildern, sondern in den konkreten Begriffen einer vor der gesellschaftlichen Konvention liegenden Sprache. Nichts anderes ist ja das Verfahren der Verfremdung (priëm ostranenija), das Viktor Šklovskij im Erzählwerk Tolstojs aufgewiesen hat.« (Lauer, 302) Die Beispiele, die Šklovskij in seinem bekannten Aufsatz *Iskusstvo, kak priëm* (*Die Kunst als Verfahren*, 1917), diesem Manifest einer literaturtechno-

logischen Betrachtungsweise, aus dem Schaffen Tolstojs bringt, demonstrieren
allesamt den Versuch, Vorgänge, Einrichtungen, Konventionen so zu schildern, daß darin das in den Phänomenen enthaltene dinghafte Sein, vor allem
das eigentliche physische Geschehen erkennbar wird, und nicht etwa die konventionell festgelegte Bedeutung der Dinge, die man in der automatisierten
Wahrnehmung als gegeben voraussetzt.

So wird in der Erzählung *Holstomer* (*Der Leinwandmesser*) ein gesellschaftlicher Vorgang, dem die Kategorie des Eigentums zugrunde liegt, aus der
Sicht eines Pferdes dargestellt, eines Betrachters also, bei dem der übliche
mentale Kontext nicht gegeben ist: infolge der mangelnden Kenntnis der Dinge erscheinen diese fremd, beziehungslos, als sähe man sie zum ersten Male.
Eine verfremdende Sicht (ostranenie) liegt ebenso vor, wenn in Tolstojs Roman *Vojna i mir* (Krieg und Frieden) die Schilderung einer Opernszene auf
einem naiven Blick beruht, so daß die Konventionen in ihrer nackten Gegenständlichkeit erscheinen. Allerdings müßte man dem Kritiker vorhalten, daß
die von ihm gewählten Beispiele (vgl. Šklovskij, 21) zum Teil inkonsequent
sind. »Im zweiten Akt gab es Bilder, die Monumente darstellten, und im Tuch
war ein Loch, das den Mond darstellte, und an der Rampe schob man Licht-
schirme hoch, die Trompeten und Kontrabässe begannen im Baß zu spielen,
und von rechts und links kamen viele Leute in schwarzen Umhängen herein.
Die Leute fuchtelten mit den Armen, und in den Händen hatten sie so etwa
wie Dolche...« Das Bühnenbild und die Bewegungen vor den Kulissen erscheinen in der Tat in einer ungewohnten, naiven Perspektive; der Erzähler
paßt sich hier der Sicht einer »Unschuld vom Lande« an. Doch Trompeten
und Kontrabässe? Oder gar in einem weiteren Abschnitt der Schilderung die
Angabe, im Orchester ertönten »chromatische Tonleitern und verminderte
Dominantseptakkorde«? Wie ist ein Bewußtsein glaubhaft zu machen, das die
Konventionen der Operndramaturgie nicht kennt, allein zugleich Harmo-
nielehre und Instrumentenkunde beherrscht?

Allzu genau darf man die Dinge offenbar nicht nehmen in der Poetik der
Verfremdung. Zweifellos ist die Anwendung verfremdender Sichtweisen bei
Tolstoj und Dostoevskij ebenfalls durch eine Überlagerung verschiedener
(mindestens zweier) Stimmen, Perspektiven, Wissenslagen gekennzeichnet.
Auch hier geht es, um mit Bachtin zu reden, um erzählerische Polyphonie. Bei
Tolstoj läßt es sich sogar nachweisen, daß das Nicht-Verstehen (und damit
Genauer-Sehen) der Verfremdung im Grunde ein Nicht-Verstehn-Wollen ist,
eine Zergliederung von Handlungen, deren Grund man nicht einsieht und
nicht gelten lassen will. In der Verfremdung offenbart sich daher mehr als
spezifische Satire; ihr eigentlicher Impetus ist Kulturkritik. In Tolstojs Abhandlung *Čto eto iskusstvo?* (*Was ist Kunst?*, 1898) findet sich die Beschreibung
einer authentischen Erfahrung des Autors: er berichtet als Zuschauer über
eine Aufführung von Wagners *Siegfried*. Das Überraschende dabei ist der Umstand, daß der Graf Lev Nikolaevič Tolstoj die Dinge genauso sieht wie seine
Romanfiguren.

»Ich kam etwas zu spät, aber man sagte mir, das kurze Vorspiel, mit dem die Handlung eingeleitet würde, habe wenig Bedeutung und dieses Versäumnis sei nicht so schlimm. Auf der Bühne, deren Dekoration eine Felsenhöhle darstellen soll, sitzt vor einem Gegenstand, der ein Schmiedewerkzeug darstellen soll, in ein Trikot und einen Fellmantel gekleidet und mit Perücke und künstlichem Bart versehen, ein Schauspieler mit bleichen, schwachen, arbeitsungewohnten Armen (an den zwanglosen Bewegungen, vor allem aber an dem Bauch und an den fehlenden Muskeln ist der Schauspieler zu erkennen) und schlägt mit einem Hammer, wie es keinen gibt, auf ein ganz unmögliches Schwert, schlägt so, wie man mit Hämmern nie schlägt, und singt, den Mund seltsam aufreißend, etwas dazu, was man nicht verstehen kann. Verschiedene Instrumente begleiten die seltsamen Töne, die er von sich gibt.« (Tolstoj, 164)

Tolstojs Schilderung des Geschehens auf der Bühne, eine Schilderung, die sich über mehrere Druckseiten erstreckt, gehört neben der schon erwähnten Invektive gegen Shakespeare zu den eigentümlichsten Äußerungen eines Künstlers über Werke anderer Autoren, und nicht nur im 19. Jahrhundert. Verfremdende Beschreibungen theatralischer Vorgänge (im Doppelsinn des Wortes!) findet man in Erzählwerken der Epoche auch bei anderen Romanciers: bei Flaubert etwa auf eine ganz ähnliche Weise, später bei Thomas und Heinrich Mann (vgl. dazu Žmegač 1972). Allein diese Stellen sind ausnahmslos durch einen erzählerischen Zusammenhang gekennzeichnet, sie bleiben also im grundsätzlich mehrdeutigen Bereich der Fiktion. Bei Tolstoj hat man es dagegen mit einem Text zu tun, der keinen Zweifel läßt an der Authentizität einer persönlichen Aussage. Was an dem individuellen Charakter dieser aggressiven Ästhetik interessiert, sind die historischen Züge, die aus den seltsamen Bekenntnissen hervortreten. Die subjektiven Vorurteile, die in diesem sehr persönlichen Kunstverständnis zutage treten, würden wenig Beachtung verdienen, wären darin nicht Gedanken zu erkennen, die in einer geschichtlich fundierten Ästhetik ihren Platz haben.

Der Hohn, der den eigentümlichen Stilisierungen der Wagnerschen Musikdramen gilt (und der auch weite Strecken der Schrift über Shakespeare und die manieristischen Merkmale seiner Dramen beherrscht), läßt den Literarhistoriker an eine Zeit denken, wo die Oper, allerdings eine ganz anders geartete als die Wagnersche, schon einmal heftig in Mißkredit geraten war. Gegen die als unerträglich empfundene Geziertheit der barocken Repräsentationskunst zog in der Epoche der Aufklärung in Deutschland Gottsched zu Felde, höchst ungehalten über eine Kunstübung, die sich von ihrer Anlage her nicht im geringsten dazu eignete, zur Raison gebracht zu werden. Raison: das bedeutete die Zubereitung der Kunst für die Zwecke gesellschaftlicher Didaktik. Und darüber, was als vernünftig, nützlich und sinnvoll zu gelten habe, bestand bei Gottsched ja durchaus Gewißheit.

Trotz aller Unterschiede im kulturellen Habitus ist der Vergleich zwischen den beiden Gebildeten unter den Verächtern des Musiktheaters nicht von der

Hand zu weisen. Auch Tolstojs künstlerischer Vernunft erschienen die komplizierten Prozeduren des Gesamtkunstwerks als ein Aufwand ohne Sinn, als eine Form luxuriöser Aufbereitung weltfremder ideologischer Symbolik. Sicherlich, über ›Wirklichkeit‹ und ›Realitätsnähe‹ hatten die beiden Autoren denkbar unterschiedliche Auffassungen. Doch auch für Tolstoj stand, wie für den aufklärerischen Rationalisten, die ethische Verpflichtung der Kunst im Vordergrund. In allen seinen Schriften über ästhetische Fragen wird unter den Kriterien zur Beurteilung eines Kunstwerkes der moralische Maßstab an erster Stelle genannt. »Je bedeutender, das heißt je wichtiger der Inhalt für das Leben der Menschen ist, um so höher steht das Werk«, verkündet die Abhandlung über Shakespeare. (Tolstoj, 303) Was gut ist und was böse ist, darüber dürfe ein Autor den Leser nicht im unklaren lassen. Erst wenn diese Bedingung erfüllt sei, könne die Qualität der Gestaltung berücksichtigt werden. Als drittes Kriterium führt Tolstoj eine Forderung an, die freilich erst seit dem 18. Jahrhundert eine Selbstverständlichkeit ist: die »Aufrichtigkeit«, die sich darin äußert, daß der Künstler am Gefühlsgehalt seines Werkes größten Anteil nimmt. Die Wahrheit der dargestellten Welt muß die Wahrheit seiner Empfindungen und Erfahrungen sein.

Die Moralistik dieser Kunstauffassung wirft ein bezeichnendes Licht auf die gesamte russische Erzählliteratur des Zeitalters. Hinter den spielerischen Zügen, die zuweilen den epischen Stil färben, verbirgt sich eine Haltung, die in den großen Werken wahrhaftig aufs Ganze geht. Der russische Realismus ist, mehr als alle anderen vergleichbaren Leistungen der Epoche in der europäischen Literatur, dadurch gekennzeichnet, daß er offen ist gegenüber der moralistischen Abhandlung, dem philosophischen Dialog, dem utopischen Traktat. Die unbändige Lust am Erzählen ist zugleich stets auch eine leidenschaftliche Anteilnahme am Schicksal der Nation, ja der Menschheit. Praktische Fragen der politischen und sozialen Gegenwart stehen neben weiträumigen Zukunftsprojekten, das individuelle Geschick wird mit der gleichen epischen Aufmerksamkeit dargelegt wie das gesellschaftliche Modell (etwa in Tolstojs *Anna Karenina*) oder extreme ethische Fragen in metaphysisch-religiöser Sicht (in Dostoevskijs späten Romanen). Das Festhalten an der Realität konkreter Erfahrung ist bei den russischen Erzählern immer auch eine Voraussetzung für den Versuch, durch Anschaulichkeit eine breite empirische Grundlage zu schaffen, auf der die moralische Wirkung, die gedankliche Beeinflussung der Leser um so nachhaltiger erfolgen könne.

Zu den Eigentümlichkeiten des Zeitalters in der russischen Literatur zählt schließlich die scheinbare Paradoxie, daß eine Erzählkunst, die mehr als die englische, deutsche und französische (vor Zola) Wirklichkeitsdrastik aufweist, in geringerem Maße einen positivistisch verifizierten Begriff von Realität voraussetzt. Im Gegenteil: bei einer Dichtung, die so stark von Metaphysik, Didaktik, Folklore und manch anderem durchdrungen erscheint, überrascht es nicht, daß die Grenzen zwischen Phantastik und Realität in der poetologischen

Deutung sich als unscharf erweisen. Aus der Sicht romantischer Poetik sollte das Phantastische als wirklich gelten. In Dostoevskijs Sehweise erscheint dagegen das Wirkliche phantastisch, und die Übertreibung, das Maßlose als eine Offenbarung tiefster Wahrheit. So in einem Brief an den Kritiker Strachov im Februar 1869, nach dem Erscheinen des *Idioten*. Eine solche Auffassung weist auf Kafka voraus. Zu dem Zeitpunkt, als die letzten Romane des Autors entstanden, war indes eine Relativierung der Wirklichkeit für den europäischen Roman keineswegs bezeichnend. Vorherrschend war jenes Konzept, das in Zolas Naturalismus seine deutlichste Ausprägung fand.

DIE »EXPERIMENTE« DES NATURALISMUS

I

Als Emile Zola im Jahre 1880 seine Sammlung literaturkritischer Schriften *Le roman expérimental* veröffentlichte, hatte er sich als Praktiker des Romans längst schon einen Namen erworben. Heftig umstritten war er von allem Anfang an: sein Roman *Thérèse Raquin* sowie der Zyklus *Les Rougon-Macquart. Historie naturelle et sociale d'une famille sous le Second Empire*, von dem bis 1880 die ersten zehn Bände erschienen waren, galten den einen Kritikern als die Offenbarungen eines modernen Homer, den anderen dagegen als Zeugnisse eines abartigen Interesses für die häßlichen Seiten des Lebens. Die Exaltationen der damaligen Kritik werden heute freilich nur mäßiges Interesse hervorrufen. Auch in dem hier entworfenen Kontext sind sie lediglich eine Randerscheinung. Zolas romanhafte Erkundungen im Bereich der »Natur- und Sozialgeschichte« des privaten Lebens im Zweiten Kaiserreich haben in der Geschichte des französischen und europäischen Romans seit langem einen festen Platz, und die Empfindlichkeiten der einstigen Leser sind heute nur noch ein kulturhistorisches Kuriosum. Für unsere Fragestellung bieten sich namentlich jene Texte an, die nach wie vor umstritten sind: die theoretischen Aufsätze. Deren Aktualität ist unter anderem dadurch gewährleistet, daß in ihnen entscheidende literaturtheoretische Probleme allgemeiner Art enthalten sind. Die Emotionen von einst sind diesen Problemen allerdings kaum angemessen; unvermindert lohnend erscheint dagegen eine analytische Betrachtung.

Es ist sicherlich nicht überflüssig, heute Leser darauf hinzuweisen, daß Zola seine theoretischen Beiträge keineswegs als revolutionäre Manifeste verstanden wissen wollte. Er war vielmehr der Ansicht, seine Aufgabe sei die Begründung und Vertiefung von Ansätzen, die der französische Roman seit Balzac verfolge. Die Vorgänger, auf die er sich berufen konnte, stellte er aus seiner Sicht in einer Reihe von Essays dar, die 1881 unter dem Titel *Les romanciers naturalistes* erschienen. Der Titel beweist, daß der Autor nicht geneigt war, die Bezeichnung ›Naturalismus‹ auf ein bestimmtes aktuelles Programm einzuengen; wie die meisten Schriftsteller der Epoche gebrauchte auch er die Begriffe ›Naturalismus‹ und ›Realismus‹ ohne strenge Abgrenzung. Zu den Vertretern einer naturalistisch orientierten Erzählkunst zählt er daher Balzac, Flaubert und die Brüder Goncourt, wobei als Maßstab die Zuwendung zu den bestimmenden Faktoren des Alltagslebens genannt wird. Sein eigenes naturalistisches Programm den Vorläufern und den Zeitgenossen entgegenzustellen, hielt er nicht für nötig. In seinen Bemühungen, den praktischen wie auch den theoretischen, erblickte er vielmehr eine Weiterführung der seit Balzac erkennbaren Tendenz. Davon zeugt besonders der große Essay über Flaubert, von dessen poetologischem Teil hier noch die Rede sein wird.

Neben den literarischen Errungenschaften der vorhergehenden Generation stellten die naturwissenschaftlichen Forschungen der Zeit eine weitere, nicht weniger wichtige Stütze dar. Die Verknüpfung naturwissenschaftlicher und künstlerischer Überlegungen ist ein Theorem, das − nach Anfängen in der englischen, deutschen und französischen Aufklärung − im wesentlichen erst in der Denkweise des 19. Jahrhunderts zur vollen Entfaltung kam. Der Beitrag Balzacs ist im Realismus-Kapitel dargelegt worden. Zolas Bemühungen auf diesem Gebiet übertreffen indes alles Vorausgegangene. Gekennzeichnet durch eine überdurchschnittlich ausgeprägte systematische Neigung sowie ein bei Literaten gewiß nicht selbstverständliches Interesse für naturwissenschaftliche Erkenntnisse, beschloß Zola, das literarische Schaffen als eine Tätigkeit zu entwerfen, die in wesentlichem Maße eine moderne wissenschaftliche Schulung zu erweisen habe. Der literarischen Synthese des zeitgenössischen Lebens, dem Roman, wurde dabei eine entscheidende Rolle zugedacht. Doch zuvor sollte er sich bei der Soziologie und vor allem bei der medizinischen Physiologie in die Lehre begeben.

Der Titelaufsatz der Sammlung *Le roman expérimental* bekennt sich gleich zu Beginn mit Entschiedenheit zu der wissenschaftlichen Autorität eines Werkes, in dem Zola das Modell einer gültigen Deutung fundamentaler Lebensvorgänge erblickte. Gemeint war das Buch *Introduction à l'étude de la médecine expérimentale*, erschienen 1865, mit dem Claude Bernard, Professor der Physiologie am Collège de France, ein wissenschaftliches Schlüsselwerk der Epoche geschaffen hatte. Die Analogien zwischen der medizinischen Betrachtung des Menschen und der romanhaften Darstellung des Lebens erschienen Zola dermaßen evident, daß er nicht zögerte, Bernards Werk zum Vorbild für eine moderne Poetik des Romans zu erklären, zumal für ihn kein Zweifel daran war, daß eine zeitgemäße Poetik nur auf dem Boden positivistischer Wissenschaftlichkeit denkbar sei. In den meisten Fällen, formuliert Zola, könne man Bernards Erkenntnisse fast wörtlich übernehmen, man brauche lediglich das Wort ›Arzt‹ durch das Wort ›Schriftsteller‹ zu ersetzen. Der allgemeinen Orientierung müsse vor allem die These des Physiologen dienen, wonach die Methoden in der Erforschung der anorganischen Natur, in der Physik und der Chemie, auf die Untersuchungen im Bereich organischer Phänomene anzuwenden seien. Analog dazu müsse der Romancier die Zukunft seiner Bemühungen um die Schilderung von Lebensprozessen in der Anwendung experimenteller Verfahrensweisen sehen.

Die Grundbegriffe, von denen er auszugehen gedenkt, legt Zola in den einführenden Überlegungen dar. Als fundamental erachtet er auch für seine Zwecke Bernards Unterscheidung zwischen der Methode der Beobachtung und dem Experiment. Das experimentelle Verfahren ist provozierte Beobachtung, wobei der Vorgang im Labor auf keinerlei vorgefaßter Meinung beruhen darf. Der Experimentator muß sich überraschen lassen können und folglich bereit sein, die Ergebnisse des Versuchs zu akzeptieren. Auf diesen

Grundsatz der Objektivität kommt es Zola besonders an, denn daraus versucht er die Ausgangspunkte seiner literarischen Theorie zu entwickeln (die, wie noch zu zeigen sein wird, gerade wegen des Beharrens auf diesem Prinzip sich mit einem elementaren Widerspruch belastet). Ebenso wichtig erscheint ihm Bernards Zusammenfassung der Determinismus-Diskussion in den einzelnen wissenschaftlichen Disziplinen des 19. Jahrhunderts. Die Untersuchung von Ursache und Wirkung ist der Schlüssel zum Verständnis der Gesetzmäßigkeiten in der gesamten Erfahrungswelt, die Ätiologie daher die eigentliche Fundamentalwissenschaft. In der Natur ist nach dieser Auffassung keine Erscheinung vorstellbar, bei der man nicht grundsätzlich die Ursachenkette erkennen könnte. Die primäre Aufgabe der Wissenschaft gilt daher der Frage, *wie* etwas entsteht. Die Frage nach dem *Warum* zielt bereits auf den Sinn, das heißt auf eine Kategorie philosophischer Deutung. Dieser Bereich entzieht sich jedoch wissenschaftlicher Kompetenz.

Es überrascht nicht, daß Zolas Versuch, die Brücke von den Überlegungen des Physiologen zur Literatur zu schlagen, bei methodischen Fragen verharrt. Die Frage, was der Literat mit den Erfahrungen aus dem medizinischen Labor anfangen könne, ist für Zola abermals ein Anlaß, Bernard zu referieren: Auch der Romanschriftsteller wird davon ausgehen müssen, daß sein Schaffensimpuls, d. h. sein Interesse und seine Absicht, nur dann gleichsam wissenschaftlichen Ansprüchen genüge könne, wenn er dem streng gehandhabten Grundsatz der Objektivität gehorche. Er wird freilich noch mehr als der Physiker oder Chemiker die Motive bedenken müssen, die als individuelle Voraussetzungen in sein literarisches »Experiment« eingehen. Um seinen Ausgangspunkt genau darzulegen, zitiert Zola Bernards Definition des experimentierenden Forschers, eines methodisch vorgehenden Gelehrten, der sich vom puren Beobachter durch seine aktive Rolle unterscheidet.

»Der Experimentator ist derjenige, der kraft einer mehr oder weniger wahrscheinlichen, jedoch antizipierten Interpretation der beobachteten Erscheinungen das Experiment so einrichtet, daß es nach der logischen Folge der Vermutungen ein Resultat gibt, das der Hypothese oder der vorgefaßten Idee zur Kontrolle dient...Von dem Augenblick an, in dem das Resultat des Experiments zum Vorschein kommt, steht der Experimentator einer echten Beobachtung gegenüber, die er hervorrief und die er, wie jede Beobachtung, ohne vorgefaßte Idee konstatieren muß. Der Experimentator muß dann verschwinden, oder vielmehr, er muß sich augenblicklich in den Beobachter umwandeln; und erst, nachdem er die Resultate des Experiments ganz genau wie die einer gewöhnlichen Beobachtung konstatiert hat, kann sich sein Geist wieder daran machen, zu denken, zu vergleichen und zu urteilen, ob die experimentelle Hypothese beglaubigt oder von den gleichen Resultaten entkräftigt wird.« (Zola 1904, 12f.)

Den entscheidenden – und für seine Theorie zugleich verhängnisvollen – Schritt tut Zola mit der Behauptung, der Vergleich zwischen dem Naturwis-

senschaftler und dem Romancier sei schlüssig: auch der Schriftsteller bestehe
aus einem Beobachter und einem Experimentator. Der Beobachter stelle auf
Grund seiner allgemeinen menschlichen Erfahrung die Elemente der epischen
Darstellung bereit, der Experimentator dagegen setze die einzelnen Partikel
des Materials zueinander in Beziehung und lasse in der Handlung die Romangestalten derartig agieren, daß die Lebensbedingungen, die »Determinanten«
in Erscheinung treten, ihre Wirksamkeit entfalten und zu jenen Ergebnissen
führen, die vom Kausalitätsprinzip im experimentellen Vorgang zu erwarten
waren.

Zur Demonstration seiner These bringt Zola als Beispiel die Figur des
Barons Hulot aus Balzacs Roman *La cousine Bette*. Aus der Sicht des Theoretikers nimmt sich das Verfahren Balzacs folgendermaßen aus: Das zentrale
Motiv ist die Liebesleidenschaft eines Mannes, die verhängnisvolle Folgen für
ihn selbst und die Familie hat. Doch diese Folgen standen am Anfang, beim
Erwachen der Leidenschaft, noch nicht fest. Auf Grund vorstellbarer Situationen im Geflecht der Konventionen und sozialen Normen konnte der Erzähler die einzelnen Abläufe innerhalb seiner Romanhandlung so gestalten,
daß der Mechanismus der geschilderten Passion freigelegt wird. Das Ergebnis
ist, so die Meinung Zolas, ein literarisches Experiment, denn die Handlung
beruht auf einer Reihe von Reaktionen, die aus dem Zusammentreffen seelischer Anlagen und gesellschaftlicher Umstände folgen.

»Kurz, das ganze Verfahren besteht darin, daß man die Tatsachen der Natur entnimmt, dann den Mechanismus der Tatsachen studiert, indem man
durch die Modifikationen der Umstände und Lebenskreise auf sie wirkt, ohne
daß man sich je von den Naturgesetzen entfernt. Am Ende hat man die Erkenntnis, die wissenschaftliche Erkenntnis des Menschen in seiner individuellen und sozialen Betätigung.« (Zola 1904, 15)

Auf die sachlich gemeinte Erörterung des Problems folgt indessen eine
Äußerung, die zeigt, wie beträchtlich in diesen theoretischen Bemühungen der
Anteil von Emotionen ist. Mit unverhohlenem Pathos verkündet der Autor
nämlich seine Überzeugung, daß auch der Schriftsteller eine soziale Instanz
von hohem Rang sei: ein »Untersuchungsrichter«, der für nichts Geringeres
als für die Menschen und deren Leidenschaften zuständig sei. Man sieht, seit
den Tagen des Sturm und Drang und der Romantik ist die Selbsteinschätzung
des Literaten nicht so hoch gewesen wie gerade in der naturalistischen Bewegung. Kein Wunder daher, daß sich Zola im selben Zusammenhang höchst
ungehalten zeigt über die verständnislosen Urteile mancher Kritiker, die in
den Werken der Naturalisten nur die Fertigkeit literarischer Photographen
erblickten.

In der Tat, man wird auch heute wenig Verständnis für die »Photographie-
these« haben. Erstaunt ist man dagegen über den Umstand, daß die Kritik –
sieht man von ganz wenigen Ausnahmen ab – die wirklichen Blößen der
Zolaschen Theorie offenbar nicht erkannt hat. In den Auseinandersetzungen

ging es fast ausschließlich um stoffliche Fragen, um die Grenzen des »Erlaubten« und um die Leistungsmöglichkeiten der Literatur angesichts der unerschöpflichen Menge an Erfahrungselementen. Dabei wurde übersehen, daß infolge der besonderen Eigenschaften des sprachlichen Mediums, das ja stets nur eine *sprachliche Wirklichkeit* hervorbringen kann, von »Photographien« ohnehin nicht die Rede sein kann, aber auch nicht von »Experimenten« in dem von Zola gemeinten Sinn.

Zolas Gebrauch des naturwissenschaftlichen Begriffs erweist sich bei näherem Zusehen als ein metaphorisch, also nur sprachlich ausgedrücktes Wunschdenken. Wäre er von dem einzig tauglichen Begriff der Auswahl, der Selektion ausgegangen, hätte er zur logischen Schlußfolgerung gelangen müssen, daß sämtliche selektiven und kompositorischen Schritte in einem Text — vermittelt durch das soziale Bewußtsein — von der Instanz des Schreibenden gelenkt werden und daß daher die sogenannten Experimente des Autors lediglich sich auf zwei Kategorien gründen: das Bewußtsein (im Prinzip mit einer planenden Tätigkeit) und die Sprache mit deren Besonderheiten. Und damit ist der grundlegende Unterschied bereits genannt: der Unterschied zwischen dem lenkenden Verstand des Autors und den weitgehend mechanisch ablaufenden Vorgängen im Labor. Würde der Versuch eines Chemikers faktisch so erfolgen wie die Arbeit eines Schriftstellers, er wäre absolut überflüssig. Konstitutiv für das wahrhaftige Experiment ist die Ungewißheit des Ausgangs, bedingt durch die eigenständigen Wirkungskräfte der Materie. Allein gerade diese Ungewißheit, ob sie sich nun auf eine Alternative beschränkt oder gar total ist, gleichgültig, sie ist am Schreibtisch des Romanciers nie und nimmer zu erzielen. Die Rede vom »Experiment« kann daher nicht mehr sein als eine verbale Beschwörung.

Könnte der Chemiker oder Biologe nicht nur die Stoffe und Bedingungen planen, sondern auch im voraus sämtliche Resultate genau angeben, wäre es durchaus angemessen, ihn mit einem mythischen Demiurgen zu vergleichen. Ein Demiurg — im logischen, nicht im emphatischen Sinne des Wortes — ist jedoch allemal der Erzähler oder Dramatiker; er kann sich dieser Rolle beim Schreiben gar nicht entziehen, es sei denn, er unternimmt besondere aleatorische Anstrengungen. Und von solchen war bei Zola noch nichts zu spüren. Es ist nur eine Notwendigkeit, wenn man den französischen Romancier einen literarischen Demiurgen nennt, keinesfalls einen Experimentator — ohne Rücksicht darauf, wie er selbst zu dieser Terminologie gestanden hätte.

Im übrigen: es mag sein, daß man den mythischen Vergleich als zu feierlich empfindet. Wer die mythische Aura scheut, wird sich vielleicht von einer eher zeitgemäßen Analogie überzeugen lassen: Der Autor ist dann vergleichbar mit dem Richter in einem Schauprozeß. Alles ist im voraus entschieden, die Rollen verteilt, die Verfügungsgewalt fest verankert. Die Freiheit der Entscheidung oder der Zufall in der Beweisführung werden bestenfalls simuliert. Kurz, ein artifizieller Vorgang, der unter logischen Gesichtspunkten durchaus an die

Hervorbringung fiktionaler Texte denken läßt. Wie weit man damit vom wirklichen Experiment entfernt ist, braucht wohl nicht erläutert zu werden.

Es ist nur scheinbar ein Paradox, daß unter den Zeitgenossen Zolas den springenden Punkt gerade ein Autor erkannte, der in seinen eigenen Theorien zum Teil von ganz ähnlichen Voraussetzungen ausging wie der Pariser Erzähler und bei dem man eher völlige Zustimmung erwartet hätte. Der Vertreter des »konsequenten Naturalismus« in Deutschland, Arno Holz, entfaltete in seinen formästhetischen Abhandlungen einen vergleichbaren Ehrgeiz, wobei er Scharfsinn vor allem dort an den Tag legte, wo es galt, auf die Inkonsequenzen in der literarischen Machart bei den Autoren der naturalistischen Moderne aufmerksam zu machen. In Ibsens Dramendialogen bemängelte er die druckreife, nicht lebensecht wirkende literarische Faktur (nachzulesen im Vorwort zu seinem Schauspiel _Sozialaristokraten_ von 1896), und bei Zola die scheinhafte Theorie des Experimentalromans. Die Abwegigkeit mancher eigenen ästhetischen Theoreme, namentlich in der Schrift _Die Kunst, ihr Wesen und ihre Gesetze_ (1891/92), mögen dazu beigetragen haben, daß seine Kritik an Zola kaum Gehör fand. Dabei handelt es sich um einen kritischen Zugriff, der der Sache wahrlich auf den Grund geht. Da der Aufsatz _Zola als Theoretiker_, erschienen 1890, keineswegs zu den anthologischen Texten des Naturalismus gehört, erscheint ein längeres Zitat gerechtfertigt. (Der Text folgt dem Wortlaut der Ausgabe letzter Hand.)

»Sehn wir zu! Zunächst: was ist ein Experiment?

Ein Chemiker hält in seiner Hand zwei Stoffe; den Stoff x und den Stoff y. Er kennt ihre beiderseitigen Eigenschaften, weiß aber noch nicht, welches Resultat ihre Vereinigung ergeben würde. Seiner Berechnung nach freilich x plus y, vielleicht aber auch u, vielleicht sogar z. Selbst weitere Möglichkeiten sind keineswegs ausgeschlossen. Um sich also zu überführen, wird ihm nichts anderes übrig bleiben, als jene Vereinigung eben vor sich gehn zu lassen, das heißt ein Experiment zu machen – ›une observation provoquée dans un but quelconque‹, eine Definition, die uns Zola in Anlehnung an Claude Bernhard [sic!], seinen dritten großen Meister, selbst gegeben hat, und gegen die ich durchaus nichts einzuwenden habe. Sie genügt wollkommen.

Inwiefern identifiziert sich nun mit diesem Chemiker der Romanschriftsteller? Auch er hält, wie wir annehmen wollen, zwei Stoffe in seiner Hand, auch er kennt, wie wir annehmen wollen, ihre beiderseitigen Eigenschaften, aber auch er weiß, wie wir annehmen wollen, noch nicht genau, welches Resultat ihre Vereinigung ergeben würde. Wie nun zu diesem gelangen? Nichts einfacher als das, erwidert darauf Zola, der Theoretiker: er läßt eben genau wie sein gelehrter Musterkollege jene Vereinigung vor sich gehn, und die Beobachtung der selben gibt ihm dann das gewünschte Resultat ganz von selbst! ›Ce n'est ià qu'une question de degrés dans la même voie, de la chimie à la physiologie, puis de la physiologie à l'anthropologie et à la sociologie. Le roman expérimental est au bout.‹ Freilich, freilich! Aber vielleicht ist es gestattet, vorher noch eine kleine Einwendung zu machen?

Jene Vereinigung der beiden Stoffe des Chemikers, wo geht sie vor sich? In seiner Handfläche, in seinem Porzellannäpfchen, in seiner Retorte. Also jedenfalls in der Realität. Und die Vereinigung der beiden Stoffe des Dichters? Doch wohl nur in seinem Hirn, in seiner Phantasie, also jedenfalls n i c h t in der Realität. Und ist es nicht gerade das Wesen des Experiments, daß es in dieser und ausschließlich in dieser vor sich geht? Ein Experiment, das sich bloß im Hirne des Experimentators abspielt, ist eben einfach gar kein Experiment, und wenn es auch z e h n Mal fixiert wird! Es kann im günstigsten Falle das Rückerinnerungsbild eines in der Realität bereits gemachten sein, nichts weiter.« (Holz 1925, 57f.)

In Holzens Kritik fehlt nur noch der Hinweis darauf, daß Zola in seinem Bestreben, die Literatur um jeden Preis den Naturwissenschaften anzupassen, eine weitere elementare Voraussetzung völlig außer acht gelassen hat: die sprachliche Natur literarischer Handlungen. Wie die meisten seiner Zeitgenossen hielt Zola die Sprache, auch die Sprache des Romanciers, für ein Abbildungsinstrument, das eine grundsätzlich genaue Wiedergabe sinnlich erfahrbarer Daten und Vorgänge der konkreten Wirklichkeit ermöglicht. Zweifel an dieser glatten Rechnung sind bei Zola nicht erkennbar, und damit auch keine Ansätze zu einer tiefer gehenden Betrachtung der Beziehungen zwischen Sprache und Realität.

Weiterführen lassen sich die Einsichten des deutschen Theoretikers in einem nicht weniger wichtigen Punkt. Während im Labor die Kompetenz des Naturwissenschaftlers nur eine bedingte ist, weil sie sich auf nur beschränkt kontrollierbare Maßnahmen bezieht, ist diejenige des Schriftstellers total: denn was immer sich im Text ereignet, die Vorgänge entsprechen prinzipiell der außertextlichen Kategorie der auktorialen Absicht. Am deutlichsten wird das, wenn man bedenkt, daß das literarische Werk im Gegensatz zum wissenschaftlichen Experiment den *realen Zufall* nicht kennt. Sobald der Autor ihn simuliert, hört er auf, der Definition des Zufalls zu entsprechen. Die Frage der Kontingenz, die damit zentrale Bedeutung gewinnt, konnte in der naturalistischen Theorie nicht unbeachtet bleiben. Bei der Betrachtung von Maupassants theoretischen Überlegungen wird dieses Thema wieder aufzugreifen sein.

Das »Experiment« ist in Zolas Doktrin, heute kann kein Zweifel mehr daran sein, letzlich ein unverbindliches Reizwort, das allerdings etwas über die Gesamtheit seiner Auffassungen von Gesellschaft und Literatur aussagt. Die in diesem Falle unkritische Anleihe bei den Naturwissenschaften läßt erkennen, wie begeistert Zola dem Zuge der Zeit folgte und sich den Positionen des positivistischen Materialismus anschloß. Man denke nur an die Autoren, die auch den geistesgeschichtlichen Kontext von Bernards Anschauungen repräsentieren: an Comte, Taine, Darwin. Stolz darauf, die Literatur in der unmittelbaren Nachbarschaft, wenn nicht gar im inneren Bezirk der Naturwissenschaften angesiedelt zu haben, legte Zola mit seiner Terminologie ein uneingeschränktes Bekenntnis ab zu einer möglichst folgerichtigen Anwendung des *Kausalitätsprinzips* in der Motivierung menschlicher Reaktionen und Handlungen. Der »Experimentalroman« ist eigentlich der *Determinismusroman* des positivistischen Zeitalters, das trotz aller vermeintlichen Nüchternheit mit weltanschaulichem Pathos keineswegs sparte. Zola, als Literat, war für dessen Verkündung sozusagen zuständig. Auch die Schrift über den Experimentalroman beweist, wie emphatisch die Bekenntnisse zur Allmacht naturwissenschaftlicher Erkenntnisse gelegentlich formuliert wurden.

In Zolas Sicht ist es bloß eine Frage der Zeit: die Forschung und die philosophische Auswertung werden das universale Begreifen aller Zusammenhänge des Lebens herbeiführen – sämtlicher Gesetze des Denkens und der Leidenschaften. Triumphierend verkündet Zola: »Der Stein auf der Straße und das Gehirn im Menschen müssen von ein und demselben Determinismus beherrscht werden.« (Zola 1904, 22) Zola war mit Bernard auch darin einer Meinung, daß er den Menschen mit allen seinen Anlagen als ein Wesen betrachtete, auf den die Bezeichnung *l'homme machine* zutrifft. Ganz vom Gedanken des Fortschritts eingenommen, ließ sich der Romancier auf historische Fragen nicht ein; die Tatsache, daß die Metapher vom Menschen als Maschine ihre Vorgeschichte hat, wird jedenfalls nicht erwähnt. Dabei ist das technologische Bild bezeichnend für Traditionen der Philosophie in Frankreich: die Idee ist in ihrer allgemeinsten Fassung cartesianischen Ursprungs, doch in einer betont materialistischen Interpretation erscheint sie bei radikalen Vertretern der französischen Aufklärung mehr als ein Jahrhundert vor Zola, am deutlichsten bei Lamettrie, der seinen radikalen Materialismus, wie später Bernard, auf seine medizinischen Forschungen stützte. Vergleicht man heute die Schriften des 18. Jahrhunderts mit den Positionsbestimmungen aus dem Zeitalter Zolas, so fällt im materialistischen Reduktionismus der späteren Epoche ein Rückgang an philosophischer Verve auf; wo bei den Aufklärern Angriffslust und Anspruch auf universale gedankliche Kompetenz festzustellen ist, beschränken sich die vier Generationen jüngeren Positivisten auf eine theoretisch eher bescheiden angelegte Doktrin, in der sich freilich ein Einschlag von Selbstzufriedenheit mit einem anmaßenden Optimismus paart.

Die »Exaktheit«, die Zola auch der Literatur verordnet, stammt naturgemäß ebenfalls aus dem positivistischen Gedankenrepertoire. Die Herkunft der einzelnen Kategorien ist im übrigen leicht zu ermitteln. Besonderen Wert legt Zola auf die epische Darstellung der Wirkungskräfte *Vererbung* und *Milieu*, Grundbegriffe einer positivistischen Natur- und Gesellschaftslehre, die seit Hippolyte Taines historiographischer Theorie (in der Einleitung zu seiner *Histoire de la littérature anglaise* von 1864) Schule gemacht hatte und allgemein bekannt war, so daß es Zola offenbar für überflüssig hielt, eigens auf Taine hinzuweisen. Wenn eine Verschiebung der Akzente im Verhältnis zu Bernard überhaupt feststellbar ist, dann hier: Zolas Hervorkehrung des Milieus, und dabei namentlich der gesellschaftlichen Gesichtspunkte, zeigt eine Annäherung an Taine auf Kosten der sonst so ergeben deklarierten Abhängigkeit von Bernard. Stellenweise gewinnt der Katalog der Aufgaben, die der Autor für den modernen, »wissenschaftlichen« Roman vorsieht, das Aussehen einer Apologie geschichtlicher, dynamischer Grundsätze, sehr im Gegensatz zur weitverbreiteten Vorstellung, die Auffassungen der Naturalisten liefen infolge der Betonung biologischer Faktoren in den menschlichen Lebensverhältnissen stets auf die Idee eines fatalistischen Kreislaufs hinaus. Es komme nicht nur darauf an, die Physiologie des Menschen zu erforschen und darzustellen, sondern auch die Bewegungen innerhalb des gesellschaftlichen Milieus vor Augen zu führen, stichwortartig: nicht nur die Chemie für den Roman fruchtbar zu machen, sondern gerade auch die Soziologie. Auffallend ist dabei der Nachdruck, mit dem die Wechselwirkungen bedacht werden. Im sozialen Feld, im Lebensmilieu des Menschen sei nicht nur eine Wirkung der Umwelt auf das Individuum feststellbar; auch der Einzelmensch oder die soziale Gruppe wirken ihrerseits auf das Milieu ein, im Zuge einer ständigen gegenseitigen Wirkung. Der Mensch, der das Milieu geschaffen hat, verändert sich mit ihm, das ist eine der Einsichten Zolas. Im Hinblick auf seine Romanpraxis wäre es allerdings zutreffender, von einem Postulat zu sprechen, von einer jedenfalls nur teilweise praktizierten Forderung. Denn gerade die großen Romane der mittleren Schaffensperiode erwecken eher den Eindruck, bei den suggestiven, machtvollen Paris-Bildern handle es sich um sprachliche Beschwörungen mythischer Urkräfte, gegen die der Einzelmensch nichts auszurichten vermöge. Erst im Spätwerk tritt das Element sozialer Planung stärker in den Vordergrund – übrigens in einer künstlerisch nicht sehr überzeugenden Manier, so daß Hermann Broch im Hinblick auf diese Werke von ideologischem Kitsch sprechen konnte.

Einen Höhepunkt erreicht das bekennerische Pathos im dritten, pragmatischen Teil der Abhandlung. Zola wird darin nicht müde, die gesellschaftliche Aufgabe des experimentell vorgehenden Literaten zu betonen. Allerdings versucht er klarzustellen, daß die Rolle des Autors unter modernen Verhältnissen nicht vergleichbar sei mit der Funktion der Kunstwerke und Gedanken in früheren Zeiten. Der gegenwartsbewußte Schriftsteller frage ebensowenig wie der Mediziner und Chemiker nach dem letzten Sinn und Ursprung der empirischen Erscheinungen, er lehne vielmehr jegliche Metaphysik ab. Zola scheut an dieser Stelle auch keine Ausfälle gegen die »Narrheiten der Dichter und Philosophen« (Zola 1904, 46), d. h. die Versuche, Unbeweisbares zu beschwören und die Geheimnisse der Welt zu offenbaren. »Wir sind Werkleute, wir lassen den Spekulanten jenes unbekannte Feld des *Warum*, auf dem sie seit Jahrhunderten vergeblich kämpfen und halten uns dagegen an das Unbekannte des *Wie*, das sich jeden Tag vor unserer Forschung verringert. Das einzige Ideal, das es für uns experimentelle Romanschriftsteller geben muß, ist jenes, das wir erobern können.«

Auch darin, nicht nur in der Mimesis-Problematik, zeichnen sich im Naturalismus extreme Entwicklungen ab. Das Selbstverständnis des Wortkünstlers, das seit der zweiten Hälfte des 18. Jahrhunderts mehr und mehr zur Rolle des Sehers, Mythenschöpfers und nationalen Repräsentanten hinneigte, ist bei Zola und seinen Anhängern insofern widersprüchlich, als darin eine eigentümliche Einengung des geistigen Horizonts mit einer ungemein anspruchsvollen Vorstellung von gesellschaftlicher Geltung in eins gesetzt erscheinen. Der Anspruch auf Metaphysik wird zwar fallengelassen, ja alles empirisch nicht Nachweisbare als geradezu kompromittierend empfunden; doch dafür wird eine andere Form spekulativer Philosophie, wenn auch in unauffälliger Benennung, voll in Anspruch genommen. Die soziale Diagnostik, in der die Naturalisten eine ihrer Hauptaufgaben sahen, wird bei Zola unmißverständlich ausgeweitet zu einer sozialen Prognostik, und damit zu einer geschichtsphilosophischen Sicht. Der Romanschriftsteller sieht sich eingebunden in den Prozeß des gesellschaftlichen Fortschritts, der faßbar wird in einer gedanklichen Konstruktion: welche Ziele gut und richtig sind, d. h. was die Vernunft und Moral gebieten, darüber besteht ebenso Gewißheit wie über die Irrtümer und Verblendungen der Vergangenheit.

Das entsprechende Denkmuster lautet: Schriftsteller sind Analytiker und damit auch Ärzte am Körper der Gesellschaft; durch ihre Darstellung von Mißständen tragen sie zur Erhellung der Dinge bei und ebnen auf diese Weise dem Fortschritt den Weg. Romanlektüre als Bewußtseinsbildung und Sozialtherapie – das ist Zolas pragmatische Formel. Wie so manches im Ansatz ist auch diese Formel nicht ganz so neu. Bei Heitmann (1970, 167f.) findet man Belege dafür, daß der Vergleich der Schriftsteller mit Ärzten zu den literaturkritischen Gemeinplätzen der Jahrhundertmitte gehörte. Gebraucht wurde er namentlich, wenn es galt, der Öffentlichkeit plausibel zu machen, daß die Beschäftigung des Erzählers mit häßlichen Dingen keine amoralische Verirrung sei, sondern vielmehr einer ethischen Absicht entspreche. Wie der Arzt, um heilen zu können, in Berührung mit pathologischen Erscheinungen kommen müsse, so sei auch der Schriftsteller zuweilen darauf angewiesen, seine gesellschaftlichen und psychologischen Befunde durch Häßliches und Obszönes zu demonstrieren. In diesem Sinne nannte auch Balzac sich einen »docteur en médecine sociale«.

Neu ist allenfalls die Zuversicht, mit der Ausblicke in die Zukunft entworfen werden, die in beneidenswert optimistischer Projektion als ein Ergebnis der Zusammenarbeit von Naturwissenschaftlern, Soziologen, Literaten und Politikern verstanden wird. »Man wird in ein Jahrhundert eintreten, in dem der allmächtige Mensch die Natur dienstbar gemacht hat und ihre Gesetze dazu brauchen wird, das größtmögliche Maß von Gerechtigkeit und Freiheit auf dieser Erde herrschend zu machen. Es gibt kein edleres, kein höheres, kein größeres Ziel. Hier müssen wir unseren Verstand üben: in das Warum der Dinge eindringen, damit wir ihnen überlegen werden und sie auf die Funktion gehorsamer Werkzeuge reduzieren.« (Zola 1904, 30f.)

Mehr als an allen anderen Stellen ist hier eine wörtliche Wiedergabe von

Zolas Gedanken erforderlich. Könnte doch der Leser bei einer Paraphrase annehmen, sie enthalte Übertreibungen – so gespenstisch unwirklich muten diese Äußerungen heute schon an. Noch befremdlicher erscheint der Text, wenn es dann im selben Zusammenhang heißt, den naturalistischen Werken gelinge es, die menschliche Maschine in ihre Teile zu zerlegen und wieder zusammenzufügen, zum Beispiel um die Wirkung eines besseren, vollkommeneren Milieus vor Augen zu führen. »Auf diese Weise treiben wir praktische Soziologie, auf diese Weise unterstützen unsere Arbeiten die politischen und ökonomischen Wissenschaften.« Trotz aller Unterschiede: der Gedanke an Stalins grauenhaftes Diktum und Diktat, wonach die Schriftsteller »Ingenieure der Seele« zu sein hätten, stellt sich hier fast zwangsläufig ein.

Zu den Widersprüchen der Theorie des Experimentalromans zählt auch die an dieser Stelle erkennbare Antinomie von wissenschaftlicher und moralischer Beurteilung der Dinge. Der sich auf Bernard berufende Theoretiker einer streng objektivistisch geplanten Romanliteratur begreift das Schreiben primär als eine wertungsfreie Tätigkeit. In einem der frühen Texte Zolas, in der Vorrede zur zweiten Auflage des Romans *Thérèse Raquin* (1868), wird die leidenschaftslose Sachlichkeit, die kühle Nüchternheit zu den wichtigsten Tugenden des Romanciers gezählt. Bei der Zergliederung seelischer Vorgänge aus wissenschaftlicher Sicht ist es sinnlos, von unmoralischen Handlungen zu sprechen. »Le reproche d'immoralité, en matière de science, ne prouve absolument rien.«

Die Verpflichtungen gegenüber einem abstrakten naturwissenschaftlichen Grundsatz, der eher den Experimenten mit Versuchstieren im Labor angemessen ist, lassen sich jedoch schwer mit dem sozialen Pathos des als Erzieher sich verstehenden Romanschriftstellers in Einklang bringen. Die Schrift über den Experimentalroman geht auf diesen Widerspruch nicht ein, läßt aber erkennen, daß der Autor wohl zur Einsicht gelangt war, die extremen Ansichten der frühen Texte seien nicht zu halten. Denn was bedeutet noch soziale Verantwortung, wenn das dargestellte menschliche Verhalten keine moralische Bewertung mehr zuläßt? Eine Behandlung gesellschaftlicher Phänomene »en matière de science«, im Sinne des Textes von 1868, liefe auf eine naturgeschichtliche Sicht hinaus, in der aber auch Begriffe wie Fortschritt, Vervollkommnung, Politik, Sozialismus usw. keine wirkliche Bedeutung haben dürften. In der Perspektive der späteren Jahre überwiegt jedoch das sozialgeschichtliche Verständnis, das im übrigen in den letzten Lebensjahren des Autors auch zu unmittelbarem politischem Engagement führte. Die Schrift von 1880 geht jedenfalls manchen entscheidenden Fragen aus dem Wege. Wie so viele literarische Programmschriften und Manifeste hält es auch Zolas Traktat, trotz der wissenschaftlichen Drapierung, weniger mit der Logik als vielmehr mit dem rhetorischen Elan.

Bei der Lektüre dieser Schrift fallen nicht nur die konzeptionellen Widersprüche auf; man wundert sich auch darüber, daß in einem Traktat, der eine neue Phase in der Geschichte des Romans einleiten soll, so wenig von den eigentlichen Problemen des Schreibens die Rede ist, so daß stellenweise die literarische Verwirklichung der Vorsätze ganz aus dem Blickfeld gerät. Man vermißt darin weitgehend jene Ausrichtung, die später bei den Futuristen mit der Bezeichnung »Technisches Manifest« versehen wurde. Und erst recht hat man einen Anlaß, sich zu wundern, wenn man im Schlußteil der Abhandlung liest, heutzutage bekämen Fragen der literarischen Form ein viel zu großes Gewicht. Vom Standpunkt einer hegelianischen Tradition im Verständnis der Form-Inhalt-Dialektik erscheint eine solche Äußerung geradezu absurd, und zwar um so mehr, als sie von einem Schriftsteller kommt. Sie ist jedoch wenigstens einigermaßen verständlich, wenn man bedenkt, welche Traditionen in Denkform und Terminologie Zola hinter sich hatte. Trotz neuer Denkansätze in der französischen literarischen Kultur um 1830 und 1850, im Zeichen von Romantik und Realismus, gehörten Vorstellungen der mächtigen klassizistischen Überlieferung nach wie vor zum Hintergrund literarischer Kritik. Die spitzen Bemerkungen auf Kosten der Form können durchaus auf diesen Kontext bezogen werden, so daß die ablehnenden Worte vom » Übergewicht« der Form als Hinweis auf einen lästigen Traditionalismus zu verstehen wären.

Dennoch sollte man die fragwürdigen Aspekte von Zolas leichtfertiger Preisgabe der besonderen Verantwortung gegenüber der Form, d. h. allen Gestaltungsprozeduren, nicht durch eine gleichsam innerfranzösische historische Erklärung verharmlosen. Das Unbehagen, das sich angesichts des eigentümlichen Angriffs eines Literaten auf die Literatur einstellt, wird noch verstärkt bei dem Gedanken daran, daß damit ein Freibrief ausgestellt wurde für eine stofflich-ideologisch auftrumpfende Ignoranz gegenüber der Kunstleistung. Auf Zola konnten sich in der Folge, wenn auch nur durch eine unzulässige Vereinfachung des Sachverhalts, alle diejenigen berufen, die vom Schreiben, ohne Rücksicht auf literarische Qualität, die Verwirklichung einer ideologischen Mission forderten. In der Geschichte der etwa dreißig oder vierzig Jahre nach Zolas Tod (der Autor starb 1902) geschriebenen Literatur gibt es nur allzu viele Beispiele dieser Art: Kritiker und Romanschriftsteller, die sich in der Rolle ideologischer Doktrinäre gefielen und die ihre literarische Grobschlächtigkeit oder ihr Unvermögen dadurch zu legitimieren versuchten, daß sie spezifisch ästhetische Bemühungen im voraus für suspekt erklärten. Man braucht bloß die Entwicklung sogenannter linker Literatur nach 1930 im Einflußbereich stalinistischer Politik daraufhin zu prüfen. Zola selbst war sich der Reichweite seiner Äußerung sicherlich nicht bewußt, und erst recht wäre es unzutreffend anzunehmen, im erwähnten polemischen Seitenhieb sei ein grundsätzliches ästhetisches Bekenntnis enthalten. Zumal das Schaffen des Romanciers nicht selten auf überzeugende Weise dartut, daß die erzählende Prosa komplexere Einsichten zu bieten hat als der doktrinäre Text.

Will man erfahren, wie Zola sich die konkrete Machart eines naturalistischen Romans vorstellte, ist man vor allem auf seinen großen Flaubert-Essay angewiesen, der in der Sammlung *Les romanciers naturalistes* enthalten ist. Im ersten Kapitel dieses Versuchs macht sich der Autor auf eine viel bestimmtere Art Gedanken über die literarischen Maßnahmen, die den Erfordernissen eines deterministisch angelegten Romans entsprechen. Den entscheidenden Durchbruch zu diesem Romantypus sieht Zola in Flauberts *Madame Bovary*. Dieses Werk sei das Gesetzbuch des neuen Romans, einer Literatur, die wirkliche Erkenntnisse anstrebe. Mit diesem Werk habe der Autor die neuen Aufgaben transparent gemacht und das Dickicht der Erzählweise Balzacs hinter sich gelassen. Aus der Erzählkunst Flauberts leitet Zola drei Postulate ab, die er als unabdingbare Voraussetzungen moderner Romanliteratur betrachtet.

Die erste Forderung enthielt auch für die damaligen Leser keine Überraschung. Daß der Roman es mit dem wirklichen Leben, mit der sogenannten normalen Erfahrung zu halten habe, war für die Leser Balzacs und Flauberts ohnehin fast eine Selbstverständlichkeit. Liest man Zolas Ausführungen, merkt man indessen, wie tief offenbar den zeitgenössischen Autoren der Schreck vor einem Rückfall in romantische Praktiken im Nacken saß. Das Negativbild vom Roman besteht aus Versatzstücken der Romantik, von denen Zola einige auch nennt, wobei es klar wird, daß es sich um motivische Bestände einer handfesten Trivialromantik handelt: nach der Geburt vertauschte Kinder, die verfolgte Unschuld, Geheimfächer mit Dokumenten, und was es sonst noch an Elementen einer Intrigenepik nach bewährten Mustern gibt, einer Erzählliteratur, die freilich viel älter als die eigentliche Romantik ist. Im Gegensatz zu dieser erzählerischen Welt hebt Zola den Umstand hervor, daß der naturalistische Roman zu seinen elementaren Tugenden das Vermeiden von Überraschungen zählen müsse – kurz: das spezifisch Romanhafte im älteren Sinne des Wortes abzustreifen habe.

Es ist leicht zu erkennen, daß hier indirekt an eine uns bereits bekannte Tradition poetologischer Auseinandersetzungen angeknüpft wird. Den Naturalisten ging es noch viel mehr als ihren Vorgängern darum, die Glaubhaftigkeit der Fiktion durch die sogenannte durchschnittliche Erfahrung – Tatsachen, die jeden Tag möglich sind, sagt Zola – abzusichern. Erst die Naturalisten machten daraus eine absolut essentielle Frage. Aristotelisch gesprochen: sie geben sich nicht mit dem erfahrungsmäßig *Möglichen* zufrieden, sie fordern immer und überall das *Wahrscheinliche*.

Der zweite Punkt der Romanpoetik Zolas, formuliert aus Anlaß der Würdigung Flauberts, verlagert das Interesse vom Stoff auf den Romanhelden. Die herkömmliche, oft ins Übermäßige gesteigerte Heldenfigur, die es noch bei Balzac gibt, wie Zola erinnert, wird vom Sockel gestoßen. In einer Romanwelt, die vom Alltag mit all seinen Gewöhnlichkeiten leben soll, können naturgemäß keine »Kolosse« existieren, sie würden jegliche Glaubhaftigkeit verlieren. Ohne den – ohnehin fragwürdigen – Begriff des »kleinen Mannes«

zu gebrauchen, plädiert hier der Autor de facto für eine volle literarische Anerkennung des Gewohnheitsmaßes. Vor allem aber betont er die Notwendigkeit, die literarische Untugend der Typisierung, d. h. der einseitigen Darstellung menschlicher Verhaltensweisen, abzuschaffen. Besonders empfindlich müsse der um naturalistische Grundsätze bemühte Erzähler dort reagieren, wo die Hervorhebung bestimmter menschlicher Eigenschaften zur Allegorisierung neigt. Geizhälse oder Schlemmer zum Beispiel gebe es in der Realität, jedoch keine Menschen, die nichts anderes wären als das. Psychologische Komplexität wäre der Begriff, den Zola heute vermutlich gebrauchen würde.

Mit seiner dritten essentiellen Forderung rührt er an den Bereich der literarischen Technik. Nicht von der Auswahl auf dem Gebiet der Erfahrungen ist mehr die Rede, sondern von den Möglichkeiten (und Einschränkungen) im Hinblick auf erzählerische Präsentation. Um möglichst sachlich zu wirken, etwa in der Art eines Dokumentes, soll der fiktive Erzähler, der kommentierende, seine Figuren bevormundende, aus dem Text verschwinden. Der Autor eines Romans soll jedenfalls darauf verzichten, die Rolle des Erzählers für moralische Belehrungen oder sonstige Zwecke zu mißbrauchen.

»Er ist der hinter der Szene bleibende Regisseur des Dramas, er zeigt sich nie in seinen Sätzen, man hört ihn mit seinen Figuren weder lachen noch weinen; auch erlaubt er sich nicht, ihre Handlungen zu beurteilen, und gerade diese anscheinende Selbstlosigkeit ist das hervorragendste Moment.« Denn: »Der Autor ist kein Moralist, sondern ein Anatom und begnügt sich, das zu schildern, was er im menschlichen Körper gefunden hat. Mögen die Leser, wenn sie wollen, eine Schlußfolgerung ziehen, mögen sie die wahre Moral suchen und aus dem Buch eine Lehre ziehen. Der Romanschriftsteller hat sich beiseite zu halten, namentlich aus einem künstlerischen Grunde, um seinem Werk die persönliche Einheitlichkeit, den Charakter eines für ewige Zeiten geschriebenen Protokolls zu belassen.« (Hausmann/Mandelsloh/Staub, II, 301)

Der Verfasser hätte auch an dieser Stelle den Abstand betonen können, der den modernen, naturalistischen Roman vom Roman bei Balzac trennt. Bei Balzac gibt es nicht nur den ins Kolossalische stilisierten Helden, es gibt recht ausgiebig auch die Praxis des kommentierenden Erzählens, das sich auf Schritt und Tritt als Literatur zu erkennen gibt. Zolas Aussparung des Erzählers ist ein besonders bezeichnender Versuch, den literarischen, artifiziellen Charakter des Textes zu verschleiern – zugunsten der Simulation von Lebenswirklichkeit. Der Erzähler muß der Fiktion der dokumentarischen Authentizität geopfert werden. Denn, so der Hintergedanke, im Leben gibt es keine Instanz, die »das Leben« erzählt, und schon gar nicht eine allwissende. Um die oben gemachten Bemerkungen noch einmal zu paraphrasieren: Auch ein naturalistischer Romancier kann sich nicht der Verantwortung für jede Faser seines Textes entziehen, denn auch er ist – bis zu einem gewissen Grade, wie man mit Maupassant wird hinzufügen müssen – Herr über Leben und Tod seiner Gestalten, kurz: ein literarischer Demiurg. Im Hinblick auf Zolas Bestrebung, dem Autor (bzw. dem Erzähler) einen Platz hinter den Kulissen zuzuweisen, bietet sich als beschreibende Metapher ähnlicher Art das Wort vom »verborgenen Gott« an, vom *deus absconditus*.

Dieser »verborgene Gott« ist, letztlich wie bei Flaubert, eine schweigende oder auch verschwiegene Instanz, die den »Experimenten« um die Schicksale der Gestalten freien Lauf läßt, oder genauer: die diese so behandelt, als wären sie ihr gleichgültig. Zur »Verborgenheit« gehört der Verzicht auf Einflüsterungen, auf das Ersinnen moralischer Unterweisung. Womit jedoch keineswegs ein grundsätzlicher Verzicht auf moralische Kategorien gemeint ist. Die Bildung moralischer Urteile wird lediglich dem Leser selbst überlassen, die Rolle des Sittenrichters erscheint großzügig dem Publikum eingeräumt, also einer Instanz außerhalb des Textes. Freilich auf eine Weise, die ein wenig an die Selbsttäuschung mit dem »Experiment« erinnert. Die Schlußfolgerungen der Leser sind nur in einem sehr bedingten Maße frei; denn der Ermessensspielraum, den der Autor dem Leser zur Verfügung stellt, ist ganz erheblich eingeschränkt durch die Darstellung der menschlichen Schicksale im Roman, einer Darstellung, die trotz der verschriebenen Enthaltsamkeit in moralischen Fragen zumindest bestimmte moralische Urteile nahelegt und wohl auch implizit enthält. Im übrigen kann der Leser gewiß sein, daß er die – nicht ausgesprochenen – Gedanken des Autors errät, wenn er sich an einen Grundbestand moralischer Maximen hält, die mehr oder minder in jeder Gesellschaft zu den Voraussetzungen des sozialen Lebens zählen. Experimente mit moralischen Fragen, etwa Relativierungen oder Umwertungen etablierter Werte, kamen Zola kaum in den Sinn.

Durchaus verständlich ist es, daß in seiner Schrift keine literarische Parallele gezogen wird. Aus heutiger Sicht jedoch erscheint manches miteinander verwandt, das seinerzeit als gegnerisch getrennt angesehen wurde. Aufmerksamkeit verdient vor allem der Umstand, daß der von Zola verfochtene Objektivismus im Bereich des Romans sein eigentümliches Gegenstück in einer poetologischen Maxime der Symbolisten hat, der Zeitgenossen naturalistischer Tendenzen. Zola war der Überzeugung, die moralische Beurteilung sei an die Leser zu delegieren; die Symbolisten um Mallarmé vertraten die Ansicht, die Bedeutung der Verse eines Gedichtes bilde sich im Bewußtsein des Lesers, das Gedicht sei eine prinzipiell unerschöpfliche Quelle geistiger Akte, die von den Lesern geschaffen werden. In beiden Fällen wird den Rezipienten eine wichtige Rolle zugewiesen, mit dem Unterschied freilich, daß die naturalistischen Texte dem Leser die Phantasiearbeit weitgehend abnehmen und von ihm im Grunde eher eine Bestätigung der Ergebnisse der geschilderten »Experimente« erwarten. In der Poetik der Naturalisten ist eine Überdetermination des Lesers vorgesehen, während im Vorgehen der Symbolisten dessen Freiheit bis zur Unbestimmtheit getrieben wird, bis zur Ratlosigkeit. Bezeichnenderweise korrespondiert die grundsätzliche Vagheit symbolistischer Textgestaltung mit einer Einstellung in staatsbürgerlichen Dingen, die man gemeinhin als unpolitisch versteht oder die man auch als einen Versuch interpretieren kann, die für das politische Leben charakteristische starre Ideologisierung der Begriffe zu unterlaufen. Zola dagegen setzt feste Vorstellungen von Fortschritt und Rückschritt voraus, zugleich überzeugt davon, daß Urteile anderer Art auf die Dauer nicht denkbar seien. Hinter seiner Objektivität verbarg sich eine unerschütterliche Bereitschaft zur Parteinahme. Das im dritten Programmpunkt behandelte Problem kann man auch als die Schwierigkeit des Schriftstellers definieren, der seine moralischen Auffassungen verbergen muß, weil der Wissenschaftsbegriff, dem er anhängt, ihm verbietet, offen Farbe zu bekennen.

Zu den Irrtümern des Naturalismus, zumindest dessen in Zolas Version, zählt nicht zuletzt der fast uneingeschränkte Glaube an die Authentizität und Überzeugungskraft des sogenannten Tatsachenmaterials – des Stoffes, aus dem die naturalistischen Romane sind. Zolas Schrift *Le naturalisme au théâtre* läßt erkennen, wie sehr der Autor bestrebt gewesen ist, den Roman in den Dienst des dokumentarischen Prinzips zu stellen. Daß es ihm nicht gelingen wollte, eine dokumentarisch wirkende Faktur (vergleichbar mit der heute üblichen Textbehandlung) herzustellen, sondern daß er sich vielmehr sehr oft rhetorisch hinreißen ließ und Poetismen und verdeckte Wertungen produzierte, ist seit den Ergebnissen der stilistischen Zola-Forschung hinlänglich bekannt. Dennoch lohnt es sich, kurz die Werkstatt des Romanciers zu inspizieren, soweit die genannte Schrift über den Bühnennaturalismus Aufschluß darüber gewährt.

Die Überzeugung, Menschen und Dinge seien förmlich aneinandergekettet, unlösbar miteinander verbunden, ist in der Geschichte des Romans – und damit auch in der Geschichte der gesamten Literatur – erst mit dem Naturalismus voll wirksam geworden. Zola schildert nun, wie passioniert der naturalistische Romancier die Stoffwelt seiner Werke in den Griff zu bekommen versucht. Der Schriftsteller, der – um den Gedanken Schillers abzuwandeln – mehr sein will als nur ein Halbbruder des Wissenschaftlers, d. h. möglichst ein Vollbruder, legt größten Wert auf die Vorarbeiten im Prozeß des Schreibens: Die poetische »Welt« versteht sich als Schauplatz, als Handlungsraum, der weder Beliebigkeiten noch Freiheiten kennt. Der Autor muß stets als Maßstab den imaginären Leser vor Augen haben, der sich »dort« genauestens auskennt, ob das nun der Alltag großstädtischer Markthallen, das Leben in einem Theater oder das Geschäftsgebaren eines Warenhauses ist. Um als Romanschriftsteller seinen Anspruch vertreten zu können, muß der Autor, schreibt Zola, sich jenes Wissen aneignen, das ihn dazu befähigt, in den Schilderungen des Milieus wahrhaftig kompetent zu sein. Wer zum Beispiel sich anschickt, einen Roman aus dem Leben von Schauspielern zu schreiben, darf sich nicht damit begnügen, seine ganz allgemeinen Vorstellungen vom Theater zu verwerten; er muß mit strenger Akribie alles sammeln, was über den gewünschten Bereich zu erfahren ist, von Informationen aus Gesprächen mit Theaterleuten, Schauspielern, Bühnenpersonal bis zu der eigenen Erfahrung, die durch einen mehrtägigen Aufenthalt in einem Theater gewonnen werden kann. Der Blick aus der Loge ist dabei nicht wichtiger als der Gang hinter die Kulissen. Hat der Autor seine Milieustudien beendet, kann er sich an die Ausarbeitung seines Werkes machen, wobei ihm – treibt man Zolas Gedanken auf die Spitze – im Grunde nicht viel Arbeit übrig bleibt. Hat man ordentlich recherchiert, so fällt einem die Handlung mit ihren Gestalten, Konflikten usw. sozusagen in den Schoß. Der Schriftsteller muß es nur verstehen, die Tatsachen logisch zu ordnen – das ist die Schlußfolgerung Zolas.

Eines muß man Zola lassen: er hat trotz des mißglückten Versuchs, den wissenschaftlichen Begriff des Experiments in der Poetik sinnvoll anzuwenden, mit seiner Forderung nach genauesten Milieustudien dennoch – zumindest im stofflichen Bereich – eine Technik angewandt, die den Vergleich zwischen Literatur und Wissenschaft überzeugend erscheinen läßt. Dagegen wird es abermals theoretisch bedenklich, wenn es heißt, es komme zuletzt nur darauf an, die Fakten logisch zu gliedern. Bedenklich ist das nicht nur deswegen, weil kein Wort über die Bemühung um die sprachliche Gestaltung, also das eigentliche Schreiben verloren wird; es genügt schon die Tatsache, daß im Umgang mit sogenannten Fakten offenbar kein Problem gesehen wird. Der Autor, das vergißt Zola, kann sich noch so bemühen, objektiv zu sein – doch unter seinen Händen verwandeln sich die Fakten allemal in Symbole, sie sind nicht Bausteine eines Tatsachenberichts, sondern Elemente einer Sicht der Welt, einer Deutung der Realität.

Zolas Beispiel: man möge das Innere und Äußere eines Theaters sorgfältig studieren. Allein das bleibt trotz aller konkreten Ratschläge reichlich abstrakt. Es gibt in jeder Großstadt verschiedenartige Theater, prunkvolle und bescheidene, repräsentative und unscheinbare, populäre und eher esoterische. Warum wählt der Autor, der einen Theaterroman schreibt, gerade ein Objekt von einer ganz bestimmten Art? Warum ein protziges und kein schäbiges, oder auch umgekehrt? Sicherlich, die Darstellung eines Nationaltheaters schließt die Darstellung einer Schmierenbühne nicht aus. Doch die Wahl des einen und nicht des anderen als eigentliches Milieu ist eine Entscheidung, die bewirkt, daß der Leser eine ganz bestimmte Vorstellung von Theater gewinnt – und darüber hinaus, daß die Beschaffenheit des geschilderten Unternehmens, etwa eines dürftigen, in gewissem Sinne stellvertretend steht für den Zustand einer Welt, einer Epoche, einer Gesellschaft. Das, was Zola das Ordnen der Fakten nennt, ist in Wirklichkeit viel mehr als eine quasi-wissenschaftliche Demonstration. Denn die einzelnen Elemente verlieren zwar in der Fiktion ihre Authentizität, doch sie gewinnen eine neue Qualität: als Zusammenschluß reiner Bedeutungen, die ihren Ursprung in der grundsätzlich freien Wahl des Autors haben.

Zweierlei hat Zola offenbar nicht bedacht: daß bereits die erste Entschei-

dung für ein Milieu, eine Entscheidung, die noch vor Beginn der Forschungs-
arbeit erfolgt, getragen wird von der Suche nach Bedeutungen; und zum
andern, daß es objektive *literarische* Zwänge gibt, die in einer vom Stoff her-
kommenden Betrachtungsweise kaum ins Blickfeld geraten. Der folgende Abschnitt soll daher vorwiegend dieser zweiten Frage gewidmet sein.

II

Leser von Mark Twains Roman *The Adventures of Huckleberry Finn* erinnern
sich vielleicht an die Episode im 35. Kapitel, wo es um den Plan geht, den die
beiden jugendlichen Helden, Huck und Tom Sawyer, aushecken, um den ent-
laufenen Negersklaven Jim zu befreien. Das 1884 erschienene Werk, in dem
manche Autoren den Grundstein der modernen amerikanischen Literatur sehen (Hemingway: ». . .all modern American literature comes from one book
by Mark Twain called *Huckleberry Finn*«), ist nicht nur ein Zeugnis souveräner
Erzählkunst; es bietet auch der Literaturtheorie einprägsame Beispiele.

Die Befreiung Jims wäre in der Tat ein Kinderspiel gewesen, die als pro-
visorisches Gefängnis dienende gewöhnliche Hütte hätte nicht den geringsten
technischen Aufwand gefordert. Allein gerade dieser Umstand wurmt Tom.
Denn hier winkt ein Abenteuer, und zu einem regelrechten Abenteuer gehören erschwerende Bedingungen, die den Reiz der Gefahr steigern. Den Hüt-
tenschlüssel zu entwenden, den Bettpfosten anzuheben, um die Kette frei-
zukriegen, mit der Jim am Bein gefesselt ist, und den Neger dann für die
Flucht mit etwas Nahrung zu versorgen – das ist alles viel zu einfach und
reizlos, »tantenhaft«, wie Tom sich ausdrückt, jedenfalls unter der Würde eines
Jungen, der sich in der Welt smarter oder tollkühner Helden aus entsprechenden Romanen und Memoiren auskennt.

»Blame it«, sagt Tom gleich zu Beginn des genannten Kapitels, »this whole
thing is just as easy and awkward as it can be. And so it makes it so rotten
difficult to get up a difficult plan. There ain't no watchman to be drugged –
now there *ought* to be a watchman. There ain't even a dog to give a sleeping-
mixture to. And there's Jim chained by one leg, with a ten-foot chain, to the
leg of his bed: why, all you got to do is to lift up the bedstead and slip off the
chain. [. . .] Why, drat it, Huck, it's the stupidest arrangement I ever see. You
got to invent *all* the difficulties.«

Sagt man, Tom träume von einem *regelrechten* Abenteuer, so ist zu bedenken, daß das Wort hier einen Doppelsinn enthält. Nicht nur ein richtiges
Abenteuer ist nämlich gemeint, sondern auch eines, das buchstäblich allen
Regeln der Kunst entspricht. Denn Tom spricht ausdrücklich von den Regeln,
die anzuwenden sind, und meint damit die Schablonen, die er aus seiner Lektüre kennt (Motivsparte: Befreiungen und Entführungen). Seine Vorstellungen von achtenswerter Realität entsprechen nicht der eigenen Erfahrung, son-

dern der abenteuerhaften Eigenwelt der Literatur, die ohnehin ihre eigenen
Regeln besitzt und die sich nicht unbedingt um die reale Erfahrung zu kümmern braucht.

Tom versucht nun mit Hucks Hilfe, im eigenen Erfahrungsbereich so gut
es geht wenigstens ein Mindestmaß an trivialliterarischer Repräsentativität zu
sichern – und er zeigt damit prompt, wie berechtigt Oscar Wildes Gedanke ist,
das Leben ahme die Literatur nach, vorausgesetzt, man versteht hier die
Handlung in Mark Twains Erzählung als »Leben«. Wie man bei Befreiungen
vorzugehen habe, darüber belehrt er Huck anhand illustrer Beispiele. »Why,
hain't you ever read any books at all? – Baron Trenck, nor Casanova, nor
Benvenuto Chelleeny [sic!], nor Henri IV., nor none of them heroes? Who
ever heard of getting a prisoner loose in such an old-maidy way as that?« Um
einen gewissen literarischen Standard zu erreichen, plädiert Tom für Maßnahmen, welche die Ausführung des Plans erheblich erschweren würden. Die
Beschaffung einer Säge zum kunstvollen Zersägen des Bettpfostens gehört
ebenso dazu wie das Graben eines unterirdischen Ganges oder die Fertigung
einer Strickleiter aus Bettlaken (obwohl sich Jims Arrest zu ebener Erde befindet). Daß die Strickleiter in eine Pastete eingebacken und auf diesem Wege
dem Häftling zugespielt werden muß, ist nur eine Selbstverständlichkeit. Im
übrigen wird auch die Absicht erwogen, Jim ein Tagebuch schreiben zu lassen, gleichsam die Aufzeichnungen eines Leidgeprüften. Auf die Einwendung
Hucks, Jim könne ja nicht schreiben, besteht Tom zumindest darauf, ihn mit
kantigen Löffeln oder abgebrochenen Zinken zu versorgen, damit er seine
verzweifelten Botschaften an Um- und Nachwelt irgendwo einritzen könne.

Die Welt der Muster in Toms literarisch gelenkter Phantasie besagt etwas
über Literatur schlechthin. Die Absichten der auf Naturalismus erpichten Autoren können noch so angestrengt sein, das Hervorbringen von Literatur ist
allemal eine Praxis im Bereich artifizieller Prozeduren, Konventionen, Choreographien und »Regeln«. Tom Sawyers Ansinnen, die Wirklichkeit dem
Diktat der Poesie folgen zu lassen, mag man naiv nennen. Doch die Pointe
dabei ist ästhetische Theorie, wie man sie nicht ernster nehmen kann. Der
streng geregelte, spielerische Umgang mit den Lebenssituationen, der uns aus
Toms Lektüre entgegentritt, macht darauf aufmerksam, wie stark die Zwänge
künstlicher Strukturen (auch wenn sie nicht kunstvoll sind!) sein können.
Viktor Šklovskij hat diesen Sachverhalt auf eine prägnante Formel gebracht,
die viel zu selten zitiert wird: Die Verfahren der Kunst seien vergleichbar mit
den Formen der Übereinkunft im Schachspiel, etwa mit dem Rösselsprung,
der ja keiner »natürlichen« Gegebenheit entspricht, sondern eine erfundene
Spielregel ist. Nachzulesen in Šklovskijs Essayband *Hod konja* (*Rösselsprung*,
1923).

Durch diese theoretische Metapher gelangt allerdings nicht zur Geltung,
daß es nicht nur auf Konventionen ankommt. Konventionen können geändert
werden, das Rössel könnte ebensogut über zwei Felder in gerader Richtung

springen. Jedoch es gibt Regelmäßigkeiten oder Gesetze, die nicht so leicht als
formelhafte Konventionen zu behandeln sind. Es gibt zu denken, daß gerade
ein geistiger Schüler Flauberts und Zolas, nämlich Guy de Maupassant, den
Finger auf einen besonders empfindlichen Punkt der naturalistischen Mi-
mesis-Theorie gelegt hat. Der poetologische Schlüsseltext des großen Novellisten und Romanciers ist das Vorwort zu seinem Roman *Pierre et Jean* (1888),
das zugleich zu den wichtigsten Texten dieser Art überhaupt gezählt werden
kann. Vergleicht man diesen mit Zolas Schrift über den Experimentalroman,
so fällt das Ergebnis eindeutig zugunsten von Maupassant aus. Dem Dog-
matiker Zola steht hier der Theoretiker gegenüber, der nicht dekretiert, sondern die Möglichkeiten des Erzählens kritisch, umsichtig prüft. Maupassant
verzichtet freilich auf ein handfestes Programm, auf eine moderne An-
leitungspoetik; was er bezweckt, ist ein allgemein gehaltener Traktat über den
Standort und die Aussichten des Romans, eine Betrachtung, die ihren eigentlichen Schwerpunkt in einer impliziten Kritik naturalistischer Theorie hat.
Maupassants scharfer Blick zerstört die Illusionen naturalistischer Mimesis
und legt damit den Blick frei auf Möglichkeiten des Erzählens, die bereits über
den Naturalismus hinausweisen.

Es ist bemerkenswert, daß Maupassants Perspektive – viel mehr als bei
Zola – geschichtlich ausgerichtet ist. Ein Rückblick auf die Entfaltung des
Romans in den beiden vergangenen Jahrhunderten bekräftigt seine Überzeugung, daß es sinnlos ist, die Gattung ›Roman‹ normativ zu definieren, sie etwa
in der Art der Normenpoetik auf bestimmte Merkmale festzulegen. Der Autor
stellt unverblümt die Gretchenfrage der Gattungstheorie: Was ist ein Roman?
Wie soll das Werk beschaffen sein, um als Roman im wahren Sinne des Wortes
zu gelten?

Es ist kaum anzunehmen, daß Maupassant Friedrich Schlegel gelesen hat.
Seine Begründung zur Frage nach dem »eigentlichen« Roman entspricht indessen völlig der Schlegelschen These aus dem *Gespräch über die Poesie*, wonach
die beste Theorie der Literatur deren Geschichte sei. Der französische Autor
nennt rund zwei Dutzend Romantitel aus dem 18. und 19. Jahrhundert, um zu
zeigen, daß es töricht wäre, die breite Skala der Möglichkeiten extensiver
Erzählprosa auf einen Nenner zu bringen. *Den* Roman gibt es nicht, denn wer
könnte darüber rechten, welcher von den genannten Romanen, zum Beispiel
Manon Lescaut, Don Quijote, Werther, Die Wahlverwandtschaften, Clarissa Harlowe,
Le rouge et le noir, Madame Bovary, Salammbô, der Idealvorstellung vom Roman
entspricht? Wenn Cervantes' Hauptwerk ein Roman ist, trifft dann diese Gattungsbezeichnung auch auf *Rot und Schwarz* zu, fragt sich Maupassant. Ist der
Graf von Monte Christo der echte Roman, oder ist er in Zolas *L'assomoir* zu
finden? Was ergibt ein Vergleich zwischen den *Wahlverwandtschaften* und den
Drei Musketieren? Will man über den Roman entscheiden, muß man Kriterien
besitzen. Doch bei welchem Kritiker wären sie zu suchen?

Maupassant zog die Schlußfolgerungen einer literarischen Entwicklung, die — namentlich in Frankreich — aus den strengen Bindungen der Vergangenheit herausgeführt und den Autoren die Möglichkeit geboten hatte, von der Freiheit künstlerischer Entscheidungen weitgehend Gebrauch zu machen. Als Versuchsfeld der Freiheit galt vor allem der Roman. Die poetologische Anarchie, wenn man so will, die Maupassant in seinem Vorwort feststellt, wird von ihm mehr begrüßt als bedauert. Alle etwaigen Verluste werden von dem Gewinn aufgewogen, den die Entfaltung ästhetischer Subjektivität für jeden wahrhaftig kreativen Künstler darstellt. Das Publikum, bemerkt der Autor, zerfällt in zahlreiche Gruppen, die von der Literatur jeweils etwas anderes fordern: Tröstung etwa, oder Unterhaltung, oder Träume, Abenteuer, Belehrung und viele andere Dinge. Nur die besten unter den Lesern überlassen es dem Autor, seine eigenen Vorstellungen von Dichtung ganz frei zu verfolgen. Nun, diese Freiheit nimmt Maupassant auch für den Naturalisten in Anspruch. Im Gegensatz zu Zola meinte er nicht, der Naturalismus sei eine absolute Verpflichtung, dazu noch aus außerliterarischen Gründen, sondern er vertrat die Ansicht, die Erfahrungsrealität sei eine künstlerische Herausforderung, der man nicht ausweichen sollte.

Der theoretische Kern des Vorworts ist in jenen Passagen zu sehen, welche die Schwierigkeiten jeglicher literarischer Darstellung von Wirklichkeit vor Augen führen. Entschiedener als seine Vorgänger betont Maupassant den Umstand, daß man es in der Realität trotz aller Wirklichkeitsbilder, die der Mensch im Umgang mit seiner Umwelt benötigt, stets mit *ungegliederten* Vorgängen zu tun hat, mit einer Flut unzusammenhängender, zufälliger und widersprüchlicher Dinge, die keinen Einklang ergeben, geschweige denn ein allgemein überzeugendes Sinnmuster. In dieser unübersichtlichen Menge von Vorgängen überwiegen die unscheinbarsten Handlungen, ohne jegliches Interesse, so daß ein Realist, der mit allen Konsequenzen das »Leben« schildern wollte, seine Bücher vor allem mit unsäglichen Banalitäten vollstopfen müßte. Schreiben, schließt daraus Maupassant, bedeutet auswählen, und da jede Auswahl unter mehr oder minder vorgefaßten Gesichtspunkten erfolgen muß, ist die realistische oder naturalistische Maxime von der »ganzen Wahrheit« bloß eine erste Orientierungshilfe, logisch gesehen jedoch nichts als eine leere Formel, ein theoretisches Phantom.

Aus dieser Sicht ist für den Autor der wahrhaftig entscheidende Unterschied zwischen Literatur und Realität erkennbar: Literatur ist — in der Planung oder im Ergebnis — ohne Sinnmuster nicht vorstellbar, wohingegen die Realität, die eigentliche Lebenspraxis ein Bereich des Zufälligen, ja vielfach des Chaotischen ist, in dem es völlig unangemessen wäre, eine logische Ordnung zu suchen. Damit also, mit einer *Theorie des Zufalls*, fällt für Maupassant der Anspruch auf eine exakte Verwirklichung des Abbildungspostulats in der Literatur. Kontingenz, wahrhaftige Kontingenz, und literarische Praxis klaffen in einem wesentlichen Punkt auseinander. Die Begriffe des realen Zufalls und der literarischen Fiktion heben einander logisch auf. Der Zufall kann in einem literarischen Text zwar sehr wohl als Motiv, als Teil der Erfindung vorkommen – niemals jedoch als realer Faktor, als fundamentale Erscheinungsform des Daseins, jedenfalls nicht unter den von Maupassant vorausgesetzten Bedingungen literarischer Produktion. Mit anderen Worten: der in einem literarischen Text vorkommende Satz ›Das ist ein Zufall‹, ist bereits eine Verneinung des realen Zufalls, dessen Wesen ja darin besteht, daß er nicht gewollt und geplant, kurz: absichtlich herbeigeführt werden kann.

Das von Maupassant gewählte Beispiel ist sowohl logisch stichfest als auch anschaulich, und es verwundert daher einigermaßen, daß der, verkürzt ausgedrückt, »Dachziegel« als Exempel nicht zum eisernen Bestand literaturtheoretischer Argumentation gehört. In der Alltagswirklichkeit, schreibt Maupassant, ist die Zahl der Menschen, die durch einen Unfall ums Leben kommen, etwa durch einen herabfallenden Dachziegel, verhältnismäßig groß. Daher müßte eine auf Abbildung der normalen Erfahrung bedachte Literatur diesem Umstand Rechnung tragen und konsequenterweise für *jede* literarische Gestalt diese Art von Ableben vorsehen, zumindest im Prinzip.

»Le nombre des gens qui meurent chaque jour par accident est considérable sur la terre. Mais pouvons-nous faire tomber une tuile sur la tête d'un personnage principal, ou la jeter sous les roues d'une voiture, au milieu d'un récit, sous prétexte qu'il faut faire la part de l'accident?« (Maupassant 1929, XV)

Die Frage, ob ein Schriftsteller bereit wäre, eine wichtige Romangestalt vor der Zeit sterben zu lassen, nur um die Macht des Zufalls zu demonstrieren, ist für Maupassant eine rhetorische; sie braucht nicht einmal beantwortet zu werden. Man möge nur bedenken – so könnten die Ausführungen des Autors ergänzt werden –, daß eine solche Demonstration einen logischen Widersinn voraussetzen würde: Den nötigen Nachdruck bekäme das letale Ende inmitten der Erzählung nämlich nur dann, wenn es sich um eine Hauptgestalt handelte. Allein in einer literarischen Struktur ist die Hauptgestalt unweigerlich durch ihr thematisches Gewicht bestimmt, nicht zuletzt auch durch ihre Anwesenheit in der Handlung. Und wie soll eine Hauptgestalt als solche markiert werden, wenn sie möglichst früh dem Zufallsprinzip geopfert werden muß? Dem Leser könnte auf diese Weise keineswegs deutlich gemacht werden, daß hier eine Königin geopfert wird und nicht bloß ein Bauer. Da diese Gewißheit nicht geschaffen werden kann, vermag umgekehrt auch der Zufall nicht plausibel gemacht zu werden.

Ein literarischer Teufelskreis zeichnet sich hier ab, jedenfalls eine illusionslose Betrachtung kunsttechnischer Zwänge. Mit dieser Fragestellung zählt Maupassant zweifellos zu den Begründern einer Logik der Literatur. Er wäre freilich kein Zeuge seiner Epoche, wenn seine Betrachtungen nicht zugleich auch Beiträge zu einer Kunstpsychologie enthielten. Die »ganze Wirklichkeit« kann es in der Literatur aus objektiven, strukturlogischen Gründen nicht geben. Doch auch die psychologische Erfahrung spricht dagegen, denn sie läßt daran zweifeln, daß es überhaupt so etwas wie Realität schlechthin gibt. Ebenso wie jeder von uns denselben Realitätsaugenblick anders erleben mag, so kann auch die erzählerische Vergegenwärtigung einer gewissen Wirklichkeitserfahrung stets nur eine vereinheitlichende Zusammenfassung sein. Maupassant nennt das eine »Illusion« von der Welt. Diese Illusion kann heiter, traurig, abstoßend oder gewinnend sein, je nachdem. Man sollte sich nichts vormachen, folgert der Autor: auch Realisten sind Erzeuger von Illusionen.

In ihren Versuchen, »illusionistische« Muster glaubhaft zu machen, können die Romanciers der Gegenwart nach Maupassants Ansicht zwischen zwei grundsätzlichen Möglichkeiten moderner Erzählprosa wählen. Die Überlegungen, die er hier anstellt, zeigen übrigens, daß an Typologien nicht nur Literaturtheoretiker Gefallen finden. Allenfalls wäre hervorzuheben, daß Maupassant mit einer zweigliedrigen Typologie sein Auskommen findet, im Gegensatz zu den beliebten dreigliedrigen. Zur Wahl stehen bei ihm der *analytische* und der *objektive* Roman. Beide Bezeichnungen sind gleichermaßen dehnbar und damit auch mißverständlich; sie signalisieren allerdings, aus welchem Denkansatz sie abgeleitet sind.

Der rein analytische Roman entspringt den psychologischen Errungenschaften der Epoche. Das zergliedernde Erzählen beruht auf dem Versuch, das Innere der Gestalten abzuleuchten, d. h. deren Innenleben zu erfinden, Schritt für Schritt Motive und Reaktionen miteinander zu verketten. Hierbei kommt es, erläutert Maupassant, weniger auf den Aufbau einer äußeren Handlung an; entscheidend ist vielmehr die Einsicht in ein Kräftefeld, das sich im Umgang mit Menschen in der Realität der Kenntnis weitgehend entzieht.

Anders der objektive Roman. Dessen Anhänger verlassen sich auf die Außensicht, auf das Erfassen sichtbarer Dinge und Verhaltensweisen, so daß die in den Handlungen der Personen verborgenen Motive höchstens andeutungsweise in Erscheinung treten. Die Psychologie spielt dabei jene Rolle, die ihr im wirklichen Leben zukommt, zumeist als ein System von Vermutungen und abgeleiteten Konstruktionen. Entscheidend ist jedoch das Bestreben des Erzählwerkes, die Sicht des imaginären Zeugen, der sieht, hört und folgert, möglichst konsequent durchzuhalten. Hätte Maupassant John Watsons psychologische Lehre des Behaviorismus schon gekannt, er würde sich bei der Charakterisierung des objektiven Romans vermutlich deren Terminologie bedient haben.

Es überrascht einigermaßen, daß Maupassant bei der Bewertung dem zweiten Typus den Vorzug gibt. Er hält ihn für überzeugender, und er begründet sein Urteil mit dem Argument, der Verzicht auf Innensicht entspreche den Realitäten des Lebens, der faktischen Erfahrung. Es ist in der Tat verwunderlich, daß ein so scharfsinniger Beurteiler theoretischer Fragen in diesem Falle sich mit einer so bequemen empiristischen Lösung zufrieden gibt. Offenbar ist ihm völlig entgangen, daß die von ihm ins Treffen geführte Begründung ein Scheinargument ist: denn im Bereich der Fiktion ist der Unterschied zwischen der »analytischen« Innensicht und der »objektiven« Au-

ßensicht ohnehin nur ein technischer bzw. stilistischer. Wenn Realität fingiert
wird, ist es im Prinzip gleichgültig, ob »sichtbare« oder »nicht sichtbare«
Vorgänge geschildert werden, vorgetäuscht sind sie gleicherweise. Und beide
Sichtweisen haben gleichermaßen eine Stütze in der Erfahrungsrealität – die
Außensicht die sinnliche Wahrnehmung, die Innensicht den Bewußtseinsakt
des seelischen Selbsterlebnisses. Maupassant geht zwar auf die Frage der In-
trospektive ein, behandelt sie jedoch ebenfalls auf eine seltsam unangemessene
Weise. Als einen Einwand gegen das analytische Verfahren nennt er die Annahme, man könne bei der Schilderung innerer Vorgänge immer nur vom
eigenen Ich ausgehen und dieses Ich mit Masken versehen. Die Frage indessen, wie denn unter diesen Bedingungen große Dramatik, d. h. die Konfrontation unterschiedlicher, psychologisch gleichrangiger Charaktere möglich
sei, stellt er sich nicht.

Die Aufmerksamkeit, die Maupassants Typologie dennoch verdient, läßt
sich historisch begründen. Im Rückblick ist leicht zu erkennen, daß die von
ihm skizzierten Möglichkeiten zwei gewichtige Modelle im Roman des
20. Jahrhunderts vorwegnehmen. Der Roman der psychologischen Tie-
fensicht wird bei Autoren wie Proust, Rilke und Musil seine besonderen Eigenschaften entfalten, der objektivistisch ausgerichtete Roman dagegen bei
den Vertretern einer filmisch-montagehaften oder dokumentarischen Erzählweise, freilich mit künstlerischen Mitteln, von denen Maupassant noch keine
Vorstellung haben konnte. Alfred Döblin etwa, einer der Protagonisten der
zweiten Gruppe, hätte sich auf den französischen Erzähler berufen können.
Der Zusammenhang mit dem Naturalismus ist im übrigen gerade bei Döblin
evident, freilich in einer Berufung auf naturalistische Bestrebungen in
Deutschland. Wir wenden uns damit Arno Holz und der Poetik des »konsequenten Naturalismus« zu.

                                    III

Die Texte der »konsequenten Naturalisten« liefern den Beweis, daß im Leben
der Literatur ästhetische Versuche und Vorstöße allein nicht genügen, um den
Werken eine dauerhafte Wirkung zu sichern. So eigenartig die erzählerischen
Versuche von Arno Holz und Johannes Schlaf auch waren, und in gewissem
Sinne noch immer sind, ihre Bedeutung erschöpft sich weitgehend im Stellenwert, der ihnen im literarhistorischen Kontext zukommt. Die heftigen Reaktionen der damaligen Kritik auf die zwischen 1889 und 1892 erschienenen
Ergebnisse der Gemeinschaftsproduktion dokumentieren die Überraschung,
die ein Formmodell auslöste, das auf wesentliche Merkmale herkömmlichen
Erzählens verzichtete. Imponierend ist auch heute noch die Unternehmungs-
lust – und im Hinblick auf die Leser die Rücksichtslosigkeit –, mit der hier
gegen Traditionen und Gewohnheiten verstoßen und das Risiko des Neuen,

noch nicht Abgesicherten eingegangen wurde. In einem ganz anderen Sinne als bei Zola liegt hier ein Experiment vor, wenn man so will, ein in der doppelten Bedeutung des Wortes *artistischer* Akt ohne Netz.

Historisch ungerecht ist, daß diese erste Demonstration radikaler, Verluste nicht scheuender Mimesis ein lokales, international kaum beachtetes Ereignis geblieben ist. Dabei ist außer Zweifel, daß die damals verwirrenden Traditionsbrüche der folgenden Generation, bei den Futuristen, bei Döblin und bei Joyce, aus heutiger Sicht etwas von ihrer Kühnheit einbüßen, wenn man bedenkt, daß sie zwanzig bis dreißig Jahre *nach* den Versuchen der beiden Berliner Einzelgänger erfolgten. Nicht auf einen Vergleich der gesamten künstlerischen Leistung kann es freilich ankommen; dazu sind die in den Bänden *Papa Hamlet* (1889) und *Neue Gleise* (1892) erschienenen neuartigen Texte doch zu bescheiden in ihrer Substanz. Was dagegen voll ins Gewicht fällt, ist der Entschluß, für neue Erfahrungen und Stoffe auch neue, angemessene Darstellungsmittel zu entwickeln – und nicht mehr jene Methode zu wählen, die nicht wenige naturalistisch gemeinte Werke bald in Mißkredit brachte: die Erweiterung des stofflichen Horizontes blieb im Verhältnis zu der herkömmlichen literarischen Machart etwas rein Äußerliches. Die frühen Gedichte von Holz sind dafür ein Beispiel.

Versteht man dagegen den Naturalismus vor allem als ein Problem der ästhetischen Bewältigung moderner Erfahrungen, so können die literarischen Innovationen in den genannten Erzählskizzen mit Recht als eine bahnbrechende Leistung auf dem Wege bezeichnet werden, der im 20. Jahrhundert zur Entfaltung des Inneren Monologs geführt hat, ja im allgemeinen zur Vielfalt der Erzähltechniken bei Joyce, Virginia Woolf, Döblin und anderen Autoren. Holz selbst legte seine künstlerische Maxime mit aller Klarheit dar, als er schrieb, der Naturalismus sei keine bestimmte Stoffwahl, etwa Schilderung des sozialen Elends oder der sogenannten Unterwelt, wie die Gegner behaupteten, sondern vielmehr eine *darstellungstechnische Methode*, die keineswegs nur bestimmten Stoffen zugeordnet sei (Holz 1925, 271).

Die Konsequenzen, die sich aus diesem Standpunkt ergeben, hat Holz in einem so riskanten wie auch anregenden Gedanken zusammengefaßt: in der These nämlich, die Entwicklung der Kunst müsse als die Entwicklung ihrer Mittel begriffen werden. Der Autor formulierte sie in einer polemischen Schrift von 1902, welche die Geschichte seines Bruches mit Johannes Schlaf darlegt, bei einer Gelegenheit also, die keinen Spielraum für eingehende Erörterungen bot. Es ist im übrigen auch zu bezweifeln, ob seine kunst- und literaturgeschichtlichen Kenntnisse ausgereicht hätten, eine einigermaßen plausible Beweisführung zu stützen. Unbestreitbar ist jedoch, daß Holz wohl als erster die Idee einer vornehmlich auf dieser Sicht der Dinge aufgebauten Geschichte der Künste entworfen hat – eine gleichsam technologische Kunstgeschichte, eine Historie der Stile und Formen, die nicht von Persönlichkeiten ausgeht, sondern von den objektiven Gegebenheiten der Kunstgriffe und ästhetischen Materialien, also in gewissem Sinne eine Geschichte »ohne Namen«. (Ein Vergleich mit der ebenfalls aus materialistisch-positivistischen Voraussetzungen hervorgegangenen Methodenlehre Taines beweist, wie unterschiedlich die Denkergebnisse unter identischen oder ähnlichen Prämissen sein können: Taines Psychologismus und Holzens technologischer Ansatz stehen sich als zwei bezeichnende Richtungen gegenüber.) Ohne seinen Gedanken in der historiographischen Praxis erprobt zu haben, war Holz dennoch über die weitreichende Bedeutung seiner Idee offenbar keineswegs im Zweifel. Der von ihm begründete Naturalismus, schreibt Holz, habe in der Kunst die Stelzen beseitigt und die Kunst gelernt, die Sprache der Natur, des Alltags zu sprechen.

»Mit diesen Errungenschaften steht Deutschland heute entwicklungsgeschichtlich an der Spitze der Weltliteratur, aus der diese Dinge ebensowenig mehr werden verschwinden können, wie die Perspektive nicht mehr aus der Malerei verschwunden ist, nachdem das Italien des fünfzehnten Jahrhunderts sie ihr geschenkt hatte, oder das Pleinair, dessen Schaffung wir dem Frankreich des neunzehnten Jahrhunderts verdanken.« (Holz 1925, 369)

So verständlich das Mißtrauen, das der hochtrabende Ton erweckt, auch sein mag, die kühne Selbsteinschätzung des Autors ist keineswegs aus der Luft gegriffen. Man braucht bloß Edouard Dujardins Roman *Les lauriers sont coupés* (*Geschnittener Lorbeer*, 1887), der wegen der Darstellungsform des Inneren Monologs oft zu den Ouvertüren der erzählerischen Moderne gezählt wird, zum Vergleich heranzuziehen, um zu ermessen, wie radikal die Verfahrensweise von Holz/Schlaf in manchen Punkten ist und wie weit die »Skizzen« die überlieferten Konventionen des Erzählens hinter sich gelassen haben. Die von Zola geforderte Entfernung des Erzählers, des epischen Mediums aus dem Roman und die Bevorzugung eines unpersönlichen, dokumentarisch wirkenden Berichtstils – diese Forderung wurde konsequent (soweit das in einem erzählenden Text überhaupt möglich ist) erst im Prosaexperiment des *Papa Hamlet* eingelöst.

Auffallend ist dabei die Annäherung an das Drama, vor allem natürlich an das naturalistisch konzipierte. Wie dieses soll auch der Erzähltext mit allen verfügbaren Mitteln den Eindruck erwecken, der Leser sei Zeuge eines Vorgangs, der sich unmittelbar vor ihm abspielt und den er optisch und akustisch wahrnimmt. Diese sinnliche Evidenz tritt an die Stelle des herkömmlichen narrativen Kommentars. Auf diese Weise wird die Darstellungsform radikal »szenisch« (oder, nach der Terminologie von Gérard Genette, radikal »mimetisch«). Der Leser wird in die Rolle des Augenzeugen und Ohrenzeugen versetzt, er muß jedoch die Illusion der Präsenz damit bezahlen, daß er auf die meisten jener Informationen verzichten muß, die ihm der klassische Erzähler so bereitwillig lieferte: etwa Auskunft über Zeit und Raum der Handlung, die Helden und deren Verhältnisse.

In den Texten von Holz/Schlaf ist die Konvergenz mit der naturalistischen

Bühnentechnik leicht erkennbar. Beide Darstellungsmedien streben möglichst perfekte Realitätsillusion an, beide lassen den Leser/Zuschauer zum zufälligen und daher nicht informierten Zeugen werden, und es ist nur eine scheinbare Paradoxie, daß der Erzähltext den Leser implizit so behandelt, als sei er »dabei«, während das naturalistische Bühnenwerk im Hinblick auf die Inszenierung so angelegt ist, als sei der Zuschauer *nicht* vorhanden.

Man kann sich jedenfalls auch heute noch – Jahrzehnte nach den Erfahrungen mit Joyce, Faulkner und verwandten Autoren – lebhaft die Verstörung vorstellen, die etwa *Papa Hamlet*, *Ein Tod* oder *Die papierne Passion* seinerzeit bei den ersten Lesern bewirkten. Der Schock beruhte auf der unvermittelten Konfrontation des Lesers mit einem Geschehen, das zwar durch zahllose Details anschaulich gemacht wurde, das aber infolge des Beginns in medias res gerade jene Angaben nicht enthielt, an die der Leser seit jeher gewohnt war. Die Schwierigkeiten sind im Grunde geblieben: denn auch der heutige historisch versierte Rezipient muß seitenlang ohne epische Beihilfe seine ganze Aufmerksamkeit darauf wenden, auf Grund verstreuter Hinweise Schauplatz, Zeit, Personen, Beziehungen usw. zu rekonstruieren, und zwar so gut es geht, denn auch bei sorgfältigster Lektüre bleiben immer noch ungelöste oder unlösbare Fragen übrig. Das Lesen gerät so zum literarischen Puzzle.

Der Vergleich mit dem naturalistischen Drama, der namentlich im Hinblick auf die nuancierte sprachliche Mimesis und den Vorrang des Dialogs, bis hin zur graphischen Gestaltung des Textes, berechtigt ist, hat seine Grenzen. Der gleichsam tastende Blick, der in der Erzählprosa der »konsequenten Naturalisten« auf die Dinge fällt, läßt heute an die Filmkamera denken, an die »Technik des Films« (Martini 1954, 120), wie ja überhaupt diese Prosa mit ihrer darstellerischen »Methode« auf eine eigentümliche Weise den Beginn des Zeitalters moderner Medien und technischer Reproduktion signalisiert, den Film, die Schallplatte, das Radio. Holz und Schlaf nannten ihren Versuch der Wiedergabe lautlicher Phänomene bezeichnenderweise eine »phonographische Methode«.

Das Beharren von Arno Holz auf dem Gedanken, der Naturalismus sei keine Stoffwahl, sondern ein Konzept literarischer Form, verdeckt allerdings ein wenig die Tatsache, daß gerade die Praxis von Holz/Schlaf zeigt, wie eng sich die beiden Auffassungen von Naturalismus gelegentlich berühren. Die Detailschilderung hat ihren Sinn darin, daß die Dingwelt im Lebensmilieu der Menschen mit einer bisher unbekannten Eindringlichkeit in Erscheinung tritt. Auch Holz weist einmal auf diese Beziehung hin. Er schreibt (1925, 252), man kenne zahllose Romane, die der Formel »nach dem Leben« zu entsprechen versuchen, doch man habe es verschmäht, »einen einzelnen Stiefelabsatz zu studieren«. Es komme nun nicht mehr auf das Fernrohr an, sondern auf das *Mikroskop*.

Im Lichte solcher Überlegungen begreift man, was die damalige Kritik dazu veranlaßte, den Begriff »Sekundenstil« zu prägen. Adalbert von Hanstein (*Das jüngste Deutschland. Zwei Jahrzehnte miterlebter Literaturgeschichte*, 1900) brachte damit eine Bezeichnung in Umlauf, die bestimmte Darstellungsmerkmale suggestiv benennt, jedoch keineswegs als ein Kompliment gemeint war. Die gleichsam mikroskopische Sicht hält Hanstein für eine problematische Errungenschaft, und vor allem scheint ihm die Frage berechtigt, was für Konsequenzen sich aus der Anwendung dieser literarischen Methode ergeben würden, wenn es sich nicht um knappe Skizzen, sondern um weiträumige Romane handelte. Da Hansteins Literaturgeschichte der Jahrhundertwende schon sehr selten geworden ist, erscheint es sinnvoll, etwas ausführlicher zu zitieren. Die Stelle bezieht sich auf die Erzählstudie *Ein Tod* aus dem Band *Papa Hamlet*.

»Solche peinliche Kleinmalerei läßt allerdings einen kleinsten Ausschnitt aus Leben und Wirklichkeit mit absoluter Treue wiedererstehen, aber sie hängt gleichzeitig der Dichterphantasie unerträgliche Bleigewichte an die Füße. [. . .] 28 Seiten brauchen Holz und Schlaf, um zu schildern, wie der im Duell Verwundete stirbt. Hätten sie im gleichen Sekundenstil auch die Vorgeschichte des Duells, seine Veranlassung, seine Ausführung und endlich zu guter Letzt auch noch den Schmerz von Mutter und Schwester und die Beerdigungsfeierlichkeit mit Schluchzen, Leichenrede und Zuschütten des Grabes geschildert – sie würden mehr als 280 Seiten dazu gebraucht haben und hätten uns doch auf dieser ungeheuren Menge Papier noch nichts berichtet als nur einen alltäglichen Vorgang, der doch immerhin erst der Abschluß einer nicht ausgeführten Novelle gewesen wäre. Eine ganze Novelle aber – das heißt, einen wirklichen Abschnitt aus der Geschichte eines Menschenlebens mit der Entwicklung wirklicher Seelenkämpfe zu schreiben –, die [sic!] Herren Holz und Schlaf hätten dazu mit 2800 Seiten noch nicht ausgereicht – mit anderen Worten, es wäre ihnen einfach nicht möglich gewesen. Pedantisch war der Grundcharakter dieser sogenannten neuen Kunstform der Herren Holz und Schlaf. Sie hatten den Zola ›überzolat‹. Den gleichen Raum, auf dem Zola in seinem ›Germinal‹ mit unglaublicher Ausführlichkeit das Leben und Treiben in einem Bergwerk, die Schächte, Stollen und Gänge, die Maschinen, die Fahrvorrichtungen, die Wohnungen und das Familienleben der Arbeiter, den Streik und seine Niederwerfung schildert – denselben Raum würden Holz und Schlaf gebraucht haben, um einen einzigen Rundgang durchs Bergwerk wiederzugeben.« (Hanstein, 157f.)

Die konservative Grundhaltung Hansteins, die hier Urteil und Ausdrucksweise bestimmt, ist leicht zu erkennen. Das Urteil wird zum Vorurteil namentlich dort, wo eine regelrechte Handlung und »wirkliche Seelenkämpfe« gefordert werden, d. h. die Erwartungen des Kritikers völlig an den Absichten der Autoren vorbeigehen. In den normativen Kategorien verbirgt sich die traditionelle Vorstellung vom literarischen Helden und der kunstvollen sprachlichen Komposition, von der die Naturalisten aller Spielarten ja demonstrativ abzurücken versuchten. Dennoch muß man Hanstein recht geben, wenn er behauptet, der Sekundenstil führe sich selbst ad absurdum. Der Autor führte an dieser Stelle seinen Gedanken nicht aus, doch es schwebte ihm vermutlich die beängstigende Vorstellung eines riesenhaften Textes vor, in dem die peinlich genaue Schilderung banalster Vorgänge eine endlose Kette bildet – eines Textes also, in dem, mit anderen Worten, der Grundsatz der Auswahl nicht mehr erkennbar ist und ein Detail konturenlos ins andere übergeht.

Wie dem auch sei, Holz/Schlaf haben ihr Erzählprinzip jedenfalls nur an skizzenartigen Texten erprobt, was sicherlich kein Zufall ist. Der Sekundenstil – den man übrigens im Hinblick auf die Bedeutung räumlicher Faktoren auch einen *Zentimeterstil* nennen könnte – hat hier, wie auch in den stilistisch verwandten impressionistischen Skizzen von Peter Altenberg, seine Chancen. Holzens Domänen sind das Gedicht, die Kurzgeschichte, das Drama; dem Roman blieb er fern. Es gehört zu den Paradoxien des Programms der »konsequenten Naturalisten«, daß gerade die Menge in der Abbildung der Wirklichkeit, die Extensität, infolge der Detailtechnik vereitelt wird. Die Quantität des Details fällt der Quantität der Ausdehnung in die Arme. Eine stets gleichermaßen ausführliche Schilderung des Rahmens, dem die gewählte Einzelepisode angehört, würde das Ganze – wie Hanstein richtig bemerkt – ins Maßlose zerdehnen und nicht mehr perzipierbar machen. Der Widerspruch liegt nun aber darin, daß gerade der Naturalismus größten Wert darauf legte, das Milieu, die Beweggründe der Handlungen, die Charaktere der Personen, die durch Vererbung gegebenen Anlagen usw. darzustellen, Motivierungszusammenhänge also – ein Ding der Unmöglichkeit, wenn man den dafür erforderlichen Aufwand bedenkt, der entsteht, wenn sich die Literatur nicht mehr auf den Grundsatz repräsentativer, symbolhafter Auswahl verläßt. Auf die knappste Formel gebracht: Der Naturalismus als Erzählstil macht, zumindest in der Sekunden-Konzeption, den Naturalismus als soziologisch-deterministisches Programm zunichte.

James Joyce wußte, was er tat, als er die atomisierende Technik zahlloser Episoden in seinem *Ulysses* in den Rahmen einer genau überlegten Romankomposition spannte, in der auch noch so belanglos erscheinende Einzelheiten durch die leitenden Ideen und die mythischen Analogien des Ganzen Transparenz erlangen.

IV

Im angelsächsischen Traditionsbereich hat der Naturalismus, wie in den skandinavischen Ländern, vorwiegend im Drama seine große Stunde gehabt. Sieht man sich auf dem Gebiet des Romans nach Autoren um, die dem kontinentalen Naturalismus wenigstens einigermaßen zugeordnet werden können, so wird namentlich das Schaffen von Henry James zu nennen sein, übrigens auch im Hinblick auf den theoretischen Beitrag. Seine um die Jahrhundertwende entstandenen Romane repräsentieren in Amerika und England einen Typus sozialanalytischer Erzählkunst, der sich vornehmlich an den Errungenschaften der modernen französischen Literatur orientierte. James' literaturkritische Aufsätze lassen schon auf den ersten Blick erkennen, wie wichtig die literarische Kultur Frankreichs für ihn war: sie behandeln Taine, Balzac, George Sand, Flaubert, die Brüder Goncourt, Zola, selten dagegen andere Autoren außerhalb des englischen Sprachraums. Die Wirkung der russischen Literatur zeigte sich in vollem Umfang erst in der Generation Virginia Woolfs. Bei James werden Turgenev und Tolstoj erwähnt. Die Novellistik Turgenevs scheint ihn besonders beeindruckt zu haben.

Das so stark ausgeprägte Interesse für die französische Erzählkunst ist allerdings nicht frei von Ambivalenz: James spricht von den Meistern des Romans mit viel Respekt, kaum jedoch mit Begeisterung. Obwohl er eine offene typologische Gegenüberstellung scheute, kommt an vielen Stellen der Gedanke zur Geltung, die französische Tradition besteche zwar durch den Glanz der künstlerischen Leistung, sie sei indessen im Gegensatz zur angelsächsischen unter moralischen Gesichtspunkten eher problematisch zu nennen. In die Bewunderung mischen sich jedenfalls beträchtliche Zweifel – Vorbehalte, die beweisen, wie stark bei James trotz aller Weltoffenheit die in puritanischer Tradition stehende Neigung war, einer Literatur, in der man ästhetische oder wissenschaftliche Radikalität vermutet, das Vertrauen zu verweigern. Balzac, Flaubert und besonders Maupassant gelten ihm als Beispiele dafür, daß die Kunstleistung, auch die eindrucksvollste, nicht immer mit ethischer Verantwortung einhergeht. In Fragen künstlerischer Geschmeidigkeit den französischen Romanen unterlegen, erscheinen die Werke englischer Sprache trotz mancher literarischen Schwerfälligkeit als Zeugnisse eines moralischen Verantwortungsbewußtseins, ohne das die Literatur einen Grundstein ihrer Legitimität verlieren würde. Aus dieser Sicht nehmen sich zahlreiche französische Werke nahezu als »Blumen des Bösen« aus, nicht nur die Motive in Baudelaires berühmten Gedichtband. Die *impassibilité* Flauberts, die von so beneidenswerter erzählerischer Souveränität getragen wird, wie auch die entsprechenden Haltungen bei anderen Autoren, begreift James als Symptome eines eigentümlichen Ästhetizismus, hinter dessen Präzision sich eine Verbindung von Schönheitskult und Teilnahmslosigkeit verbirgt, ein eigentümlicher Immoralismus.

Der Zwiespalt, der in James' kritischen und poetologischen Schriften ins Auge fällt, ist damit schon angedeutet. Es geht dabei um die Einsichten eines Schriftstellers, der seine Aufgabe in der Öffentlichkeit höchst skrupelhaft beurteilt und der künstlerische Entscheidungen stets auch als menschliche, d. h. persönliche, und zugleich gesellschaftliche begreift. Von Flaubert, den er wohl in mancherlei Hinsicht mißverstanden hat, dem er aber trotzdem in einigen literarischen Grundüberzeugungen eng verwandt war, trennte ihn in erster Linie die Auffassung, daß die Auswahl aus der Erfahrung, die dann im literarischen Werk zum Bild der Wirklichkeit geformt wird, nicht demonstrativ auf der eigenen Subjektivität beruhen dürfe, sondern stets auch im sozialen Zusammenhang, mit Rücksicht auf eine Idee gesellschaftlicher Norm, zu begreifen sei. Flauberts Vorstellung von Kunst als Protest, vom Schreiben als einem Widerstand gegen die gesellschaftliche Umwelt, hätte James niemals gebilligt.

Pointiert könnte man sagen, daß es bei James niemals *consciousness* ohne *conscience* gibt, d. h. daß die Darstellung psychischer Vorgänge in der Gesamtkomposition des Romans immer auch das Gewissen schriftstellerischer Arbeit, die moralistische Verantwortung einschließt. Das Problem, das damit gegeben ist, enthält als Kern die Frage der Vermittlung von Moralismus und Ästhetik. James ist der erste angelsächsische Romanschriftsteller von Rang, der in seinen essayistischen Schriften wie auch in der erzählerischen Praxis für sich die Konsequenzen aus der Situation des Romans im positivistischen Zeitalter gezogen hat.

Man darf die angedeutete Polarisierung – hier der moralische Rigorismus der angelsächsischen Überlieferung, dort die angebliche moralische Laxheit der französischen Moderne – nicht mißverstehen. James war weit davon entfernt, den von ihm gehegten Begriff von moralischer Verantwortung mit puritanischer Beschränktheit und künstlerischem Traditionalismus gleichzusetzen. Der bekannte poetologische Aufsatz *The Art of Fiction* (1884) gibt Auskunft über die Abneigung des Autors, sich durch bestimmte soziale Traditionen seine künstlerischen Maximen vorschreiben zu lassen. Der geschichtliche Standort des Romanciers in seinem Kulturkreis ist gerade dadurch gekennzeichnet, daß es für ihn moralische Traditionen zu bewahren galt ohne Zugeständnisse an die Mentalität der Bequemlichkeit und Borniertheit in ästhetischen Fragen. Künstlerisch war er entschlossen, die Errungenschaften der europäischen Moderne zu integrieren und mit der eigenen Auffassung von Literatur zu verbinden.

»Für viele Leute bedeutet Kunst rosarote Fensterscheiben«, erläutert der genannte Aufsatz über die Kunst des Romans; »und Selektion heißt, einen Blumenstrauß für Frau Zimperlich zusammenzustellen. Sie erzählen einem beredt, daß künstlerische Überlegungen nichts mit dem Unangenehmen, mit dem Häßlichen zu tun haben; sie leiern platte Gemeinplätze über die Sphäre der Kunst und die Grenzen der Kunst herunter, bis daß man sich seinerseits zu einigem Staunen über die Sphäre und die Grenzen der Unwissenheit gedrängt sieht. Es scheint mir, daß niemand jemals einen ernsthaft künstlerischen Versuch unternommen haben kann, ohne sich eines gewaltigen Zuwachses an – einer Art Offenbarung von – Freiheit bewußt geworden zu sein.« (Rudnick, 379) Für die Kunst – die wahre Kunst, die nach der Anschauung von James stets den Ernst moralischer Rechenschaft mit einschließt – gibt es keine Grenzen dieser Art. »One perceives in that case – by the light of a heavenly ray – that the province of art is all life, all feeling, all observation, all vision«, heißt es im Originaltext (James, 92).

James war sich der Schwierigkeiten bewußt, die seine Romane infolge der ungewohnten Machart dem einheimischen Publikum bereiteten. Die umfangreichen Vorworte zu den einzelnen Werken versuchen, dem Leser eine Brücke zu bauen – eine nicht immer leicht passierbare, denn was als Erläuterung gemeint war, verliert sich oft in umständlichen psychologischen Betrachtungen, die das Verwirrende an den Romanen eher noch steigern. Dazu kommt eine etwas schwerfällige, verwinkelte Diktion, die daran denken läßt, wie schwach die empirische Deckung nationaler Klischees ist. Wären die Schriften von James durch Zufall nur in deutschen Übersetzungen überliefert worden, man hätte sie im angelsächsischen Bereich vermutlich für typisch »deutsch« gehalten, im übrigen auf Grund einer völlig einseitigen Verallgemeinerung. Die Leitgedanken der poetologischen Versuche treten indessen genügend klar hervor.

Im Prinzip sind James' Bemühungen um logische Begründung ein ununterbrochenes Plädoyer für die Gültigkeit und Vorherrschaft des organischen, in sich geschlossenen und fugenlosen Kunstwerks. *The Art of Fiction*, dessen Argumente zentrale Bedeutung haben, beginnt, nach einigen einleitenden Betrachtungen, nicht umsonst mit einer Erörterung des Begriffs der literarischen Illusion. Die Vorurteilslosigkeit in der Darstellung menschlicher Leidenschaften und gesellschaftlicher Konflikte (»all life, all feeling, all observation, all vision«) ist für James eine Entscheidung, die zugunsten ästhetischer Überzeugungskraft eine andere notwendig macht: nämlich strengste Abstinenz der kommentierenden Erzählerstimme im Roman und damit die Wahl einer weitgehend »szenisch« organisierten Darstellungsweise. Der amerikanische Autor macht sich in diesem – für ihn entscheidenden – Punkt eine der Forderungen von Zolas naturalistischem Programm zu eigen, ohne sich im übrigen auf Zolas deterministische Lehre einzulassen.

Allein auch die logische Beweisführung bei James unterscheidet sich wesentlich von der Argumentation aus dem Umkreis des französischen Positivismus. Es ist bezeichnend, daß James, der während seiner Pariser Jahre Flaubert nahestand (was ihn allerdings nicht davon abhielt, dessen Werke skeptisch zu beurteilen), nicht die naturwissenschaftliche Denkweise Zolas befolgt, sondern seinen Gedanken eine vorwiegend kunsttheoretische Stütze gibt. Wüßte man nicht, daß der Autor zu der deutschen Kultur kein unmittelbares Verhältnis hatte, würde man eine Lektüre Lessings, Winckelmanns, Goethes und vielleicht auch der Hegelschen Ästhetik voraussetzen.

Angelpunkt seiner Poetik des Romans ist ein Vergleich mit der Malerei, die ihn zur Feststellung führt, die Analogie zwischen der Kunst des Malers und der Kunst des Romanciers sei im Grunde vollkommen. Sieht man von der Verschiedenartigkeit des Materials ab, so verfolgen der Maler und der Schriftsteller das gleiche Ziel: Darstellung einer Erfahrung mit der Wirklichkeit, und zwar – das ist entscheidend – auf eine Weise, welche die Bilder, Situationen, Vorgänge für sich selbst sprechen läßt, ohne Einmischung einer kommentierenden Instanz. So *sollte* es zumindest, nach James'Ansicht, auch in der Erzählkunst sein. Ungewöhnlich ist in der Argumentation eine kulturgeschichtliche Parallele: »Die Mohammedaner halten ein Bild für etwas Gottloses; doch für das Christentum gilt dies schon lange nicht mehr, und deshalb ist es um so seltsamer, daß sich im christlichen Geist die Spuren (so getarnt sie auch sein mögen) eines Argwohns gegen die Schwesterkunst bis heute nicht verloren. Der einzig wirksame Weg, diesen Argwohn auszuschalten, liegt darin, die Analogie, auf die ich soeben Bezug genommen habe, zu betonen und auf der Tatsache zu bestehen, daß, so wie das Bild Wirklichkeit [reality] ist, der Roman Geschichte [history] ist. Das ist die einzige allgemeine Kennzeichnung des Romans (die ihm gerecht wird), die wir vornehmen können.« (Rudnick, 360)

Man wird diese Hypothesen mit einiger Skepsis beurteilen müssen. Bedenklich ist dabei nicht nur die vereinfachende Sicht der kulturgeschichtlichen Problematik, sondern auch die Art, wie die Realität des Bildes (womit wohl der Erfahrungsgehalt des Bildmotivs gemeint ist) mit der geschichtlichen, empirischen Substanz des Erzählwerkes gleichgesetzt wird. Das Gemeinsame erblickt James in der objektiv wirkenden Darstellungsweise, in der Unmittelbarkeit der Abbildungen oder der Situationen, die dem Leser/Beschauer entgegentreten. Es ist freilich seltsam, daß der Autor literarisch so sorgfältig gearbeiteter Erzähltexte völlig außer acht läßt, wie groß der Unterschied zwischen einem Gemälde und einem Roman ist, wenn man bedenkt, daß ein Roman völlig unterschiedliche Sichtweisen enthalten kann, d. h. daß darin verschiedene Bewußtseinsinhalte zum Ausdruck kommen können, oder vielmehr simuliert erscheinen – und damit eine Problematik gegeben ist, wie sie der Malerei im Prinzip völlig fremd ist.

Der problematische Vergleich mit der bildenden Kunst dient James dazu, seiner Entscheidung für ein szenisches Erzählen unter Ausschluß des transzendentalen Narrators zusätzliche Beweiskraft zu verleihen. Offenbar schien ihm kein begriffliches Geschütz zu schwer zu sein, wenn es darum ging, den Schein des in sich geschlossenen, in sich selbst ruhenden Kunstwerkes zu verteidigen. Man kann daher die naturalistischen Neigungen bei James als Symptome seines festen Glaubens an die Notwendigkeit illusionserzeugender Gestaltung begreifen. Im angelsächsischen Bereich ist sein Werk die erste wirkliche Bastion des literarischen Illusionismus. Es ist bezeichnend, daß James fast puritanisch konzessionslos aus der ästhetischen Entscheidung geradezu ein ethisches Bekenntnis macht. Er berichtet in *The Art of Fiction* über die Bestürzung, die bei ihm die Lektüre von Erzählwerken hervorruft, die dem Leser augenzwinkernd mitteilen, die dargebotene Geschichte sei ja nur erfunden. Eine solche Vorgangsweise hält James für einen schwerwiegenden Verstoß gegen künstlerische Grundprinzipien. Ja er spart nicht mit Worten und nennt das Verfahren durchaus pathetisch, ohne Ironie, ein Verbrechen an der Kunst. »Such a betrayal of a sacred office seems to me, I confess, a terrible crime...« (James, 80)

Das »geheiligte Amt« des Erzählens (man denke an Thomas Manns Wort von der »heiligen« russischen Literatur!) versteht James folglich als eine Tätigkeit, die ohne eigentlichen erzählerischen Gestus auszukommen habe. Radikaler als die französischen Naturalisten verfolgte er das Ziel, den Roman als eine Darstellung von Bewußtseinsvorgängen zu entwerfen, d. h. als eine Reihe von Geschehen, in denen grundsätzlich die Sicht der handelnden Figuren zur Geltung kommt. Mit anderen Worten: der Text und die Leser »wissen« nicht mehr als die Gestalten des Romans, deren Horizont ist der Horizont des Werkes. Die Zweifel und Ungewißheiten der Gestalten bleiben ohne Lösung, wenn nicht von ihnen selbst Klarheit geschaffen wird. Eine übergeordnete Instanz, die den Leser darüber aufklären könnte, gibt es nicht. Das ist James' Methode, das literarische Kunstwerk als ein Analogon zur erfahrbaren Wirklichkeit auszuweisen.

In einem seiner zahlreichen Aufsätze *pro domo*, im Vorwort zum Roman *The Golden Bowl* (*Die goldene Schale*, 1904), legt der Autor seinen Standpunkt etwas modifiziert dar. Es sei ihm daran gelegen, den Erzähltext auf den Perspektiven der handelnden Gestalten aufzubauen, doch der Vorzug sei einer Gestalt zu geben, die gleichsam abseits steht, die Vorgänge neutral zu beurteilen vermag. Eine solche Person teile zwar den Erlebnishorizont der Protagonisten, sei jedoch imstande, jenen Abstand zu wahren, der es ihr erlaubt, sich in aller Ruhe Gedanken über Handelnde und Handlungen zu machen. Ohne seine grundsätzliche Einstellung aufzugeben, läßt James dem sonst verpönten moralischen Kommentar eine kompositorisch legitimierte Hintertür offen. Um sich freilich nicht dem Vorwurf auszusetzen, er habe ein herkömmliches Verfahren bloß umbenannt und er lasse im Grunde den traditionellen Erzähler unter einer Maske wieder munter agieren, betont er den Unterschied: der »Betrachter« im modernen, szenischen Roman sei strikt an den Erfahrungsbereich der Gestalten gebunden, er könne daher nur über Offenkundiges reflektieren, niemals jedoch sich über die Ebene der Handlung erheben.

Besondere Beachtung verdienen unter diesen Aspekten jene Werke von James, in denen der Erzählstandpunkt auf eine eigentümliche Weise den thematischen Kern berührt. Das betrifft vor allem die Erzählungen mit okkulten Elementen bzw. phantastischen Motiven, zum Beispiel *The Turn of the Screw* (*Die Drehung der Schraube*) oder *Sir Edmund Orme*. Der Leser bleibt im Ungewissen darüber, was sich »eigentlich« ereignet hat: ob es sich um psychopathologische Erscheinungen handelt, oder um Dinge, die einem anderen literarischen Motivierungssystem zugeordnet werden müssen. Damit bleibt auch die Frage der Gattungszugehörigkeit offen. Todorov (1971, vgl. den Aufsatz über James) ist zuzustimmen, wenn er behauptet, eine apodiktische Zuordnung entspreche nicht dem Wesen dieser Erzählungen. Entscheidend sei gerade der Umstand, daß der Ausgangspunkt bei James stets die Darstellung eines individuellen Bewußtseins ist. Die sogenannte objektive Wahrheit könnte nur der kommentierende Erzähler vorbringen – jene Instanz also, die der

amerikanische Autor ausschließt. Eine »Realität an sich« ist seiner Erzählstruktur fremd: die Wirklichkeit ist in der Romanwelt eine durch das subjektive Bewußtsein gefilterte Wirklichkeit, das Geschehen spielt sich auf dem
schwankenden Boden der Subjektivität ab.

Nicht so sehr durch weltanschauliche Momente, sondern vielmehr dank
seiner psychologischen Errungenschaften in der Romankonzeption ist James
ein Autor, dessen Werk ins zwanzigste Jahrhundert weist. Ambiguität als
Erlebnisform der Figuren sowie die Vieldeutigkeit als Zeichen einer Krise in
der Auffassung der Realität – das sind die Signaturen der Stellung, die das
Werk von James in der Geschichte des neueren Romans einnimmt.

DIE DICHOTOMIE DES ROMANS IM ZWANZIG-STEN JAHRHUNDERT

I

Seit nahezu einem Jahrhundert ist in immer neuen Schüben von modernen Romanen die Rede, von Werken, in denen Veränderungen und Traditionsbrüche dominieren. Dieses Thema der Literaturkritik führte bald zur Entstehung und Etablierung des Schlagwortes ›moderner Roman‹. Im Singular kam eine Vorstellung einher, die auf einer radikalen Vereinfachung überaus komplexer Sachverhalte beruhte und die gerade infolge ihrer Vagheit und Dehnbarkeit einen so großen Erfolg gehabt hat. In Wirklichkeit ist dieser Begriff eine laxe Abstraktion, die fast noch problematischer ist als das Denkklischee ›klassisches Drama‹, das nicht zu Unrecht ein literarisches Gespenst genannt worden ist (Peter von Matt).

Gegen einen voreiligen Gebrauch des Begriffes können zumindest drei Argumente angeführt werden. Das erste zeichnet sich ab, wenn man die Autorenliste mustert, die den Kanon des sogenannten modernen Romans bildet, d.h. die neuen »Klassiker« in diesem Bereich umfaßt. Die Zahl der als repräsentativ erachteten Romanciers variiert, doch gibt es so gut wie keine Aufzählung, in der nicht Proust, Thomas Mann, Gide, Joyce, Virginia Woolf, Kafka, Musil und Broch vorkämen. Autoren wie Rilke, Sartre, Camus, Dos Passos, Faulkner, Döblin, Huxley erweitern gelegentlich, je nach Land und nach Akzentsetzung wechselnd, die Liste. Eine genauere Prüfung des Phänomens, das durch diese Namen signalisiert werden soll, läßt erkennen, daß es sich um eine emphatische, nicht um eine logische Bildung handelt. Es zeigt sich nämlich, wie stark darin eine Vorstellung von Exorbitanz und künstlerischer Individualität wirksam ist, dazu auch eine ganz allgemeine Idee von Innovation – jedenfalls eine Reihe von Kategorien, die bereits seit dem Anbruch der neuzeitlichen gesellschaftshistorischen Moderne zunehmend die literarische Entwicklung bestimmen. Eine Klammer, die über eine sehr weit gefaßte und daher unspezifische Anschauung von Modernität hinaus noch gültig wäre, ist kaum auszumachen. Denn was verbindet in der konkreten literarischen Machart einen Autor wie Joyce mit Gide, was hat, sieht man von einer vagen Zeitgenossenschaft ab, Musil mit Dos Passos zu schaffen, Kafka mit Proust oder gar mit Huxley?

Bedenkt man die mehr als beträchtlichen Unterschiede in Erzählweise und Thematik, ja die völlige Andersartigkeit in manchen Fällen im Hinblick auf das Traditionsverständnis, die literarische Herkunft und die gesamte Auffassung von Kunst, löst sich das Bild vom modernen Roman in einzelne Elemente auf, die keineswegs dazu taugen, einen synthetischen Begriff zu tragen. Joyce und Dos Passos beispielsweise sind ohne die Grundsätze des Naturalismus kaum begreifbar, wenn auch ihre Schreibweise darin keinesfalls aufgeht. Die Auffassung, wonach entscheidende Züge bei Joyce als letzte Konsequenz des Naturalismus zu verstehen seien, hat Musil in seinen Tagebüchern sehr deutlich vertreten (Musil, 584), zu einem Zeitpunkt, als für ihn kein Zweifel daran sein konnte, daß der »spiritualisierte Naturalismus« des Iren ihm künstlerisch fremd sei. In der Tat führten die Ideen der Tradition wie auch der Modernität bei Musil zu ganz anderen Ergebnissen, zu einer Prosa, die nun wiederum dem Literaturverständnis eines Autors wie Gide näher steht, übrigens auch dem Thomas Manns, trotz der subjektiven Abneigung Musils gegenüber dem Autor des *Zauberbergs.* Wie windschief das einebnende Reden vom modernen Roman ist, wird wohl am deutlichsten, wenn man den nur drei Jahre nach Joyces *Ulysses* erschienenen Roman *Les Faux-Monnayeurs* von Gide (1925) als ein oft angeführtes Beispiel moderner Erzählkunst neben den Dublin-Roman stellt. Die Romanpoetik Gides, auch in seinen anderen Romanen, weist in ihrer antinaturalistischen Grundintention viel eher zurück auf die Überlieferung des psychologischen und rational-analytischen Romans in Frankreich seit dem späten 17. Jahrhundert. Dessen Ahnfrau, Madame de Lafayette, ist mit ihrer Schreibweise auch im 20. Jahrhundert gegenwärtig, und gerade Gides Romane beweisen, daß es Kräfte der Diachronie gibt, die maßgeblicher für die Beurteilung von Zusammenhängen sind als manche Aspekte, die sich aus Querschnitten ergeben.

Ein weiteres Argument betrifft den literarhistorischen Kontext des fragwürdigen Kanons. Ist schon die Schlußfolgerung unumgänglich, daß die als repräsentativ geltenden Werke kaum einen überzeugenden gemeinsamen Nenner hergeben, so häufen sich die Probleme erst recht, wenn man das geschichtliche Umfeld betrachtet. Dabei sticht ins Auge, wie uneinheitlich die Kanonbildung in logischer Hinsicht ist. Zugegeben, Bildungen dieser Art sind zumeist ein Ergebnis der Wirkung ganz unterschiedlicher Faktoren, deren Zusammenwirken keinen rationalen Maßstäben entsprechen kann. Doch an dieser Tatsache dürfen typologische Erwägungen nicht vorbeigehen. Jedenfalls ist nicht zu vergessen, daß einmal wertende Gesichtspunkte ausschlaggebend gewesen sind (wie etwa bei Thomas Mann, Gide und Musil), ein andermal das Überwiegen bestimmter innovativer Verfahrensweisen, wie bei Dos Passos, die Aufnahme in den Katalog bewirkt haben. Auch die Popularität mag in manchen Fällen bestimmend gewesen sein, bei Huxley zum Beispiel. Bei so unterschiedlicher Bewertung drängt sich die Frage auf, welche Kriterien dem besagten typologischen Begriff zu Grunde liegen. Die Benennung ›moderner Roman‹ läßt die Erwartung aufkommen, es handle sich vor allem um innovative Merkmale und damit um primäre Signale der Modernität, in denen die entscheidende Stütze der Begriffsbildung gesehen werden müsse. Doch ginge es in erster Linie um Neuerungen, müßten in den meisten Literaturen andere Autoren und Werke in die vorderste Reihe rücken, künstlerisch nicht minder bedeutende, allenfalls weniger bekannte. In der deutschen Literatur müßte dann Döblin eine weitaus größere Rolle spielen, und nicht nur mit *Berlin Alexanderplatz*. Die futuristische, expressionistische und surrealistische Prosa wäre allgemein in weit stärkerem Maße zu berücksichtigen, Autoren wie Aragon, Cendrars, Henry Miller, in den slawischen Literaturen Belyj, Pil'njak, Bulgakov, Gombrowicz, Krleža.

Und schließlich ist der Umstand zu bedenken, daß es sich bei einigen markanten stilistischen Merkmalen, die man als besondere Kennzeichen der Modernität zu betonen pflegt, um Erscheinungen handelt, denen bereits eine ehrwürdige Tradition bescheinigt werden kann. Sogenannte Krisen sind in der Geschichte des Romans eher ein Dauerphänomen. Zum Gegenstand allgemeiner Diagnosen wurden sie allerdings erst zu einem Zeitpunkt, als man in bestimmten literarischen Bestrebungen eine generelle Erschütterung des »klassischen« Romans empfand, d. h. eines Typus, der sich im Zeichen des Realismus-Programms bei Autoren wie Stendhal, Balzac, Dickens, Tolstoj zeitweilig stabilisiert hatte. Im Zuge der Fixierung auf den realistischen Roman mit seiner scheinbar so unproblematischen, übersichtlichen und leicht faßlichen Wirklichkeitsdarstellung schien in Vergessenheit geraten zu sein, daß der Roman der »erzählbaren« Welt lediglich eine Episode darstellte. Die Bedrohung des als objektiv empfundenen Erzählens im Roman nach 1890 wurde als etwas Neues empfunden – als hätte es in den Zeiten vor Stendhal niemals solche Infragestellungen narrativer Selbstverständlichkeit gegeben: eine radikal »modernistische« Zerstörung des Fabulierens bei Laurence Sterne, die Vexierspiele der Romantik. Aus heutiger Sicht scheint es eher so zu sein, daß man die Freiheiten des Romans im 20. Jahrhundert paradoxerweise als eine Rückkehr zu manchen Tendenzen fiktionaler Prosa in den Epochen vor dem Realismus empfinden muß, als eine Wiederaufnahme jenes Romanverständnisses, das an der Schwelle des 19. Jahrhunderts in Herders Diagnose zum Ausdruck kam. Sieht man genauer hin, so erkennt man sogar bei den wichtigsten Vertretern der realistischen Konzeption Züge, die dazu angetan sind, manche Merkmale moderner Romane als weniger überraschend erscheinen zu lassen. Man denke nur an die umfangreichen sachlichen und essayistischen Erläuterungen in Tolstojs Romanen oder an die ironische Relativierung des Erzählaktes bei Gogol'. Anderseits finden sich in Musterbeispielen für die Konstruktion ›moderner Romane‹, wie etwa im *Zauberberg* oder in *Berlin Alexanderplatz*, narrative Verfahrensweisen, wie sie gerade für Balzac, Dickens und Dostoevskij bezeichnend sind, vor allem Kunstgriffe, die sich aus dem Vorhandensein des transzendentalen Erzählers ergeben.

Das Bedenkliche an der typologischen Konstruktion eines modernen Romans zeigt sich namentlich darin, daß jeweils andere Züge, erscheinen sie nur intensiv genug ausgeprägt, als die »eigentlichen« Symptome ausgegeben werden. Aus der einen Sicht ist das entscheidende Moment der Modernität die subjektive Enge und Befangenheit der Erlebnisperspektive, der Bewußtseinsstrom des isolierten Individuums – im Gegensatz zur souveränen Sachlichkeit der Romane, in denen der Erzähler über den Dingen steht. Aus einer anderen Sicht ist der entscheidende Punkt die Destruktion der Fabel, der sorgfältig gegliederten Handlung mit ihren Entwicklungen und Wendungen, in denen das übersichtliche Nacheinander im zeitlichen Verlauf die Darstellung psychologisch leicht begreiflicher literarischer Helden ermöglicht. Geht es um die »Enfabelung«, so wird – zu Recht – darauf hingewiesen, daß in zahlreichen Romanen des 20. Jahrhunderts das lineare zeitliche Schema der Darstellung (oder vielmehr Andeutung) von Gleichzeitigkeit weicht. Allein gerade dieses Strukturmodell zeigt, daß ganz unterschiedliche Darstellungsintentionen die Grundlage dafür bilden können: es kann Vereinzelung und Zerfall suggerieren, etwa in der Technik eines naturalistischen Querschnitts, oder aber das Ergebnis eines transzendentalen Blicks von oben sein, der gleichsam durch die Dächer einer Stadt dringt, wie seinerzeit in Lesages *Hinkendem Teufel* (*Le diable boiteux*, 1707), und die Dinge zum Beispiel in einer satirischen Sicht erfaßt.

Wie wenig eine grobschlächtige Typologie dazu taugt, den Dingen selbst gerecht zu werden, erkennt man wohl am deutlichsten, wenn man nach den mimetischen Ansprüchen in den – ganz unterschiedlichen – modernen Romanen fragt: nach der empirischen Orientierung, dem Verhältnis zum Phantastischen wie auch nach dem illusionären Moment des Werkes bzw. nach dessen desillusionierender Tendenz. Der Roman stand bei Flaubert und im Naturalismus im Bann der streng gewahrten Illusion des Tatsächlichen; Erzählen war bruchlose mimetische Simulation. Adorno (1958, 67) vergleicht diesen Typus des traditionellen Romans mit der Guckkastenbühne des bürgerlichen Theaters, deren Idee die der Illusion ist. Mit dem Eindringen illusionsstörender Elemente in den nachnaturalistischen Roman, vor allem in der Form der wie ein »Fremdkörper« wirkenden essayistischen Betrachtung, wird die gleichsam organisch wirkende Erzählung in Frage gestellt. Vollends geschieht das durch die Technik der Montage, die die Brüche in der Textgestalt nicht verdeckt, sondern hervorhebt. Die USA-Trilogie von Dos Passos ist hierzu ein prägnantes Beispiel. Der Umgang mit gleichsam unvermittelter Essayistik läßt sich dagegen am dritten Teil von Brochs *Schlafwandlern* aufzeigen.

Meint man nun, damit eine Klammer des ›modernen Romans‹ ermittelt zu haben, so wird man sehr bald feststellen müssen, daß auch hier nur von der Orientierung einiger Autoren die Rede sein kann. Die Romane des Bewußtseinsstroms, die epischen Protokolle über innere Vorgänge, etwa bei Virginia Woolf und Faulkner, erheben auf ihre Weise durchaus den Anspruch auf »klassische« Geschlossenheit, auf bruchlose Illusion dargestellter Realität. Man könnte freilich einwenden, hier werde nicht mehr in traditionellem Sinne erzählt, sondern der Anschein von Wiedergabe oder Aufnahme erweckt. Und prompt stellt sich auch ein Gedanke der Titelgestalt aus Rilkes *Aufzeichnungen des Malte Laurids Brigge* ein: »Daß man erzählte, wirklich erzählte, das muß vor meiner Zeit gewesen sein. Ich habe nie jemanden erzählen hören.« (Rilke, XI, 844) Gemeint ist in Rilkes Werk die persönliche Erfahrung Maltes. Es geht also vordergründig nicht um eine These über literarische Tendenzen. Dennoch ist die symbolische Bedeutung der Aussage nicht zu leugnen. Freilich ist auch damit keine allgemeingültige Diagnose gewonnen. Zumindest zwei von den – gerade auch im Ausland sehr oft genannten – Vertretern des Romans in unserem Jahrhundert halten es, wenn auch auf ganz unterschiedliche Weise, mit dem Erzählen.

Gemeint sind Kafka und Thomas Mann, Autoren, die als Individualitäten kaum etwas Gemeinsames haben, mit ihrem Romanverständnis jedoch die Relativität der Vorstellungen von Modernität sehr deutlich vor Augen führen. Nicht zu übersehen sind die traditionellen Züge, von denen namentlich die auffallend konventionelle Behandlung der Sprache im Sinne schriftsprachlich genormter Diktion – immerhin im Zeitalter Joyces, der Futuristen und Expressionisten – geradezu provozierend wirken konnte. Kein Wunder, daß Thomas Mann angesichts der Sprachexperimente in den Romanen von Joyce, im *Ulysses* und in *Finnegans Wake*, meinte, man müsse in seinem eigenen Schaffen wohl »flauen Traditionalismus« erblicken (Mann, MK 115, 133). Traditionalistisch erscheint ferner die Neigung beider Autoren, in der Handlungsführung alles zu vermeiden, was die Aufmerksamkeit des Lesers von der im wesentlichen chronologisch gestalteten Hauptlinie des Geschehens ablenken könnte. Dazu gehört dann auch die Konzentration auf wenige Mittelpunktfiguren, die zumindest im Hinblick auf die Präsenz ohne besondere Einschränkungen Romanhelden genannt werden dürfen. Man denke nur an jene beiden Werke, die am häufigsten als Beispiele genannt werden, den *Zauberberg* und den *Prozeß*. Auf einem anderen Blatt steht allerdings, daß bei Kafka gerade die als konservativ geltenden Merkmale, die seine Prosa in die Nähe Kleists oder Flauberts rücken (um nur zwei von ihm bewunderte Autoren zu nennen), jene literarische Verfremdung hervorrufen, auf der die unnachahmliche Eigenheit seines Erzählens beruht. Kafkas Prosa ist jedenfalls in ganz besonderem Maße dazu geeignet, die Vorstellung zu widerlegen, es handle sich in der Literatur seit dem Naturalismus um einen einsträngigen, linear verlaufenden Prozeß der Auflösung traditioneller, vorwiegend dem sogenannten realistischen Modell verpflichteter Erzählmuster. Die traditionelle Geschlossenheit der erzählerischen Illusion, die so oft als eine Position bezeichnet wird, die der ›moderne Roman‹ aufbricht oder jedenfalls aufgibt, diese Geschlossenheit ist bei Kafka gerade der wesentliche Punkt, die Voraussetzung für das literarische Funktionieren von Kafkas rätselhafter Welt.

Der eigentümliche Objektivismus der Romane Kafkas, die Gewißheit und Selbstverständlichkeit, mit der das Ungewisse und Verwirrende erzählt wird, mag als Ausnahme gelten. Dominierend, so heißt es oft, sei die psychologische Begründung des nachnaturalistischen Romans, die Internalisierung der Romanprosa durch die subjektive Sicht der Figuren. Die Einengung des Blickfeldes auf die beschränkte Erfahrung einer oder mehrerer Einzelpersonen kann jedoch unterschiedliche Gründe haben. Davon wird noch ausführlich die

Rede sein. Sieht man in der französischen Literatur zum Beispiel eine einheitliche Linie der Radikalisierung von Proust bis Beckett, so stellt man auf Grund des Maßstabes der Verinnerlichung einen Zusammenhang her, der zugunsten _eines_ Kriteriums wesentliche Unterschiede verwischt. Das erzählende Subjekt, das sich bei Proust auf die Suche nach der erlebten Vergangenheit begibt, hebt zwar die physikalischen Schemata im Ablauf der Zeit durch freie Assoziationen auf, aber es bemüht sich um die Rekonstruktion verflossenen Lebens in der Überzeugung, daß persönliche Sensibilität und individuelle Erfahrung ein unverbrüchliches menschliches Wertsystem begründen. Bei Beckett dagegen ist die Reduktion auf ein radikal eingeschränktes Erfahrungsfeld nicht mit der Bejahung von Subjektivität verbunden, sondern viel eher mit einem umfassenden Sinnverlust. Mit dem Zweifel an den Wertbegriffen ästhetischer Erfahrung schwindet letztlich auch der konkrete Erfahrungsgehalt überhaupt. Becketts Texte schlagen in abstrakte Gebilde um, in parabelartige Prosa, worin sie sich auf Umwegen mit Kafkas Werken berühren. Der ungeheuren Fülle der Dinge, Nuancen, Empfindungen, Wahrnehmungen, Gedanken, Beziehungen bei Proust steht in der Welt der reduzierten Gestalten Bekketts ein Skelett existentieller Situationen gegenüber.

Und schließlich: Die Betrachtung der Romane von Proust, Joyce, Musil, Broch, Faulkner und verwandter Autoren verleitet nicht selten dazu, mit diesen Werken die Vorstellung ungeahnter Erfahrungsfülle zu verknüpfen. Der Weg des Romans nach Innen habe der modernen Prosa einen literarisch früher nicht verfügbaren Reichtum an konkreter Empirie zugeführt. Doch auch hier sind Verallgemeinerungen nur die halbe Wahrheit. Gerade die angeführten Schriftsteller sind ein Beispiel dafür, daß der genannte Weg nicht nur eine Erweiterung des Erfahrungsrepertoires, sondern auch eine Einengung mit sich brachte. Vergleicht man die Werke, die in erzähltechnischer Hinsicht die naturalistischen Bestrebungen fortführen, mit den repräsentativen naturalistischen Romanen, namentlich im Hinblick auf deren stoffliche Expansion, so muß man zugeben, daß die Internalisierung des Romans die Sonde vor allem in die Tiefe geführt hat, wie die Metapher für psychologische Zergliederung lauten mag. An einer Erweiterung des Erfahrungshorizonts haben sich die meisten Vertreter des ›modernen Romans‹ kaum interessiert gezeigt — und das ist ein Umstand, den man weder mit Lob noch mit Tadel bedenken sollte, den man aber keineswegs ungenannt lassen darf. Der Sachverhalt ist merkwürdig genug: In einem Jahrhundert globaler gesellschaftlicher Umwälzungen, ausufernder Technik und tiefgreifender Veränderungen der Lebenswelt erscheint in den als besonders charakteristisch geltenden Romanen die Erfahrungsbreite des Zeitalters auffallend eingeschränkt.

Folgendes Denkbeispiel sei erlaubt: Man stelle sich ein künftiges Zeitalter vor, in dem es darauf ankäme, die Vielfalt der Lebenswirklichkeit der Jahrzehnte nach 1900 auf Grund der Lektüre etwa der Romane von Proust, Thomas Mann, Gide, Virginia Woolf und Musil zu rekonstruieren. Das so gewonnene Realitätsbild würde eine mehr als einseitige Auskunft über die Vergangenheit bieten: daraus wäre wenig über die Welt der Industrie zu erfahren, über die großen politischen Bewegungen, über die Wirklichkeit der Länder, die man heute die dritte Welt nennt, über die umwälzenden technischen Erfindungen, über ökologische Fragen (die sich damals durchaus schon abzeichneten). »Realitätsvokabeln« dieser Art, nach einem Ausdruck von Hermann Broch, werden in den Werken der erwähnten Autoren gelegentlich gestreift, in Gesprächen vor allem, also auf der Ebene intellektueller Betrachtung. Die moderne Technik wird im allgemeinen mit der Erwähnung eines Autos oder eines Grammophons abgefunden. Selbst der *Ulysses*, der nicht zuletzt wegen seiner Realitätsfülle gerühmt wird, bedient sich in seiner Absicht, »Totalität« darzustellen, einer vergleichsweise schmalen Basis. Aus dieser Sicht tritt in den Romanen, von Rilkes *Aufzeichnungen* und Prousts *Recherche* bis zu Thomas Manns Doktor *Faustus*, eine eigentümliche Paradoxie zutage. Die Absicht, die Beschaffenheit der zeitgenössischen geschichtlichen Wirklichkeit vorwiegend durch das Bewußtsein der Romangestalten wahrzunehmen, führt dazu, daß das Erzählen zum Zeugnis wird nicht nur durch das, was es darstellt, sondern auch durch das, was es verschweigt (Vgl. Žmegač 1983). Mit anderen Worten, der künftige Leser wird im Rückblick auf die großen Romane der ersten Hälfte des 20. Jahrhunderts relativ wenig über Ereignisse und Dinge der geschichtlichen Welt erfahren, um so mehr dagegen über die Sensibilität und das Urteilsvermögen künstlerisch und intellektuell begabter Menschen aus jener Zeit, ganz zu schweigen davon, daß die Texte verraten, was zu einer bestimmten Zeit von bestimmten Autoren als literaturwürdig oder literaturfähig angesehen wurde.

Daß es sich nur um bestimmte Autoren handelt, eine an der Gesamtzahl der Romanciers der Epoche gemessen nur sehr geringe Anzahl, sollte betont werden, denn dieses Phänomen gehört ebenfalls zu den Widersprüchen, von denen die Rede war. Ginge man nämlich von der Produktion zahlloser Romanschriftsteller aus, deren Werke in den Statistiken über sogenannte Massenlektüre an der Spitze stehen (und denen viel eher gewisse Informationen über Realitäten der Epoche entnommen werden können), würde sich ein ganz anderes Gesamtbild vom Roman des 20. Jahrhunderts ergeben. Autoren wie Joyce oder Musil kämen aus dem Zentrum literarhistorischer Darstellung dorthin, wohin sie von den Angaben über die bloße Lesergunst ohnehin verbannt werden, nämlich an die Peripherie.

Allein Überlegungen dieser Art wären überflüssig, wenn sie nichts anderes erbrächten als abermals eine Konstruktion: hier das exklusive Textkorpus des ›modernen Romans‹, dort eine unübersehbare Menge literarischer Durchschnittsware. Im Bereich der Romane mit großer Breitenwirkung finden sich nämlich literarisch durchaus beachtenswerte Leistungen, zum Beispiel unter jenen Werken, die infolge ihrer mehr oder minder herkömmlichen Machart von der Literaturkritik als konventionell, allenfalls stofflich interessant beurteilt worden sind. Das ist einer der Gründe, derentwegen zum Beispiel Hermann Hesse so gut wie nie im Kanon der maßgeblichen modernen Romanciers vertreten ist. Ferner ist zu bedenken, daß ganze Richtungen wie die »Neue Sachlichkeit« in Deutschland um 1930 und der »neorealismo« der italienischen Nachkriegsliteratur, die sozialkritischen Reportageromane und die dokumentarische Literatur, oder auch manche verwandte Orientierungen, aus dem literaturgeschichtlich zählenden Gesamtbestand nicht wegzudenken sind, daß sie jedoch bei der Bestimmung von ›Modernität‹ eine nur geringe Rolle spielen. Man wird sich daher dazu entschließen müssen, zwischen einer Sicht der Literaturgeschichte und einem Blickwinkel der historischen Poetik des Romans zu unterscheiden. Während in der allgemeinen Sicht die unmittelbare Wirkungsgeschichte in erheblichem Umfang zu berücksichtigen ist, wird die historisch verfahrende Romanpoetik vor allem jene Aspekte in den Vordergrund rücken, die in wesentlichem Maße dazu beigetragen haben, den *Romanbegriff* innerhalb der Strömungen unseres Jahrhunderts insgesamt neu zu deuten oder zu bestimmen.

Unter diesem Gesichtspunkt ist auch die Frage der Modernität in der Romangeschichte der letzten achtzig Jahre zu betrachten. Wie oben gezeigt wurde, erweisen sich die Kataloge mit dehnbaren Stilmustern und suggestiven Autorennamen unter logischen Aspekten als untauglich. Die Bezeichnung ›moderner Roman‹ erscheint sinnvoll, wenn man darunter eine Bestrebung begreift, nämlich die Entschlossenheit zahlreicher Autoren des Jahrhunderts, die ›Roman‹ benannte Prosagattung in ständiger Bewegung zu halten, ohne Zugeständnisse an etablierte Konventionen, vor allem aber ohne Verpflichtungen gegenüber den stofflichen und sprachlichen Normen des realistischen und naturalistischen Romans, und erst recht nicht gegenüber jener Vulgär-Imago vom Roman, deren Kern, leidenschaftliches Leben im Zeichen von Liebe und Abenteuer, das widerstandsfähigste Relikt der Heliodor-Tradition darstellt. (Das Überleben dieser Tradition erscheint trotz der abweisenden Haltung der Vertreter des gehobenen neueren Romans vermutlich gesichert, gehört doch der Wunsch nach großen, »romanhaften« Passionen nach wie vor zum Bedarf vieler Leser.) Den verschiedenen Spielarten des innovativen oder unkonventionellen Romans seit 1900 ist vor allem eines gemeinsam: daß sie, ganz im Sinne Herders und der Romantiker, das Recht auf permanente Wandlungen und volle Freiheit in Anspruch nehmen – auf totale Mobilität. Die Modernität erweist sich als die Bestrebung der Autoren, den Roman gleichsam als die Gattung unbeschränkter Möglichkeiten zu verstehen.

Die Vielfalt, die dadurch entstanden ist, widerlegt den Versuch, durch Hervorhebung bestimmter Merkmale so etwas wie eine Formel der Modernität zu erstellen. Zumindest zwei – im wesentlichen gegensätzliche – Tendenzen sind in den entscheidenden Jahrzehnten nach 1900 zu erkennen: durch radikale Psychologisierung ist die eine gekennzeichnet, durch einen eher intellektuell-spielerischen Umgang mit Literatur die andere. Von dieser Dichotomie werden die meisten der folgenden Teilkapitel handeln. Hier kommt es zunächst nur darauf an, die Konturen anzudeuten sowie die davon abweichenden Bestrebungen zu benennen.

Die Neigung zum Psychogramm, d. h. zur literarischen Vergegenwärtigung innerer Vorgänge, ergab sich, wie bereits erwähnt, aus den Konsequenzen des Naturalismus und des Impressionismus, am deutlichsten zu sehen bei Joyce, Virginia Woolf und Faulkner. Der Innere Monolog ist die am meisten bezeichnende Darbietungsform. Die Sprache gelangt dabei völlig in den Dienst introspektiver Darstellung und damit einer Mimesis, die die individuellen und sozialen Züge einer Romanfigur zu veranschaulichen trachtet, ohne Rücksicht auf hochsprachliche und literarische Konventionen. Daß eine solche Idee literarischer Gestaltung auf eine sorgfältig komponierte Handlung, etwa nach dem Spannungs- und Entspannungs-Schema, grundsätzlich verzichtet, ist nur folgerichtig. Es entspricht dabei der erwähnten Vielfalt der Möglichkeiten in der Erprobung von Kombinationen, daß nicht alle Romane der Innensicht zu einer Auflösung der Standardsprache führen, wie das etwa in den beiden späteren Romanen von Joyce der Fall ist. Überwiegt die Reflexion, die gedankliche Durchdringung des Erlebnisses, wie bei Rilke oder Proust, so überwiegen im Sprachbild der Texte eher konservative Merkmale. Entscheidend ist jedoch letztlich für die besagte Tendenz das Beharren auf der illusionären Darstellungsweise: das literarische Werk will Lebensvorgänge simulieren, nicht sich selbst zur Schau stellen.

Just dieses Sich-zur-Schau-stellen zählt zu den Absichten des in mancherlei Hinsicht entgegengesetzten Typus. Bemüht man den − wenn auch etwas hinkenden − Vergleich mit dem Theater, so fallen die Analogien zwischen der streng illusionären Innensicht der Romanprosa und den Bemühungen um Abbildung in Dialog und Inszenierungstechnik der naturalistischen Bühnenkunst ins Auge. In beiden Fällen strebt die Kunst mit höchstmöglicher Eindringlichkeit den Anschein von Wirklichkeit an. Der angekündigte andere Erzähltypus − nennen wir ihn den *extrovertierten* − lebt dagegen von der Souveränität, mit der der Anschein unvermittelter Abbildlichkeit vermieden wird. Um beim Bühnenvergleich zu bleiben: Die zum extrovertierten Erzählen neigenden Autoren lassen die Zuschauer/Leser keinen Augenblick darüber im unklaren, daß das Werk eben nur eine künstliche Hervorbringung ist, ein Spiel, das man als solches erkennbar machen soll, anstatt mit dem Publikum Verstecken zu spielen und ihm mit artifiziellen Mitteln außerliterarische Realität vorzumachen. Im Bereich des Dramas lautet das Kennwort »antiillusionäres Theater«: die Rampe wird überspielt, die Versatzstücke vor den Augen der Zuschauer hin und her gerückt, die Sprache muß nicht Alltagspraxis vortäuschen, sondern sie kann sich aller Mittel der Stilisierung bedienen.

Modernität wird in diesem Typus gerade nicht mit der radikalen Befolgung naturalistischer Grundsätze erzielt (man denke nur an die Skizzen von Holz und Schlaf), vielmehr durch die Gelassenheit, mit der auf viel ältere, aus dem

18. Jahrhundert stammende Erzählmuster zurückgegriffen und aus dem künstlichen Vorgang des Erzählens kein Hehl gemacht wird. Literatur gibt sich hier durchaus auch demonstrativ *als* Literatur zu erkennen, dazu herausfordernd antinaturalistisch. Trachtet der Roman der mimetischen Innensicht danach, aus dem Text die Spuren literarischer Schemata zu tilgen, so strebt der Roman der bloßlegenden Schreibweise danach, den Naturalismus abzuschütteln, die pure Illusion also, und wenn es darauf ankommt, auch mit längst erprobten Mitteln, die nun in einem neuen literarischen Kontext eigentümliche Spannungen erzeugen. So unterschiedliche Romanciers wie Thomas Mann, Gide, Döblin sind hier mit einigen Werken zu nennen, auch die erwähnten russischen Erzähler der zehner und zwanziger Jahre. Während die Vertreter des Psychogramms in der Romanprosa kaum Wert darauf legten, in der Tradition des gleichsam makroskopischen, aus »wissender« Übersicht beruhenden *berichtenden* Erzählens gesehen zu werden, konnte die Kritik bei einigen der erwähnten Autoren eine wenn auch ironische Revitalisierung jenes Erzählens vermerken, zu dessen europäischen Ahnherren Boccaccio zählt. Der Angelpunkt verlagert sich bei einer solchen Schreibweise (die nicht die *Vergegenwärtigung* von Gedanken und Wahrnehmungen anstrebt, sondern einen erzählerischen, eine übergeordnete Perspektive voraussetzenden *Bericht* von Handlungen und Abläufen) vom Erlebnisfeld der Romangestalten auf den Standpunkt eines Erzählers, der von Anfang an mehr weiß als seine Figuren und der daher auch in lenkender Funktion auftreten kann. Der notwendig beschränkten *Sicht* der unmittelbar erlebenden oder sich erinnernden Romanfigur steht die *Umsicht* des Erzählers gegenüber. Da dieser Erzähler trotz ironischer Vorbehalte die Rolle des epischen Demiurgen spielt, erhebt er sich zugleich über den Determinismus, der in den Erfahrungen der Gestalten wirksam ist. Im Gebaren des transzendentalen Erzählers gibt sich die Literatur – das Erfinden von Geschichten – als ein Akt der Freiheit zu erkennen. Unter Thomas Manns Spätwerken verdient der Roman *Der Erwählte* (1951), ein eher unterschätztes Werk, unter diesen Gesichtspunkten besondere literaturgeschichtliche Beachtung. Der »Geist der Erzählung«, der dort beschworen wird, ist ein Symbol der Auflehnung gegen den anderen »Geist«, den Geist des Determinismus und der naturwissenschaftlichen Kausalität.

Diesen beiden Hauptrichtungen in der Geschichte des Romans in den ersten Jahrzehnten nach 1900 lassen sich mehr oder minder verwandte Konzeptionen zuordnen. Dem Begriff des Erzählens »von oben«, der makroskopischen Einstellung also, hängt ebenfalls jene poetologische Vorstellung an, die den Roman erneut als *Epos* zu begreifen sucht. Zu Beginn des Jahrhunderts findet sich dieser Gedanke vor allem bei Döblin, in der Gegenwart bei Solženicyn und bei einigen lateinamerikanischen Autoren. Die Schwierigkeit, die Werke dieser Ausrichtung als eine typologische Gruppe oder genauer: als eine poetologische Kategorie zu begründen, liegt darin, daß bei den einzelnen Autoren sehr unterschiedliche Motive gedanklicher Art erkennbar sind. Ein dominierender Zug zeichnet sich jedoch in der Bestrebung ab, in einem weiten historischen oder auch geschichtsphilosophischen Rahmen den Roman insgesamt neu zu deuten, und zwar im Gegensatz zu seiner »bürgerlichen« Orientierung und Tradition. Gemeint ist die im 18. Jahrhundert einsetzende Entwicklung, die im Kapitel über das Zeitalter der Aufklärung als die Poetik der Privatheit beschrieben worden ist. Bei der Betrachtung von Döblins theoretischen Schriften wird im einzelnen zu zeigen sein, wie sich der geistige Affekt der Befürworter des modernen Epos gegen die Mentalität des bürgerlichen Individualismus in der Tradition des 19. Jahrhunderts, von Flaubert bis Proust, richtet. Episch, das bedeutet dann: der Roman umreißt große geschichtliche Ereignisse oder schildert Utopisches, vermeidet jedenfalls die psychologische Sicht auf private Erfahrungen und erst recht die isolierende Innensicht; breite Fresken sind seine Sache, kollektive Schicksale, gewaltsame Umwälzungen oder aber die ins Zeitlose stilisierte Welt der zivilisatorisch noch nicht erfaßten Natur.

Allein auch die kaum damit vergleichbare Erzählwelt Franz Kafkas wurde in den zwanziger und dreißiger Jahren von manchen zeitgenössischen Kritikern als ein Beispiel antipsychologischer und damit nicht mehr »bürgerlicher« Romankunst zu den Zeugnissen einer neuen Epik gezählt. Mit welchen Akzenten auch immer, die Forderung nach dem »Prosaepos« zeigt das Verlangen nach einer monumental oder auch metaphysisch gearteten Erzählpraxis, die namentlich dadurch gekennzeichnet ist, daß der individuelle Held in der geistigen Tradition des 19. Jahrhunderts nicht mehr die letzte Instanz des Romans darstellt; er erscheint vielmehr eingebettet oder fast auch schon verloren in einem Kräftespiel, das er weder zu beherrschen noch zu durchschauen vermag. Das Romanepos führt – übrigens nur selten triumphierend – die zunehmende Ohnmacht des autonomen Individuums vor Augen, und es versucht, mit literarischen Mitteln, zum Teil ungewohnter Art, die Wirkungen überindividueller und außermenschlicher Faktoren sichtbar zu machen. Einige der interessantesten erzählerischen »Experimente« des Jahrhunderts sind, wie noch zu zeigen sein wird, aus dieser Intention hervorgegangen.

Ein wenig bekannter Text aus der russischen Literatur der zwanziger Jahre bestätigt diese Sicht. Es handelt sich um die Diagnose eines Autors, dessen literarisches Ansehen hauptsächlich auf seiner Lyrik beruht. Doch die Sicht, die Osip Mandel'štam (Mandelstamm) in seinem Aufsatz *Konec romana* (*Das Ende des Romans*, 1928) vertritt, kann durchaus als repräsentativ für die Werkstattpoetik zahlreicher Autoren jener Zeit gelten. Der Titel ist keineswegs spielerisch gemeint: Mit endzeitlichem Ernst verkündet Mandel'štam das geschichtliche Ende eines großen literarischen Phänomens, nämlich des individualistischen Romans, dessen reinste Ausprägung er bei Stendhal, Flaubert, Dickens, Tolstoj erblickt. Der *Jean-Christophe* Romain Rollands wird ein Nachklang genannt. Obwohl der Text des russischen Autors ohne geschichtsphilosophische Zitate auskommt, steht er den Diagnosen Hegels gar nicht so fern. Das Wort vom Ende der Kunst bedeutete bei Hegel ja auch nicht, daß die Kunst überhaupt untergehen würde; es ging um deren repräsentative Geltung. Analog verhält es sich mit der Auffassung Mandel'štams. Nachspiele und epigonenhafte Erscheinungen änderten nichts an der Tatsache, daß die große Zeit des Romans aus dem Geist des 18. und 19. Jahrhunderts vorbei sei. Denn in dieser Tradition bildete das Leben des individuell gezeichneten Helden, der fesselnden Einzelgestalt, den Mittelpunkt des Erzählwerkes; die Biographie der Individualität war das Sinnmuster des Romans. Dessen gegenwärtige Krise ist untrennbar von den geschichtlichen Prozessen, in denen die Persönlichkeit im Sinne der bürgerlichen Überlieferung mehr und mehr an Bedeutung verliert. Mit seinem Maß, dem einzelnen Menschen mit seiner symbolischen Privatheit, wird der Roman auch seine historische Geltung verlieren.

Mandel'štam spricht nur von der Dämmerung des Romans, nicht von der Möglichkeit seiner Erneuerung. Man muß vermuten, daß die ungeschriebene Norm, auf die sich die Auffassungen des russischen Autors beziehen, nämlich der sogenannte realistische Roman des 19. Jahrhunderts, den Blick des Kritikers verstellte. Vom neuen Epos ist bei ihm ebensowenig die Rede wie von einer anderen Option, die, zugegeben, in der Geschichte des Romans einen überaus bescheidenen Platz einnimmt, namentlich in quantitativer Hinsicht. Kein Wunder übrigens, wenn man bedenkt, daß dieser Typus – mit dem die hier vorgelegten einleitenden Erörterungen abgeschlossen werden können – am radikalsten jene Erwartung enttäuscht, die von den meisten Romanlesern gehegt wird, man kann ohne Übertreibung sagen: seit Heliodors Zeiten. Der Gegenstand dieser Erwartung, die von nicht wenigen Kritikern auch heute noch in Form von Forderungen an die Romanciers ausgesprochen wird, ist der »Inhalt«, die organisierte Handlung in Gestalt einer *story*. Werke, in denen es kein nacherzählbares Grundmuster gibt, können sich viele treue Romanleser, ja diese ganz besonders, gar nicht vorstellen. Dabei ist dieses Ergebnis der Auffassungen von der Freiheit des Romans eine beachtenswerte, jedenfalls eine durchaus symptomatische Erscheinung in der Romanwelt des 20. Jahrhunderts.

Gerechterweise muß man betonen, daß der »Roman ohne Handlung«, wie man ihn vorläufig nennen könnte, bei manchen Autoren eine poetologische Wunschvorstellung geblieben ist. Die Geschichte dieses Wunsches, ja dieser literarischen Sehnsucht beginnt spätestens bei Flaubert. Wie wir wissen, hat er in seinen Briefen von einer Prosa geträumt, die Gedanken, Empfindungen, Visionen durch freie Assoziationen und lautlich-rhythmische Verkettungen aneinanderreiht, ohne so etwas wie eine erzählerische Fabel anzustreben. Rund sieben Jahrzehnte später hielt Edward Morgan Forster, der Verfasser von *A Room with a View* und *A Passage to India*, seine so klugen wie auch amüsanten Cambridger Vorlesungen über den Roman und die Theorie des Erzählens (*Aspects of the Novel*, 1927). In der zweiten Vorlesung, die dem Begriff der *story*

gewidmet ist, heißt es gleich zu Beginn, das Erzählen von Geschichten, von
zusammenhängenden Handlungen werde als grundlegend für den Roman
angesehen – »We shall all agree that the fundamental aspect of the novel is its
story-telling aspect...« Auf die rhetorische Frage, ob es unbedingt so sein
müsse, gibt der Autor zwar zu, daß er sich die literarische Praxis kaum anders
vorstellen könne, daß es jedoch Raum geben sollte zumindest für den Wunsch
nach einer Prosa anderer Art. Es bleibt bei einer Andeutung, doch diese ist
vielsagend genug: Es wäre schön, wenn der Roman etwas anderes sein könnte, »melody, or perception of the truth, not this low atavistic form« (Forster,
40). Dem Erzählen von Geschichten, dieser »niederen atavistischen Form«,
wird das Bild einer Prosa entgegengestellt, die so frei von den Fesseln der
Erfahrungspragmatik sein sollte wie die Lyrik und die Musik oder die das
Recht haben könnte, sich völlig der Abstraktheit einer philosophischen Sicht
der Dinge zu widmen.

Es ist bezeichnend für die Neigung, von der hier die Rede ist, daß Forster
zur vagen Kennzeichnung dessen, was ihm vorschwebt, zwei symbolische
Begriffe gebraucht: »melody« und »truth«. In der Tat, die Versuche dieser Art,
am Rande des Romans gleichsam, lassen die Bestrebung erkennen, die Prosa
(Flaubert spricht einfach von einem »Buch«) entweder gedichtartig zu organisieren oder sie dem Essay und philosophischen Traktat anzugleichen. Es ist
dabei keine vorrangige Frage, ob die Autoren selbst noch an der Bezeichnung
›Roman‹ festhalten oder nicht. Im Hinblick auf die Dehnbarkeit dieses Begriffs, vor allem in unserem Jahrhundert, aber auch schon seit Diderots Zeiten, ist diese Frage nur bedingt von Interesse, allenfalls insofern, als die terminologische Praxis sozusagen die Grenzen der Dehnbarkeit oder der Belast-
barkeit eines Begriffs anzeigt. André Gide hat weder *Paludes* noch *Les nour-
ritures terrestres*, Werke seiner Frühzeit, ausdrücklich als Romane bezeichnet.
Bei Valérys *Monsieur Teste* tritt das Moment der Beliebigkeit in literaturkritischen Zuordnungen deutlich hervor, wenn einmal von einem Romanfragment, ein andermal von einem philosophischen Tagebuch unter der Maske der
Fiktion die Rede ist. Auch Rilkes *Aufzeichnungen des Malte Laurids Brigge*, die
ebenfalls für diese Sonderform in Anspruch genommen werden können, werfen dieses Problem auf. Dem Autor war es jedenfalls nicht daran gelegen,
generisch Farbe zu bekennen. Ausdrücklich geschieht das, wenn auch gewissermaßen metaphorisch, in dem wohl illustrativsten deutschen Beitrag zum
Typus des »handlungslosen Romans«: in Gottfried Benns *Roman des Phänotyp*,
der zusammen mit dem Text *Der Ptolemäer* 1949 erschien. Beide Werke sind je
rund fünfzig Seiten lang, doch dieser Umstand steht in keinem nach traditionellen Maßstäben klassifizierbaren Verhältnis zu den Gattungsbezeichnungen
›Roman‹ und ›Novelle‹. (Der *Ptolemäer* wird im Untertitel eine »Berliner Novelle« genannt.) Da Benns Prosa sich nicht einmal um die Andeutung einer
epischen Handlung bemüht, erhalten Kategorien wie Umfang und Stoffreich-
tum hier einen ganz anderen Sinn. Analogien stellen sich zu jener literarischen

Bauart ein, die man im Hinblick auf eine weitgehend akausale Reihungsform im Drama »offene Form« genannt hat. Der relativ geringe Umfang des Textes deutet nicht auf Knappheit hin, sondern auf die grundsätzliche Unmöglichkeit, menschliche Erfahrung so zu strukturieren, daß ein Abschluß als notwendig empfunden werden könnte. Benns *Roman des Phänotyp* ist in dieser Hinsicht durchaus bezeichnend für die Poetik jener »handlungslosen« Werke, die sich im Sinne Forsters darum bemühen, die »Atavismen« der Erzählprosa abzustreifen. Bei der Behandlung der futuristischen und expressionistischen Tendenzen wird von der Machart der »absoluten Prosa«, wie Benn seine literarische Idee nennt, ausführlicher die Rede sein.

II

Sucht man dennoch nach einer Handhabe, die verschiedenen Bestrebungen im Roman des 20. Jahrhunderts aus einem einheitlichen Grundzug zu erklären, so bietet sich als gewichtiges Argument die besondere Erscheinungsform der Texte an. Der Roman ist von jeher mit dem Medium Buch verbunden gewesen. Diese Eigenschaft des Textes, auf die Buchform, d. h. auf gedruckte, visuell leicht erfaßbare Präsentation angewiesen zu sein, kennzeichnet gerade die letzten hundert Jahre in der Geschichte des Romans in einem zuvor wohl ungeahnten Ausmaß. Gemeint ist der Umstand, daß sich die Schreibweise im Bereich des Romans mehr als in jeder anderen Gattung auf die Eigenschaften des Mediums stützt, ja daß manche Verfahrensweisen im Text überhaupt erst aus den Möglichkeiten visueller Darbietung hervorgegangen sind. Zur Veranschaulichung des Sachverhalts taugt bis zu einem gewissen Grade der Vergleich mit musikgeschichtlichen Vorgängen, nämlich mit der Neigung vieler Komponisten, namentlich seit der Romantik, ganz aus den Gegebenheiten, aus dem »Geist« bestimmter Instrumente zu komponieren, d. h. die Stilvorstellungen aus den Charakteristiken des Mediums abzuleiten. Die ganz von den Möglichkeiten des Klaviers her entworfene Musik Liszts und Chopins ist im 19. Jahrhundert das einprägsamste Beispiel.

Entscheidend ist für den Leser, daß das Buch wie eine Partitur funktioniert: Die zeitliche Bewegung der Lektüre wird infolge der optischen Präsenz beeinflußbar, der Leser kann zurückblättern, einzelne Stellen wiederholen, Zusammenhänge kontrollieren, den Text nicht nur zeitlich, sondern auch räumlich erfassen. Manche Romane des 18. Jahrhunderts, wie Sternes *Tristram Shandy*, lassen bereits die Neigung zu einer eigentümlichen Visualisierung des Textes und damit zu einer gleichsam räumlichen Schreibweise deutlich erkennen. Einen Höhepunkt in der Verknüpfung des Romans mit einer spezifischen Poetik der Druckschrift, ja des Satzspiegels stellen die Romane von Joyce dar, in manchen Abschnitten die Werke von Dos Passos, in unserer Zeit zum Beispiel die Erzähltexte von Arno Schmidt. Gemeinsam ist ihnen der Umstand, daß der Akt der epischen Vergegenwärtigung, gleichgültig ob er auf einem linearen Erzählverlauf oder einer Darstellung von Simultaneität beruht, ohne die graphische Präsenz des Textes nicht vorstellbar ist. Der Roman wird daher in vollem Sinne ein Lese-Werk, ein Typus von Text also, der nicht mehr – wie noch zahlreiche literarische Werke der Vergangenheit – ohne wesentliche Einbuße nur akustisch rezipiert werden kann; die genannten Romane bezeugen vielmehr auf Schritt und Tritt das Primat des Auges vor dem Ohr. Die Diktion im Schlußkapitel des *Ulysses*, im inneren Monolog der Molly Bloom, muß ebenso »gesehen« werden wie die graphisch veranschaulichte Welt der Schlagzeilen und Reklamen bei Dos Passos und Döblin.

Der Tendenz zur schriftlichen Materialisierung des Textes widerspricht nur scheinbar eine allgemeine künstlerische Bestrebung des Zeitalters der großen Erfindungen im Bereich der Medienkultur. Für manche Theoretiker ist die Hervorhebung des *Buchcharakters*, auch im Hinblick auf den Roman, ein wichtiger Schritt in jene Richtung, die zu einer Art ästhetischer Arbeitsteilung führt. Die Literatur soll dieser Theorie zufolge alle Möglichkeiten einer schriftlich fixierten Sprachkunst nutzen und sich durch die Besonderheiten sprachlicher Gestaltung von den anderen mimetischen Künsten abgrenzen. Und umgekehrt: Die frühen Filmtheoretiker, in Deutschland im Umkreis des Expressionismus (vgl. Žmegač 1970), forderten die Trennung der bewegten Bilder von den literarischen Komponenten des Dramas zugunsten eines eigenen filmischen Idioms, das sich vor allem von den Beschränkungen des Theaters und des Buches befreien sollte. Nun, gerade diese Emanzipation des photographierten Bildes, etwa zu Reportagezwecken, wurde von Literaten als eine Anregung zur Standortbestimmung der eigenen Kunst empfunden. Die Erfindung der Photographie habe der Malerei rein mimetische Aufgaben abgenommen; diese sei nicht mehr auf das Schaffen von Abbildern angewiesen. Auf analoge Weise könne nun der Roman sich anderen Aufgaben widmen, denn die Darstellung bewegter Handlungen möge die Domäne des Films sein. Das sind Gedanken der intellektuellen Hauptgestalt in Gides Roman *Les Faux-Monnayeurs*, in dem der Autor in Form einer episch integrierten Romanpoetik die ersten Konsequenzen aus der neu entstandenen Situation zog.

Die Überlegungen von Gides Romanhelden haben den »reinen Roman« zum Ziel, eine von allen Verpflichtungen der als realistisch geltenden Abbildungsfunktion befreiten Prosa. Obwohl der Film, wie noch zu zeigen sein wird, gerade in den Jahren nach dem Erscheinen der *Falschmünzer* der Produktionsästhetik auf dem Gebiet des Romans starke Impulse gegeben hatte, blieb die Idee der Abgrenzung gegenüber dem Film ein ständig wiederkehrendes Motiv literarischer Poetik. Auffallend ist dabei die Beharrsamkeit, mit der dabei vom Film (oder vom Kino) stets nur hinsichtlich der »Inhalte« und des filmischen Geschichtenerzählens gesprochen wird – nicht dagegen im Hinblick auf den besonderen Diskurs, d. h. die Darstellungsformen, der bewegten Streifen. Die innovativ wirkenden Elemente des Films kommen bei der Betrachtung des Problems ästhetischer Arbeitsteilung kaum zur Geltung, trotz der unübersehbaren praktischen Bedeutung gerade dieser Sicht der Dinge. Bezeichnend ist in dieser Hinsicht die Schlußfolgerung, die Nathalie Sarraute in ihrem Essay über das »Zeitalter des Argwohns« zieht (*L'Ére du soupçon*, 1956): der Roman müsse neue Vorstöße wagen und seine einstigen Aufgaben dem Film überlassen.

»Der moderne Maler – und man könnte sagen, daß alle Bilder seit dem Impressionismus in der ›ersten Person‹ gemalt sind – entreißt seinen Gegenstand dem Weltbild des Beschauers und deformiert ihn, um aus ihm das malerische Element herauszulösen. Durch eine analoge Bewegung verfolgt der Roman – der ja nur für eine mindere Kunstgattung gehalten wird, weil er hartnäckig an überholten Techniken festhält – mit seinen eigenen Mitteln seinen eigenen Weg: er überläßt anderen Künsten – wie bekanntlich dem Film –, was nicht wirklich sein Eigentum ist. So wie die Photographie das Gelände besetzt und fruchtbar macht, das die Malerei zurückgelassen hat, so liest der Film das zusammen und vervollkommnet es, was der Roman ihm übrigläßt.« (Saurraute, 92f.)

Unüberhörbar ist auch hier die Herablassung, mit der die Position des Films beurteilt wird, eine Herablassung, die ernste Zweifel an der Urteilsfähigkeit der Autorin aufkommen lassen würde, gäbe es in ihren Worten nicht zugleich auch Zweifel gegenüber den Orientierungen des Romans. Sie versäumt dann auch nicht, darauf hinzuweisen, daß auch der Film mehr und mehr vom »Argwohn« befallen wird. Die subjektive Perspektive, die in die Filmkamera Eingang gefunden hat, sei ein Zeichen der Unruhe und Unsicherheit, so daß allem Anschein nach der Film mit den gleichen künstlerischen Sorgen rechnen müsse wie der Roman.

Unter einem anderen Blickwinkel erscheint das Problem der Teilung künstlerischer oder kommunikativer Interessen, wenn die Aufgabe und die Domäne des Romans nicht nur am Begriff des Erzählens und der Darbietung von »Geschichten« gemessen wird, sondern an dem der Information, die Neues und historisch Bedeutendes vermittelt. So gesehen verläuft die Grenze nun zwischen dem Roman und der Zeitung, zwischen einer Prosa, die von den Autoren als ein geistiges Experiment verstanden wird, und dem Massenmedium, das für sogenannte Faktizität zu sorgen hat. Gedanken darüber finden sich bei Robert Musil, gewiß nicht zufällig in derselben Zeit, in der die Debatten über das Verhältnis der Kunst zu den Medien und so auch die erwähnten Erörterungen zu Literatur und Film, Photographie und Malerei eine zunehmende Zahl von Stimmen erfaßten. Musils *Aufzeichnungen zur Krisis des Romans*, geschrieben nach dem Erscheinen des ersten Bandes des *Mannes ohne Eigenschaften* (1930), sind eine Skizze zu Betrachtungen in eigener Sache, doch es gibt darin Passagen, die weit ausholen und wesentliche Fragen der Romanpoetik berühren.

Die *Krise* des Romans, die schon längst zu einem Allerweltswort geworden ist, war zu jener Zeit ein Begriff, der noch ein gewisses Gewicht besaß. In einer noch zu schreibenden Geschichte des Begriffs müßte Musils Text zu den tragenden Zeugnissen aus der Frühzeit des Schlagwortes gehören. Der Text zeigt nämlich, daß der Autor keineswegs gewillt war, die unter den Zeitgenossen diskutierte Frage über das Verhältnis zwischen Sprachkunst und pragmatischer Prosa als eine schlichte Alternative gelten zu lassen. Nur mit Vorbehalten stimmt er dem Satz zu, der besagt: »Wir wollen uns nichts mehr erzählen lassen, betrachten das nur noch als Zeitvertreib.« Auf die gleiche Weise, meint Musil, könnte man auch behaupten, das Neue erzähle uns die Zeitung und das gern Gehörte sei als Kitsch zu betrachten. Die für ihn so bezeichnende relativistische Sicht gelangt besonders in einem Gedanken zum Ausdruck, der in literaturkritischen Gesprächen erstaunlich selten zitiert wird, obwohl er die gesamte Problematik des Erzählens in der modernen Literatur in eine eigentümliche, freilich radikal vereinfachende Perspektive rückt. Auf die Feststellung, man erwarte das »Neue« von der Zeitung und schirme die Literatur von den Sensationen und den Gemeinplätzen ab, folgt die einschränkende These in folgender Formulierung: »Das ist aber nun nicht ganz richtig. Kommunisten und Nationalisten und Katholiken möchten sich sehr gern etwas erzählen lassen. Das Bedürfnis ist sofort wieder da, wo die Ideologie fest ist. Wo der Gegenstand gegeben ist.« (Musil, 864)

Die Eigentümlichkeiten der modernen Literatur – sofern ›modern‹ soviel wie unkonventionell und nicht konform bedeutet – erscheinen in dieser Sicht als Symptome einer Einstellung, die weit über den Eigenbereich der Literatur hinausweist. Aus Musils Grundanschauung ergibt sich die Schlußfolgerung, daß der Begriff der Krise ein positives Vorzeichen verdient: Die Krise des Romans kann im Lichte der Äußerung über Ideologie und Literatur nur bedeuten, daß das jeweils weltanschaulich konforme Geschichtenerzählen als erschüttert gilt und daß an diese Erschütterung der Gedanke einer neuen Freiheit geknüpft wird, wenn auch dieser Zustand durch Ungewißheit erkauft sein mag. Das Vereinfachende von Musils These besteht darin, daß der Schluß nahegelegt wird, eine konsistent angelegte Handlung in einem Erzählwerk gerate von Haus aus in den Verdacht, sie diene der weltanschaulichen, ideologischen Übereinkunft. Wenn Vertreter einer bestimmten Ideologie oder Religion gleichsam *a priori* das Bedürfnis haben, sich etwas erzählen zu lassen, so wird damit die Vermutung ausgesprochen, die epische Geschichte eigne sich ganz besonders dazu, Exempla für weltanschauliche Konstrukte zu liefern.

Letztlich ist in Musils Aufzeichnung die Frage enthalten, wie konsistente, abgerundete Geschichten überhaupt möglich seien ohne daß man damit rechnen müsse, sie würden für bestimmte außerliterarische Anschauungen vereinnahmt. Der Autor geht auf diese Frage nicht ein, er beschränkt sich auf den Hinweis, der die Funktion des Geschichtenerzählens betrifft. Der springende Punkt seiner eigenen Romanpoetik ist das Bedürfnis, die eigene Schreibweise so anzulegen, daß sich der Text dem Verlangen nach ideologischen Rastern entzieht. Um Musil zu paraphrasieren: Der moderne Romancier, der Künder der Krise, ist nicht bereit, die Öffentlichkeit mit Texten zu versorgen, die nationalen, politischen, geschichtsphilosophischen und heilsgeschichtlichen Erwartungen entsprechen. Denn solche Erwartungen, so könnte man in Musils Sinne fortfahren, beruhen auf dem Verlangen, etwas bestätigt zu bekommen, etwas, was man ohnehin kennt und von dessen Richtigkeit man überzeugt ist, so daß die zusätzliche Bestätigung, die man von der Literatur schwarz auf weiß erwartet, mehr der Stärkung des Selbstgefühls dient. Im Gegensatz dazu steht das literarische Werk, insbesondere der Roman, der sich solchen Bedürfnissen verweigert und seine Idee und Aufgabe darin sieht, nicht die Gewißheit, sondern den Zweifel zu verbreiten, nicht die Identifikation, sondern das Bewußtsein der kritischen Distanz.

Musil hätte in diesem Zusammenhang – wäre er nur dazu bereit gewesen, ungeliebte Zeitgenossen zu zitieren – auch den aus der Frühzeit des Jahrhunderts stammenden Essay von Thomas Mann *Bilse und ich* anführen können. Auch dort ist von einer psychologisch definierbaren Abneigung die Rede, Literatur als ein Mittel des Konformismus zu begreifen. »Der treffende Ausdruck wirkt immer gehässig. Das gute Wort verletzt. [...] Die Wirklichkeit wünscht mit schlappen Phrasen angesprochen zu werden; künstlerische Genauigkeit in ihrer Bezeichnung macht ihr Gift und Galle.« (Mann 1968, MK 119, 22) In solchen Äußerungen offenbart sich bei Thomas Mann, wie auch zuweilen bei Musil, das Pathos des Ironikers. Obwohl dieses Pathos individualpsychologisch pointiert erscheint, ist es vor allem durch seine poetologischen und wirkungsrhetorischen Aspekte von Interesse. Der sich als modern verstehende Romancier gründet das Verständnis seiner Kunst auf eine Idee der Alterität, die durch die Beständigkeit geistiger Vorbehalte gekennzeichnet ist. Eine Art Manifest kann man in Musils und Manns Auffassungen insofern sehen, als zahllose Autoren des Jahrhunderts trotz aller Unterschiede gerade darin sich verwandt fühlen: in der Abneigung gegenüber dem Gedanken, die Literatur könne oder solle sogar pragmatische »Botschaften« vermitteln, leicht umsetzbare Lebenshilfe bieten, parteilich sein, bestimmten außerhalb der Literatur formulierten gesellschaftlichen Absichten rhetorische Schützenhilfe leisten. In dieser Hinsicht entfernen sich die Werke, die als repräsentativ für die Romankunst des 20. Jahrhunderts gelten, sicherlich am meisten von den Romanen, mit denen sie im Hinblick auf die Ausdehnung mancher Texte sowie den Anteil rationaler Diskurse manchmal verglichen werden: mit den ausladenden Werken der Barockzeit. Mit einer Ausnahme: der des »Romans gegen den Roman« in Gestalt der vieldeutigen Abenteuer des Don Quijote. Es ist kaum ein Autor unseres Jahrhunderts denkbar, der nicht bereit wäre, sein eigenes Romanexperiment als ein Zeugnis jenes Geistes zu sehen, der vor langer Zeit von Cervantes geprägt worden ist. In diesem Sinne bilden die nahezu vierhundert Jahre Romangeschichte eine Einheit.

III

Im vierten Aufzug von Carl Sternheims »bürgerlichem Lustspiel« *Die Hose* (1911) heißt es von einer Figur des Stückes, sie habe »bisweilen etwas Heldenhaftes« – ein ausreichender Anlaß für die Dialogpartner, diese Person mit einer Romangestalt zu vergleichen. Die für Größe schwärmenden Kleinbürger verbinden mit dem Begriff ›Roman‹ unwillkürlich die Vorstellung von Interessantheit, Besonderheit und pompöser Heldenhaftigkeit. Der wilhelminische Plüsch begehrt hier seine heroischen Bilder. Sieht man sich eine heute längst vergessene didaktische Einführung in die Welt des Romans aus der Zeit vor dem Ersten Weltkrieg an, das Buch von Heinrich Keiter und Tony Kellen (*Der Roman. Theorie und Technik des Romans und der erzählenden Dichtung*, Essen 1912), so begreift man die Normen der Anschauungswelt, die auch in der guten Stube der Familie Maske zu Hause ist. Das Positive, das sich im Helden verkörpert, wird von den beiden Autoren den Lesern folgendermaßen empfohlen (S. 108): »Die Idee muß eine gewisse Bedeutung haben, so daß der Leser am Schluß der Geschichte sich geistig gestärkt und gehoben fühlt. Sie muß allgemeine Gültigkeit beanspruchen, so wie die Ideen, die der Philosoph oder der Historiker aus der Weltgeschichte gewinnt. Sie muß in das Reich des Schönen und damit auch in die Reiche des Wahren und Guten einführen.« Die Leser von Keiter/Kellen mögen dabei weniger an die von den Autoren genannten Romanciers, wie etwa Dickens, gedacht haben, viel eher an Felix Dahn und Georg Ebers, an *Ein Kampf um Rom* und *Eine ägyptische Königstochter*, wenn nicht gar an Ludwig Ganghofer.

Das Beispiel entstammt dem deutschen Sprachbereich, doch man kann sich die genannten Ansichten vom Roman mit einigen Abwandlungen mühelos auch in anderen Ländern vorstellen, in England, Frankreich, Italien, Polen, Rußland, dazu die entsprechende Lektüre, mit der Erfolgsschriftsteller den bürgerlichen Leser belieferten. Manche Leitbegriffe der Romantradition wurden im übrigen auch auf der höheren Ebene des Angebots und der Rezeption nicht in Frage gestellt. Bei Zola und Dostoevskij, die zu den meistgelesenen europäischen Autoren großer Literatur im späten 19. Jahrhundert gehörten, bleiben die Grundkategorien, wie sie sich in den Spielarten des gesellschaftsanalytischen Romans wie auch des Abenteuerromans seit dem 18. Jahrhundert ausgebildet hatten, weitgehend bewahrt. Wenn auch, namentlich bei Zola, die Darstellung des Sozial-Flächenhaften angestrebt wird, bildet doch das chronologisch angelegte, durch Veränderung gekennzeichnete Handlungsgefüge nach wie vor das Gerüst der Erzählform, und erst recht bei Dostoevskij, dessen Vorliebe für Kriminalmotive dem Roman eine handfeste Fabel sichert, die ungeachtet aller psychologischen Detailschilderung das Intrigenschema deutlich sich abzeichnen läßt. Die Bindung an die Tradition ist ebenso in der Kategorie der epischen Figur zu erkennen. Der Leser vom Schlage Maskes (den man sich freilich nur ausnahmsweise als Leser Zolas oder Do-

stoevskijs vorstellen kann) hatte zwar Schwierigkeiten, in den Gestalten dieser
Autoren sein Heldenbild zu erkennen, doch sah er sich immerhin scharf pro-
filierten und nicht selten auch temperamentvoll agierenden Menschen gegenüber. Zola forderte zwar in seinen theoretischen Schriften die Schilderung
durchschnittlicher Menschen in alltäglichen Situationen, doch nach der Lektüre mehrerer seiner Romane konnte sich leicht der Eindruck einstellen, es
gehe hier nicht so sehr um die Abschaffung des Helden als vielmehr um eine
Problematisierung dieser Kategorie, oder auch um eine Wendung des Helden
ins Negative, jedoch bei Beibehaltung jener Erzählpraktiken, die dazu angetan
sind, eine bestimmte Gestalt durch scharfe Konturen dem Gedächtnis zu emp-
fehlen, eine andere dagegen eher blaß zu halten.

Der Hauptstrom des Romans um die Jahrhundertwende und in den Jahren
vor dem Ersten Weltkrieg hielt es nicht anders, denkt man bei ›Hauptstrom‹
vor allem an die auch breiteren Leserkreisen bekannten, dazu besonders pro-
duktiven Schriftsteller, deren Bedeutung für die Kontinuität des Romans trotz
aller Unterschiede in Orientierung und künstlerischem Rang unbestritten ist.
Man denke dabei an solche Autoren wie Anatole France in Frankreich, Herbert George Wells und John Galsworthy in England, Jakob Wassermann in
Deutschland. Die verschiedenartigen Tendenzen zur inneren Umgestaltung
der Prosa, die dann zum Schlagwort vom modernen Roman führten, kündig-
ten sich im ersten Jahrzehnt nach 1900 nur zögernd an, in Frankreich bei
Gide, in Deutschland bei Rilke. Dessen *Aufzeichnungen des Malte Laurids Brigge*
wurden damals in ihrer Bedeutung jedoch kaum wahrgenommen, und erst
recht gilt das von einzelnen esoterisch wirkenden Texten aus dem Umkreis des
Expressionismus, wie Carl Einsteins *Bebuquin*, 1912 erschienen. (Die Widmung an André Gide trägt allerdings den Vermerk »Geschrieben 1906/1909«.)

Das Jahr 1913 ist jedenfalls ein besonders denkwürdiges Datum in der
Geschichte des neueren Romans. Von diesem Jahr an bis 1927 erschienen die
sieben Teile des erstaunlichsten Romanzyklus der modernen Literatur, Marcel
Prousts *A la recherche du temps perdu*. Ungewöhnlich war an diesem Versuch,
die »Suche nach der verlorenen Zeit« aufzunehmen, nicht die große zyklische
Komposition; dergleichen hatte es gerade in der französischen Literatur gegeben, man denke nur an die entsprechenden Werke von Balzac und Zola.
Neu und auch verwirrend war das herausfordernde Ansinnen, den Leser an
ein Romanwerk zu fesseln, daß in einem bis dahin ungeahnten Maße sich von
allem losgesagt hatte, was den Lesern zur zweiten Natur geworden war. Die
Vertrautheit im Umgang mit Handlungsschemata, chronologischen Abläufen,
Gestalten mußte sich angesichts der Erinnerungsflut dieser Prosa als untauglich erweisen. Prousts Schreibweise, die der Darstellung menschlicher Intimität noch niemals so folgerichtig erprobte Möglichkeiten erschloß, ließ übrigens nicht nur den Lesertyp des literarhistorisch unkundigen Liebhabers rat-
los. Auch ein Literat höchsten Ranges wie Gide vermochte als Redakteur und
Verlagslektor bei der ersten Lektüre der einleitenden Bände, *Du côté de chez*

Swann (die erst nach längerer Verlegersuche im angegebenen Jahr erscheinen konnten), damit nichts anzufangen. Die Begegnung mit dem Manuskript führte zum Urteil, der Verfasser sei »un snob, un mondain amateur«, das Werk eine Zumutung für die literarische Kultur (vgl. Crohmalniceanu, 82). Erst einige Jahre danach, doch bereits zu Prousts Lebzeiten, setzte sich, zunächst unter den großen literarischen Zeitgenossen, Gide nicht ausgenommen, die Erkenntnis durch, man habe es mit einer absolut singulären Erscheinung zu tun.

Proust machte es seinen Lesern in keiner Weise leicht. Er kam ihnen auch nicht in der Art jener Autoren entgegen, die bereit sind, die Schwierigkeit und Ungewöhnlichkeit des eigenen Unternehmens in der Form rational darlegender Kommentare, also poetologischer Schriften, zu erläutern. Obwohl er vor dem Beginn der Arbeit an seinem Hauptwerk, der *Recherche*, auch mit kritischen Betrachtungen an die Öffentlichkeit getreten war, verzichtete er auf die Veröffentlichung begleitender Texte. Lediglich die private Korrespondenz liest sich auf Strecken hin wie ein Tagebuch der Werkstattpoetik. Dabei wäre es völlig verfehlt, Proust mit jenen Autoren, wie etwa Kafka, gleichzusetzen, deren Enthaltsamkeit gegenüber jeglichem Kommentar eine grundsätzliche Einstellung zum literarischen Text und zur Arbeit des Lesens erkennen läßt, eine hermeneutische Askese gleichsam. Die Besonderheit des Erzählens über die verlorene Zeit besteht gerade darin, daß der Zyklus wie wohl kein anderes Werk der Weltliteratur zugleich auch die immanente Poetik des Unterfangens freilegt, Vergegenwärtigung von sinnlicher Erfahrung und Reflexion über den Akt der Vergegenwärtigung in einem ist – poetische Darstellung *und* poetologische Darlegung. Fragt man daher nach der Erzähltheorie Prousts, ist man vor allem auf die Betrachtung der Verhältnisse innerhalb des Textes angewiesen, und damit auf die eigentümliche Doppelrolle des Erzählers.

Dieser Ich-Erzähler, das zentrale Bewußtsein des gesamten Zyklus, fordert beständig den Vergleich mit dem Autor heraus. Er heißt Marcel, und es ist bei einigen Kenntnissen über das Leben Prousts ein leichtes, zahllose Analogien festzustellen. In der Forschung werden diese Aspekte des Werkes immer wieder erörtert und neue Belege dazu gesammelt. Für ein angemessenes Verständnis der Romankonzeption dürfte in dieser Frage jedoch ausnahmsweise ein knapper Kommentar des Autors ausreichend sein: die Festellung nämlich, der Marcel des Romans sei nur partiell und nur in einem sehr allgemeinen Sinne mit der empirischen Persönlichkeit des Verfassers identisch. Unbestreitbar ist, daß der gesamte Erfahrungsraum des Erzählwerkes dem Lebenshorizont des Autors entspricht: Familie, Kindheit, Sensibilität, Bildung, Reisen, Bekanntschaften, Gesellschaftskreise, bis zu einem gewissen Grade auch erotische Beziehungen, vor allem aber der Gedanke an das Schreiben, an die literarische Sendung – das alles ist Leben und literarischer Stoff zugleich. Die Dinge zu sezieren und sauber voneinander zu trennen, würde der dort praktizierten Auffassung von Literatur durchaus widersprechen. Allein die *Recherche* ist kein exakter Lebensbericht, sondern ein – wenn auch sehr eigentümli-

ches – Dichtwerk: es beruht, wie jeder literarische Text, auf der Auswahl aus
einer grundsätzlich nicht erschöpfbaren Erfahrungsmenge, auf Verkürzungen
und Erweiterungen, Abwandlungen und Kombinationen, so daß mehrere erlebte Schauplätze nun einen einzigen bilden können oder zum Beispiel, auf
analoge Weise, Züge verschiedener authentischer Personen in einer konzentriert erscheinen.

Die Namenswahl ›Marcel‹ kann als deutliche Anspielung auf die Wirklichkeit eines einmaligen Daseins verstanden werden; doch letztlich ist der erzählende und erzählte Marcel ein literarischer Jedermann, der Inbegriff einer
Sensibilität, in der auch die Empfindungen zahlloser künftiger Leser bereits
mit enthalten sind. Und nicht zuletzt ist diese Individualität mit ihrer Geistigkeit und ihrem verfeinerten Bewußtsein der Phänotyp einer geschichtlichen
Situation und einer bestimmten Phase kultureller Entwicklung. Und so hat
auch die Suche nach einem vergangenen Leben ihre Tabus, sie hat Rücksichten zu nehmen auf zivilisatorische Übereinkünfte und zugleich Diskretion zu
üben angesichts authentischer, aber nicht erzählbarer Erfahrungen des Verfassers. Mit einem Wort, sie hat ihre Andeutungen und Aussparungen, auch
ihr Schweigen. Das alte Problem von Dichtung und Wahrheit, Realität und
literarischer Sinngebung ist auch an der *Recherche* nicht vorbeigegangen.

Und schließlich: man wird diesem gewaltigen Werk nicht gerecht, wenn
man darin vornehmlich das Zeugnis betont, das individuelle wie auch das
historische. Gewiß, die geschilderte Realität mit ihren sozialen Bezügen ist
untrennbar eingebettet in die geschichtliche Epoche zwischen 1870 und 1920
etwa, das Zeitalter des Impressionismus, der »Belle Epoque«, des Dreyfus-
Prozesses, der Pariser Weltausstellungen, des Weltkriegs. Allein Proust
schwebte beim Schreiben – man kann das seinen Briefen zum Werk entnehmen – alles andere vor als eine Fortsetzung der dokumentarisch angelegten
Gesellschaftspanoramen in der Art Balzacs oder Zolas. Seine Achtung galt
vielmehr Flaubert, in dessen Werk ihn vor allem die fanatische Sprachkunst
faszinierte (vgl. dazu Jauß 1986, 90f.). Man hat allen Grund, bei der Beurteilung von Prousts Leistung dieser Tradition zu gedenken. Nicht so sehr in
stilistischer Hinsicht, denn da sind die Unterschiede erheblich, sondern in
erster Linie im Hinblick auf die Verwandtschaft in einer Poetik, die zwar ein
überaus intensives Sich-Einlassen auf die Wirklichkeit fordert und dennoch
dem »Realismus« einen artistischen Ästhetizismus vorzieht. Das Lob von
Prousts verblüffender Fähigkeit, sinnlich wahrgenommene Nuancen zu vergegenwärtigen, darf nicht dazu führen, daß man die artifizielle Leistung als
bloße Vermittlung mißversteht. Die getreue Aufzeichnung von Wahrnehmungen, Empfindungen und Gefühlen über einen Zeitraum von Jahrzehnten hinweg wäre psychologisch kaum vorstellbar. Prousts Heraufholen der Vergangenheit war in entscheidendem Maße ein sprachlicher Akt, eine ständige Wei-
terentwicklung einstiger Eindrücke und Gedanken durch die Möglichkeiten
der Sprache – zum Beispiel durch die Entfaltung metaphorischer Felder, die in
der konkret erfahrenen Realität keine Entsprechung haben.

Bezeichnend ist in dieser Hinsicht das biographisch überlieferte Faktum, daß der Autor beim Lesen der Korrekturfahnen stets noch neue Textpassagen hinzuschrieb; mit dem eigenen Sprachwerk konfrontiert, konnte er offenbar nicht der Versuchung widerstehen, eine Perfektion zu erzwingen, die keine Perfektion des Erinnerns sein konnte, sondern eine Vollkommenheit sinnlicher Phantasie, die sich in der Sprache festsetzt.

Wie bei Flaubert so ist auch bei Proust das Schreiben von einem eigentümlichen Hang zum Extremen durchdrungen. Betrachtet man die Dinge vom Standpunkt des auf literarische Konventionen eingestellten Lesers, so erscheint die künstlerische Haltung Prousts gleichsam als eine Poetik der Rücksichtslosigkeit. Hunderte von Druckseiten sind es jeweils, auf denen nach Ansicht sicherlich nicht weniger Leser »so gut wie nichts geschieht«, d. h. auf denen es weder nennenswerte Konflikte noch eine Dynamik der Charaktere gibt, geschweige denn Handlungen von unmittelbar einsichtiger geschichtlicher Bedeutung. Die Herausforderung der *Recherche* besteht darin, daß die Geschichte der Subjektivität innerhalb der Romangattung hier zum ersten Mal an Grenzen gelangt (und diese auch überschreitet), die bislang niemals erreicht worden waren.

Die Subjektivität im englischen Roman des 18. Jahrhunderts stützt sich auf die Anekdote und bemüht sich auf diese Weise beim Leser um Vertrautheit; vergleichbare Werke späterer Zeiten, von der Romantik bis zum Symbolismus, bekennen sich mehr oder minder offen zu einer Idee lyrischer Prosa oder weichen ins Transempirische aus. Proust dagegen verläßt mit keinem Schritt den Boden zeitlich und räumlich bestimmter Empirie: mit seinem Hang zu Anschaulichkeit und Genauigkeit im Detail übertrumpft er noch die Naturalisten, von denen er gelernt hat und die ihm dennoch zutiefst fremd sind. Denn nicht um die Aufdeckung überindividueller, sogenannter objektiver Triebkräfte im menschlichen Leben geht es ihm, sondern um eine radikale Darstellung subjektiver Erlebnisformen, ohne Rücksicht auf alle jene Handlungsschemata, die in der Literatur als eine selbstverständliche Voraussetzung für die Interpretation von Erfahrung in erzählerischen und dramatischen Texten galten.

»Schwerlich gab es seit den geistlichen Übungen des Loyola im abendländischen Schrifttum einen radikaleren Versuch zur Selbstversenkung«, schrieb Walter Benjamin in seinem Proust-Essay (Benjamin 1961, 366). Er lenkt den Blick auch auf die Schwierigkeit, Prousts Werk gattungsmäßig konventionell zu definieren. Das Erzählen löse sich hier im Geist der Memoirenliteratur und des Kommentars auf. Allein es besteht kein Zweifel daran, daß der Autor seinen Zyklus zur Gattung des Romans gezählt hat, und es ist daher müßig, über terminologische Fragen befinden zu wollen. Bejamins Vergleich ist allerdings insofern treffend, als er die schockartige Ungewöhnlichkeit dieser Prosa vor Augen führt. Wenn man freilich bedenkt, daß Proust ein Zeitgenosse der extremen Modernisten nach 1910 war, daß in den Jahren der Arbeit an der

Recherche Marinetti seine futuristischen Programme veröffentlichte, Apollinaire seinen Simultanismus entwickelte und Döblin einen »Kinostil« forderte, so begreift man die Feststellung der damaligen Kritik, der Romancier der »Suche« sei im Grunde ein konservativer Autor. »Die wiedervergegenwärtigende Rückschau auf den eigenen Lebensgehalt, das Zurücktauchen in die entschwundene Zeit, das Eingesenktsein in eine Tradition von Geist und Lebensform, von Milieu und Klasse – in allem diesem zeigt sich ja Prousts Werk gebunden an die Vergangenheit«, folgert Ernst Robert Curtius (1969, 261). »Es ist eine gewollte Bindung. Nichts liegt dieser Kunst ferner als die Allüren, die Manieren und Manien eines künstlerischen Modernismus. Sie ist antirevolutionär. [. . .] Die Kunst Prousts läßt sich in keine ›Strömung‹ des Zeitgeistes eingliedern. Sie ist die Schöpfung eines einsamen, unabhängigen Geistes, der der Welt entsagt hatte. Sie ist modern nicht auf der Oberfläche, sondern in der Tiefe.« Dieser letzte Satz wird auch heute bei allen, die sich um Proust bemühen, ungeteilte Zustimmung finden. Erhebliche Zweifel melden sich dagegen bei einigen anderen hier ausgesprochenen Urteilen.

Über die Tauglichkeit der Attribute ›revolutionär‹ und ›antirevolutionär‹ in der Kunstbetrachtung mag man geteilter Meinung sein. Sicher ist, daß Bezeichnungen dieser Art im Hinblick auf die Besonderheiten ästhetischer Produktion nicht mehr sein können als im wesentlichen unverbindliche Metaphern, die lediglich eine Urteilsrichtung anzudeuten vermögen. Fraglos war Prousts Modernität kein programmatisches Verlangen nach stofflicher oder kompositorischer Neuerung um jeden Preis; doch singulär ist seine Kunst sicherlich nicht in dem Sinne, daß sie nichts mit bestimmten Strömungen des Zeitalters zu tun hätte. Es fragt sich etwa, wie sie mit Naturalismus und Impressionismus, ohne die sie kaum vorstellbar wäre, zusammenhängt und wie in diesem Kontext die Eigentümlichkeiten des Erzählens in der *Recherche* zu erkennen sind. Die naturalistische Mimesis, intensiviert durch die Nuancenkunst der Impressionisten, setzt Proust darin fort, daß er es absolut ernst macht mit der Forderung nach einem »Abbild« erfahrbarer Wirklichkeit, in dem nicht moralische Muster und literarische Konstruktionen vorherrschen, sondern die realen Erfahrungen der Zufälligkeit, Diskontinuität und Sprunghaftigkeit des Lebens. Diese Bestrebung wird nicht durch den Umstand widerlegt, daß der Zyklus leitmotivische Kompositionsprinzipien und einen ideellen, Anfang und Ende verbindenden Bogen erkennen läßt. Die Modernität der »Tiefe«, die Curtius andeutet, liegt daher in erster Linie in der großartigen, in gewissem Sinne monomanischen Beharrsamkeit, mit der dem Leser zum Bewußtsein gebracht wird, daß das ereignisreiche, »abenteuerhafte« Leben die Ausnahme, das Dahinsickern unscheinbarer, lediglich für die ästhetische Empfänglichkeit bedeutsamer Einzelheiten hingegen die *Regel* der globalen Lebenserfahrung darstellt.

Begreift man im Sinne einer prägnanten Überlieferung das Turbulente und Außerordentliche als »romanhaft« (Sternheims Familie Maske würde nicken!), so ist Prousts Werk ein Zeugnis der künstlerischen Anstrengung, den Roman des »Romanhaften« zu entkleiden. Proust könnte man ebenfalls zu den Vollstreckern der in den vorhergehenden Kapiteln zitierten Maxime Schopenhauers zählen, wonach es nicht auf die großen Vorfälle ankommt, sondern darauf, die kleinen interessant zu machen. Nur daß der Autor der *Recherche* nicht einmal mehr, nach landläufigem Begriff, daran interessiert war, das Kleine ins Licht der Spannung zu rücken. Wenn Spannung ein Phänomen ist, daß durch Kunstgriffe der Hervorhebung, Verzögerung und geschickt dosierten Information erzeugt wird, so erkennt man beim Lesen Prousts sehr bald, daß der Autor herkömmliche Mittel der Erzeugung von Konfigurationen verschmäht. Ohne damit ein Werturteil zu verbinden, kann man sagen, daß diese Prosa von einer unvergleichlich intensiven *Einebnung* der erzählerischen Vorgänge lebt – von einer Sicht der Dinge, in der es den Unterschied zwischen herausragend und unscheinbar nicht mehr gibt, ja nicht mehr geben darf: Das Versenken ins Detail, das Proust vollzieht, erfolgt gleichsam im Geiste der rechtlichen Maxime *in dubio pro reo*; wo man nicht mehr die Notwendigkeit erkennt, eine Scheidung der Dinge nach bestimmten ideologischen oder pragmatischen Maßstäben vorzunehmen, erscheint alles – freilich mit Ausnahme des eindeutig Abstoßenden und Häßlichen – gleichermaßen wahrnehmungswürdig. Das Erzählen beruht dann auf einer endlosen Kette von Empfindungen und Gedanken, ohne eine Strukturierung nach dem Muster traditioneller literarischer Grundrisse. Prousts Suche nach der verlorenen Zeit erweist sich als der konsequenteste Anti-Heliodor oder Anti-Amadis in der gesamten Geschichte des Romans bis zum Beginn des 20. Jahrhunderts.

Die Ansicht, Prousts Kunst hebe sich völlig von den Bestrebungen seiner maßgeblichen Zeitgenossen ab, vom Modernitätsbild seiner Epoche also, läßt sich nicht zuletzt durch den Hinweis auf die Gemeinsamkeiten in der literarischen Erschließung innerer Erlebnisse entkräften. Wenn auch Proust die Techniken der Innensicht nicht so zielbewußt gebraucht wie einige andere Autoren jener Zeit, von Holz/Schlaf, Dujardin und Schnitzler bis James Joyce und Virginia Woolf, so zählt er doch zu den folgerichtigsten Verfechtern künstlerischer Introspektion und der damit verbundenen Internalisierung des Romans. Die Simultaneität, die – wie noch zu zeigen sein wird – unter den großen formbildenden Grundsätzen in der Poetik des Jahrhunderts eine besondere Rolle spielt, ist bei Proust ebenfalls wirksam: allerdings nicht in einer flächenhaften, horizontalen Ausprägung, d. h. nicht in der Darstellung von Gleichzeitigkeit an verschiedenen Orten, sondern in der Form *psychischer* Simultaneität. Gleichzeitigkeit bedeutet hier die Möglichkeit, den gesamten Erfahrungsstand einer Individualität gleichsam vertikal zu veranschaulichen. Im Bewußtsein des erzählenden Subjekts, des Ich, breitet sich alles Erlebte vor dem inneren Auge aus, ohne Rücksicht auf zeitliche und räumliche Abstände. In der Vergegenwärtigung können in Sekunden Jahre und Entfernungen überwunden werden, die Kindheit etwa kann ebenso »da sein« wie der gegenwärtige Augenblick. Die Assoziationen, hervorgerufen durch Sinnesempfindungen wie Farben, Laute und Gerüche, bilden die Grundlage für eine Poetik sprachlich suggerierter Allgegenwärtigkeit.

Sucht man nach einem Schlüssel zu einer solchen persönlichen Poetik bei Proust, bietet sich eine Stelle auf den letzten Seiten des ersten Bandes, *Combray*, an, aus dem Prélude des Zyklus also, das zu den unvergeßlichen Höhepunkten des gesamten Werkes gehört. Die abschließenden Passagen von *Combray* enthalten in der Entfaltung der so bezeichnenden Doppelperspektive einen Einblick in das innere Prinzip dieser Prosa, in die »Lehre der *Recherche*«.

»So bleiben die Richtung Méséglise und die Richtung Guermantes [d. h. die Spaziergänge von Combray aus] für mich verknüpft mit lauter kleinen Ereignissen desjenigen von all den verschiedenen Leben, die wir nebeneinander führen, welches die meiste Fülle von Peripetien, den größten Reichtum an Episoden aufweist: des intellektuellen Lebens. Wohl geht dies Leben unspürbar Schritt für Schritt in uns vorwärts, und die Entdeckung der Wahrheiten, die seinen Sinn und Aspekt für uns gewandelt und uns neue Wege aufgetan haben, wurde immer schon seit langem von uns vorbereitet; aber wir wußten ja nichts davon; und so datieren sie für uns erst von dem Tage, der Minute, da sie uns sichtbar geworden sind. Die Blumen, die da auf dem Grase spielten, das Wasser, das da in der Sonne vorbeizog, die ganze Landschaft, die den Rahmen zur Erscheinung dieser Wahrheiten hergab, begleitet ihr Erinnerungsbild von nun an unaufhörlich mit unbewußtem oder zerstreutem Antlitz; und sicherlich hatte dieser Winkel Natur, dieser Zipfel Garten es sich nicht träumen lassen, daß der demütige Wanderer, das schwärmende Kind (wie der in der Volksmenge verlorene Historiker den König) nur dazu so lange angestaunt hatte, um ihn bis in seine alltäglichsten kleinen Züge hinein weiterleben zu lassen. Und doch war es so: der Weißdornduft, der an der Hecke entlangstrolcht, bis die wilden Rosen ihn ablösen, ein Laut ohne Echo auf dem Kies der Allee, eine Blase, die die Strömung des Flusses an einer Wasserpflanze erzeugt, und die sofort zerplatzt – all das ist von meiner Begeisterung ergriffen und über die Folge so vieler Jahre hinübergerettet worden, während verschwunden ringsum die Wege sind und tot die Menschen, deren Tritte auf ihnen hallten, tot mitsamt ihrem Andenken. Mitunter löst dieses bis heute erhaltene Stück Landschaft sich so vollkommen einzeln aus allem heraus, daß es unbestimmt in meiner Vorstellung dahintreibt, wie ein blumengeschmücktes Delos, ohne daß ich anzugeben vermöchte, aus welchem Land, aus welcher Zeit (vielleicht ganz einfach aus welchem Traum) es stammt. Ja, ich denke heut' an die Richtung Méséglise und an die Richtung Guermantes recht eigentlich wie an tiefinnere Lagen meines geistigen Bodens, wie an ein zähes Erdreich, auf das ich mich noch stützte. Das kommt daher, daß ich an Dinge und Menschen g l a u b t e, während ich dort herumstreifte, und daß die Dinge, die Menschen, die ich dort kennen gelernt, die einzigen sind, die ich noch ernst nehme und die mir noch Freude machen. Ob nun der Glaube, der da schafft, in mir versiegt ist, oder ob die Wirklichkeit sich im Gedächtnis überhaupt erst bildet – jedenfalls kommen mir die Blumen, die man mir heute zum ersten Male zeigt, nicht wie wahre Blumen vor. Die Richtung Méséglise mit ihrem Flieder, ihrem Weißdorn, ihren Kornblumen, ihrem Klatschmohn, ihren Apfelbäumen, die Richtung Guermantes mit ihrem Fluß und den Kaulquappen darin, ihren Seerosen und ihren Goldknöpfen, haben bei mir für immer das Aussehen des Landes, in dem ich leben möchte, bestimmt, dieses Landes, von dem ich vor allem verlange, daß es einem dort möglich ist, zu angeln, Kahn zu fahren, gotische Festungswerke zu sehen und mitten im Kornfeld (wie bei Saint-André-des-Champs) eine monumentale Kirche zu finden, die ländlich und golden wie ein Heuhaufen daliegt; und die Kornblumen, die Weißdornsträucher, die Apfelbäume, die ich auf der Reise noch zufällig in den Feldern treffe, sind deshalb, weil sie in der gleichen Tiefenschicht, auf dem gleichen Niveau wie meine Vergangenheit liegen, sofort in unmittelbarer Verbindung mit meinem Gemüte.« (Proust 1926, I, 258f.)

Da ist sie in ihrer reinsten Ausprägung, die so charakteristische Doppelperspektive: die Textur der *Recherche* beruht fortlaufend auf der Zweiheit des erinnerten Damals und des erinnernden Jetzt, und das heißt auf der Nachempfindung einstiger impressionistischer Ekstasen und der gliedernden, rational prüfenden Gegenwartsicht, die als intellektuelle Instanz dem Rausch der Farben und Formen begegnet. Aus dieser doppelten Optik erklärt sich auch der scheinbare Widersinn der Behauptung, die heutigen Blumen kämen dem Erzähler nicht wie wirkliche Blumen vor. Die unmittelbare Evidenz kann es nicht mit der entkörperten Erinnerung aufnehmen, mit der Intensität, die dem Einst eignet. Daher auch die Frage, die als Motto über dem gesamten Romanwerk Prousts stehen könnte: ob es nicht vielmehr so sei, daß Wirklichkeit überhaupt erst im Gedächtnis entstehe. Der materiell existierende Augenblick wäre dann nur eine Momentaufnahme, die an sich keine Dauer besitzt und die im Nu für immer vorbei ist, sofern sie nicht vom Gedächtnis gebannt wird für die Dauer eines Lebens. Eine letzte endgültige Wirklichkeit gewinnt das Erlebnis, wenn es in die Formen der Kunst eingeht und dann der Zündstoff zu stets neuen Erlebnissen wird. Damit ist bereits der Kern von Prousts Ästhetik berührt, wie sie im letzten Band des Zyklus zur Sprache kommt.

Die Dinge selbst bestehen für uns nur durch ihr Aussehen und ihre sonstige sinnliche Beschaffenheit in einem bestimmten Augenblick, eben in dem der Perzeption. Die intensivsten Augenblicke ästhetischer Ergriffenheit sind für den Erzähler die Momente, in denen die Naturphänomene ihre Farbnuancen und Gestalten im Wechsel offenbaren: das unbeständige Schillern der Farben, das Fließen der Formen in den Bewegungen des Wassers oder der Wolken. Ästhetisch – und das heißt hier in der ursprünglichen Bedeutung des Wortes: wahrgenommen, empfunden – ist in der *Recherche* vor allem das Schauspiel der sinnlich erfahrbaren Welt, die sich für uns in einem ständigen Wechsel befindet, in einem Tausch der Sensationen (wobei eine starke subjektive Empfindung für den Wahrnehmenden durchaus eine Sensation im Sinn eines großen Ereignisses sein kann). Die Pragmatik der Dinge spielt in Prousts Welt eine nur unbedeutende Rolle, die Dinge gewinnen Bedeutung namentlich durch die ästhetische Spur, die sie hinterlassen. (In der ersten deutschen Übersetzung, von Rudolf Schottlaender, Walter Benjamin und Franz Hessel, lautet der Titel *Auf den Spuren der verlorenen Zeit*. Erst seit der Übertragung von Eva Rechel-Mertens hat sich allgemein *Auf der Suche...* durchgesetzt.)

Proust war sich vermutlich nicht des Umstands bewußt, daß er mit seinem Romanwerk die erkenntnistheoretischen Gedanken eines Zeitgenossen stützte, die des österreichischen Physikers und Wissenschaftstheoretikers Ernst Mach. In kritischen Schriften über den Romancier wird gewöhnlich die Bedeutung der Philosophie Henri Bergsons für das Verständnis der *Recherche* hervorgehoben, namentlich im Hinblick auf die Abhandlung über Materie und Gedächtnis (*Matière et mémoire*, 1896), in der dem mechanisch funktionierenden praktischen Gedächtnis die geistig-individuelle Gedächtnisleistung gegenübergestellt wird, mit der das Individuum seine persönliche Erfahrung bewahrt. Es besteht jedoch aller Anlaß, auch auf eine Schrift von Mach hinzuweisen, auf die 1886 erschienenen *Beiträge zur Analyse der Empfindungen*, die nach der zweiten Auflage (unter dem Titel *Die Analyse der Empfindungen und das Verhältnis des Physischen zum Psychischen*, 1900) zahlreiche weitere erlebte und zu den erfolgreichsten wissenschaftlichen Werken der Epoche gezählt werden kann. Man nannte Mach um die Jahrhundertwende einen Philosophen des Impressionismus – zu Recht, wenn man die ästhetischen Konsequenzen bedenkt, die sich aus den »Antimetaphysischen Betrachtungen«, dem Einleitungskapitel des genannten Buches ergeben. Die Dinge sind so, wie sie sich unseren Sinnen darstellen: Komplexe von Farben, Tönen, Druckempfindungen, d. h. Körper mit wechselnden Eigenschaften, je nach Beleuchtung, Wärmegrad, aktuellem Zustand usw. »Mein Tisch ist bald heller, bald dunkler beleuchtet, kann wärmer oder kälter sein. [...] Mein Freund kann einen anderen Rock anziehen. Sein Gesicht kann ernst und heiter werden. Seine Gesichtsfarbe kann durch Beleuchtung oder Affekte sich ändern. Seine Gestalt kann durch Bewegung oder dauernd alteriert werden.« (Mach, 2) Der Umgang mit unserer Umwelt wäre jedoch nicht möglich, gäbe es nicht eine Summe relativ beständiger Merkmale. Auf diesem Umstand beruht das Funktionieren des Gedächtnisses. Doch auch das menschliche Ich ist nach Mach ein »Komplex von Erinnerungen, Stimmungen, Gefühlen«, dem nur relative Beständigkeit eignet. Die sogenannte Einheit der Persönlichkeit ist ebenso eine durch die Langsamkeit der Veränderung hervorgerufene Täuschung, das aprioristische ›Ich‹ eine Konstruktion. So wie sich die Bündel wechselnder Erscheinungsformen unserem Bewußtsein einprägen, so kann jeder Mensch ein Teil vieler (fremder) Bewußtseinsinhalte sein und auf diese Weise in verschiedenen Spiegelungen existieren, in diesem Sinn auch nach dem physischen

Tod, denn jeder Mensch »lebt« so lange, als er als Vorstellungsinhalt eine Spur hinterläßt.

Wie eine Vorwegnahme der Kunstanschauung Prousts nimmt sich der Gedanke Machs aus, die Leistung der Künstler und Gelehrten liege in dem seltenen Gelingen, das Aufhören des persönlichen, durch Kontinuität gesicherten Daseins zu verhindern und eine Kontinuität höherer Art zu erzielen (Mach, 19f.). Prousts letzter Band, *Le temps retrouvé*, der Roman über die wiedergefundene Zeit, hätte Machs Worte als Leitgedanken in sich aufnehmen können. Doch auch sonst ist die Theorie des Wiener Physikers dazu geeignet, den Rahmen für die Poetik der *Recherche* herzugeben. Die stilistische Leidenschaft Prousts in den zahllosen Versuchen, die einmalige Nuance eines sinnlichen Erlebnisses festzuhalten, dem Strom der Veränderung und des Vergehens zu entreißen, setzt voraus, daß die Wahrheit des erfahrenen Augenblicks in der einmaligen Konstellation – Mach würde sagen: im einmaligen Komplex – empfundener Sinnesqualitäten liegt.

Und vollends ist der Ich-Erzähler der *Recherche* eine Figur, die mit manchen wesentlichen Zügen ein Entwurf Machs sein könnte. Man denke nur an die berühmtesten Stellen des Zyklus, die Schilderungen der wiedergefundenen Kindheit in Combray, der Anagnorisis, hervorgerufen durch Empfindungen des Geschmacks und des Geruchs. Der Rückblick auf die vergangenen Lebensphasen unter rational gliedernden Gesichtspunkten, welche Daten der Laufbahn, biographische Wendepunkte, soziale Verankerung usw. berücksichtigen, kann für eine bestimmte Person gegebenenfalls auch von einem anderen Menschen, etwa auf Grund von Dokumenten, vorgenommen werden; die intime, tief persönliche Identität ist indes allein in der Empfindungssphäre verankert. Nicht das Ich sei das Primäre, erklärt Mach, sondern die Elemente (Empfindungen). »Die Elemente bilden das Ich.« (Mach, 19) Die Erfahrungen des Ich-Erzählers bestätigen diese Sicht. Die konkrete Wirklichkeit der Vergangenheit des eigenen Lebens findet er einzig und allein in der elementaren Kraft der Sinnesreize. Das, was er einst als Junge gewesen ist, besteht aus einer Verbindung von Gerüchen, Düften, Farben und Formen. Das berühmte Madeleine-Erlebnis enthält eine Formulierung, die ganz besonders aufhorchen läßt. Die Empfindung, die plötzlich die Vergangenheit herbeiruft, nennt der Erzähler eine kostbare Substanz; doch »diese Substanz war nicht in meinem Ich, sie war ich« (Proust 1926, I, 65).

Unter diesem Aspekt ist auch die besondere Beschaffenheit der »mémoire involontaire«, der aus dem Unterbewußtsein aufsteigenden Gedächtnisblitze erklärbar. Die prüfende und kontrollierbare Tätigkeit des Bewußtseins erfaßt vor allem die rationalen Handlungen der Existenz. Das unwillkürliche Erwecken der in tieferen Schichten verborgenen Inhalte erfolgt dagegen stets durch das Berühren von Empfindungskomplexen, die – wie der Erzähler mit seinen Worten sagt – identisch sind mit der *ganzen* Persönlichkeit.

Eine Art Resümee der Empfindungslehre im Geiste Machs enthält der

letzte Teil der *Recherche*, dessen Prosa über die »wiedergefundene Zeit« wohl
am meisten dem Typus des Essayromans nahekommt. »Ein Bild, das uns das
Leben darbot, trug uns in Wirklichkeit in dem betreffenden Augenblick viel-
fältige und verschiedene Empfindungen zu. Wenn wir zum Beispiel den Dek-
kel eines Buches sehen, das wir schon gelesen haben, so weben sich unter die
Druckbuchstaben des Titels die Mondstrahlen einer entlegenen Sommernacht.
Der Geschmack des Morgenkaffees führt für uns unbestimmte Hoffnungen
auf schönes Wetter herauf. . .« Zusammenfassend heißt es dann: »Eine Stunde
ist nicht nur eine Stunde; sie ist ein mit Düften, mit Tönen, mit Plänen und
Klimaten angefülltes Gefäß. Was wir Wirklichkeit nennen, ist eine bestimmte
Beziehung zwischen Empfindungen und Erinnerungen, die uns gleichzeitig
umgeben. . .« (Proust 1984, 288) Rein physikalische Zeitmessung erfaßt normalerweise in der Lebenspraxis deswegen wenig Realität, weil gleich lange
Abschnitte mit ganz unterschiedlicher sinnlicher Erfahrung erfüllt sein können – und auf die Beschaffenheit dieser Erfahrung kommt es aus der Sicht von
Prousts Erzähler allein an. Doch auch hier hätte Mach beipflichten können,
denn er betrachtet die Zeit, im Gegensatz zu Kants Kategorienlehre, als eine
Empfindung, vergleichbar den Farben, Tönen, Gerüchen.

Aus Prousts Auffassung der Wirklichkeit als einer Beziehung zwischen
Empfindungen und Erinnerungen geht hervor, daß dieser Art von »zarter
Empirie« nicht jedes künstlerische Medium angemessen sein kann. Die entsprechenden Stellen in *Le temps retrouvé* sind daher eine Rechtfertigung der
Literatur und des Zeichensystems. Bei einer kinematographischen Wie-
dergabe, betont der Erzähler anschließend, würden diese Eigenschaften ver-
lorengehen. Es ist bemerkenswert, daß dieser poetologische Exkurs auf das
ästhetische Phänomen des Films eingeht, zu einem Zeitpunkt übrigens, als das
Kino in der modernen Medienlandschaft zunehmend Aufmerksamkeit auf sich
zieht, auch im Bereich der Literatur, wo die Schlagworte von »Kinostil«
(Döblin) und Montage von sich reden machen. Prousts Auffassung hebt die
Dialektik der kinematographischen Darstellung hervor: je mehr diese vorgibt,
sich auf die Wirklichkeit zu beschränken, desto mehr entfernt sie sich von ihr.
Der Text führt diesen Gedanken nicht weiter aus, doch die Zusammenhänge
sind klar genug. Für Proust ist das Realitätsbild des Kinos eindimensional,
denn das Beharren auf visueller Authentizität, etwa bei den Vorläufern des
Programms eines *cinéma vérité*, beschneidet die Wirklichkeit, indem sie den
Eindruck entstehen läßt, daß das Tatsächliche – wie viele Menschen auch
unwillkürlich meinen – gleichzusetzen sei mit dem Gesehenen. Die Chancen
der Sprache, und damit der Literatur, sieht Proust trotz aller Vorbehalte gegenüber den Täuschungen der Sprache in der Möglichkeit, auch das Unsicht-
bare der Wirklichkeit, die Bilder der Erinnerung, festzuhalten. Im Gegensatz
zu der antipsychologischen Tendenz des »Kinostils«, etwa bei Döblin, ist
Prousts Romanverständnis uneingeschränkt psychologisch.

Bedenkt man das Gewicht der im Roman enthaltenen ästhetischen Theorie, so dürfte kein Zweifel daran sein, daß die Besonderheit der *Recherche* gerade darin zu sehen ist, daß das Werk nicht nur ein impressionistischer Roman ist, sondern zugleich ein Roman über den Impressionismus, über dessen immanente Kunstauffassung. In der Geschichte des Romans gibt es kaum vergleichbare Beispiele für ein derartig dichtes Ineinandergreifen sensueller und intellektureller Darstellungsformen. Ein Fluchtpunkt dieser Sichtweisen ist in einer Anschauung zu finden, die unbestreitbar zu den wichtigsten Leitmotiven des Zyklus gehört.

Worum es geht, verrät wohl am deutlichsten eine Stelle aus *Le temps retrouvé*, wo der Mord an Rasputin in Petersburg erwähnt wird und das Abendessen, bei dem die Tat geschah, ein Souper à la Dostoevskij genannt wird. Der literarische Vergleich gibt Anlaß zu Gedanken über das Verhältnis von Literatur und Leben. Oft sehe es so aus, als habe die Literatur gar keine Beziehung zum Leben, so daß »wir mit Verblüffung sehen, daß die wundervollen Ideen, mit denen die Bücher uns bekannt gemacht haben, von sich aus und in voller Selbstverständlichkeit das Alltagsleben durchziehen. . .« (Proust 1984, 129)

Wie aus seiner Schrift *Contre Sainte-Beuve* zu entnehmen ist, hatte Proust Kenntnis von Oscar Wildes Essay *The Decay of Lying* (1889), worin dem Gemeinplatz von der Nachahmung der Realität durch die Kunst die These von einer umgekehrten Mimesis entgegengestellt wird: das Leben ahme die Kunst nach. Es ist hier nicht der Ort, alle Konsequenzen dieses Gedankens zu erörtern. Er ist freilich nicht wörtlich zu nehmen, sondern vielmehr als ein paradox formulierter Beitrag zu einer Theorie mentaler Traditionen sowie einer Diagnose von Lebensformen, in denen die Kunsterfahrung primär gegenüber der Naturerfahrung ist. Übrigens hinterließ der Essay als Ganzes kaum unmittelbare Spuren in Prousts Schriften; eine eingehende Auseinandersetzung mit dessen Gedanken fehlt. Um so auffälliger ist in Prousts dichterischer Praxis ein Anschauungsmotiv, das sehr wohl dazu angetan ist, Wildes Maxime zu bestätigen. Um dem Leser die Merkmale einer bestimmten Erscheinung oder eines Dinges zu suggerieren, greift der Erzähler (oder auch Proust selbst in seiner berichtenden Prosa) oft zu Vergleichen mit Kunstwerken oder Kunsttechniken: das ›Wie‹ geht hier von der Kunst zur Natur und nicht umgekehrt. (So wie etwa bei Heine, der im ersten Teil der *Florentinischen Nächte* schreibt, die schönen Italienerinnen heute sähen alle wie die weiblichen Gestalten auf den Gemälden großer Meister aus; die Anregungen, die einst das Leben den Künstlern geliefert habe, komme nun in Form von »Kunstkopien« in die Realität zurück.)

Curtius war wohl einer der ersten kritischen Leser Prousts, der auf die Kunstvergleiche hingewiesen hat. So zum Beispiel, daß Swann in Odette zwar nicht »seinen« Frauentypus erblickt, aber dafür fasziniert wird von deren Ähnlichkeit mit einem Frauenantlitz auf Botticellis Fresko. In diesem Sinn ist Odette eine florentinische Schöpfung – ganz wie die Italienerinnen Heines. Ein weiteres Beispiel bei Curtius ist der Besuch des Erzählers hinter den

Theaterkulissen: die Realität dieser Welt wird für ihn bedeutsam, weil er in ihr ein Abbild der Schilderungen in *Wilhelm Meisters Lehrjahren* erblickt.

Ein besonders einprägsames Exempel umgekehrter Mimesis findet sich im zweiten Teil von *Du côté de chez Swann* in der Schilderung einer Pariser Soirée, die Swann besucht. Swanns Reminiszenzen werden durch die Betrachtung eines livrierten Dieners ausgelöst, eines mächtigen Kerls, der wie ein »dekorativer Krieger« auf den Bildern von Mantegna dasteht. »Er schien ein charakteristischer Vertreter jener untergegangenen Rasse zu sein (die vielleicht nie anderswo existiert hat als auf der Altarwand von San Zeno und den Fresken der Eremitani, wo Swann ihr begegnet war und wo sie jetzt noch ihr träumerisches Dasein führt), jener Rasse, die aus der Befruchtung einer antiken Statue durch irgendein Paduaner Modell des Meisters oder einen Sachsen Albrecht Dürers entstanden ist. Und die Locken seiner rötlichen Haare, die von Natur gekräuselt, doch von Brillantine geglättet waren, hatten einer breiten Behandlung unterlegen, ganz wie auf der griechischen Skulptur, die der Maler von Mantua unaufhörlich studierte...« (Proust 1926, II, 199)

Der Erzähler beteuert zwar an derselben Stelle, es handle sich um eine eigentümliche Neigung Swanns, nämlich » überall nach Analogie zwischen lebendigen Menschen und Museumswerken zu suchen«, doch die *Recherche* bietet eine große Anzahl von Beispielen, wo die Dinge aus der Sicht des Erzählers gesehen werden und wo dennoch das Motiv der artifiziellen Optik maßgeblich ist. Die Schilderung der Spaziergänge in der Gegend von Combray, die im einzelnen den Anschein erwecken, sie bezeugten eine besondere Spontaneität der Erinnerung, enthält immer wieder die Perspektive des reflektierenden, nicht des erlebenden Erzählers, erkennbar gerade am Anteil der genannten Optik. So überrascht es nicht mehr, daß etwa der Grund der kleinen Teiche an der Vivonne nach gewittrigen Nachmittagen ein »nach Violett hinüberstrebendes Blau von emailleartiger Glasierung im japanischen Geschmack« zeigt (Proust 1926, I, 238). Oder wenn zuweilen auch die unscheinbarsten Handlungen den Gedanken aufkommen lassen, sie seinen gewissermaßen eine Wiederholung exemplarischer, in der Literatur verewigter Vorgänge. An der eben erwähnten Stelle wird das Zurückbleiben des Jungen auf dem Spaziergang mit dem Gedanken an Dantes *Commedia* verbunden, an Vergils rasches Vorwärtsschreiten, das zum Nachkommen zwingt.

Proust ist mit der Neigung, die außerkünstlerische Realität durch die Prägungen der Kunst zu sehen, nicht allein. Der europäische Ästhetizismus des 19. Jahrhunderts und der Jahrhundertwende erlaubt es, fast von einer Leitvorstellung zu sprechen. In der deutschsprachigen Literatur ist Hofmannsthal einer der bedeutendsten Zeugen. Seine Essays, Tagebücher und Briefe bieten zahlreiche Beispiele. Eines möge hier genügen. Unter den nachgelassenen Aufzeichnungen von 1892 findet sich folgende Bemerkung über die prägende Kraft literarischer Werke, die uns lehren, ein materiell-sinnliches Erlebnis gleichsam als künstlerisch nachempfunden aufzufassen. Die erste Liebe ist

dann eine »hellgrüne Frühlingslandschaft zwischen weißen Gardinen durch-
gesehen« – in der Art Jean Pauls; in der »Ungeduld einer Landschaft ganz aus
Metall mit heißer vibrierender Luft« erlebt man die »Manier des Baudelaire«;
die Sehnsucht, die im Rauschen der Bäume und im unbestimmten Wehen der
Nacht liegt, ist eine Empfindung nach Eichendorff; in der Stimmung der
»klaren hohen Berge« erkennen wir Nietzsches Zarathustra-Dichtung, in der
Stimmung der »stillen Zimmer« oder der »feucht kalten Gewölbe« die Poesie
Hoffmanns oder Maeterlincks (Hofmannsthal 1980, III, 348). Im Jahr danach
vermerken die Aufzeichnungen (367) Gedanken zu einer Theorie dieses Phänomens, so in der Feststellung, man empfinde heute nicht Naturvorgänge,
sondern Kunstwerke als das Erstvorhandene und natürlich Gegebene, man
gelange durch die Kunst zum eigenen Bewußtsein. Auch bei Hofmannsthal ist
der Zusammenhang mit den Anregungen Wildes nachweisbar.

Es wäre ein Irrtum, diese Denk- und Empfindungsform bei Proust und
anderen Autoren als bloßes Bildungsgut mit dekorativer Funktion abzutun.
Gerade die Art, wie dieses Phänomen in die Schreibweise des Zyklus integriert erscheint, läßt erkennen, daß es sich um mehr handelt als um Paraden
eines ungemein gebildeten Literaten. Es fällt vielmehr von hier aus ein bezeichnendes Licht auf die grundlegenden ästhetischen Maximen Prousts. Ein
Autor, der sich gegen die Annahme verwahren mußte, sein leidenschaftlicher
Empirismus und Sensualismus sei gleichsam photographischer Natur und setze die Abbildungsästhetik mancher Schriftsteller und Maler des 19. Jahrhunderts fort, hatte gute Gründe, den Anteil artifizieller Elemente in der gesamten
Lebenserfahrung zu betonen. Die umgekehrte Mimesis kann sicherlich als eine
der Barrieren gedeutet werden, die der Autor der *Recherche* gegen mögliche
Mißverständnisse aufrichtete. Denn die Kunst, und insbesondere eine persönliche Kunst des Romans, galt ihm – nicht trotz, sondern wegen ihrer artifiziellen Züge – als der größte Versuch des Menschen, sich der bloßen Natur zu
widersetzen. Die Erkenntnis, »daß das Kunstwerk das einzige Mittel ist, die
verlorene Zeit wiederzufinden« (1984, 302) und damit die erlebte Wirklichkeit
zu transzendieren, bildet in der *Recherche* einen der Kernsätze des abschließenden Teils.

IV

Der Roman der Innensicht im 20. Jahrhundert zeigt, daß die Vorstellungen
von psychologischer Analyse und Introspektion in der literarischen Praxis
erheblich differieren. Prousts sehr persönliche Radikalität, die eine ihrer Wurzeln in der Tradition der Memoirenliteratur hat, führte zu einem Erzählen, das
sich wesentlich von jenen literarischen Vorstößen unterscheidet, in denen man
durchaus zu Recht die dominierende Richtung des Bewußtseinsromans erblickt. Gemeint sind die Werke, in denen, wie schon erwähnt, das aktuelle

Bewußtseinsprotokoll die Textur beherrscht, eine mimetisch ausgerichtete Darstellungsform aus der Figurenperspektive, zumeist ohne jene Abstand schaffende Reflexion, die für Proust so bezeichnend ist. Ist von diesem Typus die Rede, so überwiegt in den Beispielen eindeutig der angelsächsische Roman, und zwar mit Romanen so repräsentativer Autoren wie James Joyce, Virginia Woolf, William Faulkner. Im Hinblick auf die Chronologie – die von einer Geschichte der Romanpoetik, die insbesondere für die neuere Zeit auch eine Geschichte des prestigehaften Innovationsdenkens sein muß, ebenfalls zu beachten ist – ist die Behandlung der genannten Autoren ein gewisser Vorgriff.

Zum Zeitpunkt, als die wichtigsten Werke erschienen, hatten die Programmatiker des Futurismus und Expressionismus bereits von sich reden gemacht, hatten beispielsweise Marinetti und Döblin ihre Manifeste schon publiziert. Dennoch ist es berechtigt, den Blick nun auf diese Autoren zu lenken, nicht nur wegen des teilweise gegebenen Zusammenhangs mit Proust, sondern auch deswegen, weil die Tendenz zum Psychogramm ihre Vorgeschichte hat, die in die letzten Jahre des vorigen Jahrhunderts zurückweist. Von dem Erzählexperiment des »Sekundenstils« bei Holz und Schlaf, der fast eine mechanische Aufzeichnung von Vorgängen suggeriert, war im Naturalismus-Kapitel die Rede. In einem noch engeren Sinne kann von Vorgeschichte gesprochen werden, wenn die Entwicklung des Inneren Monologs gemeint ist oder auch verwandter Techniken (der Erlebten Rede etwa), im allgemeinen die Verdrängung des berichtenden und kommentierenden Erzählens zugunsten der Darstellung von Bewußtseinsvorgängen. Ist die Bewußtseinsprosa eine Dominante des Romans englischer Sprache im 20. Jahrhundert, so sind die am meisten beachtenswerten Wegbereiter in Deutschland und Österreich zu finden, wenn auch diese Tatsache von ausländischen Literarhistorikern nicht immer genügend beachtet wird.

Die Entscheidungen, die die Neuerungen im Roman der zwanziger Jahre prägen, haben ihr Vorspiel sowohl im konsequenten Naturalismus als auch in den Prämissen und Techniken impressionistischer Kunstpraxis. Der *Innere Monolog* ist dabei von primärer Bedeutung. Seine eigentliche Geschichte beginnt in den letzten Jahrzehnten des 19. Jahrhunderts im Rahmen der wachsenden Psychologisierung erzählender Prosa in der Nachfolge Flauberts oder Dostoevskijs. Zumeist wird als Begründer dieser Erzählform Edouard Dujardin bezeichnet, einer der Wagner-Anhänger unter den französischen Literaten der Jahrhundertwende, ein Autor, der sein Überleben in den Literaturgeschichten hauptsächlich dem Umstand verdankt, daß Joyce auf seinen kleinen Roman *Les lauriers sont coupés* (*Geschnittener Lorbeer*, 1887) hingewiesen hat. Der Roman selbst, ein schwächliches Produkt, wird mehr erwähnt als gelesen. Interessieren kann er lediglich unter erzählhistorischen Gesichtspunkten: nämlich als – kaum geglückter – Versuch, ein Geschehen, eine harmlose Liebesgeschichte, aus der Sicht der männlichen Figur als »Bewußtseinsstrom« darzustellen. Die über längere Strecken durchgehaltene subjektive Perspektive mag Joyce beeindruckt haben; die Machart selbst, eine Mischung von pathetischer Diktion und ungeschickt, unmotiviert wirkender Pedanterie in der Schilderung des Milieus, nimmt sich heute stellenweise unfreiwillig komisch aus. Schwierigkeiten mit der Wahl angemessener Mittel hatte auch der russische Novellist Vsevolod Garšin, dessen Erzählung *Četyre dnja* (*Vier Tage*, 1877) in der Frühgeschichte des Inneren Monologs nicht unerwähnt bleiben dürfte. Die meisten Abhandlungen beschränken sich indes auf Dujardin. Der Vergleich zwischen dem Pariser Roman und der Novelle, in der die Vorgänge im Bewußtsein eines Soldaten geschildert werden, der vier Tage verwundet auf dem Schlachtfeld liegen bleibt, zeigt, wie schwierig es ist, innere Erlebnisse und stumme Wahrnehmungsprozesse erzählerisch plausibel zu machen, vor allem aber auf die Mittel konventioneller literarischer Rhetorik zu verzichten, wenn es darauf ankommt, einen Text völlig durch die Versprachlichung von Subjektivität zu organisieren. Namentlich in Garšins Werk stellt sich stellenweise der Eindruck ein, der herkömmliche Erzähler mische sich in den Ablauf ein, um seinem Helden »poetische« Formulierungshilfe zu leisten.

Die größte Überzeugungskraft hat in dieser Hinsicht Schnitzlers Erzählung *Leutnant Gustl*, die mit ihrem Erscheinungsjahr (1900) gleichsam symbolisch eine Epoche der Innensicht einleitet. Entscheidend für das künstlerische Gelingen war der Umstand, daß der Autor eine Grenzsituation wählte: die vermeintlich letzten Stunden im Leben eines Menschen vor einem beabsichtigten Selbstmord und damit einen im wesentlichen stummen Vorgang, der durch eine hektische Bewußtseinstätigkeit gekennzeichnet ist. Der Innere Monolog als literarische Gestaltung eines Bewußtseinsprozesses ist hier durch die stoffliche Situation begründet und erweckt daher nicht jenen Anschein von Beliebigkeit, der die Lektüre von Dujardins Roman begleitet. Erst bei Schnitzlers Erzählung gelangt man zur Überzeugung, daß die Metapher vom Bewußtseinsstrom einer genaueren Prüfung standhält. Die Darstellung von Gefühlen, Wahrnehmungen, Gedanken, formal in der Rede der ersten Person Einzahl, präsentiert sich hier als ein fast ununterbrochener Fluß wechselnder Assoziationen, in denen sich − Schnitzler war ein medizinischer Kollege Sigmund Freuds − Mechanismen des Unbewußten abzeichnen. Die Bezeichnung ›Bewußtseinsmüll‹ wäre nicht ganz unzutreffend, scheut man sich nicht eine weitere Metapher. Schnitzlers literarische Leistung, neuartig vor allem in der Logik und Folgerichtigkeit der Anwendung, eröffnete der fiktionalen Prosa noch kaum erschlossene Möglichkeiten in der Vergegenwärtigung rational nicht kontrollierter − und daher auch sprachlich nicht unbedingt konventionell ausgedrückter − seelischer Vorgänge. Der Roman des Jahrhunderts zeigt, daß diese Möglichkeiten nicht selten extensiv genutzt worden sind, bei den meisten ausländischen Autoren höchstwahrscheinlich ohne Kenntnisse von Schnitzlers Werk. Bei Joyce allerdings überrascht der Umstand, daß der *Leutnant Gustl* im Gegensatz zu Dujardins Roman in der Lektüre des Triestiner

Sprachlehrers offenbar nicht vorgekommen ist. Denn wenn im Bereich literarischer Verfahrensweisen so etwas wie Verbindungslinien aufgezeigt werden können, dann führt ein Weg – zufällig oder nicht – von den nächtlichen Gedanken des Leutnants zu dem ebenfalls nächtlichen Schlußmonolog im *Ulysses*. Der mehr als harmlose Salonimpressionismus Dujardins kann nur notdürftig unter rein formalen Aspekten mit der eruptiven Prosa des englischen Romans in Verbindung gebracht werden.

Der Begriff ›Bewußtseinsstrom‹ ist auch selbst eine Bildung des ausgehenden 19. Jahrhunderts, der Ausdruck eines verwandten Interesses für nicht unmittelbar wahrnehmbare Vorgänge. Er geht auf den amerikanischen Psychologen William James (*The Principles of Psychology*, 1890) zurück, einen Bruder des Romanschriftstellers Henry James. Nach der Jahrhundertwende wechselte die Bezeichnung ›stream of consciousness‹ in die Literaturkritik über, wo sie sich bis heute gehalten hat, wie auch die literarische Darstellungsform selbst. In den *Principles*, die nur wenige Jahre nach Machs *Beiträgen* erschienen, setzte sich der Verfasser namentlich für die Erforschung jener psychischen Erscheinungen ein, die zum weiten Feld der Gedankenbildung, der Assoziationen und Erinnerungen gezählt werden und deren Gemeinsamkeit in erster Linie durch den hohen Anteil unbewußter Reaktionen bestimmt ist. Es galt zu untersuchen, was sich »outside the primary consciousness« (vgl. Humphrey, 1) abspielt. Die Erkundung des primären, kontrollierten Bewußtseins tritt in jenen Jahren immer mehr zurück zugunsten der Erforschung nicht leicht einsehbarer Zonen. Wie unterschiedlich jedoch die Blickrichtungen und Methoden waren, beweist ein Vergleich mit Sigmund Freuds Psychoanalyse, deren erstes Hauptwerk, *Die Traumdeutung*, mit Schnitzlers Monolog-Erzählung das Erscheinungsjahr teilt.

Der Bewußtseinsstrom als literarisches Problem trat zu Beginn des Jahrhunderts nur zögernd in Erscheinung. Es ist bezeichnend, daß der erste Meister des Inneren Monologs, Schnitzler, die Form nur sehr sparsam verwendete, so daß er erst in den zwanziger Jahren wieder einen Text dieser Art schrieb, die Erzählung *Fräulein Else*. Die Bezeichnung selbst setzte sich vollends erst viel später durch, erst nachdem Dujardin seine – nicht sehr anspruchsvolle – theoretische Schrift *Le monologue intérieur* (1931) veröffentlicht hatte, ein Ergebnis der durch Joyce hervorgerufenen Besinnung auf den kleinen Roman seiner Frühzeit.

Kümmert man sich hingegen nicht nur um die engere Begriffsgeschichte, so stößt man auf eine Reihe von Zeugnissen, die eine offensichtliche Tendenz erkennen lassen: die Bestrebung, die besonderen psychologischen und mimetischen Praktiken des Naturalismus für die Gestaltung eines radikal subjektiven Blickwinkels nutzbar zu machen. Bei der literarhistorischen Kommentierung dieser Epochentendenz wird nur selten ein kurzer programmatischer Text erwähnt, der durchaus Anspruch darauf erheben dürfte, als ein poetologisches Itinerar für modernes Erzählen um die Jahrhundertwende zu gelten. Gemeint ist Carl Spittelers Vorbemerkung zu seinem Roman *Conrad der Leutnant* von 1898. Im Prosaschaffen des Schweizer Autors, der heute hauptsächlich als Verfasser des – unter psychoanalytischen Gesichtspunkten interessanten – Romans *Imago* (1906) bekannt ist, ist die naturalistische Orientierung des erstgenannten Werkes eher atypisch. Auf jeden Fall ist es die zweite Leutnants-Erzählung von literaturtheoretischer Bedeutung. Da der genannte programmatische Text nahezu vergessen ist, folgt er in vollem Wortlaut.

»Unter › D a r s t e l l u n g ‹ verstehe ich eine besondere Kunstform der Prosa-Erzählung mit eigentümlichem Ziel und mit besondern Stilgesetzen, welche diesem Ziel als Mittel dienen. Das Ziel heißt: denkbar innigstes Miterleben der Handlung. Die Mittel dazu lauten: Einheit der Person, Einheit der Perspektive, Stetigkeit des zeitlichen Fortschrittes. Also diejenigen Gesetze, unter welchen wir in der Wirklichkeit leben. – Mit erläuternden Worten: Die Hauptperson wird gleich mit dem ersten Satze eingeführt und hinfort nie mehr verlassen. Es wird ferner nur mitgeteilt, was jene wahrnimmt, und das so mitgeteilt, wie es sich in ihrer Wahrnehmung spiegelt, so daß der Erzähler sich nicht gestattet, irgend einen Zeitabschnitt als angeblich unwichtig zu überspringen. Aus dem letzten Gesetz ergibt sich wiederum die Notwendigkeit, die Handlung binnen wenigen Stunden verlaufen zu lassen. – Selbstverständlich eignet sich nicht jeder Stoff zur ›Darstellung‹, im Gegenteil, von Fragmenten abgesehen und Irrtum vorbehalten, bloß eine einzige Gattung von Stoffen, nämlich die gedrängten und geschlossenen (›dramatischen‹). Ja sogar unter ihnen nur solche, die es erlauben, auf ungezwungene Weise sämtliche wichtigen Motive unmittelbar vor der Entscheidung vorzuführen. Der Faden wird dann kurz vor der Entscheidung angefaßt und nach dem Willen der Wahrheit gesponnen. Erweist sich bei dunklen (›tragischen‹) Stoffen mit großer Personenzahl nach dem Tode der Hauptperson noch ein abschließender Anhang als notwendig, um die Handlung von allen Seiten ausklingen zu lassen, so wird der abschließende Anhang aus der Perspektive einer überlebenden zweiten Hauptperson nach den nämlichen Gesetzen gearbeitet.« (Spitteler, 1f.)

Ein Vergleich mit der darauf folgenden Erzählung zeigt, wie schwierig der Schritt von der Absicht zur Verwirklichung sein kann. Der Autor vermeidet zwar die Gattungsbezeichnungen ›Roman‹ oder ›Erzählung‹, sondern gebraucht gemäß seiner Produktionspoetik den Begriff ›Darstellung‹, doch das geschieht zur Überraschung des Lesers, denn die Lektüre kann diese Entscheidung kaum bestätigen. Das Geschehen bleibt zwar im Gesichtskreis des Helden, und auch für zeitliche Stetigkeit wird gesorgt, im übrigen erweist sich jedoch der Erzählstil eher als bieder herkömmlich; kennte man nicht den Verfasser, würde man vermuten, es handle sich etwa um eine weniger gelungene Geschichte von Keller. Die sprachliche Verwirklichung der Figurensicht erweckt nämlich nicht den Eindruck einer konsequenten Bewußtseinsaufnahme, die das Geschehen, die Gespräche, das Verhalten anderer Figuren usw.

lediglich als Spiegelungen einer subjektiven Sicht erscheinen lassen; zu oft spürt man den Ton eines übergeordneten Erzählers, der die Mittel konventioneller literarischer Rhetorik keineswegs verschmäht.

Von Interesse ist daher vor allem der theoretische Vorspann, der wesentliche Elemente der neuen Bewußtseinsprosa festhält, im übrigen so allgemein formuliert, daß sowohl der – nicht genannte – Innere Monolog wie auch andere Formen gemeint sein können. Bezeichnend ist ferner das Bedürfnis, die überlieferten Gattungsbezeichnungen durch den Terminus ›Darstellung‹ zu ersetzen, ein Symptom der Ungewißheit, ob eine fiktionale Prosa, die sich der Freiheiten des transzendentalen Erzählens begibt, noch die traditionellen Bezeichnungen in Anspruch nehmen soll. Ein Zeichen dieser Art war auch das Ausweichen von Holz/Schlaf auf die Benennung ›Skizze‹ in *Papa Hamlet*.

Die Unsicherheit in ästhetischen Grundfragen, die die Epoche beschleunigter Innovationsschübe charakterisierte, läßt sich aus einem unbeachtet gebliebenen Zeugnis der Jahrhundertwende ablesen, das durch sein Thema eng mit der Problematik der Bewußtseinsdarstellung verbunden ist: Hermann Bahrs Besprechung des Romans *Der Tod Georgs* (1900) von Richard Beer-Hofmann. Im Hinblick auf die Schilderung subtiler innerer Erlebnisse stellt Bahr allgemeine Betrachtungen an über die Möglichkeiten einer literarischen Mimesis, die sich weitgehend auf die Reihung von Gedanken und Empfindungen einer Person beschränkt. (Bahrs Rezension des Werkes von Beer-Hofmann wurde noch vor dem Erscheinen des *Leutnant Gustl* veröffentlicht!) Prophetisch mutet daher Bahrs Bemerkung an, man könne auf diese Weise »die sonderbarsten Bücher machen«, man könnte etwa einen Menschen schildern – und nun ersinnt der Autor ein lokal getöntes Beispiel –, »der von der Porcellangasse in die Salesianergasse geht, und dem auf diesem Wege alle möglichen Einfälle begegnen, der dabei über alle Räthsel der Welt, den Zorn und die Güte Gottes, jede Lust und jedes Leid der Menschen sinnt, an alle Fragen des Lebens und alle Fragen des Todes erinnert wird, an allen Vergangenheiten die Thaten und Werke unserer eigenen Zeit mißt, um schließlich Alles aufzuzeichnen und in zwölf Bänden zu berichten.« (Wunberg, II, 1037) Die Vorstellung eines solchen Werkes ruft jedoch merkwürdig kontradiktorische Urteile hervor. Bahr räumt ein, daß das Bewußtsein eines leidenschaftlichen und vollen Menschen durchaus den Stoff für ein Werk von »wunderbar verwirrender Schönheit« abgeben könnte; zugleich erklärt er jedoch, daß ein solcher Text niemals als ein wahres Kunstwerk anzusehen wäre, denn zur Kunst gehörten eben nicht nur große Gedanken oder reine Gefühle, sondern auch eine geschlossene Form, d. h. eine Gestalt, in der der Stoff »gebändigt, geordnet, eingefügt, abgegrenzt und vertheilt« erscheine.

So abgestanden die Diktion des – sonst keineswegs konservativen – Autors heute auch erscheinen mag, die Bemerkungen lassen entscheidende Probleme erkennen. Was Bahr offensichtlich befürchtete, war das Öffnen einer Schleuse: der Bewußtseinsstrom, nicht mehr eingedämmt und kontrolliert, könnte den

Kunstcharakter eines Textes unkenntlich machen, in entsprechender Metaphorik: wegspülen. Er geht allerdings nicht auf die nicht weniger wichtige Frage ein, worin aus seiner Sicht der eigentliche Kunstcharakter zu erblicken sei. Allein man kann vermuten, daß das selbstgewählte Beispiel den Gedanken nahelegen sollte, es komme auch in der erzählenden Literatur darauf an, alle Merkmale der artifiziellen Beschaffenheit eines Textes zu bewahren: vor allem die Kennzeichen einer transzendentalen Lenkung in rhetorischen Signalen, Wortwahl, Syntax, graphischer Präsentation. Bahrs Überlegungen rücken auch den Gegenpol ins Licht: eine sprachliche ›Darstellung‹, mit Spitteler zu reden, in der die Grenzen, die herkömmliche bzw. erkennbare Literatur vom zufällig wirkenden Dokument, der planlosen Aufzeichnung oder einem pragmatischen Text trennen, nicht mehr sichtbar sind.

Gerade um einen Radikalismus dieser Art ging es jedoch in zahlreichen modernistischen Werken seit der Jahrhundertwende. Als machbar sollte eine Modellierung von Erfahrungen erwiesen werden, die den Charakter der zufällig wirkenden Aufzeichnung hervortreten läßt, die fiktionalen, künstlichen Eigenschaften dagegen möglichst verwischt. Dazu gehört auch die Bestrebung, das Geschehen als gegenwärtig und in voller sinnlicher Realität erscheinen zu lassen. Der Innere Monolog, der grundsätzlich Gegenwärtigkeit suggeriert, ist dafür das beste Beispiel. Das Auftreten eines Erzählers dagegen, der aus einem mehr oder minder großen zeitlichen Abstand seine Anschauungen und Erinnerungen vorträgt, wie das bei Proust der Fall ist, signalisiert hingegen nicht *erleben*, sondern *schreiben*, und damit eine Tätigkeit, die in erhöhtem Maße an literarische Traditionen erinnert.

Die Neigung zur Bewußtseinsprosa tritt, wie bereits erwähnt, am deutlichsten im englischen Roman nach 1910 zutage. Joyce und Virginia Woolf sind die Protagonisten dieser Tendenz. Lehrreich ist ein Blick auf die einheimischen Überlieferungen der britischen Kultur. Er verhilft nämlich zur Erkenntnis, daß so manches Neue in den Jahrzehnten nach 1900 doch nicht ganz so unvorbereitet in Erscheinung trat. Aufmerksamkeit verdient etwa die Wirksamkeit der in Oxford geschulten Literaten John Ruskin, Walter Pater und William Morris, deren künstlerische und kulturkritische Auffassungen auch in Frankreich und Deutschland Interesse erweckten. Bekannt ist vor allem die Wertschätzung, die Ruskin von Proust entgegengebracht wurde, ferner der Einfluß der englischen Ästheten auf die künstlerische Kultur Wiens um die Jahrhundertwende, belegbar vor allem durch Essays von Hofmannsthal.

Ein besonders einprägsames Zeugnis auf dem angezeigten Weg ist das Schlußwort zu Walter Paters *Studies in the History of the Renaissance* (1873). Dieser Text, bereits 1868 entstanden, ist eine Diagnose des Impressionismus *avant la lettre*. Kunst ist nach Pater der menschliche Wunsch und das menschliche Vermögen, den flüchtigen Augenblicken Dauer und höchsten Wert zu verleihen, im Strom des Lebens Markierungen zu setzen. Denn die erlebte

Wirklichkeit ist in unserem Bewußtsein eine ununterbrochene Flut von Impulsen, die »Eindrücke, Leidenschaften und Gedanken« hervorrufen. Unterzieht man diese Vorgänge der prüfenden Betrachtung, so erkennt man die Kräfte der Dissoziation, die in der Realität wirksam sind: Gegenstände lösen sich im Bewußtsein des Betrachters »in ein Bündel von Eindrücken« auf. »Und wenn wir unsere Gedanken noch weiter bei dieser Erscheinungswelt verweilen lassen – nicht bei den Dingen in ihrer Starrheit, zu der sie unsere Sprache gerinnen läßt, sondern bei den veränderlichen, flackernd-unbeständigen Eindrücken, die im Moment des Bewußtwerdens aufleuchten und wieder verlöschen –, dann verengt sich diese Welt noch mehr: Der ganze Bereich der Wahrnehmung schrumpft zusammen zu der engen Kammer unseres persönlichen Bewußtseins. Erfahrung, schon immer auf ein Bündel von Eindrücken [impressions] reduziert, ist für jeden einzelnen von uns durch die gewaltige Mauer seiner eigenen Persönlichkeit umschlossen, durch die noch keine wirkliche Stimme auf dem Weg zu uns je hereingedrungen oder je von uns zu dem gelangt ist, was wir als außerhalb von uns existierend nur vermuten können. Jeder dieser Eindrücke ist der Eindruck eines einzelnen in seiner Isolation. . .« (Zit. nach der Übersetzung bei Rudnick, 333f.)

Mit erstaunlicher Radikalität wird hier eine erkenntnistheoretische Auffassung vertreten, die für die Kenner Machs von besonderem Interesse sein dürfte, und zugleich eine Ansicht der Dinge, die ihre kulturkritischen, ja fast anthropologischen Konsequenzen nicht verbirgt. Die moderne Sozialdiagnostik, die von der Vorstellung der Einsamkeit in der Menge ausgeht, hat in Anschauungen der Epoche Baudelaires und Paters ihre Wurzeln. Besondere Beachtung verdient dabei der Umstand, daß das Verhältnis des englischen Kritikers zu den behandelten Phänomenen ausgesprochen ambivalent ist: die Unbeständigkeit, die Flüchtigkeit der Wahrnehmungen wird als Krisenzeichen gewertet und damit als Ausdruck eines Verlusts, aber auch als eine Erscheinung, in der eine Bereicherung der sinnlichen Vielfalt und Intensität zu erkennen ist. Apologie und Verteufelung sind ihm gleichermaßen fremd. Die Objektivität, die sich darin ausspricht, eine Haltung, die für die Vielfalt der Aspekte Verständnis hat, kann durchaus als wegweisend gelten; der Roman, der von der impressionistischen Reizbarkeit zum Psychogramm führt, hat dieser Ambivalenz ein Denkmal gesetzt.

Für eine Geschichte poetologischer Bemühungen ist damit das Stichwort zu einer Beschäftigung mit den theoretischen Schriften Virginia Woolfs gegeben. Den eigentlichen Durchbruch, nicht zuletzt infolge des Echos im Ausland, erzielte die Autorin mit ihrem Roman *Mrs. Dalloway* (1925), einem Werk, das mit manchen Zügen an das große Romanexperiment von Joyce anknüpft, so mit der kompositorischen Idee, das Geschehen, nämlich eine Reihe von Bewußtseinsvorgängen, an einem einzigen Tag und an einem Ort, London, ablaufen zu lassen. Bedenkt man nur die physikalische Zeit, nicht jedoch die Ekstasen des Gedächtnisses, so möchte man meinen, beide Autoren hätten die – ihnen sicherlich nicht bekannte – Empfehlung Spittelers befolgt, die ›Darstellung‹ an einem zeitlichen Kontinuum auszurichten und die Geschlossenheit der Handlung durch die Einheit der Perspektive (oder Perspektiven) zu gewährleisten.

So überraschend das auch klingen mag, man muß *Mrs. Dalloway* im Hinblick auf die seit der Jahrhundertwende ausgeprägten Tendenzen den größeren Grad von Folgerichtigkeit zubilligen. Die Mimesis psychischer Vorgänge bei Gestalten, deren Sensibilität an die in Prousts *Recherche* erinnert (und daher auch eine gewisse poetische Überhöhung rechtfertigt), entspricht konsequenter den Voraussetzungen der Bewußtseinsprosa als die eigentümlichen und einmaligen Synthesen des *Ulysses*. Virginia Woolfs Vorstellungen von den ästhetischen Bedürfnissen des zeitgenössischen Romans sind in ihren programmatischen Essays nachzulesen, von denen die beiden wohl wichtigsten, *Modern Fiction* von 1919 und *Mr. Bennett and Mrs. Brown* von 1924, einen poetologischen Vorspann zu ihrem ersten Hauptwerk darstellen. Auf dem Kontinent sind diese Schriften erst später bekannt geworden, obwohl in ihnen, trotz der deutlichen Einstellung auf englische Leser, allgemeine Fragen der modernen ›Fiction‹ um 1920 zur Sprache kommen.

Der erstgenannte Essay ist ein temperamentvoller, mit polemischen Bemerkungen durchsetzter Versuch, Verständnis zu wecken für die These, daß bisher zahllose Romane, so nachdrücklich das Bekenntnis zum Realismus auch ausfiel, in vielerlei Hinsicht am Leben vorbeigeschrieben waren – in erster Linie deswegen, weil sie auf der überaus verbreiteten, zumeist sogar stillschweigend hingenommenen Ansicht beruhten, es gebe Dinge, die sich fürs Erzählen eigneten, und Dinge, mit denen die Literatur nichts anfangen könne. Diese Meinung, man könne angeben, was »der passende Stoff für die erzählende Literatur« sei, »the proper stuff of fiction«, hält V. Woolf für einen fundamentalen Irrtum. Das Pathos, das trotz der unverkrampften Diktion ihren Aufsatz erfüllt, ist das Pathos der Beglückung durch den befreienden Gedanken, die Literatur könne auf gut gebaute Fabeln verzichten und sich ungehindert dem Eintauchen in den gewöhnlichen, gar nicht »romanhaften« Alltag widmen. Daß jedoch auch dieses Unterfangen ohne bestimmte literarische Prozeduren, also Künstlichkeit, nicht auskommt, verliert die Autorin bei diesen Überlegungen allerdings aus dem Blick. Etwas von dem Lebenspathos der Jahrhundertwende klingt hier noch nach, wenn dem Roman die Aufgabe zugewiesen wird, die ganze Fülle des Lebens, wie es alltäglich von unseren Sinnen wahrgenommen wird, zu entdecken und auszubreiten. Bisher sei es nur russischen Erzählern – Čechov wird genannt – gelungen, in diese Richtung vorzustoßen; von den jüngeren Autoren englischer Sprache könne man von James Joyce viel erwarten.

Die Abschnitte in *Modern Fiction*, die nicht der Auseinandersetzung mit herkömmlichen Konventionen gelten, sondern die eigenen literarischen Wünsche darlegen sollen, enthalten vor allem ein Plädoyer für die Darstellung des

Bewußtseinsstroms, nicht jedoch unbedingt eines für den Inneren Monolog. Die literarische Realisierung durch eine bestimmte Technik wird nicht definiert. Die Zielrichtung erscheint durch die Betonung des Alltäglichen und Durchschnittlichen bestimmt. »Examine for a moment an ordinary mind on an ordinary day. The mind receives a myriad impressions – trivial, fantastic, evanescent, or engraved with the sharpness of steel.« (Woolf 1961, 393) Das menschliche Bewußtsein wird als ein stets offenes, empfangsbereites Becken für Eindrücke verstanden (man denke an die *impressions* bei Pater!), für eine Flut von Wahrnehmungen, die sich uns mit unterschiedlicher Schärfe einprägen. Aus dem Zusammenhang geht deutlich hervor, daß die Verfasserin nicht besondere, d. h. besonders einprägsame Erlebnisse meint, sondern als ein »Ereignis« bereits die simple Tatsache der Wahrnehmungen und Empfindungen begreift. Daher der von ihr gebrauchte Ausdruck für die Beliebigkeit von Ort und Zeit: irgendein Montag oder Dienstag – the life of Monday or Tuesday – ist das Symbol für Alltäglichkeit. (Ihren 1921 erschienenen Novellenband betitelte die Autorin mit *Monday or Tuesday*.)

Die anschließenden Sätze fügen den Darlegungen auch polemische Töne bei. Wäre der Schriftsteller wahrhaftig frei und nicht ein Sklave von Konventionen, so hätten die überlieferten literarischen Einrichtungen keine Chancen mehr; es gäbe keine Handlung (plot), keine Komödie, keine Tragödie, keine Liebesgeschichte und keine Katastrophe in herkömmlichem Sinn. Das Hauptargument der Autorin gegen die literarische Überlieferung, sofern sie das Schaffen mit Konventionen belastet, ist die Meinung, das Leben sei keine geordnete, strukturierte Szenenfolge, sondern etwas völlig Unsystematisches, Diffuses, das sich planender Erkenntnis entziehe. Doch die Aufgabe des Romanciers bestehe gerade darin, dieses Veränderliche, Ungewisse und Unumschreibbare auszudrücken, so ungewöhnlich und vielschichtig es auch sei, und zwar so unmittelbar und unverfälscht wie nur möglich – »to convey this varying, this unknown and uncircumscribed spirit, whatever abberation or complexity it may display, with as little mixture of the alien and external as possible« (Woolf, 393).

Sowohl Inhalt als auch Erscheinungsjahr des Essays bestätigen wieder einmal die Einsicht, daß literarhistorische Prozesse nicht mit regelmäßigen, totalen Ablösemanövern vergleichbar sind. Im Jahre 1919 konnte man bereits auf zahlreiche futuristische und expressionistische Manifeste zurückblicken, und auch in England zeichneten sich entsprechende Modernismen ab (Pound, Eliot, Wyndham Lewis); auf dem Kontinent machte der Dadaismus von sich reden. Vor diesem Hintergrund nehmen sich die ästhetischen Forderungen der Autorin scheinbar paradox aus: vergleichsweise konservativ und schrankenlos modernistisch zugleich. Der Widerspruch läßt sich auflösen. Virginia Woolf folgt einem Postulat nicht der jüngsten, sondern der vorhergehenden Generation, der naturalistischen und impressionistischen, wenn sie Kunst mit konkreter menschlicher Erfahrung koppelt, vor allem mit sensueller Erfahrung – und damit eine Einstellung vertritt, die den eigenwilligen, konstruktivistischen Abstraktionsmaximen der meisten radikalen Ismen widerspricht. Anderseits öffnet die Entschlossenheit, mit der hier überlieferte Kunstprinzipien zugunsten einer – gewünschten – höchstmöglichen Annäherung an die Entropie des Lebens aufgegeben werden, noch unerprobten Schreibweisen Türen und Tore. Der vermeintliche Impressionismus enthielt letztlich mehr sprengende Kraft in sich als die von Grund aus amimetischen Modernismen. Zumindest in der proklamierten Fassung; die literarische Praxis der Autorin blieb allerdings hinter dem theoretischen Radikalismus um einiges zurück.

Die Forderung nach »ungebundenem Leben« ist ein keineswegs vereinzelter, in der Kunst eigentlich sehr seltsamer Traum der Moderne. Gerhart Hauptmanns Äußerung, man möge die »Handlungen«, die übersichtlichen Geschehnismuster doch endlich »totschlagen«, ist eines der einprägsamen Beispiele. Die Naturalisten versuchten zwar, gewohnte Expositionen und abrundende Schlußformeln in ihren Werken möglichst zu vermeiden, doch sie verzichteten keineswegs darauf, das Geschehen symbolhaft zu pointieren und ihre Werke mit wissenschaftlichen Erkenntnissen und gesellschaftlichen Reformen in Verbindung zu bringen, mit anderen Worten: gerade das zu tun, wovor Virginia Woolf warnt, wenn sie schreibt, man möge die Dinge möglichst ohne sachfremde Beleuchtung schildern, »with as little mixture of the alien and external as possible«. Es ist erforderlich, darauf hinzuweisen, daß dieses merkwürdige Verlangen zu einem der poetologischen Leitmotive der letzten hundert Jahre gehört und daß es in früheren Zeitaltern in dieser Form unbekannt war; man hätte es vermutlich als völlig kunstfremd empfunden. Es besteht heute zwar kein Grund, über Kunstfremdheit zu reden, allein es besteht nach wie vor Veranlassung, begründete Zweifel zu hegen gegenüber der Überzeugung, der besagte Wunsch habe Aussichten, jemals nachweisbar und überzeugend verwirklicht zu werden. Das erzählerische Schaffen der Autorin könnte jedenfalls, wie schon erwähnt, eher Gegenargumente liefern. Da die wesentlichen Aspekte dieser Frage in zugespitzter Form bei den Verfechtern der Poetik des *nouveau roman* begegnen, wird der angedeutete Zusammenhang dort erneut zu behandeln sein.

Wie beunruhigend und verführerisch die Idee der Annäherung an die sogenannte unpräparierte Wirklichkeit war, bezeugt die Fortführung mancher Gedankengänge im erwähnten Essay *Mr. Bennett and Mrs. Brown*. Auch hier geht es um das »Leben«, eine Vorstellung, die bei Virginia Woolf Romanhaftigkeit in einem trivialen wie auch in einem pathetischen Sinn ganz entschieden ausschließt. Symbolfigur des Essays ist eine fiktive Mrs. Brown, ein moderner *everyman*, eine Allegorie der Unscheinbarkeit. Man stelle sich diese ältliche, überaus bescheiden gekleidete Dame in einem Vorortzug in den Abendstunden vor, schreibt die Autorin. Und man stelle sich zugleich Mrs. Brown als Romanfigur bei den führenden Romanschriftstellern der älteren Generation vor, bei Bennett, Wells und Galsworthy. Ein schwieriger Gedanke, wenn man bedenkt, wie etwa Bennett die Leitlinien des Romanciers beschreibt. Die Autorin führt seine Forderung an, wonach es im Roman vor allem darum gehe, Charaktere, d. h. interessante und einprägsame Gestalten zu schaffen, eingebettet in eine richtige Handlung, eingerahmt von der Originalität der Auffassung. Und sie kommt bald zum Schluß, daß Romanciers, die stets darauf aus seien, etwas sehr Allgemeines und Einschneidendes zu erzählen oder auch zu beweisen, mit einer Mrs. Brown eigentlich nichts anzufangen wüßten. Vor allem deswegen nicht, weil die genannten Autoren sich weniger für die Menschen selbst interessierten als vielmehr für Ideen, gesellschaftliche Zustände, historische Tendenzen.

»Vielleicht läßt sich das klarer machen, wenn wir uns die Freiheit nehmen, uns eine kleine Gesellschaft in dem Eisenbahnabteil vorzustellen – Mr. Wells, Mr. Galsworthy und Mr. Bennett fahren mit Mrs. Brown nach London. Mrs. Brown war, so sagte ich, ärmlich gekleidet und sehr klein. Sie sah besorgt und gehetzt aus. Ich bezweifle, daß sie das war, was man eine gebildete Frau nennt. Alle diese Symptome des unbefriedigenden Zustands unsrer Elementarschulen mit einer Geschwindigkeit erfassend, welcher ich nicht genug gerecht werden kann, würde Wells sogleich auf die Fensterscheibe die Vision einer Welt werfen, einer besseren, luftigeren, freudigeren, glücklicheren, abenteuerlustigeren und tapfereren Welt, in welcher es diese muffigen Eisenbahnabteile und mikkerigen alten Frauen nicht gibt; wo wunderbare Schleppkähne um acht Uhr morgens tropische Früchte zu den Londoner Märkten bringen; wo es öffentliche Kinderheime, Springbrunnen und Bibliotheken, Speisesäle, Erholungsheime und Ehen gibt; wo jeder Staatsbürger großmütig und aufrichtig, wakker und wundervoll ist, ungefähr so, wie Wells selbst. Wo es aber niemand gibt, der im geringsten Mrs. Brown gleicht. Im Lande Utopia gibt es keine Mrs. Browns. Ich glaube wirklich nicht, daß Wells, bei seiner Leidenschaft, Mrs. Brown zu dem zu machen, was sie sein sollte, auch nur einen einzigen Gedanken an sie, wie sie ist, verschwenden würde. Und was würde Galsworthy sehen? Können wir zweifeln, daß die Mauern von Doultons Keramikfabrik ihn fesseln würden? In dieser Fabrik gibt es Frauen und Mädchen, welche täglich fünfundzwanzig Dutzend irdener Töpfe verfertigen. Es gibt im East End alte Mütter, welche von den paar Schillingen abhängig sind, die diese Frauen und Mädchen verdienen. Aber es gibt Arbeitgeber in den Landhäusern von Surrey, welche sogar heute noch, während die Nachtigallen schlagen, üppige Zigarren rauchen. Von Entrüstung entflammt, mit Kenntnissen vollgestopft, ein Ankläger der Zivilisation, sähe Galsworthy in Mrs. Brown nur einen auf der Scheibe gebrochenen und in die Ecke geschmissenen Topf. Arnold Bennett, als einziger der Eduardianer, ließe seine Augen nicht aus dem Abteil schweifen. Er würde wahrhaftig jede Einzelheit mit ungeheurer Sorgfalt vermerken. Er würde die Reklamen vermerken; die Photographien von an der Strecke gelegenen Orten; die Art, wie die Polsterung sich zwischen den Knöpfen wölbt; daß Mrs. Brown eine Brosche trägt, welche sie drei Schilling und zehneinhalb Pence im Whitworth-Basar gekostet hat; und beide Handschuhe gestopft hatte – ja daß tatsächlich der Daumen des linken durch einen neuen ersetzt worden war. Und er würde des längeren ausführen, daß dies der beschleunigte Zug von Windsor war, der in Richmond zur Bequemlichkeit der da wohnenden wohlhabenden Mittelständler hält, welche es sich leisten können, ins Theater zu gehn, aber noch nicht den gesellschaftlichen Rang erreicht haben, sich ein Automobil zu halten. . .« (Woolf 1960, 174f.)

Die Ausführungen Virginia Woolfs entpuppen sich bald als ein Eisenbahngleichnis: Die Fahrt Mrs. Browns von Richmond nach London begreift sie als eine imaginäre Bewegung der englischen Literatur durch die Epochen. Der Zug fährt aus dem spätviktorianischen und edwardianischen Zeitalter in ein neues, in der, so hofft die Autorin, die Romanschriftsteller mehr Verständnis für die Freuden und Nöte der bewußten alten Dame aufbringen würden. Denn die drei genannten Erzähler seien so von ihrem Interesse für die wirtschaftliche und kulturelle Umwelt, für Politik, Erziehung und soziale Konventionen in Anspruch genommen worden, daß ihnen kaum Zeit geblieben sei, von der bescheidenen Figur im Abteil Notiz zu nehmen. Bennett hätte sich zwar mit der Gestalt selbst beschäftigt, jedoch nur mit ihrem Äußeren; das Innenleben wäre sicherlich zu kurz gekommen.

Gerade um dieses Innere, den psychischen Alltag sozusagen, geht es Virginia Woolf. Man fragt sich allerdings, wie der Umstand zu deuten sei, daß sich der Essay weitgehend auf die Kritik der Vorgänger konzentriert und es bei Andeutungen beläßt, wenn es darum geht, die besondere Natur der Aufmerksamkeit zu erörtern, die der neue Roman der zu kurz gekommenen Protagonistin zuwenden sollte. Man kann die Andeutungen freilich als einen vorbereitenden Hinweis auf die Praxis der Romanschriftstellerin verstehen; denn auf den Essay von 1924 folgte, gleich im folgenden Jahr, der Roman *Mrs. Dalloway*, zwei Jahre später ein weiteres erzählerisches Hauptwerk, *To the Lighthouse*. Es besteht kein Zweifel, daß diese beiden Werke als überzeugende Exempla zur Theorie gelten können: die Darbietungsformen des Bewußtseinsstroms werfen ein Licht auf jene Bereiche psychischer Erfahrung, die von den Romanciers der Außensicht, die sich so gern auf Zeitungs- und Lexikonwissen stützten, zumeist ignoriert wurden. Zu bedenken ist allerdings, daß diese Romane nur in beschränktem Maße jenen Erwartungen entsprechen, die die Autorin mit ihrer Mrs. Brown zu erwecken versuchte. Es ist kaum anzunehmen, daß sie sich nicht des Unterschiedes bewußt war, der zwischen ihrem Modell aus dem Vorortzug und den Gestalten ihrer Romane besteht: zwischen einer ärmlichen, unscheinbaren Frau und Mrs. Dalloway, der Frau eines Unterhausabgeordneten, oder der Familie eines Philosophieprofessors (in der *Fahrt zum Leuchtturm*). Denn ihre Schreibweise beweist, daß auch die Innensicht sehr wohl darauf angewiesen ist, den gesellschaftlichen Lebensraum der Figuren einzubeziehen, was zugleich heißt, daß die Wahrnehmungen und Assoziationen verschiedener Romangestalten, wie es Mrs. Dalloway und Mrs. Brown offenbar sein sollen, nicht ganz von der gleichen Art sein können.

Es fällt freilich auf, daß die Erzählpoetik der Autorin es sich leichter macht als deren Praxis. Während die Romane differenzierend verfahren, verkündet der Essay über Mrs. Brown eine ewige menschliche Natur, gleichsam ein Minimum an Schicksalen und Verhaltensweisen, wobei in dieser Auffassung der Unterschied zwischen den Regionen der Gesellschaft in der Tat auf ein fast unwesentliches Maß zusammenschrumpfen würde. Aus dieser Sicht kommt Virginia Woolf zum Schluß, daß Mrs. Brown mit ihrem Inneren ewig sei und daß die Veränderung, in einem imaginären Einsteigen und Aussteigen an den Bahnhöfen, bei den Schriftstellern liege. Man kann diese Schlußfolgerung als ein Beispiel für die Erfahrung nehmen, daß auch scharfsinnige Autoren nicht gegen gedankliche Flüchtigkeiten gefeit sind. Die Frage drängt sich nämlich auf, wo dann die vermeintliche ewige menschliche Natur aufhört. Mrs. Brown soll als Inbegriff dieser Natur gelten. Und die genannten Romanschriftsteller? Man darf es als ausgemacht ansehen, daß sich Virginia Woolfs Vorstellung von der menschlichen Natur nicht nur auf den Bereich der Fiktion bezieht, sondern daß es sich um eine universale Kategorie anthropologischer Art handelt. Woher kommt es dann, daß sie den Literaten einen anderen menschlichen Status zuweist als deren Schöpfungen? Als sei die historisierende Sicht, die sich in den unterschiedlichen Erzählweisen der Romanciers kundtut, etwas, was sich außerhalb der menschlichen Tradition befindet, mit anderen Worten: als sei die Geschichte nicht ein Teil universaler Erfahrung.

Zu einer geschichtlichen Argumentation kehrt Virginia Woolf im Essay *The Narrow Bridge of Art* (1927) zurück. Empfindungen können historisch vermittelt sein, das geht unmißverständlich aus ihren Gedanken über die Besonderheiten moderner Kunst hervor. Zu deren Charakteristiken zählt sie vor allem die untrennbare Verbindung von Erscheinungen, die man früher zumeist säuberlich voneinander zu trennen pflegte, um sie entweder der Kategorie des Schönen oder der des Häßlichen und Abstoßenden zuzuordnen. Die moderne Sensibilität, auch außerhalb der Kunst, kennt diese strenge Trennung nicht mehr; sie empfindet vielmehr das seltsame Nebeneinander der Gegensätze, ja die Gegenseitigkeit der Wirkungen, schließlich die Paradoxien, die sich darin äußern, daß Schönheit unter Umständen Häßlichkeit sein kann, Vergnügen vielleicht Ekel. In den Assoziationen sensibler Menschen sind die Widersprüche des Lebens heute nicht mehr auseinanderzuhalten, sie drängen sich vielmehr auf. In einer Frühlingsnacht, so das Beispiel der Autorin, sehen wir nicht nur den Mond und die Weide, die sich über den Fluß neigt, und wir hören nicht nur die Nachtigall; zum Bild gehört auch die alte kranke Frau, die in einem Park auf einer häßlichen gußeisernen Bank in fettigen, stinkenden Fetzen wühlt. Ein Signum unserer Zeit ist der Verlust der Schlichtheit, mit der man früher die Grenzen zwischen den einzelnen Phänomenen der Wirklichkeit zog. Und dieser Verlust, so schmerzlich oder peinlich er manchmal auch erscheinen mag, hat eine heilsame Wirkung auf die moderne Kunst ausgeübt. »Die neuere Literatur zeigt eine Aufrichtigkeit und Ehrlichkeit, welche heilsam, wenn auch nicht gerade entzückend ist.« (Woolf 1960, 54) Es überrascht nicht, daß sich die Autorin in dieser Situation Gewinn namentlich für den Roman verspricht, für eine Prosa, der nun erst recht der Umstand zugute kommt, daß die Sprache der Prosa, im Gegensatz zu der des Verses, immer schon die Schmiegsamkeit der Freiheit besaß. Daher sind die modernen Erzählgattungen besonders dazu geeignet, die Komplexität der modernen Empfindungswelt auszudrücken. Die Metapher von der schmalen Brücke der Kunst dient der Autorin in diesem Gedankengang dazu, vor allzu schwerem Gepäck bei Beschreiten der Brücke zu warnen. Die erstrebenswerte Leichtigkeit und Durchsichtigkeit in der Behandlung künstlerischer Mittel sieht sie bei einem Erzähler der Vergangenheit verwirklicht, der der modernen Anschauung auf eine eigentümliche Weise entgegenkommt. Der Name des Autors und der Titel seines Werkes, Laurence Sterne und *Tristram Shandy*, sind keine Überraschung, wenn man die Wirkungsgeschichte dieses merkwürdigen Romans bedenkt. Die Essays von Virginia Woolf, darin vielen anderen programmatischen Schriften der Epoche vergleichbar, führen nicht nur die Leidenschaft in der Entdeckung künstlerischen Neulands vor Augen, sondern auch die Bereitschaft, eigene Traditionen herauszubilden. So unterschiedliche Autoren wie Eliot und Pound in England, oder Döblin und Brecht in Deutschland, um nur einige zu nennen, lassen dieselbe Neigung erkennen.

Mit der Betonung einer Ästhetik der Widersprüche, der Zwischentöne und Brüche, vor allem auf Grund des Erlebnisses der Gleichzeitigkeit logisch unvereinbarer Dinge, ist die Poetik Virginia Woolfs keine isolierte Erscheinung in der englischen Literatur der zwanziger Jahre. In der gedanklichen Klärung der Anschauung, wonach die Lebenswirklichkeit primär im Lichte der Kontraste und Widersprüche zu sehen sei, ging Aldous Huxley noch weiter. Obwohl er nicht dem Literatenkreis um Virginia Woolf, der Bloomsbury Group, angehörte, ist die gedankliche Verwandtschaft mit ihr unverkennbar. Allerdings ist die Gemeinsamkeit der Bestrebungen vornehmlich in den theoretischen Auffassungen ausgeprägt, nicht so sehr in der Erzählpraxis. Der Unterschied zwischen dem lyrisch getönten Psychologismus der Autorin und der ironischen und satirischen Ausrichtung des gesellschaftskritischen Romanciers und Essayisten, namentlich in den Werken der zwanziger Jahre, ist ebenso evident wie die Analogien in den programmatischen Ansichten.

Am nächsten kommt Huxley der Theorie von der Allgegenwärtigkeit der Gegensätze in seinem bekanntesten Werk, dem Roman *Point Counter Point*, erschienen 1928, wenige Jahre nach *Mrs. Dalloway* und Gides *Falschmünzern*, zwei Romanen, die Anregungen zu bieten vermochten. Worauf es ankommt, besagt schon der Titel, der sich nicht nur auf das abstrakte Prinzip des Gegensatzes in der Lebenserfahrung bezieht, sondern auch das Kompositionsmuster des Werkes andeutet. Kontrapunkt oder Kontrapunkt des Lebens, wie die deutsche Übersetzung den Titel formuliert, ist eine Anleihe aus dem Bereich der Musik. Im Hinblick auf das Gefüge des Romans bezeichnet die musikalische Metapher die Bestrebung, durch eine Vielzahl von Einzelschicksalen den Eindruck disparater, aber parallel laufender Lebenslinien zu erwecken – nach dem Grundsatz polyphoner Stimmführung. Das Muster wechselnder Personengruppen, deren Lebensläufe mehr oder minder eng miteinander verflochten sind, veranschaulicht einen Querschnitt durch bestimmte Gesellschaftskreise Londons in den zwanziger Jahren, die Welt der Literaten, Wissenschaftler, Journalisten, Politiker.

Das literarische Gewissen des Romans verkörpert eine Gestalt aus dem Figurenensemble, der Schriftsteller Philip Quarles, der in seinem »Notebook« Gedanken aufzeichnet, die den Kompositionsprinzipien des *Point Counter Point* entsprechen. »Put a novelist into the novel«, so notiert er (im XXII. Kapitel) seine Absicht, den zu schreibenden Roman mit einem Romancier als Figur zu versehen, einer Gestalt oder intellektuellen Instanz, die dem Text einen Spielraum für poetologische Überlegungen eröffnet, so daß damit die Möglichkeit geboten wird, den fiktionalen Romanautor experimentieren zu lassen beziehungsweise das tun zu lassen, was der reale Text, dessen Figur er ist, selbst leistet. Huxley wandelt hier einen Einfall ab, der in der zeitgenössischen Literatur durch *Les Faux-Monnayeurs* bekannt geworden ist. Auch die Idee einer Musikalisierung des Schreibens findet sich dort, übrigens wie auch bei Virginia Woolf. Huxleys Philip Quarles ist freilich in der Darlegung seiner Vorstellungen etwas konkreter. Als Romanschriftsteller kann er mit den musikalischen Vorstellungen der Symbolisten nichts anfangen; die hauptsächlich in der Lyrik wirksamen Praktiken, den Sinn im Klang aufgehen zu lassen, nennt er Glossolalien. Unter Musikalisierung der Prosa müsse man besondere Ordnungen des Aufbaus verstehen, eine ausgeprägte Disziplin in der Form, vergleichbar mit der Strenge, mit der Komponisten ans Werk gehen.

Die poetologischen Betrachtungen der Autorenfigur Huxleys wirken zunächst mit ihren Vergleichen etwas beliebig: die Berufung auf Beethovens späte Quartette erlaubt kaum eine genauere Anschauung von der angestrebten Machart des literarischen Textes. Erst die Gedanken, die vom Wunderwerk der Diabelli-Variationen ausgelöst werden, bringen die Theorie einigermaßen in Fahrt. »Die ganze Skala von Gedanken und Gefühlen, und doch stehn sie alle in organischer Beziehung zu einer lächerlichen kleinen Walzermelodie. Führe das in einem Roman durch! Wie? Die jähen Übergänge sind leicht genug. Man braucht nur eine genügende Anzahl von Charakteren und parallelen, kontrapunktischen Handlungen. Während Jones seine Ehefrau ermordet, schiebt Smith den Kinderwagen durch den Park. Man läßt die Themen miteinander abwechseln. Die Modulationen und Variationen aber sind interessanter, doch auch schwieriger. Ein Romancier moduliert, indem er Situationen und Charaktere mehrfach bringt. Er zeigt, wie mehrere Menschen sich verlieben oder sterben oder auf verschiedene Art beten, – ungleichartige, die dasselbe Problem lösen. Oder umgekehrt, gleichartige Menschen, die verschiedenen Problemen gegenüberstehn. Auf diese Art kann man durch alle

Aspekte eines Themas modulieren, man kann Variationen in jeder beliebigen Anzahl verschiedener Stimmungen schreiben. Eine andere Möglichkeit: der Romandichter kann für sich das gottgleiche schöpferische Vorrecht aneignen und einfach für gut finden, die Ereignisse der Handlung von verschiedenen Seiten zu betrachten – von der gefühlsmäßigen, wissenschaftlichen, wirtschaftlichen, religiösen, metaphysischen usw. Er moduliert aus einer in die andre – etwa aus der ästhetischen in die physikalisch-chemische Betrachtungsweise, aus der religiösen in die physiologische oder finanzielle. Aber vielleicht drängt sich dadurch der Wille des Autors zu tyrannisch auf? Manche wären dieser Meinung. Aber warum sollte der Autor so zurückhaltend sein? Ich glaube, wir sind heutzutage hinsichtlich dieses persönlichen Auftretens allzu zimperlich.« (Huxley 1976, 315)

Eine angemessene Beurteilung dieser Ideen wird – wie auch in den meisten Fällen, wo Analogien mit der Musik bemüht werden – zum Ergebnis gelangen, daß die Anwendung musiktheoretischer Begriffe zwar für manche Leser suggestiv wirken mag, daß jedoch der Gewinn für die Erläuterung literarischer Vorgänge nicht allzu groß ist. Ganz abgesehen davon, daß so allgemein angewandte Begriffe wie ›Variation‹, im Sinne von ›Veränderung‹, nicht spezifisch musikalisch sind. Näher kommt Huxley/Quarles der Sache mit dem Begriff der Modulation. Die Beispiele zeigen, daß er wohl namentlich an die Umdeutung ein und desselben Sachverhalts, d. h. an eine enharmonische Verschiebung, gedacht hat. Im literarischen Text meint er damit den jähen Wechsel bestimmter intepretatorischer Sichtweisen in ihrer Anwendung auf denselben Vorgang: eine menschliche Handlung oder ein Geschehen in der Natur wird abwechselnd spontan gefühlsmäßig (etwa durch Entzücken oder Erschrecken), wissenschaftlich, politisch oder wirtschaftlich beurteilt, mit anderen Worten: jeweils in ein anderes Deutungssystem einbezogen. Ein solcher Perspektivenwechsel, als stilistische Absicht erkennbar, bewirkt dann eine Textur, die vom Autor als ein Ergebnis der Modulation oder – großflächig – des Variationsprinzips verstanden wird.

Eine andere Aufzeichnung des Philip Quarles, die der oben angeführten vorausgeht, zeigt, daß hier im Grunde von einem Phänomen die Rede ist, das auch anders bezeichnet werden könnte – und in der Tat auch anders benannt zu werden pflegt. Das aufdringliche Lachen eines Menschen, so überlegt Huxleys Romanfigur, mag in einer bestimmten Folge von Assoziationen in der erzählten Situation an den geöffneten Rachen eines Krokodils erinnern. Die verschiedenen Deutungssysteme, die unaufhörlich unser Bewußtsein beschäftigen, lassen die unterschiedlichsten Gedankenverbindungen und Gedankensprünge als begründet erscheinen. Das Befremdliche und Phantastische, notiert Quarles, drängt sich überall auf: alles erscheint in einem neuen, überraschenden Licht, wenn man »die Kruste von Alltäglichkeit abzuschälen vermag, mit der unsre Gewohnheiten es umkleiden«, d. h. wenn man in jedem Ding die andere, verborgene oder unbeachtete Bedeutung zu erfassen versucht.

Man hat es hier mit einer einprägsamen Formulierung eines keineswegs neuen künstlerischen Verfahrens zu tun. Die geschilderten Einfälle sind im Grunde als Formen der *Verfremdung* zu begreifen, wenn auch der Begriff selbst weder bei Huxley noch bei vergleichbaren englischen Romanautoren vorkommt. In der Praxis spielt dieses künstlerische Verfahren jedoch im modernistischen englischen Roman, vor allem bei Joyce, eine herausragende Rolle. Kein Zufall, wenn man bedenkt, daß gerade die zwanziger und dreißiger Jahre in der europäischen Literatur in der Geschichte der Verfremdung (vgl. dazu Borchmeyer/Žmegač 1987, 405 ff.) von besonderer Bedeutung sind. In den Jahren des Ersten Weltkrieges gewinnt das Phänomen seinen heute gebräuchlichen Namen, und zwar in den literaturtheoretischen Arbeiten der russischen »Formalisten«. Das deutsche Wort geriet rund zwanzig Jahre später durch Brechts dramaturgische Schriften in Umlauf. Praktiziert wurde die Verfremdung, freilich ohne terminologische Festlegung, bereits seit dem 18. Jahrhundert, so daß sich die Ausführungen in *Point Counter Point* im wesentlichen wie eine Paraphrase frühromantischer Poetik ausnehmen.

Huxley würde eine metatextuelle Pointe nicht genutzt haben, hätte er darauf verzichtet, die in den Roman eingebaute Theorie in der Erzählpraxis des Werkes vorzuführen. Beispiele findet man an zahlreichen Stellen. So gleich im zweiten Kapitel, wo ein Hauskonzert geschildert wird: aufgeführt wird Bachs Orchestersuite in h-moll. Die Beschreibung der Darbietung und der von der Musik ausgelösten Assoziationen erscheint auf bezeichnende Weise von Verfremdungen durchwirkt – von Modulationen, wie Quarles sich ausdrücken würde. Ein jäher Perspektivenwechsel kommt z. B. zustande, wenn das Orchester nach einer längeren geradezu schwärmerischen Passage plötzlich nicht mehr unter künstlerischen Aspekten gesehen wird, sondern unter materiell-physikalischen, so daß die Geiger nun »beharztes Roßhaar über die gespannten Därme von Lämmern« ziehen (Huxley 1976, 32). Sinnvoll ist diese Stelle namentlich im Lichte der Theorie der einander relativierenden Gegensätze, die auch in der Poetik Virginia Woolfs vorherrscht. In den künstlerischen Leistungen des Verfahrens ist zugleich eine steigernde Wirkung erkennbar: die Spiritualität von Bachs Musik, die an erster Stelle betont wird, erscheint durch den verfremdenden Sichtwechsel nicht in Frage gestellt, diese wird durch den Kontrast eher noch hervorgehoben. (Ein vergleichbares Beispiel von Verfremdung, mit einer analogen Verknüpfung intensiver Gefühle mit einem naturwissenschaftlichen Kommentar, findet sich in einem deutschen Roman jener Zeit, in Thomas Manns *Zauberberg*: dort wo Hans Castorp am Sterbebett seines Vetters steht und der Erzähler es sich nicht nehmen läßt, dem Leser die chemische Zusammensetzung von Tränen in Erinnerung zu rufen. Sie seien ein alkalisch-salziges Drüsenprodukt mit etwas Muzin und Eiweiß darin, heißt es im Teilkapitel *Als Soldat und brav*, das mit dem *Faust*-Zitat dem Tod ironisch auch noch eine intertextuelle Dimension verleiht.)

Es überrascht nicht, daß die intellektualistische Prosa Huxleys, die den

Roman zur Essayistik hin offenhält, der poetologischen Betrachtung sehr oft Raum gewährt. Im Zusammenhang mit den bei Virginia Woolf berührten Fragen verdient unter Huxleys literaturkritischen Schriften aus jener Zeit der Versuch über die Tragödie besondere Beachtung: *Tragedy and the Whole Truth*, aus dem Essayband *Music at Night*, 1931. Obwohl den Ausgangspunkt Betrachtungen über allgemeine Gattungsfragen, namentlich über das Drama, bilden, spielt der Roman eine nicht unwesentliche Rolle. Im Spiel der Typologien, das der Autor in Bewegung bringt, fällt dem Roman die Aufgabe zu, als Widerpart des tragischen Dramas zu figurieren. Der Maßstab, der an die Gattungen angelegt wird und der ein Erkennen ihrer künstlerischen Besonderheiten erlaubt, ist die Durchlässigkeit gegenüber der Fülle erfahrbaren Lebens. Es geht dabei freilich wie bei allen idealtypischen Bildungen nicht ohne Vereinfachungen ab, doch der Erkenntnisgewinn, der von Huxleys synthetischen Modellierungen geboten wird, wiegt diesen Nachteil auf. Bei der Tragödie denkt der Autor an einen poetischen Text, der mehr als jeder andere von der Reduktion der Erfahrungswelt auf das Wesentliche der Konflikte und Gedankenspiele lebt – eine Gattung, die das Zufällige, Alltägliche und Allzumenschliche der Reinheit der Idee opfert, kurz: eine Gattung, die gleichsam chemisch rein ist, »chemically pure«. Die Tragödien des französischen Klassizismus, etwa Racines *Phèdre*, sind mit ihrer Stilisierung, die sich alles Vulgäre vom Leibe hält, ein Inbegriff der »Reinheit«, doch auch Shakespeare wird von Huxley trotz aller Stilmischungen zu den Dichtern der tragischen Weltsicht gezählt. Othello, Desdemona, König Lear, Hamlet, Macbeth – auch diese Dramenhelden gehorchen dem Gesetz der Tragödie, dem der Exklusivität. Ein grotesker Kontrast könne die tragische Sicht vertiefen, die niedrige Gewöhnlichkeit des Alltags würde sie töten.

Die Literatur habe sich jedoch stets schon dieser Ausschließlichkeit widersetzt und nach Möglichkeiten gesucht, das zu verwirklichen, was man die »Ganze Wahrheit« nennen könnte, »the Whole Truth«, fährt der Autor fort. Und damit erläutert er den Sinn des Beispiels, das den Essay einleitet. Im zwölften Buch von Homers *Odyssee* wird vom furchtbaren Tod der Männer berichtet, die von der Scylla verschlungen werden. Doch was tun die Überlebenden am selben Abend? Sie bereiten ihre Mahlzeit sachkundig, stillen ihren Hunger, beweinen die Toten und suchen dann den Schlaf. Das ist, so folgert Huxley, ein Beispiel der Ganzen Wahrheit in der Literatur. Eine Tragödie, in der man zuerst äße und dann trauerte, sei dagegen undenkbar; sie würde ihr Grundprinzip aufgeben.

Es bedarf kaum der Versicherung, daß für Huxley die Ganze Wahrheit ein charakterisierender Begriff ist, kein Werturteil. Literarische Werke, die sie anstreben, sind nicht besser, sondern anders; sie sind vor allem illusionslos, sie wenden nicht den Blick ab von den Widersprüchen, Ungereimtheiten, peinlichen oder lächerlichen Dingen, die das Leben der meisten Menschen begleiten, und auch nicht von der Bereitschaft der Menschen, sich damit abzufinden.

Eine Tragödienheldin, die vom Pferde gehoben wird, dabei zusammen mit dem ungeschickten Gastwirt im Straßenschmutz landet und auch noch unfreiwillig gewisse Körperteile enthüllt, ist nur in einer Parodie vorstellbar; ein ernst gemeintes Werk kennt nur eine Realität, in der es solche Dinge einfach nicht gibt.

Es gibt sie dagegen im Roman. Huxley nimmt sein Beispiel aus Fieldings *Tom Jones*, einem Werk, in der er eine Fortsetzung jener bei Homer ausgeprägten Bereitschaft zur Ganzen Wahrheit erblickt. Und vollends ist die moderne Erzählkunst seiner Ansicht nach auf Grund dieser Tendenz zu begreifen. Die strenge Ausschließlichkeit der Tragödie finde in unserer Zeit kaum noch Vertreter; denn nicht der »Reinheit« der Idee, sondern der »Unreinheit« der Lebenszufälligkeiten gelte die kreative Neugierde, auch wenn sie von Autoren vertreten wird, die sonst ganz unterschiedliche künstlerische Absichten haben. Huxley nennt Proust, D. H. Lawrence, Gide, Kafka, Hemingway. Der zeitgenössische Roman ist an Entdeckungen interessiert, nicht an allgemein anerkannten Wahrheiten, wie das in der Tragödie der Fall ist. Den Schluß des Essays bildet die relativierende Einsicht, daß auch die Unruhe des modernen Romans nur eine geschichtliche Erscheinung sei, kein Dauerzustand, und daß man der streng konzentrierten Sicht der Tragödie auch künftig Chancen geben müsse.

Mag sein, daß in den späten zwanziger Jahren (zu einem Zeitpunkt, wo zum Beispiel die Nennung Kafkas nur bei wenigen Lesern sachgerechte Vorstellungen erwecken konnte) des Autors Schlußpointe überzeugender wirkte. Heute ruft die Liste der fünf repräsentativen Romanschriftsteller eher Zweifel an der Schlüssigkeit der theoretischen Folgerungen hervor. Angesichts der literarischen Praxis der genannten Autoren erscheint die Neigung zur Ganzen Wahrheit als ein viel zu abstrakter gemeinsamer Nenner. Bestärkt wird vielmehr die Gewißheit, daß auch die Ganze Wahrheit jeweils aus ganz unterschiedlichen Grundsätzen der Auswahl aus dem Repertoire möglicher Erfahrung sich zusammensetzt sowie daß die Auswahl bei manchen Autoren letztlich wieder der Exklusivität der Tragödie sehr nahe kommt. Ein Vergleich zwischen Proust und Hemingway oder Lawrence und Kafka wird das bestätigen. Nimmt man – wie Huxley das getan hat – die Idee der Unvorstellbarkeit als theoretische Grundmaxime (man könne sich diese oder jene Handlung oder Sache in einem bestimmten Werk nicht vorstellen), so ist es ein leichtes, sich zahllose Situationen und Dinge vorzustellen, die z. B. in den Erzählwerken Kafkas nicht vorstellbar sind – im Gegensatz etwa zu den Romanen von Joyce, bei denen die Unvorstellbarkeit fast auf ein schon zu vernachlässigendes Mindestmaß herabgesetzt werden kann.

Verfolgt man die Spur der Gedankengänge aus *Tragedy and the Whole Truth* in den späteren Werken Huxleys, stößt man auf eine Ansicht, die ohne Schwierigkeiten als eine eigene – wenn auch fiktional verkleidete – Antwort auf die offen gebliebenen Fragen im Hinblick auf das Verhältnis zwischen Literatur und Empirie zu deuten ist. Der kleine Roman *The Genius and the Goddess* von 1955 setzt mit den Überlegungen der Hauptgestalt, eines Wissenschaftlers, ein, und zwar gleich mit der lakonischen Behauptung, das Problem der Erzählung (fiction) liege darin, daß es in ihr bisweilen sogar zuviel Sinn gebe, im Gegensatz zur Wirklichkeit, in der ein Sinn niemals erkennbar sei. Das Geschehen in der Welt könne allenfalls von einem außerirdischen Standpunkt aus einen Sinn ergeben, aus der Sicht Gottes; so, wie wir die Dinge erleben, niemals. Nur Dichtungen stellen etwas Ganzes dar, eine Sinneinheit, und sie zeichnen sich durch die Einheit des Stils aus. Im wirklichen Leben gibt es weder das eine noch das andere. Das Leben ist eine Reihe von Lappalien, und jede dieser Lappalien ist zugleich etwas, was an Thurber und an Michelangelo erinnert, an Mickey Spillane und an Thomas von Kempen. Der Wirklichkeit kommt man am nächsten, wenn man deren Teilnahmslosigkeit erkennt.

Mit dieser Auffassung nimmt der Autor einen Standpunkt ein, von dem aus die früher anvisierten Unterschiede innerhalb der Literatur nur noch gering erscheinen. Wie das einzelne Werk auch beschaffen ist, reduktionistisch oder realitätsprall, es besitzt notwendigerweise eine Konsistenz, und es ist dazu angelegt, Sinnantworten zu geben (oder es werden von ihm zumindest solche erwartet). Daher vermag es niemals ein getreues Abbild des Lebens zu sein. Huxley hätte hier auch Maupassant zitieren können, das Vorwort zu *Pierre et Jean*, das – wie im Naturalismus-Kapitel dargelegt worden ist – die im Grunde unvermeidliche Eigengesetzlichkeit des literarischen Textes postuliert. Sinnstiftend ist der Text, so könnte man Huxley im Sinne Maupassants ergänzen, auch ohne die Betonung moralischer Werte; er ist es bereits durch seine logische Struktur.

Eine vergleichend vorgehende Geschichte poetologischer Vorstellungen hat allen Anlaß, bei der Betrachtung von Huxleys Beitrag noch in die Zeit vor *Point Counter Point* zurückzugreifen. Die Idee der literarischen Gestaltung von Gleichzeitigkeit fand im Bereich des englischsprachigen Romans in Huxley einen ihrer ersten Verfechter. Bereits sein zweiter Roman, *Antic Hay*, 1923 erschienen (in deutscher Übersetzung *Narrenreigen*), deutet diese Formvorstellung an mehreren Stellen an, ohne jedoch daraus Konsequenzen für die Erzählweise des Romans selbst zu ziehen. Simultaneität ist darin ein Denkmotiv der Romanfiguren, kein Leitprinzip des Erzählens, wie das, zumindest zum Teil, in *Point Counter Point* der Fall ist. Virginia Woolfs Anregung, die Romanprosa möge modellieren, was »an ordinary day« den Figuren zuträgt, erhält hier ein Gegenstück in der Überzeugung, das Erlebnis der sogenannten Lebenstotalität sei in erster Linie ein Erlebnis der Disparatheit.

Im elften Kapitel von *Antic Hay* hat Theodore Gumbril, die Hauptgestalt des Romans, ein Simultaneitätserlebnis in einem Augenblick spontaner Kontemplation: sein Sinn schweift aus, nicht in die Zeit, sondern in den Raum. Das Ergebnis: »Er saß still da und rauchte seine Zigarre. Zwei Stock tiefer, im Souterrain, lasen die Köchin und das Hausmädchen die Zeitung, die eine den

Daily Mirror, die andere den *Daily Sketch*. Für sie richtete die Königin freund-liche Worte an körperbehinderte Waisenmädchen, für sie stürzten Jockeys beim Hindernisrennen, für sie trieb Cupido sein Wesen in der guten Gesell-schaft, für sie wurden die Mörder gesucht, die ihrer Geliebten den Bauch aufgeschlitzt hatten. In dem Stockwerk über Gumbril befand sich das Gips-modell einer Stadt, ein Schlafzimmer, ein Mädchenzimmer, ein Bodenraum mit Wassertank und altem Plunder, und über allem das Dach, und dann, zwei- bis dreihundert Lichtjahre entfernt, ein Stern vierter Größe.« (Huxley 1983, 151) Die Gleichzeitigkeit in vertikaler Ausdehnung wird in den folgenden Sätzen durch einen horizontalen Schnitt ergänzt. Die Imagination durchstößt Wohnungswände, erfaßt die Straßen und schweift in die Ferne: zu den Schif-fen auf dem Atlantik.

Was der Text – freilich ohne theoretischen Anspruch – als poetologische Idee vermittelt, ist im Grunde eine Verabschiedung des herkömmlichen Ge-dankens, der Roman lebe vom individuellen Schicksal, das sich in der Zeit, im Nacheinander entfalte. Das größte Gewicht hatte das Nacheinander in der Romantradition im Bereich des Bildungsromans: die Kategorien der Indivi-dualität und der Zeit sind darin unauflöslich miteinander verbunden. Die Konsequenzen der Gleichzeitigkeit nehmen dieser Einheit ihre Grundlage. Mit dem Schrumpfen der Zeit verliert die Idee der individuellen Erfahrung alle Entfaltungsmöglichkeiten, der Mensch wird gleichsam zu einem punk-tuellen Wesen. Die darin enthaltenen Konsequenzen haben in der an Experi-menten so reichen Romangeschichte des 20. Jahrhunderts die wenigsten Au-toren zu ziehen versucht. Im allgemeinen ist jedoch das Verhältnis zwischen Zeit und Raum beziehungsweise zwischen der Zeit äußerer Geschehnisse und den Bewegungen unsichtbarer Bewußtseinsvorgänge ein Grundmotiv aller maßgeblichen Ereignisse im Bereich des Romans seit dem Naturalismus. Die Geschichte der ambitionierten Romanprosa ist unter anderem eine Geschichte der literarischen Einfälle und Formen, die dieser Problematik Anschauung verleihen.

V

Eines der Schlüsselwerke in dieser Hinsicht ist der *Ulysses* von James Joyce, ein Roman, der mit seiner Kombinatorik und seinen literarischen Synthesen ein Jahrhundertwerk ist. Bedenkt man die hindernisreiche Veröffentlichungs-geschichte des Werkes sowie die Schwierigkeiten, die es in den ersten Jahr-zehnten seines Daseins in der Öffentlichkeit erlebte, so leuchtet die Behaup-tung Jean Paul Sartres mehr denn je ein, wonach die innovative Literatur seit Flaubert im Grunde gegen das Publikum geschrieben sei (Sartre 1958, 73). Ein Teil der Literaturkritik erkannte allerdings bald nach dem Erscheinen des Romans (1922 in Paris) dessen unvergleichliche Bedeutung. Nicht ohne einen gewissen Widerspruch ist das Verhalten des Autors gewesen. Unter seinen ohnehin nicht sehr zahlreichen kritischen Aufsätzen sucht man vergeblich einen Text, der ein allgemeines Programm oder aber einen konkreten Kommentar zu seinen so vielschichtigen Erzähltexten enthielte. Zugleich unterrichten jedoch seine Briefe nicht selten über die Entstehungsgeschichte und die im Arbeitsprozeß wechselnden künstlerischen Absichten. Dazu kommen auch andere Versuche, die darauf hinweisen, daß ihm die Vorstellungen der Leser von der Beschaffenheit des *Ulysses* nicht ganz gleichgültig waren. Die Interpretationshinweise, die Autoren aus seinem Bekanntenkreis von ihm bekamen (und die am ausführlichsten in der Einführung von Stuart Gilbert dargelegt sind), sind ein Beweis dafür. Die Literaturwissenschaft hat allerdings gegenüber den sogenannten Schemata zum Verständnis des Romans erhebliche Zweifel angemeldet bis hin zur Meinung, Joyces Hinweise seien eine Form von Spleen, in Umlauf gebracht, um interpretatorische Allotria anzustiften.

Sieht man jedoch von den subjektiven Absichten des Autors ab, zumal ja diese ohnehin nicht rekonstruiert werden können, so stellt sich das Problem etwas anders dar. Billigt man den bei Gilbert referierten Erläuterungen des Autors grundsätzlich Authentizität zu, wird man sich dazu bereit erklären müssen, den kommentierenden Text als eine Äußerung sui generis anzuerkennen, gleichgültig, wie sinnvoll die Anwendung dieses Textes bei der Lektüre des Romans sein mag. Der *Ulysses* ist nach Auskunft dieser Erläuterungen als ein Netz von Beziehungen zu betrachten, angefangen von den Anspielungen auf Homers Dichtung in den einzelnen Kapiteln bis zu den ebenfalls von Kapitel zu Kapitel wechselnden dominierenden Symbolen, Farben, menschlichen Tätigkeitsbereichen usw. Es erscheint sinnlos, die über jegliches Schema weit hinausgehende Gestaltungsdichte des Romantextes an das Gängelband eines kompositorischen Aufrisses zu nehmen. Man könnte auf der Suche nach den angezeigten Korrespondenzen an den wahrhaft realisierten Qualitäten des Werkes vorbeigehen. Plausibel erscheint es indes, Joyces manieristische Phantasiespiele als einen relativ unabhängigen, nur im weitesten Sinn ergänzenden Text zu betrachten, letztlich als eine poetologische Äußerung, die in ihrem Eigenwert zu respektieren ist.

Allein auch in seinen Hinweisen gibt sich Joyce sozusagen als ein am Detail der technischen Kombinatorik interessierter Bastler zu erkennen, nicht als ein passionierter Freund von Polemiken oder allgemeinen ästhetischen Aussagen, wie etwa Ezra Pound und Virginia Woolf. An kunsttheoretischen Verallgemeinerungen fand er offenbar wenig Gefallen. Einige generelle ästhetische Erfahrungen fanden Eingang in seinen frühen Roman *A Portrait of the Artist as a Young Man* (1916), in dem die Lehre von der »Epiphanie« besondere Beachtung verdient, eine Auffassung der künstlerischen Intuition, die – vermutlich ohne eine direkte Beziehung – an die Gedanken in Hofmannsthals Chandos-Brief erinnert. Die Intuition durch künstlerische Sensibilität ist dabei nicht durch ein System vorgegebener moralischer oder ästhetischer Normen bestimmt, sondern durch die Bereitschaft des Erlebenden, sich in die widerspruchsvolle Ganzheit des Lebens zu versenken. Der Vitalismus der Jahrhundertwende wirkt hier deutlich nach.

Auch sonst sind die Wurzeln von Joyces Schaffen im ausgehenden 19. Jahrhundert auszumachen, in der Zeit des Naturalismus und Symbolismus. Beide Strömungen sind mit ihren Grundsätzen auf eine eigentümliche Weise in die Prosa des in Europa ansässigen Dubliners eingegangen. In einem frühen Aufsatz, *Drama and Life*, schwört er auf Ibsen, in dem er einen Höhepunkt in der gesamten Dramengeschichte erblickt, Shakespeare nicht ausgenommen. In seiner Heimat versucht er, für das europäische naturalistische Drama zu werben. Ibsen verdankt seinen Ruhm im englischen Sprachbereich der Generation des Dubliners. Immerhin spricht man auch heute noch von »ibsenism«, wenn der Bühnennaturalismus gemeint ist. Den biographischen Zeugnissen aus der Entstehungszeit seines Hauptwerks ist zu entnehmen, wie viel Sorgfalt er z. B. darauf wandte, Einzelheiten über Lokalitäten und Daten aus der Geschichte und dem Alltag seiner Geburtsstadt zu erfahren, im Detail also in der Art Zolas oder auch moderner Dokumentaristen zu recherchieren. Literarische Parallelen aus jener Zeit sind nicht selten. Den Kennern der Entstehungsgeschichte der *Buddenbrooks* wird die Ähnlichkeit in der Vorgehensweise Thomas Manns und Joyces auffallen. Das Streben nach Authentizität im dokumentierbaren Detail (bei Thomas Mann noch in der Arbeit am *Doktor Faustus*), ist in beiden Fällen, bei Mann wie bei Joyce, zugleich der künstlerische Ehrgeiz, in der ideellen Konstruktion weit über das emsige Erstellen von Abbildungen hinauszukommen. In diesem Sinn ist der 16. Juni 1904, der Tag, an dem sich die Vorgänge des Romans ereignen, ein exemplarischer Tag, der gerade infolge seiner Unscheinbarkeit so etwas wie ein universales Konzentrat bürgerlicher – und nicht nur bürgerlicher – Lebensformen darstellt.

Die für Joyce so kennzeichnende Zweiheit naturalistischer Abbildungssucht und gedanklicher Überhöhung hat Robert Musil in seinen literarischen Notizbüchern auf die prägnante Formel gebracht, Joyce sei »der spiritualisierte Naturalismus«. (Vgl. dazu Žmegač 1966 und Rauter 1969.) In Sprachbehandlung und Interpunktion folge seine Schreibweise der naturalistischen Mimesis, und dem Prinzip der Abbildung entspreche auch das freie Assoziieren der Romangestalten, das den »heutigen aufgelösten Zustand« des Menschen widergibt. Freilich: »Das hat etwas Dichterisches oder den Schein davon; etwas Unlehrhaftes und Wiederanstimmen eines Urgesangs.« (Musil, 584) Es verwundert nicht, daß Musil als Leser des *Ulysses* auf Grund seines ganz anderen literarischen Idioms für die naturalistischen Züge bei Joyce besonders empfindlich war: dem Autor, der dem »aufgelösten Zustand« mit den Mitteln ironischer Essayistik und herkömmlicher Syntax begegnete, mußte Joyces Praxis einer »aufgelösten« Schreibweise irritierend erscheinen. Zugleich erblickte er jedoch im Wurf des Romans die ebenso deutlich ausgeprägte Tendenz zur poetischen Überhöhung, gleichsam die Bestrebung, den Augenblick

Ewigkeit sein zu lassen, die banale Photographie zum klassischen Monument zu erheben. Diese Bestrebung ist offensichtlich mit dem Attribut »spiritualisiert« gemeint. Man entfernt sich nicht wesentlich von Musils Gedankengang, wenn man behauptet, der Dubliner Roman, der mit seinen Universalität suggerierenden Homer-Reminiszenzen einer der eigentümlichsten Raumromane der Weltliteratur ist, verwirkliche den Doppelsinn von Hegels Begriff der *Aufhebung*: der Naturalismus sei darin bewahrt und transzendiert zugleich.

Das Stichwort ›Naturalismus‹ ist auch unter einem anderen Aspekt wichtig für das Verständnis von Joyces Werkstattpoetik. Namentlich in der englischen und amerikanischen Literaturwissenschaft wird im Hinblick auf die naturalistischen Protagonisten, etwa Zola und Ibsen, vor allem die stoffliche Seite der Mimesisproblematik berücksichtigt: es ist dann von Realien die Rede, von der Bedeutung sozialer Fragen usw. Viel zu selten kommt ein anderer Aspekt zur Geltung, der gerade bei Joyce vorrangig ist, nämlich alles, was dem Bereich der literarischen Machart, der Gestaltungstechniken zugehört. Dem Betrachter der deutschen literarischen Entwicklung um die Jahrhundertwende dürften die Zusammenhänge, die hier sichtbar sind, viel eher vertraut sein. Die im Naturalismus-Kapitel behandelten literarischen Vorstöße von Holz/Schlaf lassen erkennen, daß Joyces Darstellungsweise eine bis ins Extreme gesteigerte Vollendung mancher Bestrebungen des ausgehenden 19. Jahrhunderts darstellt. Arno Holz war es, der im Vorwort zu seinem Drama *Socialaristokraten* (1896) Ibsen tadelte, er habe die moderne Gesellschaftsproblematik in Dramenfiguren vorgestellt, die ebenso »geschrieben« sprächen, literarisch artifiziell, wie Bühnenhelden seit eh und je. Die Modernität dürfe indes nicht nur stofflich sein, sondern müsse sich auch in der lebendigen Rede im Drama auswirken. Die Praxis einer solchen »phonographischen Methode«, wie Holz/Schlaf das Verfahren.nannten, führten sie im Bereich der Erzählprosa in *Papa Hamlet* vor. Eine syntaktisch nicht genormte Rede, die graphische Wiedergabe von Geräuschen, die Illusion der unmittelbaren Wahrnehmung, erzeugt durch das Fehlen orientierender erzählerischer Hinweise, die Innensicht in Form des Inneren Monologs oder der Erlebten Rede an Stelle der herkömmlichen erzählenden Schilderung – das sind Stilmerkmale, die Joyce aus der experimentierenden Prosa der deutschen »konsequenten Naturalisten« hätte übernehmen können. Joyce träumte davon, ein neuer Zola zu sein. Sieht man die Dinge aus der Perspektive seiner reifen Werke, so kommt diesem Jugendtraum nur ein geringer Realitätsgehalt zu. Die – im Vergleich mit der Schreibweise der meisten englischen Zeitgenossen erstaunlich kühnen – Innovationen Joyces weisen viel mehr in eine andere Richtung: die erzähltechnischen Neuerer unter den Naturalisten und Impressionisten haben Autoren wie Joyce den Weg bereitet. Nicht Zola, sondern Holz/Schlaf, Dujardin und Schnitzler lassen die Entwicklung erkennen, die – zunächst nur undeutlich erkennbar – sich dann in den Schocks des *Ulysses* entlud.

Nicht in der Darstellung des Stoffgebietes ›Stadt‹ ist der entscheidende künstlerische Zugriff Joyces zu sehen; die moderne Großstadt ist spätestens seit Balzac und Dickens ein Schauplatz literarischer Schicksale, und bei Zola ist in der Tat die ganze stoffliche Vielfalt des Milieus eingehend geschildert worden. Entscheidend ist vielmehr der Umstand, daß Joyce alle von den Modernisten seit dem ausgehenden 19. Jahrhundert in die Literatur eingebrachten ästhetischen Neuerungen auf eine sehr eigenständige Weise dem Gedanken dienstbar gemacht hat, die Stadt nicht auf herkömmliche Art zu schildern, sondern als ein besonderes Kommunikationsgebilde sprachlich zu erfassen. Die Stadt – metaphorisch – als Rhythmus, als Schnittpunkt zahlloser Handlungen und Vorgänge, elementar physischer, wirtschaftlicher, politischer, privater, kurz: die Formen der Dynamik der Stadt, das war die Aufgabe, und es galt literarische Darstellungsmittel zu ersinnen oder zu mobilisieren, die das Verhältnis von Zeit und Raum vom Standpunkt großstädtischer Wahrnehmungs- und Verkehrsformen anschaulich machen.

In diesem Versuch, nämlich durch entsprechende Formmittel moderne Lebenssituationen literarisch zu transponieren, steckt der eigentliche modernistische Kern des *Ulysses*. Die Zeit, der Zeitfluß im Sinne des Entwicklungsromans, fällt dabei der Idee zum Opfer, das Geschehen an einem einzigen Tag als ein Kräftespiel des Raumes zu gestalten. Die Großstadt wird zum symbolischen Raum der Moderne durch die Vergegenwärtigung jener Signatur, die Musil »Auflösung« genannt hat und die primär durch Simultaneität und Disparatheit gekennzeichnet ist. Die Vielfalt der Erscheinungen, die in ihrem unüberschaubaren Nebeneinander und Gegeneinander nur noch flüchtig wahrgenommen werden kann, wird bei Joyce wahrhaftig zum Bild des Romans. Der Zerfall, die Flüchtigkeit und die Beliebigkeit, Kategorien, die diesem Erscheinungsbild immanent sind, lassen dabei, gerade infolge der Radikalität der Schreibweise, in mancherlei Hinsicht das Ende des Erzählens erkennen (später in gesteigertem Maße noch in Joyces letztem Werk, in *Finnegans Wake*, 1939). Zusammenhalt wird dagegen mit der Aufrufung der mythischen Analogie beschworen, am deutlichsten mit dem Titel *Ulysses*: der Mythos als Widerspiel der Entropie.

Die Radikalität dieses Romans verleitet die Forschung nicht selten dazu, nicht nur die Einmaligkeit der künstlerischen Leistung zu betonen, sondern auch die Machart des Werkes als singuläre Erscheinung isoliert zu betrachten. Das letztere ist sicherlich nicht berechtigt. Der typisch moderne Anblick, nämlich die Wahrnehmung disparater Dinge, verursacht durch die Häufungsphänomene der Großstadt, gewinnt seine literarische Form in schockartigen Schüben seit der Jahrhundertwende, namentlich aber in futuristischen und expressionistischen Texten aus den Jahren vor dem Ersten Weltkrieg. Die Lyrik der jungen Autoren in den Berliner Zeitschriften *Der Sturm* und *Die Aktion*, die in ihrem Zeilenstil die diffuse Wahrnehmung im technischen Zeitalter suggeriert, sollte bei der Beurteilung des Epochenkontextes, in den sich die Werke von Joyce einfügen, ebenso berücksichtigt werden wie das Prinzip der flutenden Assoziationen in den Gedichtbänden von Apollinaire (*Alcools*, 1913, und *Calligrammes*, 1918) oder die Montage beim jungen Eliot. Im folgenden Teilkapitel wird im Zusammenhang mit Döblin, Dos Passos und anderen Autoren davon noch näher die Rede sein.

Es ist jedenfalls nicht überraschend, daß ein Autor aus dem Umkreis des deutschen Expressionismus, nämlich Alfred Döblin, in seiner Besprechung der ersten deutschen Übertragung des *Ulysses* gerade das Moment der modernen Wahrnehmungsformen in den Vordergrund gestellt hat. »In den Rayon der Literatur ist das Kino eingedrungen, die Zeitungen sind groß geworden, sind das wichtigste, verbreitetste Schrifterzeugnis, sind das tägliche Brot aller Menschen. Zum Erlebnisbild der heutigen Menschen gehören ferner die Straßen, die sekündlich wechselnden Szenen auf der Straße, die Firmenschilder, der Wagenverkehr. Das Heroische, überhaupt die Wichtigkeit des Isolierten und der Einzelpersonen ist stark zurückgetreten, überschattet von den Faktoren des Staates, der Parteien, der ökonomischen Gebilde. Manches davon war schon früher, aber jetzt ist wirklich ein Mann nicht größer als die Welle, die ihn trägt. In das Bild von heute gehört die Zusammenhanglosigkeit seines Tuns, des Daseins überhaupt, das Flatternde, Rastlose. Der Fabuliersinn und seine Konstruktionen wirken hier naiv. Dies ist der Kernpunkt der sogenannten Krisis des heutigen Romans.« (Döblin 1963, 288)

Es lohnt sich, auch einige weitere Beobachtungen von Döblins Joyce-Lektüre festzuhalten. Gleich zweimal stellt der Rezensent fest, daß der *Ulysses* sich vor allem dadurch auszeichne, daß er mit dem Fabulieren, d. h. mit dem Entfalten einer zusammenhängenden, auf Spannung hin gearbeiteten Fabel Schluß mache. Eben darin liege das eigentlich Neue: in dem Versuch, dem Alltag einmal ohne Fabel auf den Leib zu rücken, besonders durch eine neue Kunst des Details, der Nahaufnahme und der pointillistischen Arbeit. Döblin betont sehr stark die Herkunft dieser Schreibweise aus dem Naturalismus beziehungsweise aus dem Geist des wissenschaftlichen Zeitalters: der *Ulysses* ist für ihn biologisch orientiert, wissenschaftlich und exakt, sowohl in der Sachlichkeit des Stils wie auch in der Beschreibung psychischer Vorgänge. Als verblüffend empfindet er namentlich die Verve, mit der der Roman auf eine ungeahnte Weise die Dingwelt sich einverleibt, eine »Unsumme von Wissen, Bibliotheksweisheit«. Von da aus deutet Döblin – anders als die meisten Kritiker – den Titel des Romans: »Ulysses« bedeute eine »Odyssee fast der ganzen heutigen Empire, Natur- und Geisteswissenschaft« (290). Ganz im Sinne seiner skeptischen Einschätzung der Bedeutung der Einzelperson sieht er in Joyces Roman ein Epos der modernen Dingwelt und nicht so sehr eine Darstellung individueller Schicksale. Daher ist das Leben der drei Gestalten, des Annoncenakquisiteurs Leopold Bloom, seiner Frau Molly und des Stephen Dedalus, nur der Faden, der durch die Stoffmassen führt. Gegenüber der Vorstellung, man habe es hier mit einem bloß beschreibenden Naturalismus zu tun, hebt Döblin – wie später auch Bertolt Brecht – den derben Humor und die phantastisch-burlesken Züge des Romans hervor, jene seltsame Verbindung von mimetischer Akribie und spielerischer literarischer Phantasie, die jeder Leser des *Ulysses* als den Grundzug des Werkes empfindet.

Die Bemerkung, es handle sich um keine simple Anwendung naturalistischer Grundsätze, ist allerdings nur ein karger Hinweis auf eine der gewaltigsten Leistungen des Romans: die an zahllosen Stellen erkennbare sprachliche Kombinatorik, die Unmenge der Anspielungen, der montierten Zitate, der Laut- und Wortspiele, den ganzen riesigen Sprachkörper des Textes, der einer der imposantesten Beispiele eines literarischen Konstruktivismus in der neueren Geschichte ist. Die Einmaligkeit des *Ulysses* ist nicht zuletzt in einem ständigen Wechsel der Darstellungsformen und stilistischen Register zu sehen. Jedes der 18 Kapitel stellt den Leser vor neue Aufgaben; obwohl die Darstellung von Bewußtseinsvorgängen durch die entsprechenden Verfahrensweisen zu den Konstanten des Textes gehört, ist die Organisationsart der einzelnen Kapitel jeweils individuell, so daß jedesmal eine Einübung in die besondere Technik erforderlich ist (vgl. Iser 1972, 307). Auch im Hinblick auf diese Forderungen an den Leser war der Dublin-Roman bei seinem Erscheinen ein singuläres Werk.

Es versteht sich, daß ein so komplexes Gebilde (das z. B. im 14. Kapitel Blooms Besuch in einer Entbindungsanstalt zum Anlaß nimmt, die englische Sprach- und Stilgeschichte pasticheartig zu rekapitulieren) nicht ausschließlich auf das Bewußtsein der vorkommenden Gestalten bezogen werden kann, wie das noch in den experimentierenden Skizzen der deutschen »konsequenten Naturalisten« der Fall war. Joyce verzichtet, im Gegensatz zu einigen seiner großen Zeitgenossen, auf den transzendentalen Erzähler, der sich in einer abstrakten grammatischen Person dem Leser vorstellt und diesen bei dem Gang durch die Erzählung gleichsam bei der Hand nimmt. Dennoch kann kein Zweifel daran sein, daß in der Beschaffenheit des Textes eine Instanz wirksam ist, die mehr sprachliche Macht besitzt als die handelnden Figuren mit ihren Erlebnisperspektiven. Man kann von einem anonymen lenkenden Bewußtsein des Textes sprechen, einem Bewußtsein, das alle Register der Sprache ziehen kann, von der hochpoetischen lyrischen Vision, in traditionellem Sinn, bis zur vulgärsten Ebene im Slang. Die Freiheit, die der Autor auf diese Weise sich seinen Figuren gegenüber sichert, gehört zu den entscheidenden Voraussetzungen seiner Romanpoetik.

Diese Freiheit ist jedoch nicht selten auch dort erkennbar, wo von der Situation her ein eindeutiger Bewußtseinsstrom figurengebundener Art vorausgesetzt werden kann. Die Kritik hat schon früh vermerkt, man gewinne beim Lesen des *Ulysses* den Eindruck, es sei auf Schritt und Tritt ein mit der Sprache spielender Automat am Werk. Diese Beobachtung beruht nicht zuletzt auf dem Umstand, daß Joyce nicht nur auf die herkömmliche Einheitlichkeit des Erzählens verzichtet, sondern auch auf einen streng psychologisch plausiblen Zuschnitt der Gestalten. Deren Bewußtseinsvorgänge sind daher nicht an dem Standard psychologischer Glaubhaftigkeit aus der Tradition des Realismus zu messen. (Am meisten gilt das noch vom großen Monolog des letzten Kapitels, dem »Bettmonolog« Molly Blooms, der in seiner stilistischen Einheitlichkeit etwa mit Schnitzlers *Leutnant Gustl* vergleichbar ist.) Ein Maßstab war für den Autor stets nur die Weltfülle, die durch Assoziationen oder durch einen Perspektivenwechsel zustandekommt, nicht so sehr die strikte Aufteilung auf diese oder jene Sicht. Eine Stelle aus dem 4. Kapitel soll dies veranschaulichen. Bloom befindet sich auf einem seiner morgendlichen Ausgänge, und zwar in der Dorset Street, wo er die Schaufenster und die ausgestellten Waren jüdischer Händler betrachtet.

»Er betrachtete das Vieh, verschwommen in silberner Hitze. Silbern bestaubte Olivenbäume. Stille lange Tage: bloß ausputzen, reifen lassen. Oliven werden doch in Kruken verpackt, oder? Ich hab noch ein paar von Andrews. Molly hat sie ja ausgespuckt. Kennt den Geschmack jetzt. Apfelsinen in Seidenpapier, in Lattenkisten verpackt. Zitronen ebenfalls. Möchte wohl wissen, ob der arme Citron noch lebt in der St. Kevin's Parade. Und Mastiansky mit der alten Zither. Nette Abende waren das damals. Molly in Citrons Korbsessel. Schön, sie anzufühlen, kühle wächserne Frucht, schön in der Hand, an die Nüstern zu heben und ihren Duft zu schnuppern. Genau so, schwerer, süßer, wilder Duft. Und das immer wieder, Jahr für Jahr. Sie erzielten auch hohe Preise, hat Moisel mir erzählt. Arbutus Place: Pleasants Street: viel Pläsier damals. Müssen ohne Makel sein, hat er gesagt. Wo sie so weit herkommen: Spanien, Gibraltar, Mittelmeer, von der Levante. Lattenkisten in Reih und Glied am Kai in Jaffa, irgendein Kerl hakt sie ab in einem Buch, Hafenarbeiter verladen sie, in verdrecktem Baumwollzeug. Da ist ja der wieheißterdochgleich, aus Dingsbums. 'n Tag. Sieht nicht her. Irgendwie doch ärgerlich, wenn man jemand bloß grad so weit kennt, daß man ihn grüßt. Also von hinten sieht er aus wie dieser norvegische Kapitän. Möchte wissen, ob ich den treffe heut. Wasserwagen. Wohl um den Regen herauszufordern. Wie im Himmel also auch auf Erden.

Eine Wolke begann die Sonne zu bedecken, ganz langsam ganz. Grau. Fern.

Nein, doch nicht so. Ein unfruchtbares Land, kahle Wüste. Vulkanischer See, das tote Meer: kein Fisch, keine Vegetation, tief eingesackt in der Erde. Kein Wind hat je seine Wellen gehoben, graues Metall, giftige neblige Wasser. Schwefel, so nannten sies, regnete nieder: die Städte der Ebene: Sodom, Gomorrah, Edom. Alles tote Namen. Ein totes Meer in einem toten Land, grau und alt. Alt jetzt. Es hat die älteste Rasse geboren, die erste. Ein krummes altes Weib kam von Cassidy herüber, ihre Hand hielt den Hals einer Noggin-Flasche gepackt. Das älteste Volk. Weit fortgewandert über die ganze Erde, von Gefangenschaft zu Gefangenschaft, sich mehrend, sterbend, stets sich neu gebärend, allüberall. Da lag es nun. Nun konnte es nicht mehr gebären. Tot: eines alten Weibes: grau eingesackte Votze der Welt.

Trostlose Öde.

Grauer Schauder versehrte sein Fleisch. Das Blatt in die Tasche faltend, bog er in die Eccles Street ein, eilig, nach Hause zu kommen. Kalte Öle schlüpften durch seine Adern, durchfröstelten sein Blut: Uralter umkrustete ihn wie ein Mantel von Salz.« (Joyce: 85 f.)

Im ersten und im letzten Absatz ist von Bloom in der dritten Person die Rede, er wird also wie zu Beginn des Kapitels von einer anderen, anonymen »Stimme« eingeführt. Dazwischen liegt ein Textabschnitt, in dem, so scheint es, Blooms Bewußtsein zur Geltung kommt. Man macht es sich jedoch zu leicht, wenn man als Leser schlicht dem Grundsatz des Inneren Monologs vertraut. In der Forschung der letzten Jahrzehnte (vgl. Fischer-Seidel, spätestens seit den grundlegenden Untersuchungen von F. K. Stanzel) besteht kein Zweifel über die Verflochtenheit der Erzählinstanzen, ja es wird betont, daß eine der wichtigsten Voraussetzungen für eine angemessene Lektüre des Werkes im Begreifen dieses Prinzips zu sehen ist. Jedenfalls gibt es kaum einen anderen Text, dem Bachtins Terminologie und Auffassung von der ›Polyphonie‹ im Roman so auf den Leib geschnitten ist wie gerade dem *Ulysses* – wenn auch Joyces Roman in Bachtins Untersuchungen keine Rolle spielt.

Welche Stimme bzw. Instanz an der Textur auch teilhat, das Bauprinzip des Abschnitts (und zahlloser anderer) ist die Assoziation. Den Spielraum, den seine Prosa anstrebt, gewinnt der Autor durch die Verknüpfung zweier Formen assoziativer Tätigkeit: äußerer und innerer. Die von außen hervorgerufene Empfindungs- und Bilderflut folgt der körperlichen Bewegung Blooms an den Schaufenstern und Obstständen entlang. So ruft etwa der Anblick der Zitronen und Apfelsinen die Vorstellung jener Landstriche hervor, aus denen die Früchte stammen. So wie bei Proust der Geschmack eines Gebäcks den Erzähler in die Tiefen der erlebten Vergangenheit eintauchen läßt, so lösen die sichtbaren Farben und Formen Vorstellungen von Dingen aus, die ebenfalls nicht wahrnehmbar sind. Mit dem Unterschied, daß Marcels Erinnerung in die Zeit ausschweift, Blooms Einbildungskraft dagegen in den Raum. In beiden Fällen erzeugt die Intensität der sinnlichen Empfindung ganze Bilderketten des inneren Gesichts, Vorstellungen, die in diesem Augenblick den Wahrnehmenden geistig in ein anderes Ambiente versetzen. Ohne Übergang, nur dem Gesetz der Assoziation folgend, verbinden sich bei Joyce mit diesen äußeren Impulsen anders geartete, die nur mittelbar etwas mit dem aktuellen Wahrnehmungshorizont zu tun haben. So ruft das Wort ›Zitrone‹ durch Lautähnlichkeit die Erinnerung an einen alten Freund namens Citron hervor, zugleich an einen anderen, der eine alte Zither besaß. Die Spaltung von Signifikant und Signifikat führt zu Verbindungen rein lautlicher Natur, und diese wiederum zu Bildern der Vergangenheit, die mit dem aktuellen Moment nichts zu tun haben (Blooms Frau in Citrons Korbsessel).

Der angeführte Textabschnitt zeigt, wie im *Ulysses* der Innere Monolog seine eigenen Darbietungsformen entfaltet. Den Übergang von einer psychi-

schen Handlung zur anderen, etwa von der Erinnerung und sinnlichen
Schwärmerei (»Schön, sie anzufühlen, kühle, wächserne Frucht...«) zur mo-
mentanen Wahrnehmung (ein Passant, »wieheißterdochgleich, aus Dingsbums.
'n Tag«), erfolgt ohne jegliches vermittelnde Signal. Es bleibt lediglich die
Bindung an Konventionen der schriftlichen Mitteilung durch Interpunktion
oder andere graphische Zeichen. (Der große Monolog des letzten Kapitels
verzichtet schließlich auch auf diese Bindungen.) Die Darstellung des Bewußtseinsstroms läßt also zwei Komponenten psychischer Vorgänge hervortreten:
die Zufälligkeit im Auftreten der wahrgenommenen Erscheinungen und zugleich die Determiniertheit seelischer Phänomene im Gefüge der Lebens-
umwelt. Der Innere Monolog macht auf eine besondere Weise eine der Grund-
absichten des Autors erkennbar: die sprachliche Vergegenwärtigung städti-
scher Dynamik, wobei die Vielfalt subjektiver Reaktionen im individuellen
Bewußtsein die Darstellung von Brechungen und Spiegelungen ermöglicht,
wie sie mit den Mitteln des konventionellen Erzählens kaum zu erzielen ist.
Trotz tiefgreifender Unterschiede ist auch hier eine Ähnlichkeit mit Prousts
Romanwelt feststellbar: die Gestalten bei Joyce sind ebenfalls Wesen, von
denen man behaupten kann, daß dasein vor allem wahrnehmen, fühlen und
erinnern bedeutet. Die Welt des *Ulysses* ist weitgehend eine Welt, deren Aussehen und Beschaffenheit im Lichte punktueller Empfindungen erscheint.
Auch Joyces Helden sind Naturen nach dem Verständnis Ernst Machs.

Der besagte Unterschied zwischen den beiden Autoren ist namentlich darin
zu sehen, daß die Internalisierung der Prosa bei Proust einer disziplinierten,
gesammelten Innenschau entspricht, bei Joyce dagegen einem hektischen und
»zerstreuten« Realitätserleben. Am deutlichsten offenbart sich der Unterschied
im Spiegel der Syntax. Die Audrucksweise von Prousts Erzähler bleibt trotz
der unscharfen Konturen impressionistischer Nuancenkunst und aller Ver-
schachtelung des Satzbaus immer noch in den Bahnen traditioneller Syntax,
während die wechselnden Erzählformen bei Joyce ohne Rücksichten dieser
Art organisiert erscheinen. Der Pointillismus des *Ulysses*, von dem Hermann
Broch in seinem Joyce-Essay spricht, ist zwar eine Bezeichnung, die zwar
einen vagen Gegensatz zur impressionistischen Technik ahnen läßt, die jedoch
eine völlig unzureichende Vorstellung von Joyces Umgang mit der Sprache
vermittelt.

Statt von Pointillismus wäre es vermutlich genauer, von einer Technik
wechselnder Register und Ebenen zu sprechen, einer allgemeinen stilistischen
Einstellung, die den Roman als ein souveränes Sprachkunstwerk begreift und
nicht vorrangig als Abbildung psychologisch plausibler Situationen. Auch der
oben zitierte Abschnitt bietet Einblicke in eine Schreibweise, angesichts deren
es sinnlos wäre, eine präzise Trennung der an der Textur beteiligten Stimmen
vollziehen zu wollen. Die Gedanken, die mit den Stichwörtern ›Zitrone‹ und
›Mittelmeer‹ verknüpft sind, können – auch grammatisch – eindeutig dem
Bewußtsein Blooms zugeordnet werden. Auch die Nennung des Wasserwa-

gens (gegen Ende des ersten Absatzes) bezieht sich zweifellos auf seinen Gesichtskreis. Doch bereits die sakrale Formel »Wie im Himmel also auch auf Erden«, mit der dieser Absatz schließt, macht stutzig. Gleichgültig, ob dieser Satz parodistisch gemeint ist oder nicht, er leitet unvermittelt eine andere Betrachtungs- und Stilebene ein (»Ein unfruchtbares Land, kahle Wüste« usw.), eine Stelle, die in manchen Wendungen mit verhaltenem, aber deutlich spürbaren Pathos vom Ursprung des jüdischen Volkes berichtet. Der Inhalt ist zwar durch die jüdische Abstammung Blooms begründet, doch die Stilebene hebt sich eindeutig von der stummen Rede des Akquisiteurs ab. Der Innere Monolog wird hier von einer Stimme verdrängt, in der der Tonfall des Mythos hörbar ist, womit zugleich der Bezug zur symbolischen Dimension des Romans hergestellt erscheint.

Die verblüffende Vielfalt der Dinge und Beziehungen, die durch das Zusammenspiel der Stimmen zustandekommt, hat die Forschung auch im Rahmen einer allgemeinen literaturtheoretischen Fragestellung beschäftigt. Bedenkt man, daß diese Vielfalt, die auch rein stofflich enorm ist, nicht nur Respekt heischt, sondern für den Leser auch eine Quelle fortwährender Irritation ist, so ist die Frage verständlich, wie diese diffusen Mengen mit dem Grundsatz künstlerisch sinnvoller Auswahl zu vereinigen seien. Allerdings wurde auch die Frage gestellt, ob eine funktionalistische Beurteilung des *Ulysses* dem Wesen dieses Werkes überhaupt zu entsprechen vermag. So hat Umberto Eco in den Joyce-Kapiteln seines Buches *Opera aperta* das entscheidend Neue im *Ulysses* darin gesehen, daß darin das Prinzip der funktional vertretbaren Auswahl aus der Erscheinungswelt aufgegeben wird.

»Dieses Prinzip des Wesentlichen, das mit dem Romanhaften gleichgesetzt wird, bewirkt, daß im traditionellen Roman nicht davon die Rede ist, daß der Held sich die Nase schneuzt, es sei denn, dieser Akt ›zählt‹ irgendwie in Hinsicht auf die Handlung. Wenn er nicht zählt, ist er unbedeutend und hinsichtlich des Romans sinnlos. Bei Joyce nun erfolgt die vollberechtigte Akzeptierung aller sinnlosen Handlungen des Alltagslebens als Material der Erzählung. Die aristotelische Perspektive ist völlig umgestürzt: was vorher unwesentlich war, wird nun Mittelpunkt der Handlung; im Roman geschehen nicht mehr große wichtige Dinge, sondern all die kleinen unbedeutenden Dinge, ohne Verbindung zueinander, im inkohärenten Fluß ihres Eintretens, die Gedanken wie die Gesten, die Vorstellungsassoziationen wie die Verhaltensautomatismen.« (Eco 1973, 354) Im traditionellen Roman, so argumentiert der Autor, gab es stets den übergeordneten Zusammenhang der Handlung, und das heißt eine Kette der Kausalität, die darüber bestimmte, was als wichtig anzusehen sei (bzw. was als unwesentlich auszuscheiden habe). Die Handlung mit ihrer Kausalität war nun ihrerseits nicht ohne ein übergeordnetes Wertsystem und Weltbild vorstellbar. Mit einem Wort, der Roman war durch das Auswahlverfahren immer ein Zeugnis weltanschaulicher Lenkung. Diese Tradition, meint Eco, kündigt Joyce mit seinen großen Romanen auf, vor allem aber mit der Darstellung des Alltags im *Ulysses*, die mit voller Absicht keine wertende Selektion der Dingwelt mehr erkennen läßt. Die zahllosen unscheinbaren Verrichtungen und Dinge, in denen keine funktionale Bedeutung im herkömmlichen Sinn erkannt werden kann, ebnet den Unterschied zwischen wichtig und unwichtig, bedeutungsvoll und bedeutungslos in Joyces Welt demonstrativ ein.

Folgte man der Auffassung Ecos, müßte man in der so interpretierten Poetik des *Ulysses* in der Tat nahezu eine kopernikanische Wende in den Grundvoraussetzungen fiktionaler Literatur erblicken. Dieser Roman wäre dann eine Ausnahme oder ein Markstein von absoluter Geltung, auch in theoretischer Hinsicht. So viel Bewunderung und Anerkennung dieses Werk auch verdient hat, dieses Kompliment muß man ihm wohl doch versagen. Ecos Beurteilung weist zwar auf eine sehr auffallende ästhetische Tendenz hin, übersieht aber den Umstand, daß Literatur erst durch den Leser realisiert wird. Dieser Umstand fällt so stark ins Gewicht, weil keine Änderung der Schreibweise, sie mag noch so herausfordernd sein, imstande ist, den Leser im Umgang mit (fiktionaler) Literatur davon abzubringen, in jedem Text einen potentiellen *Sinnträger* zu sehen. Da ein literarisches Werk, zumindest im Prinzip, infolge seiner besonderen Beschaffenheit keinem unmittelbaren Zweck entsprechen kann, etwa als Quelle pragmatisch verwertbarer Informationen, so heften sich daran von vornherein anders geartete Erwartungen: Literatur wird in ihrem Wesen als eine sinnstiftende, interpretierende und damit auch wertende Tätigkeit begriffen. Im Gegensatz zur Realität mit ihren Zufälligkeiten, d. h. ihrem Mangel an »Strukturierung«, kann der literarische Text gar nicht anders gedacht werden als ein geformtes, von einer Absicht gesteuertes Ganzes, so ungewöhnlich das einzelne Werk auch sein mag.

Die Folgen, die sich aus diesem literarischen Axiom für das öffentliche Leben der Romane von Joyce ergeben, widersprechen der Einschätzung Ecos. Beim Lesen des *Ulysses* etwa wird nicht Regellosigkeit oder gar Sinnlosigkeit erkannt, sondern eine sehr seltsame Art, Bedeutung zu suggerieren. Pointiert ausgedrückt: Von Literatur erwartet man a priori gedankliche Planung, und daher wird auch das als sinnlos Erscheinende einem Sinnzentrum zugeschrieben. Sicherlich, es ist evident, daß es bei Joyce unzählige Details gibt, deren Notwendigkeit und deren Korrespondenz mit anderen Stellen nicht erkennbar ist. Doch Eco macht es sich zu leicht, wenn er den *Ulysses* als ein Zeugnis fundamentaler Umwälzung typologisch gegen die gesamte ältere Romanliteratur (den »traditionellen Roman«) absetzt. Es dürfte nämlich schwerfallen, das herkömmliche Erzählen pauschal als eine Praxis zu deuten, in der auf Schritt und Tritt Funktionalität im Hinblick auf das eigentliche Thema des jeweiligen Werkes feststellbar ist. Beurteilte man jede Einzelheit als notwendige Information im Dienste von Charakterschilderung, Milieubeschreibung, Sozialkritik usw., so müßte man bei sehr vielen Details in den umfangreichen Romanen des 19. Jahrhunderts, etwa bei Balzac, Dickens, Keller, Tol-

stoj, Dostoevskij, zugeben, daß der Spielraum der Beliebigkeit doch überaus
groß ist. Die oft sehr umfangreichen Schilderungen der Wohnungen, Umgangsformen, Kleidungen in den sogenannten realistischen Romanen können
global als notwendige Charakteristiken des Lebensraumes der handelnden Figuren gedeutet werden. Schwieriger ist es schon, extensive Landschafts-
beschreibungen in einem System von Funktionen unterzubringen. Und auf die
vermeintlich naive Frage, warum zum Beispiel ein sehr eingehend beschrie-
benes Möbelstück so und nicht anders beschaffen ist oder warum ein Kleid
blau und nicht grün ist, wird man kaum jemals eine befriedigende Antwort
geben können. Dabei sind gerade solche Beobachtungen sehr wohl dazu
geeignet, grundsätzliche literaturtheoretische Probleme zu erhellen.

Im Falle des *Ulysses* wird man sich wohl dazu bereit erklären müssen, das
Prinzip der literarischen Verfügungsgewalt im wesentlichen nicht anders aus-
zulegen als bei anderen Werken. Maupassant hat, wie man weiß, in seinen
romantheoretischen Überlegungen (aus denen auch Eco zitiert) den Gedanken
vertreten, daß die Literatur ihre eigenen Spielregeln gar nicht beseitigen kann.
So kann die Hervorhebung einer bestimmten Gestalt nicht ohne Folgen für
den Aufbau des Werkes bleiben: die Hervorhebung verpflichtet, der Autor
darf diese Figur nicht unmotiviert verschwinden lassen, etwa mit Berufung
auf den Zufall in der Lebenswirklichkeit. So gesehen, ist auch der *Ulysses* mit
seinen durchgehenden Figuren, die trotz einer fehlenden »Handlung« mit
Hauptgestalten im überlieferten Sinne vergleichbar sind, ein Roman, der noch
an bestimmten Normen festhält. Das Überwiegen des Flüchtigen und Beliebigen, auf das Eco hinweist, ist noch keine vollständige Abkoppelung von
Tradition, sondern nur ein Versuch, die Gleichzeitigkeit des Unzusammen-
hängenden sichtbar zu machen. Zwischen dem *Ulysses* mit seinen zahllosen
Momentaufnahmen der Dingwelt und einem traditionellen, strenger selek-
tierenden Roman besteht kein grundsätzlicher, sondern nur ein gradueller
Unterschied. Ganz zu schweigen von dem Umstand, daß Joyces Roman trotz
des Eindruckes der Wahllosigkeit ebenfalls seine »weißen Flecken« hat. Der
Ausspruch des Autors, der *Ulysses* werde einst die Rekonstruktion des Dublin
der Jahrhundertwende ermöglichen, schließt freilich auch die Feststellung ein,
daß viele Erscheinungen, die zur Realität jener Epoche gehörten, aber in der
britischen Provinz keine wesentlichen Spuren hinterließen, außerhalb des Ge-
sichtskreises des Romans blieben.

Überlegungen dieser Art zeigen nur, wie unangemessen es ist, das Staunen
über die Stoffmengen des Werkes zu einem Kriterium der Beurteilung zu
machen. Der Vergleich mit dem traditionell erzählten Roman, den Eco anstellt, erweist sich auf der Ebene der Stofflichkeit als nicht sehr ergiebig. Der
Ulysses ist geprägt durch »die unterschiedslose Aufnahme aller Ereignisse,
durch den Verzicht auf Auswahl, durch gleichberechtigte Einfügung des unbedeutenden Faktums neben dem bedeutenden – so sehr, daß kein Faktum
definierter, wichtiger oder unwichtiger als ein anderes sein kann und daß alle

Fakten, da sie gewichtslos werden, die gleiche Bedeutung annehmen« (Eco 1973, 355). Dem ist entgegenzuhalten, daß es in diesem Roman nicht nur auf eine Auswahl aus der Faktenwelt, also eine Abbildung milieugebundener Dinge und Lebensformen ankommt. Zu einem beträchtlichen Teil besteht der Text nämlich aus Elementen, die lediglich sprachlicher Natur sind und keine Entsprechung in der Realität haben.

Damit verlagert sich aber die Problematik auf ein anderes Gebiet. Die entscheidenden Fragen von Joyces Poetik sind nicht so sehr in der Beziehung des Textes zur historischen Wirklichkeit, zur einstigen Empirie zu sehen, sondern in dessen Beziehung zum Leser. Das fundamental Neue bei Joyce ist der künstlerische Entschluß, eine topographische Vorstellung (Beschreibung einer Stadt) und eine Simultaneitätsvision zur Grundlage für einen Roman zu nehmen, der in einem bisher ungeahnten Maß ein geradezu exzessives Sprachkunstwerk ist. Wenn Vergleiche mit der Vergangenheit sinnvoll sind, dann mit der Autonomie der Sprachentfaltung in Jean Pauls Prosa. In der Entzündbarkeit der Sprachphantasie ist Joyce ein naturalistischer und symbolistischer Jean Paul. Es liegt in der Natur der sehr stark sprachspielerischen Literaturauffassung des irischen Autors, daß sein Werk ein Leseabenteuer wahrhaftig exorbitanter Art ist. Nicht von der Einebnung der gewohnten Wertsysteme geht die primäre Irritation aus; Verunsicherungen dieser Art findet man auch bei anderen Autoren der Epoche. Die Herausforderung des Lesers beruht in erster Linie auf einer Schreibweise, die im Hinblick auf dessen Erwartungen paradox ist: aggressiv rücksichtslos und werbend zugleich.

Rücksichtslos sind die späten Romane darin, daß sie auf weite Strecken hin dem Leser keine Hilfe gewähren: sie konfrontieren in vielmehr oft mit Sätzen, in denen keine geläufige, empirisch eingeübte und daher wiedererkennbare Wirklichkeit vorkommt, sondern in denen ihm eine ganz eigentümliche Sprachrealität entgegentritt, eine hermetische, grundsätzlich vieldeutige Vokabelwelt, in die es einzudringen gilt. Das Gefühl vieler, manchmal wohl auch aller Leser, hilflos zu sein, d. h. einem System rätselhafter Assoziationen und Anspielungen sich stellen zu müssen, zumeist ohne auktoriale Vorgabe, dieses Gefühl ist in der Geschichte des Romans sicherlich niemals so heftig gewesen wie gerade bei den ersten Lesern des *Ulysses*. Dichtung gerät in diesem Roman nicht selten zur Abdichtung. Anderseits gibt es wenige Werke, die zugleich so »offen« sind, die ununterbrochen an die Aufmerksamkeit des Lesers appellieren und um den idealen Rezipienten werben. In diesem Roman kreuzen sich auf eigentümliche Weise Romangeschichte und Lesergeschichte. Gerade deswegen, weil der Text den Rezipienten (oder genauer: den Perzipienten) weitgehend im Stich läßt, befördert er ihn zum geheimen Helden der Lektüre. Es gab bis zum Erscheinen des Dublin-Romans kein einziges Erzählwerk, das in dieser Rolle mit ihm vergleichbar gewesen wäre; kein Werk, das so strikt darauf verzichtet, den Leser zu bevormunden, zu erbauen, zu belehren, zu unterhalten – oder was es sonst noch an auktorialen Absichten geben mag;

aber auch keines, das in so ausgedehntem Maße mit der wie auch immer beschaffenen Mitarbeit des Lesers rechnet.

Die Zweiheit von hermetischer Kommunikationsverweigerung und aktivierender Offenheit gegenüber dem Leser ist nicht der einzige Doppelcharakter des *Ulysses*. Wie bereits angedeutet, beruht die Sonderstellung des Romans auf einer in dieser extremen Art einmaligen Synthese der beiden Haupttendenzen erzählender bzw. darstellender Prosa im 20. Jahrhundert: der naturalistisch-mimetischen, die erfahrbare »Welt« abzubilden versucht, und der spielerisch-autoreferentiellen, in der die Literatur sich selbst zur Schau stellt und kommentiert. In den meisten paradigmatischen Romanen der Epoche sind diese Tendenzen, wie noch zu zeigen sein wird, getrennte Wege gegangen.

VI

Als Joyce 1914 in Triest an seinem Dublin-Roman zu schreiben begann, auf eine sehr eigenständige Weise ebenfalls auf der geistigen Suche nach einer verlorenen Zeit, da hatte der experimentierende Antitraditionalismus im Bereich fiktionaler Prosa bereits in mehreren europäischen Literaturen Werke hervorgebracht, die ihrerseits dazu angetan waren, Geschichte zu machen. Am spektakulärsten, mit den heftigen Gesten einer Bürgerschreck-Bewegung, erfolgte die Proklamierung einer traditionslosen (oder vermeintlich traditionslosen) Sprachkunst in Italien und Paris. Die italienischen Futuristen, allen voran Filippo Tommaso Marinetti, erklärten die gesamte herkömmliche Kunst für museumsreif und die Museen selbst für Friedhöfe. Was ihnen vorschwebte, den jungen Malern, Literaten und Musikern, war eine Kunst des technischen Zeitalters, die in ihren Formen das Erlebnis der Geschwindigkeit, der Flugzeuge, der Autos, der Gleichzeitigkeit dokumentieren würde.

Das Verdikt über die Museen als Stätten des Todes findet sich in Marinettis *Manifesto del Futurismo*, das zuerst in französischer Sprache erschien, im Februar 1909 im Pariser *Figaro*. Der Tonfall des Textes ist bezeichnend: es ist zwar vom Tempo und den Sensationen des modernen Zeitalters die Rede, von der Zerstörung des Kulturplunders der Bibliotheken und Akademien und auch davon, daß ein aufheulendes Auto schöner sei als die Nike von Samothrake, allein der Stil mancher Formulierungen (»Der Dichter muß sich glühend. . . verschwinden, um die leidenschaftliche Inbrunst der Urelemente zu vermehren« – vgl. Baumgarth 26) ist altbackenes Pathos. Döblin hatte recht, als er der futuristischen Prosa (nicht der futuristischen Malerei) mangelnde Konsequenz vorwarf. Daß hier, wie in manchen anderen modernistischen Bewegungen, vom Naturalismus bis zum Expressionismus, neue Ziele mit der Sprache von gestern verkündet wurden, läßt sich gerade an der Formulierung des Programmpunktes zeigen, der die Ästhetisierung der technischen Welt zum Inhalt hat.

»Wir werden die großen Menschenmengen besingen, die die Arbeit, das Vergnügen oder der Aufruhr erregt; besingen werden wir die vielfarbige, vielstimmige Flut der Revolutionen in den modernen Hauptstädten; besingen werden wir die nächtliche, vibrierende Glut der Arsenale und Werften, die von grellen elektrischen Monden erleuchtet werden; die gefräßigen Bahnhöfe, die rauchende Schlangen verzehren; die Fabriken, die mit ihren sich hochwindenden Rauchfäden an den Wolken hängen; die Brücken, die wie gigantische Athleten Flüsse überspannen, die in der Sonne wie Messer aufblitzen; die abenteuersuchenden Dampfer, die den Horizont wittern; die breitbrüstigen Lokomotiven, die auf den Schienen wie riesige, mit Rohren gezäumte Stahlrosse einherstampfen und den gleitenden Flug der Flugzeuge, deren Propeller wie eine Fahne im Winde knattert und Beifall zu klatschen scheint wie eine begeisterte Menge.« (Baumgarth, 26f.)

Mehr Aufmerksamkeit als *Mafarka le futuriste*, ein bombastischer Abenteuerroman, der Gedanken aus Nietzsches Werken vulgarisiert, verdienen einige poetologische Schriften Marinettis und seiner Mitstreiter. Ja man kann insgesamt im Futurismus eine Bewegung sehen, die zumindest in der Literatur nicht so sehr durch ihre – alles in allem doch recht bescheidene – poetische Praxis ins Gewicht fällt, sondern viel eher durch ihre zahlreichen programmatischen Texte. Sieht man von einigen eindrucksvollen Beispielen »dynamischer« Malerei ab, so ist der Futurismus das, was eine Bedeutung seines Namens aussagt, nämlich ein Projekt; nicht realisierte Kunst, sondern deren theoretischer Entwurf. In diesem Sinne sind die Manifeste der Bewegung, Zeugnisse ästhetischer Visionen, die eigentliche Leistung des Futurismus. Sie umfassen denn auch, dank der – zuletzt etwas einsamen – Aktivität Marinettis, einen Zeitraum von mehr als dreißig Jahren, obwohl die eigentliche Aktualität der Bewegung hauptsächlich in das Jahrzehnt nach 1910 fällt. Die Titel vieler Manifeste signalisieren den Totalitätsanspruch: neben allen Kunstarten sollte der Gedanke einer technizistischen und von einer ständigen Innovationsbewegung beherrschten Zivilisation auch die Städteplanung, die Lebensformen des Alltags, das Kunstgewerbe, den Sport u. a. erfassen (*L'architettura futurista*, 1914, *La cinematografia futurista*, 1916, *Il teatro aereo futurista*, 1919, *Manifesto dell' aeropittura*, 1929, *Manifesto della fotografia futurista*, 1930, *Il teatro futurista aeroradiotelevisivo*, 1931, *Manifesto futurista sulla nuova estetica della guerra*, 1940).

Für den Entwurf einer antitraditionalistischen Literatur ist namentlich das *Manifesto tecnico della letteratura futurista* von 1912 bezeichnend (zusammen mit dem wenige Monate später veröffentlichten *Supplemento*). Die deutschen Leser konnten die Übersetzung dieser Texte bereits im selben Jahr kennenlernen, und zwar in Herwarth Waldens Zeitschrift *Der Sturm*. In Waldens Galerie war im Frühjahr eine Ausstellung futuristischer Gemälde vorausgegangen. Sein Programm geht Marinetti im *Technischen Manifest* in gut futuristischer Manier an: der von ihm gewählte Ort, sich Gedanken zu machen über Fragen moderner literarischer Ästhetik, ist ein Flugzeug hoch über den Dächern von Mailand. Von da aus, buchstäblich von oben herab, urteilt er über den altersschwachen klassischen Satzbau, den es durch eine neue, befreite Sprachbehandlung zu verdrängen gilt. Die Zerstörung der herkömmlichen Syntax ist für den Theoretiker eine elementare Voraussetzung: an Stelle logischer Fügungen wünscht er sich elementare Reihungen von Vorstellungen in Form von Substantiven, dazu Unpersönlichkeit, ausgedrückt durch Infinitive. Entscheidend sind die Dinge und Erscheinungen, nicht die logischen Beziehungen. Daher ist in der futuristischen Prosa weder ein persönlicher Blickwinkel noch eine rational ordnende Beurteilung der Vorgänge erwünscht, konsequenterweise auch keine Interpunktion. »Die aviatische Schnelligkeit hat unsere Welterkenntnis vervielfacht; deshalb wird die Erkenntnis durch Analogie dem Menschen immer natürlicher.« (Pörtner, II, 48) Die Veranschaulichung des modernen, durch die Technik ermöglichten Lebenstempos erhofft sich Marinetti von einem lapidaren Nominalstil, der Ding an Ding reiht und den Leser mit stets neuen Verknüpfungen verschiedener Gegenstandsbereiche überrascht, zwischen denen verborgene Analogien erkennbar sind. Die Beispiele, die Marinetti gibt (Mann − Torpedoboot, Frau − Hafen, Menge − Brandung usw.), sind nicht übermäßig originell; sie zeigen freilich, wo die Ursprünge von Marinettis Poetik zu suchen sind. Streicht man nämlich das Vokabular der Maschinenwelt weg, so wird deutlicher sichtbar, daß das Denken in universalen Analogien symbolistisches Erbgut ist. Bei genauerer Prüfung zeichnet sich in der Gestalt des auf literarischen Umsturz erpichten Fliegers der Mallarmé-Übersetzer ab.

Nicht ganz neu ist auch die emphatische Forderung des Manifestes nach der künstlerischen Sanktionierung des Häßlichen. Auch hier klingt eine Losung aus der Zeit Baudelaires, Rimbauds und der Naturalisten nach (»Le laid c'est le beau«), allerdings in auftrumpfender Gestalt: »brutale Töne« erscheinen als das geeignete Mittel, mit dem überlieferten Schönheitskult aufzuräumen und den Schreien des Lebens und dem Heulen der Maschinen Platz zu schaffen. Das ist in Marinettis Text der Ort, an dem der innere Widerspruch der futuristischen Haltung offenkundig wird. Solange sich das *Technische Manifest* tatsächlich mit technischen Fragen, mit der Machart literarischer Texte beschäftigt (so etwa mit dem Vorschlag, die Interpunktion durch mathematische Zeichen wie $x + : − = < >$ zu ersetzen, um gewisse Bewegungen und Richtungen zu markieren − ein Verfahren, das den Lesern der Prosa von Arno Schmidt nicht ganz unbekannt ist), nimmt sich der Beitrag zu innovativen Gestaltungsformen zumindest konsequent aus. Die Folgerungen, die Marinetti am Schluß zieht, demonstrieren jedoch den Rückfall in jene Denkschablonen, die der Autor eigentlich ins Lager der musealen Ästhetik hätte verbannen müssen. Man fragt sich, was für einen Sinn es hat, gegen die Feierlichkeit zu wettern und zu wünschen, man möge täglich den »Altar der Kunst« anspeien, wenn im selben Atemzug von der göttlichen Intuition und vom Genius der lateinischen Rasse geschwärmt wird?

Den eigentlichen Ertrag der futuristischen Ästhetik muß man daher wohl im Gedanken des Simultanismus erblicken, in einer neuen Wahrnehmungskultur, hervorgerufen durch die technischen Medien, deren Gebrauch bisher unbekannte Realitätsbilder erzeugt. Sigmund Freud hat in seinem kulturdiagnostischen Werk *Das Unbehagen in der Kultur* (1930) im Hinblick auf die technische Extension der Sinne den Menschen sarkastisch einen Prothesengott genannt: Erfindungen wie Teleskop, Fernsprecher, Radio und andere haben seine Sinne weit über den Gesichts- und Hörkreis hinaus »verlängert«, Maschinen wie Auto und Flugzeug potenzieren die Leistungen menschlicher Muskeln und Glieder ins Unermeßliche, die Photographie und die Schallplatte verleihen dem Bedürfnis, Vergangenes festzuhalten, ungeahnte Authentizität. Mit anderen Worten, der Mensch kann in gewissem Sinne, in dem er Zeit und Raum auf eine neue Weise beherrscht, auch dort zugegen sein, wo er sich mit seinem Körper nicht befindet (3. Kapitel). All das sind, so kann man Freud ergänzen, Schritte zu einer universalen Erfahrung der Gleichzeitigkeit.

Eben diese Sicht der Dinge regte Marinetti 1913 in einer weiteren, an das *Technische Manifest* anknüpfenden kleinen Programmschrift an, die von der »Zerstörung der Syntax«, der »drahtlosen Phantasie« und den »befreiten Worten« handelt: *Distruzione della sintassi. Immaginazione senza fili. Parole in libertà.* Der einleitende Abschnitt ist eine anschauliche Darstellung der simultanistischen Theorie.

»Der Futurismus beruht auf einer vollständigen Erneuerung der menschlichen Sensibilität, die eine Folge der großen wissenschaftlichen Entdeckungen ist. Wer heute den Fernschreiber, das Telephon, das Grammophon, den Zug, das Fahrrad, das Motorrad, das Auto, den Überseedampfer, den Zeppelin, das Flugzeug, das Kino, die große Tageszeitung (Synthese eines Tages der Welt) benutzt, denkt nicht daran, daß diese verschiedenen Arten der Kommunikation, des Transportes und der Information auf seine Psyche einen entscheidenden Einfluß ausüben.

Jeder Mensch kann sich mit einer vierundzwanzigstündigen Fahrt im Zug von einer kleinen, toten Stadt mit verlassenen Plätzen, auf denen sich die Sonne, der Staub und der Wind still vergnügen, in eine große Metropole versetzen, die vor Licht, Gebärden und Geschrei starrt. . .Der Bewohner eines Alpendorfes kann durch eine Zeitung jeden Tag angsterfüllt um die Aufständischen in China, die Suffragetten in London und in New York, um Dr. Carrel und die heroischen Schlitten der Polarforscher bangen. Der ängstliche und unbewegliche Einwohner jeder beliebigen Provinzstadt kann sich den Rausch der Gefahr leisten, wenn er im Kino einer Großwildjagd im Kongo beiwohnt. Er kann japanische Athleten, schwarze Boxer, Amerikaner von unerschöpflicher Exzentrik und hochelegante Pariserinnen bewundern, wenn er eine Mark für das Varieté ausgibt.« (Nach der Dokumentation bei Apollonio, 119)

Zu den künftigen Aufgaben der Kunst zählt Marinetti in diesem Zusammenhang den Versuch, durch eine herausfordernde Darstellung der neuen

Perzeptionsergebnisse das Bewußtsein vom Zeitenumbruch zu schärfen. Futuristisch sei es daher, die Stumpfheit der Zeitgenossen zu brechen, die den neuen Wahrnehmungsformen gegenüber ebenso gleichgültig seien wie jene Araber in Tripolis, die zu den ersten Flugzeugen über Tripolis ungerührt aufblickten (Apollonio, 120). Die den neuen Erfahrungen angemessenen Realitätsbilder führt er auf die Schrumpfung des Raumes zurück, auf den Eindruck von Übersichtlichkeit im Sinne von Erfaßbarkeit. Die Vorstellung, zwischen den Dingen liege keine Entfernung mehr, die viel Zeit fordere, ist daher für ihn die eigentliche Grundlage des Gleichzeitigkeitserlebnisses. Es ist allerdings auffallend, daß der Autor mehr die technische Seite der Raumbewältigung sowie den ästhetischen Gewinn (Kinobilder) betont, weniger dagegen das bestürzende Gefühl der Zusammenhanglosigkeit, das den Simultanismus vieler Zeitgenossen wesentlich charakterisiert. Das Zeitalter des Films und der Simultaneität, wie Arnold Hauser (vgl. das Schlußkapitel seiner *Sozialgeschichte der Kunst und Literatur*) die Epoche nennt, ist viel mehr als die Schriften Marinettis es ahnen lassen von dem Schock diffuser Wahrnehmung geprägt. Die in der Berliner Zeitschrift *Die Aktion* in den Jahren vor 1914 veröffentlichte Lyrik, die als repräsentativ für den deutschen Expressionismus gelten kann, ist davon durchdrungen. Die gültigsten Zeugnisse sind dabei die Gedichte, die die Schocks der technischen Moderne nicht bloß bereden, sondern mit den Formmöglichkeiten des Verses spezifisch gestalten. Man denke an Autoren wie Alfred Lichtenstein, Jakob van Hoddis oder Ludwig Rubiner (dessen Gedicht *Mein Haus* von 1913, obwohl wenig bekannt, zu den bahnbrechenden Texten simultanistischer Dichtung gehört).

Im Hinblick auf die weitreichende Bedeutung der futuristischen Einsichten in manche künstlerische Konsequenzen im Zeitalter der Medien erscheint es notwendig, an dieser Stelle einige Überlegungen allgemeiner Art anzustellen. Diese können zugleich als theoretischer Vorspann zu der Betrachtung der Simultaneitätspoetik in Romanen der zwanziger Jahre dienen. Auszugehen ist von der Beobachtung, daß die kompositorischen Muster zur Veranschaulichung von Gleichzeitigkeit in der Literatur unterschiedlicher Art sein können und daß daher auch die entsprechende Terminologie nicht einheitlich gebraucht wird. Namentlich infolge des affektiven Umgangs mit Begriffen in den meisten modernistischen Manifesten ist es zu einiger Verwirrung gekommen. Arbeitet man die Hauptlinien heraus, so ergibt sich im wesentlichen eine Dichotomie. Terminologisch ist diese durch die Unterscheidung zwischen *Simultaneität* und *Simultanismus* zu fassen.

Der Gedanke der Simultaneität, d. h. der Gleichzeitigkeit verschiedener, mehr oder minder miteinander verbundener Handlungen (Vorgänge, Ereignisse), ist als ein Gestaltungsprinzip in der Literatur älter als die Poetik der radikalen Modernismen. Die Parallelität verschiedener Handlungsstränge, deren Zeitplan zum Teil auf temporaler Deckung beruht, ist in Romanen des 19. Jahrhunderts, vor allem im Bereich des Intrigenmusters, gar nicht so selten. Karl Gutzkow sprach um die Mitte des Jahrhunderts als Programmatiker eines solchen Verfahrens von einem »Roman des Nebeneinander« und plädierte damit für einen Romantypus, der die verschiedensten Bereiche des Lebens zu einer erzählenden Zusammenschau führen würde. »Simultanistisch« im Sinn des 20. Jahrhunderts ist freilich erst ein kühner Einfall in der Erzählpraxis Flauberts, in *Madame Bovary* (8. Kapitel des II. Teils): die Stelle, wo die Gleichzeitigkeit der Liebesszene zwischen Emma und Rodolphe und der Ausrufe und Reden von der landwirtschaftlichen Ausstellung veranschaulicht wird, stellt ein Urbild des provokativen Verfahrens dar.

Auch im Drama gab es vereinzelt Versuche dieser Art. Nestroys Stück *Zu ebener Erde und erster Stock* führt durch eine horizontal geteilte Bühne das Nebeneinander zweier – miteinander verknüpfter – Handlungen und zweier gesellschaftlicher Sphären vor Augen. Während bei Nestroy die Gleichzeitigkeit der Vorgänge an dicht benachbarten Schauplätzen vorgeführt wird, ist in einem der bekanntesten Dramentexte dieser Art im 20. Jahrhundert, in Ferdinand Bruckners Schauspiel *Elisabeth von England* (1930), die Zusammenschau weit voneinander entfernter Handlungsorte (am englischen und am spanischen Hof) ein Ergebnis optischer Phantasie – auf einer Bühne, die mit ihrer vertikalen Trennung im doppelten Sinn ein Illusionsraum ist. Obwohl die surreale Verfügung der Schauplätze, gekoppelt mit akustischer Gleichzeitigkeit, dem Grundsatz der modernen, simultanistischen Projektion wesentlich näherkommt, ist die Beziehung zur Tradition insofern unbestreitbar, als die Pointe des Verfahrens gerade darin besteht, daß der Zusammenhang bzw. Kontrapunkt der Schauplätze und Ereignisse besonders stark betont wird.

Die Domäne der Darstellung von Gleichzeitigkeit blieb jedoch die Erzählliteratur. Im vergangenen Jahrhundert bemächtigte sich besonders der Abenteuerroman dieses Verfahrens, wohl in erster Linie wegen der Möglichkeit, durch die parallele Führung der Handlungselemente Spannung zu inszenieren. Man kennt das Muster. Etwa: Während die Schiffbrüchigen auf der einsamen Insel der Verzweiflung nahe sind, wird einige hundert Meilen weiter unter großen Schwierigkeiten eine Rettungsaktion eingeleitet...Auch der Film machte schon früh von diesem Mittel ausgiebig Gebrauch. Der epische Prototyp findet sich übrigens an ehrwürdiger Stelle: in Homers *Odyssee*, wo die Vorgänge um Odysseus, Telemach und Penelope, an verschiedenen Orten sich abspielend, als gleichzeitig bezeichnet werden. Auffallend ist namentlich der jähe Ortswechsel in der zweiten Hälfte des 4. Gesanges.

Es genügt jedenfalls nicht, von der Kompositionsfigur der Gleichzeitigkeit auszugehen, um die *Poetik des Simultanismus* zu charakterisieren. Ihr entscheidender Punkt ist nicht die Gleichzeitigkeit an sich, sondern die Gleichzeitigkeit des Disparaten, des logisch und kausal Unverbundenen. Von einem antitraditionellen Verfahren, von Simultanismus also, kann nur dann die Rede sein, wenn der literarische Text (oder das Werk im Bereich der bildenden Kunst) die Zusammenhanglosigkeit der gewählten Objekte betont und damit den Zufall in der Gleichzeitigkeit verschiedener Vorgänge. Aus der Sicht radikaler Modernisten gilt es gerade, den inneren Zusammenhang synchroner Handlungen zu beseitigen und den Zuschauer/Leser dem Schock sinnloser Koinzidenz auszuliefern. In den traditionellen Texten herrschte gerade in der Veranschaulichung der Synchronie zumeist der Gedanke einer mehr oder minder ausgeprägten Harmonisierung vor: seit dem Futurismus überwiegt dagegen die Bestrebung, das temporale Zusammenfallen demonstrativ dazu zu benutzen, die Beziehungslosigkeit im Nebeneinander der Dinge aufzuzeigen. In der bildenden Kunst ist daher die Collage, die mit authentischen Elementen, z. B. Plakaten, arbeitet, die entsprechende Formkategorie.

Collagecharakter hat, wenn auch in der Regel ohne ästhetische Absicht, die Zeitung mit ihrem Umbruch, der oft Disparates nebeneinanderstellt. Daher ist die Zeitung für Marinetti eines der Medien, die den Sieg über den Raum vor Augen führen. Das akustische Gegenstück ist das Radio, das beim Wechsel der Sender in wenigen Sekunden die Gleichzeitigkeit räumlich und thematisch getrennter Dinge erkennbar machen kann. Beschreibung simultanistischer Erfahrung aus dem Radio: das ist ein prägnanter Einfall des kroatischen Autors Miroslav Krleža, nachzulesen auf den letzten Seiten seines Romans *Na rubu pameti*, erschienen 1938 (in deutscher Übersetzung unter dem Titel *Ohne mich*, zuerst 1962). Dieser Roman eines Einzelgängers, der die korrupten Konventionen seiner Umwelt nicht gelten läßt, schließt damit, daß der von allen verleumdete und verachtete kritische Intellektuelle in der Einsamkeit seiner Wohnung das Chaos der modernen Welt erlebt, indem er an der Skala des Radios wahllos die Sender wechselt.

»Flöten, Geigen, Holzblasinstrumente, ein tiefer Alt, seidenweiche Haarsträhnen wehen, Schellengeläute, Pferdegetrappel, ein ungeheuer erregender Galopp gepanzerter Kavallerie, sturmbewegt und dröhnend wie Donnergrollen: Traben, Trappeln, Rennen, Jagen, Hetze und Hast ... Und nur einen Millimeter Umdrehung weiter Lokomotiven, Maschinengewehre, Gesetze, Sporen, Kanonen, Gedröhn von Fabriken und ein Gefühl der Leere, ein vollkommenes Vakuum in den Köpfen und in den Herzen. Eine senkrechte Achse vollkommener Leere, um sie herum wirbeln mit Windessausen unendliche Mengen von Leere. Mitten in diese Leere hinein tönt die Stimme eines Vortragenden aus dem Raum; er spricht über Hundekrankheiten in den Großstädten mit besonderer Berücksichtigung der modernen Verkehrsmittel. Die Stimme eines zweiten spricht über Giftgase, über die Aufrüstung der Großmächte, dann klingt eine Oper auf im Beifall eines goldenen Saales, der gelbliche Abglanz des Dämmerlichts auf die Partitur in der Spiegelung auf elfenbeinernen Tasten, das Klatschen des goldenen Saales, das Donnern aus den Logen, das Tempo der Zeit: eins, zwei, eins zwei, der Marsch endloser Viererreihen in dreiunddreißig entgegengesetzten Richtungen: eins, zwei, eins, zwei, Chöre, Beifall, das Brüllen der Massen, Fahnen, Glocken, Kanonen, Raketen. Eine Ziehharmonika singt: ›Parlez-moi d'amour‹. Und auf dem gleichen Millimenter, nur etwas mehr nach rechts, Madrid, Shanghai, ein Millimeter nach links: der Marsch von Bataillonen, eins, zwei – Funken knistern hinter dem dünnen Furnier dieses magischen Kastens, der in einem leeren Zimmer Musik aus dem Äther zaubern kann, Rauch, Glockengeläute, Feuersbrünste, Antennen, Kirchen.« (Krleža, 180f.)

Der beliebte Spruch der Rundfunkwerbung von der »Welt im Gerät« gewinnt hier bereits in der Frühzeit des Radios, rund zehn Jahre nach der Gründung der meisten großen europäischen Sender, besondere Eindringlichkeit. Die mit intensiven Sinnesempfindungen arbeitende Schilderung einer neuartigen, durch Technik erzeugten Erfahrung beruht darauf, daß die Welt buchstäblich ins Zimmer geholt wird – und das bedeutet: der Raum schrumpft, Tausende von Kilometern werden in einem Augenblick überschaubar, erfaßbar in einem Zeit-Punkt. Man muß sich allerdings beim Lesen von Krležas Radio-Simultaneität von dem Gedanken freimachen, es handle sich um eine reportageartige Nebeneinanderstellung typischer Rundfunkprogramme. Es kann kein Zweifel daran bestehen, daß es sich hier um eine poetisierte, d. h. sehr freie Projektion möglicher Darbietungen, Berichte und Übertragungen handelt, wobei das Baumuster hauptsächlich auf dem Kontrastprinzip beruht. So wie die Wahrnehmungen im allgemeinen Erfahrungsbereich in erster Linie durch Irritation hervorgerufen werden, so erscheint Gleichzeitigkeit erfahrbar durch den jäh auftretenden Gegensatz. »Welt« tritt dadurch in Erscheinung, daß scharfe Gegensätze und absurde Widersprüche aufgezeigt werden: dem Hörer wird bewußt, daß Konzerte und Opernvorstellungen gleichzeitig sind mit Krieg und Gewalt, daß das Rattern von Maschinengewehren und das Aufschlagen von Tennisbällen (die im weiteren Verlauf der Sequenz erwähnt werden) Partikel ein und derselben Realität sein können.

Im Hinblick auf die Absichten und Wirkungen, die in der Darstellung synoptischer oder entsprechender akustischer Wahrnehmung enthalten sind, sind grundsätzlich zwei Möglichkeiten zu unterscheiden. Man kann sie, mit Vorbehalt, die kritische und die apologetische Intention nennen. Die letzere hat ihre Wurzeln im lebensphilosophischen und monistischen Pathos des 19. Jahrhunderts, für das so unterschiedliche Zeugen wie Nietzsche und Walt Whitman genannt werden können. Nietzsches Bestimmung des dionysischen Prinzips in den nachgelassenen Aufzeichnungen der achtziger Jahre, wonach alle Gegensätze des Lebens gleichermaßen zu bejahen seien, stimmen in der gleichsam allumfassenden Gebärde mit Whitmans – allerdings demokratisch grundiertem – Pathos der Daseinsgleichheit überein. Obwohl in den *Leaves of Grass* wie auch in den Texten Nietzsches das Moment der Gleichzeitigkeit nicht ausdrücklich genannt wird, versteht es sich von selbst, daß die Apologie der Gegensätze ihren eigentlichen Sinn in der Zusammenschau der Dinge erfährt.

Nicht ein Geltenlassen, sondern vielmehr ein Widerstand gegenüber den

Widersprüchen der Realität wohnt einer anderen Auffassung des Simultanismus inne. Das Beispiel aus Krležas Roman, das man als eine imaginäre Hör-Collage bezeichnen kann, ist in dieser Hinsicht deutlich genug. Nicht die vitalistische Ekstase, sondern den Schock strebten auch die Vertreter der Dada-Bewegung an, wenige Jahre nach den ersten futuristischen Manifesten, bezeichnenderweise während des Weltkrieges, als das Bewußtsein von der Unvereinbarkeit der Grundsätze, zu denen sich die kriegführenden Staaten bekannten (etwa zur Humanität und zum Vernichtungswillen zugleich), eine Sicht hervorbrachte, aus der das gesamte geschichtliche Geschehen als ein Akt der Sinnlosigkeit erschien. Die Gleichzeitigkeit des Unvereinbaren gerann zum Bild der Absurdität. Mustert man die Dada-Manifeste, so ist zu erkennen, wie sich die in den Anfängen eher spielerische, auf Jux und Bürgerschreck ausgerichtete Auffassung von Simultanismus gegen Kriegsende polemisch zuspitzt angesichts des »blutigen Hohns«, den die Realität gerade in einer Zusammenschau darstellt.

Es ist alles andere als überflüssig, darauf hinzuweisen, daß die Gleichzeitigkeit als eine wahrhaftig bestürzende Erfahrung eindringlich bereits von einem Autor artikuliert wurde, der mit dem programmatischen Simultanismus nicht das geringste zu tun hatte und sicherlich auch nichts zu tun haben wollte. Gemeint ist Hugo von Hofmannsthal, dessen Essays und aphoristische Aufzeichnungen auch in den Jahren nach 1902, also nach dem Höhepunkt im Chandos-Brief, oft erstaunliche gesellschaftskritische Einsichten enthalten. Unter den tagebuchartigen Eintragungen des Jahres 1905 findet sich eine, die im Kern den auf Schockwirkungen angelegten Simultanismus vorwegnimmt. »Weltzustand« lautet die Überschrift des kurzen Textes. »Während ich hier in Lueg am Rande des Waldes über dem leuchtenden See sitze und schreibe, ereignet sich in der Welt dieses: In Venezuela läßt der Diktator Castro in den überfüllten Gefängnissen erwürgen und zu Tode martern: die Leiche eines Verbrechers bleibt an den lebenden jungen Obersten X. so lange angekettet, bis der Oberst wahnsinnig wird. In Baku schießen seit acht Tagen die Armenier und Tartaren aufeinander, werfen Frauen und Kinder in die Flammen der Häuser, das Ganze erleuchten auf Meilen die roten Riesenflammen der brennenden Petroleumlager. In irgendeinem skandinavischen Gefängnis sitzt zugleich der ungeheure zwanzigfache Mörder Nordlund und zermalmt die Riesenkräfte seines Willens an der stumpfen leeren Kerkermauer, die er anstiert. Und die Gefängnisse! die unschuldig Verurteilten! und die sogenannten Schuldigen! und die Armenviertel von London und New York...« (Hofmannsthal 1959, 142)

Dieser Text verdankt, wie auch manche anderen unter den bereits erwähnten, seine Eindringlichkeit der Knappheit. In aphoristischer Kürze erscheint ein Querschnitt durch das Weltgeschehen als das Ergebnis eines bestimmten Augenblicks, der – ohne Absicht gewählt – seine Berechtigung aus der Intensität des erlebten Gegensatzes bezieht. Die Selektion der Erfahrungsdaten, die hier ein besonderes Sinn- bzw. Intentionsmuster hervorbringt, verzichtet auf die Möglichkeit, eine Vielzahl disparater Dinge einander gegenüberzustellen, zugunsten der Konzentration auf eine einzige scharf belichtete antithetische Spannung.

Es hat wahrnehmungspsychologische Gründe, daß die Poetik des Simultanismus vorwiegend in kurzen Texten zur Geltung kommt, in Prosaskizzen und Gedichten; zum Teil haben es Futuristen und Dadaisten, wie schon erwähnt, bei der programmatischen Ankündigung des Prinzips bewenden lassen. Größere literarische Kompositionen, in denen die Idee der Gleichzeitigkeit auch nur einigermaßen konsequent durchgeführt erscheint, sind seltener als es im Hinblick auf die künstlerische Anziehungskraft der Idee den Anschein hat. Daß dabei das Drama eher eine markante Rolle spielt als der Roman, hat mit Fragen zu tun, die seit Lessings *Laokoon* die allgemeine Ästhetik beschäftigen. Es ist bezeichnend, daß die oben erwähnten Dramen (neben denen auch andere angeführt werden könnten, etwa von Thornton Wilder) keineswegs Lesedramen, sondern eher handfeste Theaterstücke sind. Auf die Inszenierung hin angelegt, sind sie schon bildhaft gedacht und stellen gleichsam Werke der Raumkunst in Lessings Sinn dar. Durch die synoptische Darstellung auf der Bühne vermag sich das Drama, durch die Sprache eine Zeitkunst, den Status einer auf Simultaneität gegründeten Hervorbringung sozusagen zu erschleichen. Der Roman, der als Lesetext grundsätzlich anders perzipiert wird, hat in dieser Hinsicht keine ausreichenden Möglichkeiten. Sieht man von einigen kurzen experimentellen Collage-Texten ab, ist jeder durch Sprache realisierte Text an das Nacheinander der Wörter gebunden, an das Sukzessionsprinzip, was für Erzählwerke zur Folge hat, daß Simultaneität in ihnen im wesentlichen auch nur durch sprachliche Mitteilung zum Gegenstand des Textes gemacht werden kann – mit den bekannten Konsequenzen.

Die Poetik des simultanistischen Romans hat es daher vor allem mit der Organisation der Verfahrensweisen zu tun, die dazu angetan sind, die Gleichzeitigkeit verschiedener Vorgänge zumindest zu suggerieren. Entsprechende Werke aus dem 20. Jahrhundert zeigen, daß die meisten Autoren Muster des vorigen Jahrhunderts weiterführen, freilich mit radikaleren Mitteln. Bewahrt bleibt im Prinzip das Verfahren der parallel geführten Handlungen bzw. Handlungsstränge, offenbar das einzig wirklich praktikable. Neu ist allerdings – etwa im Vergleich mit den Romanen des 19. Jahrhunderts, in denen Gutzkows Idee des »Nebeneinander« praktiziert wird – die mehr oder minder konsequente Anwendung naturalistischer Grundsätze und introspektiver Techniken: Da der transzendentale Erzähler ausgeschlossen bleibt, stellt sich die Vielzahl der durch jähe, »filmische« Schnitte immer wieder voneinander getrennten Sequenzen für den Leser zunächst als ein Handlungsgewirr dar. Es gehört zu seinen Leseleistungen, sich selbst eine Vorstellung von den zeitlichen Schnittpunkten und den etwaigen Zusammenhängen zwischen den einzelnen Vorgängen zu bilden.

Breitenwirkung erlangte der erzählerische Simultanismus nicht durch den Futurismus, sondern durch den amerikanischen Roman der zwanziger Jahre. Das war die literarhistorische Stunde der neuen nordamerikanischen Prosaepik, begründet durch Werke, in denen auch die europäische Kritik einen spezifischen Beitrag der Vereinigten Staaten zum zeitgenössischen Roman erblickte, nachdem in der Zeit um 1900 die Romankunst von Henry James als ihrem Geist nach europäisch gegolten hatte und die Erzählwerke Mark Twains nicht ganz für voll genommen worden waren. Als repräsentativ wurden in Europa namentlich die Romane von John Dos Passos angesehen, allen voran *Manhattan Transfer* (1925) und die Trilogie U.S.A. (von der besonders der erste Teil, *The 42nd Parallel*, 1930, gewirkt hat). Diese auf einem gleichsam atomisierten Erzählplan beruhenden Werke entsprachen offensichtlich einer weit verbreiteten Vorstellung von der »neuen Welt«: einer unkonventionellen Sachlichkeit, dem Tempo der Großstädte, den ungeahnten Möglichkeiten riesiger Industrien.

Lion Feuchtwangers Aufsatz *Die Konstellation der Literatur* (1927) verschafft einen Einblick in die Anschauungen der Epoche, in die Ideen, die sich von den Berichten der Medien auf die Programmatik der zeitgenössischen »neusachlichen« Literatur ausdehnten. Objektivität, betont Feuchtwanger, sollte als das Gebot der Stunde gelten. Die Vorliebe für Erotisches im herkömmlichen Roman verliere an Boden, das Interesse gehöre nun den Gesellschaftsformen, der Wirtschaft, der Politik. »Don Juan in seinen endlosen Varianten hat abgewirtschaftet, an seine Stelle tritt der kämpfende Mensch, Politiker, Sportler, Geschäftsmann. Den Schreiber und den Leser fesselt Gestaltung des unmittelbar Greifbaren: Sitten und Gebräuche des heraufkommenden Proletariats, die Institutionen Amerikas, Fabriken, Konzerne, Autos, Sport, Petroleum, Sowjetrußland.« (Feuchtwanger, 419)

Die genannten Romane von Dos Passos erfüllten solche Erwartungen nicht nur in stofflicher Hinsicht. Entscheidend war unter literarischen Gesichtspunkten das Bestreben des Autors, das Phänomen Großstadt, dieses Nebeneinander zahlloser Menschen, die trotz des gemeinsamen Erfahrungsraumes einander niemals begegnen oder allenfalls flüchtig kennenlernen, durch eine angemessene Erzählweise zu gestalten. *Manhattan Transfer* ist dafür das einprägsamste Beispiel. Ein Vergleich mit dem *Ulysses*, dem kühnsten Versuch dieser Art aus den Jahren zuvor, läßt keinen Zweifel daran, daß es sich hier trotz mancher Gemeinsamkeiten doch um sehr unterschiedliche Auffassungen von literarischer Topographie handelt. Dem knappen Zeitraum von achtzehn Stunden bei Joyce steht im New-York-Roman ein Vierteljahrhundert gegenüber: Dos Passos begnügt sich nicht mit einem Querschnitt, der sozusagen einer Momentaufnahme der Stadt entspräche, er benötigt für einige der zahlreichen Gestalten, die er auf den Schauplätzen der Großstadt agieren läßt, die Kategorie der Entwicklung und damit einen Aufwand an Zeit. Simultanistisch ist seine Konzeption daher in einem anderen Sinn. Es kommt ihm nicht darauf an, die Zeit räumlich aufzufächern; viel wichtiger ist ihm die Veranschaulichung der – zumindest partiellen – Beziehungslosigkeit. Der Roman zeigt die Stadt als einen Schauplatz des Nebeneinander, und das heißt: man lebt an einem Ort, doch man lebt zugleich auch aneinander vorbei. Die literarhistorische Bedeutung der Romankomposition von Dos Passos beruht darauf, daß der Autor ernst gemacht hat mit der naturalistischen Forderung, man möge der Literatur das tadellose Funktionieren im Zusammenspiel aller Teile und Elemente abgewöhnen.

Der Ehrgeiz von *Manhattan Transfer* ist daher nicht zuletzt darauf gerichtet, jenen Eindruck zu vermeiden, den das »Nebeneinander« der meisten früheren Romane erzeugte: nämlich den Eindruck eines kompositorischen Kalküls. Bei Dos Passos sind es »zerschnippelte und disparat zusammengesetzte Lebensläufe« (Klotz, 328), dazu angetan, alle Leser zu verstören, die es gewohnt sind, Romane als gut funktionierende Maschinen zu betrachten. Von den mehreren Dutzend Personen in *Manhattan Transfer* begegnen einige einander niemals, manche sind offenbar nur dazu da, das Gesetz des Zufalls zu demonstrieren, denn sie tauchen auf und verschwinden wieder von der Bildfläche des Romans, ohne Spuren zu hinterlasssen. Das Ganze bildet daher kein Handlungsmuster im herkömmlichen Sinn, sondern ist ein literarisches Modell großstädtischer Existenzformen. Es wäre indes eine literaturtheoretische Selbsttäuschung, wollte man behaupten, dem Autor sei es gelungen, das Problem, das uns im Naturalismus-Kapitel beschäftigt hat und das man nach Maupassant benennen könnte, dadurch zu umgehen. Auch dieser Roman zeigt, daß im Bereich der bewußt gestalteten Fiktion auch das zufällig wirkende Segment zu einem Sinnträger wird: nämlich die besonderen Formen der Kontingenz im großstädtischen Leben vor Augen führt – und damit gerade durch die vermeintliche Funktionslosigkeit eine durchaus einsichtige künstlerische Aufgabe erfüllt.

Es sollte in diesem Zusammenhang nicht unerwähnt bleiben, daß die Rezeption dieses Romans nach dem Erscheinen der ersten Übersetzungen zu einem beträchtlichen Teil von der Faszination durch die stoffliche Fülle gekennzeichnet war. Man war geneigt, von einem Romantypus zu sprechen, der die Prosaepik mehr als jemals zuvor der Vorstellung von Totalität angenähert habe. Auch hier ist es allerdings angebracht, den Überschwang der Erwartungen zu dämpfen. So wie im Bereich der Erzählform trotz aller innovativen Bestrebungen Konstanten der literarischen Modellierung sich behaupten, so muß auch jede Betrachtung der im Roman durchgeführten stofflichen Selektion von der Einsicht ausgehen, daß Totalität in der Literatur kein quantitativer Begriff sein kann und daß es daher unangemessen ist, bei einem Anwachsen diverser stofflicher Elemente von einer höheren Stufe in der Erzielung von Totalität zu reden.

Legt man nämlich quantitative Maßstäbe an, so muß man dann auch hinnehmen, was ein offensichtlich sehr aufmerksamer Leser von *Manhattan Trans-*

fer, der Romanschriftsteller Ernst Weiß, aus Anlaß der deutschen Übersetzung festgestellt hat. Er hält den Kritikern vor, der Jubel über die umfassende Wirklichkeitsdarstellung habe die simple Tatsache vergessen lassen, daß auch Dos Passos notwendigerweise nur eine Auswahl – *seine* Auswahl – getroffen habe und daß eine kritische Musterung des Textes wieder einmal beweist, daß Literatur stets auch *Weglassen* bedeutet. Gehe man der Sache nach, entgegen den üblichen Lesegewohnheiten, so falle auf, wie viele Erscheinungen des amerikanischen Lebens, darunter auch besonders charakteristische, bei Dos Passos mit keinem Wort erwähnt würden. Von keiner großen technischen Erfindung sei die Rede, kein Blick falle in das Innere der Fabriken, keine Entwicklungen würden geschildert, für die Namen wie Rockefeller, Edison oder Ford stellvertretend stehen mögen. »Wie kann man da von 25 Jahren des Wachstums und des Verfalls der ganzen gewaltigen Stadt reden? Nirgends ein Wort von Politik, nirgends eines von der Börse, nirgends etwas von einem Bauplan, von den zwei Epochen, der Gasepoche (1900) und der elektrischen Epoche (1925), die einander gefolgt sind und die nicht nur das äußere Antlitz der Stadt, sondern auch das innere Antlitz des Menschen beeinflußt haben.« (Weiß, 316) Man wird nach der eigenen Lektüre des Romans dem Kritiker vielleicht nicht ganz recht geben; denn manches von dem, was er im Werk vermißt, findet sich gemäß den Praktiken literarischer Realitätsdarstellung auf implizite Weise berücksichtigt. Politik und Technik etwa bestimmen das Leben der Romanfiguren, auch wenn von den unmittelbaren Erscheinungsformen dieser Phänomene nicht ausdrücklich die Rede ist.

Ernst Weiß berührte auch insofern eine wichtige Frage, als seine Einwände das Problem der epischen Integration umfassen. Wann, so könnte man fragen, ist es angezeigt, zum Beispiel von einem politischen Roman zu sprechen? Nur dann, wenn Kategorien der sozialen Herrschaftsverhältnisse ausdrücklich ein Gegenstand der Erzählung sind? Oder genügen mehr oder minder diskrete Andeutungen über die Normen und Tendenzen der Gesellschaftsordnung oder gar abstrakte Schauplätze, vorausgesetzt, das Grundmotiv drückt eine für Herrschaftsformen bezeichnende Spannung aus? *Manhattan Transfer* entzieht sich infolge seiner eigentümlichen Struktur einer eindeutigen thematischen Zuordnung; das ist eines der innovativen Momente des Werkes. Auf herkömmliche Weise verfährt der Autor indes dadurch, daß er den zeitgeschichtlichen Hintergrund andeutend im Geschehen selbst unterbringt, ihn also integriert, noch ganz im Sinn einer Tradition des Erzählens, in der ein anderes literarisches Vorgehen kaum vorstellbar gewesen wäre.

Die Leser seines 1930 erschienenen Romans *The 42nd Parallel* überraschte Dos Passos mit einem Verfahren, das überaus konsequent die Neigung der Zeit bestätigte, zeithistorische Dokumente im Zugriff der Reportage oder durch unmittelbare Einblendung von Textsegmenten in einen fiktionalen Zusammenhang zu spannen. Der amerikanische Autor entschied sich, ähnlich wie Döblin in *Berlin Alexanderplatz* oder Joyce im *Ulysses*, für die Montage – ein

Verfahren, das in den Jahren zuvor auch im Theater zu den hervorstechend-
sten Merkmalen des Bühnenavantgardismus gehörte, etwa in den Berliner
Inszenierungen Erwin Piscators. Das Bühnengeschehen in Piscators Regie
reichert den »Vordergrund«, die fiktionale Handlung mit ihren Dramenfiguren, durch eine zusätzliche Dimension an: durch die im Hintergrund sichtbaren Projektionstafeln mit Statistiken, Photographien, Filmsequenzen usw.,
Materialien, die die Dramenhandlung durch unterstreichende oder kontrastie-
rende (verfremdende) Elemente ergänzen. Eine analoge Aufgabe erfüllen bei
Dos Passos die den einzelnen Kapiteln vorangestellten Textsequenzen unter
der Überschrift *Newsreel*, also Wochenschau, eine Anspielung auf die Berichtform des Kinos im Bereich der Aktualitäten, gleichsam die Zeitung der Licht-
spielhäuser. Die Newsreel in den Romanen der Trilogie *U.S.A.* beruht zum
größten Teil auf Collagen aus Schlagzeilen amerikanischer Zeitungen,
Bruchstücken aus Reportagen, Schlagertexten.

Newsreel IV aus *The 42nd Parallel* mag das Verfahren des Autors veranschaulichen. Der Text folgt wegen der Besonderheiten der Collage im Original
(es sei jedoch auf die leicht greifbare Übersetzung von Paul Baudisch verwiesen).

> *I met my love in the Alamo*
> *When the moon was on the rise*
> *Her beauty quite bedimmed its light*
> *So radiant were her eyes*

during the forenoon union pickets turned back a wagon loaded with fifty
campchairs on its way to the fire engine house at Michigan Avenue and
Washington Street. The chairs, it is reported, were ordered for the concenien-
ce of policemen detailed on strike duty

FLEETS MAY MEET IN BATTLE TODAY
WEST OF LUZON
three big wolves were killed before the dinner.

A grand parade is proposed here in which President Roosevelt shall ride so
that he can be seen by citizens. At the head will be a caged bear recently
captured after killing a dozen dogs and injuring several men. The bear will be
given an hour's start for the hills then the packs will be set on the trail and
President Roosevelt and the guides will follow in pursuit.

Three Columbia Students Start Auto Trip to Chicago
on Wager
GENERAL STRIKE NOW THREATENS
It's moonlight fair tonight upon the Wa-abash
OIL KING'S HAPPYEST DAY

one cherub every five minutes   market for all classes of realestate   con-
tinues to be healthy with good demand for factory sites residence and business
properties   court bills break labor

BLOODY SUNDAY IN MOSCOW
lady angels are smashed   troops guard oilfields   America tends to become
empire like in the days of the Caesars   five-dollar poem gets rich husband   eat
less says Edison   rich pokerplayer falls dead when he draws royal flush
charges graft in Cicero

STRIKE MAY MEAN REVOLT IN RUSSIA
lake romance of two yachts   murder ends labor feud   Michigan
runs all over Albion   red flags in St. Petersburg

CZAR YIELDS TO PEOPLE
holds dead baby forty hours   families evicted by bursting watermain

CZAR GRANTS CONSTITUTION
From the fields there comes the breath of newmown hay
Through the sycamores the candlelight is gleaming

Der Querschnitt durch das Zeitgeschehen wahrt hier streng den Collage-
Charakter: die Texte geben Pressemeldungen oder öffentliche Verlautbarun-
gen wieder, dazwischen Verse aus der Sphäre der *music-halls*. Die Rolle des
Erzählers/Autors beschränkt sich auf die Auswahl und die Anordnung des
Materials, wobei das sprachliche Collagebild nichts über die Prinzipien aussagt, die bei der Aufbereitung wirksam waren. Es kommen dafür grundsätzlich sowohl eine sehr bewußt gehandhabte Strategie der Kontrastwirkungen
wie auch eine auf Zufall beruhende (aleatorische) Reihung der Segmente in
Betracht. Da über diese Frage keine Entscheidung möglich ist, sollte der Literarhistoriker zumindest von der Möglichkeit Gebrauch machen, auf die
übernationale Verbreitung dieser und analoger Verfahrensweisen hinzuweisen.
Ob Dos Passos *Die letzten Tage der Menschheit* von Karl Kraus sowie die Collagen der Züricher und Berliner Dadaisten gekannt hat, ist von sekundärer
Bedeutung. Von Interesse für eine Geschichte der Poetik ist namentlich die
Tatsache, daß Innovationen, gerade in den so stürmischen ersten drei Jahrzehnten nach 1900, sehr oft an mehreren Stellen und in verschiedenen Varianten ungefähr zur gleichen Zeit in Erscheinung treten. Es wäre jedenfalls un-
klug, sich um Prioritäten zu streiten. Der ›vergleichende Leser‹, wie man das
Wunschsubjekt der Komparatistik nennen könnte, wird z. B. mit dem Blick
auf *The 42nd Parallel* durchaus zu Recht Vergleiche mit den vorhin genannten
Werken anstellen. Die Gemeinsamkeit mit dem Verfahren bei Kraus besteht
im dokumentarischen Grundsatz (dessen Anwendung allerdings im einzelnen

ebensowenig überprüfbar ist). Das Moment der Authentizität wird bei Dos Passos jedenfalls noch stärker betont, da in den zeithistorischen Vorspanntexten keine Elemente enthalten sind, die – wie in manchen Dialogen der *Letzten Tage* – einen fiktionalen Ursprung vermuten lassen.

Anders steht es mit den Ansprüchen, die die »Wochenschau« an die Konzentration des Lesers stellt. Mit der Textgestalt, die oft Bruchstücke ganz unterschiedlicher Art aneinanderreiht, ohne syntaktische Fügung und konventionelle Interpunktion, nähert sich Dos Passos hier der dadaistischen Technik. Gäbe es in der Romantrilogie nur die Collagen, und allenfalls noch die kurzen, *The Camera Eye* überschriebenen Einblendungen, Monologe aus intimer Sicht, könnte von einer Prosa die Rede sein, die die Realität nur noch als Scherbenwelt präsentiert, als beliebig registrierbares Nebeneinander ohne erkennbares Zentrum. Die Gesamtheit der Trilogie zeigt jedoch, daß Dos Passos' Nähe zum Dadaismus wenn nicht ein Zufall, dann bestenfalls eine technische Anleihe gewesen ist. Die Collage erscheint als ein Versuch moderner Mimesis, im Wirbel von Sprachfetzen die durch Medien erlebbare Simultaneität ins Bild zu bringen. Absurdes, wie bei den Dadaisten, war damit nicht gemeint. Zu den merkwürdigsten Zügen der Trilogie gehört nämlich ein anderes Nebeneinander: die stilistische Koexistenz der Vorspanntexte, der Einblendungen und der hauptsächlich in naturalistischer Schreibweise absolvierten eigentlichen Romanhandlung. Die Figuren mit ihren Schicksalen leben zwar in jenem Zeitalter, das von den *Newsreels* umrissen wird, in literarischer, stilistischer Hinsicht scheint es indes, als lebten sie in einer anderen Epoche, etwa der Mark Twains. Vergliche man sie mit den Dramengestalten in den Inszenierungen Piscators, so könnte man sagen, sie agierten konsequent mit dem Rücken zu den modernistischen Projektionen des Hintergrundes. Die Einheit, die der Romantext dennoch anstrebt, wird in das vermittelnde Bewußtsein des Lesers verlegt. In seiner eigentlichen Machart bleibt der amerikanischen Großstadtroman der Zwanziger und Dreißiger, repräsentiert durch Dos Passos, Zeugnis einer Poetik, die auf einem eigentümlichen Kompromiß beruht.

VII

Die Ausmaße von Alfred Döblins Beitrag zur Literatur der Moderne sind erst in den letzten zwanzig Jahren voll erkennbar geworden. Auch wenn das sehr umfangreiche Erzählwerk, vom Novellenband *Die Ermordung einer Butterblume* (1913) und dem ersten repräsentativen Roman (*Die drei Sprünge des Wang-lun*, 1915), über die Phase des Erfolgs (*Berlin Alexanderplatz*, 1929), bis hin zu *Hamlet oder Die lange Nacht nimmt ein Ende* (1956), seiner letzten Prosadichtung, von unterschiedlicher künstlerischer Intensität ist, die Einprägsamkeit und die Singularität der ästhetischen Absicht treten überall deutlich hervor. Aus der Sicht der Romanpoetik ist Döblins besonderer Ort unter anderem dadurch gekennzeichnet, daß seine theoretischen Schriften mehr als bei den meisten Zeitgenossen mit der eigenen Erzählpraxis eine Einheit bilden. Sie erfüllen eine doppelte Aufgabe: Zum größten Teil in der Phase der ersten Novellenbände und gültigen Romane entstanden, sind die poetologischen Aufsätze Erläuterungen in eigener Sache, ein temperamentvolles Itinerar, das die Bewegungen und Entscheidungen der erzählenden Werke nachzeichnet (und gelegentlich wohl auch vorzeichnet). Mit dem »Vorzeichnen« ist die zweite Funktion benannt. Die Theorie will zugleich Programm sein, eine auch für andere junge Autoren Wege weisende und Parolen ausgebende Tätigkeit. Obwohl mit besonderer Verve formuliert, konnten sich Döblins Programme und Diagnosen seinerzeit nicht mehr Gehör verschaffen als die meisten Texte in der Flut futuristischer und expressionistischer Manifeste. Heute erkennt man, daß er mit seinen Schriften nicht nur eine individuelle – und auch praktizierte – Poetik entworfen hat, sondern daß er damit auch Prognostiker wesentlicher Tendenzen im Roman des Jahrhunderts gewesen ist.

Überall, wo im Roman seit etwa 1910 die Idee eines neuen Epos, im Gegensatz zur intimen, psychologischen Ausrichtung der Erzählgattungen, vorgetragen und erprobt wird, ist der Gedanke an Döblin oder die Berufung auf ihn durchaus legitim. In unseren Tagen hat Günter Grass mit seinem Bekenntnis (*Über meinen Lehrer Döblin*, 1967) einen wichtigen Schritt getan. Die bereits zu Beginn des Kapitels über die Dichotomie im Roman des 20. Jahrhunderts erörterte Bestrebung, sich in den großen Prosaformen wieder auf das Epos zu besinnen, besaß in Döblin einen ihrer wortgewaltigsten Vertreter. Wenn man bedenkt, daß die seit dem 17. Jahrhundert nicht abreißende innere Polemik gegen die Festlegung der Gattung auf eine begrenzte Themenwahl in der Zeit nach dem Naturalismus erst recht die Wege markiert, so verdienen seine Gedanken über das Verhältnis von Epos und Roman besondere Beachtung. Auch ihm ging es um eine Rettung des Romans und eine Wiedergeburt des großflächigen Erzählens, und der Preis, der dafür gezahlt werden sollte, war eine dominierende Tradition des sogenannten bürgerlichen Romans: die Überlieferung, die durch die Welt individueller, weitgehend privater Erfahrung gekennzeichnet ist – und die in Lukács' *Theorie des Romans* als repräsentativ für die neuzeitliche Entwicklung gedeutet wird.

Es ist nur folgerichtig, daß sich bei Döblin von Anfang an die Spitze auch gegen die Wertschätzung der realistisch genannten, »abbildenden« Schreibweise aus dem 19. Jahrhundert richtet. Nicht die Theoretiker des Naturalismus prägen das Kunstverständnis des jungen Döblin (diese treten erst später ins Blickfeld und erfahren eine persönliche Deutung), sondern der Heros des deutschen und europäischen Geisteslebens nach 1900, Friedrich Nietzsche. Bei Döblin ist die Nietzsche-Lektüre seit den ersten Jahren des neuen Jahrhunderts nachzuweisen. Beachtung verdient namentlich ein wenig bekannter Aufsatz des jungen Nervenarztes, *Das Recht auf Rhetorik*, veröffentlicht 1909, ein Jahr vor dem Erscheinen der ersten größeren ästhetischen Schrift, *Gespräche mit Kalypso. Über die Musik*, im ersten Jahrgang von Herwarth Waldens Berliner Zeitschrift *Der Sturm.* Der Rhetorik-Aufsatz ist eines der frühen, unbeachtet gebliebenen Manifeste des expressionistischen Theaters, ein Plädoyer für Rhetorik auf der Bühne, d. h. für eine »pathetische Sprachkunst im Drama« (Döblin 1985, 62) und die Monumentalität des Chors, mit einem Wort: für ein Theater, das sich seiner antiken Ursprünge besinnt und dem Verlangen nach Naturtreue die Stilisierung entgegensetzt. Die Erzeugung von Spannung durch geschickte Handlungsführung nennt Döblin eine »Sherlock-Holmsiade« der gängigen Bühnenwerke. Intrigenspannung wie auch psychologische Zergliederung der Handlungsmotive begreift er als Zeichen des Niedergangs von Kunst. »Durch die Psychologie lasse man sich nicht irreführen. Sie kennt mehr Logik als Psyche; nur die Bloß-Intellektuellen, die Gelehrten, die mit der Auffassung arbeiten und das Wort führen, kommen ohne sie im Drama nicht auf ihre Kosten. Die gefährliche, fast psychiatrische Vertiefung der Theaterpersonen ist ihr Werk, die Mikroskopik kommt einer Versimpelung oder Verflachung gleich. Psychologie als Krückstock bei Mangel an dichterischer Intuition. Dagegen stelle man die ethischen Mächte der Theurgie, das Chorische.« (62f.) Naturalismus und Neuromantik werden gleichermaßen als Irrwege abgetan, Hoffnung wird auf die Exorbitanz eines neuen Pathos gesetzt. Es überrascht jedenfalls nicht, daß der Artikel mit der Berufung auf Nietzsches endgültige Autorität in ästhetischen Fragen schließt. Döblin nennt Nietzsches Abhandlung über die Geburt der Tragödie, doch er dürfte auch an die Züge antinaturalistischer Ästhetik in den späteren Schriften gedacht haben: an das Lob der stilisierten Welt im französischen Klassizismus oder an die Bevorzugung der Nummernoper nach dem Bruch mit Wagner, also Formen, aus denen überdeutlich die künstlerische Konvention und geistige Choreographie hervortreten.

Vorausweisende ästhetische Interessen läßt, im selben Jahr, ein Feuilleton über das Kino erkennen, das »Theater der kleinen Leute« (so auch der Titel). Der Text entstand zu einem Zeitpunkt, als die Bereitschaft, die anspruchslosen flimmernden Streifen ernsthaft zu beachten oder sie gar zum Gegenstand ästhetischer Betrachtung zu machen, noch überaus gering war. Auch Döblin stimmt kein Loblied auf den Kintopp an; er verschweigt nicht, daß die Darbietungen an den kaschemmenartigen Orten mit der herkömmlichen Vorstellung von Kunst kaum etwas zu tun haben und daß der gebildete Zuschauer sich darüber freuen sollte, daß die Streifen lautlos sind. Dennoch erblickt er auch hier einen Anlaß, Zusammenhänge mit einer sachbezogenen, antipsychologischen Ästhetik anzudeuten. Die Aussichten des neuen Mediums beurteilt er auf eine Weise, die seine eigene Erzählpoetik vorwegnimmt: die Chancen des Films sieht er in der Unmittelbarkeit der krassen Bilder, die auskommen »ohne die breite Mehlpampe der volkstümlichen Literatur und die wässerigen Aufgüsse der Moral« (Döblin 1985, 73). Der Film kommt also ohne eine vermittelnde Textdimension einher, ohne romanartige Analysen der seelischen, gesellschaftlichen und historischen Zusammenhänge, er rückt den Zuschauern durch die bloße Bilderfolge auf den Leib. Worte würden hier – das ist der Nebengedanke des Autors – noch das Beste am Kino verderben. Das Stichwort ›Kino‹ spielte auch in den folgenden Jahren in Döblins Programmatik und Erzählpraxis eine bemerkenswerte Rolle. Die Begeisterung für eine Kunst, die ihr Stilkonzept mit den neuesten technischen Erfindungen in Einklang bringt, bekundete der Autor sehr deutlich anläßlich der Berliner Ausstellung futuristischer Malerei aus Italien in Waldens Sturm-Galerie im Frühjahr 1912. Im Jahr darauf veröffentlichte er seinen ersten Erzählband, *Die Ermordung einer Butterblume*, wie auch sein erstes Manifest über die Zukunft des Romans, *An Romanautoren und ihre Kritiker*, mit dem Untertitel *Berliner Programm*. Das Jahr 1913, das ist festzuhalten, darf als ein Stichjahr doppelter Art gelten: in Döblins Schaffen wie auch in der Geschichte des Films. Die Leser des *Berliner Programms* konnten zugleich das von Kurt Pinthus herausgegebene *Kinobuch* zur Hand nehmen, eine Sammlung von Kinodramen, d. h. Filmgeschichten und Drehvorlagen, die das Interesse auch anspruchsvoller Literaten an dem damals anspruchslosen Medium dokumentierte. Unter den Beiträgern befanden sich Albert Ehrenstein, Walter Hasenclever, Else Lasker-Schüler, Max Brod, Ludwig Rubiner. Dem Schreiben von Texten für die Filmindustrie (deren Geschäfte er sehr skeptisch beurteilte) wandte er sich erst später zu. Entscheidend ist der Umstand, daß die filmischen Bilder und die Möglichkeiten eines besonderen, technisch vermittelten Formidioms ihn in erster Linie als Impuls reizten: es ging ihm um die Erprobung analoger Verfahrensweisen im Bereich literarischer Erzähltechnik.

Die Novellen des ersten Erzählbandes waren offenbar dazu angetan, diese künstlerische Absicht des Autors auch für die Leser erkennbar zu machen. Einer der ersten Rezensenten der Neuerscheinung, Joseph Adler, reagierte auch prompt auf die Intention Döblins und prägte in seiner Besprechung im *Sturm* die Formulierung »Der Wortfilm rollt«. Die Literatur müsse vom Tempo des Films lernen, es sei keine Zeit mehr für schleppende Handlungen, Postkutschenstil und psychologische Kleinarbeit. In der Tat: Die Befremdung, die die meisten Erzählungen des Bandes damals wohl hervorriefen, dürfte vergleichbar sein mit den Schocks, den die zuckenden Bilderfolgen der schwarz-weißen Welt auslösten. Auch Döblins erzählerische »Abläufe« jagen zumeist von Vorgang zu Vorgang, sie bewegen sich sprunghaft und bleiben gleichsam stumm, denn keine Erzählinstanz kümmert sich um die Erörterung der Zusammenhänge, keine psychologische Analyse bietet die gewohnte Kausalität auf. Die oft krassen, exaltierten, psychopathologisch anmutenden Geschehnisse bleiben ohne die herkömmliche Verständnishilfe; Beweggründe und Zusammenhänge bleiben in der Regel verborgen. Man kann diese befremdlichen Geschichten, die sozusagen nur eine Oberflächenwelt darstellen wie das stumme Kino, Bewegungs-Literatur nennen, und deren Wirklichkeit als eine *kinematische* bezeichnen. Im Hinblick auf Döblins Selbstverständnis, er sei als Arzt mehr Neurologe als Psychoanalytiker gewesen (Döblin 1977, 62), mehr ein Beobachter nüchtern feststellbarer Erscheinungen, weniger ein Deuter des Unsichtbaren, drängt sich nicht nur ein Vergleich mit der visuellen Welt des Stummfilms auf, sondern auch eine Parallele zum Denken des amerikanischen Psychologen John Watson, dessen objektivistische, ebenfalls »antipsychologische« Verhaltenslehre unter der Bezeichnung ›Behaviorismus‹ bekannt beworden ist (und auch in Deutschland um 1930 diskutiert wurde). Watsons erste Arbeit zur Verhaltensforschung, bereits mit dem Begriff ›behaviour‹, erschien übrigens 1913, im Jahr des *Berliner Programms*.

Dieses hebt sich vom grellen Pathos der meisten Manifeste der futuristischen und expressionistischen Szene durch einen wohltuenden Sarkasmus ab, ist aber in der Entschiedenheit der Forderungen höchst offensiv. Verpönt wird endgültig die Psychologie als eine Kategorie literarischer Gestaltung: das Konstruieren von Zusammenhängen, Ursachen, Wirkungen anhand einer Erfahrungslehre, die vom intuitiven Erfassen seelischer Zustände ausgeht. Döblin rät daher, bei der Psychiatrie in die Schule zu gehen, nicht einfühlsame Zergliederung zu betreiben, sondern sachliche Beschreibung von Phänomenen zu bieten. »Notierung der Abläufe, Bewegungen«, ohne Verschwendung der Aufmerksamkeit auf Ursprünge und Motive. Gegenstand des Romans sind nicht Subtilitäten der Innensicht, sondern die sichtbaren Dinge, nicht das Innen, sondern das Außen, kurz: der Gegenstand ist die »entseelte Realität« (Döblin 1989, 121). Wenn Watson – auch hier drängt sich der Vergleich auf – poetologische Überlegungen angestellt hätte, sie würden vermutlich nicht viel anders gelautet haben.

Aus heutiger Sicht sind die historischen Züge in Döblins barschem Antipsychologismus zu erkennen. Es ist darin eine zweifelsfreie Abneigung gegen eine strikt mimetische Kunstauffassung, namentlich in naturalistischer Spielart, enthalten. Der Naturalismus, der Autor betont es in mehreren Aufsätzen, imponierte ihm wegen seines Stoffhungers und seiner grundsätzlichen Entschlossenheit, die Lebenswirklichkeit keinen künstlerischen Restriktionen zu unterwerfen; völlig fremd war ihm dagegen die penible Abbildungsästhetik der konsequenten Naturalisten. Unter Psychologismus verstand Döblin eine empirische Verpflichtung gegenüber dem Menschenbild, der Sensibilität und den kulturellen Konventionen der vergangenen Generationen. Diese Verpflichtung galt es – im Namen künstlerischer Alterität – zu kündigen. Wie bei den meisten Modernisten der nachnaturalistischen Zeit dominierte dabei der Gedanke, die Kunst habe das Recht, ihre Stilmaximen der Realität zu diktieren. Die Allmacht des Künstlers, das war eines der Momente, die Döblin an den Neuerungen der Futuristen (*Die Bilder der Futuristen*, 1912) faszinierte. Diese Allmacht sollte sich freilich im Zugriff auf die gesamte erfahrbare Welt erweisen, in überindividuellen oder gar globalen Perspektiven. In der Abneigung gegenüber dem psychologischen Verständnis ist ein Desinteresse an den überlieferten Formen des bürgerlichen Individualismus enthalten – und damit auch an einer zentralen künstlerischen Kategorie dieser Tradition: der ästhetischen Identifikation.

Es ist konsequent, daß das *Berliner Programm* nicht nur die Einfühlung in private Erfahrung beiseiteschiebt, sondern auch die »Hegemonie des Autors«, d. h. ein individuelles reflektierendes Bewußtsein im literarischen Werk, in Frage stellt. Naturalistisch, in einem positiven und überhistorischen Sinn, ist für Döblin die Tendenz zur Entpersönlichung, die die Kunst immer wieder nötig hat, der »Mut zur kinetischen Phantasie und zum Erkennen der unglaublichen realen Konturen« (Döblin 1989, 123). Des Autors Resümee: der Roman müsse seine Wiedergeburt im modernen Epos erleben. Wie man sich ein solches Kunstwerk vorzustellen habe, erfuhren die Leser des *Sturm* aus jenen Abschnitten des Programms, in denen neben den literarischen Verboten positive Empfehlungen enthalten waren. An markantester Stelle fällt das Wort, das im dargestellten poetologischen Zusammenhang nicht mehr überrascht: »Kinostil«. Auch Döblin hätte für seine literarischen Absichten die Metapher vom »Wortfilm« gebrauchen können. Seine Vorstellung von einem »Kinostil« ist vor allem durch das Bedürfnis nach Knappheit gekennzeichnet. »In höchster Gedrängtheit und Präzision hat ›die Fülle der Gesichte‹ vorbeizuziehen. Der Sprache das Äußerste der Plastik und Lebendigkeit abzuringen. Der Erzählerschlendrian hat im Roman keinen Platz; man erzählt nicht, sondern baut. Der Erzähler hat eine bäuerische Vertraulichkeit. Knappheit, Sparsamkeit der Worte ist nötig; frische Wendungen. Von Perioden, die das Nebeneinander des Komplexen wie das Hintereinander rasch zusammenzufassen erlauben, ist umfänglicher Gebrauch zu machen. Rapide Abläufe, Durcheinander in bloßen Stichworten; wie überhaupt an allen Stellen die höchste Exaktheit in suggestiven Wendungen zu erreichen gesucht werden muß.« (Döblin 1989, 121f.)

Nicht weniger bezeichnend ist Döblins Forderung, der Text dürfe nicht wie gesprochen erscheinen, das Ganze müsse »wie vorhanden« wirken. Mit dieser etwas vagen Ausdrucksweise meint der Autor fraglos den Ausschluß aller Elemente, die die Prozedur des Erzählens, der Vermittlung erkennbar machen, eingeschlossen alle Züge, die man in der älteren Terminologie als stilistisch oder rhetorisch bezeichnet hätte. So wie Döblin in der oben angeführten Passage auf rasches Tempo, jähe, filmische Schnitte und unkommentierte Bilderfolgen setzt, so hier auf eine Sprache, die, ohne reportagehaft trocken zu sein, alle aufdringlich poetisierende Wendungen vermeidet. In diesem Sinn ist auch Döblins Offener Brief an F. T. Marinetti, *Futuristische Worttechnik*, aus demselben Jahr zu verstehen. Marinettis als futuristisch deklarierter Roman wird von Döblin wegen des Autors Schwelgen in ausgedehnten Vergleichen dem modernistischen Anspruch zum Trotz in die Region hausbackener Erzeugnisse verwiesen.

Das *Berliner Programm* nennt keine Namen zeitgenössischer Autoren, etwaiger Mitstreiter, und es beruft sich auf keine für die eigene Sache mobili-

sierte Tradition. Dennoch besteht kein Zweifel daran, daß Döblins Stilinten-
tionen keine ganz vereinsamte Erscheinung in der zeitgenössischen Literatur
waren. Carl Sternheims und Gottfried Benns Prosa aus den Kriegsjahren bieten sich zum Vergleich an, auch Kasimir Edschmids Novellen, wenn auch das
Grelle in ihnen manchmal ins unfreiwillig Komische umschlägt. Vor allem
aber ist an den damals vielgerühmten Secco-Stil Heinrich Manns zu erinnern,
der den Döblinschen Filmsequenzen und verwandten Verfahrensweisen anderer Autoren vorgearbeitet hatte.

Von Traditionen ist dagegen in einem weiteren wichtigen programmartigen
Aufsatz Döblins die Rede, erschienen im Frühjahr 1917 in der *Neuen Rundschau*. Demonstrativ bekennt sich der Verfasser zu einer großen Tradition. Im
Programm aus dem *Sturm* hieß es noch, man dürfe nicht zu Cervantes fliehen,
ohne von den Motten gefressen zu werden. Von einer solchen Furcht ist jetzt
nichts mehr zu spüren. Ohne Gefährdung der Modernität werden Vorbilder
genannt, ja, Vorbilder: Homer und Cervantes, Dante und Dostoevskij, auch
der Autor des *Ulenspiegel*, Charles de Coster. Die Wendung vom literarischen
Revoluzzer zum traditionsfrommen Erzähler nimmt sich freilich nur vordergründig wie ein eiliger Sinneswandel aus. Bei genauerem Hinsehen ist die
einheitliche Linie in diesen wie auch in den späteren Grundsatzerklärungen
deutlich erkennbar. Den Zusammenhang stiftet Döblins Auffassung vom
neuen Roman als Epos. Der Durchschnittsroman der Neuzeit habe sich mehr
und mehr als das Ergebnis einer Vereinfachung und Spezialisierung erwiesen:
private Schicksale, individuelle Entwicklungen, namentlich aber die auf Spannung angelegte Intrigenstruktur beherrschten die Gattung und wurden zu
deren Siegel. Diese Routine sei zu bekämpfen im Namen jener großzügigen
Offenheit gegenüber den Dingen und Erscheinungen dieser Welt, deren wir
bewußt werden, wenn Homer, Dante und Cervantes zu erzählen anheben.

Es ist leicht zu erkennen, daß Döblin diese Tradition etwas bedenkenlos
vereinnahmt, als gäbe es in den großen epischen Werken nur Stoffülle und
nicht auch moralistische Strategien. Am tauglichsten ist für seine Argumentation wohl Homer; kein Wunder, daß die *Odyssee*, neben dem *Don Quijote*,
das wichtigste Beispiel ist. Die Autorität des griechischen Dichters fungiert als
Stütze im Kampf gegen den neuzeitlichen Rationalismus in der Erzählkunst,
gegen die Neigung – so Döblins Sicht –, Ereignisse und Vorgänge zu kom-
mentieren, psychologisch zu erläutern, zu zerreden. Der Kinostil und das
Berichten in der epischen Runde Homers haben ihre gemeinsame Wurzel darin, daß sie trotz des Unterschieds im Tempo eine verwandte Anschauung
aufweisen: die Welt wird von außen gesehen, sie wird gleichsam hingenommen und nicht durch analytisches Wissen in Frage gestellt.

Besondere Beachtung verdient, gerade in einem ausgedehnten geschichtlichen Kontext, der Schluß der *Bemerkungen zum Roman*. Döblin lehnt sich da im
Namen der Besinnung auf die ungeheuer großen Stoffgebiete des Epikers
gegen die Reduktion des Romans auf, die durch die weitgehende Be-

schränkung auf das Thema ›Erotik‹ entstanden sei, auf das »mannweibliche« Verhältnis. »Der Roman hat natürlich mit Liebe so wenig zu tun wie die Malerei mit dem Weib oder mit dem Mann. Durch das Festlegen hier ist der Tagesroman gänzlich sterilisiert. Es gibt auch Knochen, Muskeln, Lungen, Nieren, nicht nur Geschlechtsorgane. Der Tagesroman wird sich nicht eher erholen, als der Grundsatz zum Durchbruch kommt: mulier taceat, zu deutsch: die Liebe hat ein Ende.« (Döblin 1989, 127) Die Invektive gegen die Erotik gipfelt dann noch zum Schluß in der Versicherung, der Trivialroman, Karl May etwa, sei besser, denn er sorge für eine breitere, nicht alltägliche Stofflichkeit.

Auch wenn man Döblins herausfordernde Volten cum grano salis nimmt, wohl auch im Sinne des Autors, so bleibt immer noch ein in dieser Einseitigkeit wohl singulärer Angriff auf eine der Grundfesten des Romans, jedenfalls auf eine der europäischen Konstanten im Verständnis der Gattung. Man denke nur an die Definition in Adelungs *Wörterbuch*, 1774–1786 (Artikel ›Roman‹), wonach der Roman in engerem Sinn eine Liebesgeschichte sei, oder an eine Äußerung aus unserem Jahrhundert, Albert Thibaudets Wort, daß »un roman, en français, c'est où il y a de l'amour« (zit. nach Koskimies 126), in einem Roman gehe es also stets um die Liebe – und man könnte hinzufügen, nicht nur in der französischen Tradition. Dagegen begehrt Döblin mit seinem Kahlschlag auf. Der so verstandene Roman gilt ihm als ein Hindernis in der Hervorbringung eines neuen Epos, einer Erzählgattung, in der viel mehr von überindividuellen oder auch von nicht alltäglichen menschlichen Dingen die Rede ist: von Erfindungen, Eroberungen, Kriegen, Naturkatastrophen. Die theoretischen Aufsätze sind in dieser Hinsicht eine Ankündigung der Romane *Wallenstein* und *Berge, Meere und Giganten*.

Noch breiter in der Argumentation ist ein zweiter Aufsatz aus dem Jahre 1917, *Über Roman und Prosa*. »Sei des ewigen Romanthemas, der Liebe, gedacht. Es läßt sich wohl sagen, daß so, wie nach Strindbergs Auffassung das Weib am Leben des Mannes zehrt, die Liebe am Roman zehrt. Vergessen ist die unendliche Fülle sonstigen Lebens, Fühlens, des Heimwehs, der Kampflust, des Ehrgeizes, der Rachsucht, der Vaterlandsliebe. Erloschen alles; ein schlimmes Werk ist geschehen, verblüffend in dem strengen, harten Zeitalter. [. . .] Die Frau unserer Tage vermännlicht sich in zunehmendem Maße, das heißt, sie nimmt Herrenmanieren an, so gewaltig ist der Eindruck des Männlichen; nicht einmal die Frau hält das Weibische fest; und eben dieses abgestandene, selbst vom Weib mißachtete Weibische kultiviert der Roman.« (Döblin 1985, 232)

Also nochmals: mulier taceat. Die geschlechtliche Literaturtypologie des Autors nimmt sich heute in mehrfacher Hinsicht recht verwegen aus. Historie wird gegenwärtig, wenn man der Zeiten gedenkt, als geschichtsphilosophische Männerphantasien dieser Art vielerorts ohne nennenswerten Widerspruch vorgetragen werden konnten. Die Welt, die sich Döblin für die neue

Epik wünscht, muß jedenfalls als eine ausgesprochene Männerwelt empfunden werden: das Element der Herrscher, Krieger, Abenteuerer, Techniker. Der Wirklichkeit der Erotik, der Liebe (des »privaten Weltereignisses«, nach einem Wort Alfred Polgars) steht hier die Wirklichkeit der Historie und des Mythos gegenüber. Eine andere Realität, tauglich für das Romanepos, konnte sich der Autor offenbar nicht vorstellen.

Im selben Zusammenhang findet sich auch der Versuch einer soziologisch ausgerichteten Deutung der Umstände, unter denen der erotisch-psychologische Roman seine dominierende Stellung gehalten hat. Dieser »Seelenroman« habe seine Ursache in der Lebensform der Städte. Autoren und Leser führen dort ihr isoliertes Dasein, vollständig von einem Alltag in Anspruch genommen, der die Sinne abstumpft und die Nerven ruiniert. Und vor allem: beschränkte Interessen erzeugt. »Das Leben bleibt stecken zwischen den registrierbaren Dingen Geburt, Schule, Besuch, Reise, Todesfall usw. Mehr Fakta gibt es nicht. Ein paar Typen erschöpfen das Wesentliche; tausend kleine und kleinste Variationen; die Epik wird leer.« (Döblin 1985, 232)

Während sich die meisten großen Romanschriftsteller der Epoche dazu entschlossen, gerade im Rahmen der von Döblin genannten dürftigen Fakten des bürgerlichen Alltags Erkundungen in der Tiefe der unsichtbaren seelischen Regionen anzustellen, beschritt der Berliner Autor den entgegengesetzten Weg. Die Stadt, der von ihm genannte Schauplatz der Verkrüppelung des Romans, ist allerdings auch bei ihm eine epische Sensation und eine wichtige persönliche Erfahrung. Autobiographische Aufsätze wie *Berlin und die Künstler* (1922) zeigen, daß der entscheidende erzählerische Wurf, *Berlin Alexanderplatz*, nicht zuletzt das Ergebnis eines emphatischen Verhältnisses zum Phänomen der modernen Großstadt ist. Der Berlin-Roman kann unter anderem auch als ein poetologisches Exempel gesehen werden: epische Ausmaße und epische stoffliche Zugriffe konnte Döblin in seinem Sinn auch an dem unerschöpflichen Nebeneinander des Riesengebildes Stadt demonstrieren; um den psychologischen Roman zu verdrängen, waren die ferne Historie oder die Welt des Mythos nicht unbedingt erforderlich.

Die großen Unterschiede in der Stoffwahl – einmal ist es das Berlin der Gegenwart, ein andermal der Dreißigjährige Krieg oder das China des 18. Jahrhunderts – beweisen, daß Döblins Vorstellung vom modernen Epos nicht auf stofflichen Kriterien beruhte und ebensowenig auf einem im voraus festgelegten Verhältnis zwischen den Erfahrungsgesetzen und der literarischen Phantasie. In dieser letzteren Hinsicht ist sehr klar zu erkennen, daß Döblins Auslegung des Begriffs ›Naturalismus‹ nichts mit den elementaren Grundsätzen der naturalistischen Bewegung zu tun hat; denn dem Autor fiel es niemals ein, sich von der nichtliterarischen Empirie vorschreiben zu lassen, wo die Grenzen seines poetischen Textes zu verlaufen haben. Wenn märchenhafte oder surreale Elemente notwendig waren, griff Döblin ohne literaturtheoretische Gewissensbisse danach. Mehr noch: im Artikel unter dem bezeichnenden Titel *Schriftstellerei und Dichtung* (1928) sieht er in der selbstherrlichen Phantasie ein vorrangiges Kriterium, das erlaubt, die schriftstellerische Routine von der wahrhaftig bedeutenden Sprachkunst, nämlich der Dichtung, zu trennen. Der Roman, oder zumindest der von ihm als durchschnittlich eingeschätzte, wird in die Region schriftstellerischer Produktion verwiesen; nur die Ausnahme, das sprachmächtige und von souveräner Phantasie getragene Erzählwerk, ob es nun Roman genannt wird oder nicht, wird als Dichtung eingestuft. Auch Schillers Wort vom Romanautor, der nur ein Halbbruder des Dichters sei, wird von Döblin zitiert, allerdings mit dem Vorbehalt, das sei sehr schonend ausgedrückt, denn in Wirklichkeit sei der Romancier eher ein verstorbener Großonkel des Dichters.

Gäbe es nicht solche Sarkasmen und kennte man nicht Döblins Ansichten vom Wesen neuer epischer Dichtung aus früheren Texten, man könnte vermuten, die genannte Zweiteilung sei ein Zugeständnis an das konservative Lager in der Sektion für Dichtkunst an der Preußischen Akademie der Künste. Es ist eine bemerkenswerte Paradoxie, daß der Roman, namentlich der sogenannte Gesellschaftsroman, etwa Wassermannscher Prägung, zu einer doppelten Zielscheibe geriet: Döblins modernistische Kritik an der Routine der Gattung berührte sich mit der aus klassizistischen Relikten und Heimatkunst-Ideologie gemischten Geringschätzung des Romans, die zu den festen Traditionen konservativer Literaturkritik in Deutschland zählte. (Vgl. dazu Žmegač 1980.) Die Verwandtschaft des Blickwinkels ist im Zweifel gegenüber dem individualistischen Geist des Romans in bürgerlicher Überlieferung, von der Aufklärung bis zu Fontane und Thomas Mann, zu sehen, namentlich aber gegenüber der Neigung, den Roman als eine Form intimer Konfession zu begreifen. Döblin (1989, 205) hatte dafür nur das rüde Urteil übrig, dieser Typus sei »das literarische Kabinett für Exhibitionisten«.

Eine Revision eigener Anschauungen verkündet die Abhandlung *Der Bau des epischen Werks*, erschienen 1929, im Jahr des überraschenden Erfolgs von *Berlin Alexanderplatz*. In gewissem Sinne ist diese Schrift ein poetologischer Traktat zum Berlin-Roman. Zurückgenommen wird darin ausdrücklich die strikte Berichtform des proklamierten Kinostils. Diese Form gilt nun als ein »eiserner Vorhang«, der den Leser vom Erzähler (Döblin sagt ›Autor‹) trennt. Einigermaßen überraschend ist Döblins Beschluß: »Diesen eisernen Vorhang rate ich hochzuziehen.« (Döblin 1989, 225) Beim Schreiben der ersten veröffentlichten Romane, bekennt er an dieser Stelle, war die Faszination durch Fakta und Dokumente so stark, daß ihm die subjektive Zutat überflüssig erschien. »Da spricht der große Epiker, die Natur, zu mir, und ich, der kleine, stehe davor und freue mich, wie mein großer Bruder das kann. Und es ist mir so gegangen, als ich dies oder jenes historische Buch schrieb, daß ich mich kaum enthalten konnte, ganze Aktenstücke glatt abzuschreiben, ja ich sank manchmal zwischen den Akten bewundernd zusammen und sagte mir: besser kann ich es ja doch nicht machen. Und als ich ein Werk schrieb, das den

Kampf von Riesenmenschen gegen die große Natur schildert, da konnte ich mich kaum zurückhalten, ganze Geographieartikel abzuschreiben; der Lauf der Rhone, wie sie aus dem Gebirge bricht, wie die einzelnen Täler heißen, wie die Nebenflüsse heißen, welche Städte daran liegen, das ist alles so herrlich und seine Mitteilung so episch, daß ich gänzlich überflüssig dabei bin.«

Nicht überflüssig ist das Ich – das ist die neue Erkenntnis und poetologische Konsequenz –, wenn es eine Formkategorie der Dichtung ist: nämlich nicht ein privates, sondern ein allgemeines, künstlerisches Subjekt, das dem Leser zu erkennen gibt, wer da in einer Erzählung eigentlich am Werk ist und in ihr schaltet und waltet. Obwohl Döblin keine geschichtlichen Parallelen zieht, ist die Rückbesinnung auf die Rolle des transzendentalen Erzählers, also auf eine literarische Errungenschaft des bürgerlichen Zeitalters, unschwer zu erkennen. In der Bestrebung, der Phantasie freien Lauf zu lassen, empfiehlt er, noch hinter Homer zurückzugehen; in der Entschlossenheit dagegen, das literarische Kunstwerk unmißverständlich als eine artifizielle, sozusagen vor den Augen des Lesers arrangierte Hervorbringung vorzuführen (denn darum geht es bei der Einschaltung des transzendentalen Erzählers!), knüpft er an ein markantes Merkmal der vornaturalistischen Romanliteratur an, das ihm brauchbarer erschien als alles, was im Umkreis des »Seelenromans« zu finden war.

Döblin fühlte sich in seinem Entschluß, den erzähltechnischen eisernen Vorhang hochzuziehen, bestärkt durch Tendenzen im zeitgenössischen Drama, das ebenfalls über die Form des geschlossenen, illusionären Dialogs hinausstrebt, d. h. die Handlung auf der Bühne relativiert und sich zum Publikum hin öffnet. Er hätte damals, 1929, die entsprechenden Neuerungen in Bertolt Brechts Dramaturgie nennen können. Brecht, der zu Döblins Bekanntenkreis gehörte, wies mit seiner Konzeption des Epischen Theaters auch dem Dramatiker Döblin neue Wege (*Die Ehe*, 1930), besonders war jedoch der Erzähler von einer nichtillusionären Poetik beeindruckt. Bleibt man bei der Metapher vom Kinostil, so kann man die Installierung des transzendentalen Erzählers in *Berlin Alexanderplatz* mit der Praxis der bildlosen, geschriebenen Zwischentitel vergleichen, jener erklärenden oder kommentierenden Texte, die die stumme Bilderfolge in den Zusammenhang der versprachlichten Welt zurückholen. Die Aktivität des buchstäblich allwissenden Erzählers (der z. B. im Straßenbahn-Kapitel, dem ersten im Zweiten Buch, auch die Zukunft seiner Figuren mit souveräner Rhetorik entwirft) lenkt das moderne Epos in die Tradition des kommunikativen, vertraulichen Erzählens zurück.

Allein war Döblin in diesem Unterfangen keineswegs. So gering die Verwandtschaft mit Thomas Manns Erzählkunst sonst auch sein mag, in diesem Punkt ist die Analogie nicht zu übersehen, vor allem wenn man den fünf Jahre vor dem Berlin-Roman erschienenen *Zauberberg* und erst recht die Josephsromane zum Vergleich heranzieht. Gemeinsam ist den beiden Autoren der Wunsch, sich demonstrativ von der naturalistisch verstandenen Mimesis abzusetzen und durch die Funktion des kommentierenden Erzählers literarisches Verfügungsrecht vor Augen zu führen. Man sollte allerdings über dieser Gemeinsamkeit nicht die Unterschiede verkennen: Beim Autor des *Zauberbergs* und der biblischen Romane ist die Erzählinstanz nicht nur ein Mittel, das erlaubt, antideterministische Kunstautonomie vorzuführen, sondern sie ist auch ein Agent der Bestrebung, dem Roman essayistische Betrachtungen zuzuführen. Diese Form literarischer Intellektualität konnte in Döblins Verständnis des Romanepos keinen Platz finden. Bei ihm dienen die Eingriffe des Erzählers eher dazu, ironisch das Einvernehmen innerhalb der einstigen epischen Kommunikation ins Gedächtnis zu rufen. Erhellend ist in dieser Hinsicht ein anderer Gedanke der Abhandlung über den Bau des epischen Werks (vgl. Döblin 1989, 229). Es geht um die Tatsache, daß der heutige Autor auf den Buchdruck angewiesen ist, der durch seine visuelle Beschaffenheit Vereinheitlichung bewirkt und den individuellen Sprechcharakter und Rhythmus nicht mehr erkennen läßt. Das ist freilich nur eine Komponente eines Zustands, den der Autor als bedrohlich empfindet. Der Verlust des Kontaktes mit den Lesern/Zuhörern in der neuzeitlichen Kultur sei das eigentliche Problem. Man wisse nicht mehr, an wen man sich eigentlich wende, und ebensowenig wisse man, wohin die Bücher gingen, in wessen Hände sie gelangten. Man spreche im Grunde ins Leere.

Döblin berührt damit ein Thema, das seither nichts an Aktualität eingebüßt hat, nämlich die Frage, welche Folgen, mit allen Vorteilen und Nachteilen, die vollständige oder vielmehr konstitutive Verschriftung der Literatur für das Erzählen habe. Im Hinblick auf die Zweiheit Rede und Schrift (Druck) bzw. akustische und optische Grundausrichtung des Textes gilt des Autors unverhohlene Zuneigung dem gesprochenen Wort. »Wie sollen Drucktypen unseren Sprachrhythmus beeinflussen, wo doch gerade das wirkliche Sprechen, das wirkliche Einatmen und Ausatmen, die Kadenz des Tonfalls nach dem Sinn, den Satz baut und die Sätze hintereinander reiht.« (Döblin 1989, 229) Kommt man von der Abhandlung zum Berlin-Roman, so fällt auf, daß bei Döblin der Praktiker und der Theoretiker sich nicht immer ganz einig waren. So sehr der Berlin-Roman, und nicht nur dieser, von einem Parlando-Stil lebt, insgesamt handelt es sich um ein Werk, das keineswegs verhehlt, daß es für den Druck und nicht für eine akustische Wiedergabe bestimmt ist. Zur vollen Realisierung bedarf der Text, der auch eine rein graphische Komponente aufweist, unbedingt der Tätigkeit des Auges, nicht aber der des Ohrs.

Es ist sicherlich kein Zufall, daß von den Autoren der Gegenwart, die zu den Erben Döblins gezählt werden können, einige dazu neigen, ihre Texte vom Schriftbild her zu organisieren, d. h. im Schreiben sich ganz auf die Welt Gutenbergs zu stützen. Das ausgeprägteste Beispiel bieten die Romane von Arno Schmidt. Die Theorie dazu findet sich in den *Berechnungen* (1959), deren* Werkstattpoetik im wesentlichen auf der Vorstellung von der Möglichkeit einer komplexen graphischen Zeichenwiedergabe beruht. Zum Beispiel, wenn für die Veranschaulichung gleichzeitiger Handlungen eine besondere, horizontale oder vertikale Gliederung der Buchseiten vorgesehen wird. Schmidt deutet mit der Nennung Tiecks die Tradition an, in der die Verschriftlichung und Visualisierung der Erzählprosa steht. Er hätte, wie wir wissen, auch auf Laurence Sterne hinweisen können.

Der Traktat *Der Bau des epischen Werks* ist Döblins letzter gewichtiger Beitrag zu einer eigenständigen Romanpoetik. Der im Exil 1936 erschienene Aufsatz *Der historische Roman und wir* ist vergleichsweise konventionell und fügt den aus dem 19. Jahrhundert stammenden Ansichten über den Geschichtsroman kaum neue Elemente hinzu. Bemerkenswert ist allenfalls im Hinblick auf Döblins Entwicklung sowie die Forderungen der politischen Lage nach 1933 die stärkere Betonung der Pragmatik des literarischen Schaffens. Obwohl die Ermahnung an die Kunst, Farbe zu bekennen in gesellschaftlichen Fragen, bei Döblin nicht neu war (denn schon in den zwanziger Jahren hatte er das Wort von der »ars militans« gebraucht), spielten pragmatische Überlegungen lange Zeit eher eine untergeordnete Rolle. Die Dynamik des Kinostils galt nicht so sehr einer gelenkten, weltanschaulich vorsortierten Realität als vielmehr einer verwirrend vielfältigen, die gerade durch ihre Buntheit und Regellosigkeit fasziniert. Die von Döblin so oft wiederholte Abneigung gegenüber einer straff geplanten Romanhandlung hat vor allem damit zu tun. Als episch in dem von ihm angestrebten Sinn erschienen ihm Erzählsequenzen, die jede für sich durch ihre Anschaulichkeit lebensfähig sein könnten, auch ohne Rücksicht auf das Ganze des Werkes.

So schildert die Abhandlung von 1929, wie der Anstoß zum Schreiben des *Wallenstein* spontan von einem eidetischen Bild kam. Das Interesse für die geschichtliche Epoche war schon vorhanden, doch die »Gesichte« des Erzählers kristallisierten sich erstmals in einem überwältigenden inneren Bild: dem der schwedischen Flotte, die sich in der Ostsee der deutschen Küste nähert. »Da sind Schiffe, Koggen und Fregatten, hoch über dem graugrünen Wasser mit den weißen Wellenkämmen, über der Ostsee, die Schiffe fahren über das Meer wie Reiter, die Schiffe wiegen sich über den Wellen wie Reiter auf Pferderücken, sie sind altertümlich beladen mit Kanonen und Menschen, die See rollt unter ihnen, sie fahren nach Pommern. Und das ist ein herrliches Bild, eine vollkommene Faszination. Ich fühle, das widerfährt mir; es ist als ob ich einen wirren Knäuel in der Hand gedreht habe, und jetzt habe ich das Ende gefaßt. Um dieser prangenden Situation willen bin ich entschlossen und weiß: hiervon werde ich schreiben und berichten, eigentlich zur Feier, zum Lob und zur Verkündigung dieser Situation will ich ein Buch schreiben.« (Döblin 1989, 232)

Auch wenn es ratsam erscheint, Autoren nicht aufs Wort zu glauben, sondern vielmehr Äußerungen dieser Art mit beträchtlichen Vorbehalten zu betrachten, dürfte dennoch kein Zweifel daran sein, daß das Bedürfnis, punktuelle anschauungsstarke Visionen sprachlich zu gestalten, zu den auffallenden

Merkmalen expressionistischer Prosa gehört. Unter poetologischen Gesichtspunkten ist es an dieser Stelle legitim, auf die entsprechenden Züge in der Prosa Gottfried Benns einzugehen, des zweiten großen Vertreters einer Sprachkunst, die dem *Expressionismus* zugeordnet werden kann. Ein stilistischer und poetologischer Vergleich zwischen Döblin und Benn dürfte jedenfalls seine Berechtigung haben – auch wenn beide Autoren an einer Koppelung ihrer Namen sicherlich wenig Freude gehabt hätten.

Die Forderung, es komme nicht auf die Ausführung spannender Handlungsbogen und schon gar nicht auf sorgfältige psychologische Motivierung an, sondern vor allem auf eine Prosa, die von der Wucht gesättigter Bilder getragen werde – diese von Döblin vertretene Maxime entsprach auch den Vorstellungen Benns. Sein Begriff der »absoluten Prosa« (oder auch »synthetischen Prosa«) hat darin sein eigentliches Fundament. Im Hinblick auf den kinematischen Charakter von Döblins Erzählstil bietet sich als einprägsame Unterscheidungsformel der Befund an, wonach der dynamischen Tendenz bei Döblin eine statische bei Benn gegenübersteht. Benns Titelgebung *Statische Gedichte* ist paradigmatisch für seine Poetik. In seinem Verständnis der Prosa, einem Verständnis, das im weitesten Sinne an der Lyrik orientiert ist, ist das sprachliche Zeichen absolut: das Zusammenspiel der Zeichen soll ein Minimum an Deskription, aber ein Maximum an Expressivität bewirken. Das erinnert an den Unterschied, den Jean Paul Sartre einige Jahrzehnte später (in seiner Schrift *Qu'est-ce que la littérature?*, 1948) postuliert hat. Die Sprache der Prosa ist dort begriffsorientiert und darstellend, auf außersprachliche Gegenstände bezogen; das Wort in der Poesie (d. h. im Prinzip: in Versen) ist für ihn dagegen autonom, nur auf den ausdruckshaften Zusammenhang des Textes bezogen. In Benns Verständnis des expressiven Wortes wird die Grenze freilich anders gezogen, nach funktionalen Gesichtspunkten, so daß die nichtpragmatische Prosa durchaus Sprachkunst in dem oben genannten Sinne sein kann.

In einer Geschichte der Poetik verdient Benns Prosa, bereits die frühe (in der Sammlung von »Novellen« *Gehirne*, 1916), besondere Beachtung wegen einer literarischen Absicht, die damals keineswegs so selbstverständlich war wie heute. Dieser Absicht gilt Benns Bezeichnung ›synthetisch‹: nämlich dem frei gestalteten Zusammenwirken verschiedener Gattungselemente, vom lyrischen Monolog bis zur kulturkritischen Essayistik. Am deutlichsten tritt dieser Synkretismus in den größeren Prosawerken der Spätzeit in Erscheinung, in den Texten *Roman des Phänotyp* und *Der Ptolemäer*, von denen bereits im einleitenden Abschnitt dieses Kapitels die Rede war. Die Gattungsbezeichnungen ›Novelle‹ und ›Roman‹ sind in allen genannten Werken bewußt irreführend. Nimmt man sie als Leseanweisung, so wirken sie ausschließlich *ex negativo*, als Signale eines Traditionsbruches.

Einen Hinweis auf die Intention, die der Machart dieser Texte zu eigen ist, enthält die einleitende Arbeit aus dem Band *Der Ptolemäer*, ein 1937 geschriebenes Stück »synthetischer Prosa« unter dem Titel *Weinhaus Wolf*. In diesem weitgespannten assoziativen Inneren Monolog eines Intellektuellen fällt einmal schlagartig ein Licht auf die Problematik des Romans, des Erzählens überhaupt. Das Subjekt des Monologs formuliert den Zweifel an seiner Fähigkeit, einen Roman zustande zu bringen, und begründet dies mit seinem Verhältnis zur Sprache und zur physikalischen Zeit. Wer Romane schreibt, müsse die Zeit anerkennen, d. h. Dinge wie Handlung und Veränderung; sein Verständnis des Wortes sei dagegen diesem Prinzip entgegengesetzt: es enthalte keine Zeit. Das reflektierende Subjekt ist hier unschwer als ein Sprachrohr Bennscher Poetik zu erkennen. Wörter und Worte sind für Benn Träger einer statischen Welt, Prosasätze oder Verse drücken ekstatische Zustände aus, punktuelle Erinnerungen, »Epiphanien«, in denen die Zeit stillsteht und der Augenblick Ewigkeit ist.

Der rund zehn Jahre zuvor veröffentlichte autobiographische Versuch *Epilog und lyrisches Ich* (1928) verdeutlicht, worum es geht. Der Autor bekennt hier, wie seine intimen Sensationen durch Sprache beschaffen sind: »Rausch« geht vor allem von Substantiven und deren Konnotationen aus, weniger von Adjektiven, kaum von der verbalen Figur. Er lebt in der Großstadt, »zwischen Antennen, Chloriden, Dieselmotoren«, und nur die Sprache ermöglicht den assoziativen Flug in andere Räume, die stets als gleichzeitige, zeitlos gegenwärtige gedacht werden können. »Worte, Worte – Substantive! Sie brauchen nur die Schwingen zu öffnen und Jahrtausende entfallen ihrem Flug. Nehmen Sie Anemonenwald, also zwischen Stämmen feines, kleines Kraut, ja über sie hinaus Narzissenwiesen, aller Kelche Rauch und Qualm, im Ölbaum blüht der Wind und über Marmorstufen steigt, verschlungen, in eine Weite die Erfüllung – oder nehmen Sie Olive oder Theogonien: Jahrtausende entfallen ihrem Flug. Botanisches und Geographisches, Völker und Länder, alle die historisch und systematisch so verlorenen Welten hier ihre Blüte, hier ihr Traum – aller Leichtsinn, alle Wehmut, alle Hoffnungslosigkeit des Geistes werden fühlbar aus den Schichten eines Querschnitts von Begriff.« (Benn, VIII, 1879f.)

Das so erlebte Wort ist für Benn dazu angetan, Ekstasen auszudrücken; als Träger von Verständigung und begrifflicher Argumentation erscheint es konventionell, ausgehöhlt, manipulierbar. Im Grunde ist der Autor mit dieser Auffassung, formuliert in zahlreichen Essays und autobiographischen Schriften, ein geistiger Deszendent von Hofmannsthals Chandos-Brief – auch wenn er die epochale Bedeutung dieses Textes offenbar nicht erkannt hat. Unterschiedlich sind freilich die Konsequenzen, die die beiden Autoren aus der Krise des Individualitätsbegriffs gezogen haben. Für Benn bedeutet das Vordringen überindividueller Kategorien das Ende überlieferter literarischer Gattungen, vor allem des Romans. Das vom Individuum nicht mehr Lenkbare, das »Existentielle«, das ist der »Todesstoß« für den Roman. »Warum Gedanken in jemanden hineinkneten, in eine Figur, in Gestalten, wenn es Gestalten nicht mehr gibt? Personen, Namen, Beziehungen erfinden, wenn sie gerade unerheblich werden?« (Benn, V, 1326) Das sind Sätze aus dem *Roman des Phänotyp*, einer Reihe von Kurzessays und Zustandsprotokollen in »absoluter Prosa«, zu deren Leitgedanken die These zählt, der herkömmliche Roman der psychologisch angelegten Individualität habe seine Möglichkeiten erschöpft, er lebe nur noch weiter, ohne ein wahrhaftiges Signum der Zeit zu sein. Die Nähe zu den erwähnten Gedanken Mandel'štams – ebenfalls eines genuinen Lyrikers – ist evident. Bei Benn kommt noch in entscheidendem Maße eine überaus starke – von Nietzsche und Spengler beeinflußte – Abwertung der Geschichte hinzu: die Historie wird als eine sinnlose Folge von Gewalt und Zerstörung, ein fortwährender Reigen einiger trister Muster begriffen – ein Chaos, aus dem als einziger Sinnträger der Glanz der Kunstwerke herausragt.

Die Gattungsbezeichnung, die Benn den Betrachtungen seines Phänotyps gab, muß als Travestie verstanden werden, als Signatur, die den Niedergang des Romans ironisch bestätigt. Allein auch diese Travestie hat ihre Werkstatt-poetik. Der Autor verschaffte ihr in seinem autobiographischen Bericht *Doppelleben* (1950) Raum. Er bekennt dort freimütig, daß dieses Zeugnis geistiger Einsamkeit aus dem vorletzten Kriegsjahr »reichlich unverständlich« für jeden sei, der dem Titel gemäß einen Roman erwarte. Im Grunde sei der Text etwas anderes: »Eine Folge von sachlich und psychologisch nicht verbundener Suiten – jeder mit einer Überschrift versehene Abschnitt steht für sich. Wenn diese Arbeit ein Problem bietet, ist es das Problem der absoluten Prosa. Einer Prosa außerhalb von Raum und Zeit, ins Imaginäre gebaut, ins Momentane, Flächige gelegt, ihr Gegenspiel ist Psychologie und Evolution.« (Benn, VIII, 1998) Durchaus im Sinne überhistorischer Statik ist auch die Metapher, deren sich Benn zur Beschreibung der Form bedient: sie sei »orangenförmig« gebaut, d. h. die einzelnen Segmente des Textes, jedes mit einer Überschrift versehen, seien mit den Fruchtteilen der Orange, den einzelnen, völlig gleichwertigen Schnitten vergleichbar, die allesamt zum Mittelpunkt, der weißen Wurzel hin tendieren. Diesen Mittelpunkt bildet im Text das Bewußtsein des Phänotyps. Man könnte noch hinzufügen, daß das Wesentliche der Form hier der Kreis ist, der das ruhende, betrachtende Prinzip veranschaulicht – und damit im Gegensatz steht zur linearen Formung des auf zeitlicher Ausdehnung beruhenden Romans.

Eine weitere poetologische Stelle findet sich im Werk selbst, im Segment betitelt *Bordeaux*. Darin werden die Betrachtungen des Phänotyps ein »Roman im Sitzen« genannt. Der Held bewegt sich wenig, sein Dasein sind Gedankengänge. »Das erste Wort schafft die Situation, substantivische Verbindungen, die Stimmung, Fortsetzung folgt aus Satzenden, die Handlung besteht in gedanklichen Antithesen.« (Benn, V, 1354) Es ist nicht genau feststellbar, was Benn von der Tradition gekannt hat, an die zu denken ist, wenn von der Perspektive eines ruhenden Betrachters die Rede ist, also von einem »statischen Roman«, wie man in Anlehnung an Benns so bezeichnenden Gedichtbandtitel den Sachverhalt nennen könnte. Im *Doppelleben* (VIII, 1998) weist er selbst auf einen Ahnherrn der »absoluten Prosa« hin, auf Flaubert; ferner beruft er sich auf entsprechende Bestrebungen bei Zeitgenossen wie André Gide und Carl Einstein. Doch er hätte, gerade zum Stichwort »statisch«, eine weit umfangreichere Liste vorlegen können. Reinhold Grimm hat in seinem Aufsatz *Romane des Phänotyp* (Grimm 1963, 74ff.) den Traditionskomplex gemustert, der auch einem so ungewöhnlichen Werk zugeordnet werden kann. Die Vorstellung vom »Roman im Sitzen« ist jedenfalls in einer literaturgeschichtlichen Perspektive nicht ganz so verwirrend und »unverständlich«, wie das auf den ersten Blick erscheinen mag. Auch Benns Text ist eher eine Bestätigung der Erfahrung, wonach Innovation so gut wie nie in einem abstrakten Feld völliger Negation sich abspielt, sondern in spiralartigen Bewegungen oder Diskontinuitäten Verwirklichung findet. Es ist allerdings bezeichnend, daß hier die Traditionsreihe im wesentlichen im 18. Jahrhundert einsetzt, im ersten Zeitalter ungehemmter Subjektivität. Xavier de Maistres kleiner Roman *Voyage autour de ma chambre* (1794) wie auch die Werke seines Vorbilds Laurence Sterne lassen Möglichkeiten erkennen, die sich in der späteren Geschichte der – erzählenden oder erzählend-essayistischen – Prosa immer wieder auf den Gedanken stützten, ein Weg, der an der herkömmlichen Intrigenstruktur vorbeiführe, müsse begehbar sein. In der deutschen Romantik nimmt Friedrich Schlegels *Lucinde* bereits maßgebliche Züge einer »orangenförmigen« Bauart und einer »phänotypischen« Reflexionsweise vorweg. Die Neigung, Organisationsformen zu entfalten, die von einem zentralen Bewußtsein gelenkt erscheinen, nimmt im Zuge gleichzeitiger naturalistischer und gegennaturalistischer Tendenzen merkbar zu. Neben Gides *Paludes*, die Benn selbst anführt, wären Rilkes *Malte* und Valérys *Monsieur Teste* zu nennen, Werke, die mit der naturalistischen Poetik den Protokollcharakter gemeinsam haben, zugleich aber auf ein Grundprinzip des Naturalismus verzichten, das der maximalen Simulation einer Handlung. Erblickt man in der hier gemeinten Praxis, von F. Schlegel bis Benn, mehr als eine literarische Laune, so ist eine ästhetisch-intellektuelle Absicht zu respektieren, die den Roman der Erfüllung jenes eigentümlichen Schriftstellertraums näherrückt, dem Flaubert wohl als erster Romancier Ausdruck verliehen hat: im literarischen Werk nicht »Leben« zu erzeugen, sondern die Kombinatorik des Geistes zu dokumentieren.

VIII

Es ist ein trotz allem konservativer Zug an Döblin, daß er seine Idee des Romanepos vorwiegend an Stoffen entfaltete, die der zeitgenössischen Alltagswelt entrückt waren. Die Problematik eines modernen, in der Gegenwart spielenden Romanepos verlor jedoch für ihn niemals an Aktualität. Eine ungewöhnliche Möglichkeit, sich aus dem Bannkreis des psychologischen Romans zu entfernen, ohne den Boden der – vermeintlich – bekannten Realität zu verlassen, erkannte er bei der Lektüre von Franz Kafkas Romanen *Der Prozeß* und *Das Schloß*, postum erschienen 1925 und 1926. Was ihn an diesen Werken so beeindruckte, war ein Erzählen, das mit den einfachsten Mitteln ganz unerwartete Wirkungen erzielt, jedenfalls zum Nachdenken zwingt über die Legitimität der Einteilung in Reportagen, Romane, Epen, Märchen. Eine Beziehung zwischen der Kafka-Besprechung und den poetologischen Aufsätzen in eigener Sache ist namentlich im emphatischen Bekenntnis zum Verfügungsrecht des Schriftstellers in Erfahrungsdingen: die Realität müsse dem Autor gehorchen und nicht umgekehrt, aber der Autor solle sich zugleich der literarischen Gewohnheit enthalten, die Wirklichkeit als bloßes Material für Anschauungsunterricht, Belehrung oder philosophische Thesen zu gebrauchen. Die Lapidarität und Überzeugungskraft der poetischen Welt, auch wenn sie phantastisch erscheint – das alles meinte Döblin den Romanen Kafkas bescheinigen zu können.

Er hätte auch die Metapher von der Geschlossenheit gebrauchen können; auf kaum einen anderen Autor trifft sie mehr zu als auf den großen Prager Erzähler. Allerdings hat es mit der »Geschlossenheit« bei ihm eine besondere Bewandtnis. Unter allen großen Autoren des frühen 20. Jahrhunderts war er am wenigsten bereit, die Rolle des Vermittlers zwischen seinen Werken und den Lesern zu übernehmen. Er begann um 1910 mit der Expressionistengeneration zu veröffentlichen, doch im Gegensatz zu den meisten Zeitgenossen, die sich als recht manifestfreudig erwiesen, verweigerte er strikt sowohl Kommentare zu eigenen Texten wie auch theoretische Aussagen allgemeiner Art. In gelegentlichen privaten Äußerungen, er verstehe seine eigenen Hervorbringungen nicht, ist viel mehr enthalten als Koketterie; nämlich die Überzeugung, er habe gegenüber seinen Lesern keinen hermeneutischen Vorsprung, denn es gebe keine exklusive, allein gültige Deutung des jeweiligen Werkes. Im Hinblick auf die Besonderheiten seiner Erzähltexte ist die Verweigerung der Deutungshilfe künstlerisch konsequent und sehr wohl zu verstehen. In der Entschiedenheit, mit der die Deutung dem Leser überlassen wird, erinnert die Haltung Kafkas an das esoterische Gebaren mancher symbolistischer Lyriker. Doch während bei diesen die Vieldeutigkeit in der radikalen Metaphorisierung der Sprache verankert ist, geht bei Kafka die Rätselhaftigkeit einher mit einer Erzählpraxis, die ihre eindringlichen Wirkungen gerade aus der Bereitschaft zu einer scheinbar konventionellen stilistischen Machart bezieht.

Es ist sicherlich kein Zufall, daß Kafkas wohl einprägsamste Mitteilung über ein künstlerisches Ziel der Literatur – und damit sicherlich auch eine Vorwegnahme eigener Vorstellungen – aus einer Zeit stammt, als der Jurastudent in Prag noch nichts veröffentlicht hatte. Sie findet sich in einem Brief an den Freund Oskar Pollak, geschrieben am 27. Januar 1904. »Ich glaube, man sollte überhaupt nur solche Bücher lesen, die einen beißen und stechen.

Wenn das Buch, das wir lesen, uns nicht mit einem Faustschlag auf den Schä-
del weckt, wozu lesen wir dann das Buch? Damit es uns glücklich macht, wie
Du schreibst? Mein Gott, glücklich wären wir eben auch, wenn wir keine
Bücher hätten, und solche Bücher, die uns glücklich machen, könnten wir zur
Not selber schreiben. Wir brauchen aber die Bücher, die auf uns wirken wie
ein Unglück, das uns sehr schmerzt, wie der Tod eines, den wir lieber hatten
als uns, wie wenn wir in Wälder verstoßen würden, von allen Menschen weg,
wie ein Selbstmord, ein Buch muß die Axt sein für das gefrorene Meer in uns.
Das glaube ich.« (Kafka 1975, 27f.)

So sehr in stilistischer Hinsicht die Sonderstellung Kafkas innerhalb der
zeitgenössischen Literatur auch unbestritten ist, mit diesem Aufriß einer Wirkungspoetik kann der Prager Autor durchaus als ein typischer Vertreter moderner literarischer Ästhetik gelten. Von allen vorstellbaren Funktionen poetischer Texte wird hier letztlich nur eine hervorgehoben: Literaturwerke haben ihre höchste Aufgabe darin, den Leser zu verunsichern, zu verwirren, ihm
die Sicherheit seiner Realitätsorientierung zu rauben, einer Orientierung, die
auf eingeübten Mechanismen und Vorurteilen beruht. Für das Eingeübte, das
den Menschen vermeintliche Sicherheit verleiht, steht die Metapher vom »gefrorenen Meer in uns«. Entscheidend ist, daß die gleichnishafte Rede, in der
die Literatur zum Organon der Gewalt gegen die ungeprüfte Beharrsamkeit
wird, auf die Annahme gründet, daß die Zerstörung vorgegebener Ver-
haltensregeln und Weltbilder einen positiven Sinn hat, eine Form von Wahrheitssuche ist. Das negativ besetzte Bild vom gefrorenen Meer schließt die
Vorstellung eines anderen, nicht erstarrten Zustandes ein. Den scheinhaften
Konventionen steht die Wahrheit des nicht versteinerten, sondern bewegten
Fühlens und Erkennens gegenüber, eine Offenheit, die es zu erringen gilt –
und die man auch die »ganze Wahrheit«, »the whole truth« nennen könnte, wie
Huxley das tut. In dem behandelten Essay wird ja Kafka ausdrücklich zu den
Repräsentanten einer neuen literarischen Offenheit gezählt.

Man darf diese Kategorisierung freilich nicht ohne Einschränkungen wie-
dergeben. Die »ganze Wahrheit« bezieht sich bei Kafka in erster Linie, wenn
nicht gar ausschließlich, auf dessen Bestrebung, angestammte Wahrnehmungs-
und Denkgewohnheiten zu unterlaufen; nicht dagegen auf eine – etwa naturalistisch geartete – grundlegende Ausweitung des Erfahrungsrepertoires
durch Einbeziehung oder Entdeckung neuer Stoffbereiche. Unternähme man
den Versuch, Kafkas Erzählungen und Romane unter stofflichen Gesichtspunkten zu beurteilen, so würde sich eine vergleichsweise schmale Erfahrungsbasis ergeben, eine Welt, die mit nur wenigen Elementen auskommt und
die auf weite Strecken hin buchstäblich farblos ist – und damit, nimmt man die
Dinge cum grano salis, eher an die exklusive poetische Wirklichkeit der Tragödie in Huxleys Sinn erinnert.

Dem poetologischen Entwurf des zitierten Briefes kommt man näher,
wenn man hier die Verwandtschaft mit einer anderen künstlerischen Bestre-

bung unter Kafkas Zeitgenossen beachtet: nämlich die Verwandtschaft mit der Ästhetik der Verfremdung, und zwar in der Lesart der russischen Formalisten, kaum in der Brechts. Die Wahrheit, die Kafka anstrebt, indem er alltägliche Dinge unter ungewöhnlichen, die Vertrautheit zerstörenden Aspekten darstellt, ist nicht konkret gesellschaftlich definierbar, ja sie entzieht sich überhaupt einer Benennung durch das literarische Werk. Das positive Gegenbild zu den Zuständen der Entfremdung gewinnt keine feste Gestalt, es ist allenfalls eine Ahnung, für die Deutung ein Rätsel. Nimmt man Kafka beim Wort, so ist seine Poetik der verunsichernden Wirkung letztlich ein Zeugnis negativer Dialektik und damit ein Gegenstück zu den gerade um die Jahrhundertwende nicht seltenen Versuchen, literarische Lebensmodelle als Leitbilder für die gesellschaftliche Praxis der Leser anzulegen. Der Begriff der »Lebenshilfe«, der von der Kritik zu Recht oder zu Unrecht etwa im Hinblick auf Hermann Hesse ins Spiel gebracht worden ist, ist in diesem Zusammenhang zu nennen. Lebenshilfe wäre in einem durchaus unorthodoxen Sinn auch Kafkas Vorstellung von großer Literatur: Lebenshilfe durch Verlust an Vorurteilssicherheit. »Künstler ist nur einer, der aus der Lösung ein Rätsel machen kann.« Dieser Aphorismus von Karl Kraus (aus der Sammlung *Nachts*, 1918) liest sich wie ein nachträgliches Motto zu Kafkas Ästhetik.

Die Nähe zu den Kunstanschauungen der Wiener Moderne, namentlich bei Kraus und dem Hofmannsthal des Chandos-Briefes, ist auch sonst in Kafkas Äußerungen erkennbar. In den Briefen an Milena Jesenská, aus den letzten Jahren seines Lebens, heißt es einmal, das eigene sprachliche Bemühen sei durch den Versuch gekennzeichnet, »immerfort etwas Nicht-Mitteilbares mitzuteilen, etwas Unerklärbares zu erklären« (Kafka 1952, 249). Diese Aussage, versteht man sie als poetologisches Bekenntnis, läßt zumindest zwei Deutungen zu. Die Voraussetzung ist freilich in jedem Fall eine Paradoxie: der Gegenstand der Mitteilung soll etwas sein, was sich jeglicher Mitteilung entzieht. Nun kann aber dieser sprachlich zu erfassende Inhalt etwas sein, was keine Aussicht hat, vermittelt zu werden, weil keine Grundlage für Intersubjektivität vorhanden ist, zum Beispiel rein subjektive Empfindungen oder Vorstellungen ohne allgemeine Erfahrungsbasis. In diesem Fall wäre Kafkas Gedanke in der Überzeugung verankert, daß die Menschen trotz eines hoch ausgebildeten Verständigungsmittels im Grunde einsame Monaden sind, eingeschlossen in eigene Anschauungswelten, ohne Hoffnung darauf, daß die Rede den anderen wirklich erreichen könnte. Die Aussage von der Nicht-Mittelbarkeit läßt allerdings auch die Interpretation zu, der Grund sei nicht so sehr in der Subjektivität der Sprechenden als vielmehr in der problematischen Beschaffenheit der Sprache selbst zu sehen, eines Systems, in dem die Zeichen letztlich nur auf sich selbst bezogen seien und das als Ausdrucks- und Abbildungsmittel von nur sehr beschränkter Tauglichkeit sei. In beiden Fällen läßt sich eine Tradition der Sprachkritik erkennen; in der zweiten Deutung vor allem die Nähe zum Skeptizismus der Jahrhundertwende, wie er etwa bei Fritz Mauthner und Hofmannsthal hervortrat.

Kafkas Schaffen legt die Schlußfolgerung nahe, daß die sprachkritischen Äußerungen des Autors nicht psychologisch, sondern vielmehr geschichtsphilosophisch und metaphysisch zu begreifen sind. Versteht man das sprachliche Versagen als ein Symptom der Entfremdung, ist der Gedanke nicht fern, daß ein nicht-entfremdeter Zustand keine Form des Ursprungs sei, sondern eine bloße Hypothese, ein Wunsch, und daß somit die Züge, die man entfremdet nennt, die eigentliche *conditio humana* bilden. Kafkas Klage, er versuche etwas Unerklärbares zu erklären, könnte interpretiert werden als Aussage über die Dialektik der vergeblichen Bemühung, durch die Sprache jenen Zustand zu transzendieren, der gerade in der Sprache am deutlichsten zum Ausdruck kommt.

Auffallend ist im Zusammenhang der Sprachproblematik besonders der bereits erwähnte Umstand, daß Kafka unter den die Epoche prägenden Autoren nahezu der einzige war, der sprachlichen und erzählerischen Experimenten auf geradezu demonstrative Weise keine Beachtung schenkte. Die privaten Aufzeichnungen zeigen, daß Autoren wie Kleist und Flaubert eine tiefere Wirkung auf ihn ausübten als die meisten Zeitgenossen. Von den beiden großen Tendenzen in der Erzählprosa des 20. Jahrhunderts, der psychologisch-mimetischen sowie der metanarrativ-ironischen, ist bei Kafka so gut wie nichts zu spüren. Gäbe es aus den ersten, literarisch so bewegten Dekaden des Jahrhunderts keine anderen überlieferten Texte, sondern lediglich Werke von Kafka, etwa die *Verwandlung*, den *Prozeß* und das *Schloß*, so würde man kaum auf den Gedanken kommen, literarische Leistungen wie die von Proust, Joyce und Döblin vorauszusetzen.

Kafkas immanente Poetik des Erzählens ist weder an dem Versuch ausgerichtet, die letzten sprachlichen Konsequenzen des Naturalismus zu ziehen, noch an der Neigung, die Künstlichkeit literarischer Prozeduren offenzulegen und damit ein distanziertes Verhältnis zu den Formen zu bekunden. Mit anderen Worten, Kafka ist weder als Verfasser des *Ulysses* noch als Autor der *Falschmünzer* oder des *Zauberbergs* vorstellbar. Der Weg, den der Roman in der Nachfolge naturalistischer und impressionistischer Praktiken beschritt, am radikalsten, wenn auch auf unterschiedliche Weise, bei Proust und Joyce, war für Kafka nicht begehbar, denn seine Verabschiedung der Psychologie beruhte auf einem grundlegenden Zweifel an der repräsentativen Geltung individueller Erfahrung, letztlich an der Lebenskraft und Sinnhaftigkeit des neuzeitlichen Individualismus. Ebenso untauglich erschien ihm offenbar für seine Zwecke die Poetik des spielerischen Umgangs mit Literatur, zu deren auffallenden Merkmalen die Paraden des allwissenden und ironisch agierenden Erzählers gehören. Diese suggerieren eine geistig beherrschbare Welt, während Kafka alles daran setzte, vor uns eine literarische Ontologie des Rätselhaften und Unergründbaren erstehen zu lassen, in der die private Erfahrung, die große Entdeckung des Romans seit dem 18. Jahrhundert, kaum noch eine Rolle spielt. Ein Landsmann Kafkas, Milan Kundera, sieht in unseren Tagen die besondere Stellung des Prager Autors folgendermaßen: »Für Proust stellte das innere Universum des Menschen ein Wunder dar, eine Unendlichkeit, die uns unaufhörlich in Erstaunen versetzt. Aber bei Kafka ist das Erstaunen anderer Art. Er fragt nicht nach den inneren Beweggründen, die das Verhalten des Menschen bestimmen. Er stellt eine radikal andere Frage: Welche Möglichkeiten bleiben einem Menschen noch in einer Welt, in der die äußere Determiniertheit so übermächtig geworden ist, daß innere Antriebe nicht mehr ins Gewicht fallen? In der Tat, inwiefern hätte es K.s Schicksal und Haltung [d. h. der Hauptgestalt im Roman *Das Schloß*] ändern können, wenn er homosexuelle Neigungen gehabt oder eine schmerzliche Liebesgeschichte hinter sich hätte? Überhaupt nicht.« (Kundera, 34)

Es ist daher nur ein scheinbares Paradox, daß Kafka seine Prosa an altertümlich wirkenden Formen des Erzählens ausrichtet: an der Parabel, der Legende, dem chronikartigen Bericht. Dem modernen Psychologismus setzt er das leidenschaftslose, quasi objektive Berichten entgegen, ein literarisches Gestaltungsprinzip, das die Undurchschaubarkeit der Welt nicht als die Folge subjektiver Unzulänglichkeit darstellt, sondern als ein überindividuelles Strukturmerkmal. Den Eigentümlichkeiten von Kafkas Erzählwerken kommt man wohl am nächsten, wenn man die ihnen zugrundeliegende Kunstauffassung als eine Poetik der Strukturbeschreibung versteht. Brecht, der ästhetische Sozialtechnologe, der dem Metaphysiker Kafka künstlerisch vermutlich näher stand, als man gemeinhin wahrhaben will, vertrat in seiner soziologischen Abhandlung *Der Dreigroschenprozeß* (1931) die These, die einfache Abbildung von Realität besage heute weniger denn je etwas über die eigentlich prägenden Verhältnisse der Wirklichkeit. Die die Realität beherrschenden abstrakten Beziehungen könnten nur durch entsprechende abstrakte Modelle, d. h. Strukturbeschreibungen erkennbar gemacht werden. Die Voraussetzung dafür ist für Brecht freilich die Gültigkeit einer bestimmten Sozialhermeneutik und prognostischen Theorie. Der ontologische und metaphysische Anspruch Kafkas – der allerdings konkrete geschichtliche Bezüge nicht ausschließt – greift darüber hinaus; die Gemeinsamkeit zeichnet sich jedoch in dem parabelartigen, verallgemeinernden Charakter des literarischen Textes ab, vor allem aber in der Bedeutung, die den unsichtbaren strukturbestimmenden Kräften (den Gesellschaftsordnungen bei Brecht, den »Gerichten«, den »Verwaltungen« und »Gesetzen«, gleichsam den metaphysischen Bürokratien bei Kafka) beigemessen wird. Die allen Deutungen offenstehende Erzählkunst Kafkas (im Gegensatz zur ästhetischen Leistung Brechts, die sozusagen eine verpflichtende Hermeneutik voraussetzt) beruht mehr als alle Werke von vergleichbarem Rang auf einer Poetik der Unbestimmtheit, die den Leser zu einer fortlaufenden deutenden Tätigkeit veranlaßt. Eine solche Tätigkeit hat es vor allem mit den eigentümlichen Spannungen der Texte zu tun: mit dem Rätselmuster einerseits, mit der dieses Muster auffüllenden Vielzahl von konkreten, zeitgebundenen Details andererseits. Die am nachhaltigsten wirkende Paradoxie

Kafkas liegt darin, daß die aus diesen Spannungen entstehende phantastische Welt für zahllose Leser ein überzeugenderes Analogon der Erfahrungsrealität darstellt als die »wirklichkeitsgetreue« Welt vieler Werke, die sich bemühen, »realistisch« zu sein.

IX

Unter den Romanautoren, die aus ihrer Kafka-Lektüre weitreichende Schlußfolgerungen abgeleitet haben, verdient aus poetologischer Sicht Hermann Broch besondere Beachtung. Das für die Öffentlichkeit faßbare Ergebnis dieser Lektüre ist beim Autor der *Schlafwandler* und des Vergil-Romans, anders als bei Döblin, nicht nur ein literaturästhetisches Urteil; es tritt vielmehr mit dem Anspruch auf kulturkritische Geltung auf. Das hängt mit der gesamten Ausrichtung seiner essayistischen Schriften zusammen, die literarische Fragen zumeist in einem übergeordneten kulturhistorischen und geschichtsphilosophischen Zusammenhang abhandeln. Die beständige Neigung des Romanschriftstellers und Essayisten galt der geistesgeschichtlichen Kulturbetrachtung, der mit weitgespannten Synthesen arbeitenden Ideengeschichte. Bedenkt man die Wiener Herkunft und Bildung Brochs, seinen intellektuellen Werdegang in den Jahren vor und nach dem Ersten Weltkrieg, so steht dieses Interesse zwar in einem gewissen Gegensatz zu der naturwissenschaftlich-positivistischen Komponente, überrascht jedoch nicht im Hinblick auf die im Wiener Milieu ebenfalls ausgeprägte Bereitschaft zu einer weiträumigen Kulturdiagnostik. Der geschichtsanalytische Impetus der Schriften von Karl Kraus ist hier ebenso zu nennen wie die für die späteren Arbeiten Freuds bezeichnende Verklammerung psychoanalytischer und kulturhistorischer Gedankengänge. Zu erinnern ist ferner daran, daß die Auflehnung gegen den kunstgeschichtlichen Positivismus im Namen einer geistesgeschichtlichen, den breiten kulturellen Kontext der Epochen einbeziehenden Betrachtung an der Wiener Universität im wahrsten Sinn des Wortes Schule machte. Ja an entsprechende, auch bei Broch sehr ausgeprägte Orientierungen mag man schließlich auch angesichts der populär-anekdotischen Geschichtsdarstellung Egon Friedells denken, etwa in seiner *Kulturgeschichte der Neuzeit* (1927–1931), deren spekulative Grundthesen in mancherlei Hinsicht den Denkmustern Brochs verwandt sind. Vor allem die Überzeugung, die gesamtkulturelle Entwicklung der Neuzeit entspreche einem beständigen spezifischen Auflösungsprozeß, in dem die einstige Denk- und Lebenseinheit der europäischen Kultur einer Zersplitterung anheimfalle, ist bei mehreren Wiener Autoren jener Zeit ein durchgehendes Anschauungsmotiv.

Es erscheint angemessen, zur Einführung in Brochs romantheoretische Auffassungen von einer späten Äußerung auszugehen, einem Brief an Waldo Frank, geschrieben im Januar 1950, dessen Thesen ins Zentrum führen. Die

Gewichtigkeit der Gedanken rechtfertigt ein längeres Zitat. »Wenn ich politische Philosophie, oder wenn ich Erkenntnistheorie betreibe, so erfülle ich die mir auferlegten Verantwortungen sowohl mir selber wie meiner Arbeit wie der Welt gegenüber, doch wenn ich Romane schreibe, habe ich das Gefühl der Verantwortungslosigkeit. Und alles kommt auf das Verantwortungsbewußtsein an. Selbst wenn es mir gelänge, die Ausdruckbreite der Romanform noch um ein Stöckchen zu erweitern –, was ist damit schon getan? Das waren noch Probleme eines Joyce, und so sehr ich ihn bewundere, ich weiß, daß dies bestenfalls eine Sache der Literaturgeschichte geworden ist. Kafkas Genie freilich reicht unendlich über das Joycesche hinaus, weil es im Gegensatz zu diesem sich einen Pfifferling um das Ästhetisch-Technische kümmert, sondern das Ethische unmittelbar an der irrationalen Wurzel anpackt. Indes ein Genie wie Kafka wird einmal in einem Jahrhundert geboren, und außer solcher Ur-Genialität gibt es keine Entschuldigung mehr für Literatur, umsomehr als Kafka bereits außerhalb der Literatur steht. [. . .] Ganz scharf formuliert: der Roman, c'est de la littérature, ist also Angelegenheit des Literaturerfolges und der Literatureitelkeit, und das hat mit dem Verantwortungsbewußtsein des geistigen Arbeiters – in unserer grauensreichen (grauenhaften und reichen) Zeit! – nichts mehr zu schaffen.« (Broch 1981, 412)

Die Fragen, die Broch hier bündelt, sind nicht neu – weder in seinem eigenen Denken noch in der europäischen Tradition. Auffallend ist allerdings die Radikalität und auch die offensichtliche innere Erregtheit, mit der die Gedanken vorgetragen werden. Jedenfalls treten in den Übertreibungen seine Ansichten besonders klar hervor, wie sie auch zur Auseinandersetzung und zum Widerspruch herausfordern. Der provozierende Charakter, der diesen Ansichten innewohnt, macht den Brief zu einem Schlüsseldokument der Brochschen Theorie. Zentral ist darin vor allem die tiefe Überzeugung, daß Kunstwerken zwar eine logische Autonomie zukomme, jedoch keine moralische. Literatur, Kunst überhaupt, könne nicht selbstzweckhaft sein und dürfe keine Geltung unabhängig von der ethischen Verantwortung des Menschen beanspruchen. Sieht man von der rein logischen Problematik der Mimesis ab, geht Broch mit dieser Auffassung bewußt hinter die Maximen der Kantschen Ästhetik zurück.

Als Denkmotiv ist die Abneigung gegenüber der – in den Jahrzehnten nach Kant in der deutschen und französischen Romantik formulierten – Maxime von der Kunst um der Kunst willen, l'art pour l'art, bereits seit den zwanziger Jahren ausgeprägt, am deutlichsten in den Partien des sogenannten Exkurses über den »Zerfall der Werte« im dritten Band der *Schlafwandler*. Dieser kulturphilosophischen Theorie zufolge weicht die einstige, mittelalterliche kulturelle Synthese, die durch ein mythisches Zentrum gekennzeichnet war, der neuzeitlichen Spezialisierung: die einzelnen Bereiche gesellschaftlicher Tätigkeit, Wirtschaft, Politik, Wissenschaft, Kunst, entfalten sich als autonome Bereiche und entwickeln, wie Broch sich ausdrückt, ihre eigene Logik. Die Logik des Wirtschaftsführers etwa fordert äußerste Entschiedenheit in der Verfolgung des ökonomischen Interesses des eigenen Betriebes, d. h. der Bekämpfung der Konkurrenz mit der Absicht, im Produktionsbereich die Vorherrschaft zu erlangen. Analog wird das Denken des Künstlers von dem Bestreben geleitet, die eigenen ästhetischen Mittel bis zur letzten Konsequenz zu nutzen, ohne Rücksicht darauf, ob das esoterische Gebilde noch fähig sei, andere Menschen zu erreichen. In den Zeitaltern eines allgemeinen geistigen Partikularismus steht somit jede Tätigkeit im Zeichen der Losungen Krieg ist Krieg, Geschäft ist Geschäft, l'art pour l'art, und so fort. Für die Kunst ortet Broch eine besondere Gefahr im Wahn einer absoluten, bindungslosen Schönheit; eine solche schlage letztlich in Kitsch um.

Die Literatur (als Kunst) beurteilt Broch auf gleiche Weise im Zusammenhang des kulturellen Vereinzelungsprozesses. Im Geist eines nun auch seinerseits eigentümlich rücksichtslosen Moralismus fordert er die Rückbindung des Schreibens an eine von ethischen Grundsätzen beherrschte Urteilsbildung. Um 1930, in der Zeit der Arbeit an der Romantrilogie, erblickt er die Chance der Literatur in ihren Möglichkeiten, Erkenntnisleistungen zu erbringen und damit den Anschluß an einen geistigen Kontext zu gewinnen, der nicht ästhetisch definierbar ist. Diese theoretischen Voraussetzungen radikalisiert der angeführte Brief, zu einem Zeitpunkt, als die Zeugnisse von den Verbrechen des Krieges und der Vernichtungslager in besonderem Maße die Überzeugung des Autors stützten, »reine Kunst« sei angesichts der Zustände in der Welt blanker Zynismus. Broch stand mit dieser Ansicht im übrigen nicht allein: Adornos Diktum von der Lyrik im Zeitalter von Auschwitz gehört ebenso hierher wie die Mahnungen in Jean Paul Sartres Essayistik seit den vierziger Jahren, eine völlig auf sich selbst konzentrierte Kunst erscheine bedeutungslos angesichts des Elends in der Wirklichkeit. Die Gedanken des Briefes an Waldo Frank könnten überdies auch als Fortsetzung von Hofmannsthals Aufzeichnung von 1905 über den »Weltzustand« interpretiert werden, wenn nicht gar als Teil einer Tradition, die in der deutschen Romantik, in Wackenroders Berglinger-Texten, einen verwandten Ausdruck gefunden hat (vgl. dazu Žmegač 1988).

Vor diesem Hintergrund ist auch das Urteil über Kafka zu sehen. Ob es auch begreiflich genannt werden kann, ist eine andere Frage. Der moralistische Affekt gegen den ästhetischen Schein der Literatur geht hier so weit, daß das Lob Kafkas erkauft wird durch eine Trennung von der Literatur. Das Werk des Pragers wird nicht nur mit der Tradition des Mythos verglichen, es wird auch buchstäblich mythisiert: es erhebt sich in Brochs Sicht über den Bereich der Literatur, wird zu etwas anderem, Höheren, das mit ethischen, nicht mit ästhetischen Maßstäben gemessen werden muß. Im mythischen Glanz, der nun Kafka umgibt, verblaßt auch das Ansehen von Joyce, des Autors, der in Brochs literaturkritischer Hierarchie, wie noch zu zeigen sein wird, in den dreißiger Jahren die höchste Stelle einnahm. Bemerkenswert –

und in der Tat kaum begreifbar – ist in Brochs Urteil die Begründung der neuen Rangordnung durch die Gegenüberstellung ethischer und künstlerischer Kriterien. Verquer ist dabei besonders die Behauptung, Kafka kümmere sich nicht im geringsten um ästhetisch-technische Kategorien. Als ob die als ethisch gedeutete Leistung ohne das Zutun künstlerischer Planung und sprachlicher Sorgfalt, also »technischer« Elemente, überhaupt als etwas Ernstzunehmendes hätte anerkannt werden können.

Dennoch erweist sich die Gegenüberstellung von Kafka und Joyce als fruchbar für das Verständnis bestimmter Konstellationen im Bereich des exponierten Romans. Aufmerksamkeit verdient namentlich der Umstand, daß Broch in seinen späten Briefen und Schriften bei Joyce die stilistische und darstellungstechnische Seite betont, nicht die mythenschaffenden Ambitionen des Iren. Im Vergleich mit Kafka tritt besonders stark die vom Naturalismus herkommende Traditionslinie hervor, Joyces Verankerung in der radikalen Simulationspoetik des 19. Jahrhunderts. Die Kunstleistung, etwa des *Ulysses*, wird nun von Broch aus der Perspektive des *Prozesses* und des *Schlosses* erheblich relativiert und im Rahmen einer Kunstlehre gesehen, die ihre imposanten Ergebnisse einer einseitigen Ausrichtung auf mimetische Perfektion verdankt und die letztlich ihre Möglichkeiten erschöpft hat.

Im dritten, nachgelassenen Kapitel seiner Abhandlung *Hofmannsthal und seine Zeit* (1947/48) schildert er die Entwicklung des Romans, im Hinblick auf den künstlerischen Höhenkamm der Gattung, als einen verbissenen, zu höchsten sprachlichen und kompositorischen Leistungen anspornenden Kampf um eine gleichsam totale Kunstform. Zu erkennen sei in dieser Anstrengung ein »beinahe glaubenshaft mystisches Bemühen um ein sprachliches Ausdruckgebilde, das durch die Präzision und Ökonomie seiner Darstellungsmittel, durch die präziseste Wortwahl, durch präziseste Architektonik in Inhalt und Form, durch eine präzise Symbolik im Psychologischen und sogar im Klanglichen das dem Roman vorgeschriebene Totalbild des Lebens zu erreichen trachtet« (Broch 1975, 246). Der Autor nennt diesen das 19. mit dem 20. Jahrhundert verbindenden Typus »Intensiv-Roman«: seinen Ausgang habe er mit Flaubert genommen und auf die Spitze sei er von Joyce getrieben worden, nicht zuletzt, weil Joyce »durch solche Überradikalisierung der naturalistischen Mittel den Naturalismus überwinden wollte« (ebenda). Auffallend ist in Brochs Beschreibung dieses Typus das Insistieren auf dem Attribut »präzise«, das dreimal hintereinander gebraucht wird – ein Umstand, der kaum auf stilistische Nachlässigkeit zurückzuführen ist. Bezeichnet wird damit zweifellos die Auswirkung einer künstlerischen Leidenschaft, die in der Geschichte der Literatur erst sehr spät Karriere gemacht hat; in vollem Maße erst mit dem Naturalismus. Gegenstand der eigentümlichen, aus den Voraussetzungen der Kunst keineswegs als selbstverständlich ableitbaren Passion ist eine mit allen Mitteln zu erzielende »Genauigkeit« in der Wiedergabe von Wahrnehmungen, Dingen und Sachverhalten, kurz, eines bestimmten Erfahrungsbestandes, der gemeinhin als Realität verstanden wird. So problematisch diese Anstrengung auch erscheinen mag, sie deckt sich mit der Geschichte des sehr ausgeprägten ästhetischen Ehrgeizes zweier oder dreier Generationen seit der Mitte des 19. Jahrhunderts, des Ehrgeizes, die sprachlichen und nichtsprachlichen Mittel literarischer Textgestaltung der Abbildung von Erfahrung gefügig zu machen, höchstmöglicher Simulation also. Erst im Hinblick auf diese Prämisse wird die Rede von »Präzision« verständlich, nimmt man das Wort nicht völlig unverbindlich als einen Ausdruck für künstlerische Sorgfalt. Im Urteil über Joyces Verwurzelung in den naturalistischen Grundsätzen läßt sich übrigens eine auffallende Übereinstimmung zwischen Broch und Musil feststellen. Die bereits angeführte Aufzeichnung Musils weist eine gleichartige Sicht auf: das künstlerische Ethos des *Ulysses* wird trotz der experimentierenden Züge – aber zugleich auch *wegen* dieser Züge – als eine der letzten Konsequenzen mimetischer, realitätsabbildender Kunstauffassung begriffen. Ungesagt bleibt allerdings bei Musil wie auch bei Broch, daß in den großen Romanen von Joyce die Weiterführung des »konsequenten Naturalismus« ins Gegenteil umschlägt: je eindringlicher die Darstellung äußerer und innerer Vorgänge gerät, um so künstlicher – und damit »realitätsferner« – wirkt der literarische Aufwand.

Die Besonderheit Kafkas beruht für Broch nicht zuletzt darauf, daß die aus dem Entwicklungsweg des »Intensiv-Romans« gewonnenen Maßstäbe das Erzählwerk Kafkas nicht berühren. Der spezifische Ort von Kafkas Romanen in der Gattungsgeschichte des 20. Jahrhunderts wird durch die Rückkehr zum Mythos bestimmt. Was für Vorstellungen Broch damit verknüpfte, ist einem Aufsatz zu entnehmen, den Broch als Einleitung zu Rachel Bespaloffs Buch *On the Iliad* (1947) in englischer Sprache schrieb. Kafka erscheint darin begreiflicherweise in einem übergeordneten Zusammenhang, im weitgespannten Kontext der Geschichte des Erzählens seit der Antike. Anknüpfend an einen Gedanken der Autorin, der auf einem Vergleich zwischen der »Homeric world« und dem Roman des 19. Jahrhunderts beruht, bestätigt Broch deren Sicht, daß der Roman bei Balzac oder Dostoevskij sich weit von der Anschauungsweise Homers entfernt hat, daß dies aber nicht für Tolstoj gilt. Brochs Schlußfolgerung: »Homer is on the threshold where myth steps over into poetry, Tolstoy on that where poetry steps back into myth.« (Broch 1955, 249) Die großen kulturellen Entwicklungslinien, die er andeutet, erinnern an die geschichtsphilosophischen Konturen der Hegelschen Ästhetik. Das grundlegende Denkmotiv ist die Unterscheidung zwischen Epos und Roman, zwischen Gemeinschaftsgeschichte und individueller Erfahrung. Der Roman ist das literarische Analogon krisenhafter Vereinzelung, aber auch Ausdruck des Glaubens an die Repräsentanz individueller Lebenswege. Wo der Gegensatz zwischen Individuum und überindividuellem geschichtlichen Geschehen aufgehoben erscheint, wie bei Tolstoj (wobei offenbar *Krieg und Frieden* gemeint ist), zeichnet sich abermals die Chance des Epos ab. Wie auch immer die historischen Bedingungen für einen solchen Vorgang beschaffen sein mögen,

Broch räumt ein, daß eine Wiederkehr des Epos denkbar ist. Mit seinem ersten Beispiel, Tolstoj, berührt er sich – bewußt oder zufällig – mit Gedankengängen aus dem Schlußteil der *Theorie des Romans* von Lukács. Auch dort wird bereits der russische Roman bei Tolstoj und Dostoevskij an das Ende einer Entwicklung gesetzt, von wo aus sich ein Durchblick auf die Möglichkeit eines neuen Epos ergibt: im Zeichen einer Totalität, in der das Individuum erneut »aufgehoben« erscheint.

Die Voraussetzung ist für Broch der Mythos, die Rückkehr zur mythischen Anschauung. Das entscheidende Beispiel ist ein Autor, der in Lukács' romantheoretischer Abhandlung noch keine Rolle spielen konnte (und der in späteren Schriften eine vorwiegend negative Beurteilung erfährt). Das Schaffen Kafkas empfindet er als ein Ereignis, das es möglich, ja notwendig macht, von einem erneuten Aufkommen mythischer Dichtung zu sprechen. Daß dabei der Begriff des Mythos wesentlich andersartige Vorstellungen erweckt als im Hinblick auf Tolstoj, kann Broch keinen Augenblick verborgen geblieben sein, obwohl der genannte Aufsatz, *The Style of the Mythical Age*, diese Frage nicht ausdrücklich behandelt. Bei Tolstoj, so könnte man das Problem angehen, verblassen die Motive der individuellen Willensbildung angesichts des Erlebnisses der Gemeinschaft mit Mitmensch und Natur, die »Aufhebung« verläuft letztlich harmonisch, das ist ihr Sinn. Auch bei Kafka ist ein entscheidender Zug darin zu erblicken, daß angesichts der eigentlichen Problematik in seinen Werken die gesamte Welt der sogenannten privaten Lebensinhalte und Werte unversehens bedeutungslos erscheint. Der Roman, der einst angetreten war, der privaten Erfahrung auch literarisch einen Sinn zu verleihen, wird zum künstlerischen Zeugnis eines Weltzustandes, in dem das Private nur noch als Folie des Absurden oder des Wert-losen erscheint.

Die Feststellung, die »private problems of men« seien für Kafka kein literarischer Gegenstand mehr, führt Broch zu einem Vergleich zwischen der allgemeinen Tendenz zur Abstraktion in der modernen Kunst (einer Tendenz, die das Gegenständliche aus der Kunst verdrängt) und der besonderen Sehweise Kafkas. Das Private verschwindet bei ihm nicht, es rückt in eine mehr als befremdliche Perspektive, indem es seine ethische Legitimität einbüßt. »It is the last condemnation of all romanticism, of all these direct connections between the single private case and the universe, between the single fact and the general idea, as it is overemphasized by romantic conception.« (Broch 1955, 262) Im Gegensatz zu der Literatur aus dem Umkreis des französischen Existentialismus entziehe sich das Schaffen Kafkas einer philosophisch definierten Auslegung, ebenso wie es sich auch der Beurteilung durch konventionelle literarische Maßstäbe entziehe. Während die Werke der französischen Zeitgenossen (vermutlich sind Sartre und Camus gemeint) für Broch noch ganz auf dem Boden literarischer Konventionen bleiben, ist Kafka für ihn in jeder Hinsicht eine neuartige Erscheinung, und zwar sowohl unter individualpsychologischen wie auch unter poetologischen Gesichtspunkten. Der

Mensch Kafka habe die Eitelkeit des Literaten überwunden, und der Autor sei der Schöpfer einer geistigen Welt, die er aus der Ahnung eines neuen Mythos hervorgebracht habe.

Man merkt, daß Broch hier den Mangel an logischer Argumentation durch Emphase ersetzt. Die Schwierigkeiten, die er hat, Kafkas Ausnahmestellung zu begründen und eine mythische Sendung bestimmter Texte plausibel zu machen, ist das Problem des Mythos – und auf analoger Ebene: des Epos – in der Gegenwart. Folgt man den Ausführungen Brochs, so erkennt man, daß die Abgrenzung gegenüber den Überlieferungen des Romans, ja der Literatur überhaupt auf negativem Weg erfolgt: es wird gesagt, was Kafka von herkömmlicher Literatur trennt. Unerörtert bleibt dagegen die Frage, was in seinen Werken eigentlich die mythische Geltung konstituiert und wie seine Ahnung (»presentiment«) einer »new cosmogony« und einer »new theogony« textanalytisch zu erfassen ist. Setzt nämlich der Begriff des Mythos die Vorstellung einer mentalen Gemeinschaft voraus, einer kollektiven, alles umfassenden und durchdringenden Anschauung, verknüpft mit entsprechenden Wertsystemen, so gerät man in Schwierigkeiten, diesen Begriff auf Tolstoj *und* Kafka anzuwenden. Während man bei Tolstoj durchaus mit herkömmlichen Auffassungen auskommt, sind die Voraussetzungen bei Kafka ganz anders beschaffen. Broch hätte nicht von einem neuen Mythos (»a new myth«) sprechen sollen, sondern von einem neuartigen. Man fragt sich nämlich, was hier der allgemein verbindliche Inhalt, der mythische Kern ist. Ist es die universale Angst? Die allgemeine Unsicherheit und Ungewißheit? Oder vielmehr die Gewißheit, daß man einer unergründlichen Instanz ausgeliefert ist? Wie dem im einzelnen auch sei, eine erschreckendere Diagnose über die Bedeutung der Romane Kafkas ist kaum vorstellbar, wenn man diese Werke entgegen der Überzeugung Brochs überhaupt noch als Romane gelten lassen will. Broch erkannte in den Jahren danach die Unvereinbarkeit der herkömmlichen Mythos-Vorstellung mit dem Geist von Kafkas Werken. In der Arbeit über Hofmannsthals Prosaschriften (Broch 1975, I, 315) bezeichnet er daher die eigentümliche Substanz dieser Werke als eine Umkehrung des Mythos im Zeichen der »Hilflosigkeit« – als einen »Gegen-Mythos«.

Begreift man den Mythos – wie auch sein spezifisch literarisches Gegenstück, das Epos – als eine überindividuelle Erscheinung, so wäre nach Brochs Verständnis das Ende des Romans, ja in gewissem Sinne auch der Literatur, das Ergebnis einer Bewegung, die einer Zurücknahme jenes Grundsatzes gleichkommt, dem der Roman seinen Ursprung verdankt: dem Prinzip des Individualismus. Das erste Kapitel der erwähnten Hofmannsthal-Studie enthält Überlegungen gattungstheoretischer Natur, die über Brochs Ansichten zur Romangeschichte unterrichten. »Das Epos (das große antike Epos oder das danteske) war mit der Totalität des Universums befaßt, die griechische Tragödie mit der Totalität des Schicksalwaltens .... Epos und Drama sind wesensgemäß anti- oder bestenfalls a-individualistisch. Erst mit dem Roman –

die italienische Novelle war noch weitgehend prä-individualistisch – erst mit Cervantes gelangt die Totalität des Individuums, fast möchte man sagen seine lyrische Totalität, zu einer innerlich wie äußerlich unbeschränkten, psychologie- und sozialgeeigneten Gesamterfassung. Die Romanform war gleichsam vorbereitet, die dem 19. Jahrhundert adäquate Kunst zu werden und in seinem individualistischen Naturalismus sich zur Hochblüte zu entwickeln.« (Broch 1975, 114f.)

Die der Abhandlung über Hofmannsthal und seine Zeit eigene sozialgeschichtliche Anschauungsweise gelangt auch hier zum Ausdruck, wenn Broch den Roman, allerdings ohne nähere Begründung, ein Produkt der Großstadt nennt, kaum vorstellbar ohne die Strahlungskraft der Weltstädte wie Paris und London, später auch Berlin und New York. Die Frage, ob diese Meinung, die ohnehin zu den Gemeinplätzen vieler soziologischer Abhandlungen zählt, in genetischer und stofflicher Hinsicht völlig stichhaltig ist, braucht uns hier nicht zu beschäftigen. Bemerkenswert ist in diesem Zusammenhang freilich der Umstand, daß für Broch die Krone und wohl auch das Ende einer Entwicklung die großen Romane von Joyce darstellen, Werke, die – wie bereits ausgeführt worden ist – in einem besonderen Sinne Stadtromane sind.

Es war darzulegen, daß ein kritischer Kommentar zu Brochs romantheoretischen Anschauungen nicht in erster Linie oder gar ausschließlich das Verhältnis zu Joyce zu behandeln hat, wenn auch leicht erkennbar ist, wie exponiert die Bedeutung ist, die Broch selbst den Dublin-Romanen für sein eigenes Schaffen und Romanverständnis beimaß. Zahlreiche Briefe zeugen davon, vor allem aber der einzige spezifisch romantheoretische Versuch, den er zu Lebzeiten veröffentlicht hat, der 1936 erschienene Essay *James Joyce und die Gegenwart*. Der 1933 in Wien gehaltene – in der Argumentation eher flüchtige – Vortrag *Das Weltbild des Romans*, der für den Autor offenbar nicht mehr als eine Gelegenheitsarbeit darstellte, wurde erst aus dem Nachlaß publiziert. Wie bei Döblin (und übrigens auch bei den meisten an Joyce interessierten deutschen Autoren) erfolgte der Anstoß zur Lektüre des *Ulysses* durch die Übersetzung von Georg Goyert, die 1927 im Züricher Rhein-Verlag erschienen war, dem späteren Verlag Brochs. Was für eine Rolle bei der Rezeption das Original gespielt hat, läßt sich im einzelnen nicht nachweisen. Die Bedeutung der Übersetzung in wirkungsgeschichtlicher Hinsicht ist jedenfalls unbestritten; ebenso unbestritten sind freilich auch die Probleme der Aneignung eines derartig komplexen Textes auf dem Wege einer Übersetzung, zumal einer – trotz aller Verdienste – unvollkommenen Übertragung. Unter sachlichen Gesichtspunkten überrascht es einigermaßen, daß Brochs Essay die Fragen der Übersetzung nicht berührt.

Zu einem beträchtlichen Teil ist die kleine Schrift eine Information über einen damals noch weitgehend unbekannten Roman, ein Werk, dessen weltliterarische Laufbahn noch kaum begonnen hatte. Was ihr in theoretischer Hinsicht Gewicht verleiht, ist die Einbeziehung des *Ulysses* in den Zusammenhang von Brochs Kulturkritik und Ästhetik, nicht zuletzt auch in die Geschichte des europäischen Romans. Von primärer Bedeutung ist dabei die Auffassung, daß die Radikalität von Joyces Werk in der Durchführung einer komplexen Strukturierung mit zahllosen internen Beziehungen zwischen verschiedenen Ebenen eine neue, bisher kaum vorstellbare Etablierung von Wissenschaftlichkeit im Roman darstelle. Die Entfaltung einer gleichsam wissenschaftlichen Sicht und planenden methodischen Sorgfalt beim Schreiben ist allerdings nach Broch nicht so zu verstehen, daß der Roman mit aktuellen wissenschaftlichen Themen angereichert erschiene. Die bei manchen Romanschriftstellern der Gegenwart vorkommende Praxis, in den erzählten Dialogen Gespräche über Wissenschaft unterzubringen, habe mit der gemeinten Bestrebung wenig zu tun. »Wenn zum Beispiel Gide einen Roman [die *Falschmünzer* – der Vf.] als Rahmenerzählung für psychoanalytische oder andere wissenschaftliche Exkurse benützt, so ist damit noch keineswegs eine Modernität erreicht; dies wäre erst dann gegeben, wenn der Geist wissenschaftlichen Denkens – wie er in seiner spezifisch rationalen und kausalierenden Prägung sich darbietet – die ganze übrige rein dichterische Darstellung durchdränge. Ob dann überhaupt noch wissenschaftliche Themen behandelt werden, ist herzlich gleichgültig, das Thema wird einfach zur Funktion des Dichterischen; wäre dem nicht so, es müßte der moderne Roman ausschließlich im Gelehrtentum oder etwa im Bildungsunwesen spielen, wie dies bezeichnenderweise in vielen neueren Gesellschaftsromanen auch tatsächlich der Fall ist.« (Broch 1975, I, 76)

Den hier beschworenen Geist des wissenschaftlichen Denkens findet Broch in der experimentierenden Methodik des *Ulysses* am Werk. Die epochale Bedeutung des Joyceschen »Erzählens«, soweit dieser Begriff noch zutrifft, ist für ihn damit gegeben, daß dieser Roman eine Tendenz der Epoche folgerichtig mit literarischen Mitteln zum Ausdruck bringt und gerade auf diese Weise das Problem des Verhältnisses von Inhalt und Form, von Erfahrungspotential und Struktur auf faszinierende Weise aktualisiert. Als Beispiel führt er die Psychoanalyse an, die im Roman mit keinem Wort erwähnt wird und die der Autor, Joyce, keineswegs geschätzt hat. Dennoch ist das Werk sowohl auf der Figurenebene wie auch in entscheidendem Maße auf der Ebene der Darstellungsformen (unter denen dem Inneren Monolog eine Schlüsselrolle zukommt) eine zutiefst mit der Psychoanalyse korrespondierende Hervorbringung, erfüllt vom gleichen, zeittypischen Geist analytischer Leidenschaft. Nicht durch das bloße Bereden irrationaler Erscheinungen erfüllt der Roman seine neue Mission, sondern dadurch, daß er durch das Erfinden oder Kombinieren adäquater Ausdrucksmittel, d. h. durch eine spezifische Form, den großen Tendenzen des Zeitalters zur Gestalt verhilft. Ein weiteres Beispiel Brochs ist die Relativitätstheorie, die ebenfalls mit dem Roman unmittelbar nichts zu tun hat. In Brochs Verständnis besteht jedoch eine methodische Verwandtschaft darin, daß der experimentierende Roman ebenso wie die moderne Physik die Größen Subjekt und Objekt aufeinander bezieht. In Hinsicht auf den Roman bedeutet das die Verpflichtung, die zu schildernden Dinge (analog zu den Objekten, die in der Physik erforscht und gemessen werden sollen) nicht als bloßes Material zu betrachten, sondern als etwas, was nun seinerseits eine Wirkung auf die Sprache ausübt; diese hört auf, eine an sich bestehende, genormte Instanz zu sein, sie wird vielmehr vom Dichter als ein relatives, je nach Bedarf die Gestalt und die Funktion wechselndes Instrument behandelt.

In eine kulturgeschichtliche Perspektive rückt Broch das Werk von Joyce, wenn er nach dem eigentlichen Sinn dieser extremen literarischen Bemühungen fragt, nach deren Stellenwert im Prozeß neuzeitlicher künstlerischer Autonomie. Im bürgerlichen Zeitalter hat die Kunst, wie Broch sich ausdrückt, nach und nach ihre Wohnstatt verloren und ist »sozial heimatlos geworden« (Broch 1975, 83), in einer Lage, die sich auch auf die einstigen Aufgaben der Kunst auswirkt. »Eine Welt, in der die Kunst eine soziale Einordnung besitzt, bietet – eben schon in ihrer Ordnung – nicht nur eine gewisse Gewähr für ihre künstlerische Abbildbarkeit, sondern sie legt auch eine (soziale) Abbildungspflicht dem Künstler auf die Schultern, und umgekehrt ließe sich sagen, daß mit dem Erlöschen der Abbildungspflicht auch die Abbildungskraft, ja, in letzter Konsequenz sogar die Abbildbarkeit überhaupt zum Erlöschen gebracht werde.« (Ebenda) Es macht für Broch den Rang solcher Werke, wie es der *Ulysses* ist, aus, daß diese auch in der Epoche gesellschaftlicher Beziehungslosigkeit eine überzeugende Aufgabe erfüllen: die Totalität, die sie anstreben, beruht auf der *Erkenntnisfunktion*. Der Autor beurteilt diese Funktion als wesentlich »sozialfrei«, wobei er dieses Attribut zitatartig in Anführungszeichen setzt. Es ist anzunehmen, daß Brochs Vorstellung von einer sozial nicht gebundenen Kunstfunktion eine Analogiebildung zu Karl Mannheims soziologischer Kategorie der »freischwebenden Intelligenz« darstellt.

Es ist leicht zu erkennen, daß Brochs Gedanken der Kriegs- und Nachkriegszeit in manchen Punkten lediglich eine Radikalisierung von Thesen aus dem Joyce-Essay sind. Der Totalitätsanspruch des ambitionierten modernen Romans ist für ihn legitimiert durch die Strenge, mit der das Eindringen in die Substanz der Epoche vollzogen wird, wobei auch das ästhetische Spiel seine Aufgabe im übergeordneten noetischen Zusammenhang erfüllt. Dem möglichen Einwand, die Literatur dringe damit in fremdes Gebiet ein, in den angestammten Bereich der Philosophie, begegnet Broch mit der Ansicht, der Literatur sei die Aufgabe zugefallen, die Sendung der Philosophie zu übernehmen zu einem Zeitpunkt, wo diese sich – positivistisch – auf sogenannte wissenschaftlich-exakte Positionen zurückgezogen habe.

Obwohl die Ausführungen über Joyce keine unmittelbaren Hinweise auf eine Poetik des eigenen Schaffens enthalten, bleibt nicht verborgen, daß gerade die abschließenden Passagen der Schrift als ein Beitrag zu einer allgemeinen Kunstlehre zu lesen sind und daß es darin mehr um eine Ästhetik *pro domo* als um eine Erkundung des *Ulysses* geht. Aus der Vermutung wird Gewißheit, wenn man die Briefe aus der Zeit der *Schlafwandler* heranzieht. So viel Zustimmung, ja Begeisterung immer wieder mit der Nennung von Joyce verbunden ist, Trennungslinien werden immerhin schon früh gezogen. Etwa in einem Brief vom 16. Juli 1930 an Daisy Brody, die Frau von Brochs Verleger Daniel Brody. Der Autor spielt darin auf die Schwierigkeit an, nach Joyce bzw. trotz Joyce Romane zu schreiben. Die eigene Position wird folgendermaßen umrissen: »Denn was ich anstrebe und was in den Schlafwandlern erst angedeutet ist, ist ja doch etwas, das nicht in der Richtung Joyce liegt (etwas, das mir im Schrecken über Joyce abhanden gekommen war), nämlich der ›erkenntnistheoretische Roman‹ statt des psychologischen, d. h. der Roman, in dem hinter die psychologische Motivation auf erkenntnistheoretische Grundhaltungen und auf die eigentliche Wertlogik und Wertplausibilität zurückgegangen wird, genau so wie es die Aufgabe der Philosophie gewesen ist, sich vom Psychologismus frei zu machen. Gelingt so etwas, so könnte man (bei aller gebotenen Einschränkung) von einer neuen Form des Literarischen sprechen.« (Broch 1981, 92f.)

Seinen eigenen Standort sieht der Autor der *Schlafwandler* durch die Konzeption des »erkenntnistheoretischen« oder »polyhistorischen« Romans gekennzeichnet. Er wehrt freilich die Assoziation ab, es handle sich um einen intellektuellen Roman nach dem Muster Gides, Musils oder Huxleys. Es gehe nicht um Gespräche unter gebildeten literarischen Gestalten, sondern um eine möglichst vielseitige, geschichtsphilosophisch fundierte Durchdringung zeittypischer menschlicher Schicksale. Der Gegensatz zu Joyce wird in der Romantrilogie sowie in den begleitenden Kommentaren des Autors vor allem in zwei Punkten faßbar. Der Eindruck, die Trilogie sei in gewissem Sinne »gegen Joyce geschrieben worden« (Durzak 1966, 433), stellt sich vor allem im Hinblick auf die stilistische und kompositionelle Machart der Trilogie ein. Die Absicht, die dahintersteht, drückt der theoretische Diskurs mit dem Begriff der Erkenntnis aus. Broch ist es mit der Erkenntnispraxis auch insofern ernst, als er – ganz anders als Joyce – die Textgestaltung in erster Linie in den Dienst der Erkennbarkeit stellt. Das Ergebnis ist ein von allen spielerischen Versuchungen entlasteter Text, maximal transparent hinsichtlich der ihm zugewiesenen gedanklichen Aufgabe. Angesichts von Brochs Werk besteht nicht der geringste Zweifel daran, daß der Begriff der Totalität sich auf die Einheitlichkeit der kulturkritischen Sicht bezieht, keineswegs auf die Vielfalt der poetisch erfaßten Welt. Im Vergleich zu der geradezu chaotischen Fülle bei Joyce scheint Brochs literarische Realität – seine Auswahl der »Realitätsvokabeln«, wie er die Bausteine des Textes nennt – fast von asketischem Zuschnitt zu sein. Daraus ergibt sich auch der zweite Punkt: Brochs Auffassung und Praxis der Erfahrungsdarstellung. Gemessen an den Techniken der Dublin-Romane ist der Wiener Romancier ein scheinbar konservativer Autor. Den fiktionalen Bewußtseinsprotokollen setzt er im wesentlichen herkömmliche Erzählstruk-

turen entgegen, der schweifenden, nicht klassifizierenden Wahrnehmung einen
streng gliedernden Blick. Um so mehr fallen daher die Wirkungen auf, die er
sich für seine Trilogie, oder vielmehr für dessen dritten Teil, vorbehielt: die
nicht konventionell vermittelte Gegenüberstellung erzählter und expositori-
scher Partien, eine Bauform, die demonstrativ auf Techniken der Integration
verzichtet und die vom Autor als tragender Faktor seines Romantypus, des
erkenntnistheoretischen, angesehen wurde.

Mit dem Problem der zurückgewiesenen epischen Integration erhebt sich
zugleich die Frage nach der primären Instanz im Werk. Das erwähnte unvermittelte Nebeneinander von Textsegmenten, deren logische Beschaffenheit unterschiedlich ist, lenkt die Aufmerksamkeit des Lesers in verstärktem Maße
auf die Art der Textkonstituierung. Das Neue, auf das der literaturgeschichtlich versierte Leser dabei stößt, ist der Umstand, daß Broch von keinem der
bisher praktizierten Muster Gebrauch macht; weder von der Technik des erzählerisch integrierten »Bildungsgesprächs« noch von der Möglichkeit, philosophische Exkurse den Betrachtungen eines transzendentalen Erzählers anzuvertrauen. In beiden der üblichen Fälle bleibt die ästhetische Immanenz
gewahrt, jedes Element fügt sich im voraus den Spielregeln der Fiktionalität.
Der logische Bruch, den der Autor der *Schlafwandler* mit der Interpolation der
Abhandlung über den Zerfall der Werte herbeiführt, fordert zu einem neuen
Verständnis der Prinzipien des Romans überhaupt auf. Broch vollzieht diesen
Schritt ohne Annäherung an die Praktiken modernistischer Montage; seine
Radikalität äußert sich in der Absage an die Verpflichtung zur geschlossenen
künstlerischen Illusion, nicht im stilistischen, sondern im logischen Experi-
ment. Man kann sich kaum eine Neuerung vorstellen, die der angestrebten
Totalität, d. h. der »polyhistorischen«, philosophisch-literarischen Zusammen-
schau, angemessener wäre.

X

Die Beschäftigung mit Broch hat an eine Grenze herangeführt: jenseits dieser
Grenze will die Literatur nicht mehr Kunst in traditionellem Verständnis sein,
sie verzichtet darauf aus diagnostischen und moralischen Gründen. Innerhalb
des sogenannten modernen Romans gibt es jedoch gewichtige Beispiele für die
Bestrebung, die Konventionen zu unterlaufen, ohne mit ihnen zu brechen, die
Illusion, den Schein ästhetischer Einheitlichkeit zu bewahren, ihn aber zugleich – gleichsam augenzwinkernd – zu relativieren. Die daraus entstehenden
ironischen Spielarten des Erzählens befinden sich im Romanbestand des
20. Jahrhunderts an jenem Punkt der Skala, der von der naturalistischen Tradition am weitesten entfernt ist. Literatur wird hier zelebriert, nicht Realität
angestrengt abgebildet. Allerdings ist der so ausgerichtete Roman von dem
Streben nach mythischer Geltung ebenso deutlich entfernt. Bezeichnend ist in

dieser Hinsicht die geistige und stilistische Orientierung in Thomas Manns biblischer Tetralogie *Joseph und seine Brüder*, die weder dazu dient, den Mythos zu erneuern noch einen Gegen-Mythos zu erschaffen, sondern die von der Absicht des Autors durchdrungen ist, den Mythos zu humanisieren, ihn durch psychologische Durchleuchtung menschlicher Erfahrung näherzurücken. Th. Manns Vortrag *Joseph und seine Brüder* (1942) läßt die Beziehungen erkennen, die aus seiner Sicht zwischen der konkreten literarischen Aufgabe und einer allgemeinen Tendenz des zeitgenössischen Romans auszumachen sind. »Die erörternde Rede, die schriftstellerische Einschaltung braucht nicht aus der Kunst zu fallen, sie kann ein Bestandteil davon, selber ein Kunstmittel sein. Das Buch weiß das und spricht es aus, indem es auch noch den Kommentar kommentiert. Es sagt von sich selbst, daß die oft erzählte und durch viele Medien gegangene Geschichte hier durch eines gehe, worin sie gleichsam Selbstbesinnung gewinne und sich erörtere, indem sie sich abspiele. Die Erörterung gehört hier zum Spiel, sie ist eigentlich nicht die Rede des Autors, sondern die des Werkes selbst, sie ist in seine Sprachsphäre aufgenommen, ist indirekt, eine Stil- und Scherzrede, ein Beitrag zur Schein-Genauigkeit, der Persiflage sehr nahe und jedenfalls der Ironie: denn das Wissenschaftliche, angewandt auf das ganz Unwissenschaftliche und Märchenhafte ist pure Ironie.« (Mann 1968, MK 114, 382)

Die allgemeine Tendenz, die hier gemeint ist, begreift den Roman nicht so sehr als literarisch simulierte Erfahrung, wie das am verbindlichsten im Naturalismus der Fall war; es kommt ihr vielmehr auf das intellektuelle Abenteuer des Schreibens an, das maßgeblich von der Freiheit des Autors bestimmt ist, den Erzählvorgang zu relativieren und den Hintergrund der poetologischen Bemühung durchscheinen zu lassen. Die desillusionierende Schreibweise verbindet sich dabei zumeist mit der Neigung, in der Fiktion der essayistischen Betrachtung ein Spielfeld zu schaffen.

Dieser »ironische« Diskurs, wie ihn etwa Thomas Mann beschreibt, weist deutlich auf den Roman des 18. Jahrhunderts zurück, vor allem auf den der deutschen Romantik. Einen besonderen Akzent erhält er im 20. Jahrhundert durch den Zweifel an der Tragfähigkeit der bloßen, gleichsam als selbstverständlich geltenden Geschichten. Gemeint ist die Skepsis, die seit Rilkes *Malte* einen festen Platz in den poetologischen und literaturkritischen Betrachtungen der Epoche behauptet und die Musils Titelheld im *Mann ohne Eigenschaften* auf die klassische Formel gebracht hat. Im Kapitel *Heimweg*, dem vorletzten des Zweiten Teils, macht sich Ulrich Gedanken über das Phänomen des Erzählens im allgemeinen: über den Fluß der zeitlichen Abfolge und der nach Ursache und Wirkung gegliederten Darbietung, ein Muster also, das die meisten Menschen als normal und wohltuend empfinden – wie auch über seine Schwierigkeiten, dieses »primitive Epische« als selbstverständlich anzusehen, angesichts der Verworrenheit und Unübersichtlichkeit des modernen Lebens, das einem kaum noch erlaubt, die Dinge an einem »Faden« aufzureihen, sondern viel-

mehr dazu zwingt, diese als etwas zu erkennen, was einer »unendlich ver-
wobenen Fläche« gleicht. Entscheidend ist in künstlerischer Hinsicht freilich
der Umstand, daß Musil es vorgezogen hat, die genannten Schwierigkeiten
betrachtend zu benennen, statt sich darauf einzulassen, die erwähnten unendlichen Figurationen des Daseins literarisch abzubilden, etwa in der Art Joyces,
wo dieser naturalistischen Grundsätzen folgt. Das macht den *Mann ohne Eigenschaften* zu einem der repräsentativen Werke in der Geschichte eines Romantypus, für den der Autor selbst die Bezeichnungen »intellektuell« oder
»essayistisch« erwog. Die anerkennenden Worte, die der mit Lob sonst eher
geizende Musil in seinen Briefen für Huxley fand, dürfen sicherlich als ein
Zeichen poetologischer Solidarität essayistischer Erzähler gewertet werden.

Die zwanziger Jahre waren nicht nur eine hohe Zeit der literarischen Be-
wußtseinsprotokolle, sie sind auch von größter Bedeutung für die Geschichte
des ironisch angelegten, essayistisch durchflochtenen Romans. 1924 erschien
der *Zauberberg*, dessen Rückgriff auf den transzendentalen Erzähler nach der
jahrzehntelangen Herrschaft einer alles Spielerische vermeidenden Prosa eine
Signalwirkung hatte. Noch deutlicher vertraten eine gegennaturalistische
Mentalität André Gides *Falschmünzer*, das folgenreichste Werk des französischen Autors. Das auffälligste Zeichen dieser Geisteshaltung sind die in das
Werk eingebauten Betrachtungen über den erzählerischen Vorgang, die den
metanarrativen oder autoreflexiven Charakter des Textes offenbaren. Ohne
diesen Grundzug wäre der Roman von den faktischen und den metaphorischen Falschmünzern vermutlich nicht in den Kanon der sogenannten modernen Prosa aufgenommen worden. Seinen eigentümlichen Reiz bildet gerade die Verbindung der erzählten Theorie und der Theorie des Erzählens.
Außerhalb dieses Spannungsfeldes verliert die Problematik an Intensität; des
Autors Tagebuch über die Entstehung des Romans (*Journal des Faux-Monnayeurs*, 1926) ist ein Beweis dafür.

Bei Gide ist die Herkunft der eigentümlichen literarischen Selbstbezogen-
heit aus dem Symbolismus offenkundig. Eines seiner Frühwerke, der kleine
Roman *Paludes* (1895), aus dem Dunstkreis der symbolistischen Bewegung
hervorgegangen, beschäftigt sich bereits mit der Frage, wie Kunst noch möglich sei – nicht so sehr angesichts der Realitätserfahrung, sondern vielmehr
angesichts von Kunsterfahrung. Man kann das Werk im geschichtlichen Zusammenhang als eine Satire auf die spekulativen Neigungen der Symbolisten
lesen, deren Faible für ästhetische Esoterik zuweilen die Spontaneität der
Empfindung verdrängte. Im Kontext von Gides Gesamtschaffen ist es freilich
mehr als ein ironischer Seitenblick auf die Ansichten und Praktiken bestimmter literarischer Kreise; es ist bereits ein Vorspiel der Krise, die der Verfasser in
den *Falschmünzern* zum Thema gemacht hat: die Krise der »organischen« Auffassung vom Kunstwerk und seiner Immanenz. Der Roman aus den zwanziger
Jahren folgt mit einer seiner Komponenten der symbolistischen Auffassung,
daß die Entstehung des Kunstwerks (der Arbeitsprozeß im eigentlichen Sinn)

nicht weniger über die Kunst aussagt als das Ergebnis selbst – und daß das
»Machen« es daher verdient, zu den besonders würdigen Themen der Literatur gezählt zu werden.

Die Trennung, die von den Symbolisten in der Regel respektiert wurde,
nämlich die Trennung zwischen Dichtung und poetologischer Schrift, wird
hier allerdings aufgehoben zugunsten eines Verfahrens der Koppelung, das
eine kommunikative Poetologie anstrebt, d. h. von dem Wunsch getragen
wird, der Leser möge mit seiner kritischen Intelligenz Einblick in die Spielregeln der Textur gewinnen. Im erwähnten Tagebuch tadelt Gide ausdrücklich
den unzulänglichen, ja man könnte auch sagen: den faulen Leser, dessen Lektüre von einem passiven Verhalten gekennzeichnet ist. Dem Leser Impulse zu
geben, ihn gleichsam geistig zu mobilisieren, ist denn auch eine der vorrangigen Absichten des Verfassers. Das Tagebuch der Arbeit am Roman (Gide
1926, 85) hält fest: »Inquiéter, tel est mon rôle«, Beunruhigung ist meine
Aufgabe. Andere Eintragungen zeigen, daß das Schreiben nicht primär von
der Absicht erfüllt war, ungewohnte Gestalten und Begebenheiten zu erschaffen. Ausgeprägt war vor allem der Wunsch, eine neue Form, eine »nouvelle façon« des Romans zu erproben, jedenfalls von den überlieferten Konventionen wegzukommen. Seine Kritik der gesellschaftlichen Realität hat Gide, so folgert Theile (87), dialektisch mit der Kritik des Romans und des
Erzählens überhaupt verknüpft.

Diese Kritik des erzählerischen Aktes findet ihre Stütze in der Überzeugung, daß der modernen kritischen Weltsicht sowie der entsprechenden Sensibilität eine laufende Veränderung des Blickwinkels entspricht, eine dauernde
Verlegung der Standorte auf der Suche nach einer möglichst objektiven Einschätzung der Gegensätze und Widersprüche, die den Dingen innewohnen.
Mehrstimmigkeit, Polyphonie, beziehungsweise Polyperspektivismus – das ist
Gides literarische, aber vor allem intellektuelle Maxime. Sein Roman – den er
in der Widmung an Roger Martin du Gard übrigens als seinen ersten bezeichnet – ist ein Schauplatz von »Stimmen« und Meinungen, die (vor allem verbal)
auf verschiedenen Ebenen der textualen Logik agieren. Neben den Blick-
winkeln im Gefüge der Romanhandlung selbst, unter denen namentlich die
Sicht des Literaten Edouard herausragt, tritt auch die Institution des transzendentalen Erzählers in Erscheinung, die bei Gide zwar keine so entscheidende Rolle spielt wie etwa im *Zauberberg*, die jedoch wirksam dafür sorgt,
dem aufmerksamen Leser den artifiziellen Grundzug des narrativen Geschehens vor Augen zu führen. Eine einprägsame Stelle findet sich zu Beginn des
7. Kapitels des II. Teils. Der transzendentale Erzähler äußert dort die Befürchtung, der Romanheld Edouard könnte mit einer bestimmten Entscheidung
etwas Unbedachtes tun. Was zu unternehmen sei, um ihn daran zu hindern,
fragt sich der Erzähler. Dieser Satz ist alles andere als eine rhetorische Frage,
über die man hinweglesen könnte. Rhetorisch ist sie insofern, als nicht der
geringste Zweifel daran sein kann, daß niemand anders als der Autor mit

seinem narrativen Statthalter im Text dazu berufen ist, über die Handlungen der Gestalten zu bestimmen. Will man die Frage indes nicht als bloße Koketterie abtun, so ist ihr Sinn in ihrer literaturtheoretischen Bedeutung zu suchen.

Das theoretisch bedeutungsvolle Problem entsteht dadurch, daß Fragen wie die erwähnte den Zwiespalt anzeigen, der zwischen der Eigenmacht der auktorialen Verfügung und den eigengesetzlichen Forderungen literarischer Logik oder psychologischer Erfahrung entstehen kann. Wenn Gides Erzähler fragt, wie der Romanheld zu beeinflussen sei, so spielt er einerseits auf die Macht souveräner Entscheidungen an, andererseits auf den Umstand, daß nicht jede beliebige, von der auktorialen Souveränität getragene Wendung im Handlungsgefüge gleichermaßen überzeugend wirken wird. Die Dialektik des Schreibens von Fiktionen offenbart sich durch die Widerstände, die die auktoriale Instanz in der Arbeit am Text zu spüren bekommt, und zwar infolge der Regelungen, die sie selbst eingeleitet hat. In diesem Zusammenhang gesehen, ist das Gebaren von Gides Erzähler in der Tat mehr als ein Schlenker; es ist vielmehr dazu angetan, dem Leser die Einübung in kritische Lektüre zu erleichtern.

Der eigentliche poetologische Held des Romans ist jedoch der Schriftsteller Edouard, eine an der Handlung teilnehmende fiktionale Figur, die selbst an einem Roman arbeitet und im Verlauf des Geschehens mehrmals Gelegenheit hat, ihre Gedanken über die Beschaffenheit des zu schreibenden Werkes sowie über die Beschaffenheit moderner Prosa im allgemeinen zu äußern. Herkömmlich ausgedrückt: Edouard ist das Sprachrohr Gides. Jedenfalls ist er eine Gestalt, die die Verbindung herstellt zwischen der fiktionalen Ebene und der Realität des Textes: denn der fiktive Roman im Roman, das Projekt Edouards, entspricht im Grunde dem von Gide geschriebenen Werk. Auf diese Weise wird sowohl die Machbarkeit des Projektes vorgeführt als auch der experimentelle Charakter des veröffentlichten Werkes vor Augen geführt – mit den Mitteln gegenseitiger Spiegelung.

An einer der romantheoretischen Stellen, im Gespräch über die Aufgaben des Romanciers (im 3. Kapitel des II. Teils), in dem auch die Gesprächspartner erfahren, daß der Titel von Edouards Roman just »Les Faux-Monnayeurs« lauten soll, vertritt Edouard die Ansicht, der Roman als Gattung habe sich in seiner Geschichte im wesentlichen als ein realitätsfürchtiges Genre erwiesen, im Sinne einer literarischen Arbeitsteilung, wonach dem Roman die Rolle zugeteilt sei, Lebenserfahrungen zu interpretieren und dabei höchstmögliche Ähnlichkeit mit einer bestimmten Realität zu erzielen. Im Gegensatz zum Drama, vor allem der klassizistischen Tragödie in Frankreich, begnügt sich der Roman nicht mit einer streng stilisierten Tiefe, die auf der Ausklammerung alles Nebensächlichen und bloß Zeitgebundenen beruht; im Gegenteil, er sucht das breite Panorama, das auch Akzidentelles erfaßt, jene Stofffülle, die Balzac so faszinierte. Auch Dickens und Dostoevskij nennt Edouard in diesem Zusammenhang. Seinen eigenen Roman sieht er dagegen abseits von diesem

Strom, wenngleich auch ihn die Wahrung der Erfahrungsrealität charakterisiert, ferner die Neigung, sich auf ein bestimmtes, gesellschaftshistorisch beschreibbares Milieu zu beschränken. Als neu, jedenfalls ungewohnt meldet Edouard seine Absicht an, auf die landläufige Vorstellung von »Handlung« zu verzichten, auf eine übersichtliche, leicht nacherzählbare Fabel. »Mon roman n'a pas de sujet.« (Gide 1925, 238) Er strebe ganz im Gegensatz dazu eine Auswahl aus der Realität an, die nicht konstruiert und aufgefädelt wirken dürfe, sondern vielmehr das Zufällige und Planlose der Wirklichkeit spüren lassen müsse. Man könne die Naturalisten zitieren und das Romangeschehen einen »Ausschnitt aus dem Leben« nennen, »une tranche de vie«. Doch der Fehler der Naturalisten bestehe darin, daß der Schnitt immer auf die gleiche Weise erfolge, stets nach der Länge, so daß das Ergebnis ein chronologisches Schema sei. Es sei an der Zeit, dem Roman die Chance zu bieten, auch andere Dimensionen zu erkunden und ohne ein probates Schema auszukommen. Er für sein Teil, betont Edouard, möchte am liebsten auf Schnitte, d. h. auf Eingriffe mit der metaphorischen Schere, überhaupt verzichten und den Roman für alles offenhalten, was den Geist bewegt.

Obwohl Gides Literat in diesem Zusammenhang den Roman aus den Epochen Diderots und der Romantik nicht erwähnt, fällt es nicht schwer, in diesen Gedanken die Anschauungen Sternes, Diderots und Friedrich Schlegels zu erkennen und wohl auch Herders Idee des Synkretismus. Man muß freilich annehmen, daß die Freiheiten, die Edouard fordert, durch das Erfahrungspostulat begrenzt sind und Phantastisches ausschließen; die Maximen realistischer bzw. naturalistischer Erzählkunst werden zwar mit Kritik bedacht, doch im wesentlichen respektiert. Versuchte man Traditionslinien zu entwerfen, so wäre noch am ehesten an Diderots *Jacques le fataliste* oder an Schlegels *Lucinde* zu denken, so stark orientiert sich Gides offenes, spielerisches Romankonzept an der Vorstellung vom *Ideenroman*. Im erwähnten Gespräch gibt Edouard freimütig zu, daß Gedanken, geistige Auseinandersetzungen, Ideenkonflikte für ihn eine besondere Anziehungskraft hätten: Gedanken interessierten ihn mehr als Menschen. Die Schlußfolgerung liegt nahe, daß in seinem Romanverständnis, einem prononciert intellektuellen, die Ideen nicht aus besonderen charakterlichen Anlagen hervorgehen, sondern daß umgekehrt die Figuren eher um der zu äußernden Gedanken willen da sind. In den *Falschmünzern* werden die individuellen Schicksale (die es auch gibt) in den Rahmen einer Auffassung von Literatur gespannt, die sich letztlich am moralistischen Traktat und der betrachtenden Erzählung orientiert. Gides Romanheld ist im übrigen nicht der einzige Poetologe, der im Entwerfen dichterischer Konstrukte Hilfe bei einem anderen Kunstzweig sucht und die verheißende Kraft der Analogie beschwört. Diesmal ist es (anders als bei Huxley, der in *Point Counter Point*, wie erwähnt, Beethovens Diabelli-Variationen zum Vorbild nimmt) Bachs *Kunst der Fuge*, der ein vages Wunschbild literarischer Ordnung entsprechen soll. Wie in vielen anderen theoretischen Phantasien dieser Art, von den Romantikern bis zu Thomas Mann, bleibt es freilich auch in Gides Roman bei einem begrifflichen Phantom.

Dennoch ist die für viele Leser sicherlich etwas befremdliche Verbindung von Musik und Essayistik eine der prägnantesten poetologischen Ideen des Romans. In einer der Tagebucheintragungen Edouards, die einen beträchtlichen Teil der *Falschmünzer* ausmachen, vertieft der Diarist diesen Gedanken. Gemeint ist das Notat vom 28. Oktober im 8. Kapitel des I. Teils. In komprimierter Form enthält es die Poetik einer Literatur, die völlig von den Spielen der Gedanken beherrscht wird – einer in dieser Hinsicht »reinen Literatur«, die in gewissem Sinn ein Gegenstück zum Entwurf der symbolistischen »poésie pure« darstellt. (Im einführenden Teil unserer Darstellung der Haupttendenzen im Roman des 20. Jahrhunderts war von diesem theoretischen Motiv bei Gide und Nathalie Sarraute bereits die Rede.) Gides bzw. Edouards »reiner Roman« ist eine Vorstellung, die sich dem Typus einer gleichsam skelettierten Prosa nähert, wie man sie etwa aus Valérys *Monsieur Teste* kennt (einem Werk, das die Entstehungszeit mit Gides *Paludes* teilt). Edouards poetologisches Notat zeigt, daß er bereit ist, das meiste von dem, was herkömmlicherweise – und namentlich seit dem 19. Jahrhundert – als eine Domäne des Romans gegolten hat, an andere Kunstgattungen abzutreten, spektakuläre Handlungen erwartungsgemäß an den Film. Ja er geht so weit, selbst die Schilderung menschlicher Physiognomien und des Äußeren der Gestalten als überflüssig zu erklären. Als ein Muster schwebt ihm das Drama vor (freilich nicht das naturalistische, sondern das klassizistische), bei dem das Äußere der Figuren ebenfalls in der Regel nicht zum Text gehört. Diese Dinge möge man ruhig der Einbildungskraft der Leser überlassen.

Die Idee des »reinen Romans« erweist sich somit als eine höchst asketische Schöpfung, nicht unähnlich dem Grundgedanken klassizistischer, reduktiver Dramaturgie: in dieser Vorstellung lebt der Roman vom Weglassen, von der Reduktion auf Geistigkeit, d. h. auf die Erfahrungen kritischer Intelligenz. Es ist bemerkenswert, daß die dünne Luft abstrahierender Gestaltung, die kaum etwas von der prallen Gegenständlichkeit des Romans in naturalistischer Tradition verspüren läßt, von wachen Zeitgenossen dennoch zu den Merkmalen moderner komplexer Romankunst gezählt worden ist. In seinem – bereits behandelten – Essay *Tragedy and the Whole Truth* zählt Huxley den französischen Autor zu den Repräsentanten jener Erzählkunst, die gerade im Gegensatz zu der physischen Askese der Tragödie die »Wahrheit« der existentiellen Gegensätze suchen. Wenn auch Mißverständnisse nicht auszuschließen sind (schon deswegen, weil beide Autoren sich nur ungern auf nähere Begründungen einlassen), so dürfte trotzdem als gesichert gelten, daß der hier gemeinte Begriff der Wahrheit nicht stofflich zu definieren ist, sondern sich in erster Linie auf die Vielzahl unterschiedlicher, gegensätzlicher Perspektiven des Romans bezieht, auf das Streben nach einer literarischen *Kunst der Fuge*, zu der nicht zuletzt auch das Spiel mit der Fiktion gehört. Was Huxley gemeint haben könnte, als er Gide nannte, ist vielleicht die Paradoxie, daß die »ganze Wahrheit« darin bestehe, überhaupt keine unverrückbare Wahrheit mehr zu kennen.

Ein Blick auf andere Bereiche des europäischen Romans in den ersten Jahrzehnten des 20. Jahrhunderts zeigt, daß der Typus des metanarrativen Romans nicht nur in der Spielart des intellektuellen (man könnte auch sagen: intelligiblen) Prosawerks vertreten war. Begreift man diesen Typus im allgemeinen als einen Versuch, in der Arbeit des Autors mehr den *homo ludens* als den *homo fictor* hervortreten zu lassen, so verdienen auch jene Erzähler Beachtung, die, wenn auch mit geringeren intellektuellen Ambitionen, darauf aus waren, in ihren Texten nicht nur Erfahrung des Lebens zu verarbeiten, sondern auch die technischen Besonderheiten der Literatur vor Augen zu führen, das künstlerische »Machen«, verbunden in manchen Fällen sicherlich auch mit dem Versuch, dem Leser etwas von der Lust an einem gelösten, entkrampften Umgang mit der Sprache mitzuteilen. Für diese Tendenz, in der der literarische *homo faber* zu Wort kommt, können namentlich einige russische Autoren der Epoche als beispielhaft gelten.

Zu bedenken ist, daß solche Neigungen in der russischen Literatur, wie an einzelnen Beispielen schon gezeigt werden konnte, keineswegs ohne Tradition waren. Bezeichnend ist etwa der Umstand, daß einer der maßgeblichen russischen Schriftsteller des Jahrhundertbeginns, Andrej Belyj, in einer seiner literarischen Abhandlungen die Sprachkunst Gogol's untersuchte, jenes Autors, dessen groteske und spielerische Züge der russischen Moderne starke Impulse verliehen. Es ist ferner alles andere als ein Zufall, daß in den auch künstlerisch turbulenten Jahren vor und nach der Oktoberrevolution das Wechselspiel der modernistischen Programme von einer literaturwissenschaftlichen Orientierung junger Akademiker in Petersburg und Moskau begleitet wurde, deren Auffassung von Literatur und den Zielen der Forschung eine ausgesprochen technologische war. (Diese Auffassung trug ihnen die Bezeichnungen »Formalisten« ein.) Was in den ästhetischen Manifesten nicht immer explizit war, das konnte man in den Aufsätzen von Šklovskij, Eichenbaum, Tynjanov und Jakobson klar erkennen: ein Kunstverständnis, das den Text vor allem als ein Ergebnis poetischer Techniken im Widerstreit der Traditionen und innovativen Bestrebungen begreift, als eine Summe von Verfahrensweisen, deren Funktionieren es zu ergründen gilt. Dieses Verständnis der Literatur befand sich in Einklang namentlich mit den Kunstanschauungen der nachsymbolistischen (und antisymbolistischen) »Avantgarde« im Zeichen von Futurismus und Konstruktivismus. Die künstlerische Hervorbringung wurde darin nicht als eine geheimnisvolle, esoterische Schöpfung angesehen, sondern als ein nach seiner Machart und seiner Wirksamkeit zu beurteilendes Artefakt. Das Zusammensetzen (die Werkproduktion) und das Auseinandernehmen (die technologische Analyse durch den Kritiker) galten als wechselseitige Tätigkeiten.

In mancherlei Hinsicht vorbildhaft für die jungen Erzähler nach 1917 konnte Andrej Belyjs Roman *Peterburg* (*Petersburg*, 1914) sein. Das in zwei Fassungen vorliegende Werk (die zweite erschien 1922 in einem russischen Verlag in Berlin, wo sich der Autor damals aufhielt) ist nicht nur in thematischer Hinsicht, mit seiner symbolischen Darstellung des Zusammenstoßes gegensätzlicher Kulturen, höchst bemerkenswert; es ist exemplarisch auch als Zeugnis raffinierter, neue Möglichkeiten erprobender Sprachkunst. Die zahlreichen ideengeschichtlichen Bezüge des Romans (die nicht zuletzt auf Belyjs Neigungen zur deutschen Kultur, zu Schopenhauer, Nietzsche und Rudolf Steiners Anthroposophie, zurückgehen) brauchen uns hier nicht zu beschäftigen. Von Interesse ist das Werk im poetologischen Zusammenhang namentlich wegen der – besonders in der ersten Fassung stark ausgeprägten – gegennaturalistischen Anlage des Erzählens. Ein Analogon zur Künstlichkeit der geschilderten urbanen Welt ist die betonte Stilisierung in der Anwendung stilistischer und erzähltechnischer Kunstgriffe. Artifiziell und nicht naturalistisch abbildhaft soll die Textur wirken. Das Werk ist somit im Kontext der sich vom Naturalismus abkoppelnden Tendenz des modernistischen europäischen Romans zu sehen, und zwar als besonders exponiertes, in mancherlei Hinsicht extremes Beispiel, zu diesem Zeitpunkt so gut wie ohne Gegenstück in den westeuropäischen Literaturen. Seine Absicht, den Roman einer Stadt und einer Mentalität dem Leser als ein Kunst-Werk begreiflich zu machen, verwirklicht der Autor vor allem dadurch, daß er den intertextuellen Charakter betont: Anspielungen und stilparodistische Züge begründen einen spezifisch literarischen Raum, der buchstäblich ein Spielraum ist und der in einem eigentümlichen Spannungsverhältnis zu der krassen Groteske der quasi kriminalistischen Handlung steht. Das Handlungsgefüge, in dem sich Motive des politischen Terrors mit tiefenpsychologischen Motiven kreuzen, erscheint durch die parodistischen und sonstigen Kunstgriffe der autoreflexiven Erzählweise auf eine besondere Art verfremdet, in ein irreales Licht gerückt.

Man kann die Erzählerfunktion, d. h. das Auftreten eines transzendentalen Erzählers, in Belyjs *Peterburg* eine parodistische nennen, wie J. Holthusen das in seiner Analyse des Romans tut. Gemeint ist allerdings keine konkrete Beziehung zu einem anderen Text, sondern das Spiel mit literarischen Konventionen, etwa im Sinn von Thomas Manns Parodieverständnis (vgl. seinen Aufsatz *Über den »Gesang vom Kindchen«*, 1921): als Umgang mit Konventionen, die nicht mehr selbstverständlich sind. Und gerade darum geht es in der Strategie des selbstreflexiven oder selbstreferentiellen Erzählens. Wenn Belyj dem exhumierten transzendentalen Erzähler die Anrede an den Leser anvertraut, so führt er in den Text ein Element ein, das im geschichtlichen Umfeld der Epoche alles andere als selbstverständlich sich ausnimmt; es unterstreicht vielmehr auf eine krasse Weise die »Gemachtheit« des Textes, denn an Stelle des Gewohnten, Unauffälligen tritt das Überraschende, Auffällige. So kommt an vielen Stellen der Erzähler ganz in der Manier des plaudernd-kommentierenden Narrators aus Romanen des 18. Jahrhunderts einher. Zum Beispiel am Ende des 5. Abschnitts des I. Kapitels (der zweiten Fassung), wo der Erzähler dem Leser versichert, er müsse nun den Lauf der Erzählung unterbrechen, um ihn mit dem Schauplatz eines Dramas bekannt zu machen. Das Künstliche dieses Verfahrens kommt dann zu seiner besonderen semantischen Geltung, wenn es sich auf die Behandlung der Figuren erstreckt, die, vom Erzähler dirigiert, wie groteske Marionetten funktionieren. Der Erzähler agiert buchstäblich als Drahtzieher, unter dessen Händen die Gestalten plötzlich auch erstarren können. So etwa heißt es in den einleitenden Sätzen des 17. Abschnittes des IV. Kapitels, man habe eine Figur des Romans einige Abschnitte zuvor in einem Augenblick verlassen, in welchem diese, bleich und aufgeregt, von einem Familienstreit in Anspruch genommen war. Der Erzähler, der sich in der Zwischenzeit anderen Figuren zugewandt hatte, bringt nun wieder Bewegung in die erwähnte Gestalt, er löst sie wieder aus ihrer Erstarrung – ein Vorgang, der vergleichbar ist mit dem Nummernwechsel in einem choreographischen Plan, wo einzelne Gruppen des Ensembles abwechselnd tanzen oder im Hintergrund eine starre Pose einnehmen.

In den zwanziger Jahren finden sich analoge Verfahrensweisen in den Werken junger russischer Autoren. Eine originelle Anwendung der den Erzählvorgang bloßlegenden Schreibweise findet sich namentlich bei Boris Pil'njak, dessen Roman *Golyj god* (*Das nackte Jahr*, 1922) zu den am meisten beachteten Werken jener Jahre zählt. Einprägsam ist es nicht zuletzt deswegen, weil sich in ihm die Dialektik eines eigentümlichen Modernismus abzeichnet. Pil'njaks Poetik stützt sich auf Überlieferungen kultureller bzw. subkultureller Art, die in den vorausgehenden Epochen wenig Beachtung fanden und hauptsächlich aus der kulturell sanktionierten Kommunikation ausgeschlossen waren. Neue Wirkungen konnte der Autor daher aus dem Gebrauch folkloristischer Elemente aus verschiedenen Quellen beziehen, ebenso wie aus der Koppelung dieses Materials mit den Zeugnissen zeitgenössischer sprachlicher Produktivität subkultureller Herkunft. Der Begriff der Folklore ist hier allerdings anders zu verstehen als im 19. Jahrhundert. Die »volkstümlichen« Elemente bei Pil'njak haben nichts mit romantischer Verklärung zu tun. Sie wirken herausfordernd subversiv im Hinblick auf herrschende kulturelle Codes, und die Modernität dieser Prosa hat, nach A. Flaker, ihre Wurzeln in der Neigung zu einem neuen »Primitivismus«, verbunden mit einem antirationalistischen Affekt, einer Haltung, die auch bei den russischen Malern jener Generation zum Ausdruck kam.

Gegen die Tradition des Romans aus dem 19. Jahrhundert ist auch der gleichsam akausale, bilderbogenartige Formcharakter von Pil'njaks Werk gerichtet. Der demonstrativ betonte literarische Gestus läßt nicht die Vorstellung sorgfältiger kompositorischer Planung aufkommen: die anekdotische Buntheit soll vielmehr anarchisch wirken, als ein Zeichen irrationaler Spontaneität. Eine weitere Spannung erzeugt diese Prosa durch die Anwendung eines

Verfahrens, das auch bei anderen russischen Autoren des Zeitalters (Babel',
Ivanov, Ehrenburg, Tynjanov) vorkommt, nämlich die Einbeziehung dokumentarischer oder pseudodokumentarischer Bestandteile in den fiktionalen
Zusammenhang. Die unscharf gezogene Grenze zwischen fiktionalen und
nichtfiktionalen Zonen trägt zusätzlich dazu bei, den Leser zu verunsichern,
d. h. dazu zu zwingen, auf den gewohnten Umgang mit dem Text zu verzichten. Der Rückgriff auf die in Vergessenheit geratene Vorstellung, daß Erzähl-
tes auch authentisch Überliefertes sein kann (wie in Zeiten vor dem Aufkommen moderner Medien), ist bei diesen Autoren ein Motor der Modernität.

So groß die konzeptionellen Unterschiede zwischen den genannten russischen Autoren und Gide oder anderen vergleichbaren westeuropäischen Romanciers auch sein mögen, die gemeinsame grundlegende Zielsetzung ist nicht
zu übersehen: der Versuch, Neues und Altes miteinander zu verknüpfen, mit
der Absicht, einer übermächtigen Tendenz des 19. Jahrhunderts Widerstand
zu leisten: der strikt mimetischen Tendenz. Man übertreibt jedenfalls nicht,
wenn man die Neigung zur metanarrativen literarischen Prosa (wie auch entsprechende Erscheinungen im Bereich der Dramaturgie) als eines der großen
literaturgeschichtlichen Signale ansieht, die übergreifende Wenden ankündi-
gen. Gemessen an der in der heutigen, »postmodernen« Situation sich fortsetzenden Vorliebe für spielerisch-intertextuelle Gestaltungsformen mag man
mehr und mehr zur Auffassung neigen, daß die Zeiten realistischen oder naturalistischen Erzählens in geschichtlichen Dimensionen nur eine Episode darstellen.

Dem gleichsam extravertierten Grundzug der Literatur in dieser Episode
steht mit der zuletzt geschilderten Tendenz eine introvertiert ausgerichtete
Erscheinung gegenüber. Das Wesen dieses Phänomens kann man mit einem
der unvergeßlichen Bilder Nietzsches ausdrücken. Es findet sich am Ende des
fünften Kapitels der Schrift *Die Geburt der Tragödie aus dem Geiste der Musik.* In
besonderen schöpferischen Augenblicken ist der Künstler wunderbarerweise
»dem unheimlichen Bild des Märchens gleich, das die Augen drehn und sich
selber anschaun kann«; er ist dann zugleich Subjekt und Objekt, zugleich
Dichter, Schauspieler und Zuschauer.

Nietzsches Vergleich ist auch auf den metanarrativen Roman anwendbar.
Auch er ist ein Wesen, das die Augen nach innen zu drehen vermag, um sein
Inneres zu erschauen und dort die Gesetzmäßigkeit der eigenen Existenz zu
finden.

DIE POETIK DER »FREMDHEIT«

I

Literaturkritiker haben nicht selten recht mit der Behauptung, die Praxis eines Autors könne fesselnder sein als seine Theorie. Vom Phänomen des *nouveau roman* gilt nahezu das Gegenteil. Dieser Beitrag einiger französischer Autoren zur fiktionalen Prosa der fünfziger und sechziger Jahre fand seinerzeit weite Beachtung, bei der Kritik allerdings weit mehr als bei den Lesern. Dieser Umstand spricht an sich weder für noch gegen den *nouveau roman*, er ist jedoch auf jeden Fall bezeichnend. In ihm ist der Hinweis enthalten, daß es sich um eine Spielart der Literatur handelt, die gleichsam dazu prädestiniert erscheint, ein Gegenstand poetologischer Überlegungen zu sein.

Der Abstand von mehr als dreißig Jahren, der uns heute von den Hauptwerken trennt, hat unter anderem bewirkt, daß die Kritik dazu neigt, mit negativen Urteilen das wettzumachen, was damals durch unkritisches Lob angerichtet worden war. So liest man heute zuweilen, der »Neue Roman« sei weder neu noch ein Roman gewesen. Wie unangemessen und vor allem widerspruchsvoll eine solche Beurteilung ist, braucht nicht näher ausgeführt zu werden. Im übrigen ist es nicht die Aufgabe dieser Betrachtung, die Praxis des *nouveau roman* vor ihren heutigen Verächtern in Schutz zu nehmen. Daß einzelne Werke ihre Meriten haben, dürfte erwiesen sein. Im allgemeinen gilt übrigens, daß das Kunstwerk sich selbst verteidigen muß – falls es dazu imstande ist. Was uns hier beschäftigt, ist die Bedeutung der theoretischen Auffassungen der nouveaux romanciers im Rahmen einer Geschichte der Romanpoetik, schon im Hinblick darauf, daß einige Autoren ihre programmatischen Positionen mit bemerkenswertem Ehrgeiz formuliert haben, gelegentlich über den konkreten Anlaß hinaus, so daß darin auch Thesen zu einer allgemeinen Literaturtheorie enthalten sind.

Da es berechtigt erscheint, der Chronologie zu folgen, wird zunächst von der ursprünglichen Poetik des *nouveau roman* die Rede sein und dann von den Modifikationen, die eine entsprechende Theorie des Erzählens bei einigen deutschsprachigen Autoren erfahren hat. Von einer einheitlichen Programmatik kann allerdings auch bei den französischen Romanciers nicht gesprochen werden, ebensowenig wie von einer literarisch gleichartigen Schreibweise im Sinn einer Gruppenkonsistenz. Schriftsteller wie Alain Robbe-Grillet, Nathalie Sarraute, Michel Butor und Claude Simon, die in der angegebenen Zeit von der Kritik als die wichtigsten Vertreter eines neuen Romanverständnisses bezeichnet wurden, gehören verschiedenen Generationen an, sind jedoch mit Hauptwerken in der Zeit zwischen 1955 und 1965 hervorgetreten, Robbe-Grillet, Sarraute und Butor auch mit mehreren theoretischen Schriften, in

denen einige Berührungspunkte den Anschein erwecken konnten, es handle
sich gewissermaßen um ein abgesprochenes Konzept. Einige Aufsätze sind
freilich erst als Stellungnahmen aus konkretem Anlaß entstanden: etwa dann,
wenn sich die Autoren von den Kritikern mißverstanden fühlten und daher
die Gelegenheit ergriffen, ihre Sicht in grundsätzlichen Fragen darzulegen.
Am agilsten war darin Robbe-Grillet, der als der eigentliche Theoretiker des
nouveau roman gelten kann. Seine Ansichten sollen hier vor allem untersucht
werden. Die Essays von Butor und Sarraute sind dagegen eher auf eine allgemeine Erzählpoetik ausgerichtet. Bei Butor sind zahlreiche Aufsätze sogar
als Beiträge zu einer generellen Grammatik narrativer Formen gedacht, so daß
darin eine programmatische Position *pro domo* nicht erkennbar ist. Eine solche
hat am deutlichsten der Autor des *Augenzeigen* und der *Jalousie* vertreten. Bei
der Betrachtung seiner poetologischen Aufsätze ist allerdings zu beachten, daß
Theorie und Romanpraxis nicht zu eng aufeinander bezogen werden sollten.
Mit anderen Worten: man hat zuweilen den Eindruck, der praktizierende Erzähler Robbe-Grillet gehe andere Wege als der Theoretiker und daß er sich
sogar Seitensprünge leiste, die von der Doktrin eigentlich gar nicht geduldet
werden dürften. Es erscheint daher ratsam, die beiden Textgattungen voneinander zu trennen, zumindest so weit, daß der prinzipielle Fehler vermieden
wird, die Romane als strikt angewandte Theorie zu lesen oder aber – was
ebenso falsch wäre – die Essays als bloße Begleitschriften und Kommentare zu
den Erzählwerken anzusehen.

Im Jahre 1963, als Robbe-Grillet unter dem Titel *Pour un Nouveau Roman*
eine Sammlung seiner in den vergangenen acht Jahren geschriebenen programmatischen und literaturkritischen Texte veröffentlichte, erachtete er offenbar die Zeit reif für einen Rechenschaftsbericht über eine Wegstrecke, in
der er auf Grund der bewegten Rezeption des *nouveau roman*, in Zustimmung
und Ablehnung, eine literaturgeschichtliche Etappe erblicken mochte. Den
Sammelband versah er mit einem einleitenden Text, der vor allem dazu diente,
eine Grundfrage zu beantworten: *A quoi servent les théories*. Faßt man die darin –
wie auch in einigen anderen Aufsätzen – enthaltenen Leitgedanken zusammen,
so ergibt sich die Folgerung, daß der Nutzen der hier und jetzt angewandten
Theorie darin besteht, die uneingeschränkte Notwendigkeit künstlerischer Innovation zu beweisen.

Robbe-Grillet ist mit dieser Anschauung alles andere als allein gewesen.
Wie stark der Gedanke der Veränderung gerade das 20. Jahrhundert beherrscht, ist bekannt. Wenn man freilich bedenkt, daß es in der Gegenwart
Kritiker gibt, die bereit sind, die Nachkriegszeit großzügig bereits der Postmoderne zuzuschlagen, so ist man immerhin einigermaßen erstaunt über die
Unbeirrbarkeit, mit der hier die Grundmaxime der Moderne mit altem – man
möchte fast sagen: naivem – Elan verfochten wird. Robbe-Grillet betont, er
gebrauche die Bezeichnung *nouveau roman* als Signatur für die Überzeugung
einiger Autoren, die sich entschlossen haben, den Roman in Bewegung zu

halten, Neues zu erfinden. Diese Schriftsteller wissen, »daß die systematische Wiederholung der Formen der Vergangenheit nicht nur absurd und nutzlos ist, sondern daß sie sogar schädlich sein kann: Wenn wir die Augen vor unserer wirklichen Situation in der gegenwärtigen Welt verschließen, werden wir letzten Endes daran gehindert, die Welt und den Menschen von morgen zu schaffen« (Robbe-Grillet 1965, 8). Der Gedanke, jemand könne so verfahren wie die Figur der Erzählung *Pierre Menard, Autor des Quijote* von Jorge Luis Borges, ist für Robbe-Grillet eine erschreckende Vorstellung. Dort ist nämlich von einem Literaten der letzten Jahrhundertwende die Rede, der den Roman von Cervantes Wort für Wort abschreibt, in der Überzeugung, ein eigenes Werk zu schaffen. Aus der Sicht der Erzählung erscheint diese Handlung gar nicht so absurd; denn der dreihundert Jahre alte Text entfaltet im neuen Umfeld semantische und stilistische Spannungen, die er bei seiner ersten Präsentation nicht gehabt hat.

Allein Robbe-Grillet läßt sich bei seiner Erwähnung des *Pierre Menard* auf hermeneutische Probleme nicht ein. Für ihn ist der schrullige Literat lediglich ein Gespenst, das an die Öde epigonenhafter Wiederholungen gemahnt. Zum Glück ist es so, betont der Autor, daß viele Romanciers dem Neuen zuneigen, nicht der Repetition. »Wie könnte die Schreibweise des Romans unbeweglich und starr bleiben, wenn doch alles um ihn herum sich entwickelt, und zwar im Verlaufe der letzten fünfzig Jahre sogar mit sehr großer Geschwindigkeit? Flaubert schrieb den neuen Roman von 1860, Proust den neuen Roman von 1910. Der Schriftsteller muß bereit sein, mit Stolz sein eigenes Datum zu tragen, sich der Tatsache bewußt, daß es kein Meisterwerk in der Ewigkeit gibt, sondern nur Werke in der Geschichte, und daß sie nur von Bestand sind, wenn sie die Vergangenheit hinter sich lassen und die Zukunft anzeigen.« (Robbe-Grillet 1965, 9)

Es ist in der Tat erstaunlich, mit welchem Nachdruck der Essayist von revisionsbedürftigen Mythen der Vergangenheit spricht, ohne zu bedenken, daß er mit seiner beneidenswert optimistischen Vorstellung von einer sich unaufhaltsam fortsetzenden Bewegung in Gesellschaft und Kunst Elemente des Mythos vom ungebrochenen Fortschritt aus dem 19. Jahrhundert reproduziert. Wie anachronistisch die Anschauung, jede Generation sei dazu verpflichtet, noch nicht Erprobtes zu bieten, schon heute sich ausnimmt, ist zu erkennen, wenn man bedenkt, daß nur wenige Jahre nach Robbe-Grillets Betrachtungen der amerikanische Autor John Barth in seinem Essay *The Literature of Exhaustion* (1967) der Idee vom obligaten künstlerischen Wandel mit einer Skepsis begegnete, die aus heutiger Sicht häufig als ein entscheidendes Signal zur Besinnung auf den Eintritt in die Postmoderne gilt. Nicht übersehen sollte man dabei die eigentümliche Tatsache, daß auch bei Barth die erwähnte Erzählung von Borges eine Rolle spielt, allerdings in einem ganz anders beleuchteten Zusammenhang: nicht als Mahnung zum Fortschritt, sondern als Argument für ein entkrampftes Verhältnis zu den Begriffen der Originalität, des Epigonentums und des historischen Wandels.

Im Gegensatz zur »postmodernen« Vorstellung von einer schillernden Fläche, die ein Nebeneinander ganz unterschiedlicher Stile darbietet, fern vom Zwang zu linearem Fortschritt, hält Robbe-Grillet durchaus am linearen Denkmodell fest, wenn er seine Überzeugung bekundet, die Linie, die von Flaubert zu Kafka führe, fordere im Grunde eine logische Fortsetzung. Im allgemeinen sei die Entwicklung seit Flaubert von einer wachsenden Verantwortung gegenüber dem kontrollierenden Bewußtsein beim Schreiben gekennzeichnet, d. h. gegenüber den begrifflich definierbaren, poetologischen Elementen des Schaffens. Der Autor nennt Flauberts Briefe, Gides *Falschmünzer* und die Arbeitsweise von Joyce. Den entscheidenden Punkt erblickt er jedoch in der Bestrebung der nouveaux romanciers, ein neues Verhältnis zur empirischen Wirklichkeit zu gewinnen − jenseits von Flauberts Naturalismus, aber auch jenseits von Kafkas metaphysischer Traumhaftigkeit. Das Ergebnis seiner Erwartungen nennt er − terminologisch riskant − einen neuen Realismus.

Überblickt man die begrifflichen Anstrengungen, die der Theoretiker unternommen hat, um »pour un nouveau roman« zu werben, so fällt auf, daß ein Großteil seiner Bemühungen darauf gerichtet ist, jene traditionellen literarischen Kategorien, die er als Lieblingsvorstellungen vieler Literaturkritiker identifiziert, einer kritischen Prüfung zu unterziehen. Und das heißt aus seiner Sicht: deren Unzulänglichkeit oder Unangemessenheit in Hinsicht auf die Bedürfnisse der besagten neuen Schreibweise und eines zeitgemäßen Realitätsverständnisses nachzuweisen. Der Aufsatz, der »ein paar veraltete Begriffe« (*Sur quelques notions périmées*, aus dem Jahre 1957) in Augenschein nimmt, nennt die Kategorien: es sind der Held, die Geschichte, das Engagement, schließlich Form und Inhalt. Robbe-Grillet macht in seinem Buch keinen Hehl daraus, daß ein beträchtlicher Teil seiner polemischen Ziele dort zu finden ist, wo entweder die Maximen des gesellschaftsanalytischen Realismus nach dem Muster des 19. Jahrhunderts oder aber die Gebote eines modernen politisch engagierten »Realismus« vorherrschen. Der »Held«, die markante und repräsentative Gestalt nach den Maßstäben der genannten Tradition, werde mit dem *nouveau roman* von der literarischen Bildfläche verschwinden. Will sich der Roman nämlich auf die Wirklichkeit unserer Zeit einlassen, so müsse er zur Kenntnis nehmen, daß »das Schicksal der Welt. . .für uns nicht mehr mit dem Aufstieg oder dem Niedergang einiger Individuen oder einiger Familien identifizierbar« sei (Robbe-Grillet 1965, 29). Balzac konnte mit seinen großen Gestalten gesellschaftliche Konstellationen erkennbar machen; heutige Erzähler, die so vorgehen, pointiert der Autor, erzeugen nur noch Strohpuppen.

An dieser wie auch an zahlreichen anderen Stellen ist die Argumentation nicht strukturanalytisch, sondern in weitmaschiger Manier sozialgeschichtlich, auf eine Weise, die einigermaßen an Lukács erinnert, wenn auch die Schlußfolgerungen dann ganz andere Wege gehen. Unsere Welt, so lautet einer der Schlüsse, ist weniger durch Individuen geprägt, eher durch »Kenn-Nummern«. Obwohl der Autor die Konnotationen dieses Begriffs natürlich keineswegs positiv beurteilt, ist er dennoch bereit, optimistische Gesichtspunkte zu erwägen. Eine Welt, die auf die Allmacht der Person verzichtet, kann bescheidener sein, sie kann ein neues Verständnis der Realität entfalten, das nicht ausschließlich anthropozentrisch ist. Diesen Gedanken empfindet der heutige Leser als eine Vorwegnahme gegenwärtiger Stimmungen, wenn auch die literarischen Konsequenzen, wie noch zu zeigen sein wird, entsprechende Erwartungen nicht erfüllen. Als einigermaßen flüchtig wird man auch die soziologische Begründung der Heldenproblematik bezeichnen müssen. Robbe-Grillet geht nämlich nicht auf die Frage ein, woher es kommt, daß das Phänomen der Individualitätskrise auch weiterhin die Diagnostiker einer Epoche beschäftigt, die zugleich eine ungeheure Machtkonzentration in den Händen weniger Personen erlebt. Wie ist das Verhältnis zwischen der Initiative des einzelnen und den anonymen Strukturen gesellschaftlicher Systeme zu sehen? Wie steht es mit den gegenseitigen semantischen Beziehungen der Begriffe ›Person‹ und ›Persönlichkeit‹ heute? Diese Fragen, die sehr viel mit der Beurteilung des literarischen Heldenbegriffs zu tun haben, rücken nicht ins Blickfeld.

Bei der Behandlung der »histoire«, der Fabel, bildet ebenfalls der Roman des 19. Jahrhunderts vom Typus des Gesellschaftspanoramas, etwa in der Art Balzacs, den Vergleichshintergrund. »Alle technischen Elemente des Erzählens – systematischer Gebrauch der Erzählvergangenheit und der dritten Person, bedingungslose Annahme des chronologischen Ablaufs, linear verlaufende Handlungen, gleichförmige Kurve der Leidenschaften, Spannung jeder Episode nach dem Ende zu usw. – zielten darauf ab, das Bild von einer stabilen, kohärenten, kontinuierlichen, eindeutigen, voll und ganz entzifferbaren Welt durchzusetzen. Als die Intelligibilität der Welt nicht in Frage stand, war Erzählen kein Problem. Die Schreibweise konnte unschuldig sein.« (Robbe-Grillet 1965, 33) In einer sich wandelnden Welt sei dann im Zeitalter Prousts und Faulkners diese Unschuld zwar verlorengegangen, doch man habe unter anderem auch die Relativität literarischer Modelle erkannt, so daß Werke, die nach ihrem Erscheinen als »handlungslos« galten, bereits nach einiger Zeit Aussichten darauf hatten, als einigermaßen normal zu gelten. Die Innovation in den Werken der nouveaux romanciers habe daher voraussichtlich ebenfalls die Chance, in absehbarer Zeit in eine Perspektive zu rücken, die erkennen läßt, daß es auch da Brücken zur Tradition gibt.

Es ist schwer zu sagen, ob der Autor sich der wahrhaftig gewaltigen Vereinfachung bewußt war, die er sich erlaubte, als er von der »Unschuld« des Erzählens vor Flaubert sprach. »L'écriture romanesque pouvait être innocente« (Robbe-Grillet 1963, 37), das hört sich gefällig an, ist aber kaum fundiert. Zumindest muß die Argumentation als inkonsequent bezeichnet werden. Beachtet man die literarischen Auseinandersetzungen im Zeitalter von Romantik und Realismus, in der ersten Hälfte des 19. Jahrhunderts, so kann von

»Unschuld« keine Rede sein. Die Romantiker kannten, ganz wie ihre Vorgänger im englischen Roman der Aufklärungsepoche, sehr wohl die Doppelbödigkeit der Literatur, und die Realisten vor Flaubert schockten mit manchen Verfahrensweisen, vor allem mit ihrer Detailtreue in der Schilderung der Alltagswelt, ihre Leser zwar anders als etwa Proust oder Kafka die ihrigen, doch jedenfalls so, daß manche Kritiker bereits damals den Untergang des Erzählens voraussagten. Hätte Robbe-Grillet seine Einsicht, daß mit der Zeit auch die ungewohntesten Schreibweisen assimilierbar erscheinen, auch auf die Vergangenheit angewandt, er hätte zum Schluß kommen müssen, daß die Vorstellungen von Einheitlichkeit und Ursprünglichkeit (»Unschuld«) des Erzählens zu einem nicht unerheblichen Teil ein Ergebnis von überlieferter Gewöhnung und damit einstiger Assimilation sind. Das längst nicht mehr Ungewöhnliche nimmt sich aus einem großen zeitlichen Abstand als das »Natürliche« der Vergangenheit aus.

Überzeugend ist dagegen die Begründung des Zweifels gegenüber dem Begriff des Engagements. Gemeint war vor allem die Doktrin eines politischen Aktionismus in der Literatur, wie er in Frankreich damals von vielen linken Intellektuellen, zeitweilig auch von Sartre, vertreten wurde. Robbe-Grillets Hauptargument besagt, daß es sinnlos sei, die Literatur zu einem Hebel totalitärer Mentalität zu machen. Wenn man deren Sinn darauf reduziert, vorgegebene Meinungen zu illustrieren, d. h. Dinge zu bestätigen, die im voraus festgelegt sind, so ist die literarische Tätigkeit überflüssig. Die Entschiedenheit in der Meinungsbildung, die von der Doktrin einer strikten Parteinahme gefordert wird, drängt naturgemäß auf Klarheit und Eindeutigkeit der Aussage, vor allem aber auf Unmißverständlichkeit in der Wertung menschlicher Handlungen, letztlich stets im Sinn der Polarisierungen (gut – böse, fortschrittlich – rückschrittlich), die dem verbindlichen ideologischen Schema entnommen sind. »Wenn die progressistischen Romane nur Wirklichkeit in bezug auf diese funktionellen Erklärungen der sichtbaren Welt haben sollen, Erklärungen, die schon vorher vorbereitet, die erfahren und gebilligt worden sind, ist schlecht einzusehen, welches ihre Macht der Entdeckung und der Erfindung sein könnte.« (Robbe-Grillet 1965, 42) Mit den Begriffen »découverte« und »invention« betritt der Autor den Bereich seiner eigenen Poetik. Nicht die Wiederholung von Bekanntem, schon anders und anderswo Ausgedrücktem kann seiner Ansicht nach das Ziel der Literatur sein, sondern die Erkundung von Dingen, die nicht schon geläufig und abgestempelt sind. Damit ist das Motiv genannt, das im Mittelpunkt von Robbe-Grillets gesamten theoretischen Überlegungen steht: der Versuch, die Literatur dem Diktat vorgegebener Bedeutungen zu entziehen.

Die fundamentale Rolle, die dem Begriff ›Bedeutung‹ (signification) in Robbe-Grillets Programm des Neuen Romans zukommt, tritt im Aufsatz *Une voie pour le roman futur* (*Dem Roman der Zukunft eine Bahn*, 1956) am deutlichsten zutage. Wie bei den – damals in Frankreich noch unbekannten – russischen

Formalisten, verknüpft auch der französische Autor seine Theorie der Prosa mit einer allgemeinen Wahrnehmungslehre. Der erste Schritt zum Verständnis des *nouveau roman* besteht nach seiner Meinung darin, die Realität möglichst unvoreingenommen zu sehen: in der Wahrnehmung von Dingen und Vorgängen nach einer Freiheit zu streben, die sich in der Offenheit und Eindringlichkeit des Blicks äußert, im Gegensatz zu der bloß wiedererkennenden, gewissermaßen reproduzierenden Sicht. Er räumt ein, daß es naiv wäre, völlige Freiheit und Unvoreingenommenheit vorauszusetzen; die Prägung des einzelnen durch moralische, metaphysische und andere kulturelle Kategorien könne niemals vollständig beseitigt werden, und diese trügen dazu bei, daß die Dinge ein vertrautes Aussehen erhalten, das die Identifikation sowie die Eingliederung in ein ideologisches, wissenschaftliches oder sonstiges gesellschaftliches Orientierungssystem ermöglicht. Geschieht es jedoch einmal, daß die routinemäßige Wahrnehmung und die Unterbringung im System versagt, so meldet der Raster der Interpretation Alarm, und man greift zur bequemen Kategorie des Absurden.

Doch die Welt sollte anders gesehen werden. »Or le monde n'est ni signifiant ni absurde. Il *est*, tout simplement.« (Robbe-Grillet 1963, 21) Sie ist weder sinnvoll noch absurd, sie *ist*, das genügt. Dieser Kernsatz von Robbe-Grillets Theorie, dessen Lapidarität hier im Original gezeigt werden soll, verdient es, in seiner vollen Tragweite beurteilt zu werden. Bevor diese Aufgabe in Angriff genommen wird, sollte man jedoch die Begründungen des Autors zur Kenntnis nehmen. Ausgangspunkt seiner Argumente ist die Annahme, daß die Wirklichkeit (worunter er vor allem die sichtbaren materiellen Objekte der menschlichen Umwelt versteht) eine Existenzform hat, die auch ohne Deutung, d. h. ohne Unterstellung von »Bedeutungen«, wahrgenommen werden kann. Es gelte jedenfalls, gleichsam die Nacktheit der Dinge zu erkennen, ihr uninterpretiertes Dasein, etwa dadurch, daß man die Sprache bei einer Schilderung so gebraucht, als handle es sich um ein anderes Medium.

»Es ist tatsächlich so, als trügen die fotografischen Konventionen (d. h. die Zweidimensionalität, das Schwarzweiß, der Rahmen, die Maßstabsunterschiede zwischen den Plänen) dazu bei, uns von den eigenen Konventionen zu befreien. Der etwas ungewöhnliche Anblick dieser ›wiedergegebenen‹ Welt offenbart uns zur selben Zeit den *ungewöhnlichen Charakter* der uns umgebenden Welt: sie ist eine ungewöhnliche Welt, insofern sie es ablehnt, unseren Gewohnheiten und unserer Ordnung sich zu unterwerfen.« (Robbe-Grillet 1965, 20f.) Diesen – freilich wiederum vom Menschen angeregten – Aufstand der Dinge gegen die ihnen zugewiesene Ordnung kann man im Sinne des Autors als eine Form von Verfremdung verstehen: die Unmittelbarkeit, von der er spricht, tritt uns entgegen, wenn sich die Dinge in einer ungewohnten Erscheinungsart darbieten, so wie etwa in der genannten fotografischen Abbildung oder in den – bei dem Erzähler Robbe-Grillet – häufigen Schilderungen, die manche Dinge, die gewöhnlich emphatisch, mit der Sprache gefühlsmäßiger Bindung vergegenwärtigt werden, unvermittelt im Lichte einer völlig nüchternen, auf sachliche (zum Beispiel geometrisch-formale) Eigenschaften beschränkten Darstellung erscheinen lassen. Auch hier fällt übrigens die Verwandtschaft mit der Verfremdungstheorie der russischen Formalisten ins Auge. Allerdings ist ein wesentlicher Unterschied zu beachten: Während Šklovskij (etwa in seinem Aufsatz *Iskusstvo kak priëm – Kunst als Verfahren*, 1917) bei den Beispielen aus Erzählwerken Tolstojs die Erkenntnisleistung der Verfremdung hervorhebt, kommt man beim Lesen Robbe-Grillets zum Schluß, daß dem Autor eine Verfremdung ohne rational formulierbare Einsicht vorschwebte.

Verfremdung heißt hier dann buchstäblich die Herstellung einer uns fremden, wenn auch nicht unbekannten Welt. Die Fremdheit kommt dabei durch das Kappen der gewohnten Bindungen zustande. Der Romancier, meint der Autor, sollte darauf verzichten, den Dingen Bedeutungen aufzudrängen, die sie in ihrer eigentümlichen Beschaffenheit nicht haben und auch niemals gehabt haben. Die Schriftsteller pflegten die Dinge mit der Sprache menschlicher Gefühle, Interessen und Überzeugungen zu erfassen: das Wort, so pointiert Robbe-Grillet metaphorisch, funktionierte wie eine Falle, »in die der Schriftsteller das Universum einsperrte, um es der Gesellschaft auszuliefern« (Robbe-Grillet 1965, 23). Aus dieser Falle gelte es die Literatur zu befreien. Fasse man diese Möglichkeit ins Auge, so biete sich für den Roman ein neuer Weg an, der fortführt von der Tradition und der Unterschiede erkennen läßt nicht nur gegenüber dem Roman von Madame de Lafayette bis Balzac, sondern auch gegenüber der Moderne von gestern, gegenüber Gide etwa. Die Literatur, die die Wirklichkeit mit der »Tiefe« der Bedeutungen belud, könnte dann einer anderen weichen. Soweit Robbe-Grillets Apologie des *nouveau roman*.

Nach der Lektüre der frühen Romane der nouveaux romanciers kann kein Zweifel an der literarischen Eigentümlichkeit der meisten Werke sein. Doch ebenso klar dürfte es heute schon sein, daß die Leistungen dieser Autoren keineswegs eine neue Epoche in der Geschichte des Romans darstellen. Eher könnte man behaupten, der Neue Roman habe manche Tendenzen der modernen Prosa seit der Jahrhundertwende radikalisiert, etwa die Darstellung von Bewußtseinsvorgängen bei Nathalie Sarraute und Butor (*La Modification*), die gleichsam leidenschaftslose Beschreibung alltäglicher Vorgänge, wie sie sich zum Beispiel in Rilkes Prosa um 1910 angekündigt hatte, und schließlich, besonders markant, die Anwendung filmischer Techniken auf den Roman, und zwar konsequenter als das in den erzählerische Innovationen erprobenden Romanen der zwanziger und dreißiger Jahre der Fall war. Nicht zu vergessen ist dabei ein Umstand, der vermutlich bei den Lesern zusätzlich Verwirrung hervorrief: die Besonderheit, daß die Textur der meisten Neuen Romane nicht mit jenen revolutionären Formsignalen einherkam, die die Prosaexperimente der beiden vorhergehenden Generationen gekennzeichnet hatten – man denke nur an die Futuristen und Dada, an Joyce, an Dos Passos und Döblin. Im übrigen blieb auch die Ironie Gides oder Thomas Manns aus dem Bereich des ›neuen‹ Idioms ausgeschlossen. Zu den beunruhigenden Elementen gehörte gerade die scheinbar traditionelle Faktur, eine Erscheinungsweise, die beim Leser ein Vertrauen erwecken mochte, das dann aber um so heftiger von einer konträren Reaktion abgelöst werden konnte. Auch in dieser Hinsicht ist Kafka ein Ahnherr des *nouveau roman* und die Berufung Robbe-Grillets auf den Prager Autor völlig legitim.

Was die Pariser Romanciers von Kafka trennt, ist deren eindeutiges Festhalten an einem erkennbaren Erfahrungshorizont. Während der Deutungsvielfalt bei Kafka keine Grenzen gesetzt sind, bleiben die Leser der Neuen Romane nicht im Zweifel darüber, daß die dargestellte Welt ganz bewußt eine Welt ohne »Magie« und »Metaphysik« ist, wie Robbe-Grillet sich ausdrückt. Es ist zwar bezeichnend für die Absichten der Autoren, daß die Schauplätze der Handlungen zuweilen unbestimmt bleiben, als handle es sich um allegorische Orte, doch die empirische Basis (moderne Welt, Technik, vertraute soziale Verhältnisse, Merkmale eines bestimmten, wenn auch nicht genannten Milieus) erscheint nirgendwo in Frage gestellt. Robbe-Grillets Romane *Le Voyeur* und *La Jalousie* sind Beispiele dafür. Butor, etwa in *La Modification* (in deutscher Übersetzung *Paris-Rom oder Die Modifikation*), verzichtet nicht auf größere Konkretheit. Jedenfalls ist die Beschränkung auf grundsätzlich nachvollziehbare menschliche Erfahrung ein gemeinsamer Grundzug aller zum *nouveau roman* zählenden Autoren, zumindest in dessen »klassischer« Phase.

Dieses Merkmal verdient deswegen besondere Beachtung, weil es zeigt, daß zumindest in einer fundamentalen Voraussetzung von Konkordanz zwischen Theorie und Praxis gesprochen werden kann. Die Probleme der von Robbe-Grillet vertretenen Theorie beginnen dort, wo die Trennung zwischen dem Kosmos menschlicher Bedeutungen und dem schweigenden Dasein der Naturdinge zur Grundlage eines literarisch artikulierbaren Weltbildes gemacht wird. Die Absicht ist verständlich: In einer Welt wie der heutigen, in der die Möglichkeiten ideologischer und sonstiger Manipulation infolge der technischen Transportierbarkeit der Zeichen ein ungeahntes Ausmaß erreicht haben, erscheint das Bedürfnis nach neutralen, stummen, »bedeutungs-losen« Zonen des Daseins als eine Notwendigkeit. Robbe-Grillets Entwurf – man möchte fast sagen: Traum – einer nicht klassifizierten und nicht bewerteten Realität ist daher leicht begreifbar. Philosophisch ist diese Vorstellung, mit oder ohne Absicht des Autors, im Bereich der Kritik beheimatet, die aus verschiedenen Motiven in unserem Jahrhundert an einer zentralen Maxime der neuzeitlichen Kultur geübt wird: an dem seit den Anfängen der Aufklärung gegenwärtigen Gedanken von der Beherrschung der Natur durch den Menschen. Als eine Komponente in diesem Zusammenhang kann der Versuch gesehen werden, die Natur durch sprachlichen Zugriff verfügbar zu machen. Gegen eine solche Praxis – in die sich freilich auch Relikte mythischer Anthropomorphisierung mengen – begehrt die Theorie des Romanciers auf. Die Chance der Literatur sieht er gerade darin, mit den Mitteln der Sprache gegen die Gewohnheit anzugehen, den Dingen stets menschliche Denkformen aufzupfropfen.

Beispiele für die sprachlichen Formen der Penetration bietet der Autor in seinem Essay *Nature, humanisme, tragédie* von 1958. Ausgangspunkt ist der polemische Gedanke, man müsse aufhören, verbrecherische Absichten zu unterstellen, wenn jemand behauptet, daß es auf der Welt Dinge gebe, die nicht mit menschlichen Kategorien zu beurteilen seien. Die vorherrschende Denkart sei nämlich nach wie vor die sogenannte humanistische, wonach es zu den Vorrechten des Menschen gehöre, der Natur seinen Stempel aufzudrücken, sie zu »beseelen«. Robbe-Grillets Kritik trifft vor allem die Metapher, eine sprachliche Bildung, die ihm besonders belastet erscheint. Die Metapher, folgert er, »ist in der Tat niemals eine harmlose Redefigur« (Robbe-Grillet 1965, 55). Sie drückt durch Analogien aus, daß allen physischen Erscheinungen eine verborgene Einheit zugrundeliegt. Diese Einheit wird vom Menschen dekretiert. Überall liegt letztlich ein Akt geistiger Vereinnahmung vor: ob nun das Wetter »launisch« genannt wird, das Gebirge »majestätisch«, die Sonne »erbarmungslos« usw. Es wäre ein Mißverständnis, betont der Autor, wenn man meinte, der Widerstand gegen eine solche geistige Bequemlichkeit führe zu einer Abwertung des Menschen. »Unsere vorgebliche ›Natur‹ und das Vokabular, das ihren Mythos verewigt, ablehnen, die Dinge als bloß äußerliche und oberflächliche darstellen, heißt nicht – wie man behauptet hat – den Menschen verneinen; es bedeutet jedoch eine Verwerfung der ›pananthropischen‹ Idee, die im traditionellen, wie wahrscheinlich in jedem Humanismus enthalten ist. Es ist letzten Endes nichts anders als die Forderung nach meiner Freiheit in logischer Folgerichtigkeit stellen.« (Robbe-Grillet 1965, 59f.) Als der Mensch der Fremdheit der Dinge gewahr wurde, ersann er schließlich eine neue Form seiner Bestrebung, die Dinge an sich zu ketten, nämlich das *tragische* Verständnis, das die Neutralität der Natur als Feindschaft und Verhängnis auffaßt. Das eigentliche Fazit Robbe-Grillets hat geschichtsphilosophischen Anspruch: Man müsse den Mythos von der beseelten Natur aufgeben zugunsten eines Verständnisses, das die Natur respektiert und die Fremdheit nicht als eine Beleidigung des Menschen auffaßt. Man könnte auch sagen, nach Robbe-Grillet habe der Mythos von der anthropomorphen Natur der Idee der Gleichgültigkeit zu weichen.

Es erscheint kaum sinnvoll, auf dieser Ebene einer allzu allgemeinen Art kulturkritischer Betrachtung nach Gegenargumenten zu suchen. Eine sich unmittelbar aus dem geschilderten Gedankengang ergebende Frage sollte indes nicht unerörtert bleiben. Sie betrifft den auffallenden Umstand, daß die Beispiele des Autors zum Problem der Metaphorik ausschließlich das Verhältnis zur Natur behandeln. Diese eigentümliche Fixierung auf die Beziehungen zur außermenschlichen Welt in den Hauptmotiven der Theorie mag daran denken lassen, wie spürbar darin der Mangel an ergänzenden Aspekten ist. Der Appell, die Natur in ihrem Eigensein zu begreifen, läßt beim Autor gar nicht den Gedanken aufkommen, daß das von ihm kritisch beleuchtete Verfahren ja ein Umgang mit der Sprache ist, der nicht nur die Natur betrifft, sondern der ebenso eine verzerrende Sicht zwischenmenschlicher Verhältnisse begünstigen kann, zum Beispiel, wenn die Verkürzung im Bild zur Formel erstarrt und komplexe Sachverhalte von Schablonen aufgesaugt werden. Die nationalen Stereotype sind dafür ein Exempel. Gälte es daher nicht, den Grundsatz der Objektivität auf sämtliche Realitätsmomente auszudehnen?

Kritische Bemerkungen zu Robbe-Grillet können ferner sowohl der Literarhistoriker wie auch der Stilkritiker beitragen. Aus historischer Sicht ist daran zu erinnern, daß bereits Marinetti in seinem *Manifesto tecnico della letteratura futurista* von 1912 verkündet hatte, man möge sich hüten, der »Materie menschliche Gefühle zu unterschieben« (Pörtner, II, 52), denn diese sei weder »froh noch traurig« (53). Zima (1968, 209f.) hat auf den Zusammenhang mit dem Neuen Roman aufmerksam gemacht. Beachtet man den Grundgedanken Marinettis, so wird allerdings deutlich, daß es sich nicht so sehr um eine kulturphilosophische Begründung handelt, wie bei Robbe-Grillet, sondern daß die Abneigung des Futuristen gegenüber anthropomorphisierenden Bildern vorwiegend künstlerische Gründe hat: die Abneigung gilt der Abgegriffenheit zahlloser metaphorischer Wendungen. Von einer konsequenten Befolgung des spezifischen »Bilderverbots« ist jedoch in der futuristischen Literatur wenig zu spüren. In diesem Punkt markiert der *nouveau roman* bei Robbe-Grillet in der Tat eine neue Haltung. Wie Zima (1986, 211ff.) bemerkt, wird der Verzicht auf traditionelle Stilmittel wettgemacht durch die Einbeziehung früher niemals folgerichtig genutzter sprachlicher Möglichkeiten: die fiktionale Prosa sucht Anschluß an die Sprache der naturwissenschaftlichen Beschreibung, um sich für ihre Zwecke eine Diktion anzueignen, die von ihrer Aufgabe her ohne affektive Tönungen und wertende Aussagen auskommen muß. Die Anwendung mathematischer und physikalischer Beschreibungsprozeduren ist namentlich in den frühen Romanen Robbe-Grillets auf jedem Schritt erkennbar.

Aus stilkritischer Sicht muß freilich vermerkt werden, daß der Erzähler dem Theoretiker hin und wieder untreu wird, d. h. daß es in den Romanen Stellen gibt, die es vom Standpunkt des Programmatikers gar nicht geben dürfte. Prüft man daraufhin den *Voyeur* (in E. Tophovens Übersetzung: *Der Augenzeuge*), so wird man manche Wendungen vom Standpunkt der Doktrin als Stilbrüche empfinden müssen. So etwa, wenn es heißt: »Dann und wann drehte er sich nach dem Reisenen um und rief ihm ein paar Worte zu, die er mit wirren Bewegungen der Ellbogen – totgeborenen Embryonen deutlicherer Demonstrationen – begleitete.« (Robbe-Grillet 1986, 117) Die Bewegungen des Fischers, der dem problematischen Helden des Romans den Weg zeigt, sind physische Handlungen, über die es kein anderes Wissen geben dürfte als das, welches der Augenschein bietet. Die »totgeborenen Embryonen

deutlicherer Demonstrationen« setzen dagegen ein Wissen voraus, das über
jeden konkreten Wahrnehmungsstand hinausgeht. Wer entscheidet hier darüber, was deutlich und was weniger deutlich ist? Hier scheint sich wieder der
kommentierende Erzähler (der in Robbe-Grillets Welt der »Oberfläche« und
der Vermutungen nichts zu suchen hat) eingeschlichen zu haben, zu allem
Überfluß auch noch dazu aufgelegt, Analogien (Bewegungen als Embryonen)
ins Spiel zu bringen. Ähnliche Bedenken kommen einem, wenn man in einem
der nächsten Sätze liest, das Meer erscheine unter »einem mit Wolken bela-
denen Himmel eintönig grün, matt, undurchsichtig, als wäre es erstarrt« (118).
In diese Reihe gehören auch penetrante, auffallend traditionslastige Vergleiche
wie dieser: »Die Pupillen hatten sich um keinen Milimeter bewegt; er hatte
dennoch das Gefühl – er zog das Gefühl an den Haaren herbei wie ein mit
Fischen oder zuviel Algen oder etwas Tang gefülltes Netz – er bildete sich ein,
daß der Blick auf ihm verharrte.« (35)
    Es erscheint plausibel, die Aufmerksamkeit auf solche Stellen zu lenken,
nicht aus Freude am entdeckten Webefehler, sondern weil der Stilbruch eine
grundsätzliche Problematik erkennbar macht. Die auffallenden Stellen signalisieren wohl letztlich einen Widerstand gegenüber dem Zwang der eigenen
Poetik, sicherlich aber einen objektiven Umstand: daß eine konsequente Geo-
metrisierung der Textur gar nicht möglich ist, weil die Normalsprache, der
sich der Autor bedient, an sich schon so stark von ungenauer, vieldeutiger
Bildhaftigkeit und – man könnte sagen – Menschenbezogenheit durchsetzt ist,
daß jeder (und dazu noch fiktionaler!) Gebrauch unweigerlich zu einer mehr
oder minder eingestandenen Kapitulation vor der Beschaffenheit des Mediums
zwingt.
    Diese Überlegung führt zurück zu der entscheidenden literaturtheoreti-
schen Frage. Ebenso wie die Anleihen des Autors bei den Beschreibungsmodi
sogenannter exakter Wissenschaften die Probleme literarischer Textur nicht
grundsätzlich lösen können, so vermögen auch Deklarationen über die neutra-
le Beschaffenheit der Dingwelt nicht darüber hinwegzutäuschen, daß Romane,
und fiktionale Werke überhaupt, von ihrer Konstitution her sich einem Programm wie dem des *nouveau roman*, sieht man darin mehr als unverbindliches
Gerede, eigentlich entziehen.
    Zu bedenken ist dabei in erster Linie, daß literarische Texte von der ange-
gebenen Art im Prinzip niemals einem praktischen Zweck entsprechen, der
um der kommunikativen Aufgabe willen einen angemessenen Darstellungs-
modus erforderlich machen würde. Das heißt aber, daß die Logik der Fiktion,
ebenfalls in der Regel, eine freie Wahl des Gegenstandes voraussetzt. Die
Auswahl aus dem durch die Sprache vermittelten Repertoire der Erfahrungsrealität – eine Handlung des Autors – ist im wesentlichen ein Akt der Wert-
setzung bzw. der Beurteilung: durch die Wahl bestimmter Dinge und Sachverhalte wie auch durch das Weglassen anderer werden Zusammenhänge hergestellt, die ein bestimmtes Sachbild und im weitesten Sinn auch ein Weltbild

begründen. Das sind elementare Einsichten der Literaturtheorie. Dennoch sind sie ins Gedächtnis zu rufen angesichts des programmatischen Ansinnens, es komme darauf an zu zeigen, daß die Dinge keine moralischen Qualitäten haben, sondern daß sie nur da seien. Der elementare, von Robbe-Grillet nicht erkannte oder jedenfalls nicht behandelte Widerspruch gegenüber der Besonderheit des literarischen Werkes besteht nun darin, daß die Entscheidung des Autors für einen bestimmten Ausschnitt aus der Realität – mag dieser noch so sachlich und wertungsfrei dargestellt sein – bereits eine *Interessentscheidung* ist. Mit Literatur »will man was«, könnte man mit Döblin sagen, auch wenn das Werk mit sogenannter Tendenzliteratur nicht das geringste zu tun hat. Durch den Interessenakt der Wahl werden den Dingen zwar keine moralischen Qualitäten bescheinigt, doch sie gewinnen im Grunde noch mehr als das: sie gewinnen Repräsentanz.

Daraus ergibt sich für die Kritik der Thesen Robbe-Grillets folgendes: Der Autor mag zwar behaupten, die Dinge der Realität seien sinnentleert, allein er kann damit nicht erzwingen, daß auch sein Erzähltext den Zustand von »Bedeutungsfreiheit« herstellt. Denn ein literarischer Text ist *eo ipso* ein Bedeutungsgebilde, bereits durch seine Existenz, die durch keine kausale Notwendigkeit hervorgerufen worden ist. Die Entscheidung des Autors für X oder für Y ist allemal eine menschliche Entscheidung, aus der die Vielfalt der Beziehungen zwischen Mensch und Dingwelt nicht ausgeschlossen werden kann. Mit anderen Worten: Die Annahme einer sinnentleerten Welt, eines Zustandes der Indifferenz, ist als Grundsatz nicht auf das literarische Werk selbst übertragbar. Das heißt, die *Darstellung* des Sinnlosen, des Bedeutungsfreien produziert im Bereich der spezifischen literarischen Konstitution nach wie vor Sinn; die Literatur vermag sich ihres apriorischen Sinnauftrags nicht zu entledigen.

In diesem Zusammenhang überrascht erst recht die Frage, die Robbe-Grillet in seinem Aufsatz *Nouveau roman, homme nouveau* (*Neuer Roman, neuer Mensch*, 1961) stellt. Sie lautet: »Hat die Wirklichkeit einen Sinn?« (1965, 90) Der Autor versichert anschließend, er wisse es nicht, der heutige Künstler könne diese Frage nicht beantworten. Dazu ist zunächst zu sagen, daß das Eingehen auf die Frage auch ein logisches Problem darstellt. Die so formulierte ausweichende Antwort setzt voraus, daß es Personen oder Institutionen gibt, die imstande sind, die Sinnfrage schlüssig zu beantworten. Im Hinblick darauf, daß in keinem Zeitalter absolute Einhelligkeit in philosophischen Grundfragen bestanden hat, ist es fast überflüssig, daran zu erinnern, daß man es mit Willens- und Ermessensakten zu tun hat, wobei keine Instanz denkbar ist, die objektiv darüber befinden könnte, ob diese oder jene Überzeugung nun legitim sei oder nicht. Der von manchen politischen Ideologien durch Staatsdekret verordnete Optimismus ist eine Machtfrage, kein philosophisches Problem. Noch einmal: »Der heutige Künstler kann auf diese Frage keine Antwort geben...« Die Problematik, die sich in dieser Äußerung abzeichnet,

muß ebenfalls in Hinsicht auf den logischen Hintergrund, auf die vorausgesetzte Denkform befragt werden.

Auffallend ist vor allem die Ausnahmestellung, die hier dem Künstler
eingeräumt wird, wenn auch diese Stellung eher durch einen negativen Akzent
gekennzeichnet ist. Die Hervorhebung des »heutigen Künstlers« erlaubt die
Annahme, daß Künstler zu anderen Zeiten anders geurteilt haben und daß
Nichtkünstler wohl auch heute in der Lage sind, klare Überzeugungen zu
äußern. Bezeichnenderweise ist gerade in der negativen Ausgrenzung des
Künstlers nicht etwa eine Herabsetzung enthalten, sondern vielmehr ein –
wohl noch immer im traditionellen Künstlermythos verwurzeltes – Verständnis, das ihm einen privilegierten geschichtsphilosophischen Platz zuweist. Der vor essentiellen Fragen gleichsam machtlose oder stumme Künstler
kann unter den Voraussetzungen von Robbe-Grillets Argumentation nur als
eine Instanz begriffen werden, die *keine* Einsicht in Zusammenhänge hat, weil
es diese nicht mehr gibt. Der Vorrang des Künstlers besteht dann darin, daß er
gerade durch seinen Zweifel die – negative – Wahrheit über sein Zeitalter
ausspricht, im Gegensatz zu den anderen, die krampfhaft bemüht sind, den
ideologischen Schein zu wahren. Von da aus ist auch die Pointe zu verstehen,
mit der der Autor seine Betrachtungen über den *nouveau roman* und den *homme
nouveau* beschließt. Die Ungewißheit und Offenheit, die der Literatur heute
eignet, ist auch deren Trumpf, folgert er. Im Unterschied zu den Stimmen, die
belehren, definieren, herrschen ist das literarische Werk der Ort des Nicht-
wissens, der Neugierde, des Versuchs, Erfahrungen und Möglichkeiten zögernd abzuwägen, und damit der Bereitschaft, auf die Zukunft einzugehen,
ohne sie zu dekretieren.

Das letztgenannte Denkmotiv erscheint mit seinen Konsequenzen noch
deutlicher dargelegt in Butors programmatischem Aufsatz *Le roman comme
recherche* (*Der Roman als Suche*, 1955). Die Gemeinsamkeiten in der Theorie der
beiden nouveaux romanciers ist leicht erkennbar aufgrund der Entsprechung
der Leitbegriffe »découverte« und »recherche«. In beiden Fällen geht es darum, den Roman als eine Form untersuchender, erkundender Tätigkeit zu begreifen, wobei die Wahrheit im Ausmaß der die Gewöhnungen des Lesers
irritierenden Elemente liegt. »Die Suche nach neuen Romanformen mit größerem Integrationsvermögen erfüllt also im Hinblick auf unser Bewußtsein
von der Wirklichkeit die dreifache Aufgabe der Benennung des nicht mehr
Angemessenen, der Forschung und der neuen Anpassung. Der Romancier,
der sich weigert, diese Arbeit zu leisten, der keine Gewohnheiten bricht, der
von seinem Leser keine besondere Anstrengung verlangt, ihn nicht zu einer
Einkehr, zu einem Infragestellen aller seit langem erworbenen Positionen
zwingt, hat gewiß einen leichteren Erfolg, aber er wird zum Helfershelfer des
tiefen Unbehagens und der finsteren Nacht, in der wir uns abmühen. Er trägt
dazu bei, die Reflexe unseres Bewußtseins noch starrer zu machen und dessen
Erwachen noch mühevoller; er trägt zu dessen Ersticken bei, so daß, selbst

wenn er die besten Absichten haben sollte, sein Werk schließlich doch nur als Gift wirken kann.« (Butor 1963, 10f.)

Einer Meinung sind die beiden Autoren auch darin, daß sie sich nicht scheuen, den überstrapazierten Begriff des Realismus für ihre Bemühungen in Anspruch zu nehmen. Der Begriff wird dabei polemisch umgestülpt: er dient nicht als Bezeichnung für die Fortsetzung einer Tradition aus dem 19. Jahrhundert, sondern gerade als Name einer gegenläufigen, innovativen Bestrebung. Die Neuerungen im Roman, erklärt Butor (11), seien kein Angriff auf den Realismus, wie manche Kritiker meinten, sondern vielmehr die Voraussetzung einer semantischen Erneuerung des Terminus. Dem Autor geht es folglich nicht um das Festhalten einst errungener künstlerischer Positionen, denn das würde seinem Verständnis nach gerade einem Verrat am realistischen Grundsatz gleichkommen. Drückt das Wort ›Realismus‹ einen mimetischen Bezug zur konkreten Erfahrung aus dem gegenwärtigen Leben aus, so kann kein Zweifel daran sein, daß die künstlerischen Mittel von gestern, die den vergangenen Lebensverhältnissen angemessen waren, nicht dazu taugen, das Bewußtsein des Lesers für die Veränderungen zu schärfen, die seine Lebenswelt prägen. Der Realismus der nouveaux romanciers ist, so gesehen, die Herstellung textueller Bedingungen, die den Rezipienten dazu zwingen, seine eigene Umwelt mit neuen Augen zu sehen.

Dieser Standpunkt der Poetik, der die bewußtseinsverändernde Wirkung der Innovation besonders stark betont, wirft allerdings neue Fragen auf. Zu diesen zählt in erster Linie die Einschätzung des Autors und seiner Bedeutung im Hinblick auf die Erkenntnisimpulse, die dem Text zugetraut werden. Wenn der Autor – den man sich im Sinn eines modernen poetologischen Rationalismus als einen *homo faber* und nicht als einen Träumer vorzustellen hat – seinen Ort dort sieht, wo gewissermaßen die Störung der automatisierten Reaktionen erzeugt wird, ist der Schluß erlaubt, daß damit, trotz aller Beteuerungen über die Unbestimmtheit der Literatur, stillschweigend ein Erkenntnisvorsprung gegenüber dem Leser vorausgesetzt wird, ein Vorsprung, der den Autor befähigt zu wissen, wo der Hebel der Irritation anzusetzen ist. Historisch gesehen, folgt das implizite Autorenbild des *nouveau roman* einer bereits einigermaßen traditionsreichen Denkfigur in der Ästhetik des 20. Jahrhunderts: der von der künstlerischen und geistigen Avantgarde. Zugespitzt ausgedrückt, verleiht die Theorie dem Autor gleichsam unter der Hand ein gesellschaftliches, letztlich auch ein geschichtsphilosophisches Mandat.

Fragt man dagegen nach den potentiellen Wirkungen auf den Leser, so wird man einer eigentümlichen Konstellation gewahr. Je ungewöhnlicher die Faktur eines literarischen Werkes ist, und damit der Unterschied gegenüber den Konventionen, desto mehr Aufmerksamkeit wird der Leser darauf wenden, in der ihm noch nicht vertrauten Zeichenwelt Bedeutungen und Bedeutungsstrukturen zu finden, an denen er sich in seiner Lektüre weitertasten könnte, um schließlich der dem Ganzen innewohnenden Super-Bedeutung habhaft zu werden. Die oft verwirrenden Bauformen und sprachlichen Merkmale des *nouveau roman*, die nach dem Willen der Autoren dazu da sind, eine Welt der Indifferenz vorzuführen, regen freilich infolge ihrer irritierenden Züge den Leser erst recht dazu an, angestrengt nach der hinter der »Oberfläche« penibler Sachbeschreibungen vermeintlich verborgenen Bedeutung zu forschen. Allzu leicht wird daher in den Augen des Lesers aus dem Versuch der Autoren, ideologische Botschaften auszuschalten, eine Methode zur Verschlüsselung geheimer Botschaften, in die es nun erst recht einzudringen gilt.

Das Phänomen der Generierung von Bedeutung und Sinn in der Lektüre, das man, wenn man so will, den Stromkreis jeder literarischen Kommunikation nennen kann, ist jedenfalls eine Erscheinung, die dem Dasein eines jeden lebensfähigen Werkes eigen ist – und die man durch keinerlei literarische Verfahren zu unterbinden vermag, auch nicht durch die Vorgangsweisen des Neuen Romans. Robbe-Grillets Mühe, die er darauf verwandte, die Dinge so darzustellen »wie sie sind«, muß als vergeblich bezeichnet werden. Keine poetologische Maßnahme wird den Leser daran hindern können, gerade in der »Neutralität« sachlicher Schilderungen eine Bedeutungsintention wahrzunehmen. Die Darstellung der spähenden Blicke eines Eifersüchtigen (in *La Jalousie*) kann bewirken, daß die Elemente des Romans unversehens zu Chiffren der Idee von der Allgegenwärtigkeit einer »Aufsicht« werden, einer politischen oder einer metaphysischen.

Es ist aus dieser Sicht abermals daran zu erinnern, daß der *nouveau roman* rund dreißig Jahre nach Periode seines Ruhms weniger lebensfähig erscheint als zahllose ältere vergleichbare Werke. Vielleicht ist ein Grund dafür in der Tatsache zu suchen, daß die Autoren trotz gegenteiliger Versicherungen mit ihrem Zusammenspiel von Theorie und Praxis die Deutungsmöglichkeiten eingeengt und den Leser auf eine bestimmte Interpretationsspanne festgelegt haben. Vermutlich ist auch der Schluß erlaubt, daß die Darstellung einer Dingwelt ohne Bedeutungen nicht zu einer Freiheit der Wahrnehmung, sondern zu einer Lähmung der Phantasie führt.

II

Der *nouveau roman* rief in der Zeit nach dem Erscheinen der Hauptwerke lebhafte literaturkritische Reaktionen hervor. Das im Prinzip experimentierende Literaturverständnis wirkte auch in den folgenden Jahren weiter, auch dann, als einige der Romanciers sich bereits von ihren Positionen der fünfziger Jahre entfernt hatten. Eine Fortführung der Ansätze des Neuen Romans, verbunden mit kritischen Abwandlungen, wurde in den siebziger Jahren von einer Literatengruppe befürwortet, zu deren Wortführern Jean Ricardou gehörte. Die Rede vom »neuen Neuen Roman« führte dabei das Funktionieren eines Mechanismus vor Augen: das proklamierte Bedürfnis nach Innovation wurde zum Zwang, eine entsprechende Öffentlichkeit mit Neuerungsschüben zu versorgen, auch wenn die Neuheiten eher proklamiert als realisiert wurden. Impulse des *nouveau roman* wurden nach 1960 im Kreise der von Philippe Sollers begründeten Zeitschrift *Tel Quel* aufgegriffen, vor allem im Lichte struktualer Sprachbetrachtung. Ein von den Theoretikern der fünfziger Jahre vernachlässigtes Denkmotiv geriet nun in den Mittelpunkt: die in den Beschreibungspostulaten der nouveaux romanciers enthaltene Problematik der Sprachbehandlung führte zu einem völlig auf die Beschaffenheit der Sprache konzentrierten Umgang mit Texten. Der fundamental künstliche, von den Prozeduren des Mediums bedingte Charakter jeder sprachlichen Aussage wurde zum Ausgangspunkt einer Literaturtheorie, die konventionelle Ordnungskriterien, wie etwa die überlieferten Gattungssysteme, weitgehend verwirft zugunsten der universalen Kategorie ›Text‹, die nach sprachkritischen Gesichtspunkten zu produzieren und zu beurteilen sei.

Die Auflösung des Gattungsgefüges, von der auch der Roman betroffen wurde, erschien ferner begünstigt durch die in den sechziger Jahren sich durchsetzende Realtivierung des Fiktionsbegriffs, wie sie namentlich in der Hinwendung zum Schreiben bzw. Erstellen dokumentarischer Texte (man denke an Truman Capotes *In Cold Blood*, 1965, Hans Magnus Enzensbergers *Der kurze Sommer der Anarchie*, 1972, in der berichtenden Prosa, an Heinar Kipphardts *In der Sache J. Robert Oppenheimer*, 1964, im Drama) zur Geltung gekommen war. Trotz der geradezu zwanghaften Vorstellung vom Sprachlabor entfaltete sich im Umkreis der *Tel Quel* keine konsistente, auf Dauer berechnete Poetik; eine Vorstellung dieser Art stand im Widerspruch zu der Auffassung von der notwendigen Dynamik literarischer Produktion, übrigens auch im Gegensatz zu dem Umstand, daß einige Autoren der Zeitschrift bestrebt waren, die linguistische Theorie mit einem politischen Aktivismus zu verbinden, dessen wechselnder Kurs dazu beitrug, daß auch das Projektieren literarischer Formen mit unterschiedlichen Akzenten versehen wurde.

Im deutschen Sprachraum finden sich entsprechende Überlegungen, übrigens ebenfalls im Zuge der Rezeption des zeitgenössischen französischen Romans, wohl am deutlichsten bei Peter Handke und Dieter Wellershoff. Beide Autoren haben in ihren theoretischen Schriften, namentlich gegen Ende der sechziger Jahre, Elemente der Werkstattpoetik mit Überlegungen allgemeiner Art zum Stand der modernen Literatur verknüpft. Im Hinblick auf die resignativen Grundzüge heutiger »postmoderner« Mentalität ist es keineswegs ganz so selbstverständlich, daß sowohl Handke als auch Wellerhoff (der sich nach wie vor ähnlich äußert) keinen Zweifel lassen an der bewußtseinsverändernden Aufgabe und damit auch unablässig innovativen Verpflichtung der Literatur. In seinem – nicht nur ironisch betitelten – Essay *Ich bin ein Bewohner des Elfenbeinturms* (1967) versicherte Handke: »Ich erwarte von der Literatur ein Zerbrechen aller endgültig scheinenden Weltbilder. Und weil ich erkannt habe, daß ich selber mich durch die Literatur ändern konnte, daß ich durch die

Literatur erst bewußter *leben* konnte, bin ich auch überzeugt, durch meine
Literatur auch andere ändern zu können. Kleist, Flaubert, Dostojewski, Kafka, Faulkner, Robbe-Grillet haben mein Bewußtsein von der Welt geändert.«
(Handke, 20) Eine solche Wirkung – man meint Robbe-Grillet zu vernehmen –
könne nur dann bewirkt werden, wenn der Text die Bewußtseinsveränderung
nicht bespricht, sondern mit den Mitteln der Gestaltung vorführt, d. h. selbst
schon Änderung *ist*. Die Voraussetzung dafür bildet für Handke die Einsicht,
daß keine literarische Methode, weder die des einstigen Realismus noch die
der radikalen Modernisten, der Zeit, und das heißt der Veränderung der Lebensformen, auf die Dauer standhalten könne. Die Form des Inneren Monologs oder das Verfahren des Filmschnitts, einst Schritte ins literarische Neuland, empfinde man heute bereits als Routine im Alltag des Schreibens, bis
hinab zum Trivialroman.

Stärker als die französischen Autoren um 1960 betont der Landsmann
Wittgensteins die ganz spezifische Rolle des sprachlichen Mediums. Die Naivität einer traditionellen Schreibweise, die sich realistisch dünkt, beruht seiner
Ansicht nach vor allem auf der Nichtbeachtung der Abnutzung in der Sprache
und folglich auf der ungebrochenen Überzeugung, das Medium könne Erfah-
rungsinhalte unmittelbar abbilden. Demgegenüber weist Handke auf die Paradoxie hin, daß gerade der alte Realismus mit seinen heute schon längst kli-
scheehaften Mitteln etwas bewirkt, was er von seinen Absichten her um keinen Preis im Sinn haben dürfte, nämlich daß er die Leser, sind sie auch nur
einigermaßen sensibel, durch die Klischees in Wortwahl und Bauform die
literarische Machart spüren läßt. Und erst recht gilt das – muß man hinzufügen – für die durch herkömmliche Konventionen mehr oder minder streng
bestimmten Regeln, die die Grenzen zwischen den einzelnen Gattungstypen
definieren. Handke hat diese Erscheinung im Bereich des Films untersucht;
Probleme werden im Film zu einem Genre heißt der Aufsatz von 1968, der auch
für die Romanpoetik einiges hergibt.

Handke geht nicht auf die Frage ein, ob der Gebrauch ungewohnter Blickwinkel und sprachlicher Fügungen, provozierender literarischer Neuheiten
also, eine gegenteilige Wirkung hervorzurufen vermag, d. h. ob eine Lektüre,
die nicht auf einem automatischen Wiedererkennen literarischer Mittel beruht,
den Leser trotz der schwierigen Organisation des Textes näher an die anvisier-
te Realität heranführt. Sollte diese Frage bejaht werden, so müßte man voraussetzen, daß Verfremdungen und andere ungewohnte Verfahrensweisen *entgegen*
älteren Auffassungen, etwa denen der russischen Formalisten, eine unmittelbare Auseinandersetzung mit dem Gegenstand des Textes ermöglichen, von
der Formensprache hingegen ablenken. Strukturalistisch gesprochen (mit un-
orthodoxer Anwendung der Terminologie): Innovationen lassen die Signifi-
katenseite hervortreten auf Kosten der Signifikanten. Handke hat diese spe-
kulativ kaum lösbare Frage weiter nicht verfolgt. Ganz allgemein vertrat er –
so etwa in dem Interview *Die Literatur ist romantisch* von 1966 – die Ansicht,

daß Literatur (fiktionale Literatur, Dichtung) ohne Rücksicht auf Machart, Alter und Herkunft eine Hervorbringung sei, die in ihrer »Unwirklichkeit« grundsätzlich völlig untauglich erscheine, sozial verbindliche Aussagen zu vermitteln.

Das erwähnte Gespräch erörtert dieses Thema vor allem in Verbindung mit dem Problem des literarischen (oder vielmehr ideologischen) Engagements, wie es seit Jean Paul Sartres Formel von der »littérature engagée« die Kritiker beschäftigt. Literatur und Engagement schließen einander aus, das ist die These, von der der Autor ausgeht. Die Begründung: »Das Weltbild dessen, der sich engagiert, ist ein utopisches, es ist das Bild von einer künftigen Welt. Der engagierte Schriftsteller, nach Sartre, enthüllt das falsche Weltbild und gibt dadurch die Zeichen für die Veränderung. Da jedes Weltbild aber normativ ist, also aus Werten und Wertzusammenhängen besteht, nicht aus Dingen und Sachverhalten, muß auch die Enthüllung des falschen Weltbildes wertend, normativ sein. [. . .] Der sich Engagierende zeigt also keinesfalls die Welt, ›wie sie ist‹ (Sartre), sondern er zeigt sie, wie er meint, daß sie sein soll: er zeigt also nicht die Welt, sondern ein Bild davon, und zwar das wertsetzende.« (Handke, 38) Engagement für eine Sache, etwa für ein politisches oder humanitäres Ziel, schließt Handke freilich nicht aus, meint aber, solche Absichten seien mit anderen Mitteln zu verwirklichen, nicht mit literarischen. Man tue sowohl der Literatur als auch dem Engagement unrecht, wenn man mit untauglichen Mitteln vorgehe. Die spielerische Sphäre der Literatur, die spielerisch bleibt, auch wenn von ernsten Dingen die Rede ist, sei dazu angetan, Unsicherheit, Verwirrung, Neugierde hervorzurufen, auch Freude am freien Umgang mit der Sprache; die Bekräftigung von Überzeugungen und die eindeutige Stellungnahme *pro* oder *contra* seien nicht ihre Sache.

Es ist zu betonen, daß Handkes offensive Kritik (möglicherweise nicht ganz unbeeinflußt von Adornos Essay *Engagement* von 1962) freilich nichts mit einer einfältigen Fernhaltung der Kunst von öffentlichen Dingen zu tun hat. Die Argumentation bemüht sich strikt darum, im Bereich logischer Betrachtung zu bleiben: Die Vieldeutigkeit künstlerischer Prägungen, gleichgültig ob intendiert oder nicht, ist mit dem Grundsatz der – in ideologischen Auseinandersetzungen gewünschten – Klarheit nicht vereinbar. Man mag die Begriffsentwirrung, die Handke anstrebt, im Prinzip gutheißen, allein das Verständnis dafür sollte nicht über die Schwächen der Begründung hinweggehen. Und problematisch erscheint diese gerade unter logischen Gesichtspunkten. Man fragt sich, ob Handke den Begriff des Engagements nicht zu eng faßt, enger jedenfalls, als seine eigenen Argumente es zulassen. Der Gegensatz, mit dem er operiert, kann durch die Begriffe ›Determination‹ und ›Indetermination‹ wiedergegeben werden. Ideologische Gebundenheit und Unzweifelbarkeit (›Parteilichkeit‹ hieß es im orthodoxen linken Jargon) setzt in der Aussage absolute semantische Determination voraus. Für die Literatur wird dagegen Indetermination in Anspruch genommen, das Recht auf Mehrdeutigkeit und spielerische Unverbindlichkeit. Soweit die etwas schlichte Opposition.

Man wird dem Autor recht geben müssen, wenn er annimmt, daß semantische Indetermination in einer sprachlichen Darstellung (ein Umstand, der zugleich Komplexität erzeugt) die Einhelligkeit der Bedeutung trübt und daher den Text für ideologische Dekrete unbrauchbar macht. Allein kurzschlüssig erscheint in diesem Zusammenhang die Gleichsetzung von Engagement und ideologischer Botschaft. Man sollte nicht vergessen, daß Engagement keine sprachliche Kategorie ist, sondern ein Willensakt, der auch ohne ein Zeichensystem sich offenbaren kann. Läßt sich der Vertreter einer bestimmten Überzeugung darauf ein, seinen Leitgedanken der Sprache anzuvertrauen, muß er auf jeden Fall damit rechnen, daß die Manipulierbarkeit der Sprachzeichen seine eindeutig gemeinte Aussage mißverständlich macht oder gar in ihr Gegenteil verkehrt – zum Beispiel in einer Situation, in der ein für den Sprecher entscheidendes Wort mittlerweile durch Umwelteinfluß eine Bedeutungsverschiebung erfahren hat. So ist es denkbar, daß ein ideologisch rigider Text unfreiwillig in eine Zone der Ambivalenz gerät, oder auch umgekehrt: daß ein mit Vieldeutigkeit spielender Text unversehens in den Augen der Leser Bedeutungen enthält, an denen scheinbar nicht zu rütteln ist. Handke hat daher recht, wenn er meint, in der Sphäre der literarischen Fiktion sei das Engagement ohnehin nicht deutlich feststellbar, beziehungsweise es höre auf, eine Gesinnungsfrage zu sein und verwandle sich in eine Stilfrage (Handke, 50). Oder genauer: in eine Rezeptionsfrage, wobei die jeweils aktuelle Verständnislage und damit der Zeitpunkt der Rezeption eine primäre Rolle spielen. Letztlich muß also befunden werden, daß Engagement eine Frage des Nachverständnisses ist. Darin – und das hat Handke offenbar übersehen – teilen alle Texte, ob »engagiert« oder nicht, das gleiche Schicksal. Sieht man die Dinge von der Absicht des Autors her (einer Absicht, die expositorisch bekundet werden kann), so bleibt diesem die Hoffnung, daß seine ideologischen oder sonstigen Intentionen in der Rezeption erkennbar bleiben. Eine Garantie dafür gibt es jedoch nicht.

Vermutlich hat eine zu enge Auslegung von Sartres Engagement-Begriff Handke daran gehindert, in diesem Terminus mehr zu sehen als eine neue Fassung der Vorstellung vom »Tendenzroman« oder »Tendenzdrama«. Seine Polemik hätte sich zum Teil erübrigt, wenn er einer eigenen Erfahrung auch theoretisch auf den Grund gegangen wäre. Die geschichtliche Realität des literarischen Lebens zeigt nämlich, daß die von den Zeitgenossen als engagiert empfundene Haltung eines Autors auch in einem komplex angelegten Text zum Ausdruck kommen kann. Der Prüfstein sind dabei nachweisbare *Wirkungen* bestimmter Art auf den Leser, etwa aufgrund einer vom Autor beabsichtigten Sympathielenkung. Wäre dem nicht so, hätte die oben angeführte Äußerung Handkes, Autoren wie Kleist und Kafka hätten sein Bewußtsein geändert, nicht den geringsten Sinn.

Die in manchen Punkten vergleichbare theoretische Position Wellershoffs ist für die Poetik des Romans unter anderem durch die Bemühung von Interesse, für die zeitgenössische Literatur die Kategorie des Realismus zu retten. Wie die nouveaux romanciers sieht auch der deutsche Autor die Chance des Begriffs in einer Umdeutung, die auf einer Inversion beruht. Der Titel seines Essaybandes *Literatur und Veränderung* (1969) enthält in dieser Hinsicht ein Programm. Gemeint sind, auch hier, Bewußtseinsveränderungen, die durch Literatur bewirkt werden. Noch bestimmter ist der Titel eines darin abgedruckten Essays: *Wiederherstellung der Fremdheit.* Dieser 1969 erstmals veröffentlichte Text darf als eine Art Programm von Wellershoffs »Neuem Realismus« angesehen werden; der Text war laut Publikationsnotiz des Verfassers für eine Sammlung von Äußerungen verschiedener Schriftsteller über deren Werkstattpoetik bestimmt.

Es überrascht nicht, daß in Wellershoffs Konzept für die künstlerische Installierung von Fremdheit, und damit von Realismus nach heutigen Forderungen, eine Abgrenzung nach zwei Seiten hin enthalten ist: einmal gegenüber der Vermutung mancher Kritiker, es handle sich bei der Rede von einem neuen Realismus um eine stofflich aktualisierte Neuauflage des alten, aus dem Jahrhundert Balzacs und Fontanes stammenden; zum andern gegenüber einem andersartigen Konzept moderner Prosa, das groteske und phantastische Züge in den Vordergrund stellt und daher die »manieristische« Pointe höher schätzt als die Impulse, die aus der konkreten Erfahrung kommen. Außerhalb des angestrebten Entwurfes bleibt für Wellershoff auch die Idee einer metaphysisch, d. h. auf universale Daseinsmodelle ausgerichteten Literatur. »An Stelle der universalen Modelle des Daseins, überhaupt aller Allgemeinvorstellungen über den Menschen und die Welt tritt der sinnlich konkrete Erfahrungsausschnitt, das gegenwärtige alltägliche Leben in einem begrenzten Bereich.« (Wellershoff 1969, 86) Das Alltägliche sei allerdings nicht zu eng zu fassen: die realistische Begrenzung sollte sich nicht den Erscheinungen verschließen, die vom Mehrzahlverhalten abweichen, der pathologischen oder kriminellen Verzerrung der Norm.

Im Grundgedanken dieses programmatischen Entwurfs klingt ein Denkmotiv an, das zu den ältesten oppositionellen Gedanken in der Geschichte des Romans zählt. Im Bekenntnis zu dem ohne nennenswerte Turbulenzen dahinströmenden Alltag war immer schon die Abneigung gegenüber der Auffassung vom spektakulär »Romanhaften« enthalten. Beim zeitgenössischen Erzähler, der es wahrhaftig nicht mehr nötig hat, die Alltagswirklichkeit für den Roman zu entdecken, koppelt sich das Interesse für das mehr oder minder Unauffällige mit einer Abneigung gegenüber einem Romanverständnis, das die große Prosaform zum weltanschaulichen Panorama streckt. Dazu mag im neuen Realismusbegriff auch jene Überzeugung enthalten sein, die Walter Jens in seinem *Plädoyer für das Positive in der modernen Literatur* (1963) bekräftigt hat: daß es unvergleichlich schwieriger sei, das scheinbar ereignislose Auf und Ab des gewöhnlichen Lebens literarisch zu vergegenwärtigen als das aufregende und exzeptionelle Geschehen.

Eine Konsequenz der Realismustheorie unter den heutigen Bedingungen
ist die für Wellershoff naturgemäß besonders wichtige Frage, wie es möglich
sei, die als bekannt geltende Lebenswelt so darzustellen, daß das Bekannte
nicht zum Klischee erstarrt. Geht man davon aus, daß die – von der Systemtheorie beschriebenen – Notwendigkeiten der Lebenspraxis es erforderlich
machen, die Komplexität der Umwelt auf ein überschaubares und durch Ver-
haltensmodelle kontrollierbares Maß zu reduzieren, so bietet sich für eine
Definition des Realismuskonzepts die Formel an, die Literatur müsse bestrebt
sein, den entgegengesetzten Weg zu gehen: die Griffigkeit der vereinfachen-
den Sicht der Dinge aufzugeben zugunsten einer gleichsam aufgerauhten
Wahrnehmung. Neue Vergegenwärtigung der Realität versteht sich als Programm daher in erster Linie als ein Versuch, die Herrschaft des Gemeinplatzes
und der mentalen Schablone zu brechen oder zumindest einzuschränken. »Realismus ist für mich die Gegentendenz«, erklärt Wellershoff im genannten Essay
über die Wiederherstellung der Fremdheit, »nämlich der immer neue Versuch,
etablierte Begriffe und Ordnungsgestalten aufzulösen, um neue, bisher ver-
bannte Erfahrungen zu ermöglichen, das Gegenteil also einer Wiederholung
und Bestätigung des Bekannten. Die Modelle, mythische Muster, an die auch
ihr ironisches Zitat und die Persiflage gefesselt bleiben, werden in realistischer
Schreibweise entweder verlassen oder durch Konkretheit von innen her über-
wachsen. Neue Aufmerksamkeitsgrade und -richtungen werden entwickelt für
das, was bisher unbewußt war oder gesperrt wurde mit Tabuworten wie banal,
privat, pathologisch, aber vor allem auch für das nur scheinbar Bekannte, das
unter diesem Schein sich verflüchtigt hat. Denn das ist die grundsätzlich ver-
änderte Situation: anstelle des übermächtigen Druckes einer fremden bedroh-
lichen Wirklichkeit, gegen die die distanzierende Kraft der Stilisierung aufge-
boten wurde, ist ein Wirklichkeitsschwund getreten, ein Gefühl, alles sei bekannt, verfügbar und konsumierbar, alles zugänglich als Formel, Mode, Meinung, Information. Unter Routine und schablonenhafter Informiertheit verschwindet die Realität, wird formal und abstrakt. Realistisches Schreiben wäre
die Gegenbewegung, also der Versuch, der Welt die konventionelle Bekannt-
heit zu nehmen und etwas von ihrer ursprünglichen Fremdheit und Dichte
zurückzugewinnen, den Wirklichkeitsdruck wieder zu verstärken, anstatt von
ihm zu entlasten.« (Wellershoff 1969, 88)

Im Gegensatz zu vielen Schriftstellern, die in ihren programmatischen Texten sich vorwiegend im Allgemeinen ergehen, über die konkrete literarische
Machart dagegen kaum ein Wort verlieren, läßt sich der Autor zur Verdeutlichung seiner Vorstellungen auf das technische Detail ein. Die Beispiele, die
er gibt, erlauben den Schluß, daß es hier nicht nur darum geht, eine Poetik der
Verfremdung zu entwerfen (übrigens eher in Anlehnung an die Psychologie
und Systemtheorie als an die Lehre der russischen Formalisten); es geht auch,
wenn man so will, um eine Verfremdung der Poetik, indem nämlich gewissermaßen terminologische Heteronomie praktiziert wird: wie in manchen Er-

läuterungen der nouveaux romanciers erscheinen Verfahrensweisen zur Modellierung sprachlicher Texte im Vokabular der Filmtechnik. Sieht man darin ein gewichtiges Symptom, so drängt sich die Folgerung auf, daß ein *Laokoon* des 20. Jahrhunderts vor allem die dominierende Rolle des Films und filmischen Sehens in der Ästhetik der einzelnen Kunstgattungen zu berücksichtigen hätte.

Als ein taugliches Instrument neuer realistischer Schreibweise wird von Wellershoff ein Repertoire filmischer Kunstgriffe empfohlen, das als technisches Äquivalent einer subjektiven Blickführung in der Erzählprosa gilt. Von »Zeitdehnung und Zeitraffung« ist da die Rede, von »Wechsel zwischen Totale und Detail, Nähe und Ferne, Schärfe und Verschwommenheit des Blickfeldes, Bewegung und Stillstand, langer und kurzer Einstellung«, insgesamt von Maßnahmen, die »die konventionelle Ansicht eines bekannten Vorgangs und einer bekannten Situation« so auflösen und verändern, »daß eine neue Erfahrung entsteht« (Wellershoff 1969, 89). Ein Beispiel, das zeigt, wie neue Erfahrungen durch Veränderungen in den Sehgewohnheiten entstehen können, entnimmt der Autor Kracauers *Theorie des Films*. Die Kamera erfaßt in einer Einstellung nur die Schulter einer Person, die sich in einem Zimmer befindet, und das Bild verbindet diese Ansicht mit Fragmenten von Möbelstücken. Dieses Herauslösen von Teilen aus einem übergeordneten (oder vielmehr als übergeordnet *gedachten*) Zusammenhang bewirkt eine sachnähere, intensivere Wahrnehmung des Ausschnitts, weil der die Dinge erfassende Blick sich nicht auf ein Vorwissen stützen kann, sondern von sich aus nach Orientierungspunkten suchen muß. Daraus sei zu schließen, erklärt der Autor, daß die Technik der Dissoziation, Isolierung und Häufung der Realitätselemente vor Augen führe, daß der Ordnungsgrad der Realität überschätzt werde.

Ein anderes, sehr einprägsames Beispiel zum Verhältnis von Detailwahrnehmung und eingeübter, schematisierender Sicht erläutert Wellershoff in seinem Buch *Die Auflösung des Kunstbegriffs* (1976, 29f.). Es geht um die ungewöhnliche Darstellung des Geschehens auf dem Spielfeld in einem Fernsehfilm, der das Spielverhalten eines bekannten Fußballers zum Inhalt hat. Das befremdende der Kameraführung besteht nun darin, daß diese nicht das gesamte Spiel verfolgt, sondern nur die Präsenz dieses einzelnen Spielers isolierend aufzeichnet, in fortwährender Großaufnahme. »Dabei machte man die Entdeckung, daß auch ein prominenter Spieler wie Best, der übrigens in diesem Spiel das einzige Tor schoß, die meiste Zeit nicht am Ball ist. Abgeschnitten vom Gesamtgeschehen scheint er sich in einem ereignislosen Raum zu bewegen. Man sieht einen Mann, der läuft und plötzlich wieder zu laufen aufhört, herumsteht, geht, langsam zurückläuft, schneller wird, wieder herumsteht, plötzlich von irgendwoher einen Ball bekommt und ihn sofort wieder wegschießt, nach langer Zeit wieder einen Ball hat und ein Stück mit ihm läuft, manchmal um den Ball kämpft, einmal plötzlich, scheinbar ohne jede Vorbereitung ein Tor schießt, aber meistens hat er nichts zu tun, und das Spiel findet anderswo statt und geht an ihm vorbei.«

Der Sinn dieser Einübung in verfremdende Sichtweisen wird begreifbar, wenn man des Autors Hinweis auf Reaktionen von Zuschauern beachtet. Die Entrüstung mancher Fans ist sicherlich nicht nur als eine Folge enttäuschter Erwartungen zu interpretieren; der Film demontiert vielmehr buchstäblich das Welt-Bild des Fußballs bzw. der in das Spiel projizierten Ordnung, die auf den Vorstellungen von Zielstrebigkeit und Planung beruht, kurzum: er demontiert einen Mythos, der hier aus einer Idee des Spiels und einem persönlichen Image besteht. Noch aufrührender vermag die Wirkung ungewohnter Einstellungen und Blickwinkel zu sein, wenn der »neurealistische« Grundsatz mit herkömmlichen Auffassungen im Bereich ideologischer Schemata zusammenstößt.

Wellershoff berichtet darüber in einem neueren programmatischen Aufsatz, *Der Roman als Krise*, 1978. Gemeint ist die Reaktion chinesischer Politiker auf Antonionis Film über den Alltag in China. Der italienische Regisseur verstößt darin gegen eine Maxime, die namentlich im Rahmen des sogenannten Sozialistischen Realismus als Kernsatz fungierte und die Koppelung von Politik und Poetologie vor Augen führte. Er läßt in seinen Aufnahmen die offizielle, politisch erwünschte Seite der Wirklichkeit, gleichsam die vorzeigbare Norm der Ideologie, zurücktreten zugunsten von Fakten, die als nichtsanktionierter Teil der Realität übersehen, vergessen, verdrängt werden, nach der sattsam bekannten ideologischen Regel, daß nicht sein kann, was nicht sein darf. Wellershoff hat recht, wenn er bemerkt, daß es hier um mehr geht als um bloße Mißverständnisse. Es wäre in der Tat paranoid, wollte man annehmen, Antonioni habe mit seinen Sequenzen böse Absichten gehabt; ihm war es um Komplexität eines Erfahrungsbildes zu tun. Zwei gegensätzliche Prinzipien stehen hier einander gegenüber: Vielfalt als Wahrnehmungsideal auf der einen, Uniformität auf der anderen Seite. Daher war die Betroffenheit der Chinesen (zumindest jener, die die Möglichkeit hatten, sich zu äußern) eine unfreiwillig adäquate Reaktion, jedenfalls eine der Sache immanente. »Die moderne Fotografie und der Film zerstören, wenn ihre realistischen Möglichkeiten verwirklicht werden, die fassadenhafte Autorität sinnstiftender Bildsignale und machen den Blick frei für eine nähere, kritischere, komplexere Wahrnehmung der Welt. Sie verändern so auch Denken und Handeln. Andere Interessen, andere Wertigkeiten und Sensibilitäten werden eingeübt.« (Wellershoff 1980, 180f.) Was hier an der visuellen Kunstform demonstriert wird, läßt der Programmatiker auch im Bereich des Romans gelten. Seine Ausführungen zum Problem des Romans »als Krise« sind bisher eines der letzten Manifeste in der Tradition, die sich um ästhetische Erzeugung von »Fremdheit« bemüht.

Der Leitgedanke dieser künstlerischen Konzeption lautet in knappster Formulierung: Die Chance der Kunst heute ist die Entropie. In einer Welt, die sogar ihre Mißstände planend registriert, ist die Entdeckung der vom Konformismus noch nicht vereinnahmten Dinge eine der wahrhaftig angemessenen Unternehmungen ästhetischer Natur. Angesichts des Aufmarsches penetranter weltanschaulicher Angebote sieht Wellershoff eine Aufgabe des Romans darin, den Widerstand gegen die uniforme Sicht zu wecken. Werke, die diesem Versuch entsprechen, nennt er »Romane der Krise«: nicht weil sie Krisen darstellen, denn das tun auch Romane anderer Art, sondern weil deren Themen und Schreibweisen von einer tiefen Betroffenheit gekennzeichnet sind, die darauf verzichtet, dem »irrenden, blinden Leben« gegenüber eine Position der Überlegenheit zu beziehen. Überlegenheit soll auch dem Leser gegenüber nicht demonstriert werden. Der Neue Realismus muß vielmehr bestrebt sein, den Leser für die Rolle zu gewinnen, die ihm der Roman anbietet, ja, anbietet, nicht zuweist – im Gegensatz zur älteren Erzählprosa, die nicht selten geneigt war, den Leser zu bevormunden. In diesem Sinne nennt Wellershoff den in eine fremde, nicht leicht entzifferbare Welt eindringenden Leser einen »Helden« des literarischen Aktes. Der Roman der Krise braucht »einen Leser, der Lust an komplexen Situationen hat und fähig ist, versuchsweise die Perspektiven zu wechseln, den das Individuelle reizt und der es nicht nötig hat, sich in festen, pauschalen Übereinkünften zu bergen...« (Wellershoff 1980, 183) Illusionen über die Willigkeit potentieller Leser, den Wegen erzählerischer Darstellung von Krise und Fremdheit zu folgen und die sicherlich nicht bequeme Rolle des Helden im Leseabenteuer zu übernehmen, diese Illusionen sollte man sich nicht machen, versichert der Autor. Dennoch zögert er, den Roman zum Gegenstand der Krise zu machen und von seinem Untergang zu sprechen. Im Gegenteil, der kleine Traktat über die Abenteuer der Wahrnehmung schließt mit einer schwärmerischen Hommage an die schon mehrmals totgesagte Gattung, einer Huldigung, wie sie in der poetologischen Literatur kaum ihresgleichen hat. Die Literatur, so das Fazit, könne man sich ohne den Roman kaum vorstellen. »Denn er ist die komplexeste, universellste Ausdrucksform, die der menschliche Geist sich geschaffen hat. Er kann abstrakt und sinnlich sein, er kann Innen- und Außenwelt in ihren feinsten Wechselwirkungen erfassen. Die gegenständliche Welt ist ihm prinzipiell grenzenlos zugänglich. Denn er kann Ort und Zeit, Nähe und Ferne beliebig wechseln. Er kann jede Ebene der Sprache, von der Reportage bis zum sublimen Lyrismus, in sich integrieren. Gedanken, Gefühle, Empfindungen, Einbildungen und Wahrnehmungen gehören gleichermaßen zu seinem Material. Er ist potentiell die vollkommene Entsprechung aller Dimensionen des menschlichen Lebens.« (185f.)

Es ist kaum anzunehmen, daß Wellershoff ein theoretisches Pastiche in postmodernistischer Manier beabsichtigt hat. Und dennoch nimmt sich dieser Schluß wie die eigentümliche Reprise einer Liebeserklärung an den Roman aus dem 18. Jahrhundert aus: gemeint ist die Stelle aus dem 99. von Herders *Briefen zur Beförderung der Humanität*, die in der Darstellung der Situation um 1800 eine Rolle gespielt hat. Man erinnert sich an Herders Worte, der Roman sei auf seine Art unvergleichlich, denn keine Gattung der Poesie sei »von weiterem Umfange« als der Roman, keine vereinige mehr als er, nämlich Wis-

senschaft und Dichtung, Anschauung und Theorie, alles, was »den menschlichen Verstand und das Herz interessieret« – denn der Roman sei »Poesie in
Prose«. Bemerkenswert ist die Entsprechung zwischen den beiden Texten vor
allem im Hinblick auf deren geschichtliche Lage. Vor nahezu zweihundert
Jahren galt es, immer noch, das weit verbreitete Mißtrauen gegenüber dem
Roman zu zerstreuen und den Romanschriftsteller (der von Schiller, in *Über
naive und sentimentalische Dichtung* bekanntlich ein Halbbruder des Dichters genannt wurde) aufzuwerten. Heute hat man bei Äußerungen dieser Art die
Wahl zwischen mehreren interpretierenden Metaphern. Einige Kritiker werden sich wohl für »Schwanengesang« entscheiden, andere werden vielleicht
von jenem Pfeifen sprechen, mit dem man sich im dunkeln Wald Mut macht.
Jedenfalls ist dieses Lob des Romans im Ausgang des 20. Jahrhunderts ein
bemerkenswertes Symptom: ein Zeichen der Ungewißheit darüber, wie es
weitergehen soll, wie auch ein eher optimistischer Ausdruck der Erfahrung,
daß die widerstandsfähige Gattung schon manche Krise und düstere Prognose
überstanden hat.

Prognostische Fragen stellen sich allerdings auch dann ein, wenn es sich
zunächst um das Hier und Jetzt der Theorie ästhetischer Fremdheit handelt.
Zu den Schwierigkeiten dieser Theorie gehört selbstverständlich nicht nur das
Problem des angemessenen Lesers; in einer auf die Machart des Textes konzentrierten Sicht erhebt sich die Frage, wie resistent sich die zur Wiederherstellung von Fremdheit herangezogenen Mittel gegenüber der Anpassung und
der automatischen Erkennbarkeit erweisen. Ebenso berechtigt erscheint die
Frage, ob die Steigerung der Sensibilität und Wahrnehmungsschärfe ihren
Zweck in sich hat oder ob ihr Sinn in der Förderung von Erkenntnissen zu
sehen ist. Wenn das letztere der Fall ist, wäre zu fragen, wie die Wirkung
bestimmter Verfremdungsverfahren, zum Beispiel der Isolierung, in einem
psychischen Vorgang einzuschätzen ist, bei dem zugleich damit gerechnet werden muß, daß der Erkenntnisvorgang ein Vorwissen und damit ein Schema
der Zusammenhänge voraussetzt.

Aus historischer Sicht ist schließlich das offenbare Bedürfnis nach Steigerung irritierender, gegen den Automatismus der Gewöhnungen gerichteter
Kunstgriffe festzustellen. Dieser aus dem 19. Jahrhundert stammende modernistische Impuls der Ästhetik hat jedenfalls zu einem der scheinbaren Paradoxe
der neueren Epochen geführt: daß die Darstellung von Kontingenz und
schockierender Wahrnehmung gerade der Kunst zufiel, einem Schaffensbe-
reich, der in seiner Logik vor allem auf einer den Zufall ausschließenden
Sinnstiftung beruht. Das Verlangen nach dem Schock, Ausdruck des Widerstandes gegen eine zunehmend reglementierte Welt, konnte sich am einprägsamsten auf dem Gebiet ästhetischer Zeichen durchsetzen, in einer Region
relativer Freiheit. So gesehen, sind alle neueren Versuche, der Entsinnlichung
und Entzauberung der Realität mit ästhetischer Subversion zu begegnen, im
Geist einer Maxime erfolgt, die im Wien des beginnenden Jahrhunderts for-

muliert worden ist. Sie stammt von Karl Kraus und lautet: »Kunst bringt das
Leben in Unordnung. Die Dichter der Menschheit stellen immer wieder das
Chaos her.« (Kraus, 279) Es ist wohl kaum notwendig zu betonen, daß hier
der Programmatiker spricht, nicht der Literarhistoriker. Denn wäre die fer-
nere Vergangenheit gemeint, fiele es nicht schwer, Autoren zu nennen, denen
eine ideologisch stabile Welt vorschwebte und die mit »Chaos« nichts im Sinn
hatten. Was Kraus zu Papier brachte, war nicht ein überzeitliches künstlerisches Gesetz, sondern eine Losung der Moderne.

III

Heute ist diese Losung alles andere als unumstritten. Es wäre freilich nicht
schwer, neben Wellershoff, der hier als exemplarischer Vertreter einer Auffassung vorgestellt worden ist, zahlreiche andere verwandte Stimmen zu nennen.
Milan Kunderas etwa, eines Autors, der in seinen Essays zur Geschichte des
Romans von Cervantes bis Broch (*L'Art du roman*, 1986) die Ansicht vertritt,
die Entdeckung neuer Aspekte des Lebens sei die eigentliche Moral des Romans. Für das gegenwärtige – ausgesprochen pluralistische – Zeitalter ist es
jedoch höchst bezeichnend, daß sich seit einiger Zeit neben der Poetik der
Fremdheit ohne wesentliche Reibungen eine Theorie musealer Kombinatorik
behauptet, die dem Grundsatz der Innovation den der historistischen Egalität
entgegensetzt. Das Stichwort lautet: Postmoderne. Der Historiker wird es mit
Gelassenheit gelten lassen, teilt es doch mit vielen Schlagwörtern der Vergangenheit das Geschick, zunächst als verbaler Modeartikel eingeschätzt zu
werden. Bedenkt man die in der Gegenwart überaus rasch wechselnden Konstellationen, so wird man in der Beurteilung geschichtlicher Perspektiven zurückhaltend sein. Allein man wird bereit sein müssen, manche Argumente
zugunsten einer Theorie der Wende ernsthaft zu prüfen. Im Bereich der Kunst
– und auf den beschränken wir uns hier – scheint die Auffassung, es heiße
Abschied nehmen von den Maximen der Moderne und sich mit der Postmoderne abzufinden, sogar noch mehr Überzeugungskraft zu haben als auf anderen Gebieten. Das Gegenargument, es handle sich abermals darum, eine
neue Strömung zu lancieren, die den Markt und die Medien eine Zeitlang in
Bewegung halten würde, erfaßt einen möglichen Aspekt der Erscheinung,
beseitigt freilich das Grundproblem keineswegs. Dieses ist in der Einsicht
enthalten, daß die Konstruktion der Entwicklung, die auf den Postulaten der
Originalität und Innovation beruhte, endgültig in eine Krise geraten ist, die
zum Umdenken auffordert, letztlich zur Aufgabe des Grundsatzes der Alterität um jeden Preis. Diese Einsicht schließt Abwandlungen der Moderni-
tätstradition auch künftig nicht aus, doch gerade das Festhalten an den Prinzipien etwa der letzten hundert Jahre kann als eine Beharrsamkeit gedeutet
werden, die notgedrungen einen epigonenhaften Modernismus zur Folge ha-

ben muß – eine Paradoxie, die mehr als alles andere die gegenwärtige Lage beleuchtet.

Bedenkt man das eigentliche Problem, die Entfaltungschancen der modernistischen Expansion, so braucht man kein Anhänger der Postmoderne zu sein, um zu erkennen, daß die genannten Maximen längst ihre unüberschreitbaren Grenzen erreicht haben: die Konsequenzen des Schweigens, des unbeschriebenen Papiers, der leeren Leinwand, der Unhörbarkeit. Die objektive Kehrtwendung, die jedes Schreiben, Malen, Komponieren künftig einschließt, bildet zweifellos eine der Grundsignaturen des Zeitalters. Vor nicht allzu langer Zeit lautete die Folgerung eines politischen und ästhetischen Radikalismus in Westeuropa, man möge die Literatur, die zeichenhafte Fiktion zugunsten lebensverändernder Aktivitäten aufgeben, sie sei obsolet geworden. Es sah damals so aus, als würde die Geschichte der literarischen Moderne mit einem Selbstmord enden. Sieht man die Dinge im Lichte (oder im Schatten) dieser Vorgänge, so ist die Ästhetik der Postmoderne nicht zuletzt eine mit ironischen Vorbehalten getroffene Entscheidung zugunsten des Überlebens der Literatur.

In diesem Überleben scheint eines der Prinzipien der neuzeitlichen Moderne die größten Aussichten zu haben: der Historismus, der nun zu einem Panhistorismus wird. Die resignative Erkenntnis, daß Wiederholung nicht zu vermeiden ist, drückt sich in einem gelösteren Verhältnis zur Vergangenheit aus. Das Geltenlassen des Andersartigen, und nicht nur des gerade Sanktionierten, eine Haltung, die bereits den Historismus des 18. Jahrhunderts prägte, führt zu einer Theorie der Postmoderne, in der die Vorstellung von einem universalen Museum der gesamten Kultur, und namentlich der literarischen, eine beherrschende Rolle spielt. Das Interesse, das man heute in vielen Ländern dem Werk von Borges entgegenbringt, ist ein Zeichen dafür. Von einem Aspekt dieser Wirkung war bereits die Rede. Es ist bezeichnend, daß ein bestimmter Prosatext des argentinischen Autors, *Die Bibliothek von Babel*, in der kulturkritischen Diagnostik der letzten beiden Jahrzehnte paradigmatische Bedeutung gewinnen konnte. Die phantastische Geschichte von der allumfassenden Bibliothek, die auch nach dem Aussterben der Menschheit weiterbestehen werde, ist in der Tat eine Allegorie der Postmoderne: Die Bibliothek, versichert uns der Erzähler, birgt in den zahllosen Büchern alle Wörter und alle Wortverbindungen, die es jemals gegeben hat und die es jemals geben wird. Keine Äußerung ist vorstellbar, die nicht schon irgendwann einen Sinn ergeben hat. Daher heißt sprechen, in Tautologien verfallen.

Überträgt man diese Vorstellung auf das Leben der Literatur, gelangt man ohne große Umwege zu jenem Begriff, der heute offenbar die Stunde regiert: Intertextualität. Im Gegensatz zur modernistischen Obsession der Einmaligkeit wird als postmodern die Überzeugung empfunden, daß alles Schreiben, freiwillig oder unfreiwillig, auf diese oder jene Weise ein Gang durch die imaginäre Bibliothek der Menschheit ist, ein Erinnern an schon längst Dagewesenes und ein Knüpfen von Beziehungen zwischen dem eigenen Text und den sprachlichen Zeugnissen dreier Jahrtausende. Das alexandrinische Spiel mit Zitaten und Reminiszenzen, das Bewußtsein von der geschichtlichen Kontinuität prägt die Arbeit am Text – allerdings ohne das Gefühl des Eingebettetseins in die Tradition, das den Verfechtern konservativer Ideologeme so teuer ist. Das postmoderne Verhalten erinnert, trotz aller Bewußtheit, eher an das Herumtappen in den Irrgängen einer sich wiederholenden Vergangenheit. Wer meint, daß es sich um Zeichen der Zeit handelt, die auch vom Publikum erkannt und getragen werden, kann sich auf die großen Erfolge mancher Autoren (wie Umberto Eco, Italo Calvino, John Fowles, Christoph Ransmayr) berufen, die in ihren Romanen die seltsame Faszination der Literatur *von* der Literatur vorgeführt haben.

Eine Mini-Poetik postmoderner Vorgangsweisen hat – erwartungsgemäß – Umberto Eco vorgelegt, ein Autor, bei dem die Personalunion von Erzähler und Semiotiker wahrhaftig zeitgemäß ist. Man findet sie in einzelnen Kapiteln seines Werkstattberichts *Postille a »Il nome della rosa«* (*Nachschrift zum »Namen der Rose«*, 1983), den er seinem Rosen-Roman (1980) nachgeschickt hat. Im Kapitel *Postmodernismus, Ironie und Vergnügen* gelangt er zu seinen theoretischen Pointen: »Die postmoderne Antwort auf die Moderne besteht in der Einsicht und Anerkennung, daß die Vergangenheit, nachdem sie nun einmal nicht zerstört werden kann, da ihre Zerstörung zum Schweigen führt, auf neue Weise ins Auge gefaßt werden muß: mit Ironie, ohne Unschuld. Die postmoderne Haltung erscheint mir wie die eines Mannes, der eine kluge und sehr belesene Frau liebt und daher weiß, daß er ihr nicht sagen kann: ›Ich liebe dich inniglich‹, weil er weiß, daß sie weiß (und daß sie weiß, daß er weiß), daß genau diese Worte schon, sagen wir, von Liala geschrieben worden sind. Es gibt jedoch eine Lösung. Er kann ihr sagen: ›Wie jetzt Liala sagen würde: Ich liebe dich inniglich.‹ In diesem Moment, nachdem er die falsche Unschuld vermieden hat, nachdem er klar zum Ausdruck gebracht hat, daß man nicht mehr unschuldig reden kann, hat er gleichwohl der Frau gesagt, was er ihr sagen wollte, nämlich daß er sie liebe, aber daß er sie in einer Zeit der verlorenen Unschuld liebe. Wenn sie das Spiel mitmacht, hat sie in gleicher Weise eine Liebeserklärung entgegengenommen. Keiner der beiden Gesprächspartner braucht sich naiv zu fühlen, beide akzeptieren die Herausforderung der Vergangenheit, des längst schon Gesagten, daß man nicht einfach wegwischen kann, beide spielen bewußt und mit Vergnügen das Spiel der Ironie. . .Aber beiden ist es gelungen, noch einmal von Liebe zu reden.« (Eco 1984, 78f.)

Der Autor geht nicht auf die entscheidende Frage ein, wie oft dieses Spiel noch gespielt werden kann. Im Anschluß an die soeben angeführte Stelle spricht Eco von einem metasprachlichen Spiel, einer »Maskerade hoch zwei«. Nun, der springende Punkt ist, ob in der beschriebenen Szene zwischen Mann und Frau auch hoch drei und hoch vier denkbar sind. (Wie im Spiel mit der Frage, welcher Koffer schwerer sei, der große oder der kleine. Da die Antwort erfahrungsgemäß viel zu leicht wäre, vermutet man einen Widerspruch

zwischen Umfang und Gewicht. Da aber auch dieser gedankliche Schritt ein-
kalkuliert werden kann, besteht die Möglichkeit, das dialektische Spiel bis ins
Unendliche fortzusetzen.) Eine Situation wie die von Eco beschriebene läßt
daran zweifeln, daß endlose Finten eine tragfähige Grundlage zwischenmenschlicher Beziehungen sein könnten. Pointen, die keine mehr sind, dürften
auch für eine postmoderne Geduld auf die Dauer eine Zumutung sein. Wie
dem auch sei, es zeichnen sich zwei Deutungen ab. Ist man der Ansicht, daß
das geschilderte Spiel nur eine kurzfristige Lösung sei, so hat man die Postmoderne als eine neue transitorische Phase der Moderne begriffen – und man
erwartet abermals etwas Neues. Meint man dagegen, daß Ironie ein Dauerzustand sein könnte, ein Spiel mit Permutationen, so hat man die Postmoderne
gleichsam festgeschrieben – mit Konsequenzen, die nicht vorauszusehen sind.

Das Mißliche an jeglicher Prognostik in diesem Bereich ist mit dem Umstand gegeben, daß die Rede von einer zeitgenössischen Welt auf einer Verallgemeinerung beruht. Faßt man den Begriff ›Welt‹ genauer, so stellt sich heraus, daß sich die Problematik der Postmoderne vor allem auf Länder bezieht,
in denen der Grundsatz der Modernität die längste Tradition hat. Von den
»jungen« Ländern kommen namentlich die Vereinigten Staaten hinzu. Globale
Diagnosen sind – trotz der »Verkleinerung« der Erde – sicherlich nicht möglich. Zu bedenken ist nämlich, daß infolge der Verschiedenheit kultureller und
politischer Traditionen auch heute noch die Unterschiede in den Funktionen
der Literatur von Region zu Region überaus groß sein können.

Vielleicht zeichnet sich dennoch eine gewisse globale Übereinstimmung
darin ab, daß die Tendenz wohl dahin geht, der Kunst jene Exklusivität und
geschichtsphilosophische Signifikanz zu nehmen, die sie in der Theorie der
Moderne von Friedrich Schlegel über Baudelaire und Flaubert bis Adorno
einnimmt. In Adornos *Ästhetischer Theorie* lautet einer der Leitsätze, Kunst sei
die gesellschaftliche Antithesis zur Gesellschaft (Adorno 1970, 19). Diese bewußt hervorgekehrte Haltung zahlloser Autoren ist jenes Phänomen, das man
das immanente Pathos der Moderne nennen kann. Die Voraussetzung dafür ist
die kulturphilosophische Sonderstellung der Kunst, die als der Bereich der
Freiheit, des Spiels, aber auch der privilegierten Erkenntnis gilt. Zusammengehalten wurde der Gedanke der besonderen Dignität der Kunst von der
Überzeugung, sie sei die Stätte universaler geistiger Dynamik, das eigentliche
Organon des Geistes in der modernen Welt.

Hegel hat im Zeitalter fortschreitender Rationalisierung den Anspruch der
Kunst und der Künstler bekanntlich in empfindlichem Maße relativiert. Die
ersten hundert Jahre nach seiner Prognose empfindet man heute als eine Epoche, die diese Sicht *nicht* bestätigt hat. Unsere Zeit scheint in kunst-
philosophischer Hinsicht eher dazu angetan, eine Revision dieses Urteils her-
beizuführen. Ist heute von einer Kunst die Rede, die wieder mit Gelassenheit
Konventionen durchspielen wird, frei von den großen Gebärden der Moderne, aber auch frei von dem vorautonomen Zwang, so darf man sagen, daß der
Schatten Hegels länger ist denn je zuvor.

LITERATURVERZEICHNIS

Die Liste enthält neben den im Text zitierten Werken vor allem Arbeiten, denen die Darstellung in Zustimmung oder Widerspruch Anregungen verdankt. Hinzuweisen ist auf die umfangreiche, namentlich für die sechziger und siebziger Jahre reichhaltige Bibliographie zu Erzähltheorie und Gattungspoetik in Bruno Hillebrands *Theorie des Romans* (erweiterte Ausgabe 1980).

Theodor W. Adorno: Prismen. Kulturkritik und Gesellschaft, Frankfurt am Main 1955.
- Noten zur Literatur I, Frankfurt am Main 1958.
- Noten zur Literatur II, Frankfurt am Main 1961.
- Einleitung in die Musiksoziologie. Zwölf theoretische Vorlesungen, Frankfurt am Main 1962.
- Noten zur Literatur III, Frankfurt am Main 1965.
- Ästhetische Theorie, Frankfurt am Main 1970.
René Albérès: Histoire du roman moderne, Paris 1962.
Richard Alewyn: Probleme und Gestalten. Essays, Frankfurt am Main 1974, Tb.-Ausgabe 1982.
Jean Alexander: The Venture of Form in the Novels of Virginia Woolf, Port Washington, N. Y. 1974.
Beda Allemann; Ironie und Dichtung, Pfullingen 1956.
- (Hg.): Ars poetica, Darmstadt 1966
Miriam Allot: Novelists on the Novel, London 1951.
Robert Alter: Partial Magic. The Novel as Self-Conscious Genre, Berkeley 1975.
Franz Altheim: Roman und Dekadenz, Tübingen 1951.
Amadís von Gallien, dt. von Fritz Rudolf Fries, Leipzig 1973.
Günther Anders: Kafka, pro und contra, München 1951.
Thomas Anz: Literatur der Existenz. Literarische Psychopathographie und ihre soziale Bedeutung im Frühexpressionismus, Stuttgart 1977.
- Die Antiquiertheit des Menschen, Bd. II, München 1980.
Umbro Apollonio: Der Futurismus. Manifeste und Dokumente einer künstlerischen Revolution 1908–1918, Köln 1972.
Dieter Arendt: Der ›poetische Nihilismus‹ in der Romantik, 2 Bände, Tübingen 1972.
Armin Arnold: Die Literatur des Expressionismus, Stuttgart 1966.
Aleida Assmann: Die Legitimität der Fiktion. Ein Beitrag zur Geschichte der literarischen Kommunikation, München 1980.
Erich Auerbach: Mimesis. Dargestellte Wirklichkeit in der abendländischen Literatur, Bern 1946, erweiterte Ausgabe 1959.
- Vier Untersuchungen zur Geschichte der französischen Bildung, Bern 1951.
Horst Baader: Typologie und Geschichte des spanischen Romans im »Goldenen Zeitalter«. In: Neues Handbuch der Literaturwissenschaft, Bd. 10. Renaissance und Barock, hg. von August Buck, Frankfurt am Main 1972.
Michail Bachtin: Probleme der Poetik Dostoevskijs, dt. von Adelheid Schramm, München 1971.
- Die Ästhetik des Wortes, hg. von Rainer Grübel, Frankfurt am Main 1979.

- Untersuchungen zur Poetik und Theorie des Romans, hg. von Edward Kowalski und Michael Wegner, Berlin und Weimar 1986.
Dieter Bänsch (Hg.): Zur Modernität der Romantik (Literaturwissenschaft und Sozialwissenschaften 8), Stuttgart 1977.
Wilfried Barner: Barockrhetorik. Untersuchungen zu ihren geschichtlichen Grundlagen, Tübingen 1970.
Benjamin F. Bart: Flaubert's Concept of the Novel. In: Publications of the Modern Language Association of America, 1965, 2. – Dt. in Engler 1976.
Roland Barthes: Le degré zéro de l'écriture, Paris 1953. – Am Nullpunkt der Literatur, dt. von Helmut Scheffel, Hamburg 1959.
- Essais critiques, Paris 1964. – Literatur oder Geschichte, dt. von Helmut Scheffel, Frankfurt am Main 1969.
Reinhard Baumgart: Literatur für Zeitgenossen, Frankfurt am Main 1966.
- Aussichten des Romans oder Hat Literatur Zukunft?, Neuwied und Berlin 1968.
Christa Baumgarth: Geschichte des Futurismus, Reinbek bei Hamburg 1966.
Eva D. Becker: Der deutsche Roman um 1780, Stuttgart 1964.
Andrej Belyj: Petersburg, dt. von Gisela Drohla, Frankfurt am Main 1959.
Walter Benjamin: Illuminationen. Ausgewählte Schriften, Frankfurt am Main 1961.
- Angelus Novus. Ausgewählte Schriften 2, Frankfurt am Main 1966.
- Gesammelte Schriften, hg. von Rolf Tiedemann und Hermann Schweppenhäuser, Bd. II/2, Frankfurt am Main 1977.
Gottfried Benn: Gesammelte Werke, hg. von Dieter Wellershoff, 8 Bände, Wiesbaden 1968.
Bernard Bergonzi: The Situation of the Novel, London 1970.
Otto F. Best: »Epischer Roman« und »Dramatischer Roman«. In: Germanisch-Romanische Monatsschrift, 1972, Heft 3.
- Abenteuer – Wonnetraum aus Flucht und Ferne. Geschichte und Deutung, Frankfurt am Main 1980.
Wilhelm Bietak (Hg.): Lebenslehre und Weltanschauung der Jüngeren Romantik (Deutsche Literatur in Entwicklungsreihen. Romantik, Bd. 11), Leipzig 1936.
Adam J. Bisanz: Linearität versus Simultaneität im narrativen Zeit-Raum-Gefüge. In: Erzählforschung 1, hg. von Wolfgang Haubrichs, Göttingen 1976.
Friedrich von Blanckenburg: Versuch über den Roman (Faksimiledruck der Originalausgabe von 1774), mit einem Nachwort von Eberhard Lämmert, Stuttgart 1965.
Karl Heinz Bohrer: Der romantische Brief. Die Entstehung ästhetischer Subjektivität, München 1987.
Dieter Borchmeyer: Höfische Gesellschaft und Französische Revolution. Adliges und bürgerliches Wertsystem im Urteil der Weimarer Klassik, Kronberg/Ts. 1977.
- Die Weimarer Klassik. Eine Einführung, 2 Bände, Königstein/Ts. 1980.
- Das Theater Richard Wagners. Idee – Dichtung – Wirkung, Stuttgart 1982.
Dieter Borchmeyer/Viktor Žmegač (Hg.): Moderne Literatur in Grundbegriffen, Frankfurt am Main 1987.
Dieter Borchmeyer (Hg.): Poetik und Geschichte. Viktor Žmegač zum 60. Geburtstag, Tübingen 1989.
Malcolm Bradbury/James McFarlane (Ed.): Modernism 1890–1930, Harmondsworth 1976.
Malcolm Bradbury (Ed.): The Novel Today. Contemporary Writers on Modern Fiction, Manchester 1977.

Heinz-Georg Brands: Theorie und Stil des sogenannten »Konsequenten Naturalismus« von Arno Holz und Johannes Schlaf. Kritische Analyse der Forschungsergebnisse und Versuch einer Neubestimmung, Bonn 1978.

Peter Brang: Iwan Turgenjew, Väter und Söhne. In: Der russische Roman, hg. von Bodo Zelinsky, Düsseldorf 1979.

André Breton: Die Manifeste des Surrealismus, dt. von Ruth Henry, Reinbek bei Hamburg 1968.

Hennig Brinkmann: Zu Wesen und Form mittelalterlicher Dichtung, Halle/Saale 1928.

Richard Brinkmann: Wirklichkeit und Illusion. Studien über Gehalt und Grenzen des Begriffs Realismus für die erzählende Dichtung des 19. Jahrhunderts, Tübingen 1957.

– (Hg.) Begriffsbestimmungen des literarischen Realismus, Darmstadt 1969.

Hermann Broch: Dichten und Erkennen. Essays I, Zürich 1955.

– Schriften zur Literatur 1 (Kommentierte Werkausgabe, hg. von Paul Michael Lützeler, Bd. 9/1), Frankfurt am Main 1975.

– Briefe, Bd. 3 (Kommentierte Werkausgabe, Bd. 13/3), Frankfurt am Main 1981.

Ulrich Broich/Manfred Pfister (Hg.): Intertextualität. Formen, Funktionen, anglistische Fallstudien, Tübingen 1985.

Max Bucher/Werner Hahl/Georg Jäger/Reinhard Wittmann (Hg.): Realismus und Gründerzeit. Manifeste und Dokumente zur deutschen Literatur 1848–1880, Stuttgart 1975.

August Buck (Hg.): Neues Handbuch der Literaturwissenschaft, Bd. 9. Renaissance und Barock, 1. Teil, Frankfurt am Main 1972.

Joachim Bumke: Höfische Kultur. Literatur und Gesellschaft im hohen Mittelalter, 2 Bände, München 1986.

Peter Bürger: Der französische Surrealismus. Studien zum Problem der avantgardistischen Literatur, Frankfurt am Main 1971.

Peter Bürger (Hg.): Zum Funktionswandel der Literatur, Frankfurt am Main 1983.

Christa Bürger/Peter Bürger (Hg.): Postmoderne: Alltag, Allegorie und Avantgarde, Frankfurt am Main 1987.

Peter Bürger (unter Mitarbeit von Christa Bürger): Prosa der Moderne, Frankfurt am Main 1988.

Brigitte Burmeister: Streit um den Nouveau Roman, Berlin 1983.

Michel Butor: Repertoire 1, dt. von Helmut Scheffel, München 1965.

Gerhard Butters: Abenteuer des Schreibens, statt des Schreibens von Abenteuern. Jean Ricardou zur Theorie des nouveau roman. In: Erzählforschung 3. Theorien, Modelle und Methoden der Narrativik, hg. von Wolfgang Haubrichs, Göttingen 1978.

Matei Calinescu: Faces of Modernity. Avant-Garde, Decadence, Kitsch, Indiana University Press 1977.

Seymour Chatman: Story and Discourse. Narrative Structure in Fiction and Film, Ithaca, N. Y. 1978.

Chrestien de Troyes: Perceval, dt. von Konrad Sandkühler, Stuttgart 1957.

Dorrit C. Cohn: Transparent Minds. Narrative Modes for Presenting Consciousness in Fiction, Princeton 1978.

Horst Conrad: Die literarische Angst. Das Schreckliche in der Schauerromantik und Detektivgeschichte, Düsseldorf 1974.

Ovid S. Crohmalniceanu: Proust, A la Recherche du temps perdu. In: Der französische

Roman. Vom Mittelalter bis zur Gegenwart, hg. von Klaus Heitmann, Bd. II, Düsseldorf 1975.

Ernst Robert Curtius: Balzac, Bonn 1923.

– Marcel Proust (1925). In: Französische Literatur von Beaumarchais bis Camus. Interpretationen, hg. von Dieter Steland, Frankfurt am Main und Hamburg 1969.

– Europäische Literatur und lateinisches Mittelalter, Bern 1948, 4. Aufl. 1963.

– Kritische Essays zur europäischen Literatur, Bern 1951.

David Daiches: The Novel and the Modern World, Chicago 1960.

Peter Demetz: Formen des Realismus. Theodor Fontane, München 1964.

– Zur Definition des Realismus. In: Literatur und Kritik, 1967, Heft 16–17.

Wolfgang Guido Deppe: History versus romance. Ein Beitrag zur Entwicklungsgeschichte und zum Verständnis der Literaturtheorie Henry Fieldings, Münster 1964.

Alfred Döblin: Aufsätze zur Literatur, Olten und Freiburg/Br. 1963.

– Autobiographische Schriften und letzte Aufzeichnungen, Olten und Freiburg/Br. 1977.

– Kleine Schriften I, hg. von Anthony W. Riley, Olten und Freiburg/Br. 1985.

– Schriften zur Ästhetik, Poetik und Literatur, hg. von Erich Kleinschmidt, Olten und Freiburg/Br. 1989.

Heimito von Doderer: Grundlagen und Funktion des Romans, Nürnberg 1959.

Erika Dölle: Experiment und Tradition in der Prosa Virginia Woolfs, München 1971.

John Dos Passos: The 42nd Parallel (1930), New York 1956. – Der 42. Breitengrad, dt. von Paul Baudisch, Berlin 1930.

Fedor M. Dostojewski (Dostoevskij): Sämtliche Werke. Erste Abteilung, Bd. 9, dt. von E. K. Rashin, München 1908.

Edouard Dujardin: Le monologue intérieur. Son apparition, ses origines, sa place dans l'œuvre de James Joyce et dans le roman contemporain, Paris 1931.

Manfred Durzak: Hermann Broch und James Joyce. Zur Ästhetik des modernen Romans. In: Deutsche Vierteljahrsschrift für Literaturwissenschaft und Geistesgeschichte, 1966, Heft 3.

– Gespräche über den Roman. Formbestimmungen und Analysen, Frankfurt am Main 1976.

Umberto Eco: Opera aperta, Milano 1962. – Das offene Kunstwerk, dt. von Günter Memmert, Frankfurt am Main 1973.

– Nachschrift zum »Namen der Rose«, dt. von Burkhart Kroeber, München und Wien 1984.

Leon Edel: The Psychological Novel 1900–1950, New York 1955.

Karl Eibl: Das Realismus-Argument. Zur literaturpolitischen Funktion eines fragwürdigen Begriffs. In: Poetica, 1983, Heft 3–4.

Margret Eifler: Die subjektivistische Romanform seit ihren Anfängen in der Frühromantik, Tübingen 1985.

Richard Ellmann: James Joyce, New York 1960.

Wilhelm Emrich: Protest und Verheißung. Studien zur klassischen und modernen Dichtung, Frankfurt am Main 1960.

Rolf Engelsing: Der Bürger als Leser. Lesergeschichte in Deutschland 1500–1800, Stuttgart 1974.

Winfried Engler (Hg.): Texte zur französischen Romantheorie des 19. Jahrhunderts, Tübingen 1970.

Winfried Engler: Der französische Roman im 19. Jahrhundert, Darmstadt 1976.
- Geschichte des französischen Romans. Von den Anfängen bis Marcel Proust, Stuttgart 1982.
Paul Ernst: Der Weg zur Form. Ästhetische Abhandlungen vornehmlich zur Tragödie und Novelle, Berlin 1915.
Helga Esselborn-Krumbiegel: Der »Held« im Roman. Formen des deutschen Entwicklungsromans im frühen 20. Jahrhundert, Darmstadt 1983.
Lion Feuchtwanger: Centum opuscula, Rudolstadt o. J. (1956).
Henry Fielding: Tom Jones, dt. von Paul Baudisch, Berlin o. J.
Therese Fischer-Seidel (Hg.): James Joyces »Ulysses«. Neuere deutsche Aufsätze, Frankfurt am Main 1981.
Aleksandar Flaker: Modelle der Jeans-Prosa, Kronberg/Ts. 1975.
Gustave Flaubert: Madame Bovary, dt. von Walter Widmer, München 1959.
- Dictionnaire des idées reçues, franz. und dt. Text, dt. von Dirk Mülder, München 1968.
- Briefe, hg. und übersetzt von Helmut Scheffel, Zürich 1977.
Theodor Fontane: Aufsätze, Kritiken, Erinnerungen, Bd. 1 (Sämtliche Werke, hg. von Walter Keitel), München 1969.
Edward Morgan Forster: Aspects of the Novel, London 1927. Zit. nach der Ausgabe: Penguin Books, 1976. - Ansichten des Romans, dt. von Walter Schürenberg, Frankfurt am Main 1949.
Sigmund Freud: Das Unbehagen in der Kultur, Leipzig, Wien und Zürich 1930.
Gustav Freytag: Aufsätze zur Geschichte, Litteratur und Kunst (Gesammelte Werke. Erste Serie, Bd. 8), Leipzig und Berlin o. J.
Alan Friedman: The Turn of the Novel. The Transition to Modern Fiction, New York 1966.
Hugo Friedrich: Drei Klassiker des französischen Romans. Stendhal, Balzac, Flaubert (1939), 5. Auflage, Frankfurt am Main 1966.
Northrop Frye: Anatomy of Criticism. Four Essays, Princeton 1957. - Analyse der Literaturkritik, dt. von Edgar Lohner und Henning Clewing, Stuttgart 1964.
Wolfram Malte Fues: Schillers Ästhetik und der bürgerliche Roman. In: Poetica, 1988. Heft 1-2.
Rolf Geißler: Romantheorie in der Aufklärung. Thesen und Texte zum Roman des 18. Jahrhunderts in Frankreich, Berlin 1984.
Gérard Genette: Figures III, Paris 1972.
- Introduction à l'architexte, Paris 1979.
- Paratexte, dt. von Dieter Hornig, Frankfurt am Main und New York 1989.
André Gide: Les Faux-Monnayeurs, Paris 1925.
- Journal des Faux-Monnayeurs, Paris 1926.
Paul Goetsch: Die Romankonzeption in England 1880-1910, Heidelberg 1967.
Nicolai Gogol: Die Abenteur Tschitschikows oder Die toten Seelen, dt. von Alexander Eliasberg, Potsdam 1922.
Lucien Goldmann: Pour une sociologie du roman, Paris 1964. - Soziologie des modernen Romans, Neuwied und Berlin 1970.
Edmond und Jules de Goncourt: Germinie Lacerteux, dt. von Curt Noch, Berlin und Weimar 1980.
- Tagebücher, übertragen und hg. von Justus Franz Wittkop, Frankfurt am Main 1983.

Gerhart von Graevenitz: Die Setzung des Subjekts. Untersuchungen zur Romantheorie, Tübingen 1973.

Kenneth Graham: English Criticism of the Novel 1865–1900, Oxford 1965.

Walter F. Greiner: Studien zur Entstehung der englischen Romantheorie an der Wende zum 18. Jahrhundert, Tübingen 1969.

Walter F. Greiner (Ed.): English Theories of the Novel, vol. II: Eighteenth Century, Tübingen 1970.

Reinhold Grimm: Strukturen. Essays zur deutschen Literatur, Göttingen 1963.

Reinhold Grimm (Hg.): Deutsche Romantheorien. Beiträge zu einer historischen Poetik des Romans in Deutschland, Frankfurt am Main 1968, bearbeitete Neuauflage 1974.

Götz Großklaus/Eberhard Lämmert (Hg.): Literatur in einer industriellen Kultur, Stuttgart 1989.

Claudio Guillén: Literature as System. Essays Towards the Theory of Literary History, Princeton 1970.

Hans-Ulrich Gumbrecht/Karlheinz Stierle/Rainer Warning (Hg.): Honoré de Balzac, München 1980.

Aaron J. Gurjewitsch: Das Weltbild des mittelalterlichen Menschen, dt. von Gabriele Loßack, Dresden 1978, München 1982.

Jürgen Habermas: Kultur und Kritik. Verstreute Aufsätze, Frankfurt am Main 1973.

– Die Moderne – ein unvollendetes Projekt. In: J. H.: Kleine politische Schriften I-IV, Frankfurt am Main 1981. .

– Der philosophische Diskurs der Moderne. Zwölf Vorlesungen, Frankfurt am Main 1985.

Werner Hahl: Reflexion und Erzählung. Ein Problem der Romantheorie von der Spätaufklärung bis zum programmatischen Realismus, Stuttgart u. a. 1971.

John Halperin (Ed.): The Theory of the Novel, New York, London 1970.

Käte Hamburger: Erzählformen des modernen Romans. In: Der Deutschunterricht, 1959, Heft 4.

Peter Handke: Ich bin ein Bewohner des Elfenbeinturms, Frankfurt am Main 1972.

Adalbert von Hanstein: Das jüngste Deutschland. Zwei Jahrzehnte miterlebter Literaturgeschichte, Leipzig 1900.

Adolf Haslinger: Epische Formen im höfischen Barockroman. Anton Ulrichs Romane als Modelle, München 1970.

Hans-Egon Hass/Gustav-Adolf Mohrlüder (Hg.): Ironie als literarisches Phänomen, Köln 1973.

Ihab Hassan: The Dismemberment of Orpheus. Towards a Postmodern Literature, New York 1971.

– Paracriticism, Urbana/Illinois 1975.

Walter Haug/Burghart Wachinger (Hg.): Positionen des Romans im Spätmittelalter, Tübingen 1990.

Arnold Hauser: Sozialgeschichte der Kunst und Literatur, 2 Bände, München 1953.

– Soziologie der Kunst, München 1974.

Frank-Rutger Hausmann/Elisabeth Gräfin Mandelsloh/Hans Staub (Hg.): Französische Poetiken, 2 Bände, Stuttgart 1975 und 1978.

Eckhard Heftrich: Musil, München und Zürich 1986.

Georg Wilhelm Friedrich Hegel: Ästhetik, 2 Bände, hg. von Friedrich Bassenge, 2. Auflage, Berlin und Weimar 1965.

Gotthard Heidegger: Mythoscopia Romantica oder Discours von den so benanten Romans (Faksimileausgabe nach dem Originaldruck von 1698), hg. von Walter Ernst Schäfer, Bad Homburg, Berlin und Zürich 1969.

Bernhard Heinrich: Fiktion und Fiktionsironie in Theorie und Dichtung der deutschen Romantik, Tübingen 1968.

Klaus Heitmann: Der Immoralismus-Prozeß gegen die französische Literatur im 19. Jahrhundert, Bad Homburg, Berlin und Zürich 1970.

Klaus Heitmann (Hg.): Der französische Roman, 2 Bände, Düsseldorf 1975.

Klaus Heitmann: Der französische Roman im Zeitalter des Realismus (1830–1880). In: Neues Handbuch der Literaturwissenschaft, Bd. 17, hg. von Reinhard Lauer, Wiesbaden 1980.

Heliodor: Die äthiopischen Abenteuer von Theagenes und Chariklea, dt. von Horst Gasse, Stuttgart 1972.

Erich Heller: Die Reise der Kunst ins Innere und andere Essays, Frankfurt am Main 1966.

Klaus Hempfer: Poststrukturale Texttheorie und narrative Praxis. Tel Quel und die Konstitution eines Nouveau »Nouveau Roman«, München 1976.

Dieter Henrich/Wolfgang Iser (Hg.): Funktionen des Fiktiven (Poetik und Hermeneutik, Bd. X), München 1983.

Anne Henry: Marcel Proust. Théories pour une esthétique, Paris 1981.

Herders Werke, hg. von Heinrich Kurz, Bd. IV, Leipzig o. J.

Reinhart Herzog/Reinhart Koselleck (Hg.): Epochenschwelle und Epochenbewußtsein (Poetik und Hermeneutik, Bd. XII), München 1987.

Hans Hiebel: Individualität und Totalität. Zur Geschichte und Kritik des bürgerlichen Poesiebegriffs von Gottsched bis Hegel anhand der Theorien über Epos und Roman, Bonn 1974.

Wolfgang Hildesheimer: Interpretationen: James Joyce, Georg Büchner. Zwei Frankfurter Vorlesungen, Frankfurt am Main 1969.

Bruno Hillebrand: Theorie des Romans, München 1972, überarbeitete und erweiterte Ausgabe 1980.

Bruno Hillebrand (Hg.): Zur Struktur des Romans, Darmstadt 1980.

Heinz Hillmann: Franz Kafka. Dichtungstheorie und Dichtungsgestalt, Bonn 1964, erweiterte Auflage 1973.

Gustav René Hocke: Manierismus in der Literatur. Sprach-Alchimie und esoterische Kombinationskunst, Hamburg 1959.

Sigfrid Hoefert (Hg.): Russische Literatur in Deutschland. Texte zur Rezeption von den Achtziger Jahren bis zur Jahrhundertwende, Tübingen 1974.

Ernst Theodor Amadeus Hoffmann: Fantasie- und Nachtstücke (Sämtliche Werke, I), München 1960.

Gerhard Hoffmann (Hg.): Der zeitgenössische amerikanische Roman, Bd. 1, München 1988.

Hugo von Hofmannsthal: Aufzeichnungen (Gesammelte Werke in Einzelausgaben, hg. von Herbert Steiner), Frankfurt am Main 1959.

– Reden und Aufsätze, I-III (Gesammelte Werke in zehn Einzelbänden), Frankfurt am Main 1979/1980.

Eckhard Höfner: Literarität und Realität. Aspekte des Realismusbegriffs in der französischen Literatur des 19. Jahrhunderts, Heidelberg 1980.

Peter Uwe Hohendahl: Empfindsamkeit und gesellschaftliches Bewußtsein. Zur Soziologie des empfindsamen Romans am Beispiel von La Vie de Marianne, Fräulein von Sternheim und Werther. In: Jahrbuch der Deutschen Schillergesellschaft, 1972.

Wolfgang Holdheim: Die Suche nach dem Epos. Der Geschichtsroman bei Hugo, Tolstoi und Flaubert, Heidelberg 1978.

Hans Holländer/Christian W. Thomsen (Hg.): Besichtigung der Moderne: Bildende Kunst, Architektur, Musik, Literatur, Religion. Aspekte und Perspektiven, Köln 1987.

Johannes Holthusen: Andrej Belyj, Petersburg. In: Der russische Roman, hg. von Bodo Zelinsky, Düsseldorf 1979.

Arno Holz: Die neue Wortkunst. Eine Zusammenfassung ihrer ersten grundlegenden Dokumente (Das Werk von Arno Holz, Bd. X), Berlin 1925.

– Briefe. Eine Auswahl, hg. von Anita Holz und Max Wagner, München 1948.

Karl Hölz: Destruktion und Konstruktion. Studien zum Sinnverständnis in der modernen französischen Literatur, Frankfurt am Main 1980.

Niklas Holzberg: Der antike Roman, München und Zürich 1986.

Lothar Hönnighausen: Maske und Perspektive. Weltanschauliche Voraussetzungen des perspektivischen Erzählens. In: Germanisch-Romanische Monatsschrift, 1976, Heft 3.

Max Horkheimer/Theodor W. Adorno: Dialektik der Aufklärung. Philosophische Fragmente, Amsterdam 1947.

Pierre Daniel Huet: Traité de l'origine des romans (Faksimiledruck nach der Erstausgabe von 1670 und der Happelschen Übersetzung von 1682), Stuttgart 1966.

Robert Humphrey: Stream of Consciousness in the Modern Novel, University of California Press 1954.

Aldous Huxley: Kontrapunkt des Lebens, dt. von Herberth E. Herlitschka, München 1976.

– Narrenreigen (Antic Hay), dt. von Herbert Schlüter, München und Zürich 1983.

Andreas Huyssen/Klaus R. Scherpe (Hg.): Postmoderne. Zeichen eines kulturellen Wandels, Reinbek bei Hamburg 1986.

Rüdiger Imhof: Contemporary Metafiction. A Poetological Study of Metafiction in English since 1939, Heidelberg 1986.

Wolfgang Iser: Der implizite Leser, München 1972.

– Der Akt des Lesens, München 1976.

W. T. H. Jackson: The Literature of the Middle Ages, Columbia University Press 1960.

– Die Literaturen des Mittelalters, dt. von Ruth Lang, Heidelberg 1967.

Jürgen Jacobs: Wilhelm Meister und seine Brüder. Untersuchungen zum deutschen Bildungsroman, München 1972.

Georg Jäger: Empfindsamkeit und Roman. Wortgeschichte, Theorie und Kritik im 18. und frühen 19. Jahrhundert, Stuttgart u. a. 1969.

Henry James: Selected Literary Criticism, ed. by Morris Shapira, Harmondsworth 1968.

Fredric Jameson: The Political Unconscious, Cornell/Ithaca 1981.

Ludovic Janvier: Une parole exigeante: le »nouveau roman«, Paris 1964. – Literatur als Herausforderung. Die neue Welt des Nouveau Roman, München 1967.

Rolf-Peter Janz: Zur Historizität und Aktualität der »Theorie des Romans« von Georg Lukács. In: Jahrbuch der Deutschen Schillergesellschaft, 1978.

Hans Robert Jauß: Zeit und Erinnerung in Marcel Prousts »A la recherche du temps perdu«, Heidelberg 1955, erweiterte Ausgabe Frankfurt am Main 1986.

Hans Robert Jauß (Hg.): Nachahmung und Illusion, München 1964.

Hans Robert Jauß: Das Ende der Kunstperiode – Aspekte der literarischen Revolution bei Heine, Hugo und Stendhal. In: H. R. J.: Literaturgeschichte als Provokation, Frankfurt am Main 1970.

– Alterität und Modernität der mittelalterlichen Literatur, München 1977.

– Ästhetische Erfahrung und literarische Hermeneutik, Frankfurt am Main 1982.

– Studien zum Epochenwandel der ästhetischen Moderne, Frankfurt am Main 1989.

Jean Paul: Vorschule der Ästhetik, hg. von Norbert Miller, München 1963.

Walter Jens: Statt einer Literaturgeschichte, Pfullingen 1957, 7., erweiterte Auflage 1978.

– Literatur und Politik, Pfullingen 1963.

James Joyce: Ulysses, dt. von Hans Wollschläger, Frankfurt am Main 1975.

Ekkehard Kaemmerling: Die filmische Schreibweise. In: Jahrbuch für Internationale Germanistik, 1973, Heft 1.

Franz Kafka: Briefe an Milena, Frankfurt am Main 1952.

– Briefe 1902–1924, Frankfurt am Main 1975.

Erich von Kahler: Untergang und Übergang, München 1970.

Gerhard R. Kaiser: Proust, Musil, Joyce – Zum Verhältnis von Literatur und Gesellschaft am Paradigma des Zitats, Frankfurt am Main 1972.

Dietmar Kamper/Willem van Reijen (Hg.): Moderne versus Postmoderne, Frankfurt am Main 1987.

Frederick R. Karl: Modern and Modernism. The Sovereignty of the Artist 1885–1925, New York 1985.

Wolfgang Kayser: Entstehung und Krise des modernen Romans, Stuttgart 1955.

– Die Vortragsreise. Studien zur Literatur, Bern 1958.

– Die Wahrheit der Dichter. Wandlung eines Begriffes in der deutschen Literatur, Hamburg 1959.

Gottfried Keller: Gesammelte Werke, Stuttgart und Berlin 1912, Bd. V.

Ulrich Keller: Die englische Literatur. In: Neues Handbuch der Literaturwissenschaft, Bd. 16. Die europäische Romantik III, hg. von Norbert Altenhofer und Alfred Estermann, Wiesbaden 1985.

Peter Kemper (Hg.): »Postmoderne« oder Der Kampf um die Zukunft. Die Kontroverse in Wissenschaft, Kunst und Gesellschaft, Frankfurt am Main 1988.

Hugh Kenner: Ulysses, London 1980.

Marianne Kesting: Vermessung des Labyrinths. Studien zur modernen Ästhetik, Frankfurt am Main 1965.

– Entdeckung und Destruktion. Zur Strukturumwandlung der Künste, München 1970.

Walther Killy: Wirklichkeit und Kunstcharakter. Neun Romane des 19. Jahrhunderts, München 1963.

Dieter Kimpel: Der Roman der Aufklärung, Stuttgart 1967, 2., völlig neubearbeitete Auflage 1977.

Dieter Kimpel/Conrad Wiedemann (Hg.): Theorie und Technik des Romans im 17. und 18. Jahrhundert, 2. Bände, Tübingen 1970.

Johannes Kleinstück: Die Erfindung der Realität. Studien zur Geschichte und Kritik des Realismus, Stuttgart 1980.

Volker Klotz (Hg.): Zur Poetik des Romans, Darmstadt 1965.

Volker Klotz: Die erzählte Stadt. Ein Sujet als Herausforderung des Romans von Lesage bis Döblin, München 1969.

Stephan Kohl: Realismus. Theorie und Geschichte, München 1977.

Erich Köhler: Ideal und Wirklichkeit in der höfischen Epik. Studien zur Form der frühen Artus- und Graldichtung, Tübingen 1956, 2. Auflage 1970.

– Esprit und arkadische Freiheit. Aufsätze aus der Welt der Romania, Frankfurt am Main 1966.

– Der literarische Zufall, das Mögliche und die Notwendigkeit, München 1973.

Jutta Kolkenbrock-Netz: Fabrikation, Experiment, Schöpfung. Strategien ästhetischer Legitimation im Naturalismus, Heidelberg 1981.

Helmut Koopmann: Der klassisch-moderne Roman in Deutschland. Thomas Mann, Alfred Döblin, Hermann Broch, Stuttgart 1983.

Rafael Koskimies: Theorie des Romans, Helsinki 1935.

Karl Kraus: Beim Wort genommen (Dritter Band der Werke von Karl Kraus, hg. von Heinrich Fischer), München 1955.

Werner Krauss: Perspektiven und Probleme. Zur französischen und deutschen Aufklärung, Neuwied 1965.

– Miguel de Cervantes. Leben und Werk, Neuwied 1966.

Helmut Kreuzer: Veränderungen des Literaturbegriffs. Fünf Beiträge zu aktuellen Problemen der Literaturwissenschaft, Göttingen 1975.

Miroslav Krleža: Na rubu pameti, Zagreb 1938. – Ohne mich, dt. von Ina Jun-Broda, Reinbek bei Hamburg 1966.

Milan Kundera: L'art du roman, Paris 1986. – Die Kunst des Romans, dt. von Brigitte Weidmann, München und Wien 1987.

Hermann Kurzke: Thomas Mann. Epoche – Werk – Wirkung, München 1985.

Renate Lachmann: Die ›Verfremdung‹ und das ›Neue Sehen‹ bei Viktor Šklovskij. In: Poetica, 1970, Heft 2.

– Intertextualität als Sinnkonstitution. Andrej Belyjs *Petersburg* und die ›fremden‹ Texte. In: Poetica, 1983, Heft 1–2.

Eberhard Lämmert/Hartmut Eggert/Karl-Heinz Hartmann/Gerhard Hinzmann/ Dietrich Scheunemann/Fritz Wahrenburg (Hg.): Romantheorie. Dokumentation ihrer Geschichte in Deutschland 1620–1880, Köln 1971.

– Romantheorie. Dokumentation ihrer Geschichte in Deutschland seit 1880, Köln 1975.

Eberhard Lämmert: Geschichten von der Geschichte. Geschichtsschreibung und Geschichtsdarstellung im Roman. In: Poetica, 1985, Heft 3–4.

– Goethes empirischer Beitrag zur Romantheorie. In: Goethes Erzählwerk. Interpretationen, hg. von Paul Michael Lützeler und James E. McLeod, Stuttgart 1985.

Eberhard Lämmert/Dietrich Scheunemann (Hg.): Regelkram und Grenzgänge. Von poetischen Gattungen, München 1988.

Reinhard Lauer (Hg.): Neues Handbuch der Literaturwissenschaft, Bd. 17. Europäischer Realismus, Wiesbaden 1980.

Stanislaw Lem: Sade und die Spieltheorie. Essays, Bd. I, Frankfurt am Main 1986.

Harry Levin: The Gate of Horn. A Study of Five French Realists, New York 1966.

Gilles Lipovetsky: L'ère du vide. Essais sur l'individualisme contemporain, Paris 1983.

John Locke: An Essay Concerning Human Understanding (1690), hg. von P. H. Nidditsch, London 1975. – Über den Verstand, dt. von Th. Schultze, Leipzig o. J.

Wolfgang Lockemann: Die Entstehung des Erzählproblems. Untersuchungen zur deutschen Dichtungstheorie im 17. und 18. Jahrhundert, Meisenheim/Glan 1963.

David Lodge: The Modes of Modern Writing. Metaphor, Metonymy, and the Typologie of Modern Literature, London 1977.

Jurij M. Lotman: Aufsätze zur Theorie und Methodologie der Literatur und Kultur, hg. von Karl Eimermacher, dt. von Karl Eimermacher u. a., Kronberg/Ts. 1974.

Niklas Luhmann: Liebe als Passion. Zur Codierung von Intimität, Frankfurt am Main 1982.

Georg Lukács: Die Theorie des Romans. Ein geschichtsphilosophischer Versuch über die Formen der großen Epik, Berlin 1920, 2., erweiterte Auflage Neuwied und Berlin-Spandau 1963.

– Der historische Roman, Berlin 1955.

– Essays über Realismus (Werke, Bd. 4), Neuwied und Berlin 1971.

Paul Michael Lützeler (Hg.): Romane und Erzählungen der deutschen Romantik. Neue Interpretationen, Stuttgart 1981.

Ernst Mach: Die Analyse der Empfindungen und das Verhältnis des Physischen zum Psychischen (1886), 9. Auflage, Jena 1922.

Paul de Man: Blindness and Insight. Essays in the Rhetoric of Contemporary Criticism, New York 1971.

Osip E. Mandel'štam: Sobranie sočinenij v treh tomah, II, Washington 1967.

Thomas Mann: Das essayistische Werk. Tasschenbuchausgabe in acht Bänden, hg. von Hans Bürgin, Frankfurt am Main und Hamburg 1968 (MK 113–120).

Bruno Markwardt: Geschichte der deutschen Poetik, 5 Bände, Berlin 1936–1967.

Odo Marquard: Abschied vom Prinzipiellen. Philosophische Studien, Stuttgart 1981.

– Apologie des Zufälligen. Philosophische Studien, Stuttgart 1986.

Fritz Martini: Das Wagnis der Sprache, Stuttgart 1954, u. ö.

Edgar Mass/Volker Roloff (Hg.): Marcel Proust. Lesen und Schreiben, Frankfurt am Main 1983.

Peter von Matt: Das literarische Gespenst »Klassisches Drama«. In: Merkur, 1976, Heft 8.

Guy de Maupassant: Œuvre complètes, Paris 1929: Pierre et Jean.

Hans Mayer: Thomas Mann. Werk und Entwicklung, Berlin 1950, erweiterte Auflage 1980.

– Von Lessing bis Thomas Mann. Wandlungen der bürgerlichen Literatur in Deutschland, Pfullingen 1959.

Volker Meid: Der deutsche Barockroman, Stuttgart 1974.

Franz Norbert Mennemeier: Friedrich Schlegels Poesiebegriff dargestellt anhand der literaturkritischen Schriften. Die romantische Konzeption einer objektiven Poesie, München 1971.

Herman Meyer: Das Zitat in der Erzählkunst. Zur Geschichte und Poetik des europäischen Romans, Stuttgart 1961.

Theo Meyer (Hg.): Theorie des Naturalismus, Stuttgart 1973.

Peter Michelsen: Laurence Sterne und der deutsche Roman des 18. Jahrhunderts, Göttingen 1962.

Norbert Miller (Hg.): Romananfänge. Versuch zu einer Poetik des Romans, Berlin 1965.

Norbert Miller/Volker Klotz/Michael Krüger (Hg.): Bausteine zu einer Poetik der Moderne, Festschrift für Walter Höllerer, München 1987.

Norbert Miller: Der empfindsame Erzähler. Untersuchungen an Romananfängen des 18. Jahrhunderts, München 1968.

Claudia Monti: Mach und die österreichische Literatur. Bahr, Hofmannsthal, Musil. In: Akten des Internationalen Symposiums »Arthur Schnitzler und seine Zeit«. Jahrbuch für Internationale Germanistik, Reihe A, Bd. 13, Frankfurt am Main 1985.

Jan Mukařovský: Studie z estetiky, Praha 1966. – Kapitel aus der Ästhetik, dt. von Walter Schamschula, Frankfurt am Main 1970.

Carl Werner Müller: Der griechische Roman. In: Neues Handbuch der Literaturwissenschaft, Bd. 2. Griechische Literatur, hg. von Ernst Vogt, Wiesbaden 1981.

Klaus-Detlef Müller: Der Zufall im Roman. Anmerkungen zu erzähltechnischen Bedeutung der Kontingenz. In: Germanisch-Romanische Monatsschrift, 1978, Heft 3.

Walter Müller-Seidel: Theodor Fontane. Soziale Romankunst in Deutschland, Stuttgart 1975.

Johann Karl August Musäus: Volksmärchen der Deutschen (Nachdruck der Erstausgabe von 1782–1786), Stuttgart 1974.

Robert Musil: Tagebücher, Aphorismen, Essays und Reden, hg. von Adolf Frisé, Hamburg 1955.

James Naremore: The World without a Self. Virginia Woolf and the Novel, New Haven 1973.

Manfred Naumann: Prosa in Frankreich. Studien zum Roman im 19. und 20. Jahrhundert, Berlin 1978.

Kurt Neff (Hg.): Plädoyer für eine neue Literatur, München 1969.

Klaus Netzer: Der Leser des Nouveau Roman. Studie zur Wirkungsästhetik, Frankfurt am Main 1970.

New Literary History, 1971, 3: Modernism and Postmodernism. Inquiries, Reflections, and Speculations, John Hopkins University Press.

Friedrich Nietzsche: Werke in drei Bänden, hg. von Karl Schlechta, München 1966.

Charles Nodier: Die Krümelfee und andere Erzählungen, dt. von Hermann Hofer, Zürich 1979.

Darko Novaković (Hg.): Ephesiaka. – Historia Apollonii Regis Tyri, Zagreb 1980.

Novalis: Werke, Tagebücher und Briefe, hg. von Hans-Joachim Mähl und Richard Samuel, Bd. 2: Das philosophisch-theoretische Werk, München und Wien 1978.

Peter Nusser: Musils Romantheorie, Den Haag und Paris 1967.

Hans-Josef Ortheil: Der poetische Widerstand im Roman. Geschichte und Auslegung des Romans im 17. und 18. Jahrhundert, Königstein/Ts. 1980.

Walter Pabst (Hg.): Der moderne französische Roman. Interpretationen, Berlin 1968.

Manfred Pfister/Bernd Schulte-Middelich (Hg.): Die ›Nineties‹. Das englische Fin de siècle zwischen Dekadenz und Sozialkritik, München 1983.

Lothar Pikulik: Romantik als Ungenügen an der Normalität. Am Beispiel Tiecks, Hoffmanns, Eichendorffs, Frankfurt am Main 1979.

Elke Platz-Waury (Ed.): English Theories of the Novel, vol. III: Nineteenth Century, Tübingen 1972.

Leo Pollmann: Der Neue Roman in Frankreich und Latainamerika, Stuttgart u. a. 1968.

– Roman und Perzeption. Zur immanenten Poetik des Nouveau Roman. In: Germanisch-Romanische Monatsschrift, 1971, Heft 3.

Paul Pörtner (Hg.): Literaturrevolution 1910–1925. Dokumente, Manifeste, Programme, Bd. II. Zur Begriffsbestimmung der Ismen, Neuwied am Rhein und Berlin-Spandau 1961.

Michael von Poser: Der abschweifende Erzähler. Rhetorische Tradition und deutscher Roman im 18. Jahrhundert, Bad Homburg, Berlin und Zürich 1969.

Georges Poulet: Etudes sur le temps humain, Paris 1950.

Wolfang Preisendanz: Wege des Realismus. Zur Poetik und Erzählkunst im 19. Jahrhundert, München 1977.

Marcel Proust: Der Weg zu Swann, 2 Bände, dt. von Rudolf Schottlaender, Berlin 1926.

– Die wiedergefundene Zeit, dt. von Eva Rechel-Mertens, Tb.-Ausgabe, Frankfurt am Main 1984.

Peter Pütz: Die deutsche Aufklärung, Darmstadt 1978.

Wolfdietrich Rasch: Zur deutschen Literatur seit der Jahrhundertwende. Gesammelte Aufsätze, Stuttgart 1967.

Herbert Rauter: James Joyce, Ulysses. In: Der englische Roman, hg. von Franz K. Stanzel, Bd. II, Düsseldorf 1969.

Günter Rebing: Der Halbbruder des Dichters. Friedrich Spielhagens Theorie des Romans, Frankfurt am Main 1972.

Erhard Reckwitz: Der Roman als Metaroman. Salman Rushdie, *Midnight's Children*; Kazuo Ishiguro, *A Pale View of Hills*; John Fowles, *Mantissa*. In: Poetica, 1986, Heft 1–2.

Marcel Reich-Ranicki: Entgegnung. Zur deutschen Literatur der siebziger Jahre, Stuttgart 1979.

Hans S. Reiss: Stil und Struktur im modernen europäischen experimentellen Roman. In: Akzente, 1958, Heft 3.

Franz Rhöse: Konflikt und Versöhnung. Untersuchungen zur Theorie des Romans von Hegel bis zum Naturalismus, Stuttgart 1978.

Ernst Ribbat: Ludwig Tieck. Studien zur Konzeption und Praxis romantischer Poesie, Kronberg/Ts. 1978.

Jean Ricardou: Pour une théorie du nouveau roman, Paris 1971.

Edward C. Riley: Cervantes' Theory of the Novel, Oxford 1952.

Rainer Maria Rilke: Sämtliche Werke (Insel Werkausgabe in 12 Bänden), Frankfurt am Main 1975.

Alain Robbe-Grillet: Le Voyeur, Paris 1955. – Der Augenzeuge, dt. von Elmar Tophoven, Frankfurt am Main 1986.

– Pour un Nouveau Roman, Paris 1963.

– Argumente für einen neuen Roman. Essays, dt. von Marie-Simone Morel, Helmut Scheffel, Werner Spieß und Elmar Tophoven, München 1965.

Volker Roloff: Werk und Lektüre. Zur Literarästhetik von Marcel Proust, Frankfurt am Main 1984.

Marie-Louise Roth: Robert Musil. Ethik und Ästhetik, München 1972.

Denis de Rougemont: L'amour et l'occident, Paris 1938.

Hans-Heinrich Rudnick (Hg.): Englische Literaturtheorie des 19. Jahrhunderts, Stuttgart 1979.

Erich Ruprecht/Dieter Bänsch (Hg.): Literarische Manifeste der Jahrhundertwende 1890–1910, Stuttgart 1970.

Hans Sanders: Institution Literatur und Roman. Zur Rekonstruktion der Literatursoziologie, Frankfurt am Main 1981.

Nathalie Sarraute: Das Zeitalter des Argwohns, dt. von Kyra Stromberg. In: siehe K. Neff.

Jean Paul Sartre: Was ist Literatur? Ein Essay, dt. von Hans Georg Brenner, Hamburg 1958.

Gerhard Sauder: Empfindsamkeit, Band I, Stuttgart 1974.

Walter Ernst Schäfer: Hinweg nun Amadis und Deinesgleichen Grillen! Die Polemik gegen den Roman im 17. Jahrhundert In: Germanisch-Romanische Monatsschrift, 1965, Heft 4.

Helmut Schanze: Der Experimentalroman des deutschen Naturalismus. In: Der deutsche Roman, hg. von Helmut Koopmann, Düsseldorf 1983.

Dietrich Scheunemann: Romankrise. Die Entstehungsgeschichte der modernen Romanpoetik in Deutschland, Heidelberg 1978.

Jost Schillemeit: Systematische Prinzipien in Friedrich Schlegels Literaturtheorie. Mit textkritischen Anmerkungen. In: Jahrbuch des Freien Deutschen Hochstifts, 1972.

Friedrich Schiller: Sämtliche Werke, hg. von Gerhard Fricke und Herbert G. Göpfert, München 1975, Bd. V.

Arno Schirokauer: Germanistische Studien. Ausgewählt und eingeleitet von Fritz Strich, Hamburg 1957.

Heinz Schlaffer: Kritik als Geschichte des Romans. In: Neue Rundschau, 1977, Heft 1.

Friedrich Schlegels Briefe an seinen Bruder August Wilhelm, hg. von Oskar Walzel, Berlin 1890.

Friedrich Schlegel: Dichtungen (Bd. V der Kritischen Friedrich-Schlegel-Ausgabe), hg. von Hans Eichner, München, Paderborn und Wien 1962.

– Kritische Schriften, hg. von Wolfdietrich Rasch, München 1964.

– Fragmente zur Poesie und Literatur (Bd. XVI der Kritischen Friedrich-Schlegel-Ausgabe), hg. von Hans Eichner, 1981.

Johann N. Schmidt: Charles Dickens, Reinbek bei Hamburg 1978.

Thomas E. Schmidt: Die Geschichtlichkeit des frühromantischen Romans, Tübingen 1989.

Robert Scholes/Robert Kellog: The Nature of Narrative, New York 1966.

Albrecht Schöne: Zum Gebrauch des Konjunktivs bei Robert Musil. In: Euphorion, 1961, Heft 3.

Arthur Schopenhauer: Werke in zehn Bänden (Zürcher Ausgabe), Zürich 1977.

Jürgen Schramke: Zur Theorie des modernen Romans, München 1974.

Ulf Schramm: Fiktion und Reflexion. Überlegungen zu Musil und Beckett, Frankfurt am Main 1967.

Ulrich Schulz-Buschhaus: Der problematische Fortschritt der Kunst bei Flaubert und den Goncourts. In: Fortschrittsglaube und Dekadenzbewußtsein im Europa des 19. Jahrhunderts, hg. von Wolfgang Drost, Heidelberg 1986.

– Kanonbildung in Europa. In: Literarische Klassik, hg. von Hans-Joachim Simm, Frankfurt am Main 1988.

Rolf Selbmann: Der deutsche Bildungsroman, Stuttgart 1984.

Herbert Singer: Der galante Roman, Stuttgart 1961.

Peter Sloterdijk: Kopernikanische Mobilmachung und ptolemäische Abrüstung. Ästhetischer Versuch, Frankfurt am Main 1987.

Manfred Smuda: ›Stream of consciousness‹ und ›durée‹ – das Problem ihrer Realisation und Wirkung im modernen englischen Roman. In: Poetica, 1981, Heft 3–4.

Eberhard Späth: Das private und das öffentliche Tagebuch. Zum Verhältnis von Fiktion und Journalismus im englischen Roman. In: Poetica, 1987, Heft 1–2.

Carl Spitteler: Conrad der Leutnant. Eine Darstellung (EA Berlin 1898), Jena 1912.

Jürgen von Stackelberg: Von Rabelais bis Voltaire. Zur Geschichte des französischen Romans, München 1970.

Franz K. Stanzel: Die typischen Erzählsituationen im Roman. Dargestellt an »Tom Jones«, »Moby Dick«, »The Ambassadors«, »Ulysses« u. a., Wien 1955.

– Innenwelt. Ein Darstellungsproblem des englischen Romans. In: Germanisch-Romanische Monatsschrift, 1962, Heft 3.

Franz K. Stanzel (Hg.): Der englische Roman. Vom Mittelalter zur Moderne, 2 Bände, Düsseldorf 1969.

Hartmut Steinecke: Hermann Broch und der polyhistorische Roman. Studien zur Theorie und Technik eines Romantyps der Moderne, Bonn 1968.

Hartmut Steinecke (Hg.): Theorie und Technik des Romans im 19. Jahrhundert, Tübingen 1970.

Hartmut Steinecke: Romantheorie und Romankritik in Deutschland, Bd. I: Die Entwicklung des Gattungsverständnisses von der Scott-Rezeption bis zum programmatischen Realismus, Stuttgart 1975. – Bd. II: Quellentexte, Stuttgart 1976.

– Romanpoetik von Goethe bis Thomas Mann. Entwicklungen und Probleme der »demokratischen Kunstform« in Deutschland, München 1987.

George Steiner: Tolstoy or Dostoevsky, New York 1959.

Stendhal: Rot und Schwarz, dt. von Friedrich von Oppeln-Bronikowski, Berlin o. J.

Laurence Sterne: Das Leben und die Ansichten Tristam Shandys, dt. von Rudolf Kassner, Berlin o. J.

Viktor Šklovskij: Die Kunst als Verfahren. In: Texte der russischen Formalisten, Bd. I. Texte zur allgemeinen Literaturtheorie und zur Theorie der Prosa, hg. von Jurij Striedter, München 1969.

– Hod konja, Moskau und Berlin 1923.

Peter Szondi: Poetik und Geschichtsphilosophie, 2 Bände (Studienausgabe der Vorlesungen), hg. von Senta Metz und Hans-Hagen Hildebrandt (I), Wolfgang Fietkau (II), Frankfurt am Main 1974.

Jean-Yves Tadié: Proust, Paris 1983, dt. von Henriette Beese, Frankfurt am Main 1987.

Wolfgang Theile: Immanente Poetik des Romans, Darmstadt 1980.

Ludwig Tieck: Frühe Erzählungen und Romane, hg. von Marianne Thalmann, München 1978.

Tzvetan Todorov: Introduction à la littérature fantastique, Paris 1970. – Einführung in die fantastische Literatur, dt. von Karin Kersten, Senta Metz und Caroline Neubaur, München 1972.

– Poétique de la prose, Paris 1971. – Poetik der Prosa, dt. von Helene Müller, Frankfurt am Main 1972.

– Symbolisme et interprétation, Paris 1978.

Lew Tolstoi: Ästhetische Schriften (Gesammelte Werke in zwanzig Bänden, hg. von Eberhard Dieckmann und Gerhard Dudek, Bd. 14), dt. von Günter Dalitz, Berlin 1968.

Lionel Trilling: Sincerity and Authenticity, New York 1972. – Das Ende der Aufrichtigkeit, dt. von Henning Ritter, München und Wien 1980.

Mark Twain: The Adventures of Huckleberry Fin, New York 1966.

Silvio Vietta (Hg.): Die literarische Frühromantik, Göttingen 1983.

Silvio Vietta: Literarische Phantasie: Theorie und Geschichte. Barock und Aufklärung, Stuttgart 1986.

Wilhelm Voßkamp: Dialogische Vergegenwärtigung beim Schreiben und Lesen. Zur Poetik des Briefromans im 18. Jahrhundert. In: Deutsche Vierteljahrsschrift für Literaturwissenschaft und Geistesgeschichte, 1971, Heft 1.
- Romantheorie in Deutschland. Von Martin Opitz bis Friedrich von Blanckenburg, Stuttgart 1973.
Wilhelm Voßkamp (Hg.): Utopieforschung. Interdisziplinäre Studien zur neuzeitlichen Utopie, 3 Bände, Stuttgart 1982.
Karl Voßler: Die romanische Welt, München 1965.
Fritz Wahrenburg: Funktionswandel des Romans und ästhetische Norm, Stuttgart 1976.
Rainer Warning: Illusion und Wirklichkeit in Tristram Shandy und Jacques le fataliste, München 1965.
Jakob Wassermann: Lebensdienst. Gesammelte Studien, Erfahrungen und Reden aus drei Jahrzehnten, Leipzig 1928.
Ian Watt: The Rise of the Novel. Studies in Defoe, Richardson, and Fielding, London 1957. – Der bürgerliche Roman. Aufstieg einer Gattung. Defoe – Richardson – Fielding, dt. von Kurt Wölfel, Frankfurt am Main 1974.
Ernst Weber: Die poetologische Selbstreflexion im deutschen Roman des 18. Jahrhunderts. Zu Theorie und Praxis von »Roman«, »Historie« und pragmatischem Roman, Stuttgart u. a. 1974.
Ernst Weber (Hg.): Texte zur Romantheorie, Bd. I (1626–1731) und II (1732–1780), München 1974 und 1981.
Max Weber: Die protestantische Ethik, Bd. I. Eine Aufsatzsammlung, hg. von Johannes Winckelmann, 7. Auflage, Gütersloh 1984.
Harald Weinrich: Literatur für Leser. Essays und Aufsätze zur Literaturwissenschaft, Stuttgart 1971.
Ernst Weiß: Die Kunst des Erzählens (Gesammelte Werke, Bd. 16), Frankfurt am Main 1982.
René Wellek: A History of Modern Criticism, vol. I-IV, New Haven 1955–1965.
Dieter Wellershoff: Literatur und Veränderung. Versuche zu einer Metakritik der Literatur, Köln und Berlin 1969.
- Literatur und Lustprinzip. Essays, Köln 1973.
- Die Auflösung des Kunstbegriffs, Frankfurt am Main 1976.
- Das Verschwinden im Bild. Essays, Köln 1980.
- Der Roman und die Erfahrbarkeit der Welt, Köln 1988.
Benno von Wiese (Hg.): Der deutsche Roman. Vom Barock bis zur Gegenwart. Struktur und Geschichte, 2 Bände, Düsseldorf 1963.
Reiner Wild: Literatur im Prozeß der Zivilisation. Entwurf einer theoretischen Grundlegung der Literaturwissenschaft, Stuttgart 1982.
Gottfried Willems: Das Konzept der literarischen Gattung. Untersuchungen zur klassischen deutschen Gattungstheorie, insbesondere zur Ästhetik Friedrich Theodor Vischers, Tübingen 1981.
Joan Williams: The Idea of the Novel in Europe 1600–1800, New York 1979.
Raymond Williams: Culture and Society 1780–1950, London 1958.
- The Long Revolution, London 1961.
Kurt Wölfel: Friedrich von Blanckenburgs *Versuch über den Roman*. In: Deutsche Romantheorien, hg. von Reinhold Grimm, Frankfurt am Main 1968.

Erwin Wolff: Der englische Roman im 18. Jahrhundert. Wesen und Formen, Göttingen 1964.

Max Ludwig Wolff: Geschichte der Romantheorie von den Anfängen bis zur Mitte des achtzehnten Jahrhunderts, Leipzig 1915.

Virginia Woolf: Granit und Regenbogen. Essays, dt. von Herberth E. Herlitschka, Frankfurt am Main 1960.

– Modern Fiction (1919). Zit. nach: English Critical Essays. First Series, selected by Phyllis M. Jones, London 1961.

Gotthart Wunberg (Hg.): Das Junge Wien. Österreichische Literatur- und Kunstkritik 1887–1902, 2 Bände, Tübingen 1976.

Ralph-Rainer Wuthenow: Muse, Maske, Meduse. Europäischer Ästhetizismus, Frankfurt am Main 1978.

– Im Buch die Bücher oder Der Held als Leser, Frankfurt am Main 1980.

Bodo Zelinsky (Hg.): Der russische Roman, Düsseldorf 1979.

Gerda Zeltner-Neukomm: Der französische Gegenwartsroman. Die neue Welterfahrung in der Literatur, Reinbek bei Hamburg 1960.

Peter V. Zima: Textsoziologie. Eine kritische Einführung, Stuttgart 1980.

– L'ambivalence romanesque. Proust, Kafka, Musil, Paris 1980.

– Roman und Ideologie. Zur Sozialgeschichte des modernen Romans, München 1986.

Theodore Ziolkowski: Dimensions of the Modern Novel. German Texts and European Contexts, Princeton 1969. – Strukturen des modernen Romans. Deutsche Beispiele und europäische Zusammenhänge, dt. von Beatrice Steiner und Wilhelm Höck, München 1972.

Emile Zola: Le roman expérimental, Paris 1902.

– Der Experimentalroman (»autorisierte Übertragung« ohne Angabe des Übersetzers), Leipzig 1904.

Viktor Žmegač: Konvention – Modernismus – Parodie. Bemerkungen zum Erzählstil Thomas Manns. In: Betrachtungen und Überblicke. Zum Werk Thomas Manns, hg. von Georg Wenzel, Berlin und Weimar 1966. Auch in: Thomas Mann und die Tradition. hg. von Peter Pütz, Frankfurt am Main 1971.

– Kunst und Wirklichkeit. Zur Literaturtheorie bei Brecht, Lukács und Broch, Bad Homburg, Berlin und Zürich 1969.

– Exkurs über den Film im Umkreis des Expressionismus. In: Sprache im technischen Zeitalter, 35, 1970.

– Kunst und Ideologie in der Gattungspoetik der Jahrhundertwende. In: Germanisch-Romanische Monatsschrift, 1980, Heft 3.

– Die Realität als literarisches Problem (Klagenfurter Universitätsreden, Heft 14), Klagenfurt 1981.

– Zum Problem der Romantheorie. In: Deutsche Romane des 20. Jahrhunderts. Neue Interpretationen, hg. von Paul Michael Lützeler, Königstein/Ts. 1983.

– Der Aufstieg des Historismus in Geschichtsphilosophie, Ästhetik und Literatur. In: Propyläen Geschichte der Literatur, Bd. IV, Berlin 1983.

– Kunst und Ethik. In: Brochs theoretisches Werk, hg. von Paul Michael Lützeler und Michael Kessler, Frankfurt am Main 1988.

– Die Realität ahmt die Kunst nach. Zu einer Denkfigur der Jahrhundertwende. In: Die Modernisierung des Ich. Studien zur Subjektkonstitution der Vor- und Frühmoderne, hg. von Manfred Pfister, Passau 1989.

PERSONENREGISTER

Adelung, J. Chr. 342
Adler, J. 338
Adorno, Th. W. 179, 256, 397, 408
Alemán, M. 25
Alewyn, R. 26
Alfieri, V. 20
Altenberg, P. 245
Altheim, F. 34
Antonioni, M., 402
Anton Ulrich, Herzog von Braunschweig
    28, 57
Apollinaire, G. 311
Apollonio, U. 323
Apuleius 6
Arago, D. F. 184, 186
Aragon, L. 255
Ariost (Ariosto), L. 122f.
Aristoteles 13, 15, 20, 32, 108, 128, 146,
    161f.
Auerbach, E. 14ff., 134, 151, 159, 187f.
Babel', I. E. 378
Bach, J. S. 373
Bachtin, M. M. 8, 14, 16, 25, 208, 212, 314
Bacon, F. 62
Bahr, H. 290f.
Balzac, H. de 41, 46, 73, 96, 127, 145, 147,
    151, 155ff., 160ff., 166, 168, 172, 179,
    184, 199, 201, 206, 217f., 220, 226,
    229f., 246, 255, 272, 274, 310, 317, 361,
    372, 382f., 386, 399
Bart, B. F. 192
Barth, J. 381
Baudelaire, Ch. 97, 183f., 285, 292, 322,
    408
Baumgarth, Chr. 321
Beckett, S. 208, 258
Beer, J. 30
Beer-Hofmann, R. 290
Beethoven, L. van 373
Belyj, A. 255, 375f.
Benn, G. 198, 265f., 341, 348–351
Bennett, A. 295f.
Bergson, H. 280

Berlioz, H. 103
Bernard, C. 218f., 223ff.
Bespaloff, R. 361
Bietak, W. 102
Birken, S. von 28f., 36
Blanckenburg, F. von 66–73, 78, 131
Boccaccio, G. 19, 262
Böhme, J. 88
Boileau, N. 34, 181
Bonaventura 103
Bonenfant, L. 195
Bonnet, Ch. 157
Borchmeyer, D. 302
Borges, J. L. 381, 406
Bossuet, J. B. 28
Bourget, P. 98
Brang, P. 210
Brecht, B. 185, 299, 312, 345, 355
Brentano, C. 93, 127
Breton, A. 99f.
Broch, H. 225, 253, 256, 258, 357–368,
    405
Brod, M. 338
Brody, Daisy 367
Brody, Daniel 367
Bruckner, D. 325
Bucher, M. 170f.
Buchholtz, A. H. 57
Büchner, G. 20, 188
Bürger, G. A. 66
Buffon, G. L. 157
Bulwer Lytton, E. G. 167
Butor, M. 379f., 386f., 392f.
Byron, G. G. N., Lord 128
Calvino, I. 407
Camus, A. 253, 362
Capote, T. 395
Čechov, A. P. 204, 210, 293
Cendrars, B. 255
Černyševskij, N. G. 204f.
Cervantes, M. de 1, 26, 41, 53, 56, 64, 80,
    122ff., 132, 136, 175, 208, 236, 270,
    341, 364, 381, 405

SACHREGISTER